図説

ホモセクシャルの世界史

松原國師

作品社

【図説】ホモセクシャルの世界史

序文 人類の歴史とは、ホモセクシャルの歴史である 15

第Ⅰ部 古代オリエント

第1章 メソポタミア 19
1 ── 男色はシュメールにはじまる 19
2 ── 『ギルガメシュ叙事詩』 20
3 ── オリエント神話と聖倡 24
4 ── ハンムラビ法典 27
5 ── 愛の呪文と恋占い 28

第Ⅱ部 古代ギリシア

第3章 パレスティナ 45
1 ── カナアンの神殿聖倡 45
2 ── ダウィドとヨナタンの恋 46
3 ── ソドムとギブア 50
4 ── 神々の情事 40
【コラム】美しき者、愛しき者 38

第4章 ペルシア帝国 55
1 ── ペルシア人と少年愛 55
2 ── キュロス大王 56
3 ── ペルシアの帝王たち 57

1 ── 恋人たちの墓 30
2 ── ファラオの情人は凛々しい将軍 32
【コラム】合葬された愛人たち──男たちの比翼塚 33
3 ── 男のお妃──美しき者、愛しき者 38
4 ── 神々の情事 40

第1章 ガニュメデスの誘拐──天上に移された美少年 63

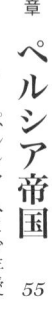

第2章
詩人の愛 75
1……抒情詩の時代——旧き良き時代の恋愛詩人たち 75
2……エーゲ海の島々に咲いた恋の花々 76
【コラム】ギリシア式グラフィティ 79
【コラム】裸体開眼——全裸競技祭のはじまり 82
3……少年愛から男性愛へ——「その秋もまた麗しい」 84
4……喜劇詩人アリストファネスの描く市民たちの男色——虚像と実態 86
5……悲劇詩人たちの恋——舞台で演じられた男たちの恋愛模様 89
【コラム】古代ギリシアの売春と発展場 90
6……ヘレニズム時代の男色 94
7……エロス神像に恋した男——男色版ピュグマリオン 97
8……男色詩集『ムーサ・パイディケー』 100
【コラム】理想の男性美追求 101
9……男女両色の優劣論——泰西版「野傾論」 102
【コラム】女色家の代表選手メナンドロス——女好きの男は軟弱者 103

第3章
哲人の愛 105
1……師弟間の絆 105
2……哲人ソクラテス——男道の提道者 106
【コラム】最古のラブレター——それは少年に送られた作品だった 109
3……クセノフォン 110
【コラム】哲学者となった売春夫 111
4……プラトン——理想美を求めて 112
【コラム】プラトンの対話篇『饗宴』や『ファイドロス』 113
5……ヘレニズム時代の哲学者たち——ストイックであれ、エピキュリアンであれ 114

6……アリストファネスの「アンドロギュノス説」 117

第4章 軍隊と男色 *119*

1……精強なる神聖部隊 119

2……スパルタ式男色——ギリシア第一のポリス、尚武の国スパルタ風男道 120

【コラム】古代ギリシア世界の男色——パイデラスティアー 122

【コラム】テーバイの〝神聖部隊〟——愛する者どうしのカップルから成る精鋭部隊 125

第5章 神々の愛、英雄の愛 *126*

1……ギリシア第一の英雄ヘラクレス 126

2……拒む愛 130

【コラム】僭主殺害の英雄たち——自由の闘士と絶賛されたゲイ・カップル 134

【コラム】少年愛の元祖——オルフェウス 141

3……アキレウスとパトロクロス 142

4……フィリッポスとアレクサンドロス父子 146

【コラム】ペルシア戦争の英雄たち 147

【コラム】アレクサンドロス大王の男好き——英雄、色を好む 149

第III部 ローマ帝国と地中海世界

第1章 ローマの周辺——地中海に栄えた文明 *155*

1……エトルリア人——男色を熱愛した民族 155

2……カルタゴ――地中海の女王　156
【コラム】たくましい肉体の男性を愛する人々　158

第2章　共和制ローマ――自由身分の市民は掘られてはならない　160

1……我、掘る者。汝、掘られる者。　160
【コラム】グラックス兄弟の母よりもなお――改革者グラックスの反撃　161
2……夜祭バッカナリアのスキャンダル　164
【コラム】スカンティニウス法　164
3……男色の爆発的流行――独裁官スラの時代　168
【コラム】ローマの国民詩人ウェルギリウス――「処女」と呼ばれた大詩人　170
4……娼婦と妍をきそう青年貴族たち――「ブルートゥス、お前もか」　172
【コラム】ローマ時代の「男性どうしの結婚」――ゲイ・マリッジ　173
5……ローマの愛と詩人　176
【コラム】恋の手ほどき　180

第3章　ローマ皇帝の愛――皇帝たちの恋愛絵巻　181

1……ユリウス・クラウディウス朝　181
【コラム】カエサルの愛人マムラ――君子の淡き交わり　182
【コラム】ローマの男倡――攻め、受け、おしゃぶり……何でもあり　187
【コラム】カプリ島のデイジー・チェイン――雛菊の花輪遊び　188
【コラム】恋の鞘当て――ペダニウス・セクンドゥス殺害事件（後六一年）　193
【コラム】フェラチオとイルマチオ　197
2……美少年スポルスと三人の皇帝　206
【コラム】化粧・美容と女装愛好家の狂宴　209
3……フラウィウス朝　210
4……五賢帝たち――「人類が最も幸福だった時代」　212

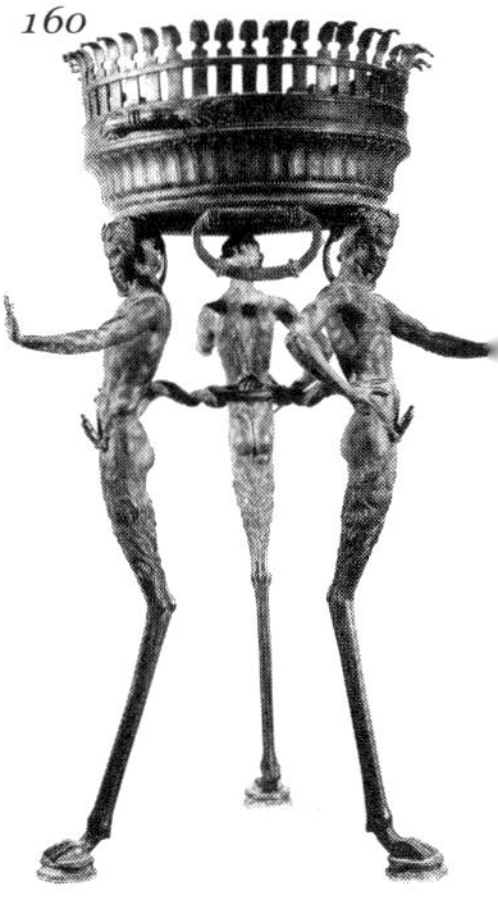

第Ⅳ部 インド・イスラーム世界

第1章 インド亜大陸の性愛 235

1 『カーマ・スートラ』——紳士はフェラチオがお好き 235
2 釋迦の愛した弟子——美男の侍者阿難 241
3 サンスクリット文学とヒンドゥー神話の世界——神々と吸茎と殉死と 242
4 イスラーム時代のインド 250

第2章 イスラーム世界 257

1 預言者の愛した男性——ムハンマドの男の愛人と「天国の美青年」 257
【コラム】アラビア式「吉田御殿」——ズー・シャナーティルの城館 259
2 カリフたちの愛——バグダードは男色のメッカ 260
【コラム】若者たちのハレム——花盛りの後宮 267

【コラム】蛍大名——息子の色香で出世した父親 213
215
【コラム】神になった愛人たち——早世した若者たち
【コラム】巨根好みの男たち——サイズ・クィーン 220
5 エラガバルス——売春する皇帝 224
【コラム】娼婦になった皇帝 225

3 アラブ・ペルシアなどイスラーム世界の男色礼賛――「剣か寵愛か」 273
4 スペイン・ウマイヤ朝（後ウマイヤ朝）――アンダルスに咲いた花々 274
【コラム】アストゥリアスの美少年ペラギウスの殉教 277
【コラム】セビーリャの父子――イスラーム式「親子丼」 279
5 文学と現実――男色の聖地メッカ 281
6 スーフィー（イスラーム神秘主義）詩人たち 284
【コラム】シーワ地方の「少年婚」――最も長くつづいた同性婚 285
7 男女両色の優劣論 288
【コラム】オスマン・トルコの宮廷詩人――華麗なるアヌス讃歌 289
8 英雄たちの恋愛模様――「十字軍」時代の名将 292
9 モンゴル人――蒼き狼の血統 294
10 ペルシア詩人たち――男色の本場と謳われた国 298
11 サファヴィー朝ペルシア――「世界の半分」、王都イスファハーン 300
12 アフガニスタン――武辺の民アフガーン人 302
13 オスマン・トルコ帝国――「征服者」メフメト二世の小姓 304
14 現代イスラーム諸国の愛 318
【コラム】焚書の憂き目にあう文献――性愛恐怖症の蔓延がもたらした悲劇 320

第V部 中国、朝鮮半島と日本

第1章 中国 323

3 春秋戦国時代の愛情 共枕梁樹——死後も離れぬ連理の枝 328

4 断袖の交わり——皇帝の愛人たち 329
【コラム】楚王、細腰を好む——砂時計形美男 332

5 漢武故事 334

6 子都の美 337

7 三國志の英雄たち——義兄弟の誓い 338

8 男風の最盛期——清談の士、竹林の七賢と金蘭の交わり 340

9 六朝貴族 343
【コラム】男の皇后——「男后」陳子高(韓子高) 347

10 大唐世界帝国とその後 348
【コラム】明皇「風流の陣」——美少年 対 美姫 351

11 男どうしの結婚——福建の男色婚制度 352
【コラム】美男の計で滅びた大明帝国 355

12 翰林の愛と相公 356
【コラム】美人コンテスト——呉敬梓『儒林外史』より 360
【コラム】巡り逢い——悖徳というも愚か「中国版オイディプス」 362
【コラム】中国の笑話——『笑府』より 364

第2章 朝鮮の男色 366

1 新羅の花郎——花郎の徒 366

2 ── 南蛮人が見た男性どうしの恋愛──「黄金に富む男道の楽園」 *376*
 【コラム】清水宗治、自刃す。 *378*

第VI部 キリスト教とヨーロッパ

第1章 人間イエス・キリストの時代 *381*
 1 ── イエスと愛弟子ヨハネ──キリストの胸によりかかっていた最愛の弟子 *381*
 2 ──「ラザロよ、出てきなさい」 *383*
 3 ── ヘロデ大王の愛人たち──色でる「暴君」 *384*

第2章 ケルト人とゲルマン人 *387*
 1 ── ケルト人の男性愛 *387*
 2 ── ゲルマン戦士の恋 *389*

第3章 ユダヤ教からキリスト教へ──ホモフォビアの伝播 *391*
 1 ── 東方の迷信──ユダヤ教の特殊性 *391*

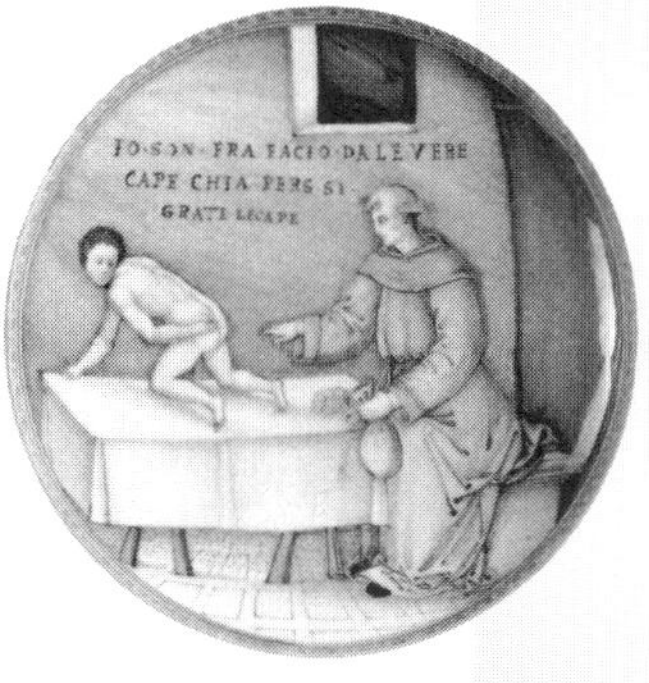

第Ⅶ部 ルネサンスと「理性の時代」

第1章 イタリア・ルネサンス——「文芸のみの復興」 423

1——人文主義者と新プラトン主義
【コラム】ルネサンス期イタリアの花の都フィレンツェと男色伝播説 423

2——巨匠たちの恋——レオナルド・ダ・ヴィンチとミケランジェロ
【コラム】ミケランジェロの苦悩 426

3——イタリアにおける男色の隆盛と弾圧 430

【コラム】偉大なる人文主義者エラスムス 434

【コラム】犠牲になった芸術家デュクノワ——戯れに恋はすまじ 442

【コラム】危険な関係——ジル・ド・レと悪魔崇拝 450

第2章 ヨーロッパ諸国の宮廷 455

1——フランス王と小姓 455

2——ゲイの君主たちが支配したヨーロッパ——一七世紀初頭 458

第4章 中世ヨーロッパの世界 406

1——ユダヤ人
【コラム】中世イスラーム圏のユダヤ詩人 406

第Ⅷ部 「新しい世界」の男色 ── 大航海時代から植民地支配へ

第1章 オセアニア世界の男色性向 *481*

1 ── ハワイの王侯貴族 *481*

2 ── タヒチ *484*

第2章 アメリカ大陸 ── 南北両アメリカに栄えた男色文化「扼殺された文明」 *487*

1 ── メソ・アメリカのマヤ文明とアステカ人 *487*

2 ── 南米アンデス文明 *490*

3 ── 二つの精神をもつ人々 *492*

第3章 アフリカ大陸 ── サハラ以南のアフリカ諸社会 *497*

第3章 啓蒙主義の時代

1 ── フランス貴族社会 ── ヴェルサイユ宮殿に咲いた愛 *465*

2 ── 啓蒙君主プロイセン王フリードリヒ大王 ── 青年士官好きの大王、若き日の「駆け落ち」事件 *465*

【コラム】軍人たちの秘密結社 ── 大コンデ公、そして将軍たち *469*

3 ── 旧体制下のリベルタンたち *474*

第IX部 近・現代社会の変貌——暗黒の支配から解放されて

第1章 ナポレオン法典——開明君主と啓蒙思想の勝利 513

1 ——フランス、軍隊、ナポレオン！ 513
2 ——各国の秘密クラブと地下組織——ゲイの下位文化 モリー・ハウス 514
3 ——アメリカ合衆国、キリスト教原理主義者の国——大統領の私生活 518
【コラム】アメリカ初代国王はゲイ——プロイセン王子ハインリヒ 519

第2章 「同性愛」の発見と「ゲイ解放運動」の先触れ 522

1 ——先駆者たち 522
2 ——「同性愛」の発見 526

第4章 ユーラシア大陸各地の男色 503

1 ——東南アジア——植民地化された地も、されなかった地も 503
2 ——チベット——西蔵仏教の聖地にて 506
3 ——シベリア——極寒の地から最果ての地にいたるまで 507

第3章 ヴィクトリア風偽善道徳の狷獗 ―― 最もセックスが抑圧された時代

1 ―― 世紀末の幻想 531

2 ―― 殿堂入りした「聖なる犠牲者」たち 534

【コラム】文豪トルストイの恋愛遍歴 ―― ロシア文学者の愛 539

第4章 第一次世界大戦後の自由な空気と新たな弾圧 542

1 ―― 一九二〇年代の爛熟した文化の中で 542

2 ―― ヒトラーの私生活 ―― ナチスによる迫害とホロコースト 550

第5章 冷戦下のホロコースト 551

―― 共産主義指導者の狂気と「自由の国」アメリカの粛清

【コラム】ホモフォビアのゲイ ―― 自己嫌悪か受け手嫌いか 553

第6章 ゲイ・リベレーション ―― 変貌する世界 557

1 ―― たちあがる人々 557

2 ―― 一九八〇年代のエイズ禍とその後 558

3 ―― 「植民地根性」に染まった第三世界 560

あとがき 565　5刷への付記 568

出典一覧 581

参考・引用文献一覧 592

〈男性同性愛に関する事項〉索引 597

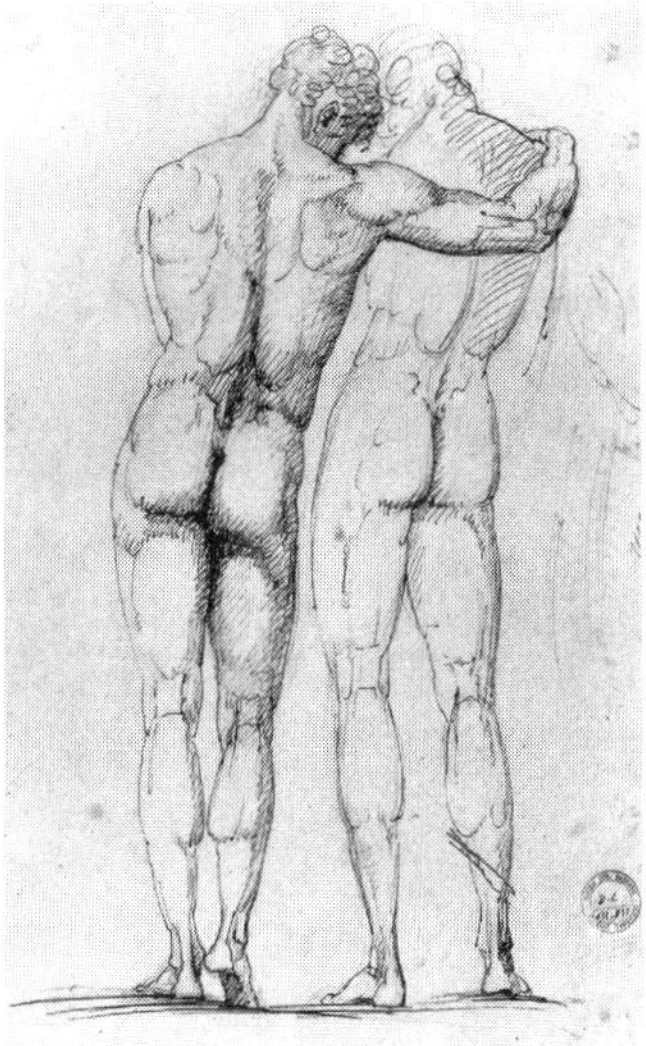

凡例

一、本文中の▼印には、注記が付してあり、注記は段落の後に掲載した。

一、本文中の◆印と数字は、参考・引用文献の出典を示すための合印である。合印は、巻末の「出典一覧」（五八一頁）に対応している。数字は、章ごと、または、コラムごとの通し番号になっており、「出典一覧」の章やコラムのタイトルの後の当該の通し番号に、出典名を示した。なお、◆印が、章・節・項・コラムなどの見出しに付けられている場合は、その全体にわたる参考文献という意味である。また、一部の出典は、段落間の注記にも記載している。

一、巻末の「出典一覧」や段落間の注で示した出典名で、「Davidson (1967)」「南方（1921）」などのように「著者名（出版年）」と略表記されたものは、その詳細な書誌データを、巻末の「参考・引用文献一覧」（五九二頁）に明記した。つまり、（　）内に出版年が記されているものは、「参考・引用文献一覧」に書誌データが記してあり、一九世紀以降の出版物がその対象である。

序文

人類の歴史とは、ホモセクシャルの歴史である

少年愛は、人類とともに古い。

（ゲーテ）

人類は、その誕生とともに、男性どうし（そして女性どうし）でも愛し合ってきた。これは疑いようのない事実である。そして、アフリカから壮大なる旅に出発した人類が、地球のさまざまな地域に進出していくとともに、男性どうしの愛は世界に広がっていったのである。

シュメールや古代エジプトをはじめとしたすべての古代文明に、私たちはその痕跡を見つけることができる。すべての民族や国家、そしてすべての時代において、ホモセクシャルの文化は、時に公然と、古代ギリシアや日本の徳川時代のように華麗に、時にひっそりと、中世ヨーロッパや戦後アメリカのマッカーシズムの時代のように過酷な弾圧のなかで、延々と紡がれてきた。本書は、その〝世界史としてのホモセクシャルの歴史〟を、多数の図像とともに一冊にまとめたものである。

「歴史は夜つくられる」という。男たちは、ペデラスティックないしホモエロティックな社会において、具

少年と男性の背後からの交わりを描いた石片。王家の谷より出土。古代エジプト・ラムセス王朝時代。

体的にどのように歴史をつくってきたのか。世界史上において男たちが、どのように愛を交わしてきたか。そのあらましを膨大な史料にもとづいて語ってみたい。

【上】サーン・アッバスの巨人　英国、ドーチェスター北郊の石灰岩丘陵に描かれた全裸男性像。勃起したペニスを強調している。高さ五五メートル、幅五一メートル。ケルトの英雄神か。

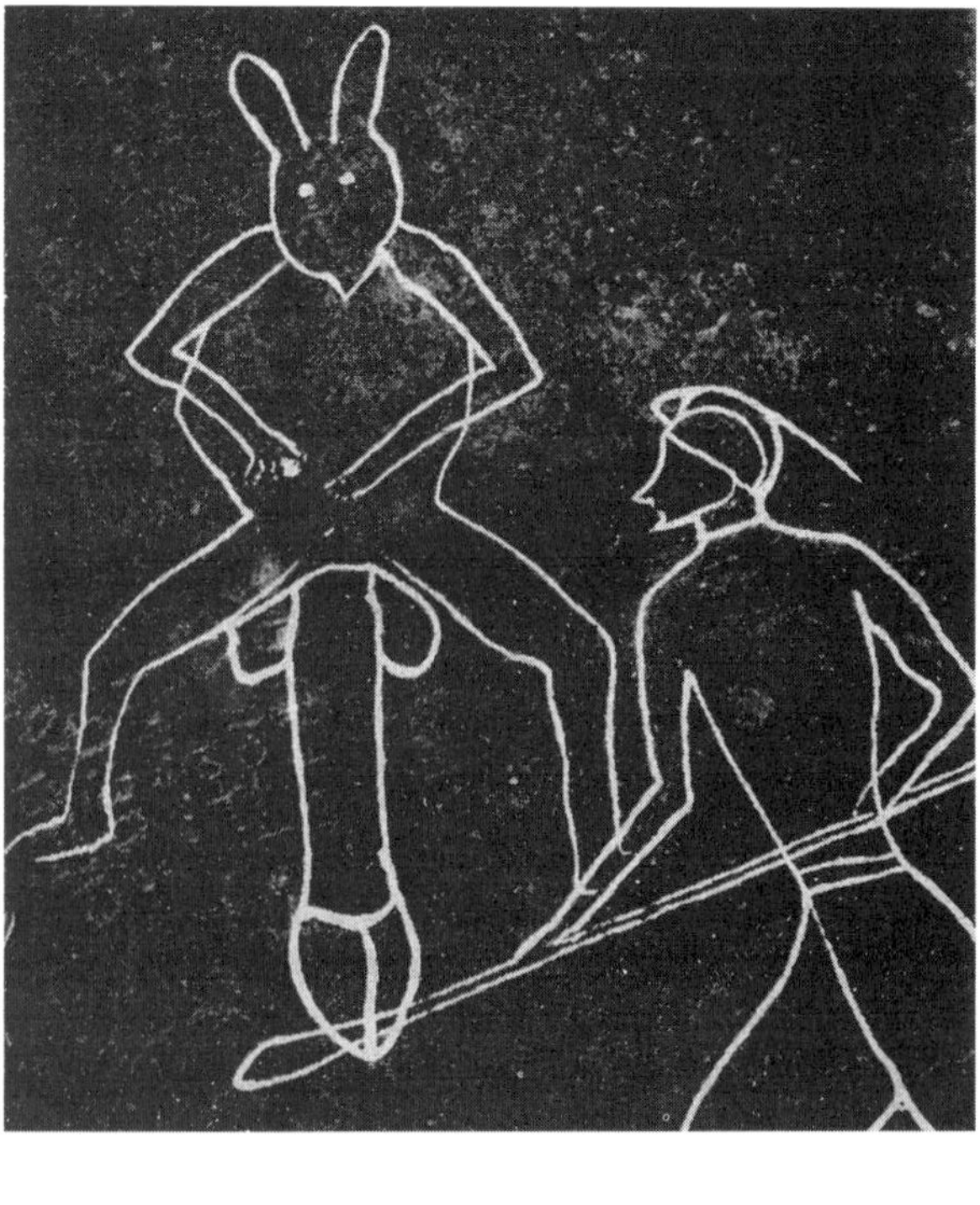

【左】北アフリカの岸壁画　前五〇〇〇年頃。リビア、フィザン近郊。巨大な男根を武器として振りかざす呪術的儀礼か。

第Ⅰ部

古代オリエント

純粋な美学上の定義に従えば、
男の肉体は女のそれよりも
遥かに美しくかつ完成している。
（ゲーテ）

【扉の図版】
接吻を交わす二人　古代エジプトの浮彫。アモン神とキスするラムセス 2 世。前 1290~ 前 1224 年頃。カルナク神殿の浅浮彫。ルーヴル美術館蔵。男性どうしの親密な関係は古代から造形芸術に表現されてきた。

第1章 メソポタミア

1……男色はシュメールにはじまる

いわゆる「同性愛」行為が、動物の世界にも広く見られる——このことをご存じの方も少なくはないであろう。ヒト以外の▼哺乳類や鳥類、爬虫類、両棲類、魚類、また昆虫の世界でも、同性どうしの性行為はごく普通に見出すことができる。そうである以上、男性間の性交渉が人類とともに古いことは疑いようのない自明の事実と言ってよいのではないだろうか。

▼ヒト以外の……　サル、イヌ、ネコ、ウシ、ウマ、ロバ、ヤギ、ヒツジ、カモシカ、ゾウ、ブタ、ネズミ、ヤマアラシ、テン、アライグマ、コウモリ、イルカ、クジラ、ハト、ニワトリ、ガチョウ、アヒル、カモメ、ウズラ、ペンギン、トカゲ、カエル、魚、ハエ、その他たいがいの動物の同性間性行為の例証が、古代ギリシアのアリストテレス以来、現代にいたるまで大勢の研究者によって公表済みである。

石器時代の洞窟壁画や岩に刻まれた図像表現などから、人類が太古以来、男色を営んでいたことは明白である。シチリア島のアッダウラ洞窟に見られる男根《ペニス》を勃起させながら跳ね踊る二人の男の姿［前五〇〇〇頃］の他、

楔形文字で刻まれたギルガメシュ叙事詩の粘土板。19世紀、アッシリア遺跡から発見された。

中石器時代の作品には、男性どうしの性的な交流を、うかがわせるものが少なくない。◆[1]

しかしながら、確実に男性間の交愛を描写した例証となるものの出現は、やはり、文字の発明という画期的な変革の時代、すなわち人類が有史時代へと突入する時期を待って初めて可能となる〔無文字社会の男色に関しては後述。第Ⅷ部を参照〕。したがって、われわれも「世界史」の教科書に倣《なら》って、男性どうしの愛の歴史を時代順、地域別にたどっていくことにしたい。

古代メソポタミアのシュメール人が発明したとされる楔《くさび》形文字は、その後およそ三〇〇〇年もの間、オリエント世界のさまざまな民族によって用いられていった。楔形文字で記された文学作品がいくつも世に送り出されたが、そのうち、最も魅力に富んだ傑作として長きにわたり愛好されたのが、『ギルガメシュ叙事詩』▼である。

▼『ギルガメシュ叙事詩』　ギルガメシュはウルク第一王朝（前二八〇〇頃～前二五〇〇頃）の五代目の支配者。世界最古の神話文学として知られる『ギルガメシュ叙事詩』は、シュメール時代に淵源を発し、前二千年紀の前半までにアッカド語に翻訳されて普及した。

2……『ギルガメシュ叙事詩』◆[2]

世界最古の英雄叙事詩として知られる『ギルガメシュ叙事詩』は、同時に人類最古の男どうしの友愛を謳《うた》い上げていることでも名高い。この作品からは、男色と女色との間に何ら優劣の別▼を設けなかったメソポタミア文明圏の人々の性愛観を見てとることもできるであろう。

▼優劣の別　『ギルガメシュ叙事詩』にはまた、都会の文明化した生活を記した箇所で、神殿聖娼がエンキドゥに向かって「さあ、行きましょう。あそこでは、毎日お祭りが祝われている。〔……〕快楽を与える若者たち（稚児衆）がいる。〔……〕彼らは快楽に装われ、歓喜に満ち溢れている」と語るところがある（第一の書板）。

あらすじだけを記す——

古代シュメールの大都市ウルクの支配者ギルガメシュは、三分の二が神で三分の一が人間という容姿のすぐれた英雄王であった。比類ない武勇を誇る彼は、やがて横暴な君主となり、臣下や市民の息子や娘を一人残らず奪い取って性の相手として弄《もてあそ》び、さらには人妻をも望みのままにわがものとしはじめる。その暴君ぶりに我慢できなくなったウルクの住民が天の神に救いを求めると、神々はギルガメシュに匹敵するエンキドゥという毛深い野性の闘士を造り出して送り込む。ウルクにやって来たエンキドゥは、ギルガメシュ王と一対一の格闘を行ない、「牡牛のように強く」力の限り闘い合ったが勝負はつかない。ついに二人は互いに相手の力を認め合って親密な友人どうしとなる。その後、両者は手に手を携えて森の怪物を退治するなど大いに活躍する。ところが、好事魔多し。あるとき、ギルガメシュの立派な姿に魅了された女神イシュタルが王に求愛するが、手厳しく拒まれてしまう。袖にされた女神は怒るまいことか、報復として父神に頼んで天の牛を地上につかわし、ウルク城内にいたギルガメシュとエンキドゥに襲いかからせる。エンキドゥは、この牛を殺したせいで、病魔に取り憑かれ、一二日目に息を引き取る。親友の死を激しく嘆き悲しんだギルガメシュは、哀哭流涕《あいこくりゅうてい》しながら野をさまよい歩いた果てに、永遠の生命を求めて旅に出る……。

——と物語はつづいていく。◆[3]

この二人が性的な紐帯で結びついていたことは、残存する本文中には明確に記されていないものの、随所にそれとわかるように示唆されている。例えばアッシリア語版テクストを解読すると、ギルガメシュはエンキドゥの出現を予知する夢▼を見て心に喜悦を覚え、「私は彼を妻のように愛し抱擁する」と記されている［第二の書板］。またエンキドゥの臨終にあたっては、「滝のように涙を流しつつ、泣き女さながらに烈しく泣き叫び」、愛する友が息を引き取ると「花嫁にするかのように薄布《ヴェール》をかけ」、ギルガメシュは度を過ごした痛歎ぶりを露わにしてやまない［第八および第一〇の書板］。さらに異なるヴァージョンによれば、ギルガメシュはエンキドゥの遺体が腐敗しはじめるまで抱擁しつづけて埋葬を許さなかったとか、唯一無二の愛する友のために記念碑を建てさせたなどと記されているという。

▼**エンキドゥの出現を予知する夢**　夢には、エンキドゥを象徴するシンボルとして隕石と斧とが登場するが、これは一種の言葉遊びだと考えられている。すなわち、アッカド語で「隕石（kisru）」は〝男倡（kezru）〟の、「斧（hassinu）」は神殿で奉仕する〝聖なる男倡（assinu）〟の地口・掛け言葉であることから、これら二つのシンボルは、エンキドゥがギルガメシュと親密な仲になったのちに、二人の間に生じた性的役割を予示するものとなっているためである。また、ギルガメシュの母たる女神ニンスンの夢解きのセリフ、「お前が見た斧は男だ。お前は、あたかも女と同棲するように、彼と一緒に暮らすようになる。なぜなら、彼こそお前にふさわしい者だからだ」（Jacobsen (1930)）も、両者の関係を夫婦間のそれのように解釈している。

右記のようなくだりからも、二人の勇者の間の情愛が男女の夫婦間のそれを凌駕するほど濃密なものであったことが容易に推測されるだろう。実際、ギルガメシュは愛の大女神イシュタルの配偶者の座よりも、愛するエンキドゥとの交友のほうを選んで、女神の怒りをしたたかに買っているのである。『ギルガメシュ叙事詩』は、その後、バビロニア、アッシリアと何千年にもわたって人気を保ちつづけ、ヒッタイト語やフリ語、さらに一部はギリシア語にも翻訳されて地中海世界で広く愛読された。そして、ギルガメシュとエンキドゥの念友関係が、古代オリエント人の友愛の範となり、バビロニアのハンムラビ［ハムラビ］王やマリ王ジムリ・リム▼［前一八世紀前半］ら歴代君侯が男の愛人をもつ正当な理由づけとなったことは想像に難くない。

▼**マリ王ジムリ・リム**　在位、前一七七五頃～前一七六一。王妃の書簡から王に男の愛人たちがいたことがわかっている（Moran (1969)）。

こうした英雄的な男性カップルの友愛と死別とを歌った叙事詩や哀悼詩の系列は、その後も延々と数多くの文芸作品に受け継がれていくことになる。例えば、ヘブライ語聖典［俗称「旧約聖書」］『サムエル記』中のダウィド［ダビデ］とヨナタンや、ギリシア神話中のアキレウスとパトロクロス、あるいはテセウスとペイリトオス

古代メソポタミア

【上】『サルダナパロスの死』　ウージェーヌ・ドラクロワ（1798~1863）筆。1827 年。カンヴァス・油彩、392 × 496cm。ルーヴル美術館蔵。サルダナパロスはアッシリアの大王アッシュールバニパル（在位、前 668~ 前 627 頃）と同一視される。宦官たちとともに後宮に引き籠もり、娼婦のごとく女装化粧して男女両性を相手にあらゆる快楽に耽ったという。重臣らが反乱を起こすと、王は宮殿に火を放ち、多数の宦官や愛人たちもろとも焚死したという。

【右】英雄ギルガメシュ像　イラク、ドゥル・シャルキン（現、コルサバド）出土。アッシリア王サルゴン 2 世の宮殿から発掘された「ライオンを捕獲したギルガメシュ」の浮彫（前 8 世紀末）。ルーヴル美術館蔵。『ギルガメシュ叙事詩』の主人公ギルガメシュはエンキドゥの念友。シュメル初期王朝時代のウルク第 1 王朝の半ば伝説的な王。在位、前 2600 年頃か？

といった深く愛し合う英雄《ヒーロー》たちの物語、さらに降《くだ》っては中世ヨーロッパのロランとオリヴィエの戦友愛を扱う武勲詩『ロランの歌』、云々といったぐあいに。

3……オリエント神話と聖倡

シュメール人以来、メソポタミアに暮らした民族は、総じて男色と女色との別なく性愛の快楽を享受していた。どの都市にも男女の売春業者《セックス・ワーカー》がいたし、王宮には男女両色の奉仕をする召使いが抱えられていた。また、神殿に行けば男女両性の売春神官が仕えていて、敬虔な信者の性の相手をつとめる習いであった。

彼ら男性売春者の存在を肯定する神話もいくつか伝えられている。それらのうち、最も有名なものは「女神イシュタルの冥界下り」の神話である。

この物語の中で、イシュタル［シュメール語では、イナンナ］は黄泉《よみ》の国に下り、地底で囚《とら》われの身となる。そこで彼女を救出するために智恵の神エアによって創り出されたのが、アスシュナミル［シュメール神話では、クルガッラとガラトゥル］という使者である。果たして彼（ら）は、その美しい容姿で首尾よく冥界の支配者を悦《よろこ》ばせ、無事に使命を遂げてイシュタルを地上に連れ戻すことに成功した、と伝承は語っている。近年の研究によれば、ここに登場するアスシュナミル［「光り輝く容姿」の意］、もしくは、クルガッラ［アッカド語のクルガッルー］やガラトゥルと呼ばれる使者こそが、神殿に仕えていた特別な男性神官の祖型《アーキタイプ》だという。彼らは、この他にも、アッシンヌとかガラ、クルウ、カルー、カラトゥル、ガラトッル、サグルサグなどさまざまな名称で呼ばれており、それぞれがギルド的な組織を形成して各種の職掌を司《つかさど》っていたと推測されている。詳細は知られていないものの、彼らに共通して言えることは、いずれも男色関係において受け手の役割を演じていたということである。アッカド語の『卜占の書』に、「もし男性がアッシンヌと性交するなら、災いは去り幸いを得るであろう」とあるように、彼らと寝ることは幸運をもたらす行為とみなされていた。おそらく彼らは、神殿に属してイシュタル女神のために音楽や

演芸を披露する神官であると同時に、当時の寺院売春における「神殿男娼▼」に相当する人々だったのであろう。◆4

▼神殿男娼　彼らのうち最古のものは、前三〇〇〇年紀中頃に遡るシュメール初期王朝のガラ神官である。また、サグルサグが「半身女装し半身男装していた」と記されるように、彼らの中には美々しく身を飾った異性装者も含まれていたと考えられる。女性の名前をもつ者もいれば、実子のいる者もいて、必ずしも去勢手術を受けていたとは限らない。その淵源は先シュメール期、初期青銅器時代にまで遡り得るという。

では彼らは、信者とどのような体位で性交したのであろうか。

素焼きの小レリーフの中に、男が相手に背を向けて性行為を行ないながら、ストローでビールを飲んでいるところを描写したものが残っている［下図参照］。いわゆる後背位での肛交《アナル・セックス》［肛門性交］である。しかし、これは居酒屋における性戯のありさまを表現しており、寺院内部での神官との男色場面ではないと思われる。というのは、民家の主人が使用人ないし召使いを男色の相手にしていたという記録があって、売春業者《プロフェッショナル》ではない、素人どうしの間でもごく普通に肛交などの性行為が営まれていたことが知られているからだ。このあたり、江戸時代の日本と似ていなくもない。

ヒントは彼らの名前に暗示されている。ガラ（gala）という言葉は、ペニス［正しいラテン語ではペーニス］とアヌス［正しいラテン語ではアーヌス］との合字で表現されているし、アッシンヌは「肛交する《アナル・セックス》」という動詞、アッシヌトゥ（assinutu）と語根を共有しているのである。したがって彼らは、通常は男性信者を相手に肛交の受け手の役割を果たしていたと考えるのが妥当なところだろう。また、フェニキアやユダヤ、ウガリットなど地中海東岸地域で神殿男娼を、「犬（kelev）」と呼んでいたことも参考になる。これは、後背位《ドッグ・スタイル》（coitus a tergo）［後ろどり］で交接する彼らの体位にちなんだ命名と考えてよいのではなかろうか。

とはいえ、小アジアの女神キュベレに仕える去勢神官たちが、たくましい青年を相手に吸茎《フェラチオ》を行なって楽しみ〔第Ⅲ部第3章コラム「フェラチオとイルマチオ」参照〕、古代インドの閹人《クリバ》が男性客にアウパリシュタカ〔口唇性愛〕のサーヴィスをしたように〔第Ⅳ部第1章1節参照〕、彼らもまた、男たちにオーラル・セックス▼をしていた可能性は否定しきれない。

▼男たちにオーラル・セックス　なお、ヒッタイト語で書かれたフリ人（Hurri フルリ人とも。前二〇〇〇年紀に繁栄したカフカス南部の先住民族。シリア、パレスティナにも進出し、ミタンニ王国やウラルトゥ王国などを形成した）の神話に、男神クマルビが、天界神アヌの性器に嚙みついて、その精液を嚥み込んでは喜ぶ、という場面が登場する。しかし、これは性的な意味合いの吸茎（フェラチオ）行為と言うよりも――ギリシア神話でクロノスが天空神ウラノスの性器を切り取って神々の王座についたように――天上の覇権争いにまつわる去勢神話の分脈で把握されるべきものであろう。肛交（アナル・セックス）は異性間・同性間を問わず、古代オリエントでは相当好まれた体位だったらしい。前三〇〇〇年紀初頭以来のウルク、アッシュール、バビロン、スーサなど各地から出土した造形作品に、この交接法が見出されるからである。男性どうしが立ったまま肛交する場面を表現したテラコッタ像も発見されている（Bottéro & Petschow (1975)）。神殿男倡が信者に肛交のみならず口交も施していたことは、ローマ時代の記述から跡付けられる（エウセビオス『コンスタンティヌス大帝伝』(Euseb. Vit. Constant) 三-五五、アレクサンドリアのフィロン (Philo Judaeus)、他）。

この神殿聖娼や寺院売春の風習は、オリエント世界一帯に広まり、カナアンやフェニキア、イスラエル、そしてギリシアへと、地中海世界に広く浸透していった。ヒッタイトには去勢した女装神官がおり、ソロモン王が建てたエルサレムの神殿では、永きにわたって、神殿男倡が参詣客に春を鬻《ひさ》いでは祝福と快楽を与えていた。一説に、このオリエントの神殿男倡と、現代もなおインド世界に残る母神崇拝と結びついた女装芸能集団ヒジュラー▼とは、歴史的に関連しているという。

▼ヒジュラー　Nanda (1990) および石川（1995）を参照。インダス文明以来の女神崇拝にまつわる女装聖職者と神殿男倡との関連については、Greenberg (1988), pp.99~ に詳しい。なおまた、何人かの学者は、文証の欠如を理由に、神殿男倡が受け手の男色売春に従事したことに対し、懐疑的な態度を示している（Boswell (1980); Murray (2000); etc.）。

4……ハンムラビ法典◆5

「目には目を」の同害報復法で名高いハンムラビ〔バビロン第一王朝六代目の王。在位、前一七九二～五〇〕の法典のどこにも、男色を禁じた条文はない。先行するシュメールのウルカギナ〔ウルイニムギナ。前二三七五頃〕や、ウル・ナンム〔前二一一〇頃〕らの法典も同様である。ただハンムラビ法典には男色に関係すると想定される箇所◆6〔第一八七条、第一九二条、第一九三条〕が、二、三、見出される。それは、通例「王の召使い」と訳されるギルセクムという名称の廷臣に関する箇所である。

彼らギルセクムは、ウル第三王朝〔前二一〇〇頃～前二〇〇〇頃〕から文献に登場し、王宮や神殿などに所属する一種の侍従職ないし「宦官▼(eunukhos)」だったと見なされている。ギルセクムは妻帯を許されておらず、養子を迎えることを認められている特別な内官たちであった。「髭《ひげ》のない」と形容されるところから、国王の男色相手をつとめる若い寵臣だったと一般に解釈されている。一部に、聖倡、すなわち神殿男倡だったと見る向きもあるが、やはり王国の版図拡大とともに需要の高まった国王直属の官僚的家臣団だった可能性のほうが高い。国王の寵童上がりで、高位高官に上った内官というのも、古今東西の歴史上、その例が少なくないことは周知の通りである。

▼宦官　いわゆる「去勢者(castrati)」と「宦官(eunukhoi)」とが同一ではないこと、つまり「宦官」のすべてが去勢されていたとは限らないことは、つとに何人かの研究家によって指摘されている(e.g. Scholz (1997))。前二〇〇〇年～前一五〇〇年頃のシュメールの人間創造神話『エンキとニンマフ』に従えば、「男性器も女性器もない無性者たち」は、王の侍臣になるべく智恵の神エンキ(アッカド語のエア)によって配されたという。

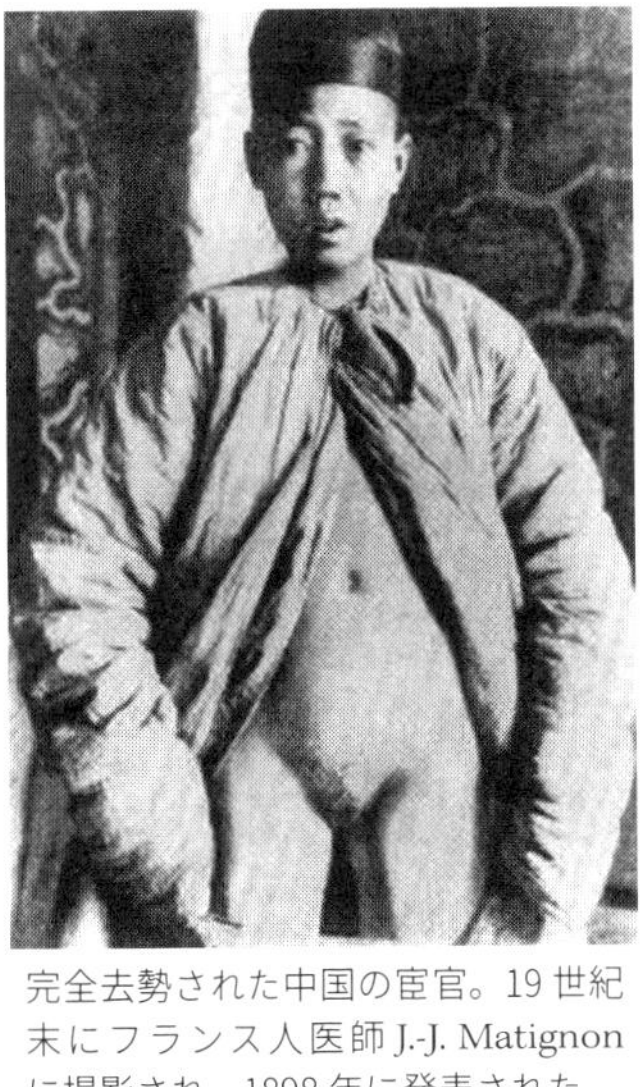

完全去勢された中国の宦官。19世紀末にフランス人医師J.-J. Matignonに撮影され、1898年に発表された。

5……愛の呪文と恋占い◆[7]

恋の成就を願う気持ちは、人類共通のものと言ってよい。バビロンをはじめとする古代メソポタミアの人々も、自らの愛が叶えられるようにと、神々に熱心に祈りを捧げていたようだ。粘土板文書の中には異性愛のみならず、男性どうしの性愛《セックス》が成功するようにと願う、呪文ないし祈禱文がいくつか発見されている。

占星術や夢解釈などの予言書の類にも、男色は女色と等しく言及されており、隔てがない。その内容は——

「もし同じ身分の男性と背後から交わるならば、彼は同胞や仲間たちの間で傑出した者となるだろう」とか、

「もし神殿男倡と交わるならば、彼から難事が去るであろう」、

「もし〔男の〕廷臣と性交するならば、彼は丸一年の間、災厄を免れるだろう」、

「もし奴隷と男色するならば、心配事にとらわれるであろう」、

といったものである。

これらの予兆書や願文を見ても明らかなように、同じ身分の男性どうしが性愛を交わすことは、べつだん珍しくはなかった。オリエント社会において、男色は召使いや売春者を相手に営む性行為とは限らなかったのである。

6……ヒッタイトの男色婚◆[8]

小アジアにあったヒッタイト▼の首都ハットゥシャシュ［現、ボアズキョイ］の遺跡から出土した粘土板文書には、少なからぬ数の法典類がふくまれている。それらの法典の条文中には、「男奴隷が結納金を贈るならば、自由身分の若者を娶って、その夫となること」▼を認めた法律があるという。

▼ヒッタイト　前一六〜前一三世紀、オリエントに栄えたインド・ヨーロッパ語系の民族。鉄器と馬を使用して軍事に優越し、小アジアからメソポタミア、シリア一帯を征服。エジプト軍をも撃退した。

▼男奴隷が……その夫になること　法典書板（Tabula）一-三六。ただし、父親が息子と性交することは禁止されていた（法典書板（Tabula）二-一八九）。なお、一部のヒッタイト学者は、この同性婚の条文を訳するにあたって、原文には存在しない「——の娘」という語句を竄入させている（Hrozný (1922); Neufeld (1951) など）。

男性どうしの婚姻を法制化したのは、ヒッタイト人をはじめとするオリエント諸民族の間に男色が広く普及していたからである。後世、「ローマ法とならんで古代世界においては最も合理的な思考法を特徴とする」と高く評されるヒッタイト法の面目躍如といったところであろうか。

奴隷でさえ同性婚が法律で許されている以上、当然ながら自由身分の男性どうしが結婚することはごく普通に行なわれていたに違いない。というよりも、この法文が制定されたのは、自由身分の男たちが同性どうしで結婚したり、男色相手を金で手に入れたりするのは、きわめて一般的な行為だったのでわざわざ明文化する必要はなかったが、男奴隷の場合は法の認可を要したため敢えてこのように書き記された、といったところが実状ではなかっただろうか。

このヒッタイトの男色婚に関する法律は、のちにギリシアの立法家ソロンが作ったアテナイ法にも影響を及ぼすことになる。

第2章 エジプト

1……恋人たちの墓◆1

一九六四年、エジプトのサッカーラで二人の男性の合葬墓が発見された。

ニアンククヌムとクヌムホテプの墓所である。彼らはエジプト古王国［第三王朝～第六王朝。前二六八六頃～前二一八一頃］第五王朝の国王《ファラオ》、ニウセルラー［在位、前二四五三頃～前二四二二頃］の美容師として仕えたカップルであった。二人ともかなり裕福で高い身分に属し、宮廷内において「神聖な王」の玉体に触れることができる特権的な地位を占めていた。

墓の内部には、彼ら二人が手に手を取り合って歩く姿や、この時代には男女間でも稀な表現、つまり互いに抱擁し合って鼻と鼻をすり寄せ、唇と唇を触れ合わせんばかりに近付けて見つめ合う情景を描写した浮彫《レリーフ》がいくつか刻まれている。また、墓所入口の上部には、二人の名前が一つに結び合わせて描かれており、「今生をともに過ごしたように、来世も永久にともに過ごす」という意味の祈りの言葉が刻まれているのである。

性交シーンこそないものの、古代エジプト芸術中でも最も親密な愛情を表明したこの二人が、恋人どう

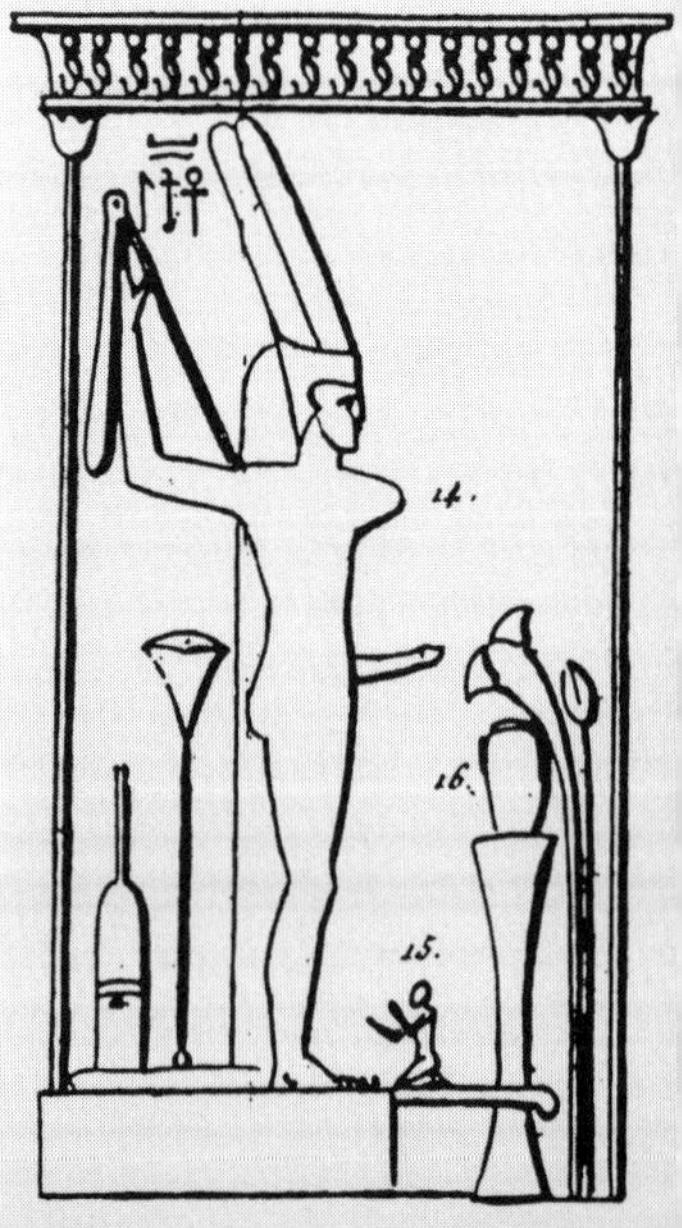

古代エジプト・新王国時代。勃起したペニスを突き出すミン神の浮彫。

ナイル河畔の恋人たち

【上】ニアンククヌムとクヌムホテプの合奏墓
彩色浮彫。エジプト古王国第 5 王朝の国王に仕えた二人の高官は死後も同じ墓に葬られ、仲良く手を繋いだり抱擁したり互いの唇を触れんばかりに近づけるなどして愛し合う情景を今に留めている。サッカーラ出土。二人の男性が睦まじく愛情を交わす最古の作例とされる。前 2400 年頃。

【中】ファラオ、アクエンアテンの妻**「王妃ネフェルティティの胸像」** 第 18 王朝の彫刻家トトメス作。前 1345 年頃。アケトアテン（現、アマルナ）出土。アクエンアテンの愛人スメンクカラーは王妃ネフェルィティが男性化したものだとする説もある。

【右】ファラオ、アクエンアテン（右）と愛人スメンクカラー（左）の浮彫。エジプト、アケトアテン（現、アマルナ）出土。前 1338 年頃。ベルリン、新博物館（エジプト博物館）蔵。スメンクカラーはアクエンアテンの配偶者にして共同統治者。

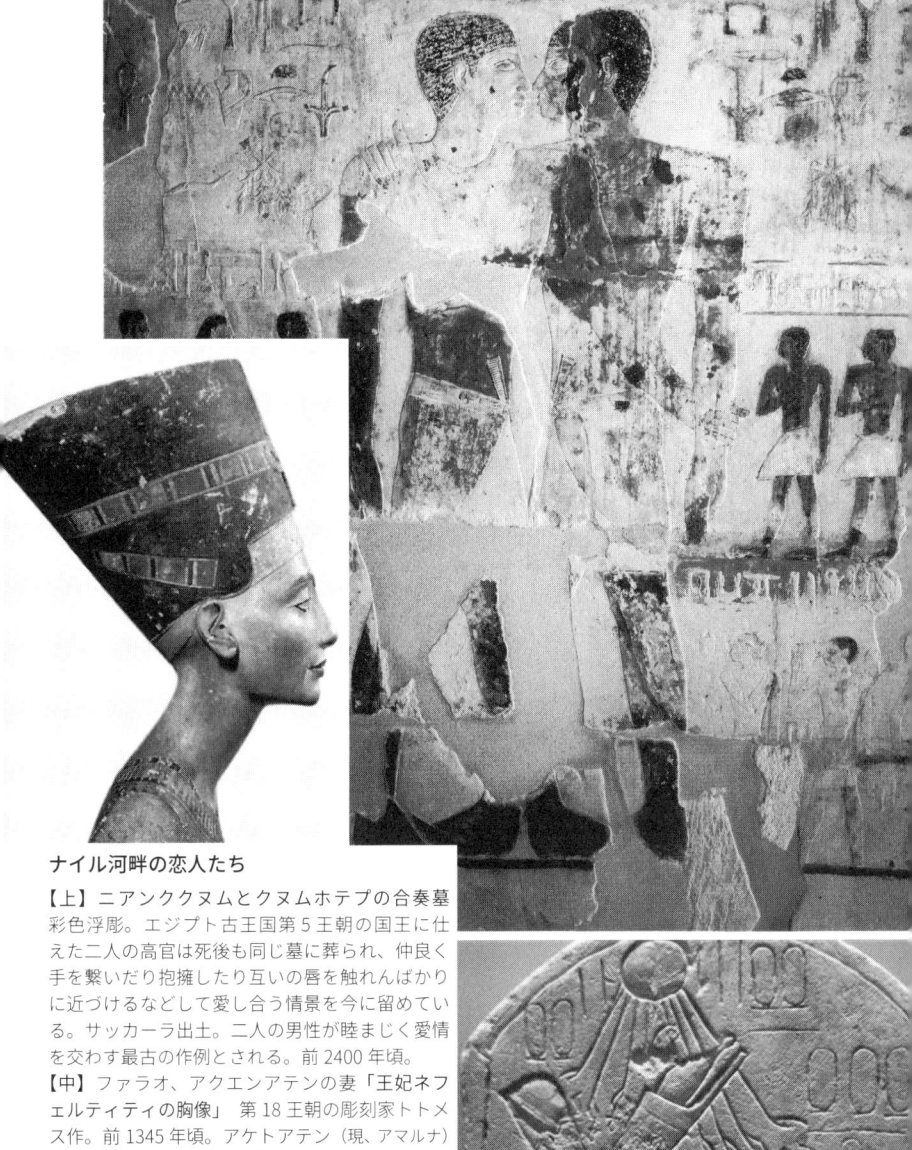

しであったことは、ほぼ間違いがない。▼なお、この墓はファラオ自らが下賜したものであり、二人の関係は、生前から君主によって公然と認められていた仲だったと言ってよいだろう。

▼ほぼ間違いがない　しかし、ファラオのマニキュア係と結髪師を統括していた彼ら二人を、どうしても愛人どうしだと認めたくない研究家は、何ら証拠がないにもかかわらず、これを双子の兄弟の墓だったことにしたがっているようである（e.g. Rice (1999), q.v.）。

2……ファラオの情人は凛々しい将軍◆[2]

このように、エジプトの造形芸術の世界において最古の男色表現は、二人の国王附き美容師という成人どうしの関係であった。同様に文学作品にあっても、その最古のものは成人どうしの契りを描写したものであった。

古王国で最も長く玉座に君臨した国王《ファラオ》は、ペピ二世［在位、前二二七八～前二一八四。即位名ネフェルカラー］である。若い頃のペピ二世については、徳川家光［江戸幕府第三代将軍。衆道をきわめて好み寵臣の屋敷まで微行したという］を彷彿させるような噂が立っていた。夜な夜な家来をともなわずに、国王ただ一人でそっと宮殿を忍び出てゆくというのだ。ヘヌトの息子テティという者が王に気付かれないように後を尾《つ》けてみたところ、果たせるかな王は高位の将軍シセネ［またはサセネト］の家の前まで行くと、煉瓦《れんが》を一つ投げつけ、足で地面を踏み鳴らして、しきりに邸内に合図を送っている。見れば、梯子《はしご》がするすると降りてきて、王はそれを登って家内へ入り込んでいく。テティが待っていると、四時間が過ぎた頃になって、ようやく将軍と事を済ませた王が屋敷内から姿を見せ、朝まだきの裡《うち》に王宮へと戻っていった。王の夜毎《よごと》の密会の相手というのは、未婚で独り暮らしの将軍シセネだったのである。

国王と将軍の情事は往時かなり有名だったらしく、中王国時代［前二〇四〇頃～前一七八二頃］になってからも、この密会物語は広く流布し、パピルス文書に記されて今日まで伝えられている。

【コラム】

合葬された愛人たち——男たちの比翼塚

時代と地域とを問わず、愛し合う男どうしを同じ墓に埋葬する習慣は人類共通のものである。

ギリシア神話のトロイア戦争で名高い英雄アキレウスと彼の愛人パトロクロスの遺灰は一つに混じり合い、同じ骨壺に納められて葬られた。同じように、ルキアノスの『トクサリス』によれば、北方に住むスキュティア人の念友たちも一つ塚に埋葬されたという。例えば、深い友愛の絆で結ばれていたベリッタとバステスは獅子《ライオン》に襲われて互いに庇い合い、もろともに命果てるが、これを多とした人々は二人を同じ墓に手厚く葬ったと伝えられている。

こんな話は男色史の世界にはいくらでもある。

アリストテレスは『政治学』の中で、テーバイの立法者フィロラオスが、愛する若者ディオクレス▼1と手に手をとって故郷コリントスからテーバイに移住し、養子縁組法をはじめとするさまざまな法律をテーバイ人のために制定、その地に生涯を終えたことを記した後、「死後、二人は互いに向かい合う形で葬られた」と述べている。◆1

まさにその都市国家《ポリス》テーバイの名将エパメイノンダス〔前四一八頃〜前三六二。生涯妻帯せず男色のみを好んだテーバイ随一の勇将〕は、マンティネイアの合戦で勝利を収めつつも負傷してこときれるが、その愛人たる若者カフィソドロスも傍らで戦死したので、二人は同じ場所に隣りあわせに埋葬された。◆2▼2 エパメイノンダスが率いた愛する男たちのカップルから成る神聖部隊のメンバーも、カイロネイアの決戦〔前三三八年〕で玉砕したのち、恋人たちは皆な一緒に葬られている。神聖部隊を撃ち破ってギリシア全土に覇を唱えたマケドニア王フィリッポス二世〔アレクサンドロス大王の父〕は、二年後、男色のもつれから愛する青年の一人パウサニアスによって暗殺されるが、死後王とパウサニアスの二人は同じ火葬壇の薪の山に乗せて焼かれ、その遺骨は同じ廟墓に埋葬されたといわれる〔前三三六年〕。たとえ暗殺者といえども、死んだ後は愛し合う者どうしをともに葬ったのである。

　哲学者の世界でも事情は変わりなかった。例えば、アテナイの哲学者でプラトンの流れをひくアカデメイア派のポレモン〔前三一四～前二六九。第四代アカデメイア学園の学頭〕は、相思相愛の弟子クラテスと仲良く一緒に暮らし、学頭の座をこの愛弟子に譲って亡くなるが、死後二人は当然のごとく同じ墓を共有している。◆[3] ローマ帝政末期の新プラトン主義哲学者シュリアノス〔?～後四三七頃〕の時代になっても、彼が死に臨んで愛弟子で次期学頭となるプロクロス〔四一二頃～四八五〕と同じ墓に葬るよう遺言していることから見て、歴代の愛し合う師弟が合葬される慣習はほぼ制度化されていたと思ってよい。

　似たような例を挙げていったら枚挙に遑《いとま》がない。

　ローマの偉人スキピオが死の床で、エンニウス〔前二三九～前一六九。「ローマ文学の父」と称される〕と相並んで埋葬して欲しい」と言い残したことや、ペトロニウス〔後二七頃～六六〕のラテン語小説『サテュリコン』中で、船が遭難したとき、愛人どうしだった青年エンコルピウスと美少年ギトンの二人が帯で互いの身体を結び合わせて、ともに死んで同じ塚に埋められることを望む場面などは印象に残るものである。

　北欧の「誓いの友」の関係にある戦士が二人づつ合葬されていたり、キリスト教の殉教者が男どうしで同じ墓の中に埋葬されたりする例も珍しくはない。◆[4]

　はるかエジプト古王国時代にもすでに王ニウセルラー〔在位、前二四五三～前二四二二〕に仕えた廷臣二人が合葬されており、新王国のファラオ、アクエンアテン〔在位、前一三五二頃～前一三三六頃〕とその愛人で後継者のスメンクカラー〔在位、前一三三八頃～前一三三六頃〕もまた同じ墓所に眠っていた形跡がある。

　インドでは、仏教の開祖・釋迦の遺骨が最愛の弟子、阿難《アーナンダ》の半身の遺骨と同じところに葬られたという言い伝えがあった。この話は、唐代の玄奘三藏法師〔後六〇二～六六四。初唐の渡天僧、訳経僧。『西遊記』の登場人物として有名〕の『大唐西域記』にも記されている。

　中央アジアから西アジアにかけて大帝国を築き上げたティームール〔一三三六～一四〇五〕が崩御したのちに、生前からの希望通り精神的指導者のサイイド・バラカと同じ霊廟に、顔を師のほうに向けて埋葬されたことも、麗しい師弟愛の発露と言えるのではあるまいか。このケースでは肉体関係はなかったかもしれないが。

中世ヨーロッパの物語『アミとアミール』では、二人の心友《しんゆう》は異なる教会に別々に葬られたにもかかわらず、翌々日にはアミールの遺骸がアミの柩の隣に来ていたという。よって二人を一つ墓に合葬したところ、以来二つの棺は決して離れることはなかったと伝えられる。

史実では一二六八年一〇月二九日、ホーエンシュタウフェン家の神聖ローマ皇帝フレデリクス〔フェデリーコ、フリードリヒ〕二世の孫コンラディン〔一二五二～六八。シチリア王。在位、一二五四～五八〕が若くして〔一六歳〕斬首された折りに、すすんで彼と運命をともにした恋人バーデンのフリードリヒ公〔二一歳〕の亡骸を、時人はコンラディンのそれと一緒にナポリのサンタ・マリア・デル・カルミネ修道院に合葬したといった事例が想い出される。

ルネサンス・イタリアのフィレンツェに関しては、人文主義者ピコ・デラ・ミランドラが〝終生の伴侶〟たる愛人ジロラモ・ベニヴィエーニとともにサン・マルコ修道院に「夫婦のように並んで」埋葬された史話を挙げるだけに留めておこう。

ローマ教皇の中では、ユリウス三世〔在任、一五五〇～五五〕が、ペットの猿の飼育係から枢機卿に取り立て、自分の兄弟の養子にまでした愛人インノチェンツォ・デル・モンテ〔一五三二～七七〕と同じ教会内の礼拝堂に仲良く合葬された一件が名高い。

近代ヨーロッパでは、プルーストの大作『失われた時を求めて』中の登場人物、シャルリュス男爵のモデルと目されるロベール・ド・モンテスキュー伯爵〔一八五五～一九二一〕と二〇年間にわたって同棲したペルー人秘書ガブリエル・イテュリが、死後に伯爵と同じ墓に葬られたり、「オスカー・ワイルドの墓に合葬して欲しい」と遺言したワイルドのかつての恋人ロバート・ロス〔一八六九～一九一八〕が、一九五〇年のワイルド没後五〇周年記念式典のときになって、ようやく念願を叶えられた例が著名なところであろう。ゲイ・リベレーション運動の先駆者的存在といわれる英国のエドワード・カーペンター〔一八四四～一九二九〕が、四〇年間も連れ添った恋人ジョージ・メリルと同じ墓に埋葬されたのは当然過ぎる話というものだ。

中国でも前漢の武帝〔前一五九～前八七。在位、前一四一～前八七〕は、義弟にあたる将軍、衛青《えいせい》が体格雄偉なのでいたくこれを愛し、彼が死ぬと自らの陵墓、茂陵の傍に陪葬させており、次いで帝の寵愛する将軍、霍去病《かくきょへい》が若死にすると彼をも衞青と並んで茂陵に陪葬させたなど類似の例には事欠かない。前漢末の哀帝〔前二六～前一。在位、前七～前二〕が、やはり自分の墓所たる義陵の傍らに宏大な墓を築いて愛する董賢《とうけん》に与え、死後もつねに一緒に居られるように配慮した史譚も名高い。『情史』巻二二「情外類」その他の書によれば、龍陽の仲で結ばれた明代の萬生と鄭生との二人は、「生きている限りは同衾し、死してのちは同穴」と称して、模範的な偕老同穴を守って添いとげ、死後も一つ塚に葬られたという。中国歴代王朝ではまた、宦官がその夫と合葬されることも珍しくはなかった。

わが国の近似した諸例を、逐一ここで列挙している余裕はない。

能楽の『松虫』にえがかれているのは、心友が死ぬと、その後を追って自らも死んで同じ塚に葬られたという「松虫塚」の縁起譚である。この哀話は芸能史にも名高い成年男性どうしの恋物語となっている。松虫塚は今も大阪阿倍野《あべの》にあり、念契の仲浅からぬ男たちが参詣すると聞く。いわば古代ギリシアの「イオラオス〔英雄ヘラクレスの愛人〕の墓」〔第Ⅱ部第5章1節参照〕の日本版である。

『古事談』巻二には、源顕定《あきさだ》▼[3]とたいそう仲の良い右大臣、雅定とが、死後二人の墓を並べて造ったところ、雨夜には笑い声や夜話にうち興じる声が聞こえたという説話が載っている。

史実においても、画家の海北友松〔天文二（一五三三）～慶長二〇（一六一五）〕が、処刑された念友の齊藤利三▼[4]の首を葬り、自らの墓もそれに列ねて建てたことや、徳川家光に愛された小姓上がりの老中、阿部忠秋が、日光にある家光の霊廟、大猷院廟の側に墓を築いて埋葬されたこと等々、これまた数限りない。

その他、野中兼山《のなかけんざん》〔元和元（一六一五）～寛文三（一六四八）。江戸初期の朱子学者、土佐藩家老〕と彼に殉じて死んだ小姓の古槇重固《ふるまきしげかた》の墓が、寄り添うように並んで建てられているなど、ふつう衆道の契りのあった人々は死後も墓所をともにするのが慣わしになっていた。

浅井了意の『狗張子』には、衆道の芳契ある二人の武者を同じ塚に合葬した説話がいくつか登場する。ここに一つだけ挙げておく。同書巻五の三には、こうある。越前、朝倉義景の美小姓、小石彌三郎が、情を交わした武辺かくれなき足軽大将、州河藤藏《すがわとうぞう》の後を追って討ち死にしたので、二人を一つ墓に合葬した。すると、その塚から、いつしか「男郎花《おとこえし》」が生え出て、麗しく咲き匂うたという[5]。また衆道の契りを交わしていなくとも、『狗張子』巻五の六に見えるように、伊勢国司の筒井家に仕える深見喜平が、同家の見目麗しい小姓、杉谷源次に言い寄ったものの肯わぬので、これを殺して自らも切腹。二人をともに同じ塚に埋めたところ、夜な夜なその塚から火が現われ出たといった話もある[6]。

井原西鶴の『男色大鑑』巻一の五には、念者の仇を討った若衆が塚を並べて葬られた話が出てくる。

旧く『日本書紀』巻第一四および一五には、市邊《いちのへの》押磐皇子《おしはのみこ》〔履中天皇の第一皇子。仁賢天皇・顕宗天皇の父〕が、雄略天皇の謀略にかかって、舎人《とねり》の佐伯部仲子《さえきべのなかちこ》とともに射殺されたのち、この舎人とともに同じ陵墓に埋葬された話が記されている。同様の主従間の親愛の情を記した話が、同書巻第一四に見出せる。坂合《さかあいの》黑彦皇子《くろひこのみこ》〔雄略天皇の同母兄〕と坂合部連贄宿禰《さかあいべのむらじにえのすくね》とが、ともに焼き殺されて一つの棺に入れて合葬されたというくだりである[7]。

大和斑鳩の藤ノ木古墳にも見られるように、二人の男性を同じ墓所に葬った考古学上の発見もあり、太古の昔からわが国には愛し合う男たちを同一の墓にともに埋葬するという美風が連綿と伝えられてきた消息が窺われる。

▼1　オリュンピア競技祭の優勝者。母親に恋慕されて困り故国コリントスを出奔する。

▼2　エパメイノンダスの別の愛人であるアソピコスは勇敢無比な荒武者になって活躍したという。

▼3　治安三年（一〇二三年）没。爲平親王の子。村上天皇の孫。紫宸殿で摩羅（男根）を露出したという『今昔物語』巻二八第二五他の説話で知られる。

▼4　徳川家光の乳母ふく（＝春日局）の父親。明智光秀に仕え、本能寺の変（一五八二年）の謀議に加わる。

▼5　同書巻五の四、上杉憲政の家臣掃部（はっとり）新五郎が、愛し合っていた美少年、徳之丞が一七歳で病死した後を追って池に身を投げたのち、同じ塚に葬られたという話も参看されたい。

▼6　『風流比翼鳥』巻六-一一章に類話あり。

▼7　さらに早い『日本書紀』巻九には、小竹祝（しののはふり）と天野祝（あまののはふり）という互いに愛し合っていた男性二人を、時人が一つ墓に埋葬したという話が登場する。この合葬は神功皇后の摂政元年（伝、後二〇一年）の出来事とされている。

3……男のお妃《きさき》——美しき者、愛しき者◆[3]

世界最古の宗教改革者にして、最古の唯一神信仰の創始者と言えば、ファラオ、アクエンアテン［またはイクナトン。前名、アメンホテプ四世。在位、前一三五二頃～前一三三六頃］の名が思い浮かぶ。古代エジプトの最盛期である新王国時代［前一五七〇頃～前一〇七〇頃］第一八王朝の単独支配者となるや、彼はアメン神官団ら旧勢力の専横を抑圧するべく、太陽神アテンを至高の神として崇拝し、都をアケトアテン［現、アマルナ］へ遷《うつ》して、後世「アマルナ時代」と称される清新な写実的芸術で名高い一時代を現出させた。

ところが、その晩年は謎に満たされている。

ただ十数年ほどの単独統治ののち、彼が共同統治者として年若い美男のスメンクカラー▼を迎えたことだけは確かである。現存するいくつかの記念碑を見ると、これら二人の共治王が過度の親密さで描かれていることがわかる。アケトアテン出土の碑板浮彫には、国王としては珍しく二人とも全裸の姿でならんで玉座に腰掛けている作品がある。アクエンアテンはスメンクカラーのほうを振り返って、その顎先を手で愛撫しており、かたやスメンクカラーも左腕を優しくアクエンアテンの肩に差しのべている。

また別の浮彫には、スメンクカラーがアクエンアテンのために酒を注いでいる情景が描かれており、さらに他の作品では二人が接吻し合っている場面が表わされているという。そのうえ、スメンクカラーには、通例、王妃に与えられる「アクエンアテンの愛《いと》しき者」という公式称号が授けられたばかりか、女性の正妃ネフェルティティの統治名「美しき者の到来」と同じ称号が贈られているのである。これらの証拠から、今日では二人の共治王は愛人関係にあったものだと見なされている。

▼**スメンクカラー**　在位、前一三三八頃～前一三三六頃。その素性が、長い間不明であったため、彼のことをアクエンアテンの父親アメンホテプ三世が実の娘に産ませた息子だとか、アクエンアテン自身の長男だとか、果ては正妃

古代エジプトの陽物崇拝

【右】新王国時代（前 1570 頃～前 1070 年頃）の奉献品。勃起したペニスを突き出すミン神の浮彫。レタスを切ったときに出てくる乳白色の汁が精液を連想させるため、精力増進作用のあるレタスが供物として描かれる場合が多い。

【左】古代エジプト、前 3 世紀頃か。勃起したペニスを誇張した男性像。石灰岩製。エジプトでは陽物崇拝は何千年にもわたって熱心につづけられた。

【下】新王国時代（前 1570 頃～前 1070 年頃）の浮彫。テーベ西岸ネクロポリスの墓室画。死者の国を旅するオシリス神。ミンと同じくオシリスも男性の生殖力を象徴する神として勃起した男根をもつ姿で表された。

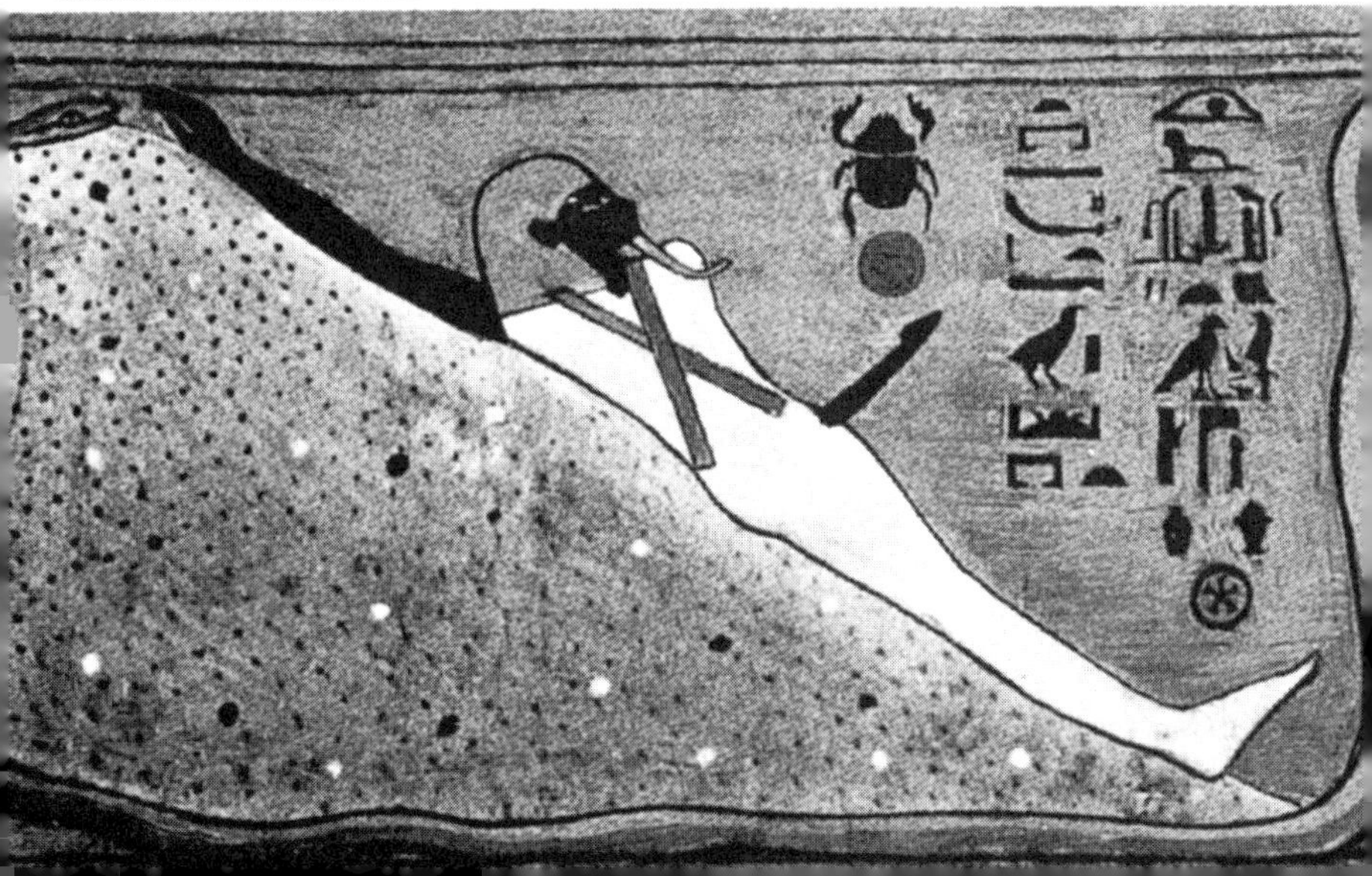

ネフェルティティが男性化した人物だと考える説までが登場した。しかし今日では、遺体の解剖学検査によって、彼は、ツタンカーメン（トゥト・アンク・アメン。在位、前一三三六～前一三二七頃）の兄であったことが判明している。いずれにせよ、スメンクカラーはアクエンアテン王の弟にして女婿だったらしいが、古代エジプトの王室では最近親者どうしの結婚は通常の関係であった。したがって、アクエンアテンが異母弟のスメンクカラーを配偶者にしたからといって、何の不都合もなかったわけである。

だが、両王の支配は長くはなかった。二年間ほどの共同統治ののち、スメンクカラーはおよそ二五歳で早世してしまい、伴侶を喪《うしな》ったアクエンアテンも程なく、そのあとを追うかのように息を引き取る。二人は同じ墓所に埋葬されたらしく、一九〇七年に王家の谷で発見された未完成の墓（ＫＶ55）の主▼がスメンクカラーだと今日では考えられている。

▼**未完成の墓（ＫＶ55）の主**　スメンクカラーと思われるミイラには、何らかの疾病の徴候・痕跡がまったく認められず、その死因は謎とされている。また合葬されていたアクエンアテンの遺体は、後日、誤って運び出されてしまったものと推測されている。

4……神々の情事

エジプトでは、神々も男色を無視しなかった。古都ヘリオポリス［太陽神信仰の中心地。古名オン］の宇宙創世神話《コスモゴニー》においては、原初の海ヌンから現われた造物神アトゥム▼が、自分で自分のペニス［ラテン語ではペーニス］をフェラチオして、二人の子シュウ［大気の神］とテフヌト［湿気の女神］を産み出したとされている。◆[4]

▼**造物神アトゥム**　アトゥムは「万物」ないし「万物の創造者」を意味するが、次第に太陽神ラーと習合してラー・アトゥムとなり、また創造神としてケプリとも同一視された。創造伝承の一つに従えば、アトゥムは「手と交わって」、つまりマスターベーションによって他の神々を創り出したことになっているものの、別のパピルス（Papyrus No.10018）には、自己フェラチオ（auto-fellatio）によって万物を造った様子が描かれている。

郵 便 は が き

料金受取人払郵便

麹町支店承認

9781

差出有効期間
2022年10月
14日まで

切手を貼らずに
お出しください

1 0 2 - 8 7 9 0

1 0 2

［受取人］
東京都千代田区
飯田橋２−７−４

株式会社 作品社

営業部読者係　行

【書籍ご購入お申し込み欄】

お問い合わせ　作品社営業部
TEL 03(3262)9753／FAX 03(3262)9757

小社へ直接ご注文の場合は、このはがきでお申し込み下さい。宅急便でご自宅までお届けいたします。送料は冊数に関係なく500円（ただしご購入の金額が2500円以上の場合は無料）、手数料は一律300円です。お申し込みから一週間前後で宅配いたします。書籍代金（税込）、送料、手数料は、お届け時にお支払い下さい。

書名	定価　　円	冊
書名	定価　　円	冊
書名	定価　　円	冊
お名前	TEL　（　　）	
ご住所 〒		

フリガナ
お名前

男・女　　　歳

ご住所
〒

Eメール
アドレス

ご職業

ご購入図書名

●本書をお求めになった書店名	●本書を何でお知りになりましたか。
	イ　店頭で
	ロ　友人・知人の推薦
●ご購読の新聞・雑誌名	ハ　広告をみて（　　　　　）
	ニ　書評・紹介記事をみて（　　　　　）
	ホ　その他（　　　　　）

●本書についてのご感想をお聞かせください。

ご購入ありがとうございました。このカードによる皆様のご意見は、今後の出版の貴重な資料として生かしていきたいと存じます。また、ご記入いただいたご住所、Eメールアドレスに、小社の出版物のご案内をさしあげることがあります。上記以外の目的で、お客様の個人情報を使用することはありません。

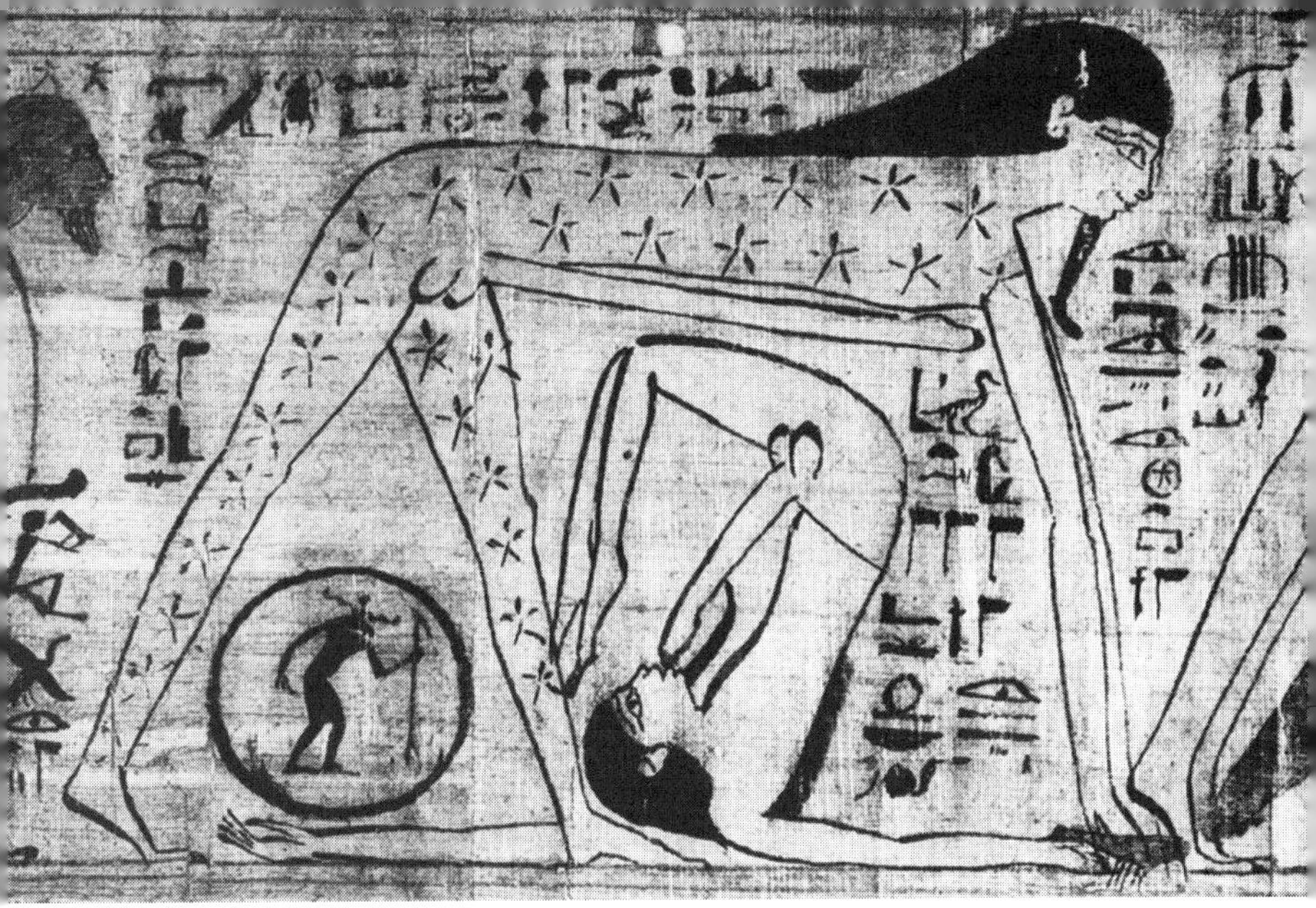

さまざまな愛の様相

【上】自己フェラチオによって世界を創造するアトゥム神と、それを守るオシリス神　パピルス彩色画。大英博物館パピルス 10018。現存する最古の AUTO-FELLATIO 図。

【下】アナル・セックスを行なう古代エジプトの男性カップル　世紀末のフランス人画家、エドゥアール＝アンリ・アヴリル（1843~1928。筆名、ポール・アヴリル）画。おそらく皇帝ハドリアヌスとアンティノウスとの恋愛関係に着想を得たものであろう。

ファロス崇拝も盛んで、豊饒神ミンやオシリス、アメン・ラーは勃起した陽物をもつ男性の姿で表現されていた。また、ファラオの戴冠式には、神アメンないしプタハが新王を抱擁しつつ、生命と活力を与える神秘の液体を背後から王の体内に送り込むという儀式▼が執り行なわれたと伝えられる。◆5

▼王の体内に送り込むという儀式　新しいファラオは大祭司によってマスターベーションされ、肛門を犯されるという説もあるようだが、今までのところでは、その文証が得られていない（Edwardes (1967)）。

エジプトの神々のうちで最も有名な男色カップルと言えば、ホロス〔ラテン語名、ホルス。隼頭の天空神〕とセト〔エジプト名、セテク。嵐と砂漠の神〕の二柱であろう。第六王朝の国王《ファラオ》、ペピ一世〔在位、前二三三二頃～前二二八七頃〕のピラミッドから発見された記録、いわゆるピラミッド・テクストによれば、ホロスとセトは古くは「聖なる兄弟」と呼ばれていた。そこには、「ホロスはセトを犯し、セトはホロスを犯した」と記されており、彼ら二人の兄弟神が相互に男色肛交し合う仲であったことが明らかにされている。

しかし、ホロス崇拝の台頭につれて、セトとホロスは兄弟から叔父‐甥の関係に変化する。そして、ホロスの父オシリスが冥界に去ったあと、その王位継承権をめぐって二神は激しく相争う間柄に変わっていくことになる。互いに愛し合う睦まじい仲から、仇敵どうしの関係へと一変してしまったのだ。

第一九王朝のラーメス五世の治下〔前一一六〇頃〕に書かれた「ホロスとセトの争い」神話において、セトはホロスに同衾を誘いかけ、それに快く応じたホロスと一つ床に共寝し、彼を肛交しようと「勃起させた男根をホロスの腰の間に押し込」む。ところが、ホロスは「自分の腿の間に両手を置いて、セトの精液をつかみとった」という。つまり、ホロスは股間交《すまた》をさせて、肛門《アヌス》を犯されること巧みに避けたのである。にもかかわらず、セトはしてやったりとばかりに、神々の法廷の場で、「私はホロスを戦争捕虜の慣わしに従って鶏姦し屈服させたのですから、支配権は私のものです」と主張する。これを信じた神々はホロスの面前で唾を吐きかける。当然、ホロスは恥辱をこうむったままではいなかった。彼は事前に母イシスの入れ知恵にしたがって、自慰によって放出した自分の精液を、うまうまとセトに呑ませておいたのだ。▼◆6 つまり、セトはホロスに妊娠させられ、支配されたということになる。そこで、神々の書記トトが「出てこい、ホロスの精液よ！」と呼ばわると、セトの頭上からそれが黄金の太陽円盤の形となって生まれ出てきたという。かくしてホロスは、セトによって屈服させられたという嫌疑を無事回避することができたというのである。

▼セトに呑ませておいたのだ　セトがホロスの精液によって妊娠したのは、セトの好物である野菜のレタスにホロスの精液が混ぜられていたためである。その乳液が精液に似ているところから、レタスは、セト神のみならず陽物神ミンの大好物でもあった。これはお好みのメニューとして定着したらしく、プトレマイオス朝時代に建てられたエドフの神殿碑文にも、ホロス神と同一視されたミン神が、敵（セト）を肛交ではらませるべくレタスを食べている情景が描かれている。

このように時代が降《くだ》り男尊女卑の傾向が著しくなると、男色肛交の受け手側は、「女の役割」を演じたという意味合いで、〝王者にふさわしくない男性〟として軽視されるようになっていく。他方、挿入する側はというと、男性優位の社会において、「男の役割」を果たした者として称賛を受けるようになるのである。この挿入される側を蔑視するという偏見▼は、以来、歴史時代を通じて地中海世界周縁の文化圏に、ほぼ共通して見出される特徴となる。◆7

▼挿入される側を蔑視するという偏見　エジプトにおける男色観の最初の変化は、第一中間期（前二一八一頃〜前二〇五五頃）に生じたものと推測される。古王国最後の第六王朝を崩壊させたこの混乱期に、女性の地位をはじめとして、人々の価値観は大きく変わったものとみなされている。第一中間期のヘラクレオポリス朝（第九〜第一〇王朝）の棺柩文（コフィン・テクスト）には、すでに「私はアトゥム神の尻を犯したから、アトゥムは私に何の力も及ぼすこともできない」といった文句を記したものがある。中王国時代後期（前一八五〇頃〜前一六五〇頃）のカフーン出土のパピルスには、セトがホロスに「おお、君の尻は何て美しいんだろう！　何と素晴らしい！」と誘いかけ、ホロスは母神イシスの忠告にしたがって、性交のときに指を股間にやってセトの精液を受けとめるという話を見出すことができる。その後の「ホロスとセトの争い」神話では、ホロスがセトの睾丸をむしり取って去勢し、セトはホロスの目を抉り抜くという血腥いモチーフも登場する。

もちろん、だからといって男性どうしの性愛そのものが▼否定されたというのではない。その後もエジプトでは、恋愛詩においても、恋人を手に入れるための呪文においても、男性間の情愛が末永くうたい継がれていくのだから。例えば、デルタの都市タニスで発見されたパピルスは、男倡と交わってはならない日というものを年に一回指定しているほどなのである。◆8

▼男性どうしの性愛そのものが……　新王国時代の『死者の書』の「冥界における否定告白」のうちに「私は男性と性交渉したことがありません」と読める文面のものがある。しかし、これを根拠に古代エジプト人が男色を断罪していたと考えるのは早計でしかない。こうした「冥界」文書は、同じ文句が女性用の『死者の書』にも見出されており、内容とは関係なく、ただ機械的に筆写されていたに過ぎないということが明らかになっているからである。智恵の神トトは、ホロスの精液によってセトが産んだ子とされており、「両男神の息子」と呼ばれていたという。したがって、エジプト人が男性間の性愛を否定的に捉えていたとは、とうてい信じることができない。とはいえ、今日入手できる証拠からは、古代エジプト人がギリシア人ほど男性愛を高く称揚する民族ではなかったことは確実だと言っても、あながち当を失したことにはならないだろう。

ホロス（右）とセト（左）の争いの壁画。エジプト考古学博物館

第3章 パレスティナ

1……カナアンの神殿聖倡◆1

イスラエル人が、のちに「約束の地」だと称して侵入・定住したカナアン［地中海東端の地域で、メソポタミアとエジプトを繋ぐ「肥沃な三日月地帯」の一部を形成する。のちのパレスティナに相当する］では、古くからメソポタミア文明の影響をこうむって、高度な都市文化が花開いていた。主だった神殿には神殿男倡や神殿娼婦がいて、人々から敬意を払われていた。彼らは参詣人らを祝福しつつ、聖なる奉仕に従事していたのだ。男女両性の神殿聖娼の存在――。どうやらカナアン人は、多くの文化圏の人々と等しく、すこぶる健全な精神の持ち主だったので、「男性は総じて男女両色を好むものだ」と信じて疑わなかったようである。

フェニキア人［カナアン沿岸地方の民。セム語を話し、良港を擁して海上貿易と植民活動に活躍した］の間では、神殿男倡たちは女装している場合が多かった。またキュプロス島などフェニキア人植民地の諸都市においても、彼らは聖域を訪れる人々を相手に、男色肛交の受け手の役割を演じていた。フェニキアでは口交《オーラル・セックス》も盛んだったらしく、のちにギリシア人は「フェニキア人の行為をする（phoinikizein）」という言葉を、フェラチオをする行為を指す隠語《スラング》▼として用いるように

ソドムの滅亡は男色によるためだと、キリスト教徒は信じ込まされてきた。Gerard Hoet 画、1727年。

なる。◆2

▼フェラチオをする行為を指す隠語　異説では、フェニキアでは高価な緋紫色の染料が採れたので、生理中の女陰をクンニリングスする場合にもこの言葉が用いられたという。舌や口唇が真っ赤に染まるからである。

後からカナアンの地に侵入したイスラエル人やペリシテ人〔前一二世紀頃、パレスティナに移り住んだ非セム系の海洋民族〕らも、神殿男倡をふくむ先住民の宗教慣習を取り入れて、男色肛交などの性的儀礼を寺院内で営むようになっていった。▼こうした売春夫との性交は、あくまでも聖なる行為であって、支払った代価は神殿に納められることになっていた。

▼神殿男倡を……になっていった　イスラエルでは、神殿男倡は qdesh（複数形は qdeshim）というヘブライ語で呼ばれた（『列王記』上、一四-二四、一五-一二、二二-四七、『列王記』下、二三-七、他）。カナアン地方の男色制度があまりにも盛んであったせいか、ユダヤ教のミドラーシュ（聖書釈義）には、「エジプトやカナアンでは、男性どうしや女性どうしが結婚していた」と記されており、中世に活躍したユダヤ人大学者マイモニデス（一一三五〜一二〇四）もこの一文を引用している（ミドラーシュ、シフラー（Midrash Sifra）一八-五）。ちなみに、ユダヤの民間伝承には、大洪水を生き延びたノアのその後の話（『創世記』（ベレーシート）九-二〇以下）を面白く述べた箇所がある。『創世記』では、ワインを飲んで全裸で泥酔していたノアを、息子のハムが覗き見て他の兄弟に告げたことを、酔いから醒めたノアが知って激怒し、呪いをかけるという場面が登場する。それがある民話の中では、この怒りの呪詛は、正体なく眠りこけているノアの肛門をハムが犯したところから発せられたものだ、とわかりやすく語られているのである。尊属の近親を強姦ないし鶏姦することは、ヘブライ人にとって大いなる禁忌（タブー）だったことが見てとれよう。

2……ダウィドとヨナタンの恋◆3

イスラエル初代の王は「イスラエル第一の美男」サウルだったが、その蹟《あと》を継いだのは彼の息子ヨナタンではなく、ヨナタンの愛人のダウィド〔ダヴィデ〕だった。『サムエル記』には、後世のユダヤ教徒による入念な検閲的編纂を経たにもかかわらず、王子ヨナタンと若きダウィドとの友愛が、まぎれもなく克明に描

ダウィドとヨナタン

【右】『ダウィドとゴリアト』 アントーニオ・ポライウォーロ（1431/33~98）筆。油彩パネル画。1472 年頃。ベルリン、絵画館蔵。若き牧人ダウィドはペリシテの巨人ゴリアトを石投げで斃した。そして、勝利のポーズとして首を跨いでいる。

【下】抱擁する二人、ダウィドとヨナタン 『国王大全（美徳と悪徳の書）』挿絵。フランス、パリ。1295 年頃。大英博物館・図書館蔵。

かれている。エッサイの息子ダウィドは、「血色の良い顔で、目が美しく、体格も立派な人であった」という〔『サムエル記』上、一六─一二、一八、一七─四二〕。一〇代にして敵ペリシテ軍の巨人ゴリアトを五つの石と石投げだけで倒した彼ダウィドを、「王サウルはたいそう気に入り、その日から召し抱え、父の家へ帰ることを許さなかった〔『サムエル記』上、一六─二一、一八─二〕」。王の息子ヨナタンもまたダウィドに魅了され、「ヨナタンの魂はダウィドの魂と結びつき、自分自身のようにダウィドを愛した。そして、彼と契りを結び、着ていた上着を脱いで与え、また自分の装束を剣・弓・帯までをも与えた」とヘブライ語聖典〔俗称「旧約聖書」〕には記されている〔『サムエル記』上、一八─一、一三～四〕。

ところが、ダウィドが次々と軍事的功績をあげて王にまさる人気を博するのを知ると、サウル王は猜疑心にかられはじめる。王は、彼を殺してしまおうと何度も企てる。しかし、その都度、ヨナタンがダウィドを庇って事なきを得たため、怒ったサウルは息子に向かって癇癪玉を破裂させる。

「お前がエッサイの息子〔ダウィド〕を選んで自分の身を辱め、恥をさらしているのを、私が知らないとでも思っているのか！」〔『サムエル記』上、二〇─三〇〕

と、二人の男色関係をなじるありさま。この腹立ちまぎれのセリフは、どこか愛人を息子に奪われた嫉妬の感情さえこもっているように響く。

父の怒りをかったヨナタンは、宮殿を飛び出して野原へ赴き、父王に隠れて、心底《しんそこ》愛しているダウィドと密会を重ねる。

「彼らは互いに口付けし、ともに泣いた。ダウィドはいっそう激しく泣いた▼」。

▼「彼らは……泣いた」『サムエル記』上、二〇－四一。この「いっそう激しく泣いた」という箇所は、原語のヘブライ語では「限度を超えた」となっており、「射精した」という意味に解釈する学者もいる。

のちにサウル王と▼ヨナタン父子は、ペリシテ人との戦いでギルボア山において戦死を遂げるが、独り残されたダウィドは感動的な哀悼の詩《うた》を歌って嘆き悲しむ。

「ヨナタンは、イスラエルの高い丘で刺し殺された。貴男《あなた》を思って、私は悲しむ。兄弟ヨナタンよ、貴男

イスラエル随一の英雄ダウィド

若くして一人でペリシテの巨人ゴリアトを打ち倒した。

【右】『ダヴィデ像』 ミケランジェロが26歳のときから制作した彫刻の傑作。1501~04年制作。フィレンツェ、アッカデーミア美術館蔵。若い男性の肉体美を愛してやまなかったミケランジェロは、15歳の少年を一糸まとわぬ凛々しい青年の姿で表現した。

【下】『ダヴィデ像』部分。ミケランジェロはユダヤ人のダウィドを、割礼を受けているにもかかわらず半包茎のペニスで表現している。

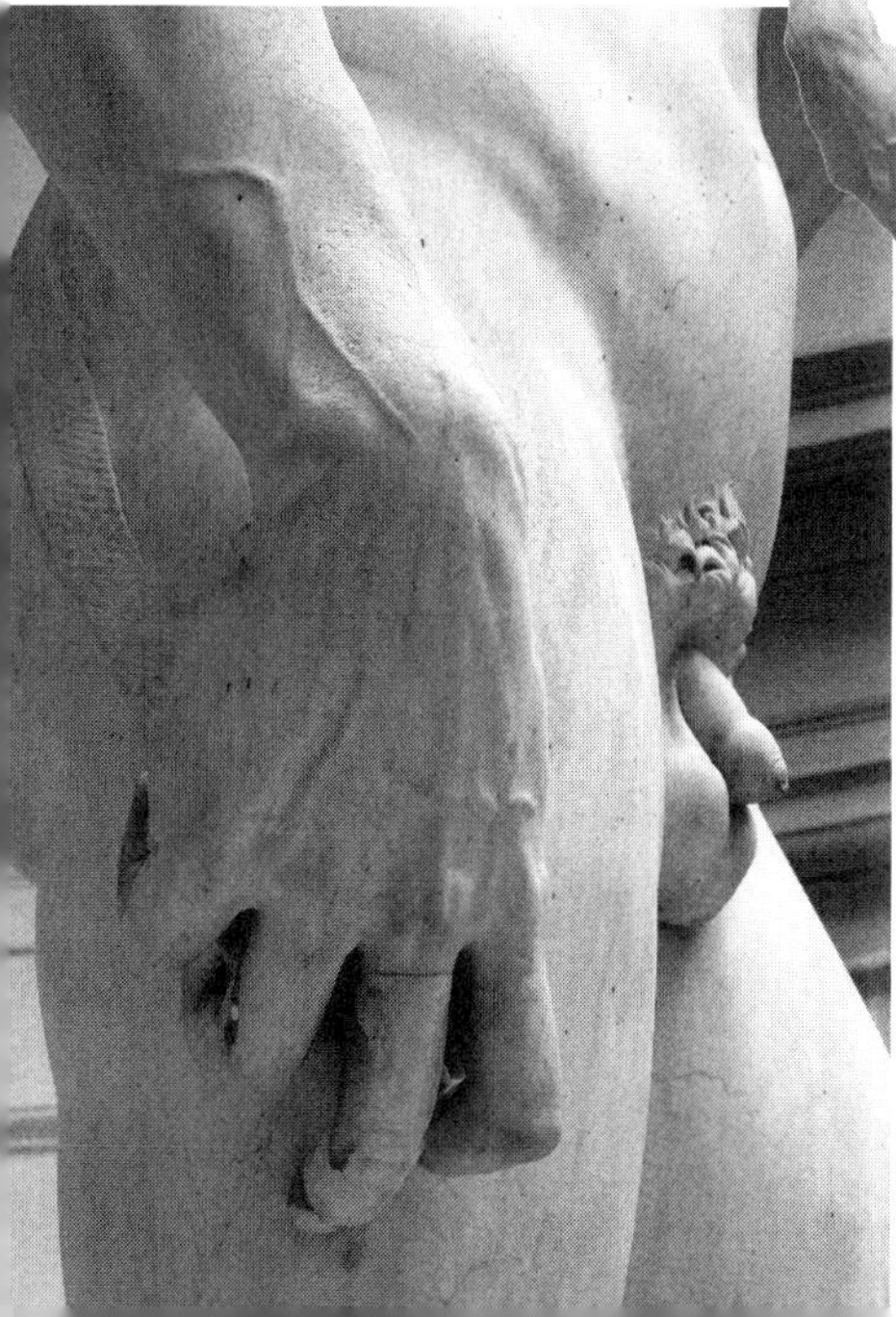

は私にとって真《まこと》の喜び。貴男が私を愛するのは世の常のようではなく、女の愛にまさる驚くべきものだった」。

ここに語られているように、〝イスラエル最高の英雄にして偉大な国王〟ダウィドとヨナタンとの間の念契は、ギルガメシュとエンキドゥとの場合と同様に賞賛され誇らかに語られることはあっても、何ら非難されることはなかったのである。

▼のちにサウル王と……　『サムエル記』上、三一、下、一-二五～二六。「女の愛にまさる」という一句は、その後、男性どうしの情熱的な愛情を言い表わす常套的な言い回しとして、永く用いられていく。ダウィドの統治した時代は、のちにイスラエル人によって理想化され、彼の子孫から救世主（メシア）が出ると信じられるようになった。キリスト教伝説では、イエス・キリストは、系譜上、ダウィド王の末裔ということにされている（ただし、養父ヨセフの家系ではあるが）。このダウィドとヨナタンの物語は、ヘブライ語聖典（俗称「旧約聖書」）に記された唯一の恋愛譚である。なお、かつてソロモン王の作品と伝えられていた『雅歌』を、ソロモンの息子アシェルが若き戦友に宛てた愛の歌集だと解釈する学者もいる（cf. Paul R. Johnson, *The Song of Songs, A Gay Love Story*, 1990）。これはヘブライ語では母音が示されないため、中世ユダヤ教のマソラー学者が後九〇〇年頃、愛人の代名詞を男性から女性に変換させてしまったのであろうと推測した説で、死海写本によってもこの学説は裏付けられているという。古代オリエントにおいては、王侯から若者に捧げる恋愛詩は一般に人気を博する作品だったのであろう。

3……ソドムとギブア◆4

男女両色が普通に営まれていたオリエント社会にあっては、旅人が見知らぬ土地を訪れるときには、さまざまな危難を予期しなければならなかった。ソドムの滅亡神話を記した『創世記』一九章と、『士師記』一九章以下に出てくるギブア［ギベア］における事件という相似た物語を読めば、その事実は明らかである。簡単に両話の梗概を記しておく。

ソドムの破壊

ソドムとゴモラの町を滅ぼそうとしたヤハウェの神は、二人の使者をソドムに寄寓しているロト［ロート。ヘブライ伝説の族長アブラーハームの甥］のもとへ送り込んだ。ロトが彼らを自分の家へ招いて歓待していたところ、夜になってソドムの町の男たちがこぞって押しかけてきて、「お前のところへ来た連中を、ここへ引き出せ。彼らを嬲《なぶ》り者にしてやるから」と叫び立てた。ロトは、二人の使者の代わりに、自分の実の娘二人を差し出そうとソドムの男たちに提案したが、怒った群衆は「彼ら二人よりも先にお前を痛い目にあわせてやる」とロトに詰め寄った。使者たちは人々に眼潰しを食わせてロトを救い、彼にすぐさま家族とともにソドムの町から脱出するように促した。ロト一家が逃げ出すと、ソドムの町は天から降りそそいだ硫黄の火によって滅ぼされてしまった。▼

▼……滅ぼされてしまった　『創世記』一三～一四章、一八～一九章を参照。邦訳にあたっては、ヘブライ語原典、およびギリシア語訳『セプトゥアギンタ』、ラテン語訳『ウルガータ』を参照した。なお、ソドムとゴモラの滅亡譚は、ハンムラビ王と同一視されることのあるアムラフェルらの連合軍によってこれらの諸都市が破壊された史実に由来すると考える学者も少なくはない。

ギブアの事件

エフライム山地のレビ人が妾《めかけ》を連れて戻る途中、日が暮れてきたのでギブア（Gibeah）［ギベア］の町に泊まろうとしたところ、この町に滞留する同じくエフライム山地出身の老人が「広場で夜を過ごしてはいけません」と言って、自分の家に招いて泊めてくれることになった。すると夜分に、ギブアの町の人々が家を取り囲んで、「お前のところに来た男を出せ。われわれはそいつを知りたいのだ」と戸を叩きつつ怒鳴った。老人は「いったん私の家に入った人に、そんな非道なふるまいはしないでくれ。代わりに、私の娘と彼の妾を出すから思う存分に辱めるがよい」と申し出たが、人々は聞き入れようとはしなかった。そこで旅人が妾を戸外に押し出すと、彼らは朝まで一晩中、彼女を輪姦して弄び、その結果、女は死に至った。怒ったレビ人は、妾の死体を一二片に切断してイスラエル全土に送りつけて、復讐を訴えかけた。▼

▼……復讐を訴えかけた　『士師記』一九章以下を参照。

右記の二話からわかるように、男女の性別にかかわらず、旅中に異邦の町で不用心に宿泊することは、地元の無頼漢によって強姦される惧《おそ》れをともなっていたわけである。とはいえ、ソドムの人々が望んだのは、後世の人間が曲解したように男性の肉体だったというのでは必ずしもない。ロトが自らの未婚の娘たちを代わりに提供しようと申し出ていることからも、そのことは明らかであろう。また、それが証拠に、ヘブライ語聖典のどこにも、「神の怒りをかったソドムの罪」が男色であるなどとは記されていないのだ。『エゼキエル書』には、はっきりと「ソドムの罪はこれである」として、次のように書かれている。「高慢で、食物に飽き、安逸を貪りながら、貧しい者、乏しい者を助けなかった▼〔……〕」。

▼「高慢で……助けなかった」『エゼキエル書』一六‐四九。外典（アポクリファ）の『知恵の書』一九‐一三〜一四には、ソドム人の罪は「他国人を虐待したこと」と、また『シラ書（集会の書）』一六‐八には、「高慢」が彼ら滅亡の原因だったと明確に述べられている。

ことほど左様に、古代イスラエルの預言者関係の文献以来、ユダヤ教の伝統では「ソドムの罪」を男性どうしの性交と結びつけることはなかったし、それは多くの「タルムード」〔ヘブライ語聖典の註釈書。口伝律法〕の解釈でも同様であった。

では、ソドムの罪とはいったい何であったのか。二〇世紀半ば以降のキリスト教聖書学上の解釈によって、それは「客人冷遇」ないし「来訪した旅人を虐待しようとした行為」、つまり「客人歓待《ホスピタリティ》の聖なる義務違犯▼」であったことが立証されている。イエス自身も同じ考えだったことは、『マタイによる福音書』一〇‐一四〜一五や『ルカによる福音書』一〇‐一〇〜一二に述べられている通りである。一世紀末の教父文

ソドムとゴモラ伝説

【右】『ソドムの滅亡』 明代。一六〇九年。イタリア人イエズス会士マテオ・リッチ（一五五二〜一六一〇）の委託を受けて作られた木版画。キリスト教徒は長い間、ソドムが滅亡したのは、住民が男色を好んだからだと信じ込んでいた。

【下】ソドムの町を逃れるロト一家 シチリア、パレルモ南郊のモンレアーレ大聖堂のモザイク。一二世紀。ロトの妻（中央）は禁を破ってソドムの町を振り返ったせいで、塩の柱に変えられたという。

書『クレメンスの手紙』〔後九六頃〕もまた同様の見解を表明している。

▼**客人歓待（ホスピタリティ）の聖なる義務違犯**　*Encyclopedia Judaica*, Vol. 15, 1961, etc. Baily (1955) は、ソドム神話の性的要素を、ヘレニズム時代にイスラエルを支配していたギリシア人とその文明に対抗する意図から書き加えられたものだと考えている。たしかにローマ帝政期にギリシア語圏に暮らしたヘレニズム的ユダヤ人著作家フィロン（前三〇頃〜後四五頃）とイオセポス（ヨセフス。後三七〜一〇〇頃。ギリシア語でユダヤの歴史を執筆した）の二人は、ともにソドム譚と鶏姦とを関連づけているようである（◆5）。

にもかかわらず、後代のキリスト教徒は強いてソドム人の罪は男色であった▼と決めつけて疑わず、なお喫驚することには、今でもそう信じ込んで疑わない人がこの世に存在するというのである。

▼**ソドム人の罪は男色であった**　ソドム神話を初めて性的な意味に解釈したのは、前二世紀末頃に成立した偽典『ヨベルの書』（エティオピア語版で伝存）である。しかし、この『ヨベルの書』では、男女間の乱交を指して「罪」と称しているに過ぎない。現代の研究家の中には、「ソドムの罪」なるものの中に性的な要素がまったくなかったと主張する人もいるが、『創世記』の当該箇所を見る限りでは、集団レイプを含めた異邦人虐待もソドム人の行為の中に認めてよいであろう。古代において知るべのない町を旅するのは、かなり危険をともなう冒険であったことがテクストからもうかがえるからである（◆6）。

ソドムとギブアという類似した両話のうち、どちらがより古い伝承であるかといった点については説の分かれるところだ。が、もしも『創世記』のソドム譚の箇所にギブアの凌辱事件が記されていたならば、果たして後世のセム系単一神宗教の信者らは、女色を「ソドミー」と呼んで迫害の対象とし、火刑や投石刑で異性愛者たちを虐殺することになっていたであろうか。

第4章 ペルシア帝国

1……ペルシア人と少年愛◆1

ギリシアの歴史家ヘロドトス［前四八四頃～前四二〇頃。ペルシア戦争に関する史書を著わし、「歴史の父」と称される］によると、「ペルシア人は少年愛をギリシア人から習い覚えて、これに惑溺するようになった」▼という。とはいえ、この種の性習慣伝播説には、あまり信を置くことはできない。進んだメソポタミア文明に早くから接し、古代オリエント世界全土を統一したペルシア人が、西涯のギリシア人と接触するまで男色の習慣と無縁であったと考えることは現実的ではない。武勇に秀で、かつ洗練された宮廷文化を築き上げた民族に対して、これは礼を失する表現というべきものであろう。こうした言辞は、多分にペルシア人を蛮族視しようとするギリシア人の中華思想的な偏見の現われと見てよい。

▼**「ペルシア人は……になった」** プルタルコスが指摘するようにヘロドトスの記述は正しくないと見て間違いはなかろう。イスラーム化されてから後も、近代にいたるまで永く〝ペルシア人と言えば男色好き、男色好みと言えばペルシア人〟と称されるほど盛名を馳せていた彼らに対して、やはりこれは侮蔑的な文言と言わざるを得ない。イラ

キュロス大王。E. Wallis 画「*Illustrerad verldshistoria utgifven* vol.I」より、1875 年。

ン民族が旧くより男性どうしで歓を尽くす習慣のあったことは、つとに人口に膾炙している通りである。しかし、インド・ヨーロッパ語族通有の男色の通過儀礼（イニシエーション）を往古のイラン系諸民族も守っていたとする説に関しては、現在までのところ、まだ何ら確証となるものは発見されていない（◆2）。なお、「アカイメネス朝ペルシアは、ゾロアスター教を採用したため男色に対して禁圧的であった」と主張する人もいるかもしれないが、開祖ゾロアスター（ザラスシュトラ）の作と伝えるガーサーには、男色に関する言及は一切見出せない。はるか後代になって成立したゾロアスター教関係の宗教文書「アヴェスター」に至って、ようやく批判的な文言が挿入されるようになる。ゾロアスター教が男色をはっきりと罪悪視しはじめたのは、実にペルシアがイスラーム化されて久しい九世紀以降のことに過ぎない。ムスリム（イスラーム教徒）の間で少年愛が盛んなことに対する反撥心から生じた戒律だった可能性も指摘されている（◆3）。

2……キュロス大王

アカイメネス朝ペルシア帝国の事実上の建祖キュロス大王［在位、前五五九～前五二九］は非常な美男子だったと言われている。そこで当然ながら、若い頃には他の男性から求愛されることが少なからずあった。

ある立派なメディア人［前七世紀にアッシリアを滅ぼし、メソポタミアに強盛を誇ったイラン系民族］貴族は、長きにわたってキュロスの若殿ぶりに魂を奪われていた。そして、ペルシア人が男性親族どうしで挨拶として口付けする習慣があるのを知ると、ただその唇に接吻したいがために是非とも親族になりたいと懇願した。するとキュロスは「それで、そなたは私をいつも見つめていたのだな」と答えて、自らそのメディア貴族に近づき優しく口付けをした。貴族の申し出を快く受けいれたのである。

「長い間別れていた後で再会したときや、互いに別れるときに接吻する慣わしだ」と聞くや、その男は大喜びして「では、今一度、口付けをして下さい。私はすぐさま出発しなければなりませんから」と言って、ふたたび接吻を受けて出かけていった。が、すぐに馬首をめぐらせて舞い戻ってきて、「何か言い忘れたことでもあるのか」と不審がるキュロスに向かって「そうではありません。長い間別れていて帰ってきたのです」と答えた。

「ほんのわずかの間ではないか」とキュロスが訝ると、「ご存じないのですか。かくも美しい若殿を見ることができないと、瞬きする間ですら、この上なく長い時間に思われるということを」と答えてキュロスを愉快がらせたという。[4] 微笑ましいホモエロティックな情景である。

またキュロス▼の食卓仲間の中には、たいそう毛深いうえに、決して美男でもない成人男性を熱愛して常に側から離さない士官サンバウラスや、念友〔愛人〕どうしから成る軍隊が最強であることを数々の機会に証明したスーサ王アブラダタスといった武将たちもいたことが記録されている。[5] 成人男性どうしの深い関係がひろまっていたことがわかる。

▼キュロス　キュロスの息子で第二代の帝王カンビュセス（在位、前五二八〜前五二二）は、かなり気紛れな性格の持ち主だったようだ。彼は重臣プレクサスペスの息子を酌小姓にして、ひとかたならず寵愛していた。ところが、ある日ふとしたことから立腹して若者を弓で射殺すと、その身体を切り開いて矢が心臓に命中しているかどうか確かめて娯しんだというのである。嗜虐的な暴君であった様子が見てとれるだろう（ヘロドトス『歴史』(Herodotus) 三―三四〜五）。

3……ペルシアの帝王たち[6]

アカイメネス朝ペルシアの歴代帝王に寵愛する小姓や宦官がいたことはよく知られている。

例えば、アルタクセルクセス二世〔在位、前四〇四〜前三五八〕が溺愛した少年テリダテス。彼は「アジア全土にならぶ者のないほど」と謳われた絶世の美少年だった。とはいえまさしく佳人薄命、王から深く愛されていたこの少年は若くして世を去ってしまう。掌中の珠を失った王の悲嘆ぶりは、こよなく激しく痛ましいもので、アジア全域が喪に服したにもかかわらず、誰一人としてその不幸を慰めることができなかったという。古代ペルシアの宮廷で、いかに見目よい少年が嬖幸《へいこう》をもっぱらにしたかが窺い知れる史的エピソードである。◆[7]

そのアルタクセルクセス二世に反旗を翻した弟君、小キュロス［前四〇一年没。アルタクセルクセス二世の実弟］の乱は、ギリシアの歴史家クセノフォンの著書『アナバシス』［一万人のギリシア人傭兵部隊がペルシア帝国から退却する苦難の旅を活写した名作］で世に名高い。邦訳が出ているので読まれた方も居られることだろう。野心的な小キュロスは、ギリシア人傭兵部隊を引き連れてバビロニアへ攻め上るが、事破れてクナクサの戦いで敗北を喫する［前四〇一］。小キュロスが戦死すると、彼に最も愛顧をこうむっていた近習アルタパテスは短剣を抜いて自害し、キュロスの体を抱くようにその上に覆いかぶさって相い果てたと伝えられる。日本の戦国時代によく見られた、主君を討たれた家来が、主のあとを追って斬り死にを遂げ、心中する場面を想い出させる情景である。◆[8]

アカイメネス朝最後の君主ダレイオス三世［在位、前三三六〜前三三〇］に愛された若き宦官バゴアスは、抜群の美貌に恵まれていたという。おかげで帝国が滅びた後も、征服者アレクサンドロス大王の枕席に侍《はべ》ることになり、またもやいたく鍾愛《しょうあい》された。そのため、たちまちのうちにバゴアスの権力は、新しい大帝国の政治を左右するまでに増大した。ペルシアの名門貴族は嘆いた。

「何と前代未聞の出来事であろう。宦官が世界を支配しているとは！」

それでもバゴアスを信寵するアレクサンドロス大王は、その魅力に首ったけだった。ある祭礼が催された折りには、劇場の全観客が見ている前で、身をかがめてバゴアスを抱き寄せて接吻し、観衆が拍手喝采を送ると、要望に応えてまた身をかがめて口付けを重ねた、と古代の歴史家たちは異口同音に語っている。◆[9]

▼古代の歴史家たちは……語っている　ヘレニズム時代に入ってからは、なおのこと男色愛好熱は高まる一方であった。セレウコス朝シリアからパルティアが独立したのも、もとはと言えば男どうしの色恋沙汰のいざこざが原因だったという［前二五〇頃］。史家アリアノスによれば、パルティア総督のフェレクレス、異説ではアガトクレスが、美男のティリダテスに懸想して、これを手込めにしようとした。そこでティリダテスは兄のアルサケスと図って謀

【上２葉】ポンペイ遺跡の壁画『イッソスの戦い』に描かれたアレクサンドロス大王（左）とダレイオス３世（右）の対決。ペルシア軍の大敗に終わった。紀元前１世紀。ナポリ国立考古学博物館所蔵。
【下左】オリヴァー・ストーン監督映画『アレキサンダー』（2004 年）に描かれた、アレクサンドロス大王と美貌の若き宦官バゴアスのキス・シーン。
【下右】アレクサンドロス大王に捕らえられた、ペルシア帝国の要人の助命を嘆願するバゴアス。15 世紀に描かれたもので、バゴアスは女性として描かれている。

反を起こし、言い寄った総督を殺して、パルティア王国を創始したとされている（フォティオス『図書総覧』（Photius Cod.）五三、シュンケロス『年代記』（Syncellus）二八四）。神殿男倡以外の男性が肛交の受け手になることは、相手に屈服した、つまり挿入者の支配下に組み入れられたということを意味していたのである。他の男性に犯されることを、自由身分の成人男性が屈辱的に感じたとしても当然でろう。しかしながら、オリエント世界の男色は一向に衰えをみせず、後二〇〇年頃になっても「ペルシア人の間では男どうしで性交することが習慣になっている」と、ギリシア人医師で哲学者のセクストス・エンペイリコスは著書に記している（セクストス・エンペイリコス『ピュロン思想概説』（Sextus Empiricus "Pyrrh. Hypo."）一-一五二）。

【上】パルティア王国の創始者アルサケス１世を刻んだコイン。
【下】パルティア王国の歩兵。イラン・東アーザルバーイジャーン州の壁画から。

第Ⅱ部

古代ギリシア

星々を眺める私の星男《アステル》よ、
大空となりて無数の眼でお前を眺めていたいもの
（プラトン）

【扉の図版】
見つめ合う恋人たち　古代ギリシア世界、ポセイドニア（パエストゥム）の壁画。前 480 年頃。

第1章 ガニュメデスの誘拐

——天上に移された美少年◆1

トロイアの王子ガニュメデスは、身体が黄金色に輝くと形容されたほど比類なく美しい若者だった。そこで彼と寝床をともにしたいと思った神々の王ゼウスは、使いの黒鷲を送って天界に攫《さら》って来させた。天上に昇ったガニュメデスは、不死の身となって永遠の若さを保ち、青春の女神ヘベに代わって神々の酒盃を捧持する役を仰せつかった。ゼウスは、息子を失った代償として、ガニュメデスの父たるトロイア王に、工匠神ヘファイストスの造った黄金の葡萄樹と二頭の神馬を贈ったという。

ホメロス以来、ウェルギリウスやオウィディウスら数多くの詩人たちに歌われ、いくつもの世紀を超えて語り伝えられてきたこの伝説ほど、古今を通じて有名な少年愛の物語はないだろう。人間のうち最も美しい少年ガニュメデスの姿は、古来よく彫刻や絵画の主題として扱われ、近世欧州の巨匠たちも、にわかに舞い降りた鷲に摑まれて地上を後にする美少年掠奪の情景を好んで描いている。ある名画を見ると、少年は思いがけぬ恐怖に身を捩り、羞恥の予感に紅潮したその頬は朱を点じたミルクのごとく仄かに染まり、下界を振り向きざま遷《うつ》ろい去る夢のように、はかない瞳をめぐらせている。

しかし、ゼウスの妃ヘラが夫の側《そば》に侍る酌人に嫉妬の焔《ほむら》を燃やしたため、困惑したゼウスは已むなく少

『ガニュメデスの誘拐』ウスターシュ・ル・シュウール画、1650 年。

年を変身させて天上の星座の中に加わらせた。星辰と化してもガニュメデスは酒瓶を傾けつつ、今なお南天の星々の間に清澄な流れを注ぎつづけている。黄道一二宮の一つ、水瓶座《アクアリウス》（Aquarius）がそれである。

この故事により、古代社会では酒杯をすすめる美少年奴隷はガニュメデスと称されるようになった。ローマでは、これが転じてラテン語カタミトゥス（Catamitus）となり、そこから英語の受け手の男色家を意味するキャタマイト（catamite）の語が生じたことは比較的よく知られているのではないだろうか。

ガニュメデスをめぐる神話は、ギリシアの男性が少年に対して懐いていた愛情《パイデラスティアー》▼（paiderastia）を正当化するためにつくり出したものであるとの解釈は、古代ギリシアにおいてもすでに行なわれていた。哲学者プラトンは『法律』の中でこの問題について触れ、ガニュメデス神話を、少年を奪って愛する習慣のあったクレタ人の創作だと結論づけている。実際クレタ島では、少年愛が神聖視されるまでに栄えていた。この地の青年たちの間では愛する少年を持たぬことが恥とされ、また年頃の少年に一人も求愛者のいないことが不名誉と考えられていたので、男性間の掠奪結婚がきわめて盛んだったのだ。はなはだしい場合には、少年は暴力的に誘拐され、凌辱されたのであり、さらに輪姦されることすらあったという。紺碧の地中海に浮かぶこの島において、いったい何人のうら若い少年が、褐色の肌をしたたくましい男性に攫われては、その激しい愛撫に身を委ねたことであろう。

▼愛情（パイデラスティアー）　古代ギリシアのパイデラスティアーは、通常、仕手役の年長者エラステースと受け手役の若者エローメノスとの性愛関係を指す言葉で、「少年愛」「稚児愛」と訳されることが多い。英語のペデラスティ（pederasty）の語源。

ローマ時代の学者ストラボン［前六三頃〜後二四。全一七巻から成る『地誌』を著わす］の伝えるところによると、クレタの優れた青年がある少年を自分の恋人として望んだときには、相手の親族や友人の許可を得たうえで、定められた時間と場所でその少年を拉致し、自分の領地へ連れ去っていって、二ヶ月の間、ハネムーンを過ごすことになっていた。その後、少年は高価な贈り物を携えて帰宅し、人々は宴を開いて彼を迎えたという。かくて年長の男

ゼウスとガニュメデス

ゼウスにさらわれる美少年ガニュメデス
【上】ガニュメデスに追い迫るゼウス　アッティカ赤絵、ペンテシレイアの画家による陶画。前460~450頃。ガニュメデスはハンサムでたくましい若者の姿で描かれ、もみあううちに上衣がすべり落ちんばかりになっている。フェラーラ国立考古学博物館蔵。
【右】ゼウスとガニュメデス像　彩色テラコッタ製群像。前470年頃。高さ約1メートル。オリュンピア考古学博物館蔵。ガニュメデスが子供のように表わされている。

性からかどわかされるという非常な名誉を帯びた少年▼は、常に他の少年よりも美々しく盛装し、競技会や宴席の場にあっても最良の席を獲得したのである。

▼**年長の男性から……名誉を帯びた少年**　ローマの文人コルネリウス・ネポス（前一〇〇頃～前二五頃）も、「クレタでは、若者たちができるだけ大勢の男の恋人をもつことが名誉になると考えられている」と書いている（ネポス『英雄伝』（Nepos）序）。

一説によれば、ガニュメデスを攫っていったのは、ゼウスではなく、クレタ島の大王ミノス▼であったという。とすれば、この強大な王は自国の習慣に順《したが》ったに過ぎないわけである。しかし彼が自分の孫に当たる美貌の少年ミレトスを愛して犯そうとしたことは、クレタの習慣をいささか超えているとしなければならない。しかも王はこの若者の愛をかち得んとして、自らの実の兄弟であるラダマンテュスやサルペドンと激しく争ったというのだから凄まじい。ミレトスは三人の中ではサルペドンを最も慕っていたので、その勧めにより小アジアのカリア地方へ逃れ、ここにミレトス市を創建した。

別伝によると、ミノス三兄弟に紛争を惹き起こしたのはミレトスではなく、ゼウスとカッシオペイア［北天の星座「カシオペア座」で知られるエティオピアの女王］との息子アテュムニオスの美貌だったという。どちらの説を採るにせよ、彼ら三兄弟が一人の少年をめぐり生死を賭して争ったことに変わりはない。さらに好色なミノスは、アテナイの英雄テセウスとも愛を交わしたと伝えられている。テセウスはクレタ島にやって来ると、怪人ミノタウロス［ミノスの妻が雄牛と交わって産んだ牛頭人身の怪人］を殺戮し、王女アリアドネを奪い去った人物だが、ミノス王は英雄の雄姿に一目惚れしてしまったのだ。王の愛を受けた記念として、テセウスは別の王女ファイドラを手に入れる。彼女こそ継子ヒッポリュトスに不倫の恋をしかけ、アテナイ王室を破滅の淵に逐いやった悲劇のヒロインである。

▼**クレタ島の大王ミノス**　アリストテレスは、衆道（パイデラスティアー）の創始者をクレタ王ミノスに帰している（アリストテレス『政治学』（Aristot. Pol.）二-一〇）。

ことほど左様に、クレタでは全島を挙げて少年愛に血道を上げていたのであり、ドーリス人▼によってこ

美少年ガニュメデス

【上】ガニュメデスと鷲の大理石像　ギリシア彫刻（前四世紀後期）のローマ帝政期の模刻（二世紀）。ナポリ国立考古学博物館蔵。

【右】ユピテル（ゼウス）とガニュメデス　アントン・ラファエル・メングス筆。一七五八〜五九年。フレスコ画。ローマ国立古代絵画館蔵。ガニュメデスを抱き寄せて接吻しようとする大神。

【コラム】

敵国の王子や人質を愛すること

自ら陥れた敵国の君主やその王子を、己が寵童として可愛がる習慣は、古今東西を問わず見られる。

例えばルネサンスのイタリアにおいて名高いチェーザレ・ボルジア［一四七五～一五〇七。教皇アレクサンデル六世の庶子］は、フォルリの女傑カテリーナ・スフォルツァを攻めて、城を陥落させた後、手籠め同然にして妾となし、さらに近郊のファエンツァ城をも攻略して当時まだ十代だった青年城主アストーレ・マンフレディ［一四八五～一五〇二］を捕らえ、その弟ジョヴァンニもろともローマに連れ帰り、男色の相手をさせた。

日本の戦国時代では、「美濃の蝮」と恐れられた齊藤道三［一四九四頃～一五五六］の史譚が名高い。道三は、主君土岐頼藝《よりなり》［一五〇二～八二］の妻を奪って義龍を孕ませたばかりか、主君の長男太郎法師丸の容色に惹かれ、しきりに艶書を通わせたが靡かぬので、後に父子ともども国から追い出したという。また、徳川家二代将軍秀忠［一五七九～一六三二］は、二三歳の折り、鍋島直茂［一五三八～一六一八。初代佐賀藩主］が人質として差し出した次男の直房［一八歳］を殊に寵愛して五〇〇〇石の知行を与えたうえ、偏諱《へんき》を授けて忠茂と名のらせたという。衆道関係にあったと考えられる。

オリエントや地中海世界では、異国の人質や捕虜を男色相手とすることが、古代以来の習慣である。

バビロニア王国の国王ネブカドネツァル二世［在位、前六〇五～前五六二］が、征服した諸国の君侯を裁尾していたことは、ユダヤ伝承に永く語りつがれていた。古代ギリシア史上では、マケドニア王フィリッポス二世［前三八二～前三三六。アレクサンドロス大王の父］がまだ若く、テーバイに人質として送られていた頃、名将ペロピダスやパンメネスの男色相手《エローメノス》とされていた話が、よく知られている。彼は自分が王位につくと、妻オリュンピアスの弟で人質だった美男子アレクサンドロス一世［のちにエペイロス王。在位、前三四二頃～前三三〇頃］を寵童として、これと交わったという。

ヘレニズム時代に目を移すと、キュレネの支配者オフェラスが、シチリア島の王アガトクレス［前三六一

〜前二八九。在位、前三〇四〜前二八九］が人質として差し出した王子ヘライクレイデスの美貌に魅せられて、彼を手込めにしようとした一件が思い出される。◆[1]

ローマ人の社会でもまた男色奴隷は主に異邦の戦争捕虜であった。詩人ホラティウスは『歌章』の中で、捕虜の若者が酌童として、主人のガニュメデス役をつとめることを当然視している。◆[2] 帝政期の諷刺詩人ユウェナリスは、アルメニアの人質ザラケスがローマの長官《トリブヌス》に求愛されて身を任せた次第を歌っているが、これは皇帝カリグラ［ローマ第三代皇帝。在位、後三七〜四一］がパルティアの人質王子ダレイオスを男色相手にした史実、▼[1] もしくはネロ帝［ローマ第五代皇帝。在位、後五四〜六八］が、パルティア王子でローマに来訪してアルメニアの王座を与えられたティリダテスと関係をもったことを仄めかしているのかもしれない。◆[3]

一四五三年に帝都コンスタンティノポリスが陥落した折りにも、トルコ人は多くの美童を強姦し、スルタンのメフメト二世［オスマン・トルコ第七代君主。在位、一四五一〜八一］は捕らえたビュザンティオン貴族の中でもとくに美しい少年たちを後宮《ハレム》にいれて寵愛している。トルコ人のみならずアラビア人やペルシア人などイスラーム教徒にとって、征服国の美少年を男色の相手としたり、去勢してその色を弄ぶことは、いたって当たりまえの行為であった。

中国では漢の武帝［前漢第七代皇帝。在位、前一四一〜前八七］が西域の国家楼蘭から人質にとった王子を去勢して、宮廷に宦官として仕えさせたし、降《くだ》って明の永樂帝［明第三代皇帝。在位、一四〇二〜二五］も安南の美童たちを宮して、そのうちの一人范弘を寵愛し、皇太子の近侍としている。▼[2]

▼1　カリグラ帝はゲルマニア人やブリタニア人の捕虜たちを鶏姦裁尾しては「ゲルマニクス（「ゲルマニア征服者」の意）」とか「ブリタニクス（「ブリタニア征服者」の意）」といった称号を名のっている（ディオン・カッシオス『ローマ史』（Dio Cassius）五九-二五）。

▼2　五胡十六国の前秦第三代の皇帝苻堅（ふけん。在位、三五七〜三八五）は、三七〇年に前燕を滅ぼしたとき、最後の皇帝・慕容暐の弟・慕容沖（ぼようちゅう。のちの西燕の威帝）が美男子だったので、その容色を愛（め）でて寵童としたし、日本の戦国武将、蘆名盛興（あしなもりおき。会津領主。在任、一五六八頃〜八四）は、鶴ケ城に人質として来ていた親族の二階堂盛義の次男の容顔に魅せられて、自らの死後、養子・盛隆として蘆名家を継がせることとした。よく似た例は枚挙にいとまがない。

の麗しい風習がこの地からギリシア全土に伝播したと述べる史家がいたとしても、まったく無理からぬことであろう。のちにクレタ（Creta）という語そのものが、古代地中海世界において稚児愛を暗示する隠語《スラング》と化してしまったほどなのだから。

▼ドーリス人　古代ギリシア人の一派。前一二〇〇〜前一一〇〇年頃、鉄器をもって最後にギリシアへ侵入し、スパルタ他、ペロポンネソス半島に定住、クレタや小アジア西岸南部にも移り住み、シチリア島・南イタリアに多くの植民市を建てた。

しかし、ガニュメデスを情人にしようとして、最初にイデ山から彼を運び去ったのは▼、美男渉猟で知られた薔薇色の指もてる曙の女神エオスだったという伝承もある。ところが、それを見つけた神々の王が少年を横どりしてしまったのだ。

▼ガニュメデスを……運び去った　ガニュメデスを天上に攫ってきた鷲も、もとをただせばゼウスの少年愛の相手をつとめたアエトス（「鷲」の意）という美少年であったという。ところが、不運なアエトスはライバルの存在をゆるさないヘラによって鳥の姿に変えられてしまったのである。鷲と化しても忠実な心映えは変わらず、彼は大神のためにその武器たる雷霆を運ぶ役目をつとめ、のちに鷲座（Aquila アクィラ）となって現今も水瓶座から程遠からぬ天の中空に巨大な翼をはばたかせている。

ゼウスとニンフ、プルトの子で小アジアの王となったタンタロスもガニュメデスの拉致者のリストに掲げられている。略奪犯がこのように我も我もと登場すると話は混乱してしまうばかりだが、とにかく引く手あまたの美少年だったというわけである。タンタロスその人もまた神々の寵遇に与《あずか》った一人であったが、やがて愚かにも心驕って神々を試みんと、わが子ペロプスを屠りその肉を料理して神々の食卓に供したという。手のこんだ異色レシピに激怒した神々は彼を地獄の底へ投じる一方、ペロプスの四肢を継ぎ合わせて生き返らせてやった。蘇生したペロプスは以前よりさらに美しい少年になり、美貌に魅せられた海神ポセイドンに愛され、天上に連れ去られてその酌取りをつとめた。詩人ピンダロス［前五二二頃〜前四四二頃。古代ギリシア最大の抒情詩人］によれば、ポセイドンは彼の寵童に戦車と二頭の有翼馬を贈ったという。ガニュメデスと相似た幸運に恵まれたこの絶世の美少年は、成長してのち下界に降《くだ》り、多くの英雄を生み出すアトレウス王家の祖となって、その名をペロポンネソス〔「ペロプスの島」の意〕半島に留めた。ペロプスの息子の一人クリュシッポスも、ある詩人の語るところでは、彼に想いを寄せたゼウスによって奪い去られたというから、父親に面影の通う類まれな美男子だったのであろう。

だが通説に従えばクリュシッポスは、故国を追われてペロプスのもとに遁《のが》れてきたライオス〔ギリシア伝説中のテーバイ王。息子のオイディプスに殺される〕に誘拐されたことになっている。▼クリュシッポスに戦車を御する術を教えている間に恋情にかられたライオスは、若者をネメア競技祭の折りに拉致し去った。この故に、ライオスは死すべき人間のうちで少年愛をはじめた最初の人であるという名声を己がものとしている。ところが、かたや無理やり童貞を奪われた少年は驚きと屈辱のあまり自害して果てたという。

▼……誘拐されたことになっている　アテナイの英雄テセウスがクリュシッポスを競技場から誘拐したという所伝も残されている（ヒュギヌス『神話集』（Hyginus Fab.）二七一）。

【上】テーバイ王ライオスが、戦車の操作を教えながら美少年クリュシッポスに恋情にかられ、誘拐しているところ。壺絵、前320年。しかし少年は死に、失意のライオスは妻を娶り、オイディプスが生まれた。オイディプスは、父ライオスを殺し、実母と結婚する。
【下】スフィンクスの謎を解くオイディプス。アングル画、1808年。

英雄伝の著者プルタルコス［後四六頃〜一二〇頃。『英雄伝（対比列伝）』、『倫理論集（モラリア）』の著者。英語名、プルターク］によると、少年はライオスとともに父のもとへ連れ戻されたが、ペロプスが美少年に対する抑制し難い恋のよき理解者であったため、二人の仲を許したことになっている。しかし、クリュシッポスの継母ヒッポダメイアが、この継子が父ペロプスのあとを相続するのを怖れて暗殺を画策、夜中にライオスとクリュシッポスの二人が同じベッドに眠っている部屋に忍び込み、ライオスの剣を抜いて美少年の腹を貫いた。殺人の嫌疑はライオスにかけられたが、クリュシッポスは深手を負いながらも真犯人の名を告げ、恋人の無罪を証言しつつ息をひきとっていった。ようやく手に入れた愛人を喪《うしな》ったライオスは故国テーバイへ戻って妻を娶《めと》り、この交わりから父親殺害と母子相姦で名高いオイディプスが生まれた。ある伝承を信ずるならば、ライオスが息子のオイディプスに殺さ

【コラム】

ピンダロスの死◆1

〝古代ギリシア最大の抒情詩人〟として盛名を馳せたピンダロス［前五二二頃〜前四四二頃］は、ギリシア人の常として終生男色を好んだ。そして、最後はアルゴスの体育場《ギュムナシオン》で、晩年に愛した逞《たくま》しい若者テオクセノスの胸元に抱かれたまま眠るかの如くに大往生を遂げた。享年八〇。

ピンダロスは今日その名前が伝えられている限りでも、トラシュブロス［アクラガス（アグリゲントゥム）の僭主テロンの甥］をはじめとして、笛奏者のディオドロスや、アガトン、ブラゴラスら大勢の若者を愛人にしていたことが知られている。二八歳の頃に彼が見そめた十歳ほど年下のトラシュブロスとは生涯にわたって友愛関係がつづいたといわれ、またブラゴラスの場合は若者が成人した後も二四歳に達するまで愛しつづけたという。古代社会において二四歳というのは、かなりの年齢である。

ピンダロスはどちらかと言えば、ういういしい美少年よりも成熟した肉体を誇るスポーツ選手がお気に入りだったようだ。

　テネドス出身のテオクセノスに関して、彼はこう歌っている。

だがもし、テオクセノスの両の眼《まなこ》から輝き出づ
　る光を見ながら
憧れに胸を揺り動かさない者がいたとしたなら
　ば、そやつは、
金剛石か鉄を冷たい火で鍛えたような黒い心の
　持ち主ぞ。
〔……〕
聖なる蜂の蜜蠟《みつろう》が陽射しに曝され溶けるがごと
　く
みずみずしい若者たちの肢体に見入る毎《ごと》にとろ
　けてしまう。
まことにテネドスにも「口説き」と「優美」の
　女神が住んでいたのか
ハゲシラスの息子〔テオクセノス〕の裡《うち》に

　ピンダロスの臨終のありさまには、あたかも鎌倉時代の関白藤原〔近衞〕家平〔一二八二〜一三二四。在任、一三一三〜一五。岡本殿。男色好きで知られる〕が長年愛し合って来た隠岐守頼基《よりもと》によりかかりながら命絶えたり、徳川初期の文人、石川丈山〔一五八三〜一六七二。家康麾下の武人。生涯衆道を好んで女犯を避けた〕が愛する若者、石川克に手をとられつつ九〇歳で長逝したり、かの徳川三代将軍家光が、もと愛人だった堀田正盛《ほったまさもり》の膝を枕にしつつ息を引き取ったという情景と一脈通い合うものが感じとれる。◆2 哲学者プラトンが老後、美しい若者に介抱されて世を去りたいと望んだことも、あわせて想い出される。

ピンダロスの胸像。ローマ時代の模造。

れたのは、親子でクリュシッポスを争い合ったためであるという。▼「恋愛」と言えば男女間のそれではなく、男性間の交情を意味したギリシア世界においては、一人の少年を獲《え》ようと骨肉の間柄で殺し合うこともあったのである。

▼伝承を信ずるならば……あるという　別伝では、クリュシッポスの美男ぶりに嫉妬した異母兄弟のアトレウスとテュエステスが、母親のヒッポダメイアにそそのかされて彼を殺害し、その屍骸を井戸に投げ込んだともいう。まさしく佳人薄命を地でいく悲運な王子である。

天空の星となって永遠の輝きを帯びた若者たちについて語るにあたって、木星に変身したファイノンの神話を逸することはできない。ローマ時代の神話記録者ヒュギヌスの伝えるところでは、ファイノンはプロメテウス［土から人間を造ったとされる神］が造った絶世の美男子だったけれど、大神ゼウスの男好きなことを知っていたプロメテウスは彼を敢えて大神のもとへ送らなかった。ところが、愛の神エロスからそのことを報されたゼウスは、すぐさま使神ヘルメスを遣わし、ファイノンに不死の身にするからと約束して何とか説き伏せ、天上へ連れてこさせた。そうして約束通りファイノンは、後世「木星」と呼ばれる惑星になったという。なお異伝においては、彼は土星になった若者ファエトンと混同されることもある。発音が似ているせいであろう。

他にもギリシア神話には、神々に愛《め》でられて異性愛に陥る季節を迎えずして逝った美少年や、天上へ運び去られ、あるいは星辰と化し、あるいは不滅の運命を贈られた若者の名が多く伝えられている。とはいえ、遙かな時の流れに埋もれて現今《いま》では彼らの物語に想いを馳せる人は尠《すく》なくなってしまったようだ。

人はおのれに似せて神を造りだす、という。

右に見たように、ギリシア神話の世界では、古代ギリシア人の社会を反映して、男神という男神が同性の愛人をもっていた▼のである。

▼男神という男神が同性の愛人をもっていた　軍神アレスだけは、今のところまだ男色相手が見つかっていない。

第2章
詩人の愛

1……抒情詩の時代——旧き良き時代の恋愛詩人たち

美少年たちのことで不正を犯さない者が、いったいどこにいるだろうか。

（テオグニス）

古代ギリシアの名のある人物には、ほとんどすべて男寵［男の愛人］なり念兄なりの名前が残されている。実在が確認できる最古の叙事詩人ヘシオドス［前八〜前七世紀頃］にはバトラコスという愛する若者がいたというし、「歴史の父」として著名な史家ヘロドトス［前四八四頃〜前四二〇頃］には美少年プレシロオスという愛人がいた、……というぐあいに。▼

▼……というぐあいに　以前は見当たらないと言われていた「抒情詩の父」アルキロコス（前七世紀）の遺作断片にも、近年では男色について言及したものが、いくつか見出されているようである。アルキロコスの愛人としてエラスモンの息子カリラオスやグラウコスらの名前が挙げられている。

接吻を交わす髭の男性と少年、前480年頃。

　われわれの知る最も名高い衆道愛好家の詩人と言えば、前六世紀の抒情詩人イビュコス〔南イタリアのレギオン出身。「イビュコスと鶴」の報復説話で名高い〕に止めをさすことであろう。男色にかけては世界史上においても、日本人と一、二を争う猛者ギリシア人からさえ「過度なまでの青年《エフェボス》愛好家▼」だと伝えられ、詩歌にも「若者たちの花を摘み取る者よ」と謳われるほどの男性好きで鳴らしたイビュコス。その作品は全七巻にまとめられて世に流布したが、中世キリスト教時代に散逸し果てて、今日では片々たる断簡を留めるに過ぎない。老いても恋に身を灼くイビュコスの愛人に関しては、アテナイオス〔後二世紀、ローマ時代のギリシア系著作家〕が書きとめた引用文に頼るしかすべがない[1]。

「汝、麗しきエウリュアロスよ、薔薇《ばら》の臥床の中で育てられたる[2]……」。

▼青年（エフェボス）愛好家　イビュコスの恋愛の対象は、エフェボス（エフェーボス）つまり青年なのであって、決して年端も行かぬ少年ではなかった。ちなみに古典期アテナイでは「エフェボス」は一八～二〇歳の兵役に就く年代の若者を指していた。

2……エーゲ海の島々に咲いた恋の花々[3]

　レスボス島の詩人アルカイオスやアルクマン、その他並みいる抒情詩人たちのうちで、愛する男性に宛てた恋愛詩が後世に残るほど幸運な者は、ほとんどいない。かろうじて湮滅《いんめつ》を免れるという僥倖に恵まれたのは、エーゲ海はテオス島に生まれた詩人アナクレオン〔前五七〇頃～前四八五頃〕ぐらいのものである。

　　クレオブロスに、よい智慧をつけてやって下さい。酒神ディオニュソスよ、
　私の恋を受け容れてくれるようにと

アナクレオンはスメルディエス、クレオブロス、バテュロス、ピュトマンドロス、クリティアス、メギ

衆道（パイデラスティアー）の花盛り

男性たる者は若い頃に年上の念者（エラステース）に求愛され、衆道を通じてさまざまな社会活動を学んで、一人前の男性に成長する習いであった。成人すると今度は自分が念者となって年下の若衆（エローメノス）に求愛し、相手を知的・身体的に教育していくのが市民の努めとされていた。

【上】若い牧人を追いかける牧神パーン　赤絵式陶器に描かれた絵画。通称「パーンの画家」による。前四七〇年頃。ボストン美術館蔵。男根を勃起させながら若者の尻を追い回す牧神。人間と同様、神々も少年に欲情し求愛するものだと古代ギリシア人は考えていた。

【右】花冠を持つ若者に求愛する男性　黒絵式アンフォラに描かれた絵画。髭を生やした成人男性が逞しい体軀の青年の性器と顎に触れている。三人の男性のうちの一人に自らの男性器をさわることを許した場面。前六世紀後半頃。ミュンヘン古代美術博物館蔵。

【下】成人男性と少年　アッティカ黒絵式陶器に描かれた絵画。前五二〇年頃。念者（エラステース）は愛する少年の性器に手をさしのべている。ボストン美術館蔵。

ステスらいく人もの美少年に恋愛詩をささげた。その多くは彼の庇護者《パトロン》たるサモス島の僭主ポリュクラテス［在位、前五四〇頃〜前五二二］の愛童だった。若衆をめぐる君主と詩人との三角関係である。そのため、「ある寵童が詩人と相愛の仲である」と知って嫉妬に狂った僭主が、当の少年の美しい髪の毛を刈り落としたという話も伝えられている。

「どうして貴方は、神々ではなく美童ばかりを歌うのですか」ときかれたとき、詩人アナクレオンは、いみじくもこう答えたという。

「なぜなら美童こそが私たちの神だからです」。

伝えるところでは、彼はある夜、酩酊していて一人の乳児を抱いた女に鉢合わせし、乱暴な言葉で罵ってしまった。女が神々に「どうか詩人がいつかこの子を誉め称えることになりますように」と祈ると、願いは聴き入れられ、その子は成長して臈長《ろうた》けた若者になり、彼を見たアナクレオンはその美男子ぶりを誉め称える詩歌をいくつも作ったという。

クレオブロスの　いとしさよ、
クレオブロスの　迷うたそうな
クレオブロスの　見れど見あかぬ（呉茂一訳）

テオグニス［前六世紀］は、アテナイの西隣の都市メガラの名門に生まれた抒情詩人である。エレゲイア詩型による彼の教訓詩は、別して数奇な運命のもと、――他人の作をも混じえながら――今日まで一三八九行が残っている。伝本前後二巻のうち第二巻は男色のみを扱った詩歌から成っており、詩人が愛する若者キュルノスに与えた作品の数々を現在でも読むことができる。

そこには、「恋をしつつ肉体を鍛える人は幸いである。家に帰って日ねもす美しい若者と伏せることので

【コラム】

ギリシア式グラフィティ

デルフォイの神アポロンにかけて、私、クリモンはバテュクレスの弟とここで交わった。

テラ島［現、サントリニ島］のアポロン・カルネイオス神殿の石壁からは、前七世紀頃に遡るこの種のあからさまな落書き《グラフィティ》（graffiti）が数多く発見されている。「クリモンはアモティオンをここで犯した」とか、「フェイディッピダスは（ある少年を）犯した」、「ティマゴラスとエンフェレスと私は（誰某）を犯した」といった率直な男色肛交を告白した文面である。神に誓ってと記されていることから、当時この島に住んでいたドーリス系ギリシア人にとって、衆道関係は神聖で厳かな行為だったと解釈する研究者が少なくない。中でもクリモンという男の名が頻出するので、彼の名前は「男色界のドン・ファン」として不滅の栄誉を帯びて後世まで響きわたっている。

　またこの聖域ではギュムノパイディアイと呼ばれる全裸の少年たちによる舞踏が催され、アポロン神に奉納されていた。そのため舞踏場近辺に、踊り手の少年たちの名前が、讃辞を添えて刻まれている。例えば、「キュドロスは最高だ」とか、「エウメロスは最高の踊り手だ」、「アイネシスはたくましい」、「クリモンはシミアスの扇情的な舞踊に喜悦した」など。また、愛される若者が残したものもある。「僕はあらゆる人々の眼に美しく映る」。

　男性美に対する控え目な称讃から、性交渉のあけすけな宣言まで、男色関係を示す各種の落書き《グラフィティ》は、その後千年あまりもの長きにわたり、古代地中海世界の各地で、神殿や体育場《ギュムナシオン》の壁面、陶器の絵画——とくに、カロス［美男の、ハンサムなの意］と書かれた陶画——などにせっせと書きつがれていくことになる。▼1

▼1　アテナイ市内から見つかった次のグラフィティは、若者の側が、どういう男性を求めていたか知るうえで参考になる。「リュシテウスは町中のどの男よりもミキオンが好きだと言う。なぜって彼は男らしいんだもの」。

きる男性は幸福である」という直截な表現の詩編もあれば、つれない若者に対して、「人々が恋い焦がれる青春の美は足速く駆け去るのだから」と忠告した箴言調の作品もあり、とりどりの詩句が揃っている。

古代ギリシア七賢人のメンバーに数えられるアテナイの立法家ソロン［前六四〇頃～前五六〇頃］も、若者の美を春の花々になぞらえ、「美しき若さの花開く少年に恋する男、その向腿《むかもも》と唇の甘さを愛《め》で焦がれつつ」とエレゲイア調の詩歌を作っている。彼は市民たちに女色に耽るという軟弱なふるまいを禁じ、他方で奴隷に対しては衆道も裸体運動競技も禁止▼した。奴隷に男色や全裸競技を禁じたのは、それらが自由身分の人間にのみふさわしい品位ある行為だと見なしたからである。奴隷風情には高尚過ぎてもったいない、というのだ。ソロン自身は、のちにアテナイの僭主となるペイシストラトス［在位、前五六一～前五二七］を寵愛しており、このペイシストラトスは愛の神エロスの祭壇を初めてアテナイに築いたカルモスを愛人とし、カルモスはペイシストラトスの長男でのちに僭主の座を嗣ぐヒッピアス［在位、前五二七～前五一〇。ハルモディオスとアリストゲイトンに殺されたヒッパルコスの兄］の念者［兄貴分］になったという。当時のギリシア人有力者が男色の紐帯で結ばれていた様子をうかがい知ることができるだろう。

これらアルカイック期の男性愛盛行と礼賛とを主たる根拠に据えて、「この時期の男色の制度化が、つづく前五世紀における、文化・芸術の花開くいわゆる『古代ギリシアの奇跡』と呼ばれる黄金時代をもたらしたのだ」と力説する論者もいる◆4。

▼奴隷に対しては……も禁止　ソロンの法律が定められて以来、アテナイでは奴隷は自由身分の少年と男色関係をもてなくなってしまった。しかし、ギリシアにおいて奴隷たちもまた衆道を好んでいたことは明らかである。例えば、アテナイオスの伝える奴隷反乱軍のリーダー、ドリマコスは、年老いると、愛人である若者に「わしの首を斬って届け出て、その賞金で立派な男になるよう教育を受けよ」と指図したという（アテナイオス『食卓の賢人たち』（Athenaeus）六-二六五d～二六六d）。

求愛と接吻と情交と

男性どうしの性愛は古代ギリシアの社会生活において必須の要素であった。

【右】接吻を交わす男性と少年　赤絵式陶器に描かれた絵画、部分。ブリセイスの画家。前四八〇年頃。ルーヴル美術館蔵。髭の生えた成人男性が愛しげに少年を抱き寄せキスしている。

【下】キスするカップルたちの群像　アッテイカ赤絵式酒杯に描かれた絵画。ペイティノスによる酒杯。前五一〇年頃。ベルリン、国立博物館、旧博物館蔵。接吻大会さながらの求愛シーン。背の高いほうが念者（エラステース）。片手で少年の性器に触れる者もいる。

【コラム】

裸体開眼——全裸競技祭のはじまり◆[1]

古代ギリシアにおいては、すべての運動競技は一糸纏《まと》わぬ真裸の姿で行なわれた。これは健康な男性の肉体美を何よりも尊んだギリシア精神にとっては、至極《しごく》当然のことであったと言えよう。パウサニアス［後二世紀の旅行家。『ギリシア旅行記』全一〇巻を著わす］の記述によると、メガラ市民のオルシッポスがオリンピックの短距離競走の際に、それまでわずかに腰を蔽《おお》っていた下帯をわざと棄てて全裸で走った最初の人であったとのことである。ほかにも走っている最中に自然に外れたのだとか、後から走っていた者たちもそれを真似して一斉に脱いだのだとか、とりどりに伝えられている。▼[1]

ハリカルナッソスのディオニュシオス［ローマ時代の博学なギリシア系歴史家。前一世紀後半に活躍］は、初めて素裸で走ったのはスパルタ人のアカントスという男だったと書いているが、いずれにせよ、その方が走りやすいという理由と、男性の筋肉美を限なく見せてくれるからという事情で、以降ランニングのみならず、ボクシング、レスリング、円盤投げ、槍投げ、幅跳びなども皆な全裸で行なうようになった。さらに女人禁制であったにも拘《かか》わらず——オリュンピア競技祭（つまりオリンピック大会）の場合、会場に近づいた既婚女性は捕らえられて、テュパイオンの崖から突き落とされることになっていた——、男装して見物に来る不遜な女があったため、付き添いの体育教師も裸にならなければならなくなった。オリュンピアではさらに、観客も裸体となって見物をすることが義務づけられていた。

哲学者プラトンに順《したが》えば、全裸の起源はクレタ島に起こり、それをスパルタ人が倣《なら》ってギリシア全土に伝えたのだとのこと。身体にオリーブ油を塗って運動する習慣もスパルタ人が拡めたと歴史家トゥキュディデス［前四六〇頃〜前四〇〇頃。ペロポンネソス戦争の歴史を著わす］は語っている。もっとも少年たちは、臍《へそ》から下には油を塗らず、「性器《ふぐり》には花梨さながら露と薄毛がやわに咲き匂うている◆[2]」といった風情のあるものだったという。

競技会のみならず、普段の練習の際にも、もちろん全裸であった。少年たちも体育場《ギュムナシオン》では入念に肉体の鍛錬を施され、男色が隆盛を極めた時代のこととて、砂地の上に恋人の情欲をそそるような肉体の痕跡を留めぬように細心の注意がほどこされた。体育館や訓練場、軍隊にも、愛の神エロスの祭壇や史上名だたる男どうしの恋人たちの彫像が置かれていて、若者たち相互の友愛が絶えず称揚されるべく周到な配慮がなされていた。▼[2]

エリス［ペロポンネソス半島西北部の地方］やアルカディア、アテナイ、スパルタなどギリシア各地では美男コンテストが盛んに行なわれていた。やはり全裸でその美しさを競い合ったわけだが、対象となるのが若々しい青年たちに限らず、立派な成人男性であった場合も少なくはない。

またクレタ人はスパルタ人と同様に、軍団が戦列につく直前には必ず友愛を司《つかさど》るエロス神に犠牲を捧げたという。その折りに祭壇で荘厳に供犠を行なったのは、隊列中、最も容姿の優れた選ばれた兵士たちであったという。◆[3]

このようにギリシア人はあらゆる手段を尽くして、男性美を愉しむ方法を追求したのである。世界史上、彼らほど、男性の肉体美に対して敏感であった民族はいまだ他には現われていない。▼[3]

▼1　全裸競技がはじまったのは、前八世紀後半～前七世紀前半の間だと推測されている。男神ならぬただの死すべき人間で、確実に競技者だと判る裸体像の作例は、前六五〇年頃に登場する。

▼2　かなり古い時代からダンベルなどの器具を用いるウェイトトレーニング、蛋白質重視のダイエット方法その他、各種の筋肉鍛錬術が開発されていた。これらはヘレニズム諸国をへてローマ社会にもとりいれられている。

▼3　ギリシア人の間で男色制度が発達したのは「もっぱら全裸で体育場（ギュムナシオン）や格闘技場（パライストラー）において肉体の鍛錬に励んだ習慣の成果である」という見解は、プラトンからキケロ、プルタルコスに至るまで古代ギリシア・ローマ世界でしばしば唱えられた（プラトン『法律』（Plato Leges）一－六三六、キケロ『トゥスクルム荘対談集』（Cicero Tusculum）四－三三、プラトン「モラリア」（Plutarch. Mor.）七五一f、他）。

なお余談ながら、「歴史の父」ヘロドトスは、バルバロイ（蛮族・夷狄）は皆なギュムノフォビア（裸体恐怖症）だと語っているが、この言葉は現代社会にも、おおむね当てはまるようだ。

3……少年愛から男性愛へ――「その秋もまた麗しい」

古代ギリシアでは、アリストメネス［前七世紀］やキモン［前五世紀前半］ら政治家、名将のみならず、あらゆる階層、職業の男性が男どうしの恋愛に狂奔していた。七賢人筆頭のタレス［前六四〇頃～前五四六頃］以下の哲学者諸氏もまた例外ではない。いな、むしろ彼らこそ師弟関係を通じて代々、深く男色の契りを交わし合っていたのである。男どうしの同棲や、終生に及ぶ「男色の偕老同穴《かいろうどうけつ》」、いわば婚姻に等しい関係も珍しくはなかった。

かつて古代ギリシアのパイデラスティアー［少年愛］は、「文字通り年長の男性が未成年の男性《パイス》▼（pais ＝少年）を性的に愛撫する営為であり、わが国の若衆道［略して衆道］関係がそうであったのと同じく、成人男性と少年の性愛関係に限られていた」といった見解が定説のごとくになってきた。たしかに、文献の多くは、愛の対象として一二歳くらいから二〇歳程度までの青少年を描き、髭《ひげ》が生え揃《そろ》う年齢に達すると、今度は自分が念者つまり兄貴分《エラステース》となって年下の少年を稚児《パイディカ》または愛人《エローメノス》として求める場合が多かったことを証拠立てているかのようである。

▼未成年の男性（パイス）　ピュタゴラス派によると、「パイス」というのは、二〇歳までの若者を指す言葉であった（ディオゲネス・ラエルティオス『ギリシア哲学者列伝』（Diog. Laert.）八-一〇、イアンブリコス『ピュタゴラス伝』（Iambl. Vita Pythagor）、他）。

たとえば、サルディスの詩人ストラトン［後二世紀初頭］は、あるエピグラム詩の中でこう歌っている。

一二歳の初々しき花、捨てがたけれど、一三歳なれば、いっそう欲望をそそろう。
一四歳で咲く花の蜜、なお甘くして、一五歳の少年より得る悦楽はさらに馨《かぐわ》し。
して一六歳は神々のごとき美。一七歳ともならば、それは大神ゼウスの求めたまうもの。

> もしも、これより年長《とした》けた少年に欲情するとならば、はやそれは少年愛の愉しみとは別ものぞ、
> 相手からの応酬をも期待していることとなろうほどに。◆5

とはいえ、これは古典期ギリシアの作品ではなく、より柔和で官能的な快楽を追求する性愛が主流になったヘレニズム＝ローマ時代の少年愛好家の短詩でしかない。

ガダラの詩人メレアグロス［前二世紀末］は、ある作品で花の盛りとされる一八歳の美少年と同衾する夢を見たことを歌っている。◆6が、これとてもヘレニズム時代に入ってからの作品である。いずれにせよ、『ギリシア詞華集』［ビザンティン時代に集大成される。本章8節参照］をひもとく限りでは、体毛が剛々しくなり、髭が頬を覆う年頃になると、少年としての魅力は急速に色褪せ、求愛する男たちの数もにわかに減ってしまうものとされている。

しかしながら、二〇世紀後半から盛んになった古代ギリシアの性愛研究家たちの意見によれば、古代ギリシア人の間では、相手の年令に係《かかわ》りなく、パイデラスティアーという言葉が、男性愛（androphilia）すなわち「男色＝男性の男性に対する愛慾」を指す一般用語▼として使われたと考えられているようだ。

▼男色＝男性の……一般用語　他に男性どうしの性愛を意味するポピュラーで適当な用語をもたなかった古代ギリシア人は、男色全般を指す言葉としてパイデラスティアーを使ったと見なしてよいであろう。奴隷や召使いなど隷属身分の者たちは、何歳になっても「パイス pais」つまり「少年」でしかなかったことも参考になる。彼らは年齢に関係なく、いくつになっても主人の求めに応じて性の相手をつとめなければならなかったからである。その点でパイスは、王朝時代の日本の「童子」すなわち成人した童形の者たちに相通じるところがある（◆7）。

実際に黒絵式陶器の画像には、成人どうしの相互男色の場面《シーン》や、年下の若者が年上の男性を犯している図があり、二人の男性の関係は必ずしも一定していない。またわが国の「高野六十、那智八十」ではないが、高齢で没するまで生涯にわたってつづいた相愛関係もけっこうあったりして、一概に古代ギリシアの男色が、いわゆる少年愛だけに限られたと断言することはできない。

秀逸な容姿の持ち主メノン［前四〇〇没。プラトンの対話篇『メノン』の登場人物として名高い］が、まだ髭《ひげ》も生えぬ未成年の頃から、立派な髭のある成人男性を稚児にしていたという史話もある。

髭《ひげ》が青年の魅力をそこなうどころか、いやましに加えるという主張も、ホメロス以来つづいていた。◆[8]

悲劇詩人のエウリピデス［前四八五頃〜前四〇六頃］は、晩年をマケドニア王の宮廷で過ごしたが、七三歳のときにすでに四〇歳になっていた美男のアガトンを抱き寄せて接吻しつつこう語ったという。

「美しいものが一等美しいのは春ばかりに限りません。秋もまた麗しいのです◆[9]」。

4……喜劇詩人アリストファネスの描く市民たちの男色——虚像と実態

「やい、スティルボニデス、冷たいもんだな。俺の年頃の息子が体育場《ギュムナシオン》から風呂を済ませて帰るところに出くわせておきながら、キスもしなければ、挨拶もなし、抱きしめもしなければ、キンタマをまさぐってもくれないとは。親父の代からの友達だというのに」

と、まるで酷《ひど》いことをされたかのように父親は旧くからの友人を咎め立てている。

これは、アリストファネスが『鳥』の中で描いたアテナイ市民の日常風俗▼である。

▼アテナイ市民の日常風俗　より正確には、アテナイ市民が「こんな国に住みたい」と思い描く理想的な社会のありようとして書かれている（アリストファネス『鳥』（Aristophanes Aves）一三七〜）。

さらにアリストファネスは『雲』において、観客に向かい彼らアテナイ市民の大半が受け身の男色を愛好する「お釜野郎だ」と素っ破抜いている。すなわち、法廷弁護人や、悲劇詩人、政治家、また眼前の観衆は大多数が肛交によって「エウリュプロクトス＝拡《ひろ》がった肛門をもつ者」だと言ってのけるのである。◆[10]

このエウリュプロクトスや、カウノプロクトス、ラッコプロクトス、カタピュゴンなど肛門性交で尻の穴がガバガバに拡がってしまった受け手の男色家をからかう言葉▼は彼の作品の随所に登場する。

オルギアの無礼講

【上】口交と肛交と　アッティカ赤絵式陶器に描かれた絵画。部分。ペディエウスの画家による杯。前 500 年頃。勃起した男根を口に咥えつつ、肛門にも挿入される人物。ルーヴル美術館蔵。
【下】サテュロスたちの乱交パーティー　アッティカ赤絵式陶器に描かれた絵画。部分。ニコステネスの画家。フェラチオあり、素股あり、肛交ありの饗宴。半神サテュロスたちは自由にセックスを謳歌するものと想像されていた。
ベルリン、国立博物館、
旧博物館蔵。

▼受け手の男色家をからかう言葉　古代ギリシアと肩をならべる衆道大国、日本で、「尻の穴が狭い」という言いまわしが罵倒語として用いられるのとは対蹠的で面白い。

受け身の男色愛好家たちが大半をしめる市民社会。

ここにはもちろん喜劇特有の誇張がふくまれているにせよ、まったく現実とかけ離れているならば笑いをとれない以上、やはり実生活の何ほどかを言い表わしているものと考えてよいだろう。ヴィクトリア時代の英国のような社会においては、もとよりこういった冗談《ジョーク》自体が成立しなかったはずである。

受け手であることに馴《な》れてアナル・セックスの快感を忘れられなくなった者も、古代ギリシア世界では少なくなかったに相違ない。

これまで古典期アテナイでは成人市民どうしの男色▼はまるで御法度《タブー》だったかのように考えられていたが、実際のところは如何なものであっただろうか。はなはだ疑問である。

▼成人市民どうしの男色　ダモンとフィンティアス（俗にピュティアス）とか、太宰治の小説『走れメロス』の原話であるモイロスとセリヌンティオスらの友愛関係というのも、ギリシア神話中のオレステスとピュラデスやテセウスとペイリトオスらの芳契カップルと同じく、成年になってからも官能的、情熱的なものでありつづけたようである。

それに自由身分の少年を相手にする限りは、何らかの制約や規則《ルール》めいた作法に縛られていたが、自分の所有する奴隷や金銭で娯しめる売春夫▼を相手にする際には、好むがままに性交渉ができたということも見落としてはならない。

▼奴隷や金銭で娯しめる売春夫　市民身分どうしの間では規範にはずれたとされる行為も、奴隷や売春者を相手になら自由にできたのだ。実際、喜劇作品の中では、オーラル・セックスの愛好家や、「女っぽい」仕草やドレス、アクセサリーなどで媚を売る男性市民らが名指しで揶揄されている。また陶器にも集団マスターベーションやフェラチオを愉しむ場面が、あけっぴろげに描かれているのである。

5……悲劇詩人たちの恋——舞台で演じられた男たちの恋愛模様

古代ギリシアの三大悲劇詩人とは、アイスキュロス、ソフォクレス、エウリピデスの三巨匠をさす。その三大悲劇詩人の筆頭、アイスキュロス［前五二五〜前四五六］は、自作の悲劇『ライオス』で、主人公のライオス［少年愛の創始者。第II部第1章参照］がペロプスの息子クリュシッポスに対して懐《いだ》いた焦がれるような恋情を描き、また『ミュルミドン人』の中では、英雄アキレウスとパトロクロスとの熱烈な友愛を語っている。両作とも散逸してしまったが、後者の引用断片中には次のようなものが残っている。アキレウスが、仆《たお》れたパトロクロスの亡骸に取りすがって嘆くセリフとして、

お前は太腿への敬慕の念を大事にしてくれなかったな。
あれほど頻繁に交わした口づけに対して、何と心ない男だ。

あるいは、

お前の太腿との神聖な交わりは……

と明白に二人の性愛を吐露した官能的な文言が記されているのである。

ソフォクレス［前四九六頃〜前四〇六］は家柄、才能、人格、容姿、あらゆる面で欠けるところなく、黄金時代のアテナイの理想を体現した人物と評されている。その彼が男色をこよなく好んだのも、またむべなるかなである。洗練された社交人で資性温厚、若い頃には格闘技の選手として活躍した時期もあったという。そうして、デ

モフォンら何人もの美青年や美少年を愛し、他の劇作家と同じく衆道をテーマにした作品を堂々と舞台にのせているのである〔『アキレウスの念者たち』その他〕。

その彼がペリクレス〔前四九五頃～前四二九。全盛期のアテナイを代表する政治家〕とともに将軍として船出した際に、一人の美しい若者に見とれて思わず眼を細めたことがあった。それに気づいた謹直なペリクレスは、「ソフォクレスよ、将軍たる者、手ばかりではなく、眼も慎まなくてはなりませんぞ」とたしなめた▼という。

▼**ペリクレスは……たしなめた**　むろんペリクレスとて衆道そのものを咎め立てしたのではない。将軍という重職にある者の厳しさを教え諭したに過ぎないのである（プルタルコス『ペリクレス伝』(Plutarch. Pericles) 八、キケロ『義務について』(Cicero Off.) 一-一四四）。

【コラム】

古代ギリシアの売春と発展《ハッテン》場

アテナイのリュカベットス丘麓やプニュクス丘では、少年ではなく、二〇代前半の十分に成熟しきった肉体をもつ青年が、自分と同年代の相手に春を鬻《ひさ》いでいた。市壁の外側もかっこうのクルージング・スポットとなっていたようである。悲劇詩人ソフォクレスが、若い男倡と歓を尽くした後でマントを奪い去られたのも、アテナイ市の城壁の外での出来事だった◆1。

男色楼の立ち並ぶ地域として名高かったのは、ケラメイコス地区と外港ペイライエウスであり、ともに公然と遊客を集めていた。アテナイ以外では、コリントス、クレタ、黒海近くのヘラクレイアなどギリシア世界の各地に男色楼や若衆茶屋があって、すこぶる活況を呈していた◆2。

古代アテナイでは売春はまったく合法的な行為であった。性別に関係なく売春者は男女とも等しくアテナイ市当局に税金を納めていた。また、遊女《ヘタイラ》の場合と同じように、男倡も高級売春夫から廉価な色若衆や街倡《ストリート・ボーイ》の類いまでさまざまなランクに分かれていたようだ[◆3]。

古代ローマとの最大の相違点は、古代ギリシア、なかんずく古典期アテナイには、男性客を犯す男倡、いわゆるローマのエクソレトゥスやドラウクスに相当する仕手役専門の売春夫が欠如していたことであろう。文献その他の史料に徴する限り、古典期アテナイの男性売春者は、あくまでもアナル・セックスの受け手役に留まっていたようである。ローマ時代になってから、ようやくギリシアでも、強壮な青年に挿入させて快を貪る男色者が目に見えて増えてくる。ただし、いつの時代にせよ、顧客が料金しだいで、どのようなサービスであれ入手できたであろうことは想像に難くない。つまり、男色楼の客人が、旧い時期から男倡に仕手役を務めさせていた可能性も否定し切れないのだ。また売春業者でなくても、前四世紀の雄弁家デモステネス［前三八四〜三二二。古代ギリシアを代表する大弁論家］やティマルコスら歴々たる市民が、他人の男根をしゃぶっていたことを政敵から揶揄《やゆ》されているのだから、推して知るべしである。

さらにローマと異なる点として、市民身分の者が男倡として働くことはタブーとされていたことが指摘される。したがってアテナイの男性売春者は大半が非アテナイ市民、つまり外国籍の者や奴隷・解放奴隷によって占められていた。金銭と引き換えに自らの肉体を売ったことのある市民、つまり自由身分の成人男性は、市民権を制限ないし剥奪される決まりになっていたのだ。その理由は、己れの肉体を売った者は、国家の利益をも軽々しく売る可能性が高いから、といったものであった。よって、父親もしくは後見人が、男色相手として用いるべく少年を貸与した場合、本人は訴追されることはなく、取り引きの当事者が、将来の市民たるべき少年を売買した廉で告発された。さらに、かつて息子に売春を強制したことのある父親が年老いても、成長した子供に扶養の義務はなかった。もちろんアテナイ市民権をもたない外国人や解放奴隷などは自由に売春夫として営業することができたわけである[▼1][◆4]。

▼1　ただし、アテナイ市民がいったん自ら売春夫となってしまったあとであれば、彼も彼の顧客も一切法的な咎めを受けることはなかった。

ある日ソフォクレスは、酒宴の席で美しい酌童の唇を巧みに盗みとったことがある。美少年が盃に浮かんだ藁《わら》を小指で取ろうとしているのに気づいた悲劇詩人は、それを押しとどめると、「口で吹いてごらん」と言った。「君の指が濡れないようにね」。

そこで少年が顔を近寄せた刹那、腕で身体を抱き寄せて、まんまとキスしてみせたのだ。

みんなが「お見事！」とばかりに、やんやの喝采をおくったところ、彼はこう答えた。「ペリクレスが『君は詩が得意でも作戦を知らないね』などと言いおるのだ。だから作戦の腕前も並々でないところを披露したまでなのさ[11]」。

得々としたソフォクレスの顔が想い浮かぶようである。

またあるときソフォクレスは、ハンサムな売春夫と交歓しようと城壁の外へ誘い出した。若者の粗末なマントは脇に置き、ソフォクレスの高価な外衣に二人してくるまって交わった。そこまではよかったものの、事が済むと若者はソフォクレスの外套を持ち去ってしまい、あとに残ったのは少年のマントだけだった。この一件はたちまち噂となって巷に広がり、それを聞いたライバルの悲劇詩人エウリピデス［前四八五頃～前四〇六］は、「俺もその若者と枕を交わしたことがあるが、何一つおまけに取られたものなどなかったぞ。ソフォクレスは淫らな男だから、見くびられたんだな」と勝ち誇ったように言ってのけたという[12]。

三大悲劇詩人に次ぐ大家と定評のあるのがアガトン［前四四七頃～前四〇一頃。アテナイの悲劇詩人。典雅をきわめた作風で知られたが、すべて散逸した］である。彼は、当時のアテナイにおいて類稀な美男の誉れ高い人物だった。一八歳頃からパウサニアスという市民に熱愛され、成人してからも甘い関係はつづき、のち二人は手に手をとってマケドニア王国の宮廷へ移住している。パウサニアスは、クセノフォンの『饗宴』中で、愛し合う念兄と念弟とを組み合わせることで最強の軍隊がつくれると説いた人物である。

アガトンは物腰や衣裳が柔弱だというので、アリストファネスの喜劇作品で散々揶揄《からか》われている。さしずめアテナイ古典期のソフト・ゲイ代表といったところであろう。彼の容色は初老を迎えても一向に衰え

饗宴（シュンポシオン）の席で

【上】一つの臥床で酒宴を楽しむ三人の男性　赤絵式陶器に描かれた絵画。部分。前5世紀末。愛する少年の名前を呼びつつ酒杯の残滓を投げるコッタボスという遊戯に興ずる光景。大英博物館蔵。

【中】男性だけの世界　饗宴図。アッティカ赤絵式陶器（酒杯＝キュリクス）に描かれた絵画。前490~前480年頃。古代ギリシアの饗宴は婦女を同席させず男性だけで娯しむくつろぎの時であった。公私ともにギリシアは男性愛一色に染め上げられた世界であった。

【下】饗宴図。墓内部のフレスコ画。ポセイドニア（パエストゥム）の壁画。前480年頃。何組かの男性どうしのカップルが臥床を共にし、酒宴を楽しみつつ愛をはぐくみ合った。パエストゥム、国立考古学博物館蔵。

ず、その齢で同じく悲劇詩人のエウリピデスからキスや抱擁をうけたというエピソードがある〔本章第3節〕。プラトンの対話篇『饗宴』は、このアガトンが前四一六年に悲劇の競演で優勝した折りの祝賀パーティーの情景を記したもので、宴会の途中でなだれ込んできたアルキビアデスが、恋人《エラステース》たるソクラテスが佳人アガトンの隣に臥《ふ》しているのを見て嫉妬に逆上する▼という一幕も描かれている。

▼嫉妬に逆上する　「古代ギリシアでは念弟（エローメノス）が念兄（エラステース）に対して悋気（りんき）立てすることはない」という主張が、まったく事実に反していることが、この挿話から読み取ることができる（◆13）。

6……ヘレニズム時代の男色

エジプトのアレクサンドレイアを中心とするヘレニズム時代の文学においても、恋愛詩の主流は若道《パイデラスティアー》（少年愛）であった。

いくつか例を挙げておこう。

はじめに田園詩の創始者テオクリトス〔前三一〇頃〜前二五〇頃〕。このシチリア出身の詩人は、代表作『牧歌』の中で、数々の少年愛の物語をくりひろげている。英雄ヘラクレスとその愛童ヒュラスの悲恋をはじめ、メガラで行なわれる少年たちの接吻コンテスト、▼冷酷な美少年に失恋して縊死する男、若者への愛の歌、ダフニス、コリュドン、コマタスら牧人たちの少年に向けた愛などを次々と謳い上げてやまない。美少年に恋い焦がれる詩に作者自身の感情が投入されていることは断るまでもないであろう。

▼接吻コンテスト　メガラの古王ディオクレスを記念する春の祭礼ディオクレイアでは、若者たちの「接吻コンテスト」が競われていた（テオクリトス『牧歌』（Theocrit.）一二）。

カリマコス〔前三〇五頃〜前二四〇頃〕は、美少年テオクリトス〔先の詩人とは別人〕への愛の歌ばかりでなく、稚児の強欲さを嘆く歌など、多くの少年愛詩を書き綴った。そのいく篇かが、「ギリシア詞華集」の第一二巻『ムーサ・パイ

古代ギリシアの愛

【上】男性と若者たち　アッティカ黒絵式アンフォラ。前 540 年頃。大英博物館蔵。男性は鶏などの贈り物で若者に求愛をし、首尾よく運べば素股（股間交接）で情を遂げた。

【右】アナル・セックスを行なう二人の男性　ギリシア式アンフォラ。エトルリア、黒絵式陶器に描かれた絵画。前 6 世紀後期。同年代どうしの男色を描いた作例。衆道は成人と年下の少年との間の営みに限定されてはいなかった。

【下】サテュロスの饗宴　ドゥーリス、赤絵式陶器に描かれた絵画。前 500~470 年頃。亀頭の尖端にバランスよく器を載せているサテュロス（中央）。大英博物館蔵。

ディケー［少年愛詩集。本章8節］』に収録されている。

ソタデス［前三世紀前半］というマロネイア出身の詩人は、キナイドス詩という一ジャンルを創始して、「男色学者《キナイドロゴス》(kinaidologos)」という異名をたてまつられた。男倡文学と呼ばれたその作風は一世を風靡するほどの活況を呈したという。

他にも、ロドスのアポロニオス［前二九五頃～前二一五頃］はアルゴナウタイの冒険を綴った叙事詩『アルゴナウティカ』でヘラクレスの愛人ヒュラスの運命をうたい、ファノクレス［前三世紀頃］は、神々や英雄たちの美少年に対する恋をカタログ風に描いた詩『恋愛譚』を編むなど、ヘレニズム時代になっても、あいかわらず衆道はギリシア詩文の主要なテーマでありつづけた。

このように「西洋文明」の根幹となる古代ギリシア文化は、きわめてホモエロティックな世界の上に築きあげられていたのである。▼

▼古代ギリシア文化は……いたのである　下層民の間でも男色はごく一般的だった。すでに記したように、アテナイのソロンが奴隷に衆道を禁じたのも、それがきわめて普及していたからに他ならない。したがって一部の上流市民の間でのみパイデラスティアーが盛行したという、かつての定説は無視されるべきである。また、男色が女色と相ならんで普通に行なわれていることからも、「女の代用でしかない」などという不満は、いっこうに聞こえてこない。少年愛は古代末期にいたるまで、ギリシア人の間では概して女色より高尚な愛の形として永きにわたって好まれつづけたのであるから。

その後もヘレニズム・ローマ時代を通して男色や少年愛の制度・習慣は、広く古代ギリシア人の間でもてはやされ、優美・典雅な詩文にのせて多彩な恋愛模様を描きつつ、ラテン文学にも甚大な影響を与えていくことになる。

7……エロス神像に恋した男——男色版ピュグマリオン◆14

彫刻界の大立て者にも数多くのエピソードが残っている。

クラシック期芸術を代表する巨匠フェイディアス［前四九〇頃～前四一五頃。クラシック美術を完成した彫刻家］。彼は、愛人たるレスリングの優勝選手パンタルケスの名前をオリュンピアのゼウス神像の指に刻みつけて、不滅の記念碑とした。世界七不思議の一つに数えられたこのゼウス像は、他でもない、フェイディアスの愛の結晶だったのである。

人体美の模範《カノン》の完成者ポリュクレイトス［前五世紀後半を代表する彫刻家］は、自作のたくましい青年像ドリュフォロスを愛してやまず、いつもこれを「わが情人」と呼んで愛《いと》おしんでいたという。現代のわれわれは伝存するローマ時代の模刻を通じてしか、ドリュフォロス像の美しさをうかがい知ることはできないのだが。

しかし、ここでそれらの作品について詳しく言及している余裕はない。

今はプラクシテレス［前四〇〇頃～前三二六頃。後期クラシックを代表する彫刻家］の手になる愛の神エロスの裸像に恋した男の話を紹介しておくにとどめよう。

ロドス生まれのアルケタスという人物は、あるとき、マルマラ海方面へ旅をして、その地にあるギリシア植民都市パリオンでエロス像を見物した。さすがに高名な彫刻家プラクシテレスの造像だけあって、みごとな出来映えである。たちどころに彼は、その神像の官能的な魅力に、心底《しんそこ》取り憑かれてしまう。襲いくる欲望の波を抑えきれなかったアルケタスは、夜陰に紛れて神像と交わり、熱情の痕跡つまり精液のあとを残して立ち去ったという。同様に聖地デルフォイに参詣したある男の場合は、二体の少年像のうちの一体に惚れ込み、欲情するがままにこの石像を抱擁して交わり、その謝礼にと花冠を置いていった。このふるまいが露見するや、人々はアポロン神に「いかが致しましょうか」と御伺いをたてた。神の回答はなかなか粋《いき》なものであった。

大理石に残る古代ギリシアの愛

【右】愛の神エロス立像　プラクシテレス（前 400 頃 ~ 前 326 頃）原作のローマ時代の模刻。前 4 世紀中頃。エロス神の全裸像は作者のプラクシテレス自身が最も気に入っていた彫刻だという。この傑作を一目見ようと地中海の隅々から人々がやって来たと伝えられる。ナポリ国立考古学博物館蔵。

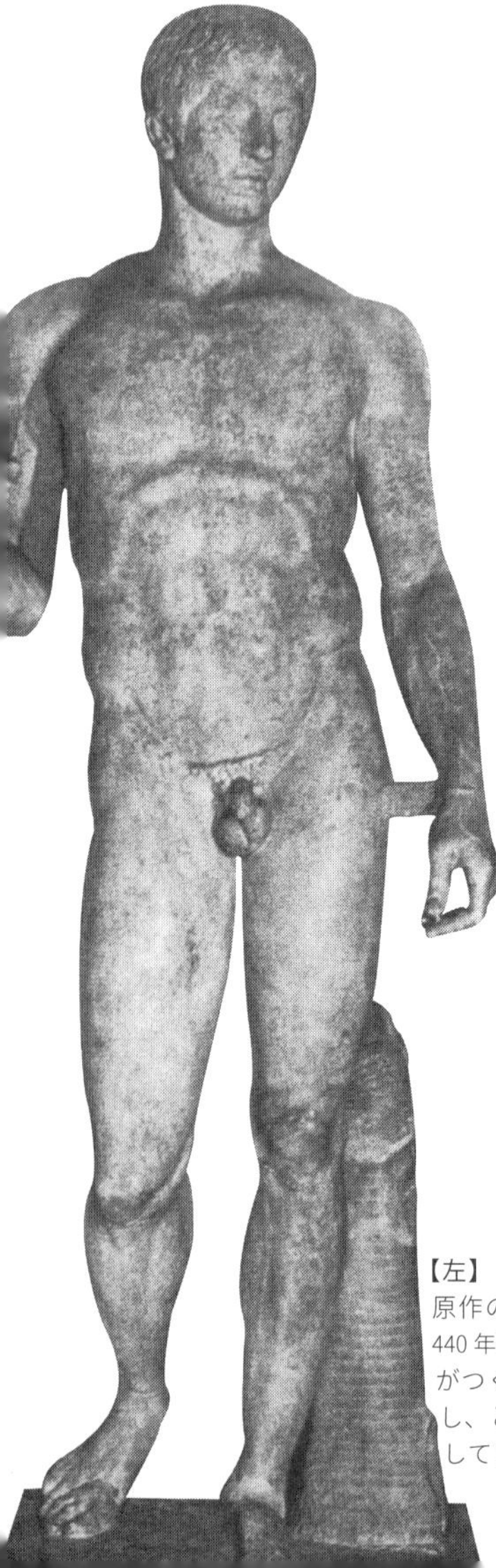

【左】ドリュフォロス像　ポリュクレイトス（前 480 頃 ~ 前 410 頃）原作のローマ時代の模刻。『ドリュフォロス（槍を担ぐ青年）』（前 440 年頃）は古代ローマ人の間でも人気があったため、多くの複製がつくられた。ポリュクレイトスは理想的な男性の肉体美を追求し、とくに自作のドリュフォロス像を「私の恋人」と呼んで鍾愛していたという。ナポリ国立考古学博物館蔵。

眠れるヘルマフロディトス像　ヘレニズム時代の彫刻家ポリュクレス原作（前 155 年頃）のローマ時代の模刻。「ボルゲーゼのヘルマフロディトス」ルーヴル美術館蔵。両性具有の美は後世でも愛好されたらしく、ローマやフィレンツェなど各地に模刻が残っている。

「その者を赦《ゆる》してやるように。きちんと返礼をしているのだから」。

8……男色詩集『ムーサ・パイディケー』

「ギリシア詞華集」第一二巻『ギリシア少年愛詩集《ムーサ・パイディケー》』は、サルディスのストラトン［後二世紀］によって編纂された、少年愛ばかりを扱ったエピグラム詩二五八篇から成る男色詩集である。ストラトンは自作の詩およそ百篇［真作は九四篇］の他、ガダラのメレアグロス▼やポセイディッポス、サモスのアスクレピアデス、カリマコスら著名な詩人の作品を、この少年愛『詞華集』に編み込んでいる。

▼ガダラのメレアグロス　前一四〇頃〜前六〇頃。「ギリシア詩華集」の基礎をなすエピグラム詩選集『花冠（ステファノス）』の編者。一三四篇の彼の現存する作品のうち大半が恋愛詩で、数多の少年に対する官能的な情熱を技巧的かつ華麗にうたい上げている。豊饒な独創性と精緻な詩的技巧の故に、その作品は高く評価される。

動物は精神なきものなれば雌と番《つが》うのみ、されど人間は智に長けたものなれば別様に交わる

女は私の心を動かさぬのに、男を想う心は燃えさかる薪の山となって私の体内に積み重なる、……

など、衆道を謳歌したものから、きわめて露骨にエロティックなものまで多彩な内容に富む。

ただし近年では、ストラトンは自作の『少年愛詩集』を公刊したに過ぎず、現存する『ムーサ・パイディケー』［ラテン語では、『ムーサ・プエリーリス』］のように、大勢の詩人の恋愛詩から男色関係のみを選集としてまとめた形式は、同性愛を異性愛と較べて特別視するようになったビザンティン時代に入ってからの編纂であろうと推測されている。

総じて古典期までのポリス市民社会では、比較的成熟した凛々しい若者が、愛の対象として好まれる傾

向にあった。それに比べて、ヘレニズム時代以降の、民主主義が形骸化してしまった頽唐期には、年若いどちらかと言うと柔弱な少年たちが愛好されるようになっていったようだ。この傾向は美術作品にも反映されている。彫刻や絵画などの作例を時代順に通観すると、真のギリシア的男性愛が、ひたすら甘美柔和な快楽を追求する少年愛へと変貌を遂げていった経緯をあとづけることができる。この時期にはさらに女性の全裸像さえもが新しい芸術ジャンルとして発達しており、愛の女神アフロディテをはじめとする女神像が、何ら憚ることなく裸体で表現されるようになる。もはや一糸纏わぬ肉体美は男性だけの世界に留まらなくなってしまったわけである。

理想の男性美追求

【コラム】

彫刻家リュシッポス〔前四世紀。古典後期の巨匠、アレクサンドロス大王のお抱え彫刻家〕は、とくに男性の肉体を好み、ポリュクレイトスの人体比例の研究を進めて、より小さい頭部（八頭身）とより引き締まった長身の体軀を、新たな規範《カノン》とした。〝八頭身美人〟の元祖である。代表作「アポクシュオメノス〔汗垢を掻き落とす競技者〕像」は、この時代の男性美の理想を表わした傑作で、軽快で優美な肢体、螺旋形の動きと奥行きのある構成、細部の精密さと多感な表情を特徴としている。この像は後年ローマへ持ち去られ、アグリッパの浴場の前に据えられた。のちそれに惚れ込んだ第二代ローマ皇帝ティベリウスが自分の寝室に移させたところ、市民が劇場内で騒ぎ立てて像の返却を要求して譲らなかった。そこで、「民の声は神の声」と思い知った皇帝はやむなくこれを返さざるを得なかったという。

（大プリニウス『博物誌』〔Plinius Nat. Hist.〕三四－一九－六二）

9……男女両色の優劣論──泰西版「野傾論」

男色と女色の二道《ふたみち》のうち、性愛として価値が高いのはどちらであろうか。こうした「両色の優劣論」(dubbii)は、どうやら古今東西を問わず衆道が衰えた時期になってから書かれる傾向にあるようだ。ことほど左様に、プルタルコスを筆頭とするこの種のギリシア語文献は、すべてローマ帝政期も中葉を過ぎて以降の作品ばかりである。▼

▼……作品ばかりである　現存する代表的な両色の優劣論としては、プルタルコス『愛をめぐる対話』、アキレウス・タティオス『レウキッペとクレイトフォン』、伝ルキアノス『愛の諸相』などがある。

日本においても、男色が一等栄えた室町・戦国時代にではなく、江戸時代も元和偃武《げんなえんぶ》以降の泰平の世に入ってから、ようやく野傾論▼があらわれている。

▼野傾論　野郎と傾城のどちらが色道の相手として優れているかを論じた一群の書物。

つまり、男性愛が「天上の愛」として絶対的な優位を占めて疑われなかった最盛期が過去のものとなりつつあったからこそ、この種の対論が成立し得たのだ、といえる。男道が全盛をきわめた時代にあっては、そのような議論をする人もいなかったか、よしんばいたにせよ少数の例外者でしかなかったはずである。優劣を論ずること自体、ギリシアにおける男色の優位性に疑問が投じられるようになった退潮期の特徴と言えるだろう。すでにしてこの時期には男女両色が等価となってしまっているのだ。したがって、「男色より女色のほうがよい」などと主張して憚らない変わり種〝異性愛主義者〟の意見まで臆面もなく登場する始末である。詳細は原書ないし邦訳書をお読みいただきたい。

男性どうしのセックスでも、アナル・セックスがよいか、オーラル・セックスが勝るかといった優劣論が闘わされることもあった「第Ⅳ部第２章１３節参照」。

男性どうしのセックスか、女性どうしのセックスか、▼いずれが勝るかという点では、ほとんどの文字文明社会では、とうの昔にケリがついていた。古代ギリシア・ローマでも、イスラーム圏でも、中国でも、男色には長い文化的伝統があるのに対して、女どうしの性愛にはそれが欠けている。日本にいたっては男性どうしの性愛が「衆道」「美道」にまで高められ称揚された一方、女性どうしの性愛には格別の価値が見出された形跡はほとんどない。

【コラム】

女色家の代表選手メナンドロス——女好きの男は軟弱者

古代ギリシアでは男道が尚《たっと》ばれたが、女色はあまり重視されなかった。「青年を柔弱にするから」というのだ。

後期喜劇を代表する喜劇詩人メナンドロス〔前三四二頃～前二九二頃〕は、女色に溺れやすい性癖の持ち主で、名妓《ヘタイラ》のグリュケラとの情事は広く人口に膾炙していた。彼は香水をぷんぷんと匂わせ、流れるような長い衣を着こなし、尻を振りつつしゃなりしゃなりと歩く陰間《かげま》まがいの人物であったという。◆1

男性愛を重視するギリシア人の間では、過度の女好きは軟弱さを代表する男性だとして侮蔑されていたのである。したがって、アッシリア王サルダナパロスら後宮に入り浸るオリエントの君主についても、彼らは同じように批判的なまなざしを向けている。

古代末期になっても、この風潮に変化はなかった。ローマ帝政時代に著わされた書物の中でも、男色愛好家は——政治上も法律上も指導者的な立場にあったばかりか——肉体鍛錬に熱心で体育場を好んでいたのに対して、女色家は薄化粧をして女の気をひこうとする軟派な存在でしかなかった、と説かれているからである。◆2

▼**女性どうしのセックス**　サッフォを出した古代ギリシアにあっても、レスボスやスパルタなど、ごく一部の地域を除いては、女性どうしの性愛は無意味かつ無価値なものとされていた。ローマ帝政期においても、この種の偏見に変わりはなかった。男色や少年愛は当然の営みとして数々の詩人に賞賛されたにも拘わらず、人妻の同性愛は姦通と等しく見なされ死罪に相当するとされていたからである。当時の医術書をひもといても、男性愛はノーマルだが、レズビアニズムは異常視されることさえ珍しくない。どうやら文字文明というのは男性優位の社会で開花したようである。

とりわけキリスト教徒の世界では、男色の交わりは理解されても、女どうしのセックスは張形を用いぬ限り想像もつかない行為であった。あまりイマジネーションに恵まれていなかったヴィクトリア女王のピントのぼけた発言のせいで、一九世紀英国では男どうしの性行為のみが犯罪として摘発されつづけることになった。女王にはペニスのない女性どうしの性的交わりがまったく合点できなかったのである。▼ちなみに、近代以降の英米アングロ・サクソン系の国々では男どうしのコイトゥスのほうがより非難されたが、それに比べて、海峡を渡ったフランスなどの国々では、反対に女どうしのほうが批判される傾向にあったのは興味深い現象である。とはいえ、ブラントーム〔一五三五頃～一六一四。フランスの作家〕の時代から、イタリアやフランスの女性の間ではサッフィスムの悦楽を愉しむことは決して珍しくはなかったのであるが。

▼**まったく合点できなかったのである**　レズビアニズム禁止法に署名を求められたヴィクトリア女王は、ペニスの介在しないコイトゥスが理解できなかったので、「女はそんなことをしません」と却下したという。しかし、この逸話はどうやら伝説であって、史実ではないらしい。

第3章 哲人の愛

1……師弟間の絆◆1

思想家たちも例外なく男道を好んだ。

エレア哲学派の祖パルメニデス［前五一五頃～前四五〇頃］は六五歳のときに、四〇歳の愛弟子ゼノン［前四九〇頃～前四三〇頃］と恋愛関係にあった。神のように崇敬された哲学者エンペドクレス［前四九二頃～前四三二頃］は弟子のパウサニアスを愛人にしていた……と、哲学者たちの恋愛模様を描きだしたら枚挙に遑《いとま》がないありさまである。◆2

ピュタゴラス［前五六九頃～前四七五頃。「ピタゴラスの定理」など数学の原則を発見したことで名高い哲学者・数学者］は、妻帯こそ禁じなかったものの、女との性交にはきわめて否定的だった。

「どの季節に交わっても有害であり、健康によろしくない」

と彼が説くのを聞いて、ある人が問いかけた。

「ではいったい、いつ女と交わってもよいのでしょうか」。

するとピュタゴラスは答えた。

アキレウスに弓矢を教えるケイロン。ジャン＝バティスト・ルニョー画、1783年。

「君が弱くなりたいと思ったときにだ」。

ピュタゴラスの最初の愛弟子は、イアンブリコスの伝えるところによれば、同名のピュタゴラスと呼ばれる体格の勝れた青年であった。ある日、この青年はサモスの体育場《ギュムナシオン》で師のピュタゴラスに認められたが、ひどく貧しかったため、生活の面倒をみてもらいつつ同棲し、何でも言うことを聞きながら学問を修得。長じてのち『肉体の鍛錬法《トレーニング》』と題した指南書を著わしたという。

2……哲人ソクラテス——男道の提唱者

「西洋精神の祖」ソクラテスの美少年好きは、あまりにも名高い。

数多《あまた》いるソクラテス〔前四六九〜前三九九〕の愛人の中でも、江湖に知られているのは傾国の美男アルキビアデス〔前四五〇頃〜前四〇四〕であろう。名門の家柄に生まれ、親戚のペリクレス〔前四九五頃〜前四二九。アテナイに黄金時代をもたらした偉大な政治家〕の後見下に育ったアルキビアデスは、素晴らしい肉体美の持ち主だったので、大勢の身分ある男たちに言い寄られ、我儘《わがまま》かつ傍若無人にふるまったと言われている。

例えば、ある日、アニュトスという愛慕者《エラステース》の一人から宴会に招かれたことがあった。アルキビアデスはこれを断《ことわ》っておきながら、友人と酒をしたたか飲んだあとでアニュトスの宴席に乱入し、食卓から金銀の食器を半分奪い去って行った。その場にいた客たちがアルキビアデスの傲慢無礼に立腹したところ、アニュトスは「とんでもない。思いやりのある青年だよ。全部持っていってもいいのに、半分も置いていってくれたのだからね」と目を細めていたという。

ところが、いくらアニュトスが求愛しても、アルキビアデスは一向に靡《なび》く気配がない。それどころか、ついにはソクラテスを慕うあまり、アニュトスの好意もプロポーズも振り切って哲学者のもとへ立ち去ってしまう。

アキレウスの教育——教師と弟子との恋愛関係

【左】ケイロンの背にまたがるアキレウス　黒絵式陶器に描かれた絵画。部分。前6世紀。神話中の師弟愛は好んで陶器画の主題に選ばれた。

【下】ケイロンの教育を受ける若き日のアキレウス　フレスコ画。前1世紀頃。ヘルクラネウム（現、エルコラーノ）出土。トロイア戦争の英雄アキレウスが少年時代にケンタウロス族の賢者ケイロンの手で育てられた神話を題材にした作品。ナポリ国立考古学博物館蔵。

前四三二年、戦場で同じテントに寝泊まりし、互いの身を守り合ったソクラテスとアルキビアデスは、以来、急速に親密な仲となり、交わりを深めることとなる。のちにアニュトスはソクラテスを告発して死刑に追いやる［前三九九］が、その遠因はこの絶世の美男子をめぐる恋のもつれにあったと伝えられる。

さてソクラテスに愛されて親交を結んだアルキビアデスは、その薫陶をうけたとはいえ、とかく奔放な官能的快楽にはしりがちであった。プラトンは『饗宴』の中で、アルキビアデスのほうから年上のソクラテスに対してモーションをかけた話を紹介している。[4] まるで念者《エラステース》が若者《エローメノス》を誘惑するかのように、二人きりで一つ外套《マント》をかぶって一夜を過ごし、両腕で身体を抱きしめながら横たわって同衾したが、最後まで哲学者は肉欲を克服して超然たるありさまだったという。ただし、プラトンはソクラテスの高弟だから、この文章をあまり信じ過ぎないほうがよいかもしれない。ディオゲネス・ラエルティオスの記述[5]によれば、プラトンが自分の書いた対話篇『リュシス』を読むのを聞いていたソクラテスは、「おやおや、プラトン君は私について嘘ばかり語っているぞ」と驚愕したということなのだから。▼

▼……ことなのだから『ギリシア哲学者列伝』の著者ディオゲネス・ラエルティオス（後三世紀）らの伝えるところでは、容貌魁偉なソクラテスも、若かりし頃には師の自然哲学者アルケラオスに愛されていたという。蓼食う虫も好き好きとか。この道ばかりは見てくれだけではないようだ（ディオゲネス・ラエルティオス『ギリシア哲学者列伝』(Diog. Laert.) 二-一九、プラトン『饗宴』(Plato Sympos.) 二一五a〜b、他）。

アテナイオス［後二世紀。『食卓の賢人たち』の筆者］によると、アルキビアデスが三〇歳に手が届きそうな年齢になり、「あれはもう男だ」と言われるまでになっても、ソクラテスはなおもホメロスの一節を引用しつつ、この美青年の〝若盛りを狩る〟ことを楽しんでいたという。[6]

時とともにアルキビアデスの美男子ぶりはギリシア人の間では伝説的なものとなっていった。例えば、ヘレニズム時代の哲学者ビオン［前三二五頃〜前二五五頃。快楽用に何人かの青年を養子にした男好きで評判の哲学者］は、「アルキビアデスは若い頃には女たちから夫を奪い去り、成人してからは男たちから妻を奪い去った」と評している。

ちなみにアルキビアデスの息子▼も評判の遊冶郎《ゆうやろう》で、少年時代から男倡生活をはじめ、あらゆる乱交に参加したのみならず、妹を犯した廉《かど》で裁判沙汰になったとさえ言われている。

▼アルキビアデスの息子　リュシアス『アルキビアデス』(Lysias, *Alcibiades*) 一二五。この息子のほうの小アルキビアデスは、父親亡きあと（前四〇四）、恋人の「アルケビアデス」という男性によって身請けされたと伝えられる。似たような名前が出てくるので混乱しないように御注意いただきたい。余談ながら、中世西欧のキリスト教文学では、このソクラテスの可愛がったアルキビアデスも、英雄ヘラクレスの愛したイオラオスも、ともに「女」に性転換さ

【コラム】

最古のラブレター——それは少年に送られた作品だった

アッティカ十大雄弁家の一人にリュシアス［前四五九頃〜前三八〇頃］という人物がいる。

リュシアスが書いた『反シモン弁論』は、美青年テオドトスを恋する二人の男たちが起こした傷害事件を扱った法廷演説である。当時の男色風俗を知るうえで、なかなか興味深い著述といえる。

彼はまた、書簡文学の嚆矢とみなされる「少年へ宛てた手紙」［散逸］の作者でもある。最古の書簡文学が少年への恋文というのが、いかにもギリシアらしい。さらにリュシアスは、プラトンの対話編『ファイドロス』にも登場して、少年愛に関する詭弁的《ソフィスティック》なエロス論を開陳している。関心のある方は一度お読みいただきたい。◆1

古代ギリシアでは、若者にささげる恋愛書簡が何世紀にもわたって、数限りなく書かれていた。ローマ帝政期に入っても、例えばフィロストラトス［後一七〇頃〜二四七。ローマ時代に活躍した著作家］の現存する『書簡集』には、多数の少年に宛てた恋文が含まれているといった調子にである。◆2

れてしまうという奇妙な改変を加えられることになる。異性愛をしか認めないというキリスト教特有の改竄である。


アルキビアデス以外にも、ファイドロス、カルミデス、エウテュデモス、ファイドン、クセノフォン、リュシスと、ソクラテスは実にたくさんの美しい若者を熱愛し、また彼らから深く慕われた。後世のヨーロッパで、「衆道」を「ソクラテス風の愛」と称するのは、彼のこうした並々ならぬ男色愛好に由来している。実際に彼は根っからの男好きだったらしく、医学の知識を得たのも、ある美貌の青年を苦しめている病気の治療法を学ぶためであったとのこと。弟子の一人で名文家のクセノフォン［前四三〇頃〜前三五四］は、プラトンの作品と同じ題名《タイトル》の著書『饗宴』の中で、

「美男の愛人を捜すときには君に助力してあげられるかもしれない。私は愛を理解しているからね」

とソクラテスに語らせている。▼◆7

▼……ソクラテスに語らせている　さてソクラテスの妻と言えばクサンティッペ。古来、夫を口汚く罵る言動で悪名高く、その名は今日でも「悪妻」の代名詞とされているほどである。夫が美しい若者を自宅に連れ帰ってくると、嫉妬に逆上した彼女は文句を浴びせたり、テーブルをひっくり返したりしてガミガミまくしたてたが、当時のアテナイでは、このように妻が夫の男性の愛人にやきもちを焼くことは珍しかった。通常、妻の座は同じ女性によって脅かされることはあっても、若い男性によって奪い去られる心配はなかったからである。その点で右の話は、クサンティッペ悪妻説を補強するための作り話めいて聞こえる。

3……クセノフォン◆8

ソクラテス、プラトン、アリストテレス、クセノフォン、アイスキネス、ケベス［ピュタゴラス派の哲学者、前四〇〇頃の人］ら著名なギリシア人思想家は、揃って男色を重んじた人々の中に数えられている。現在ではプラトンとクセノフォンの作品が多数残っているため、これらを通して彼らの恋愛観や男色に対する想いのあらましを知ることができる。

クセノフォンの代表作『アナバシス』［一万人のギリシア人傭兵部隊がペルシア帝国から退却する苦難の旅を活写した名作］に描かれている愛情も、やはり男性間の色恋沙汰で埋めつくされている。そこに登場する人物もまた、男前の兵士ばかりを集めて勝利を収めたエピステネスを筆頭に男狂いの武者揃い、と言ってよい顔ぶれである。

クセノフォン自身、他のギリシア男性と同じく、若いスポーツマンの筋肉質の肉体には目がなかったようだ。

「体育場で男たちが裸身に塗るオリーブ油の匂いは、婦人たちが用いるどんな香料よりもかぐわしい」と、

【コラム】

哲学者となった売春夫◆1

ソクラテスの弟子ファイドン［前四一七頃〜?・］は、エリスの良家の出だったが、戦争で捕虜となりアテナイに奴隷として売られて来た。彼は際立った美少年だったので男娼宿で春を鬻《ひさ》がされるという憂き目にあう。苦界に身を沈めさせられたのだ。日ごとにかわる枕の数々……。しかし、ほどなく運命の女神がほほ笑みかける。美男好きのソクラテスに見出されて自由の身とされ、その愛弟子になったのである。そして前三九九年、師の獄死に立ち会ったのち、祖国へ戻りエリス学派と呼ばれる一哲学派を創始することになる。彼の名は、死に臨んだソクラテスの問答を扱ったプラトンの対話編『ファイドン』によってよく知られている。毒盃を仰ぐ前にソクラテスは、いつものようにこの若者の頭を撫で、うなじの髪の毛をつかむ仕草をしながら、いとおし気に呟いた。

「ファイドン、明日はこの美しい髪を切ることになるのだな」。

師の言葉に違《たが》わず、ファイドンは哀悼の意を表わすために、頭髪を切り落としたのだった。

彼は手放しで誉めそやしてやまない。ちなみに、クセノフォンが自著『饗宴』の舞台に設定した場所は、パンクラティオンという格闘技で優勝した筋骨隆々たる美青年アウトリュコスとその愛人《エラステース》で自らも偉丈夫として知られたカリアスの別邸であった。

4……プラトン——理想美を求めて◆9

終生独身を保った男色好きの哲学者プラトン［前四二九頃〜前三四七］は、若い頃コリントスのイストミア競技祭でレスリングの選手として活躍していた時期がある。本名をアリストクレスといった彼は、その立派な体格から「プラトン」［「肩幅の広い」という意味］という愛称《ニックネーム》をたてまつられた。

青年時代には詩をよくし、一緒に天文学を学んだ仲間のアステルや、シチリアの名門出のディオン、美男のファイドロス、アレクシス、アガトンら何人もの若者に胸を焦がし、愛の詩をささげたという。夭逝したアステルには次のような詩を書いている。

星々を眺める私の星男《アステル》よ、
大空となりて無数の眼でお前を眺めていたいもの

プラトンは、「若者が栄《は》えある同性の愛人をもち、愛人が栄えある寵童をもつほど大いなる恵みはあるまい」と記した。また、世界中で最も美しいものは一七、八歳の若者に素裸で格闘技を行なわせる光景だと道破、老後は美しい青年に介抱されつつ息を引き取りたいと願って已まなかった。

真のプラトニック・ラブ▼［プラトン風の愛］という言葉は、このように男性どうしの気高い情愛関係を指していた。

残念なことにこの言葉、後世においては肉の交わりをともなわない異性愛の意味にまで平俗化させられて

【コラム】

プラトンの対話篇『饗宴』や『ファイドロス』

　通常「愛」といえば男どうしの情愛を意味していた古代ギリシアにあって、プラトンが代表作『饗宴』や『ファイドロス』、『リュシス』などの対話篇において少年愛《パイデラスティアー》を論じているのは、きわめて当然のことだといえるだろう。

　プラトンの『カルミデス』という作品中では、哲人ソクラテスが彼の隣に坐った当代無双の美男子カルミデスの着物の中身が見えたため、血が頭に上って心ここにあらずといった状態になる様子が克明に描写されている。この対話篇『カルミデス』にはまた、とびっきりハンサムな顔貌《マスク》の若者カルミデスが格闘技場《パライストラー》で衣服を脱ぎ捨てて素裸になると、これを見た男たちが「彼の顔立ちのことなど忘れてしまうほど、全身くまなく美しい肉体に恵まれていることを手放しで絶賛してやまない」というギリシア人通有の筋肉美愛好を表す一節が出てくる◆1。

　古代ギリシアのパイデラスティアーには、片想いから哀訴、懇願、贈り物や口説の数々、誓約、恋煩い、愛人宅の戸口で夜を徹して待ち奴隷でさえ厭うような労役にも屈する服従ぶりなど、ありとあらゆる愛の諸相が揃っていた。

　さて、プラトンは著書『ファイドロス』の中で人間の恋愛について述べているが、もちろん、これも男どうしの交情のことである。また『饗宴』中の討論では、「凡庸で世俗的な異性愛よりも、天上的な男性間の恋愛のほうがはるかに高邁で、精神的価値も高いものだ」という結論を導き出し、話者一同の意見の一致をみている▼1。

▼1　プラトンの初期の対話篇『リュシス』は、美少年リュシスを熱愛する青年ヒッポタレスとソクラテスらが、リュシス本人も交えて、パライストラーで「友愛（philia フィリアー）」について問答する形式をとっている。リュシスはアテナイの裕福な家に生まれ、際立った美男子だったので、市民たち皆なから愛慕されたという人物である。

しまっているが。

▼プラトニック・ラブ［プラトン風の愛］　伝存する数多くの対話篇のうち、プラトンの恋愛＝男色観が最もよくうかがえるのが、『饗宴』と『ファイドロス』の二作である。殊に前作には、現代で言うところの「性的指向」の起源に関する話題が語られていて、それだけでもわれわれの興味を惹きつける（本章6節参照）。

アカデメイア学園［いわゆる「アカデミー」「アカデミック」といった言葉の語源］の学頭職は、創設者プラトンを継いだ甥のスペウシッポス以降、歴代「男色の結縁」によって継承されていくこととなる。第三代学頭クセノクラテスは、第四代学頭ポレモンを愛し、ポレモンは第五代学頭となるクラテスを愛人にしているといったふうにである。とくにポレモンとクラテス師弟は、仲良く同棲生活を送ったのみならず、死後も同じ墓に葬られるほど愛し合っていた、とディオゲネス・ラエルティオス［後三世紀の伝記作家。『ギリシア哲学者列伝』をのこした］は書き誌している。

5……ヘレニズム時代の哲学者たち――ストイックであれ、エピキュリアンであれ

ストア派の開祖ゼノン［前三三五～前二六三］は、生涯婦人に触れることなく終わった。と言えば、いかにも謹厳居士、ストイックな哲人然とした人物を想像してしまいがちだ。ところが彼は、他の多くのギリシア人と同じく、無類の美男好きだったに過ぎない。はなっから女色は無視して終生クレモニデスら男性のみを愛したのである。以来この哲学派は、累代こぞって男色愛好で広く知られることになった。ストア派の学徒たちは女犯を断って愛人《エローメノス》が一八歳に達するまで性愛の対象として憚らなかった。そして愛人の体毛が濃くなると、鬚《ひげ》や尻の毛を剃らせて連れて歩いたとアテナイオスは記している。尻の毛を除くのは、毛切れを防ぐためであろう。

ゼノンの後継者で拳闘《ボクシング》選手だったクレアンテスは、「第二のヘラクレス」と呼ばれるほど秀でた体格の持ち主だった。あるとき、若者たちを見世物に連れていったところ、風のせいで上衣がめくれあがって下着を

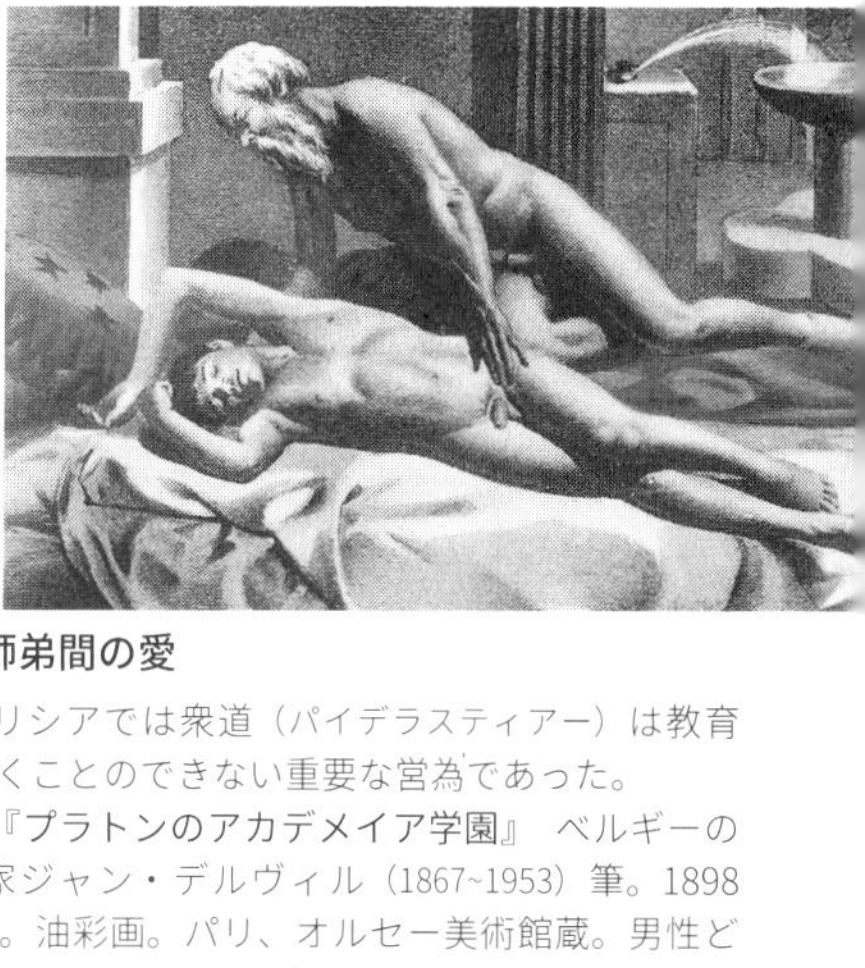

師弟間の愛

古代ギリシアでは衆道（パイデラスティアー）は教育上も欠くことのできない重要な営為であった。

【上】『プラトンのアカデメイア学園』 ベルギーの画家ジャン・デルヴィル（1867~1953）筆。1898年。油彩画。パリ、オルセー美術館蔵。男性どうしのカップルを前に教えを説くプラトンがキリストさながらの姿に描かれている。

【中】『ソクラテス風の愛』 世紀末のフランス人画家、エドゥアール＝アンリ・アヴリル（筆名、ポール・アヴリル。1843~1928）画。哲学者ソクラテスが少年愛を好んだことに想を得た作品。古代ギリシアでは師弟間が愛欲の絆で結ばれる場合が決して珍しくなかった。

【下】牧神パーンと愛弟子オリュンポス像 大理石、前４世紀の原作のローマ時代の模刻（前２世紀）。パーンが葦笛を愛する少年オリュンポスに教える情景を表わした作品。異説ではパーンに抱かれている愛人は美男の牧人ダフニスだという。ナポリ国立考古学博物館蔵。

つけない彼のたくましい裸身が観衆の目にとまった。時ならぬ眼福に恵まれて、美に目敏《めざと》い市民一同は万雷の拍手喝采を彼に贈ったと言われている。古代ギリシア人の男性美礼賛の実がうかがわれるエピソードである。クレアンテスはまた「私は青年に恋い焦がれると、いつもその耳をとらえて言葉で彼を靡《なび》かせることにしている。性器その他のところは恋敵どもに、いくらでもつかませてやるさ」と公言していた。ちなみに、その弟子としてストア派の隆盛に貢献したクリュシッポスは、父親と息子との間の性交すら認めていたという◆10。

同様に他の哲学派もこぞって男色を重んじている。アリスティッポス〔前四三五頃〜前三五〇頃。ソクラテスの門弟〕を開祖とするキュレネ学派の哲学者たちは美青年、美少年を問わず魅力的で快感を与えてくれる相手となら、みさかいなく交わった。それどころか、何と彼らは、女色にまでなずんで恥じなかったという。

かの逍遥《ペリパトス》学派の開祖にして後代「万学の祖」と称されたアリストテレス〔前三八四〜前三二二。プラトンの弟子。アレクサンドロス大王の師〕だとて、アタルネウスの僭主ヘルメイアス〔ヘルミアス〕に愛されて、師プラトン亡きあと、この念者のもとへ赴いて殊遇をこうむっている。アリストテレス自身は、ファセリス出身の美男弟子テオデクタス〔テオデクテス〕やパライファトスらを愛したと伝えられる◆11。

エピクロス〔前三四一頃〜前二七〇頃。快楽を最高善とするエピクロス学派の祖〕は、青春の盛りにあった愛する弟子ピュトクレスに宛てて、恋文を送っている。「私は跪《ひざまず》き、君の慕わしい神にも似た姿の来訪を待つことにします」と。また彼の第一の愛弟子ランプサコス〔小アジア北西岸のギリシア人植民市〕のメトロドロスが師に先立って死去すると、その早世を深く悼み、以来、学園では毎月二〇日にエピクロスとメトロドロスの二人を記念して集会の式典が催される習わしになったという。口腹の欲に惑溺せず簡素な生活を送ったことで知られるエピクロスだが、どうやらこと愛情に関する限り揺るぎない快楽主義者《エピキュリアン》であったようだ。

エレトリア学派の祖メネデモス〔前三三九頃〜前二六五頃〕は、美男だったうえ、運動選手のように日焼けした筋骨隆々たる肉体に恵まれていた。そして、年上の哲学者アスクレピアデスと愛し合い、終生——両者が妻帯してからも——同棲生活をつづけた。▼ 彼らにとって異性婚は子供を儲けるための方便でしかなかったからである。

▼……同棲生活をつづけた　ある日、伴侶（パートナー）のアスクレピアデスが犬儒（キュニコス）派の哲学者クラテスに見そめられて、室内へ引きずり込まれそうになったことがある。愛人が誘惑されているのを知ったメネデモスは怒るまいことか、逆にクラテスのほうを力づくで屋外に引きずり出してしまうという一齣も見られた、と伝記作家は述べている。

これら以外にも、プラトンのはじめたアカデメイア派のビオンが快楽に用いるために何人かの若者を養子にしたとか、ストア学派のヘリロス［ゼノンの弟子］が魅力あふれる美男子だったため、彼を恋い慕う連中が大勢おし寄せてきたといったように、哲学者の男色譚は数限りなく伝えられている。◆[12]

古代において師弟関係は常に愛する者と愛される者との関係にあるのが通例であった。ローマ時代に入ると、すべての哲学者が男色家だと思われるようになったため、逆に衆道愛好家が哲人を装うという風潮さえ生じたという。◆[13]

6……アリストファネスの「アンドロギュノス説」

性的指向《セクシャル・オリエンテーション》の起源を説明しようとした最古の学説として、あまりにも名高いのが、プラトンの対話篇『饗宴』中の一節である。この作品の中でプラトンは高名な喜劇詩人と同一人物と思われるアリストファネスに次のようなエロス論を説かせている。◆[14]

それによれば、人間は元来、「男・男」「女・女」「男・女」の三種類の組み合わせをもった二重体の存在であった。つまり、原初の人類は、今の人間を二人づつ結合させた形をしていたというのだ。ところが彼らは、強勢を誇るあまり神々に刃向かったので、大神ゼウスによってそれぞれ半分づつに切断され、今日の男と女の二種類だけとなった。以来、人間たちは各自失った半身を焦がれ求めて一緒になろうとし、もと「男・女［アンドロギュノス］」だった者は異性愛者と化し、「男・男」「女・女」だった者は同性愛者になったという。ただし、それらの中で最も優秀にして有能な者は、男どうしで愛し合う、もと「男・男」の組み合わせだった者たちである、といかにもギリシア人らしい見解が付け加えられている。

「もと『男・男』だった人々は天性において、最も男性的な者たちであるから、大胆や勇気や男らしさのために、彼らだけが堂々と政界へ乗り出して活躍するのである。そして、友愛や恋情故に、たとえ寸時といえども互いに離れ難い気持ちになり、終生、妻帯などしないで男どうしで一緒に暮らしていく人々なのだ」。

他方、「もと『男・女』だった異性愛者は、おおむね姦夫や姦婦となる者どもだ……」と低く評価されている。

さらにプラトンは、話者の一人ファイドロスの口を借りて、

「若者が栄《は》えある同性の愛人をもち、愛人が栄えある寵童をもつほど大いなる恵みはあるまい」と語り、

「こうした愛情なくしては、国家も個人も輝かしい偉業を成し遂げることはできない」

とつづけている◆[15]。

――愛する男ならば、守るべき持ち場を離れたり、武器をうち棄《す》てたりする姿を愛人たる若者に見られるよりは、いく度でも死ぬほうを択ぶであろうし、ましてや危地にある愛する若者を救い出さずに見捨てるような真似はできない。エロス神は恋する男だけに勇気を吹き込み、彼を最高の勇者に匹敵させるのである。

「だから、何か妙案を得て、互いに愛し合う男性たちから成る国家や軍隊▼がつくられたとしたら、競って名誉を求めることになるから、これ以上に立派な統治組織は存在し得ないし、また少数であってもよく万軍にうち勝ち、いわば全人類を征服することも可能であろう◆[16]」。

▼愛し合う……国家や軍隊　次章1節で述べるように、実際にこうした愛し合う男性たちから編成された軍隊が、テーバイの市民パンメネスの発想にもとづいて、前三七八年、将軍ゴルギダスの手でつくられ、おかげでテーバイはギリシアの覇者となることができるのである。

第4章 軍隊と男色

1……精強なる神聖部隊

古代ギリシア各地の軍隊や体育場《ギュムナシオン》では、若者どうしの相互愛を奨励する目的をもって、愛の神エロスとアンテロス［愛に応える愛の神］の祭壇が設けられていた。かの強力なテーバイの神聖部隊は、こうした理想に順《したが》って、年長の者と年少の者との恋人たちのカップルで編成されていた。すなわち、愛する者どうしを傍に置かねばならないというスローガンの下に、各兵士は同じ部隊の中に自分の熱愛する若者を持ち、これら愛人たちは互いに相手から見苦しいさまを見られまいとして危機にあっても非常な威力を発揮したのである。これこそまさに、クセノフォンやファイドロスの夢見た念者《エラステース》と若衆《エローメノス》から成る戦団の実現であった。かくて危険よりも不名誉を恐れる神聖なテーバイ軍は、ペロピダスやエパメイノンダスといった名将に率いられて、次々と相手国の軍隊を破っていったのである。最後に彼らはカイロネイアにおいてマケドニア王フィリッポス二世［アレクサンドロス大王の父］の軍隊に敗れるが、戦闘後に屍体を検分していた王はこの部隊が愛慕者と被愛慕者とから成っていたと聞いて、いたく感動し流涕久しかったと伝えられている。

重装歩兵の大理石像、紀元前5世紀。
ギリシア・スパルタ考古学博物館蔵。

アテナイではこの相互愛を表わすエロスとアンテロスの祭壇は、二人の男性ハルモディオスとアリストゲイトンの情愛を記念して築かれていた［次章2節参照］。彼らが育んだ男どうしの愛は、僭主政治を打倒し民主制を樹立する契機となった勇敢なふるまいとともに、何百年にもわたって人々にうたいつがれたという。

2……スパルタ式男色——ギリシア第一のポリス、尚武の国スパルタ風男道◆1

古代ギリシア最強の都市国家《ポリス》スパルタは、長きにわたってまさしく不敗の軍事国家であった。男子は七歳から三〇歳になるまで兵営生活を送り、優秀な戦士となるよう国家によって厳しく教育された。髪の毛を短く刈り、全裸で軍事教練や肉体鍛錬に励むかたわら、一二歳を過ぎると年上の同性を愛人にもち、愛人から立派な人間になるべく手ほどきを受けた。愛人たる念者《エラステース》は愛する若者《エローメノス》の言動と成育に責任をもち、名誉と不名誉をともに分かち合わねばならなかった。したがって、ある若者が闘っている最中に悲鳴をあげると、咎めはその念者のほうが受けるのであった。スパルタではさらに監督官《エフォロイ》［二人の王を含む全市民に対する司法権と監督権をもつ強力な行政官たち］が男どうしの性愛関係にまで干渉、彼らは立派な人物が誰とも衆道《パイデラスティアー》の契りを交わさないでいることを許さなかったし、また、貧しいが気高い人物より富裕だが品格の劣る男を念者として選んだ若者を罰したりする権限をもっていた。

つまりスパルタでは、すべての若者は念者をもち、すべての男性は若者を愛人にするという社会的義務が課せられていたのである。▼

▼スパルタでは……課せられていたのである　スパルタを中心とするラコニア地方では、男色がきわめて重んじられたので、パイデラスティアーを行なうことは、「ラコニア風にふるまう（lakonizein）」と表現された。

念者たちは愛慾ゆえに嫉妬に駆られるどころか、むしろ同じ若者を愛している者どうしがすすんで友情を結び合い、自分たちの愛している若者が最も優れた者になるようともに努力しつづけたという。

不敗の精鋭軍

軍事的にも男性どうしの愛は必要不可欠なものと考えられていた。愛する者どうしを戦列に並べれば、不敗の軍隊が構成されると広く信じられていたからである。

【右】エパメイノンダス想像図　J・チャップマン筆。一八〇七年。テーバイの名将エパメイノンダスは愛し合う男性どうしのカップルで成り立つ「神聖部隊」を率いて数々の戦闘に勝利を得た。

【下】テルモピュライの戦闘に臨むレオニダス　ジャック＝ルイ・ダヴィッド筆。一八一四年完成。油彩画。ルーヴル美術館蔵。クセルクセス大王率いる無数のペルシア軍をテルモピュライで待ち受け配下のスパルタ軍もろとも玉砕した王レオニダスを描いた大作。接吻を交わして今生の別れを告げる男性の姿も見られる。

クセノフォンはスパルタの「浄の男道」を強調するあまり、彼らの立法家リュクルゴス〔前八世紀頃？〕は「若者との肉体の交わりを禁じた」と書いているが、これはさすがに誰からも信用されなかった。▼

▼……信用されなかった　スパルタ人がクレタ人と同じく、肉体の美しさよりも人格の良さのほうを重視するよう奨められたという伝承は信じてもよいだろう。例えば、痩身で背が低く跛者だった若者アゲシラオス（前四四四～前三六〇頃）は、その勇気と快活さ故に見事、名将リュサンドロス（前四五五頃～前三九五）の愛人となり、のちにこ

【コラム】

古代ギリシア世界の男色——パイデラスティアー[1]

全体として、多くの人々は、女人を愛するよりは若者を愛するほうを好んでいる。[2]　（アテナイオス）

世界史上、古代ギリシア人ほど男性どうしの愛を称揚した民族は少ないといわれている。現存する文献からも、破壊をかろうじて免れた美術作品や考古学遺物から見ても、彼らの社会において男色が盛行していたことは明らかである。近年ようやく欧米の学会でも本格的に研究されるようになり、かつてのゲイ社会《コミュニティ》で考えられていたほど古代ギリシアが無制限の男性愛の天国ではなかった点も、しばしば指摘されてはいる。とはいうものの、やはりユダヤ＝キリスト教によって価値観を変質させられるまでのギリシア・ローマ世界が、性愛、わけても男性間の愛欲を称讃する優れて自由で大らかな社会であったという事実は一向に変わらない。

それにギリシア人の間では男性どうしの愛は、たんなる性愛《エロス》の領域には留まらなかった。教育的にも、政治的にも、加えて軍事的、倫理的、哲学的にも、男性愛はきわめて高く評価され、賞賛され、かつ推奨されていたのである。彫刻などの造形芸術を見れば、彼らが男性美、殊に全裸の肉体美を、その後の世界史上においても比類ないほど讃美し聖化していた一端が窺えるであろう。

彼らの男性愛の讃美や聖化は、何よりもまず、「恋の神エロスに鼓舞された愛人どうしこそが、いかなる敵といえども怯《ひる》むことなく立ち向かい、命を惜しまず獅子奮迅の働きをするものだ」という一点に集約されていた。愛する側は相手《パートナー》により強く見られようと努める功名心に、そして愛される側はそうした相手にふさわしい者たろうとする意欲に駆られるため、名誉と栄光を尊ぶこよなく勇猛果敢な人士がつくり出されるというのである。

ある戦士は斬り合いの最中にうつ伏せに倒れるや敵に向かって、「胸を刺し貫いてくれ」と頼んだ。「愛する若者が自分の屍体の背中に傷があるのを見て、逃げようとしたところを討たれたなどと思い違いしないようにと」と言いながら。◆3

エウボイア島の都市国家《ポリス》カルキスにおいて男色が絶賛されるようになったのも、軍事的な理由からであった。前七〇〇年前後だろうか。カルキスが隣国のエレトリアと戦ったとき、勇者の誉れ高いクレオマコス「ギリシアのテッサリア地方、ファルサロス市出身の騎兵」が、カルキス市民によって「敵の騎兵に立ち向かうために先鋒となって頂きたい」と招き寄せられた。今まさに戦闘に出向こうとする折り、クレオマコスは同伴していた愛する若者から熱烈に抱擁されつつ兜をかぶせてもらったので、大いに意気軒昂、華々しく討って出て敵兵を敗走させた。ところが、軍を率いていた彼自身は武運つたなく戦場に散った。カルキス市民はクレオマコスの墓を町の中心部に立派に築き、以来男どうしの恋を熱心に称揚するようになった。ローマ帝政期のプルタルコスの時代になっても、カルキス市の広場には見事な高い柱の立つクレオマコスの墓が見られたという。▼1

▼1 異伝では、勇士の名はクレオマコスではなく、カルキディケの猛将アントンとなっており、彼に愛された美しい若者の名前はフィリストスとなっている。

なお、ギリシア人の衆道愛好の理由を、男尊女卑に求める説は、ある程度正しい。古典期アテナイのように女性の地位が低い社会にあっては、教育程度の格差が大きく、一般の男女が対等に恋愛を語り合うことなど、ままならなかったに違いない。ただし、スパルタのように女性の地位が他のギリシア諸都市よりも高い都市国家においても、かわりなく男色が盛んであった事実から、「女性の低い地位」といった観点だけで、パイデラスティアーの発達を説きあかすことはできない。

の念兄の支援によってスパルタの王位に即いているからだ（プルタルコス『アゲシラオス伝』(Plutarch. Agesilaus) 二〜、プルタルコス『リュサンドロス伝』(Plutarch. Lysander) 二二、クセノフォン『アゲシラオス』(Xenoph. Agesilaus) 一・五、他）。

結婚しても夫は同年代の男たちと寝食をともにし、夜こっそりと妻のもとに通ってくるのが常であった。花嫁は頭髪を短く剃り、男物の着物とサンダルを履いて灯りのない寝床で夫の訪れを独り待たなくてはならなかった。夫は交接を済ませると、ふたたび用心深くもとの場所へ戻り、他の青年たちと一緒に寝る習わしだった。▼

▼……習わしだった　スパルタなどドーリス語圏では、「愛する者・念者」を、エイスプネーロスとかエイスプネーラース（「息を吹き込む者」の意）と称し、「愛される若者」のことをアイテース（「聞く者」の意）と呼んでいた。この「息を吹き込む（エイスプネイン）」という動詞から派生した念者の呼称を根拠に、二〇世紀初頭の学者エーリッヒ・ベーテは「射精によって念者は若者の体内に〝アレテ（アレテー＝男らしさ、徳性）〟を注ぎ込むことができると信じられていた」という説を唱えた。このベーテ説は今なお根強く支持されている。

スパルタでは、成年に達した男性は必ず一〇日に一度、衆人環視の中で監督官《エフォロイ》の前に全裸をさらして、その肉体を仔細に点検《チェック》される習慣であった。日頃の弛《たゆ》まぬ鍛錬によって肉体がブロンズ像のように刻み込まれて強健であった場合には表彰されたが、怠惰のせいで少しでも肥満の徴候や色白で軟弱な部分が認められた場合には鞭で打たれて処罰されたのである。◆[2]

スパルタの若武者の武勇談として次のような話がある。

前三六二年にテーバイ軍が攻め込んできたとき、少年から成人になる最も美しい花の盛りだった若者イサダスは、体育場《ギュムナシオン》から全裸のまま跳び出していき、一糸まとわぬ姿で目覚ましい戦いぶりを示し、しかも一つとして傷を受けなかった。衆に抜きん出たその活躍を多としたスパルタの監督官たちは、栄誉の冠を彼に授ける一方で、この国伝統の武具を着けずに無謀な危険を冒した廉で罰金刑を科したという。◆[3]

【コラム】

テーバイの〝神聖部隊《ヒエロス・ロコス》〟——愛する者どうしのカップルから成る精鋭部隊◆1

テーバイの将軍ゴルギダスは前三七八年、選りすぐりの三〇〇人の男性から成る精鋭部隊を創設した。このエリート部隊は「神聖部隊《ヒエロス・ロコス》（hieros lokhos）」と呼ばれ、全員が愛し合う男どうしのカップルで構成されていた。彼らは相並んで雄々しく闘ったため、名将ペロピダス▼1やその無二の親友エパメイノンダス▼2の指揮下、前四世紀中葉には常勝無敵を誇った。とくに前三七一年のレウクトラの戦いでは強国スパルタを破り、おかげでテーバイがギリシアに覇を唱えるようになる。プラトンが予言したとおり、愛する者《エラステース》と愛される者《エローメノス》とのカップルから出来上がった戦隊が最も強いことを身をもって示したのである。彼ら勇猛をもって鳴る重装歩兵軍は、三〇年以上にわたって負けを知らなかった。がついに前三三八年、カイロネイアの戦いで初めて敗れ玉砕する——。

勝ったマケドニア王フィリッポス二世［アレクサンドロス大王の父］は、彼ら全員が正面から槍傷を受けても武器を握ったまま折り重なって倒れている有り様を見ていたく感動し、それが皆な恋する男たちの部隊であると知ると、涙を浮かべつつこう言明したという。「彼らに聊《いささ》かでも恥じる所業があったと疑うような者は呪われるがよい▼3」。

▼1 前四一〇頃～前三六四。テーバイの名門出身。祖国をスパルタの桎梏から解放した。若き日のマケドニア王子フィリッポス二世を愛人（エローメノス）にしていたことで知られる。

▼2 前四一八頃～前三六二。テーバイの有力な政治家・将軍。終生妻を娶らず男色のみを好んだ。高潔の士として名高い。

▼3 プラトンやクセノフォンの文中に見るがごとく、ギリシアでは男色関係にある者たちが一緒に闘うのが理想的と考えられており、エリスやクレタなどでも念兄と若者は戦場でそば近くに配置されていた。

第5章

神々の愛、英雄の愛

1……ギリシア第一の英雄ヘラクレス

ヘラクレスの愛人たち

ギリシア第一の英雄であるヘラクレスが数え切れぬほど大勢の男性を愛したというのは、古代から語りぐさとなっている。その名が今日まで伝えられている者だけでも一四人を超えるほどだ。

彼の馭者であり忠実な愛人でもあるイオラオスは、▼ヘラクレスの一二功業［殺人の罪を贖うべくアポロンの神託にしたがって、一二年間エウリュステウス王に仕え、王の命ずるがままにヘラクレスが行なった一二の難業］その他の冒険に英雄のよき伴侶として同行し、彼を援《たす》けている。そして成人した暁には、ヘラクレスから最初の妻メガラを譲り受けて彼女と結婚することになる。ギリシアでは、愛されていた少年が成人して妻を選ぶ際には、念者《エラステース》に一切の責任と義務が委ねられていたのである。ヘラクレスの愛をかち得たが故に、イオラオスは後年、英雄の故郷テーバイの地に葬られた。イオラオスの墓は、後代においても永く礼拝の対象として崇められ、ギリシアの恋人たちはうち揃ってここへやってきては、男どうしの変わ

美少年ヒュアキントスの死。メリー＝ジョゼフ・ブロンデル画、19世紀。

英雄ヘラクレスの愛人たち

オリュンピア競技祭（オリンピック・ゲーム）のみならず普段の体育訓練も一糸まとわぬ全裸で行なわれた。肉体の鍛錬においても男色は必須のものだった。

【上】巨人アンタイオスと闘うヘラクレス　赤絵式陶器に描かれた絵画。部分。前 500 年頃。全裸でレスリングする男性の雄姿は、男色好きなギリシア人の好尚に投じた作品である。

【左】ディオメデス王を退治するヘラクレス像　ヴィンツェンツォ・デ・ロッシ（1525~87）作。大理石彫刻。1560 年代。フィレンツェ、パラッツォ・ヴェッキオ蔵。肉弾相打つ二人の闘う姿、これを「全裸で 69 を行なう様子を彷彿させる」と評した人もいる。

【下】ヘラクレスと愛人イオラオス　ローマ帝政初期。1 世紀。アンティウム（現、アンツィオ）の泉屋を飾っていたモザイク画。ローマ国立博物館蔵。

ることなき愛の誓いを交わすのが常であったという。

▼イオラオス　ヘラクレスの甥。英国のエドワード・カーペンター（一八四四〜一九二九）は、「男色家のバイブル」と呼ばれるゲイ・ピープルのアンソロジーを、いみじくも『イオラオス（*Iolaus*）』と名づけている（一九〇二）。

同様に、ギリシア風の友情で名高いオレステス［トロイア戦争でギリシア軍の総帥となったミュケナイ王アガメムノンの息子］とピュラデスの二人は、死後一緒に祀られて、友愛を尚《たっと》ぶ人々の信仰を集めていた。とりわけ友愛を何よりも重視するスキュティア人［前八〜前七世紀頃から南ロシアに居住していたイラン系の遊牧民族］は、運命を分かち合ったこの二人を崇敬することきわめて篤く、祭礼など諸々の儀式を熱心に執り行なっていた。スキュティアの男性は、誰か勝れた人を心友にしたいと思ったときには、さながら求婚するがごとくその人のもとへ馳せ参じた。そして、あらゆる手を尽くして懇願しつづけたあげく、「神かけて相ともに生き、互いに友のために生命を棄てる」と誓い合い、指を傷つけてその血を杯に滴らせ、剣先をそれに浸して二人一緒に飲む習慣があった。このような誓約を交わすことができるのは、多くて三人までに限られており、たくさんの友をもつ者は、「相手構わず秋波を送る心卑しい女」同然に見做されるのだった。◆1

ところがヘラクレスの場合、彼の寵愛をこうむった若者は、右記の通り独りイオラオスのみに留まらなかった。一二功業中の一つであるトラキア王ディオメデスの人喰い馬を奪い取った冒険には、少年アブデロス［トロイア戦争で討ち死にすることになるアキレウスの愛人パトロクロスの兄弟］がお供していた。しかし少年は、この冒険行の帰途、追ってきたビストン人を迎え撃つ間、英雄から馬の番をするよう託されたために、馬たちに曳《ひ》き摺り殺されてしまった——異説では、ひもじくなった馬どもに喰い殺されてしまった——という。ヘラクレスはビストン人を敗走させたのち、殺害された少年を悼んで、その墓の傍らにアブデラ市を創建し、アブデロスを記念する運動競技祭をはじめた。この競技祭には普通の種目はすべて含まれているが、ただ一つ戦車競走だけは行なわれない。それは、「馬たちが戦車を毀して美少年を殺した凶事に因んで避けられるからだ」と説明されている。

ヘラクレスのお気に入りには、またドリュオプス人の王子ヒュラスがあった。この少年は、ヘラクレスがドリュオプス人と戦って国王テイオダマスを討ち取って以来、彼の側《そば》に侍って寵愛されるようになった。アルゴナウタイ［金羊毛皮を求めてアルゴ号に乗船して黒海の東岸まで航海した英雄たち］の遠征にも従者としてともなわれていくが、その途中で悲劇に見舞われることになる。

ヒュラスを求めて

ヘラクレスの寵童ヒュラスは、アルゴ号の一行がミュシア［小アジアの西北地方］沿岸のキオス島に到着した折りに、水泉に水を汲みにいったまま行方知らずになってしまった。彼の美しさに恋心を懐いた水のニンフたちに、水中深く攫われてしまったのである。少年の叫びを聞きつけた乗組員の一人ポリュフェモスは、彼が盗賊に拉致されたと思い、声のするほうへかけつけたが、もはやヒュラスの可憐な姿はどこにも見当たらなかった。愛童を失ったヘラクレスは、「ヒュラス！　ヒュラス！」と気も狂わんばかりに叫びながら、すべての森をたずね、すべての野をさすらったが空しかった。英雄とポリュフェモスが美少年の行方を探し求めている間に船は帆を上げて港を離れていってしまう。けれどもヘラクレスは少年をあきらめきれず、ミュシア人が攫ったと思いこみ、彼らに生死に拘《かか》わらずヒュラスを捜索するよう厳命した。そのため後世になっても、ミュシアでは、英雄と少年の愛を記念して年に一度犠牲を捧げ、ヒュラスの名を大声で呼ばわりながら探す儀式が行なわれていたという。

プルタルコスの語るところでは、このギリシア随一の英雄《ヒーロー》、ヘラクレスを念者《エラステース》［兄貴分］とする栄誉をかち得た若者たちのリストの中に、フェライの王アドメトスも含まれているとのことである。もっともアドメトス王は、ヘラクレスだけではなく、アポロン神をも恋人《エラステース》としていたことでよく知られている。アポロンがゼウスの逆鱗に触れて一年間アドメトスのもとに下僕として仕えていた間に、二人は深い愛によって結ばれ、神は王に妃として貞女アルケスティスを迎えてやったばかりか、王が若死にすることを知って、「誰かその身代わりに死ぬ者があれば長寿を完《まっと》うできるであろう」と約束した。死の時が来て、妻のアルケスティスが進んで夫の代わりに死のうとしたところへ、折りよくヘラクレスが颯爽と現われ、かつての愛人たるアドメトスを喜ばせるべく、アルケスティスを死神の魔手から救出してやっている。

一説によれば、ヘラクレスの仇敵とされるエウリュステウス［ヘラクレスの従兄。ヘラクレスがつくべきミュケナイの王位につき、英雄に一二の功業を命じた］王もまた、英雄の愛人《エローメノス》の一人であったという。所伝では、その恋情故にヘラクレスは進んで王に奉仕して一二の功業を遂行したことになっている。

2……拒む愛

ヘラクレスと同じように、美しい若者の愛を得るために難業を果たした男たちの物語は少なからず伝えられている。例えば、絶世の美少年キュクノス［アポロンの息子］に想いを寄せた大勢の求愛者のうち、最後まで残った勇者ピュリオス。このピュリオスは、次々と少年が吹きかける難題を見事に果たしていった。つまり獰猛な獅子《ライオン》を素手で絞め殺し、数羽の人喰い鳥を生け捕りにし、巨大な雄牛と格闘して、これをゼウスの祭壇に連れてきたのである。だが、なおも心驕った少年は、ピュリオスが競技会で優勝した際に獲得した雄牛をもさし出すように求めた。飽くことを知らない美少年の要求。ところが、今度ばかりはピュリオスも英雄ヘラクレスの助言によって、そんな無体な要求には従おうとしなかった。見捨てられたキュクノスは絶望と憤慨に思い乱れて、高い断崖の上から湖に身を投げた。が少年は、途中で一羽の白鳥《キュクノス》と化し、雪のように白い翼を翻しながら水面に降り立ったという。

これとは別に、白鳥に身を変えたのは、リグリアの王でファエトン［太陽神ヘリオスの息子。好奇心から太陽神の馬車を御するが、大地を焼いたため、ゼウスの雷に撃たれて死ぬ］の心友だったキュクノスであるという説も流布している。それによると、二人はいたって親密な愛情で結ばれていたが、ファエトンが父である太陽神の馬車を御し誤ってエリダノス河に墜落したときに、キュクノスは友の死を嘆くあまり白鳥と変じて、いつまでも悲しみの歌を歌いつづけた。その友愛の深さを嘉《よみ》した大神ゼウスは、キュクノスを天上に掲げて白鳥座としたという。北天に優美な翼をやすらう星座、白鳥座の縁起物語である。

アテナイの美少年メレスも、その美貌と多数の求愛者の故に心昂《たか》ぶり、誰よりも強く恋い慕ってくれる青年ティマゴラスを冷遇しつづけた。そればかりか少年は、ティマゴラスに向かって、「本当に僕を愛しているのなら、アクロポリスの断崖から身を投げて思いの丈を見せて下さい」と冷酷にも言い渡した。投身自殺してみせよとの指図である。少年を心から愛していたティマゴラスは、迷わずその命令を実行して息を引き取った。すると、これに感動したメレスもまた、直ちにアクロポリスの同じ場所から身を投じて愛人のあとを追ったのである。この出来事を記念して、アンテロス［「恋に応える恋」の意］神の祭壇が、アテナイに築かれるようになったという。愛する少年の命ずるところとあらば、自分の生命をもなげうって顧みないまでにギリシアの男たちは深く情熱的な恋をしたのである。▼

▼**愛する少年の……したのである**　こんな類話がある。クレタ島のクノッソス出身の美男子レウコカマスは、同郷の青年プロマコスに求愛されて数々の難題を命じた。プロマコスは次々とそれらの試練を果たしていったが、レウコカマスの冷淡な心に気付くや、獲得した武具を無情な愛人の目前で別の若者に贈った。いたく落胆したレウコカマスはやにわに自らの剣の上に突っ伏して自刃したという（コノン『叙述』(Conon Narr.) 一六、ストラボン『地誌』(Strabo) 一〇-四七八、他）。

自分以外の誰をも愛そうとしなかった美少年ナルキッソスに恋した若者アメイニアスも同じような目に遇《あ》っている。ナルキッソスが一六歳になったときには、すでに言い寄ってすげなく拒まれた求愛者たちの数は算《かぞ》えきれぬほどであった。その一人でどこまでも彼を愛して罷《や》まぬアメイニアスに対してこの非情な少年は、プロポーズを拒絶したのみならず、刀をも贈りつける始末だった。生命を犠牲にして愛情の深さのほどを示すよう促した▼のである。そこでアメイニアスは、ナルキッソスの家の戸口へ行くと、その刀で己が胸を貫いて潔く死んだ。彼はそのとき神々に、「ナルキッソスもまた報われることとなき恋をしますように！」と訴えた。

▼生命を犠牲……促した　徳川時代の井原西鶴や近松門左衛門の作中にも、若衆方の人気役者が言い寄る愛慕者に「真実思うて下さるのならば、明夕死んでみて下され」と自害を要求する話や、家中の若侍たちに求愛された美しい小姓が、「心から恋慕する方があれば、この場で刺し違えて死んでいただきたい」と言って本当の惚れ手を見つけ出す試練譚が登場する（『嵐無常物語』、『心中宵庚申』）。

ナルキッソスが水面に映る自分の姿に見惚れたあげく、叶わぬ恋に絶望し衰弱死したのはこのためだと言われている。愛する者に報いようとせぬ者には、神々もまた罰を与えずにはおれないというのであろうか。

愛ゆえの僭主殺害◆2

アテナイ市民アリストゲイトンは、当時美しさの花にあった若者ハルモディオスの念兄《エラステース》となっていたが、この人目も羨む仲に水を差した者がいる。僭主ペイシストラトス［在位、前五六一～前五二七。第Ⅱ部第２章２節参照］の死後、その長男ヒッピアス［僭主。在位、前五二七～前五一〇］とならんでアテナイの支配者となっていた次男のヒッパルコス［?～前五一四。ペイシストラトスの次男。ヒッピアスの弟］が、ハルモディオスに横恋慕したのだ。ヒッパルコスから言い寄られたハルモディオスは、求愛を拒絶して、事の次第をアリストゲイトンに明かした。よってアリストゲイトンはヒッパルコスが力づくで愛人を奪おうとするのではないかと怖れ、この際、僭主制を打倒しようと計画した。

ハルモディオスから拒まれたヒッパルコスは可愛さ余って憎さ百倍とやら、美青年にひどい侮辱を加えたのだった。憤懣やる方ないハルモディオスとアリストゲイトンの二人は、パンアテナイア祭の日に短剣を懐に忍ばせて城中に駆けこみ、行列の準備中のヒッパルコスを襲って斬り殺した。ハルモディオスはその場で護衛兵に殺害され、アリストゲイトンは群衆に紛れて逮捕を逃れたものの、ほどなく捕らえられて拷問にかけられた。彼は長く苛烈な拷問にも雄々しく耐え抜いたが、怒り狂った僭主ヒッピアスによって

美少年ナルキッソス

【上】水鏡に見とれるナルキッソス　油彩画。1594~96 年。カラヴァッジョ筆。ローマ、バルベリーニ美術館蔵。

【左】ナルキッソス像　大理石製。1545~54 年、ベンヴェヌート・チェリーニ作。フィレンツェ、バルジェッロ国立博物館蔵。全裸の若者像は千年の時を隔ててルネサンスに蘇った。

【コラム】

僭主殺害の英雄たち——自由の闘士と絶賛されたゲイ・カップル◆1

ハルモディオスとアリストゲイトン以外にも、ギリシアには、多くの暴君打倒に挺身して英雄視された愛し合う男性どうしのカップルがいた。

アリストテレスやプルタルコス、アテナイオス、アイリアノスらの伝存する著作から例を挙げよう。

前六世紀前半には、シチリア島の都市国家アクラガス「アグリゲントゥム」の僭主ファラリス▼1の殺害を企てたカリトンとその年下の愛人メラニッポスとがいる。美青年メラニッポスに横恋慕したファラリスが、彼を犯そうとして二人の恋路の邪魔立てをしたため、二人は徒党を組んで叛逆をたくらむ。しかし、念兄カリトンは愛するメラニッポスを連座させぬよう、単身ファラリスの襲撃をこころみ捕らえられる。日夜拷問にも頑として共犯者については口を割らない。やがてメラニッポスは恋人を救わんと、自らファラリスの前に出頭し、自分こそ首謀者だと名のる。「かくも大いなる心の気高さ」に胸打たれた僭主は、感じるところあって彼らを釈放し、この行為を嘉《よみ》し給うたアポロン神は巫女を通じてこの二人の恋を神的な至上の愛だと頌える詩を告げ下したという。

したがって、古典期のギリシアにおいて男色関係は、独裁制の打倒と国民の解放という民主主義にふさわしい徳目として、讃仰されたのであった。◆2

サモスの僭主ポリュクラテスは、自らもたいへんな男色好きであったのに、すべての体育場《ギュムナシオン》・格闘技場《パライストラー》を焼き払った。これら男どうしの愛の巣を、己れに反抗し権力の座を脅かす砦だと危険視したのである。◆3

南イタリアに建てられた植民市ヘラクレイア「前四三三年の創建」の絶世の美少年ヒッパリノスは、自分に言い寄る青年アンティレオンに、「僭主が厳重に見張らせている要塞から鐘を取ってくるよう」命じた。よもやこれほどの難題を果たせるとは思いもよらなかったが、アンティレオンは密かに砦に忍び込んで番人を殺し、見事に少年のもとへ鐘を持ち帰った。以来二人は深く愛しあう仲になったが、好事魔多しとか、僭主もヒッパリノスの色香に迷って懸想しかけ、力づくで奪い去ろうとこころみた。これに憤慨したアンティレオンは、僭主を殺害してしまう。彼は逃走中に捕まって討ち取られたが、この快挙のおかげで僭主制から解放された市民らは、愛し合う両名のために青銅像を建立して称えたという。[▼2][◆4]

マケドニア王アルケラオス［在位、前四一三頃〜前三九九］は、寵愛していたクラテロスとヘラノクラテスという二人の青年によって狩猟中に暗殺されている。[◆5]

同じくマケドニア王アミュンタス二世［小アミュンタス］は、親族のデルダスを寵童としていたが、「デルダスの花の盛りは俺が摘み取ってやったぞ」と吹聴したために、デルダスの謀反に遭って非命に斃《たお》れた［前三九四年頃］。アンブラキアの僭主ペリアンドロス［コリントスの同名の僭主の甥］は、愛する若者《エローメノス》と酒を酌み交わしながら酔余の戯れ言に「そもじは、もう儂の胤で子を孕んだかの」などと問いかけたために、これを侮辱と憤慨した若者に殺害された。「女あつかい」されたことが若者には我慢できなかったのである。

残忍粗暴で有名なフェライの独裁者アレクサンドロス［在位、前三六九〜前三五八］も、稚児にしていたピュトラオス［ないしペイトラオス］によって暗殺されている。[◆6]

他にも、シチリア島シュラクサイ［現、シラクーザ］の創建者でコリントス出身の貴族アルキアス［前八世紀］は、ともにコリントスから船出して来た愛人のテレフォスに殺されたといい、そのシュラクサイ市の僭主ヒッパリノス［僭主ディオニュシオス一世の息子］も、寵愛していた若者アカイオスに刺殺されて果てたなど、類似の史話・伝承は数多く残っている。[▼3]

▼1　在位、前五七〇〜前五五四頃。犠牲者をブロンズ製の牛像の体内に閉じ込め、下から火を焚いてその苦しみ叫ぶ声を聞いて悦に入ったという残忍な独裁者。

▼2　黒海沿岸に栄えたポントス地方の同名の植民市ヘラクレイアの僭主クレアルコス（在位、前三六四頃〜前三五三頃）もまた、二人の気高い青年キオンとレオニデスの手で殺されている（ユスティヌス『地中海世界史（フィリッポス史）』(Justinus) 一六-五)。

▼3　エペイロス王ネオプトレモス二世（在位、前三〇三〜前二九六頃）は、家臣のゲロンが共治王ピュロスの美しい酌童ミュルティロスと愛人関係にあるのを知ると、この美少年を使って目ざわりな共治王ピュロスを毒殺しようと画策。ところが密計が洩れてしまい、逆にピュロスから招かれて出かけて行った宴席で暗殺されてしまった、など、男色にまつわる弑逆・謀殺事件の例は古代ギリシア・ローマ世界では夥しく見られた。

とうとう刺殺されてしまった［前五一四年］。二人の壮挙に恐れ慄《おのの》いたヒッピアスは恐怖政治にはしり、大勢の市民を処刑したり、追放したりした。そのため、却って自由を求める気運が昂まり、しまいには自分自身が国外に亡命を余儀なくされたのである。こうしてアテナイに民主制がうち立てられ、その過程において、ハルモディオスとアリストゲイトンの二人は「僭主殺し」「解放者」として華々しく称讃されるようになった▼。彼らを英雄視する讃歌が作られて盛んに歌われ、短剣をふりかざす二人の銅像が公共広場《アゴラ》に建てられたのだった。

▼……称讃されるようになった　殺されたヒッパルコスの名誉のために一言、彼にもプロクレイデスという歴とした恋人（エラステース）がいたことを付け加えておこう（『スーダ辞典』(Suda)）。

このように一人の美青年をめぐって男たちが相争い、刃傷沙汰にまで発展するという事件は、古代ギリシアには頻繁に生じたことであり、それが神話の世界にまで反映しているのを見ることができる。ギリシア神話から著名な物語をたどってみよう。

神々の嫉妬◆3

――アポロン神の愛した美少年ヒュアキントスが、神の投げた円盤にあたって死に、そのときに流れた血汐から彼の名に因んだ花ヒアシンスが咲き出たという。

この名高い恋愛譚《ロマンス》も、もとはと言えば、神々がヒュアキントスの愛を求めて争ったことに起因している。というのは、アポロンだけではなく西風の神でゼピュロス［あるいは北風の神ボレアス］もまた、このうら若いスパルタの王子に思いを寄せていたからだ。ところがヒュアキントスは風神ゼピュロスの申し出を退けて、ただ一途にアポロン神とのみ仲睦まじくして他の者には見向きもしなかった。そこで、ある日、アポロンと少年が全裸になって円盤投げにうち興じているのを見た西風の神は、嫉妬の焔《ほむら》に燃え上がり、アポロンの投げた円盤を空中でとらえると、美少年の額めがけて激しく投げ落とし、彼を撃《う》ち殺してしまう。アポロンは駆け

とりどりの念友たち
あるいはギリシア式カップル列伝

【下右】僭主殺し、ハルモディオスとアリストゲイトンの像　クリティオスとネシオテス原作のブロンズ像（前四七七年）のローマ時代大理石模刻。ナポリ国立考古学博物館蔵。愛する若者ハルモディオスを僭主家のヒッパルコスに奪われそうになったため、ハルモディオスとアリストゲイトンはヒッパルコスを殺害。二人は捕らわれて殺されたが、彼らの英雄的行為が導火線となって僭主制が打倒され、アテナイに民主制がしかれることになった。

【下左】オレステスとピュラデス像　大理石製。ギリシア彫刻の複製か。ローマ帝政期。二世紀頃。マドリード、プラド美術館蔵。かつては「双生兄弟神カストルとポリュデウケスの像」と呼ばれていたが、現在では古代ギリシア神話中の愛し合う男性カップルの像と看做されている。向かって左の人物の頭部は、皇帝ハドリアヌスの愛人アンティノウスのものである。

【左】アキレウスとパトロクロス　ポンペイのフレスコ画。一世紀頃。ナポリ国立考古学博物館蔵。二人の友愛はホメロス以来、世界中に知れわたるほど有名な関係となる。

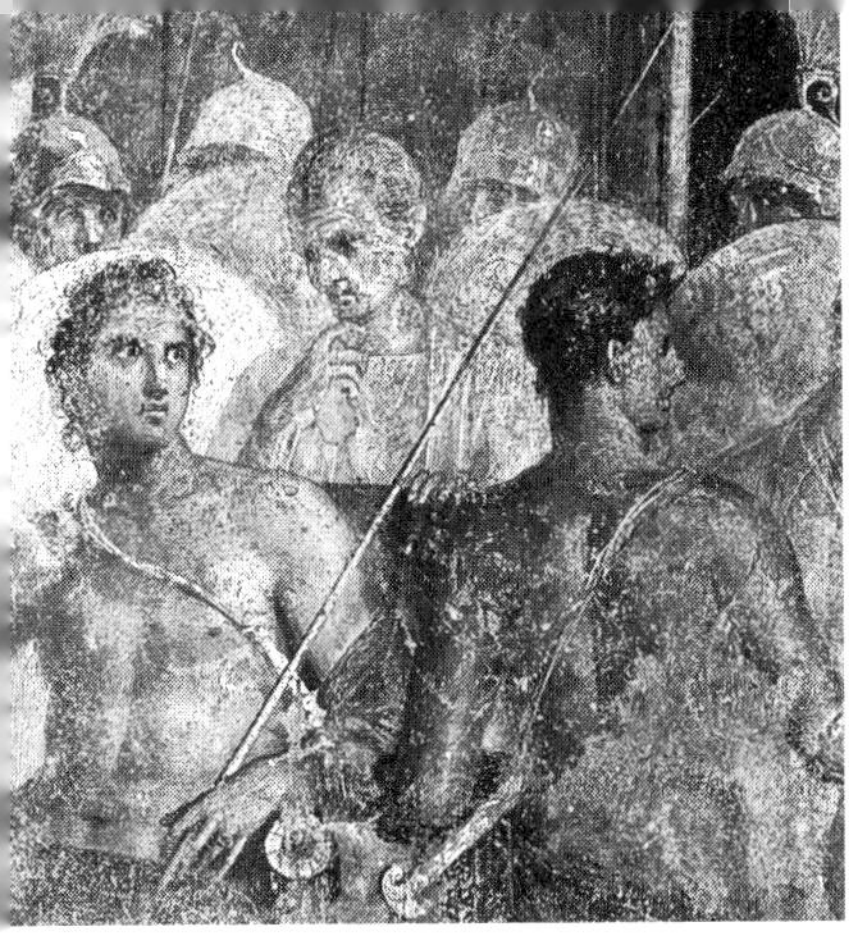

アポロンの恋

【左】ベルヴェデーレのアポロン像　レオカレス原作のブロンズ像（前三五〇年頃）のローマ帝政期大理石模刻（一二〇～一四〇年頃）。高さ二・二四メートル。ヴァティカン博物館内、ピオ・クレメンティーノ博物館（ベルヴェデーレの中庭）蔵。美術史家ヴィンケルマンに絶賛された男性美の理想像。

【下】アポロンとキュパリッソス　クロード・デュビュフ（一七九〇頃～一八六四）筆。一八二一年。油彩画。アヴィニョン、カルヴェ美術館蔵。アポロンが愛する若者キュパリッソスの死を悼んで、彼を糸杉の木に変身させた物語はヒュアキントスの神話と並んで、よく知られている。

神話のなかの美少年

【右】西風の神ゼピュロスと美少年ヒュアキントス　アッティカ赤絵、ドゥーリスの画家。前四九〇～四八〇年頃。陶器に描かれた絵画、部分。神話物語とは異なり、風の神と若者は結ばれたようである。二人とも髭のないうら若い青年の姿で表現されている。タルクィニア出土。ボストン美術館蔵。

【下】眠れるエンデュミオン　アン・ルイ・ジロデ筆。一七九一年。油彩画。ルーヴル美術館蔵。眠りの神ヒュプノスに愛された美男子のしどけない姿態は、後代の画家も好んで絵画の主題としてとりあげている。

寄り少年をかき抱いて手を尽くすが、もはやどんな薬草も医術も、ヒュアキントスの生命をひき留めることはできない。悲嘆にくれる神はいとしい美少年のためとあらば、自分の不死の命さえ惜しまず一緒に冥府へ赴きたい、と願うが空しかった。やがて少年の血から花が咲きそめ、▼その花弁の上には、ＡＩＡＩ［「ああっ！」という意］というアポロンの悲哀の言葉が文字の形となって浮かび出てきた。以来、ヒュアキントスが葬られたスパルタ南方のアミュクライ市では、神の寵愛をこうむった少年を記念して、例年ヒュアキンティアの祭礼が執り行なわれるようになった。◆4

▼少年の血から花が咲きそめ……　ヒュアキントスの変身した花は後代のヒアシンスではなく、アイリスの一種であったと考えられている。アポロンに愛されたキュパリッソス（糸杉に変身した美少年）も、ヒュアキントスと同じく、西風の神ゼピュロスやローマの森の神シルウァヌスに求愛されていたという。また、ヘルメス神が愛した若者クロコスは、神と円盤投げをしていて誤って事故死を遂げ、サフラン＝クロッカスの花に転身したと伝えられる。

伶人タミュリスもまた、ヒュアキントスに求愛して、人類最初の少年愛の例を開いたことで知られている。衆道が繁昌したギリシア世界では、オルフェウス、ライオスなど都市国家《ポリス》の数と同じぐらい「男色の開祖」がいて、それぞれに本家争いをしていたかの感がある。ただアポロンはタミュリスを強力な恋敵とは見なさなかったようだ。この伶人が「歌と竪琴の技にかけては楽神ムーサたちよりも自分のほうがうまい」と誇るのを、ムーサたちに報《しら》せ、彼女たちの手でタミュリスの視力と楽才を奪い取らせて、あっさり始末してしまったからである。

海の神ネレウスの息子ネレイテス［またはネリテス］も、「あらゆる神々、人間のうちで最も美しかった」と謳われるほどの輝かしい色男だった。よっていく柱かの神々からいたく鍾愛された。彼は殊にポセイドンによく馴れ親しんで、海神の後から素晴らしい速度で随伴していたが、これを妬んだ太陽の神ヘリオスによって貝殻に姿を変えられてしまったという。かつて太陽神が若者に翼を与えて自分のあとに従うように命じたにも拘わらず、彼が背わなかったので、神の怒りに触れたのではなかったろうか。

美男子を奪い合って恋の鞘当てや意趣返しを演ずる神々。何とも人間臭く頬笑ましい限りではないか。

【コラム】

少年愛の元祖——オルフェウス

楽聖オルフェウス［伝説上の偉大な楽人。トラキアに生まれ、オルフェウス教を創始したという］もまた、少年愛《パイデラスティアー》の創始者としての栄誉に輝いている。よく知られた伝承にしたがえば、彼は亡き妻エウリュディケを冥界へ迎えに行くが、すんでのところで現世に連れ戻すことに失敗する。そして、独り地上に戻って来て以来このかた、女色を一切断って美しい若者のみを愛するようになる。▼1

ところが、他の男たちにも少年愛を説き奨《すす》めたため、もしくは彼の創設した秘儀宗教に女性の入信を認めなかったために、相手にされなくなったトラキアの女たちの激昂をかい、ついに彼女らの手で無惨にも八つ裂きにされてしまう。河に投じられた遺骸の断片は音楽の女神ムーサらによって葬られたが、首だけはいつも奏でていた竪琴に載って海に流れ出てレスボス島に漂着し、その地に埋葬された。オルフェウスの魂は白鳥と化し、愛用の竪琴は天上に昇って星座、すなわち琴座《リュラ》（Lyra）になったと伝えられている。

▼1　とくにオルフェウスに鍾愛されたのは、カライスという有翼の美少年だった（ファノクレス『断片』(Phanocles Fragment.) 一-一-六）。

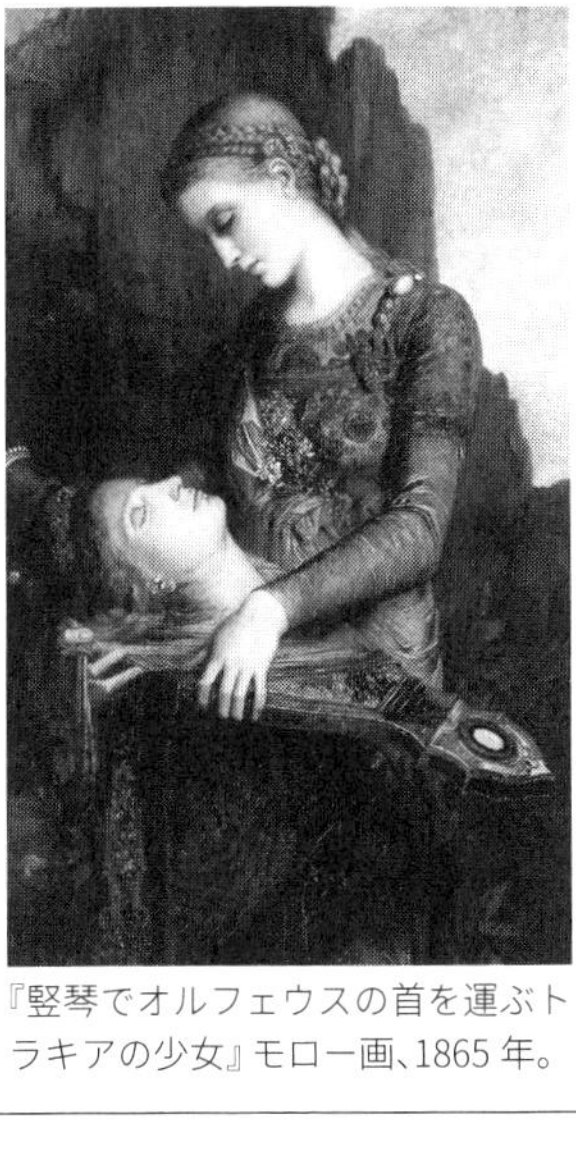

『竪琴でオルフェウスの首を運ぶトラキアの少女』モロー画、1865年。

3……アキレウスとパトロクロス

年長者と少年との恋だけではなく、同じ年頃の「兄弟のように相似た若者たち」の間の愛、ほぼ対等な立場にある者どうしの愛についても、ギリシア人の神話伝説は多くの物語を伝えている。

一目見て互いの美しさと雄々しさに惹かれ合ったアテナイ王テセウスとラピュタイ族の王ペイリトオスのカップル、▼太陽神の馬車を御したファエトンと彼の死を悼んで白鳥と化してしまったキュクノス、友愛の代名詞とされているミュケナイ王子オレステスと従兄弟のピュラデス、アイネイアスの美貌の部下エウリュアロスとともに討ち死にする刎頸《ふんけい》の友ニソス……。

▼……のカップル　この二人の英雄は一度顔をあわせるや互いの膂力と美男子ぶりに惚れ込んで念契の盃を交わし、以来、何をするのもどこへ行くのも常に連れ添っていた。冥界にまで行をともにしたほどの仲であり、エウリピデスの悲劇『ヒッポリュトス』中でテセウスの後妻ファイドラは、夫が麗しい龍陽（男色）の友ペイリトオスばかりを愛して彼女を顧みようともしないことを、口惜し気にかこってやまない。

しかしながら、ホメロスの叙事詩『イリアス』に謳われて、その友情の深さと劇《はげ》しさとで、後世に至るまで不滅の光彩を放っているのは、トロイア戦争でギリシア側第一の勇士であったアキレウスと、彼の無二の心友《しんゆう》パトロクロスとの愛であろう。

パトロクロスは少年の頃、友人のクレソニュモスと遊んでいるうちに、過って友を殺してしまい、父親のはからいでペレウスのもとにあずけられることになった。そこで彼は、ペレウスと海の女神テティスとの間に生まれた子で、彼にとっては従弟――というのは、パトロクロスのほうが少し年上だったものだから――にあたるアキレウスとともに育てられた。おのずと両人の間にはほのぼのとした愛情が芽生えていった。おそらく面差しもよく似通っていたのであろう。のちにアキレウスの武具を身につけたパトロク

アキレウスとパトロクロスの友愛

【左】パトロクロスに包帯を巻くアキレウス　ソシアスの画家。前五〇〇年頃。赤絵式酒杯（キュリクス）に描かれた絵画。ベルリン、国立博物館、旧博物館蔵。男性器を敢えて露出して目立たせている点に注目。

【下】アガメムノン王の使節を迎えるアキレウスとパトロクロス　ドミニク・アングル筆。油彩画、部分。一八〇一年。パリ国立高等美術学校蔵。二人は死と生をともにした。

ロスが、トロイアの戦場に現われると、敵側の兵士たちは、アキレウスと見間違えて、たちまち浮き足立ち、遁走しはじめたというのだから。そのアキレウスも非常な美男子で、まだうら若い頃には、「トロイア戦争に出陣すれば必ず討ち死にする」という予言を怖れた母テティスによって、スキュロス島の王リュコメデスに託され、王の娘たちの間に女装させて入れておかれたが、乙女と見分けがつかないほど優麗な容姿をしていたという。

　智将オデュッセウスの奸計によって正体を見破られ、出陣を余儀なくされてからも、アキレウスは親友パトロクロスと、戦場にあろうと天幕にあろうと、片時も離れることはなかった。戦闘のさなかでも、常に戦車をつらねて二人は勇ましく闘った。パトロクロスが敵将テレフォスに矢傷を負わされた折りには、アキレウスはその報復としてテレフォスに重傷を与えてから、即座に幕屋へ取って返して甲斐甲斐しく僚友の傷の手当をしたという。心友を介抱するアキレウスを描いた壺絵が現在も残っている。トロイア近隣の町々を劫掠したときに得た獲物の分配から、アキレウスとギリシア軍総大将アガメムノンとの間に烈しい争いが起こり、憤慨したアキレウスは退陣することになるが、その際にも、パトロクロスは親友に順って陣営にひきこもっている。

　このように二人は、いつもこよなく仲睦まじく交わっていたのだ。しかしただ一度だけ、アキレウスが他の男に恋心を移してしまったことがある。その相手というのは、何と敵側の若きトロイア王子トロイロスであった。アキレウスは、この水際立った容姿の青年と闘っているうちに、相手の美しさに見とれて恋心を懐いてしまったのである。「俺の愛撫に身を委ねなければ殺すぞ」と脅かされて、トロイロスは近くのアポロン神殿に遁走した。ところが欲情にかられたアキレウスは、神の怒りなどものともせず、若者を呼び出して犯そうとしたが、一向に応じないのに業を煮やして、とうとう槍で突き殺してしまった。あるいはまた、トロイロスがいつまでも羞かしがって思い通りにならないので、苛《いら》だって祭壇で彼の首を刎ねてけりを付けたのだとも伝えられる。またある説によれば、トロイロスを、鳩を贈り物にしておびき出し、肋骨を砕いて殺したのだともいう。それほど粗暴な方法で、アキレウスはトロイアの美少年に言い寄ったのである。▼いずれにせよ、トロイロスは二〇歳を迎える前に死んだことになっている。もし、彼がこの年齢に達すれば、トロイアは陥落しないとの予言があったのであるが……。

▼……美少年に言い寄ったのである　アキレウスと掠奪品分配に関して仲違いしたギリシア軍総師アガメムノン王も、この道にかけてはおさおさひけをとらない。例えば彼は、コパイス湖畔に住んでいた美少年アルゲンノス（もしくはアルギュンノス）を見そめて、わがものにしようとしたことがある。しかし、少年は好色な王の手から逃れて、ケフィッソス川に身を投げて死んでしまったので、アガメムノンは彼のために葬礼を行ない、記念にアルテミス・アルゲンノスの神殿を建立したという。

果たせるかな、アキレウスの退陣によってギリシア軍は、にわかに劣勢となる。味方の惨敗を見かねたパトロクロスは、アキレウスに乞うて、その武具を借りて出陣し、敵地へ躍り込んで、トロイアの将を大勢討ち取った。しかるに、逃走するトロイア人を追って城壁にさし迫ったとき、アポロンが彼の目を眩ませたため、ここぞとばかりに槍の不意打ちを下腹部にうけて、とうとう敵側の勇士ヘクトル［トロイア王プリアモスの長男。トロイロスやパリスの兄］に討たれてしまう。

親友が討ち死にをしたうえ全裸にされ、今しもその屍をめぐって闘いが行われていることを聞き及んだアキレウスは、烈《はげ》しい悲しみに襲われて狂わんばかりに嘆きはじめる。その美しい顔を灰にまぶせ、地に倒れ伏し、髪をかきむしって、慟哭の限りを尽くしたのだ。息子のあまりにも激しい悲嘆をきき咎めて、母神テティスが遥か海底から姿を顕わして、彼を慰めようとしたが虚しかった。

「最愛のパトロクロスを喪《うしな》ってしまった以上、もはや私は生きていようとは思いません」と決然と言い放ち、友の仇ヘクトルを斃《たお》すことを心に誓う。ヘクトルの次には、アキレウス自身が死なねばならない運命にあることを知らされても、「もしそれが運命とあらば、私は喜んで死を受け容れましょう」と決心は揺がない。やがてもたらされた友の死体の上に、彼は身をなげかけ、号泣しながら一晩じゅう哀悼をつづけてやめなかった。

かくして、いよいよ『イリアス』最大の山場《クライマックス》であるアキレウスとヘクトルの一騎打ちの場面が展開され、壮烈な死闘のうちにヘクトルはうちとられる。

勝ち誇ったアキレウスはヘクトルを裸にして、さんざん辱めを加えるが、それでも彼の激怒は鎮まらない。

パトロクロスのために盛大な葬礼競技が催され、火葬壇が築かれて、多くの犠牲とともに一二人のトロイアの若者も殺されて焔に投じられた。しかしなおもアキレウスは、友の名を呼びつづけながら歎きをやめず、飲食をとることもなく、毎日ヘクトルの死骸を戦車に縛りつけてパトロクロスの墓の周囲を駆けまわる。親友を亡くしたアキレウスの怒りは、かくも熾烈なものだったのである。程なくしてアキレウス自身も、トロイア王子パリスの矢に殪《たお》れることになるが、それははしなくも、かつて彼が美少年トロイロスを殺戮したのと、ちょうど同じ場所であった。彼の遺骸は、パトロクロスと同じ塚に葬られ、二人の灰は一つに混じり合ったという。

4……フィリッポスとアレクサンドロス父子

『イリアス』は古代ギリシア・ヘレニズム世界において、最古にして最大の叙事詩として、大いにもてはやされ、そこに描かれたアキレウスとパトロクロスの友情は広く人口に膾炙された。とりわけ、この書を他の何よりも重んじ、常に携帯しては夜寝るときも枕の下に短剣とともに入れておいたというほど愛好したことで名高いのは、マケドニア王アレクサンドロス三世、すなわち大帝国の創始者アレクサンドロス大王［前三五六～前三二三。在位、前三三六～前三二三］である。

二人の英雄の情愛に魅せられた彼は、自分にとってのパトロクロスを、少年時代をともに過ごした若いマケドニア貴族ヘファイスティオンに見出した。アレクサンドロスは、他のどの友人よりもヘファイスティオンを深く愛し、同じ天幕で寝食をともにし、同じ杯から飲み、常に二人で散歩し、戦争ではならんで闘った。

弱冠二〇歳で王位に即《つ》いたアレクサンドロスは、かつてアキレウスがたどった道を渡ってアジアへと進攻し、世界史上類をみない大遠征をくりひろげた。彼はまた、王としては他に比肩し得る者のない若さと美貌を有していた。その甘美な眼差しは、身体からおのずと発する芳香と相俟って、人々の心をとろけさ

【コラム】

ペルシア戦争の英雄たち

ペルシア戦争時代〔前四九二～前四七九年〕のアテナイの二大政治家といえば、テミストクレス〔前五二四～前四五九。聡明で名誉欲の強い名将〕とアリステイデス〔前五三〇頃～前四六八頃。人格の高潔さから「正義の人」と呼ばれた〕の名前が想い起こされる。ところが、この二人は、どうしようもないほど犬猿の仲であった。というのも、当時、顔と身体が年頃の少年たちの間でとくに美しいといわれたケオスの若者ステシラオスをめぐって両者譲らず争い合ったからである。恋路の恨みは深い。当の美青年が早世した後も、双方とも憎しみを捨てず、生涯の仇敵となったという。この伝承など明治維新の英傑、西郷隆盛が、非常な美少年だった村田新八のことで大久保利通と相争い、そのせいで両雄が終生不仲だったという史譚と軌を一にするものといってよいだろう[1]。

▼1　空海と最澄の両大師が、愛弟子の泰範をめぐって不仲になった故事など、若い男性を奪い合って有名人物が相争った例は、史上に夥しく記されている。

せるようであったと史家は伝えている。

少年時代には、父王フィリッポス二世［前三八二〜三三六。在位、前三五九〜前三三六］は、彼が成長して軟弱になりはすまいかと、聊《いささ》か懸念したものだった。繞《しな》やかにひきしまった筋肉の発達した肉体をもっていたにもかかわらず、顔立ちは柔和で、優しいロマンティックな様子をしていたからである。首を少し左へかしげて、湖のように深い瞳を夢見がちに空へ向ける癖は、まるでたくましい男性の美を心に思い描いているかのようであった。

もちろん、父親のフィリッポス自身も、当時の男性の常として、女よりも同性の肉体に強く惹かれていた。王の取り巻きの将校たち▼は、ただの戦友ではなく、情人の役目を仰せつかっているとの評判だった。

▼**王の取り巻きの将校たち**　アテナイオスによれば、フィリッポス二世の側近たち＝ヘタイロイは、「鬚を蓄えた者どうしで交互に乗り合ったり」、「二、三人仲間を連れ立って歩き回り、他人にも同じ便宜をはかるべく男たちを周旋してやっていた」ので、「彼らは『側近（ヘタイロイ）』ではなく『側妾（ヘタイライ）』だ」などと呼ばれていたという。こうした成人武将どうしの相互男色の習慣は、エリス、スパルタ、ボイオティアなど軍隊編成に制度化した男色関係を採りいれていた諸国家においては、おそらく珍しくはなかったものと推測される。ボイオティアやエリス地方では「成人男性と若者が、（男女の）夫婦のように一緒に暮らし、愛と青春を享受し合っていた」とクセノフォンは書き記している。いわば事実上の男色婚が行なわれていたというのだ（◆5）。

また実際フィリッポスは、男色がらみのスキャンダルにより命を落としているのである。事の次第はこうだ。

フィリッポスがまさに敵の矢に射られんとしたとき、王の愛人の一人で、若くてハンサムな貴族パウサニアスが突如、主君の前に躍り出て、自らの胸にその矢を受け、致命的な重傷を負ったことがあった。戦闘が終わり、将軍アッタロス［前三三六年没。フィリッポス二世の外戚］が彼を見舞いにいくと、瀕死の美青年は、どうして自分が王のために生命を投げうったかを説明した。すなわち、もう一人の、やはりパウサニアスという名の若者――彼もフィリッポスから非常に愛されていたが、すべてのライバルに嫉妬の念を抱いていた――が、王と他の美青年たちとの交渉を、公然と誹謗してまわっていたので、彼は王に対する自分の深い愛は、決してたんなる色欲からでなく、真正な忠誠心から出たものであることを証すために、あのような行動に出たのだと。そこで、この卑しい中傷を深く憤ったアッタロスは、懲らしめるべく、件《くだん》のパウサニアスを宴会によびよせると、すっかり酔いつぶれたところを襲って強姦し、またすべての客人に輪姦させたばかりか、奴隷や騾馬《らば》追い、馬丁たちにも彼を犯させて、思うさまもてあそんだ。パウサニアスはこの恥辱に我慢できず、いく度もフィリッポスに苦情を訴えたが、王は彼を昇進させることで慰めようとするだけであった。期

【コラム】

アレクサンドロス大王の男好き——英雄、色を好む◆1

アレクサンドロス大王は女色にはきわめて淡泊で、むしろ男性に性的関心を強く懐いていたようだ。アテナイオスは、彼は無類の男狂いだったと明言している。◆2

シチリアのディオドロス〔前一世紀後半に活躍したギリシア系歴史家〕やプルタルコスら古代の文人によると、両親《ふたおや》とも息子アレクサンドロスが女体にまったく関心を示さぬことを案じていたという。わけても母妃オリュンピアスは、彼とヘファイスティオンとの親密な関係にたいそう猜妬《さいと》の炎を燃やして、脅迫まがいの手紙をヘファイスティオンに送りつけ激しく難詰したこともあった。ところが、アレクサンドロスを心から信愛していたヘファイスティオンも負けておらず、「われわれの仲を咎め立てることは、お止《や》めになるがよろしかろう。アレクサンドロスはこの世の誰よりも強い人間だということを、よもや御存知ないはずはありますまい」と返事を書き送った〔前三三四年〕。またオリュンピアスが美妓カリクセイナをアレクサンドロスにあてがって同衾するように画策したこともあったが、これもやはり不首尾に終わったと伝えられる。

待がすっかり外れたパウサニアスは、今度は怒りを王のほうにふりむけ、ついにフィリッポスの心臓に短剣を突きたてる凶行に及んだのである［前三三六年］。

さて、トロイアにやって来たアレクサンドロス一行は、アキレウスのものと伝えられている墓に詣でて厳粛な儀式を営んだ。彼と数人の将校は衣服を脱いで、その墓の周囲を全裸で走りまわった。古い習慣にしたがったのである。アキレウスが忠実な一人の親友パトロクロスをもつことができたことを、若い王が羨望をこめて褒め称えると、ヘファイスティオンは同じ塚の下なるパトロクロスの霊へ、とりわけ懇《ねんご》ろに祈りをささげた。▼

▼……祈りをささげた　愛し合う男性どうしが自分たちをアキレウスとパトロクロスになぞらえることは、ローマ時代に入ってからも連綿とつづいていた。一例をあげれば、ローマの公共浴場にその名をのこすカラカラ帝（在位、後二一一～二一七）は自らをアキレウスに、寵愛するフェストゥス（?～二一五）をパトロクロスになぞらえ、フェストゥスが死ぬと、何もかもそっくりパトロクロスと同じ儀式でトロイアの地に埋葬している（ヘロディアノス『歴史』（Herodianus）四-八、ディオン・カッシオス『ローマ史』（Dio Cassius）七八-三二～三）。

アレクサンドロスがペルシア帝国を制覇したとき、捕らえられたペルシアの皇太后と対面したところ、アレクサンドロスとヘファイスティオンが同じ服装をしており、後者のほうが背が高かったので、彼女は友のほうを王と間違えて▼挨拶の言葉を述べたことがあった。すぐさま間違いに気付いた皇太后は狼狽の色をみせたが、若い王は慇懃に「気になさるには及びません。ヘファイスティオンもまたアレクサンドロスなのですから」と、二人が一体であることを語って、彼女を安心させた。

▼友のほうを王と間違えて　史家はアレクサンドロスよりヘファイスティオンのほうが長身でよりハンサムだったと伝えている。とはいえ、アレクサンドロスその人もなかなかの美青年だった。前三四六年の春にマケドニアの宮廷を訪れたアテナイの使節たちが、若き王子アレクサンドロスの姿を見てその容貌に魅せられ、彼にいちゃつきだした挙げ句、互いに仲違いをはじめたほど魅力的だったというのだから。

他にもアレクサンドロスには、公衆の面前で大喝采のうちに抱擁して接吻を交わしたお気に入りの宦官バゴアスなど、いく人かの男の愛人があった。かといって大王は決して好色な放蕩者というわけではなかった。まことに美しい少年たちを贈り物として届けようという申し出が何度かあったものの、そのつど彼は決まって固辞しており、友人が気をきかせて見目麗しい小姓を寝所へ送って来たときにも、手を触れずに引き取らせている。▼あるいは、それほど唯一無二の心友ヘファイスティオンを、熱愛していたのかもしれない。

▼……**手を触れずに引き取らせている**　アレクサンドロスは節度を保って、他人の寵愛している美男子に手を出すことは決してしなかった。あるとき宴会の席でアレクサンドロスが友人カロンのものである美少年をほめると、カロンは若者に向かって、アレクサンドロスのところへいって口づけをするように命じた。すると大王は笑って、「や

【上】アレクサンドロス大王の石棺に刻まれた、ヘファイスティオン。イスタンブル考古学博物館蔵。
【下】アレクサンドロスと間違えて、ヘファイスティオンに跪いて挨拶をするペルシアの皇太后。作者不明、1696 年画。

めい。余の喜びはそちの苦しみほど大きうはなかろう故」と制止した。また別の折りには、部将カッサンドロスが、竪笛奏者エウイオスの寵童ピュトンに「大王に接吻をするがよい」と無理やり命じたことがあった。念者のエウイオスが困惑している様子を看て取った大王は、カッサンドロスを叱責して、他人の恋男に手をつけるつもりのないことを宣言したという（プルタルコス「モラリア」(Plutarch. Moralia) 一八〇f）。さらに、部下のハグノンがコリントスで評判の美少年クロビュロスを買って連れて来ようと申し出たときにも、海軍提督の一人フィロクセノスが「二人のじつに美しい若者を、商人が売りに参っていますが、購入する気はありませんか」と訊いてきたときにも、ひとしくアレクサンドロスは気分を害して峻拒している（プルタルコス『アレクサンドロス伝』(Plutarch. Alexander) 二二）。

　このヘファイスティオンが、エクバタナ［現、ハマダーン］において病死した［前三二四年秋］。アレクサンドロスの悲嘆が気も狂わんばかりのものであったことは、言うまでもなかろう。昼夜をとわず死体の上にうち伏して、抱きしめつつ痛哭しつづけた。悲しみのため髪を切り、数日間というもの食事も睡眠もとらず、入浴もしようとしなかった。

　彼は病臥にあった友を十分に看護しなかったという理由で医師を処刑し、あまつさえ助力を惜しんだからといって医神アスクレピオスの神殿を破却した。とんだとばっちりである。また哀悼のしるしとして、すべての馬と騾馬《らば》の鬣《たてがみ》と尾を剃らせ、町々の城壁上の歯型の部分も取り除いて、帝国全土にあまねく服喪令を発した。友の記念として気の遠くなるような巨費を投じて古都バビロンに豪華この上ない廟墓を営むよう命じ、さらにヘファイスティオンを神格化し英雄神《ヘロス》（heros）［英語の「ヒーロー」の語源。半神］として礼拝するように布告した。次いで前代未聞の壮麗な追悼競技を開催。そのうえ、次の戦争では、敵方の全住民が、友の霊に対する犠牲として殺される始末だった。しかし、アキレウスが僚友パトロクロスを喪った後、長くは生きていなかったように、間もなくアレクサンドロスも、友の不在故に不毛となった人生を了《お》えるように運命づけられていた。あくる前三二三年六月、熱病に罹ったアレクサンドロスは、友のあとを追うかのごとくに崩御した。三三歳の若さであった。

第Ⅲ部

ローマ帝国と地中海世界

蜜さながらに甘美な君の瞳に、繰り返しキスしよう。
一万回でも、いや一万回を三十度重ねて口付けしようと、
なお心ゆかぬものなれど

（カトゥルス）

【扉の図版】

メルクリウス（ヘルメス）神　ポンペイのフレスコ壁画。80×72cm。皇帝ネロの時代（54~68年）。勃起した巨大な逸物を振りかざす神。ナポリ国立考古学博物館蔵。

第1章 ローマの周辺
――地中海に栄えた文明

1……エトルリア人――男色を熱愛した民族

前八世紀から前四世紀にイタリア半島で繁栄したエトルリア人は、宗教や建築技術など、さまざまな制度・文化・習慣をローマ人に伝えたことで歴史に名を残している。青年や少年を愛好することにかけても、彼らは十分にローマ人の師であったと言えるだろう。

前四世紀のギリシア人史家テオポンポス〔前三七八頃～前三二〇頃〕によれば、彼らエトルリア人は男色好きのギリシア人の眼から見ても、そうとうな男狂いだったようだ。衆目の中にあっても、何ら憚ることなく仕手・受け手の男色行為に公然と及んで、恬として恥じる景色がなかったからである。

「彼らは、宴会に花を添えるために、女性や美少年を連れてきて愉しむ。歓を尽くし終えると、今度は若々しい活力に溢れた男性たちを招き入れ、彼らとも心ゆくまで交わる。性交に際しては、お互いに見えるところで抱擁することもある。〔中略〕エトルリア人たちは、女性ともよく交わるが、むしろ若者や少年と交わることをはるかに好む。というのは、この国では若者や少年たちがとくに見目麗しく、安楽な生活

酒神バッコスの祭礼の狂宴を描いたエトルリアの石棺の彫刻。年代不詳。

を送っており、体毛も丹念に取り除かれているからである。除毛を生業とする店々が随所にあって、人々はこうした美容院に来ては惜しげなく肉体をさらけ出し、通りすがりの人や店内で見ている人たちの視線も一向に気にすることなく、職人《プロ》の手で体毛を除去してもらう◆1」。

エトルリア人が比較的年長けた若者を好んだのは、体毛を除去していたことが原因である、とアテナイオスは述べている。脱毛法や除毛の習慣は、イタリア半島に住むギリシア人も、地元のサムニウム人やメッサピイ人［どちらも古代イタリアに住んでいた部族］から学んで実行していたという。

エトルリア人はギリシア風に全裸で運動競技を行なう習慣があり、また灯火の下で魅力的な若者と交わり、そうした合歓の場面を互いに見せ合ってはうち興じたと伝えられている。

2……カルタゴ——地中海の女王◆2

カルタゴは三度にわたる大戦の結果、ローマ人に徹底的に破壊されてしまった。そのせいで、カルタゴ人の性習慣に関する詳細はほとんど何も知られていない。ただ確かに言えるのは、彼らもまた男性どうしの交愛に深く親しんでいたらしいということぐらいである。

ハンニバル将軍の父親ハミルカル・バルカ［前二二九没］は、眉目秀麗な名門の若武者ハスドルバルを鍾愛し、その過度の愛欲故に風紀官から行動をともにすることを禁じられた。すると、一計を案じた彼は、実の娘をハスドルバルに嫁がせ、義理の父子となって交際をつづけ、ヒスパニア［スペイン］へ愛する女婿を同伴していった。カルタゴの習慣では、義理の父と息子とが交わることは、何ら禁じられていなかったからである。一説には、この青年ハスドルバルが、のちに若きハンニバルを寵愛したという。どうやらカルタゴでは、歴代の政治家や将軍が、次代の政治家・将軍へと男色関係でつながっていたようである。

ポエニ戦争で活躍した名将ハンニバル［前二四七年〜前一八三年］には親友で伴侶のマゴ・サムニテスがおり、将軍は彼

エトルリアに花開いた男性どうしの性愛

【下】エトルリア、タルクィニア「牡牛の墓」のフレスコ壁画。前五四〇年頃。他の3図は、柩の上の絵の拡大図。【上】いきり立つ性器をさげて突進する牡牛。【右】アナル・セックスを行なうカップル。エトルリア人は年長けた青年との性行為を好んだという。【左中】3Pを楽しむ人々。

と駒をならべて長駆イタリアへ遠征している。

また古代オリエント文化圏のフェニキア起源の出自からして、カルタゴ人は神殿売春の制度も採用していたと考えられている。最も妥当な説である。

【コラム】

たくましい肉体の男性を愛する人々◆1

読者諸賢におかれては、男色家が雄々しい男性に惹かれるのは、いかにも当然至極なことと感じられるかもしれない。だが古代ギリシア・ローマ社会においては、うら若き紅顔の美少年を年長者が愛でるのが一般的だと考えられていたのである。いわゆるギリシア式少年愛《パイデラスティアー》の伝統である。

とはいえ、もちろん現実には、女色と同様、男色にも種々さまざまなヴァリエーションがあった。

エトルリア人やフェニキア人は年たけた屈強な青年を愛したと伝えられるし、哲学者セネカが盛りのすぎた若者たちを好んだことは本文で述べた〔第Ⅲ部第3章1節ネロ帝の項参照〕。おぼこい少年よりも性感が発達した年頃の青年のほうが、セックスの相手として存分に堪能できたからであろう。

歴史家リウィウス〔前五九頃～後一七頃〕によると、共和制時代のローマで催された酒神バックスの祭礼バッカナリアでは、大人の男たちが夢中になって受け手となりたがり、はげしく交わり合ったという。ハード・プレイが目に余るものだったため、当局によってバッカナリア祭が一時禁止された事情についても、本文で述べた〔第Ⅲ部第2章2節参照〕。

ペトロニウスの小説『サテュリコン』中の通人で知られた詩人エウモルプスは、ギトンのような美少年ばかりか、エンコルピウスのごとき年輩の青年をも稚児用の少年《プエル》（puer）とみなして愛している。

ホメロスこのかた、伝統的にギリシア人の間では髭《ひげ》の生える年頃の若者が最も魅力的であるとされていた。そればかりか、場合によっては中年を過ぎた美男でさえ、「その秋もまた麗しい」と抱擁を受けたのである。ちなみに、アリストテレスの説に従えば、髭が生え始めるのは二一歳からとされている。

ローマ時代には成熟した男性を好む傾向が、いっそう強まったらしい。垂涎の的となったのが、立派な摩羅《まら》の持ち主である。かれら巨根者は公共浴場でも体育場でも一般家庭でも至る所で大いにもてはやされた。

詩人たちが警告するように、他に抜きん出て「立派な体格」に恵まれた青年には絶えず誘惑の危険が待ちかまえていた［第Ⅲ部第3章のコラム「巨根好みの男たち」参照］。

マルティアリスの詩の中には、「大きな身体の青年たちに肛交されて悦に入っている」という噂を否定しようと、わざと戸を開けっ放しにして彼らを犯す場面を見せつけるアミルスという男の話が登場する。そのじつアミルスは、寝室では彼らの巨根をしゃぶりまくってやまないフェラトルだったのだが。

ローマの貴顕人士や富裕層は共和制期からエクソレトゥスと呼ばれる精悍な強蔵の一団をかかえて男色のお相手をつとめさせていた。また旧いアテラナ劇を見ても、古来イタリアに成人男性市民を犯す役目の男倡たちがいたことは明らかである。ネロ帝の時代にブリタニア［今の英国］で叛乱を起こした女首長ボウディッカ［在位、後六〇／六一］は、「ローマの男性は総じて盛りを過ぎた青年と好んで同衾する」とすっぱ抜いている。

日本でも室町時代以降、「大若衆」なる三十歳を過ぎても元服しない年長の若者が衆道の対象とされたように、多くのローマ人はすっかり大人になりきった男たちに色情を向けたのであった。

本文のカエサルの項［第Ⅲ部第3章1節］で、成人男性のローマ市民たるものが受け手になって肛門を掘られることは好ましくないと記したが、その種の偏見は帝政期に入っても立てまえ上は残っていた。ガルバが皇帝としての、また男性としての威信《ディグニティ》を保持し得たのは、あくまでも仕手役を演じていると信じられていたからである［第Ⅲ部第3章2節参照］。

第2章
共和制ローマ
——自由身分の市民は掘られてはならない

性的奉仕は奴隷にとっては必要、解放奴隷にとっては義務である。◆1
（大セネカ［前五五頃～後四〇。修辞学書の作者。哲学者セネカの父］）

肛交の受け手となりながら女性に挿入している３人プレイ。ポンペイの壁画。

1……我、掘る者。汝、掘られる者。

古代ローマにおいても、ギリシアと等《ひと》しく男色は盛んに行なわれた。

ただギリシアと違う点は、男色と女色との間に価値の差はさほどなく、軍事的、倫理的、政治的、哲学的に格別高い意味を、ローマ人は男性どうしの愛に見出さなかったことである。つまり彼らは、ギリシア諸都市国家《ポリス》のように、パイデラスティアー［少年愛］に市民教育上の偉大な価値を認めず、自由な生まれの市民身分間▼の肉交を好ましくないものとして禁じていたのだ。したがって、彼らの社会において男色とは、女色と同じく性的快楽を得るための選択肢の一つでしかなく、おもに主人たるローマ人が奴隷や解放奴隷、異民族など隷属身分の者を犯す行為であった。自由身分の男性は受け手、つまり掘られる側にならないのが好ましいと考えられていた。裸になったときに、ローマ人の息子を、一目で隷属民から識別できるように、市民身分の者にはブッラ（bulla）という護符を首にかける習慣があった。これは誤って彼ら自由身分の少年が犯されることのないようにとの配慮から生じたものとされている。基本的にローマ社会の性交渉は、優位の市民身分の者＝「挿入者」と女性や奴隷、異邦人《バルバロイ》など劣位の非市民身分の者＝「被挿入者」との支配と服従の関係であったと言ってよい。

▼**自由な生まれの市民身分**　ギリシアと同様ローマでも市民権を持てるのは成人男性に限られていた。

もちろん何ごとにも例外がある。ローマ市民でも男色肛交の受け手となることを欲する人たちはいたし、そうした男性のために共和制時代からすでに男客を犯す仕手役の成人男倡もいたからである。さらに、時代とともに男女間、男性どうしの関係とを問わず、アナル・セックスやオーラル・セックスが広く愛好されるようになっていった。帝政期が終焉を迎えようとする後四世紀まで、ローマ市民は自由に男倡［売春夫］に

【コラム】

グラックス兄弟の母よりもなお——改革者グラックスの反撃

ローマ共和政期の社会改革者グラックス兄弟の事跡は、プルタルコスの『英雄伝』に記されて、ひろく後世に知られている。

彼らが活躍した頃には、成人市民の間でも受け身の男色が、かなり普及していたようだ。弟のほうのガイウス・グラックス［前一五三頃〜前一二一］は、ある日、政敵から母親を攻撃されると、こう応酬した。

「私の母は、お前よりも長い間、男と寝ていないぞ」。

相手の男は過度の放縦で鳴らした人物だったからである。◆1

なれたという事実も見落としてはならないであろう。

ローマは王政時代からエトルリア文化の影響を受けており、当然その盛んな男色風俗にも馴染んでいたに違いない。とはいえ、実際に文献上に男性どうしの性愛が散見されるようになるのは、前四世紀以後の記録に限られている。

前三二一年頃、ローマでは借金の質にローマ市民を奴隷とすることを禁じる法律▼が制定された。この法律ができたのは、借財による債権者への隷属化と、債務奴隷の扱いが社会問題となったからである。その経緯《いきさつ》はこう伝えられている。ルキウス・パピリウスという男性が、負債のせいで隷属民に身を落としていた美青年ガイウス・プブリリウスに言い寄ったところ、にべもなく断られた。その後も相手が一向に靡《なび》く気配を見せなかったので、彼は激怒して若者を裸にすると苛酷な折檻を加えた。虐待を受けた青年によせる同情の声が世上に広まり、そこで元老院特別会議が開かれた結果、「ローマ市民を負債の質に奴隷化してはならない」という旨の法律が定められたというのだ◆[2]。

▼禁じる法律　この法律の成立は、異説では前三二六年とも言われ、また鞭打たれた若者は没落した高官の息子ティトゥス・ヴェトリウスといい、債権者のほうはプブリウス・プロティウスという名前だったとも伝えられている。

ローマ人とて太古から男色の習俗を愛好しなかったわけではなかったろう。かつてエトルリア系の王を戴いていた彼らの間で、衆道が先進文明国の美俗として受けいれられ、大いにもてはやされるに至ったであろうことは想像に難くない。

ところが、男どうしの愛があまりにも盛行したせいで、妻帯せずに独身を守る人々がしだいに増えてくるという現象▼が発生する。初期のローマ法は結婚［異性婚］を強制義務と定めていたが、それが一片の空文と化しているのをみて、政府は前四〇三年に独身男性市民に課税することを決定、さらに前二二六年頃にはスカンティニウス法を発令して、目にあまる無制限の婚外性交渉に罰金刑を科することとした。

▼独身を守る人々がしだいに増えてくるという現象　ローマ市民の独身主義と人口減少問題は、よく云々されるよう

に初代皇帝アウグストゥスの時代にはじまったことではなかったのである。

ローマ人が直接ギリシア文化に接触し、その影響をこうむるようになった前三世紀以降、男色愛好の風潮にはいっそう拍車がかけられていった。国家の版図が拡大し、属州から富が流入するにつれて、それまで質素な生活に甘んじていたローマの人々も、ためらいなく放恣な奢侈生活へと身を投じていく。洗練されたギリシアやオリエント諸国の刺激を受けて、美しい少年たちを蓄えることが流行し、金持ちは一タラントン［＝二万四〇〇〇セステルティウス］もの巨費を投じて美貌の奴隷を買い入れるようになる。ギリシア文化嫌いで有名な大カトー［前二三四～前一四九］が、「広い農地よりも美少年の値のほうがずっと高い」といって不平をならしたのも、その頃のことである。そして風紀を取り締まる監察官職に就くと、大カトーは、矢継ぎばやに禁令を出して享楽や過度の贅沢を次々と抑圧する。何でも咎めだてしなくては気の済まない気難し屋のカトーの糾弾のせいで、▼何人かの犠牲者があばき出される。地位も身分も縁故も無関係、容赦ない摘発だった。寵愛する美少年の歓心をかおうと、宴席でガリア人を試し斬りにした元執政官《コンスル》ルキウス・クィンクティウス・フラミニヌス［前一九二年の執政官］は元老院から除名され、スペインの捕虜の中から三人の美少年を非常な高値で買いとったパッキウスというカトーの部下は、首を縊《くく》らなければならない破目に追いやられた。

▼カトーの糾弾のせいで　ただしこれらの処置は、男色を禁制とみなしたからではなく、たかが「稚児奴隷ごとき者」のために過度の残忍行為を働いたり、散財に等しい浪費を行なった放埒さを咎めたものである。

とはいえ、大カトーの権威をもってしても時代の趨勢はいかんともし難かった。美少年の値段はこの後うなぎ登りに高騰し、共和制末期になると、かのアントニウス将軍など、双生児のようによく似た二人の若者を手に入れるのに、二〇万セステルティウスという途方もない大金を支払っているのである（◆3）。

芽生えはじめたばかりのラテン文学の分野にも、男色を語る言葉はいささかも欠けてはいなかった。初期ラテン文学を代表する喜劇作家プラウトゥス［前二五四頃～前一八四。ギリシアの影響を受けた作品二〇篇が、ほぼ完全な形で現存する］の作品のあちこちに、少年との恋や男どうしの性交が言及されているのが、よい例である。またヘレニズム恋愛詩の影響下に発達したエピグラム詩のジャンルでも、歌われるのは美しい若者への恋情であった。南イタリアのカンパニア地方に起源をもつ笑劇アテラナ芝居においても、事情は同じ。人気のあるテーマは姦通、近親姦とならんで男色というのが通り相場となっていた。

諷刺詩人ルキリウス〔前一八〇頃～前一〇二頃。小スキピオと交友関係のあった詩人〕も、もちろんその作品中で男色を扱っている。かなり露骨な表現の断片が残っており、中にはスカトロジー風のものさえある。「生理中の女との膣交は一物を血まみれに、下痢中の相手との肛交は糞まみれにする」。

2……夜祭バッカナリアのスキャンダル◆4

ギリシアから多大な影響を受けた宗教界でも、事情は似たようなものであった。陽物崇拝《ファリシズム》で知られる酒

【コラム】

スカンティニウス法◆1

かつてスカンティニウス法は、欧州の学者らによって「男色を取り締まる法律である」と本気で信じられていた時期があった。しかしながら、前世紀後半以来の研究によって、今日ではそのような男色禁止法はローマに存在しなかったことが明らかにされている。そもそも古代ローマのように性を肯定する健全な社会にあって、男色を取り締まる法律を提唱する者などいようはずがなかったのである。

スカンティニウス法に関しては、原文が残っておらず、断片的に伝存する史料には文意のやや不明瞭な箇所が少なくない。とはいえ、現今では大略、「性対象が男女のいずれであれ、ストゥプルム（stuprum）

〔自由身分の未成年の男女および寡婦に対する性的凌辱〕を罰金刑に処した」というのが本来の内容だったと考えられている。

ここに面白い逸話がある。

この法律を提議した護民官のC・スカンティニウス・アリキヌス自身が、その同じ年に早速、自分の作った法にかかって罰金を支払わせられたというのだ。自ら提唱した法律に、当の御本人が、いの一番に引っかかってしまった、という説話めいた伝承である。▼1

だがこの逸話は、名前がよく似ているせいで取り間違えた誤伝でしかない、と考えたほうがよいだろう。つまり、前二二六年頃、同僚の造営官クラウディウス・マルケルス▼2のうら若い息子マルクス〔?~前一七七。前一九六年度の執政官（コンスル）〕に言い寄って、これを手ごめにしようとした廉で訴えられ、高額の罰金刑を宣告された造営官C・スカンティニウス・カピトリヌスという好色漢と、護民官のスカンティニウスとが混同されたものに違いない。

前一世紀のカエサルやキケロが活躍した時代にも、なおこの法律は有効だった。前五〇年に、時の風紀取締役であるアッピウス・クラウディウス・プルケル〔美男のP・クロディウス・プルケルの兄〕当人が、M・カエリウス・ルフス〔?~前四八。キケロとの往復書簡で名高い〕によって、猥褻行為をはたらいたとしてスカンティニウス法のもとに訴えられているのが、その一例である。後年、ほとんど有名無実と化したスカンティニウス法を、時代錯誤な皇帝ドミティアヌス〔在位、後八一~九六〕が復活、強化しているのは何とも皮肉な話だ。なぜなら、ドミティアヌス自身、こと鶏姦や姦通、近親姦などといった性的行動にかけては、かなり名うての人物だったからである。

▼1　これで想い出されるのが、アイルランドの肛門性交(Buggery)を犯した者を絞首刑にする法律を、一六三四年に主唱し成立させたジョン・アサートン主教である。いとも皮肉なことに、一六四一年、この法律で絞首刑に処された二番目の男というのが、主教本人だったのである。秦の宰相、商鞅の車裂刑の故事（前三三八年）を連想された方もあるかも知れない。

▼2　ハンニバルを相手に戦ったポエニ戦争の英雄。「ローマの剣」と称され、五回も国家最高の官職コンスル（執政官）を務めた。プルタルコスの『英雄伝』に、その伝記が収められている。

酒神バッコスの祭礼

【上】『バッコスの凱旋』　オランダの画家マルテン・ヴァン・ヘームスケルク（1498~ 1574）筆。1536/37 年頃。バッコスの夜祭バッカナリアは男性どうしの乱交の場になったという。ウィーン、美術史博物館蔵。

【下３葉】酩酊するファウヌス（パーン）像　通称「バルベリーニのファウヌス」。大理石製。前４世紀。ミュンヘン、古代美術博物館蔵。バッコスの従者、半人半獣の牧羊神ファウヌスですら秀逸な肉体で表現された。

神バックス［ギリシアのディオニュソス、バッコス］の祭りバッカナリアは、はじめ女性だけに参加が許されたものだった。しかし、のちには男性も入信を認められるようになり、以来、男女入り乱れて淫楽に耽る深夜の大酒宴、狂宴《オルギア》へと変貌する。ところが、ここでも「男どうしの乱交のほうが、男女間のそれよりもはなはだしかった」と歴史家リウィウスは伝えている。詳細は省くが、元老院は前一八六年、この祭祀を目にあまる淫行のゆえに禁止しなければならなかった。◆5

軍隊はもとより「男色の温床」▼であり、ここでも魅力的な若者をめぐるスキャンダルや刃傷沙汰が絶えなかった。例えば、軍制改革を断行した名将マリウス［前一五七～前八六］の甥ガイウス・ルシウスは、部下のトレボニウスをテントに連れ込んで強姦しようとして逆に刺殺され［前一〇四年］、また軍団司令官のクィントゥス・ルスキウスは一民兵のガイウス・プロティウスを、やはり手ごめにしようとして殺されている。ギリシアに駐屯していたある大隊の隊長は、カイロネイア市の肉体美の青年ダモンに懸想し、これを無理強いにわがものにしようとしたため、青年とその仲間に逆襲され、そこから一大騒動がまき起こった、その他、似たような話は枚挙にいとまがない。

▼軍隊はもとより「男色の温床」　前一三五年にスキピオ・小アフリカヌスがローマ軍から男倡の群れを追い払ったという記録から、将兵らがこれら売春夫を利用していた内情がうかがわれる。

3……男色の爆発的流行——独裁官スラの時代

ギリシアと同様ローマ社会でも、美少年は多くの愛慕者をもち、さまざまの贈物《プレゼント》のみならず、大きな権力と名誉を与えられることさえ珍しくはなかった。要人の稚児ともなれば、その一言で国政や軍事上の大事を左右する場合もあった。ある将軍に愛されていた美少年が、寝物語に聞いたセルトリウス▼暗殺計画を、すぐさま別の恋人に洩らしてしまった話もよく知られている。これなどローマの武将が愛する若者にはどれだけ甘く、気を許していたか▼を示すよい例であろう。

▼セルトリウス　前一二二頃～前七二。共和制末期のローマの武将。独裁官スラと対立してスペインで独自の元老院を組織し、反ローマ闘争を展開した。プルタルコスの「英雄伝」に『セルトリウス伝』がある。

▼ローマの武将が……気を許していたか　アレクサンドロス大王に対する陰謀計画も、これと同じく、将校と愛する美少年との寝物語から漏洩している。ギリシア・ローマ世界で、いかに男たちが美しい若者にうつつを抜かしていたか、諒解される次第である。

独裁官スラ〔前一三八～前七八。ローマ共和制末期の閥族派の領袖〕が、容色優れたダンサーや俳優を寵愛して憚らなかったことも、はなはだ有名である。殊に女形役者メトロビオスに対しては、若い頃から終生変わらぬ深い愛情をもちつづけたと伝えられる。スラの影響には甚大なものがあったらしい。史家サルスティウス〔前八六～前三四頃〕が述べているように、「スラの時代からローマの男たちの間に娼婦のように自らの身を売る風潮が広まり、大っぴらに男性どうしの快楽に耽溺しはじめた」というのだから。◆6

また、スラの部下で、同じく奢侈と快楽に耽った富豪ルクルス〔前一一七頃～前五六〕は、晩年、寵愛する解放奴隷の一人カリステネスが、主人からなおいっそう愛されたいと大量の媚薬を盛ったせいで、発狂してしまうありさまだった。◆7

当時、未婚の若者がコンクビヌス（concubinus）と呼ばれる美男の召使いと床をともにすることは、ごく一般的な風習になっていた。このコンクビヌスなどは、まさに親が認めた男色専用の奴隷である。◆8

共和制末期を代表する二大文学者ルクレティウスとカトゥルス〔ともに本章5節参照〕も、美しい少年たちを愛することにかけては、遅れをとらなかった。詩人や文学者が美少年を愛し賞讃する風潮は、ラテン文学の最高峰ウェルギリウスやホラティウスらローマ黄金時代の大詩人たちを経て、末永く文芸界の伝統として受け継がれてゆくことになる。

【コラム】

ローマの国民詩人 ウェルギリウス——「処女《ヴァージン》」と呼ばれた大詩人

生涯妻帯せず美しい若者だけを愛したローマ第一の詩人ウェルギリウス。[1] おそらく彼は一生女犯の経験はなかったのであろう。人々は彼を「パルテニアス［ヴァージン（処女、童貞）の人の意］」と呼んだ。ウェルギリウスは、中でもケベスとアレクサンデルという二少年を熱愛してやまなかったが、この両人とも、詩人の初期のパトロン、アシニウス・ポリオから贈られた奴隷であった。ウェルギリウスの薫陶よろしきを得て、二人はそれぞれ長じてのち詩人と語学者になったという。アレクサンデルは『牧歌』、別名『詩選』中の美少年アレクシスのモデルと言われている。

男色や少年愛のモティーフは作品の随所に登場する。とくに、ギリシア詩人テオクリトスの『牧歌』第一一歌を手本にした『牧歌（詩選）』第二歌は、牧人コリュドンが美少年アレクシスに恋い焦がれつつ報われぬ思いを嘆いて作ったという設定で、後代のヨーロッパ文学に大きな影響を及ぼした。[2]

また国民的叙事詩の誉れ高い代表作『アエネイス』には、勇将ニソスとその愛人エウリュアロスとの生死をともにした友愛物語が美しく綴られている。[3]

▼1　前七〇～前一九。ラテン文学の黄金期を代表する大詩人。マントヴァ近郊に生まれ、『牧歌』、『農耕詩』、『アエネイス』などを著わした。

▼2　アンドレ・ジッドのカミング・アウトの書『コリドン』（*Corydon*, 1911）の題は、この牧人の名から。また英国の詩人リチャード・バーンフィールド（一五七四～一六二七）の『恋する羊飼い』（一五九四）も、牧人ダフニスの美少年ガニュメデスに対する報われぬ愛を歌っており、ウェルギリウスの牧歌的伝統に則っている。

▼3　『アエネイス』第五巻、第九巻に登場する勇将ニソス（ラテン語ではニスス）は、主人公アエネアスに従ってイタリアへ移住したトロイアの武将。美青年エウリュアロス（ラテン語でエウリュアルス）の念者。ルトゥリ人の王トゥルヌスとの戦いで、エウリュアロスとともに敵陣に夜討ちをかけるが、捕らわれた愛人エウリュアロスを救いに戻り、もろともに殺される。

ローマの神話伝説

【上】『サビニ女たちの略奪』 ジャック＝ルイ・ダヴィッド筆。1799 年。油彩画。部分。ルーヴル美術館蔵。若いローマ戦士の裸体は男性好きの人々の琴線に触れたことだろう。

【右】ニソスとエウリュアロス像 大理石製。前 150~ 前 125 年頃。ウェルギリウスの叙事詩に登場する勇敢な愛人カップルを表現した作例。ギリシア彫刻のローマ時代の模刻。「死せるパトロクロスを抱き上げるアイアス」とも呼ばれる。フィレンツェ、ロッジア・デイ・ランツィ。

4……娼婦と妍《けん》をきそう青年貴族たち――「ブルートゥス、お前もか」

この頃、貴族の子弟たちの洒落者ぶりは一段と著しくなっていた。毎日長い時間をかけて、髪の毛をカールさせ、紅白粉で化粧し、香水をふりかけ、宝石類やアクセサリーで身を飾りたてるのが、上流社会の青年たちの間ではファッショナブルとされていた。彼らは娼婦顔負けに美しく装っては、きそって「自らの肉体を鬻《ひさ》いだ」という。

シチリア総督ウェレス［前一二三頃～前四三］は、政敵の雄弁家キケロ［前一〇六～前四三。古典期ラテン文学を代表する弁論家、政治家］をこうした柔弱な男の一人だと非難している。が、そのウェレス自身の年若い息子が、美貌をもとでに身売りしていることを知らない者は、ローマじゅう誰もいなかった。◆9 さらに政治家のA・ガビニウス［?～前四七頃。前五八年度の執政官（コンスル）］やL・アフラニウス［前六〇年度の執政官。ポンペイウス派の武将］、また後年エジプトの女王クレオパトラと恋を囁くことになる、かの将軍アントニウス［前八三頃～前三〇］ら著名な市民のいく人かは、若い頃、売春夫をしていたと言われている。▼

▼売春夫をしていたと言われている　キケロ『帰国後元老院演説』五、『セスティウス弁護演説』八、など。キケロの言によれば、とくにガビニウスとアフラニウスはフェラチオ（尺八）をして男たちを楽しませていたという（キケロ『帰国後元老院演説』(Cicero Red. Sen.) 一一、キケロ『アッティクス宛書簡』(Cicero Att.) 一-一八-五)。

美男のクロディウス・プルケル［前九二～前五二。名門貴族出身の野心的な政治家］は、いつも何人かの仕手役の男倡を従えてローマ市中を闊歩していたし、若き日の将軍アントニウスは小クリオ［前九〇頃～前四九。大クリオの息子］と二人して「堅固で安定した結婚生活」▼を送ることに、いささかのためらいも示さなかったという。

▼結婚生活　ローマにおける同性婚のはしりである。この結婚の場合、意外にも未来の将軍アントニウスが「花嫁」の役を演じている。売春夫が身請けされて「人妻」になったかたちである（キケロ『フィリッピカ』(Cicero Philippica) 二-一八-四五)。

陰謀家のカティリナ［前一〇八～前六二。共和制末期の野心的な政治家。クーデタを企てて蜂起したが執政官の軍隊に敗死した］でさえ男の恋人がいて、執政官だったその男トンギリウスは、愛するカティリナのために公然とキケロにとりなしを買って出るありさま◆[10]。また名高い騎士身分のグナエウス・プランキウスは、同性の恋人を田舎へ連れていって愛を交わしたことで名を馳せたという。消息通のキケロによれば、高貴な生まれの若者たちは、賄賂として陪審裁判官らに贈られることがあったとのことである。訴訟の結果が色じかけで変わることもあったに相違ない◆[11]。

古代ローマ最大の雄弁家キケロも、青年時代のユリウス・カエサル［前一〇〇～前四四］もまた、例外ではなかった。若い頃キケロは弁論術の教師ピソに愛されていたというし、のちには自分の奴隷ティロを可愛がって恋愛詩を書いたりしているからである。カエサルについては、後で詳しく記すことにしよう。

【コラム】

ローマ時代の「男性どうしの結婚」――ゲイ・マリッジ（gay marriage）

古代ローマが成熟した文明社会であったよい証拠として同性間の婚姻制度があげられる。ネロが何人かの男性と挙婚したように、ローマ時代には地中海世界の各地で同性どうしの結婚式が祝われるようになっていた。

わけても男性どうしの結婚は共和制時代からその例が見られる。

たとえば、シェイクスピアの戯曲中ではエジプトの女王クレオパトラとの恋で名高い将軍アントニウス［前八三頃～前三〇］。雄弁家キケロの証言によると、この将軍は若い頃、クリオという青年と結婚していたという。しかも破産状態に陥って苦界に身を沈め男倡となっていたアントニウスをクリオが落籍したといった美談つきである。このクリオ青年は、かのカエサルを「すべての男たちの妻で、すべての女たちの夫だ」と呼んだ政治家・大クリオの息子である。

父親と区別するため、ふつう小クリオと呼ばれている。この小クリオ、アントニウスに既婚婦人の衣裳ストラを与えて夫婦となったまではよかったけれど、父の大クリオはこの縁組みに不賛成で、たびたびアントニウスを家から放り出しては入館を禁じた。しかし禁じられれば禁じられるほど募るのが恋情のならいとか、アントニウスは見張り番の立つ玄関を避け屋根を伝っては小クリオと密会を重ねていたという。また欲情に溺れた小クリオは、アントニウスの莫大な負債の保証人となったが、それを知った父親の大クリオは悲嘆のあまり寝込んでしまう。そこでキケロが依頼を受けて、大クリオに息子のために負債を支払ってやるよう巧みな弁舌で説得したというのだ[◆1]。

詩人ユウェナリス[▼1]は、『諷刺詩』第二巻において、「外見は信用できない」ことを強調している。「髪の毛を眉毛よりも短く刈り込み毛深い胸や剛毛の生えた手足をした男の中の男といった男性が、たいていは肛門周辺の毛を抜き去った痔疾に悩む受け手の男色家である」という現実を、あざやかにすっぱ抜いていく。短髪に髭《ひげ》をたくわえた顔。鍛えられた逞しい肉体の持ち主。じつは他の男性に肛門を犯されたがる受け身のゲイ。こういった特徴は、現代にも共通しているのではないだろうか。

寸鉄詩人マルティアリス［後四〇〜一〇四頃］も同じような意見の持ち主だった。

「デキアヌスよ、彼の厳しい眉根を恐れているようだが、いかめしい顔つきを信じてはいけないよ。彼は昨日花嫁となって他の男に嫁いで行ったのだもの[◆2]」。

さてユウェナリスは、哲学者気取りの男性的な風貌をした受け手役をはじめ、男どうしでフェラチオをやり合うのが大好きな男色家ら、さまざまな男たちについて述べた後で次のように記している。

「名門のグラックスという男が、ある一介のラッパ吹きのもとへ嫁いで行った。しかも四〇万セステルティウスもの持参金つきでね。相手の男は曲がったラッパだか真っ直ぐなラッパだか忘れたが、ともあれ笛を奏でる巧者でね［フェラチオないし尺八を掛けた言い回し］。その男との間に正式な書類が交わされたというわけだ。大勢の宴客が招かれた席で祝言の寿《ことほ》ぎが述べられ、新妻グラックスは新郎の胸元に抱かれて横たわった[◆3]……」。

そして、こういった血統正しい裕福なローマ男性たちが陸続と、友人や身内の参列する正式の婚礼を挙げては、他の男のもとへ合法的に嫁いでいった次第を細大漏らさず書きつづっていく。

「僕は明日、クィリナリス丘の神殿で儀式に出席しなくてはならないんです」

「いったい何の儀式？」

「言うまでもありません。友人が男どうしで結婚式を挙げるんですよ。ごく内輪だけのパーティーで、膨大な客人を招くわけではありませんが」

このような男色婚がローマのあちこちで公然と行なわれ、書類に署名《サイン》がなされていたというのである。現代の「ゲイ結婚」と相似た男っぽい男性どうしの婚姻もまた見られた。

たとえばマルティアリスの詩には、次のような一節が見いだされる。

「髯《ひげ》をたくわえたカリストラトゥスがたくましいアフェルと結婚した◆4……」。

ネロにならって後年、エラガバルス帝［在位、二一八～二二二］が巨大な逸物の持ち主と正式に結婚した史譚は江湖に知れわたっている［第Ⅲ部第3章5節参照］。

ルキアノスらギリシア語著述家の作品には、女性どうしの結婚に関する記述も見いだされるが、ここでは言及しないでおく◆5▼2。

▼1 五五頃～一四〇頃。もっぱら男色を好んで終生妻帯せず。また明るい灯火の下でセックスすることを愛好した。

▼2 ローマ時代の同性婚に関しては、ローマ法で認められた正式な婚姻制度であったか否かをめぐりいろいろと議論がなされている。伝存する史料による限り、ローマ法の定める異性婚、すなわち市民である男性と市民身分の家柄の娘との間で交わされる「結婚（matrimonium）」とは異なる社会公認の事実婚と呼ぶべき関係であったということ以外に何も断言できないのが現状である。異性婚が家どうしの結びつきを重んじる傾向にあったのに対して、同性どうしの婚姻こそが当事者の愛情にもとづく、より純粋で現代的な関係であった、と言えるかも知れない。ともあれ、三四二年末にキリスト教を信奉する二人のローマ皇帝の勅令によって禁圧されるまで、帝国各地で同性婚は孜孜営々と営まれつづけたのである。とはいえ皮肉なことに、同性婚を禁ずる勅令を発した二人の皇帝コンスタンティウス二世とコンスタンスは、ともに男色好きで知られていた。コンスタンティウス二世は宦官（spado スパド）たちを寵愛し過ぎることで評判となり、彼の弟のコンスタンス帝は若きゲルマン人捕虜らを溺愛して同様にスキャンダルとなっているのだから（◆6）。

共和制の理想を信じてカエサルを殺した廉潔の士ブルートゥス［前八五〜前四二］も、男性を愛することにかけては人後に落ちなかった。

「実の父親であった」と噂される恩人カエサルを暗殺したこの〝愛国者〟は、きわめて美しい若者を溺愛したばかりか、その姿を彫刻にしてローマ市内の随所に建て、町の美化に貢献し愛国者ぶりを発揮したと言われている。[12]

5……ローマの愛と詩人[13]

カトゥルス——カエサルと部下との男色関係を槍玉にあげた詩人

カトゥルス［前八四頃〜前五四頃。ローマ共和政末期の抒情詩人。北イタリアのヴェローナ出身］は、チャーミングな若者ユウェンティウスにいくつか愛の詩歌をささげている。

蜜さながらに甘美な君の瞳に、繰り返しキスしよう。一万回でも、
いや一万回を三十度重ねて口付けしようと、なお心ゆかぬものなれど

詩人たちも皆な男を愛した。一人の例外もない。

カトゥルスの作品には、カエサルを筆頭にいく人かの実在の人物が登場する。例えば、かつての上司であった元老院議員のメンミウスとか、カエサルに愛されて裕福になったマムラ［?〜前四五］などである。

詩人カトゥルスは当初カエサルに敵対しており、ビテュニア王ニコメデスを相手にカエサルが男倡まがいの奉仕をしていた所行を激しく難詰していた。さらにカエサルが部下のマムラと「相互男色に耽ってい

る」と痛烈に批判し、詩の中でマムラを好色なメントゥラ［「男根」の意］という仇名で呼んでいる。

反カエサル派だった詩人も、時代の潮流には抗えず、のちにカエサルと和解しその支援を得るようになる。次いで前五七年には、ビテュニア総督として赴任するガイウス・メンミウス［放蕩な生きざまで知られ、好色な詩を書いたり、名将ポンペイウスの妻に言い寄ったり、富豪ルクルスの妻を誘惑した色事師］の部下として属州へ随行する。カトゥルスの言によると、総督メンミウスは相手の口にペニスを含ませるのが得意なイルマトル（irrumator）［「自分の性器をしゃぶらせる男」の意］であったという。

このヴェローナ出身の詩人は暴露している。

「おおメンミウスよ。あんたはずいぶん長い間、じっくりと私を仰向けに寝かせておいて、その太い男根をまるごと口につっこんでくれたな」。

両刀づかいの詩人たち——男もよし、女もまたよし

ホラティウス［前六五〜前八。ウェルギリウスとならび称される大詩人］も負けてはいない。彼は、花をあざむく美貌のリグリヌスや、優しさこの上ないリュキスクスら、若者たちへの愛を詩の中で歌いあげ、死んでのちは、パトロンにして最期まで強い友愛の絆で結ばれたマエケナス［アウグストゥスの腹心。次項参照］の墓の傍らに葬られたという。

ホラティウスはほとんどの古代ローマ人と同様、性愛の対象に関する偏見をもたなかったので、自分が男に劣らず女をも愛好したことを率直に表明している。

「しなやかな少年や少女を恋い焦がれる情熱によって◆14……」。

恋愛詩人プロペルティウス［前五〇頃〜前一六頃］は、「敵は女色に耽り、友は若者との恋におちるように」と祈るほど筋金入りの男色愛好家であった◆15。といえども、ときに女色にはしることも▼あったようだ。

▼**女色にはしることも**　キュンティアと呼ばれる商売女に呼びかけた詩が伝存する。しかし、この気性の激しい女性は彼に絶対服従を強いてやまない。情婦のひどい仕打ちの数々に、詩人は若者との悦楽のほうに心の平安を覚えたようである。

同じく恋愛詩人として名を馳せたティブルス〔前五〇頃〜前一九〕は、気まぐれな青年マラトゥスに熱を上げている。ところが、別の男から贈り物で誘惑されたマラトゥスは、詩人を裏切って彼のもとを去っていく。そこで詩人は失恋の詩を詠んで、恨み言を述べ、移り気な青年をなじった。復讐の女神が罰を下し、マラトゥスは高価な贈物をくれた老人のお供をして、つらい旅をすることになるだろう——と。ティブルスの他の詩編には、陽物神プリアポスが、衆道好みの人々につれない若者たちから愛をかち得る方法を伝授している箇所がある。テオクリトスの詩文にもあるように、屹立する男根神プリアポスは世の男性の恋の指南役として適切な助言を与えてくれる。

「若者が何をやりたいと望んでも、まずは言いなりになりなさい。恋は服従によって勝ち取れるものだ。そうすれば、程なく若者はおとなしくなり、甘美な接吻を奪えることだろう。次には求めに応じて進んで差し出し、さらには先方から首筋にすがりつこうとするだろう◆16……」。

ルクレティウス〔前九九頃〜前五五頃。共和制末期のエピクロス派哲学詩人〕は、ローマ人の常として男女両色の快楽を認めるに、何らやぶさかではなかった。ただ彼は、特定の相手との恋愛に陥ることは戒め、若い男が性的欲望を覚えるときには、「少年であれ少女であれ次々と交接して肉慾を満たすように」▼と賢明な忠告を与えてくれている。

▼少年であれ少女であれ　オウィディウスの『恋の歌』冒頭部分と同じく、男色を女色より先に記していることに留意されたい。
ルクレティウス自身は愛人に飲まされた媚薬のせいで発狂し、四四歳で自殺したという。

文芸のパトロンは男好きで評判——「メセナ」の家元

詩人たちのパトロン、マエケナス〔前六四頃〜前八。アウグストゥスの寵臣で文芸の保護者。今も「文化の庇護者」を意味するフランス語「メセナ」に、その名を留めている〕は、放蕩遊惰な快楽主義者として知られていた。柔弱な人となりで、頭髪に香水をたっぷり振り撒き、女のような衣裳を纏《まと》い、宝石や絹物をひけらかしながら、一群の去勢奴隷たちを引き連れてローマ市内を闊歩した。この時代のソフトゲ

陽物神礼讃

【左】ブロンズ製三脚台。若い三人のパーンが勃起した男根を屹立させている。1世紀前半。高さ90㎝。ポンペイ出土。ナポリ国立考古学博物館蔵。

【下右】富者ウェッティの家の噴水 勃起したペニスの尖端から水が噴き出すようになっていた。1世紀。古代ギリシア・ローマ人は露茎を下品だと看做し包茎を尊んでいた。ポンペイ出土。

【下左】ウェッティの家の入り口のフレスコ画　自らのファルスの重さをはかる計るプリアポス神。1世紀。巨根をもつプリアポスは豊饒と繁栄をもたらす神として大層人気があった。ポンペイ出土。

イ代表といった風格の持ち主だ。とくに演劇と男色を熱烈に愛好することこの上なく、お気に入りのダンサーで解放奴隷のバテュルスを後援して、無言劇《パントミムス》という新しいジャンルの芝居を流行させている。

前一世紀を代表するこれら詩人や文化人の生き方を見れば、当時のローマ社会にみなぎっていた自由奔放な気風というものの一端を窺い知ることができるであろう。

【コラム】

恋の手ほどき《アルス・アマトリア》

中世の西欧人によって女色派の旗手であるかのように勘違いされた詩人オウィディウス〔前四三〜後一七頃〕でさえ男色の経験豊かな両刀づかいだったことを忘れてはいけない。

たしかに彼は『アルス・アマトリア』（*Ars Amatoria*）の第二巻において、「少年相手の性交よりも女相手のセックスのほうを好む」と語ってはいる。しかし、これは売笑婦や商売女を対象とする女色の技巧《テクニック》を記した作品中のこと。著述の性質上、「双方が濡れ合う膣交のほうが、挿入者だけが喜悦を覚える奴隷少年や売春夫を組み敷く肛交よりも好ましい」と認めたに過ぎない。オウィディウスは他の著述、例《たと》えば彼の代表傑作たるギリシア神話をローマ風にアレンジした『変身物語』では、男神アポロンと美しい若者ヒュアキントスやキュパリッソスとの恋愛譚とか、トロイアの絶世の美少年ガニュメデスのゼウスによる誘拐などといった男色神話をいくつもリリカルに叙しているのである。▼1

▼1　『恋の歌』の第一巻の冒頭においてオウィディウスは、「若者にせよ、長い髪の娘にせよ」と、男女双方を愛欲の対象としていたことを、明白に語っている（オウィディウス『恋の歌』（Ovidius Amores）一-一）。

第3章 ローマ皇帝の愛
——皇帝たちの恋愛絵巻

戦記を執筆するカエサル。『ガリア戦記』（1783年刊行版）の装画。

1……ユリウス・クラウディウス朝

ユリウス・カエサル——「すべての男の妻」または「英雄色を好む」◆1

ローマではユリウス・カエサルをはじめとして、歴代の元首・皇帝が盛んに男色を嗜んでいる。

カエサルと言えば、アレクサンドロス大王とならぶ古代世界きっての二大英雄の一人、通俗的な映画や演劇では恰幅のいい堂々たる偉丈夫といった役どころだが、ところがどうして彼は当時のローマ貴族の御多分にもれず、いたってファッショナブルな洒落者だった。若い頃から髪の毛を美しくカールさせて、紅白粉《おしろい》で化粧し、全身のむだ毛を丹念に抜き取らせ、芳しい香水をふんだんにふりかけ、宝飾品で身を飾り立てるのが大好きな、名うての両刀づかいだったのである。小アジアのビテュニア王国に派遣されたときには、美しい若者に目のない国王ニコメデス四世［在位、前九四〜前七四初頭］に見そめられて、美男子ばかりから成るハレムに仲間入りし、王の寵愛をほしいままにしたという［前八〇年頃］。だから彼は、のちに多くの人妻やエジプトの女王クレオパトラと浮き名を流すようになってからも、「ビテュニアの男倡」だとか「王妃の恋敵《ライバル》、国王の閨房のパートナー」だとか「ニコメデスのお妃」だとか呼ばれるありさま。つまり、彼が晩餐会でニコメデス王の酌取りを演じ、王と揃って床入りをして青春の花を散らせた事実は、満天下に知れわたっていたというわけである。

後年、カエサルがガリア戦役に勝利をおさめたときにも、凱旋式で行進中、彼の兵士たちは少々卑猥な歌ではやし立てている［前四六年］。

【コラム】

カエサルの愛人マムラ——君子の淡き交わり[◆1]

カエサルの殊遇を蒙った騎士身分のマムラ［イタリアのフォルミアエ出身のローマ騎士。前四五年末頃死去］は、ガリア遠征中に工兵監督官を勤めたおかげで、巨万の富を貯えることができた。博物学者プリニウス［後二三～七九］の言にしたがえば、マムラはローマで最初に自邸の壁全体を大理石で覆い、円柱すべてに上貼りだけでない大理石の丸柱を使用した人物であったという。彼の致富はカエサルとの性愛関係によるものとされ、反カエサル派の詩人カトゥルス［第Ⅲ部第2章5節参照］はその作品中で、二人の男色行為を口をきわめて諷刺している。

「あの破廉恥な蔭間《キナエドゥス》（cinaedus）たちは、実に仲良く睦み合っている。男を口にくわえこむマムラと稚児のカエサルの二人は[◆2]……」とか、

誰がこんな状態に我慢できようか。
外ガリア［現、フランス一帯］やブリタニア［現、ブリテン島］に満ち溢れんばかりの富を、マムラごときが独占していることに。
好色な稚児ロムルス［＝カエサル］よ、あなたはこ

うした事態に耐えられるというのか……。
比類なき将軍よ、貴男が最果ての島ブリタニアへ赴いたのは、道楽でくたびれた〝男根《メントゥラ》（mentula）〟［マムラの綽名］に食い尽くさせるためだったのか[3]……。

ある箇所でマムラは、「フォルミアエの道楽者[4]」と呼ばれ、また別の詩行ではニックネームの〝男根《メントゥラ》〟で呼びかけられている[5]。

「メントゥラは限りなく広い地所をもっている。この世の果て、ヒュペルボレオイ人の棲処［北極］まで、また外洋オケアノスの流れに至るまで、どこもかしこも所有しているのだから、クロイソス［古代リュディアの裕福で知られた国王。在位、前五六〇～五四六年頃］の富をしのぐことも、彼にとってはいとも容易なる業というもの。彼の有する地所は、もの凄く広大無辺なものだ。いや待てよ、それよりも彼自身が実にこの上なく巨大なのだ。人間としてではなく、雄偉なそそり立つ逸物《メントゥラ》としてだがね[6]」。

しかし、マムラのほうはその後、愛人のカエサルを見限り、ローマに帰還してからというもの、莫大な財力にもの言わせた放蕩生活を送って、世間の耳目をさらった。前四五年一二月、カエサルは南イタリアのプテオリ［現、ポッツォリ］近郊で休養中、マムラの訃報に接したが、もはや彼に対する往年の愛情は失せ、眉一つ動かさなかったという[1]。

ちなみに、「メントゥラ（mentula）」というのは、ローマ人の間で男根を指す言葉としては最も上品な用語に属しており、次いで「ペーニス（penis 元来「尻尾」「尾」の意）」、そして「ウェルパ（verpa ちんぽ）」の順に卑俗化していくとされている。

ちなみにカエサルには、他にもお気に入りのルフィオという成熟した男色相手《エクソレトゥス》（exoletus）がいた。よほどこの男を愛し信頼していたのであろう。政敵ポンペイユスを破ってエジプト入りを果たしたカエサルは、自分の奴隷の息子だったルフィオに、首都アレクサンドレイアに駐留する全軍隊の監督と指揮を委ねて長年の奉仕に酬いている。

▼1　この折りの報告は、訃報ではなく、訴訟に関するものであったとする説もある。

カエサルはガリアを征服し、ニコメデスはカエサルを征服した、▼……

▼ニコメデスはカエサルを征服した　既述のごとく、男系氏族社会のローマでは、一人前の男性市民が受け手役を演じることは、他者に屈服する不名誉な行為と見られていた。とりわけ、成人した「ローマ市民」たる男性が、たとえ相手が国王といえども〝夷狄（バルバロス）〟によって犯されていたとなれば、スキャンダラスな話題になったであろうことは想像に難くない。およそローマ市民たるものは、相手の性別に関係なく「犯す側」、つまり「貫く者」、「征服する者」でなくてはならなかったのである。すなわち、彼が男色・女色のいずれであれ、仕手としてふるまったのであれば、何ら問題にならなかった。否、それどころか、〝世界の支配者〟ローマ市民にふさわしい名誉ある行為だとして賞讃されさえしたのである。

ニコメデスという王は、もとより女色には淡泊な人物であったらしく、継嗣のないまま崩御し、彼の王国はその遺言によってローマに遺贈された［前七四年］。カエサルの魅力も、けっこう祖国のために資するところがあった、と言わなくてはならない。

ローマに帰ってからもカエサルは東方の洗練された風習が忘れられず、容姿のすぐれた奴隷を法外な価格で買い集めたり、お気に入りの部下や美男奴隷たちをかわるがわる寝室に招き寄せては、仕手となって犯したり、受け手となって犯されたりするのを好んだという。もちろん性に対して何の偏見ももたない彼のこと、大勢の女性とも手当たり次第に寝ていたことは言うまでもない。際限のないエピソードの泉である歴史家スエトニウス［後七五〜一六〇］によれば、当時の有力な政治家クリオ［大クリオ。第Ⅲ部第2章4節に出てきた小クリオの父親］は、彼を「あらゆる女の夫であり、あらゆる男の妻である」と呼んだとのこと。まさに「英雄色を好む」という俚諺を地でいった感がある。

アウグストゥス——大叔父の恋人◆2

カエサルの後継者で初代ローマ皇帝アウグストゥス［在位、前二七～後一四］となったのはオクタウィアヌスだが、彼には「実は、大叔父にあたるカエサルに体を売って養嗣子の地位を手に入れたのだ」というもっぱらの評判があった。また彼は若い頃から柔弱（effeminatus）であることで名高く、スペインでは属州総督のヒルティウス［前九〇頃～前四三。カエサルの副官。前四三年度の執政官（コンスル）。カエサルの『ガリア戦記』を補筆・完成させた］に三〇万セステルティウスという破格の高値で身売りしたとか、つねづね臑毛《すねげ》を焼き切らせて脚をなめらかにしておくよう怠りなく気を配っていた、などと言われていた。男性が体毛を丹念に除去することは、当時のローマ社会では軟弱な振る舞いだとみなされていたのである。

人々は彼について歌った。

陰間《キナエドゥス》が一本の指尖《ゆびさき》で世界を自在に支配しているのがわかるかね▼

▼……わかるかね　キケロにしたがえば、カエサルによって童貞を失った若きアウグストゥスは、ヒルティウスら何人もの男性に売色していたという。のちムティナ（現、モデナ）の戦いで将軍ヒルティウスが戦死したとき（前四三年）、「戦場のどさくさに紛れてアウグストゥス自身が殺したのだ」と取り沙汰されたが、それはたんにアウグストゥスの権力欲のためだけではなく、かつて彼が身分ある男性たちに春を鬻（ひさ）いでいたことを世間に言いふらされないための口封じ策であったともいう。

もちろんアウグストゥスも肉体《からだ》を売っていたばかりではない。顔立ちのよい少年たちを帝国各地から——とりわけムーア人やシリア人の美少年を——探し求めて愛《め》でたり、サルメントゥスら一群の「秘蔵品《デリキアエ》（deliciae）」と呼ばれる寵童たちを愛したり、また高齢で崩御する直前までギリシア系の青年《エフェボス》たちが全裸で体育の訓練に励み、肉体を鍛える様子を嬉々として眺めたりして、男好きの面目躍如たるところを遺憾なく発揮している。

ティベリウス――老帝はオーラル・セックスがお好き◆3

アウグストゥスが高齢で没したあと、第二代ローマ皇帝の位に即《つ》いたのは、すでに五〇代半ばを過ぎた継子のティベリウスであった［在位、一四～三七］。

後二六年、老いたティベリウスは、ローマでの政争に倦んでカプリ島へ隠棲すると、性的遊戯をほしいままにするため、さまざまの工夫を凝らしたという。まず「セラリア（sellaria）」という房事用の座席を備えた密室を考案。そこへ帝国じゅういたるところから快楽に奉仕する美しい若者たちや、遊蕩好きの強蔵《エクソレトゥス》［仕手の男色家］の群れ、「スピントリアエ（spintriae）」と呼ばれる千差万別の変化に富んだ性交法の発案者らを大勢かり集める。そして、彼らが三人づつ一組になって妖し気な性行為を展開したり、集団で代わる代わる新奇な淫行《セックス》に身を委ねたり、前後に数珠つなぎになって交接したりする情景を眺めては、自らの衰えた欲情を蘇らせようとした。

彼が最も好んだのはオーラル・セックスで、とくに水浴場《プール》で遊泳しながら「可愛い魚たち」と名付けた可憐な少年らに、股の間を潜らせざま性器を舐めさせたり、歯で軽く噛ませたり、くわえさせたりして快を貪ることを習慣とした。それだけなら邪気のない回春遊戯と言えるだろうが、ティベリウス帝はそれでは満足しない。未だ乳離れもしていない赤ん坊の口に男根を挿入して、母親の乳房を吸うようにこれをしゃぶらせては愉しんだのである。およそ彼が利用できないものは何もなかったのだ。

またある日、ティベリウスは犠牲《いけにえ》の儀式を執り行なっているとき、香炉を捧持するハンサムな侍者に心奪われて、神事が終わるのも待ちきれず、すぐさまその青年を別室に連れ込んでこれを辱《はずかし》めた。と同時に、その兄弟の笛吹き係りも一緒に連れ込むと、これにもフェラチオを行なわせた。ほどなく彼らが互いにこの破廉恥行為を詰《なじ》り合うようになったので、皇帝は命じて二人の脚を折らせてしまった、と歴史家スエト

【コラム】

ローマの男倡──攻め、受け、おしゃぶり……何でもあり

　若い頃、自分が春を鬻《ひさ》いだからという訳でもないだろうが、アウグストゥスは公式に、四月二五日を男倡のための祝日と定めたうえで、納税を義務付けた。この男倡税は、その後六世紀にいたるまで歴代ローマ皇帝によって徴収されつづけることになる。

　古代ローマ時代には、仕手や受け手、睾丸舐め、フェラチオ専門など各種の売春夫がいたと言われるが、業務分担の実態は、明らかにされていない。

　例えばプエル［少年、男の子の意］と呼ばれる若者たち《プエリ》（pueri 複数形）。アナル・セックスのみならずオーラル・セックスの相手としても、弄ばれる対象。

　またカタミトゥス（catamitus）たち、カタミティ（catamiti）。ギリシア語の「ガニュメデス」に由来する受け手の寵童たち［第II部第1章参照］。

　他にもキナエドゥス（cinaedus）とかパティクス（pathicus）、デリカトゥス（delicatus）、プトゥス（putus）、プシオ（pusio）などの受け手役の者がいる。

　ハスラー・タイプの売春夫としては、エクソレトゥス（exoletus）たち、エクソレティ（exoleti）。十分に成熟し切った肉体の持ち主。おもに仕手役。

　ドラウクス（draucus）たち、ドラウキ（drauci）。毛深くたくましい肉体の〝ボディビルダー〟。おもにその天晴れ見事な巨根で主人やパトロンを悦ばせた。

　グラブルス（glabrus）たち、グラブリ（glabri）。兵士のような成人男子でありながら、髭や体毛を剃り落として主人の色欲の相手をつとめた。

　その他、パエディカトル（paedicator）またはペディカトル（pedicator）、ディウィソル（divisor）、アゲンス（agens）、アマシウス（amasius）、スバクトル（subactor）といった男色相手の呼称が知られる。

　これらの言葉は職業的《プロフェッショナル》な男倡ばかりではなく、私的に雇用している寵童や男寵に対しても用いられた。

　たとえば富豪トリマルキオの稚児《プエル》たちとか、皇帝ネロの取り巻きの強蔵《エクソレトゥス》連中などのように。

【コラム】

カプリ島のデイジー・チェイン——雛菊の花輪遊び

「スピントリアエ」という言葉は、腕輪を意味するスピンテルというギリシア語から生じている。老帝お気に入りのスピントリアたち［複数形、スピントリアエ］が数珠つなぎになってセックスを行なう恰好が腕輪に似ていたために、そのように呼ばれたのであろう。

　この集団性戯は古代ギリシア語「シュンプレグマ」、今日の英語で「デイジー・チェイン（daisy chain）」や「薔薇の花輪（ring around the rose）」に相当する。

　複数の男性が前後に交接し合うことによってできる人間の鎖。肛門とペニス、時には口唇でつながるこの遊戯を、ティベリウス帝は眺めて楽しんだ。

　この種のゲームはヘレニズム時代以来、好き者の間でけっこう流行っていたらしい。

　諷刺詩人マルティアリスも、複数の人間が絡み合って性戯に耽る様を歌っている。

　エクソレトゥスたちは新しいセックスの体位に
　取り組む。
交わり合った二人に、さらに五人が一団となって交合し、
それ以上の者が数珠つなぎになって人肉の鎖を
　形成していく。[◆1]

　哲学者セネカ［前四頃～後六五］の言によると、アウグストゥス時代のホスティウスという好色な男性は、セックスの感度を高めるために、指が腕よりも長大に映る特殊な鏡を作り出したという。ホスティウスは早速、ローマじゅうの公衆浴場に通いつめペニスの寸法を測《はか》っては見事な巨根の持ち主たちを選抜、四方八方に例の鏡をはりめぐらせた明るい部屋で、これら一群の強蔵と思い付く限りの快楽に耽りだす。こういった種馬男に肛門を犯されながら、別の男の股ぐらに頭を突っ込んで雄偉な逸物をしゃぶり、拡大鏡に映る自分の口の淫らな動きを眺めては、いっそう興奮する。そして「全身の穴という穴から男たちを吸収している自身の姿を見ながら」肉欲を堪能させたのだ。「それでもなお彼は、信じられないくらい巨大に映る映像で我慢しなければならない身

の不遇をかこってやまなかった」と、ネロ帝の教育係にして衆道の指南役だったストア派の哲人セネカは口をきわめてホスティウスの放埒ぶりを非難――もしくは嫉妬――している。[◆2]

ローマ帝政期のギリシア系著述家ルキアノス〔一二〇頃～一八〇頃〕の作品にも、「およそ男たる者、夜に複数の愛人の相手をするときには、ペニスといわず口や舌であれ、肛門であれ、手であれ、ともかく全身の器官を駆使するべし」[◆3]と説いた箇所がある。性愛の追求に積極的だった古代人らしい助言である。

帝政末期のラテン詩人アウソニウス〔四世紀〕が、ギリシア語のエピグラム詩を翻訳した作品に曰く、

> 一つベッドに男三人。二人が仕手で二人が受け手。
> でも四人いるのでは決してない。真ん中の男は
> 一人二役。
> 前で楽しむと同時に後ろで楽しんでいるという
> 次第[◆4]

これは「トリオリズム（triolism）」とか「トロワリスム（troilism）」、「メナージュ・ア・トロワ（ménage à trois）」などと呼ばれる比較的おとなしいトリプル・プレイ、いわゆる三人取組、３Pである。

いく人もの人間が「雛菊の花輪《デイジー・チェイン》」をつくって娯しむ遊戯は、時代を問わず世界各地でひろく愛好された。多数の人々が参加するグループ・セックスや、口腔・男根・肛門などあらゆる器官を駆使して構築する肉体ピラミッドは、インドやエジプト、チベット、中国、また日本など高文明を誇る各社会では、華やかに演出されてお馴染みの性戯となっていた。少しだけ例を挙げておこう。

バロック美術を代表する大家カラヴァッジオ〔一五七一～一六一〇〕の作品には三〇人の男たちが肉交でつながって環状になっている様を描いた絵画があった。くだって一九世紀前半に入ってからも、この手の性戯がナポリで英国人らによって再現されたことは、リチャード・フランシス・バートン卿〔一八二一～九〇。『千夜一夜物語』の英訳などで名高い東洋学者〕の著書に記録されている通りである。また二〇世紀初頭にドイツの兵器財閥家のフリードリヒ・アルフレート・クルップ〔一八五四～一九〇二〕が、カプリ島で若い男たちと狂宴《オルギア》〔オージー〕や乱交パーティーをほしいままにしていることを新聞にすっぱ抜かれてスキャンダルとなった一件も、有名どころと言ってよいだろう。

ニウスは伝えている。▼

▼……伝えている　美食家（グルメ）の代名詞として現代日本でも名高い富人アピキウス（帝政初期の快楽主義者。ただし現存する『アピキウスの料理書』は後人の著述）。ティベリウスと同世代のこの美食家も、当然ながら男色の愛好家であった。史書の伝えるところでは、のちにティベリウス帝の権臣となって暗躍することになるセイヤヌス（前二〇～後三一）は、若い頃アピキウスに体を売って、この裕福な放蕩者の稚児（パイディカ）の仲間入りをしていたという（タキトゥス『年代記』（Tacitus Annales）四-一、ディオン・カッシオス『ローマ史』（Dio Cassius）五七-一九）。アピキウスという名前の食通は複数いたが、マルティアリスの詩歌に登場するオーラル・セックス好きの男性アピキウスも、どうやらそうしたグルマンの一人であったようだ（マルティアリス『エピグラム集』（Martialis）三-二二、-八〇、七-五五、他）。

カリグラ——相互男色好みの暴君◆[4]

第三代ローマ皇帝カリグラ［在位、後三七～四一］は能動・受動双方の男色を愛好した。美男の従兄弟マルクス・レピドゥス［？～後三九］とは、互いに仕手役となり、受け手役となって肉体を心ゆくまで貪り合っている。

執政官《コンスル》級の家柄のウァレリウス・カトゥルスという青年は、カリグラから「犯してくれ」と求められるがままに情交を重ねたため、性器、鼠径部が痛くなるありさま。「おかげで、くたくたに疲労困憊してしまった」と人々に語ったという。一晩に何度も射精させられたせいで、徹底的に搾り取られ、とことん腎水を消耗してしまったのだろう。

カリグラはまた、当時ローマで絶大な人気を博した二枚目のパントマイム役者ムネステル［？～後四八］とも相互男色に励んでいるし、パルティア王子ダレイオスをはじめとする外国からの人質いく人かとも情事を娯しんでいる。その他彼の宮廷には、性の相手をつとめる一群の放蕩仲間《エクソレトゥス》たちや美少年たちが侍《はべ》っていた。ちなみに、カリグラの手先として悪名高かったファビウス・ペルシクスという人物は、吸茎者《フェラトル》（fellator）とし

【右】ヘラクレスと愛人ヒュラス　エトルリアのブロンズ製彫版、「アルゴ号冒険隊」の部分。前325年頃。ローマ、ヴィラ・ジュリア国立エトルリア博物館蔵。右側の後ろ向きの青年がヒュラス、兜を被った裸体の戦士がヘラクレス。

【下】カリグラ帝胸像
1世紀前半。コペンハーゲン、ニイ・カールスベルグ・グリプトテク美術館蔵。カリグラは当時の男性として普通に男女両色を愛好した。自らの妹たちや義弟をふくめて彼のセックスの相手をつとめた人たちの名が大勢伝わっている。

ても名を馳せている。

カリグラはふだんから近衛隊副官のカエレア［?〜後四一］を、「女々しい男」だとか「柔弱な者」として繰り返し嘲弄し、人前でも「淫乱女」だの「お姐《ねえ》さん」だのと呼んで憚らなかった。あるときカエレアが挨拶にやって来ると、皇帝は接吻をさせるために手を差しのべたかと思うや、中指をピンと突き出して、それを卑猥な仕草で動かしてみせた。これは当時〝恥知らずな指〟とされた中指を、勃起した男根の形に見たてて突き立て、それをしゃぶらせては、あたかもフェラチオをさせているかのように動かしたものと思われる。悪ふざけが過ぎたせいで、ついに四一年一月二四日、数々の侮辱に耐えきれなくなったカエレアによってカリグラは暗殺されて果てた。享年二八。

クラウディウス帝はどうしようもない女色家だったか◆5？

歴代ローマ皇帝の中で男色を好まなかったのは、「心身ともに障害がある」と見なされていた第四代皇帝クラウディウス［在位、後四一〜五四］だけであった、と史書は伝えている。彼は暗愚で飲食や女色にばかり耽り、妻や解放奴隷の言いなりになって大勢の身分高い人々、富裕な人々を殺害。最後には自身が后のアグリッピナによって毒殺される破目となる。

ただし、クラウディウス帝にも、通常のローマ人のように寵童がいたという説を唱える研究者もいる。後四七年にクラウディウス帝の娘婿にあたるグナエウス・ポンペイユスが、愛する若者と同衾中に刺殺されるという事件が起きた。このときの若者というのがクラウディウスの寵童の一人で、自分の愛人を横取りされた皇帝が嫉妬心に駆られて女婿を殺害させたというのである。暗君といえども人並みに男の味を知っていたとの見解。いくぶん愚帝を擁護するかのような論調ではある。しかしながら、この説は文証を欠いており、あくまでも推測の域を出ない。

ネロ帝の婚礼——六月の花嫁《ジューン・ブライド》◆6

クラウディウスのあとを継いで第五代ローマ皇帝となったのが、アグリッピナ［後一五～五九。クラウディウス最後の妻］の連れ子のネロ［後三七～六八。在位、五四～六八］である。

自らの欲望に正直なネロは、何度か同性どうしで公けの結婚式を挙げている。

歴史家タキトゥス［後五五頃～一一七頃］に従えば、後六四年の六月中旬、緋色のヴェールをかぶり花嫁衣裳を身にまとったネロ帝は、ギリシア人の美青年ピュタゴラスのもとへ嫁いでいった。この折り皇帝は、何もかも正

【コラム】

恋の鞘《さや》当て——ペダニウス・セクンドゥス殺害事件（後六一年）◆1

主人と召使いとが一人の若者をめぐって恋の鞘当てを演じることも珍しくはなかった。皇帝ネロ［在位、五四～六八］の治下には、首都ローマの長官ペダニウス・セクンドゥスという人物が、男色関係のもつれが原因で自分の奴隷に殺されている。一人の男倡《エクソレトゥス》にまつわる愛慾の嫉妬から生じたこの殺人事件、結果的には恋敵たる犯人のみならず、事件に何の関わりもないペダニウス・セクンドゥスの奴隷四〇〇人が残らず磔刑に処せられて幕となった。同じ屋敷の奴隷仲間でありながら、犯行をふせがなかったというのが、全員処刑の理由である。世間の耳目をあつめたのは、これがありふれた男色の三角関係から出来《しゅったい》した事件だったからではなく、犯人と同じ屋根の下で暮らしているすべての奴隷が古法にのっとって死刑にされたという非情な判決の故であった。

式の手続きを踏んで華燭の典を挙げた。結婚の誓いも持参金も立会人も新婚の床《ベッド》も婚礼の松明も祝婚歌も、一切なおざりにはされなかった。すべてが、初夜の床入りでさえもが、公然と行なわれた。いつも気むずかしい史家タキトゥスは、「婦人の場合ならば、夜の闇に隠される事柄まで、何もかも人前にさらけ出した」と言って機嫌を悪くしている◆7。

婚礼の証人となる廷臣たちの居ならぶ広間での盛大な儀式。吉兆を約束する荘厳な供犠——皇帝の嫁入りに凶兆など出るはずがない。そして参列者が異口同音に「お幸せに《フェリキテル》！」と祝福の言葉を叫ぶ中で、花嫁は歓びにうっとりとなりながら遊蕩《エクソレトゥス》仲間の花婿に抱かれたのだ。

ネロには他にも、のちに皇帝となるオトーや、評判の俳優パリス、また自由身分の少年《プエル》たちといった数多くの男色相手がいた。にもかかわらず、夫には解放奴隷のピュタゴラスを選んだのである。

奸佞《かんねい》な近衛軍司令長官ティゲリヌス［?～後六九］も、一説にはネロの夫となった一人だと誤って伝えられている。ティゲリヌスは低い身分に生まれたシチリア人で、漁師や馬飼いをしていたが、そのハンサムな顔貌《マスク》がネロの母親アグリッピナとその妹の目にとまり、姉妹二人のペットとして寝室に侍るようになった。これが宮廷入りのはじまり。とかく貴婦人というのは、下品な二枚目に惹かれるものだ。彼はのちに醜聞事件《スキャンダル》にまきこまれて追放されるが、ふたたびよからぬ手段を用いて宮廷にカムバック。今度はアグリッピナの息子ネロのために、やはりあまり名誉とは思われない役目をつとめることとなった。それがどんな内容であったかは、次のエピソードから大体の察しがつくだろう。

ネロは最初の后オクタウィア［四〇～六二。ネロの養父たる先帝クラウディウスの娘］と離婚するため、彼女に「竪笛奏手と姦通した」という無実の罪をきせた。そのときニセの証言を手に入れようとオクタウィアの召使いたちを拷問にかけたのが、このティゲリヌス。さんざん責めつけられた侍女の一人は、彼の顔に唾を吐きかけて、こう叫んだ。

「私のご主人の〝女〟［女陰］は、おまえなんかの口よりもずっと純潔だよ！」

この啖呵《たんか》はローマ史上に名高いものとなる。詳しく説明するまでもないが、ティゲリヌスが口で男をく

ラオコオン像

【右】トロイアの神官で予言者のラオコオンが、息子たちとともに大蛇に絞め殺される苦悶の様子を表わした名作。大理石製。ロドス島出身の三人の彫刻家アゲサンドロス、アテノドロス、ポリュドロスの手になる。前 1 世紀頃。1506 年にネロ帝の黄金宮殿跡から再発見された。ヴァティカン博物館内、ピオ・クレメンティーノ博物館蔵。筋肉表現の見事さはミケランジェロら大勢のゲイの芸術家に多大なる影響を与えた。19 世紀までの古い復元では、ラオコオンの右腕が上へのびているため、高さは 2.42 メートルに達する。

【下】20 世紀の修復以降、ラオコオンの右腕はミケランジェロの推測通りに曲がった形で復元された。高さ 184 ㎝。

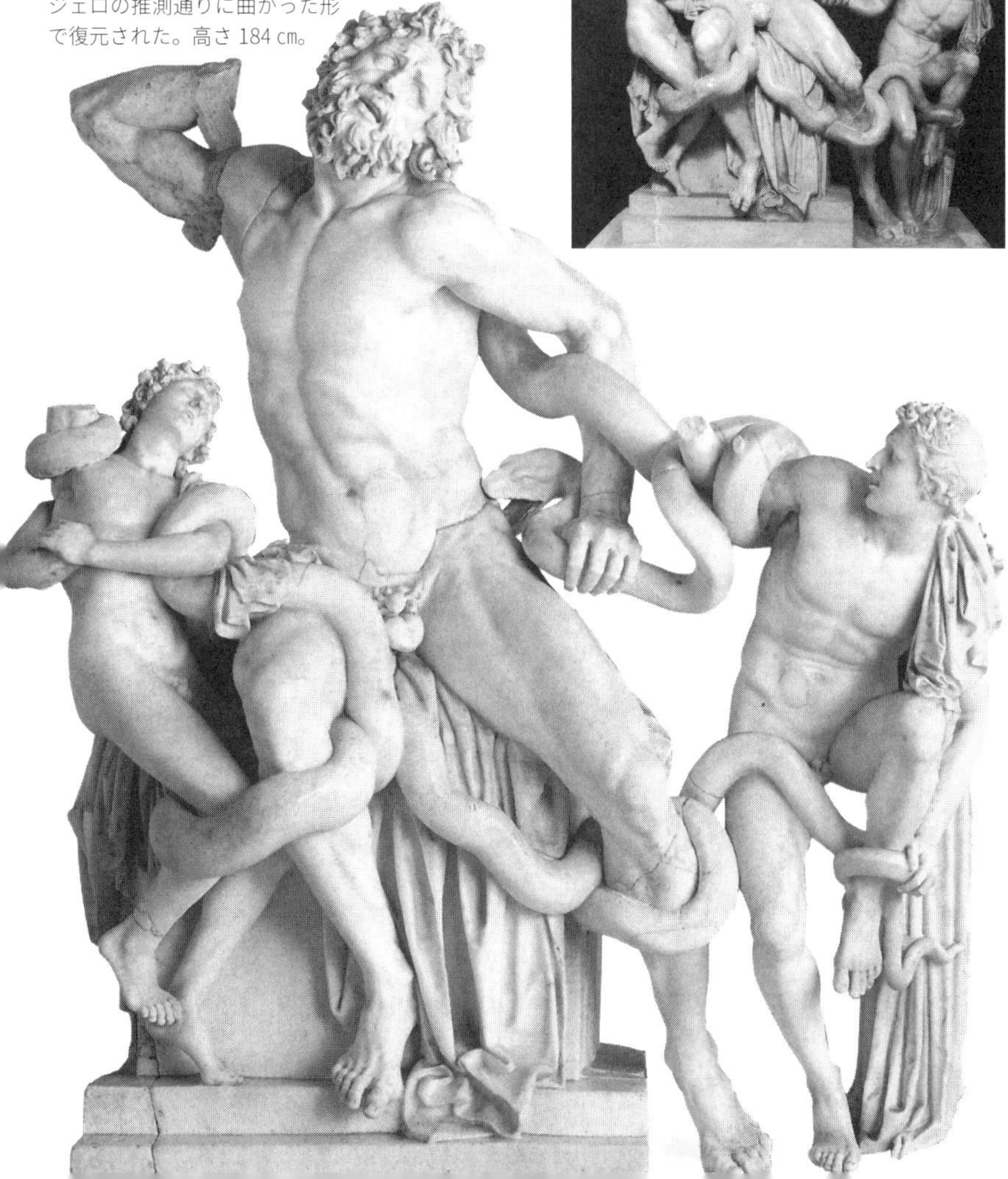

わえこむのを得意としていたことをあてこすったものである。オクタウィアが竪笛奏手と寝たのではなく、彼自身が竪笛吹き――日本流に言うならば「尺八吹き」――だったというわけ。

ちなみにこの竪笛演奏、現代のわれわれも、古代ローマ人の言葉を借用して〝フェラチオ［フェラティオ］〟（fellatio）と呼んでいるが、もともとラテン語では「乳を飲むこと」を意味していた。それがいつの間にか、他の液体を飲むことに変わってしまったものである。

そもそもネロに男どうしの性愛の手ほどきをしたのは、教師の哲学者セネカ［前四頃～後六五］であったという。このストア派の哲学者、かつての恋人アグリッピナに招き出されて少年ネロの教育にあたることになり、哲学をのぞく諸学問と男色を教えた。教師が教え子たる少年を誘惑することは当時ざらにあった一般的風潮である。だから美しい少年をもった親たちは、家庭教師を選ぶのにかなり心を砕いた。それに対抗して、少年愛好家の教師もせいいっぱい男の子に興味のないふりをして、家庭に入り込むよう努力した。いったん入ってしまえば、しめたもの。いくらでも少年と二人きりになれるチャンスがある。「趣味の審判者」と綽名されたネロの寵臣ペトロニウス［後二七頃～六六］の書いた風俗小説『サテュリコン』にも、そうしたずる賢い家庭教師がまんまと教え子をものにする場面が出てくる。ところがセネカの場合、美少年趣味はなく、かなり年かさの青年を可愛がることを好んで、彼らとベッド・イン、ネロにも同じようにするよう教えている。忠実な生徒であるネロも、当座は年上の若者に抱かれることをもっぱら好んだようだが、やがて少年たちに宗旨替え、お忍びで町へ出てはローマ市民の息子たちに淫らな行為をしかけるようになる。

若き皇帝は親族に対しても容赦はしなかった。タキトゥスやディオン・カッシオス［後一五五～二二九以降］らローマ時代の歴史家の言によると、帝位をめぐって競敵《ライバル》となる義弟のブリタニクス［後四一～五五。クラウディウスの一人息子でオクタウィアの弟］を毒殺する▼前に、ネロはその若々しい肉体を存分に愛玩していたという。

▼**毒殺する**　どうやらネロは愛人を殺す嗜好があったらしい。寵愛する男優パリスを、のちにステージ上の危険なライバルとしておそれたのか処刑しているし（後六七年）、玉座をめぐる競敵となりかねない親戚のプラウトゥスとい

【コラム】

フェラチオとイルマチオ

およそこの世に存在する性的技巧であれば何にでも長けていないもののないギリシア・ローマ人にとって、オーラル・セックスは、現代人にとってと同様、きわめて日常的な行為であった。したがって、かれらの文献には、口唇愛に関するテクニカル・タームが他の性愛用語と同じく、かなり豊富に残されている。

たとえばフェラチオに対応する名詞に、「イルマチオ（irrumatio イルマティオ）」という言葉がある。

イルマーレ（irrumare）という動詞は、本来「乳を飲ませること」「乳房をふくませること」を意味する言葉だったが、それが転じて「ペニスを口につっこむこと」「精液を飲ませること」を指す用語になっていった。その名詞化がイルマチオ（irrumatio イルマティオ）であり、この行為を行なう者は吸茎させる男《イルマトル》（irrumator）とよばれる。これに対し相手のペニスを口にふくむことは、乳を呑む《フェラーレ》（fellare）という動詞で表わされ、その名詞化が今日のわれわれにも馴染み深いフェラチオ（fellatio フェラティオ）である。ペニスをしゃぶる男はフェラトル（fellator）と称され、同じ技を行なう女はフェラトリクス（fellatrix）とよばれる。

ギリシア語でこれに該当するのは、テラゼイン（thelazein「乳をふくませる」「吸茎させる」）とか、ライカゼイン（laikazein「ペニスを口にくわえる」「男根《チンポ》をしゃぶる」）とかいった言葉であり、吸茎する男はライカステス（laikastes）、吸茎する女はライカストリア（laikastria）とよばれる。

これらは正式な用語だが、他にも同じ行為を示すのに、さまざまな表現が使われた。かつて元老院で反対派から〝女〟呼ばわりをされた◆[1]カエサルは、「では、みんなの頭にまたがってやろう」と放言したことがある。彼が用いた「頭にまたがる」というのも、その一つだし、他にも「頭を侮辱する」「頭をも容赦しない」「頭を攻撃する」、また「口を汚す」「口にさからう」「口をはじけさせる」、さらに「舌を圧しつける」「頰をはり裂く」「口をふさぐ」「黙らせる」「高いところを狙う」「一番上へ登る」「口外できぬ交わりをする」のような言い方もある。男根を口にくわえることも、「口で愛撫する」「口であやつる」「口を貸す」「男のまん中を舐める」「しゃぶる」、そして「沈黙する」などと言う。このうち、「高いところを狙う」とか「一番上へ登る」というのは、相手の肛門や陰門に満たされないで、もっと上にある口腔めがけて這いのぼることを意味している。また、「黙らせる」とか「沈黙する」というのは、吸茎させられている者は、口を一物でふさがれていて喋《しゃべ》れないことから生じた言い回しだ。これ以外の用語は説明を要さぬであろう。

その他、「レスボス風にふるまう」とか「フェニキア人化する」「カルキス式にやる」「シフノス島人になる」また「フィキディア流に行なう」などといった、それぞれのお国ぶりを諷した語彙も目立つ。「レスボス風」とか「レズビアン」といえば、現今では誰しも女性どうしの性愛を想い起こすけれど、古代ギリシアでは、陽物《ファロス》を口にふくんで弄ぶことを意味していた。すでにアリストファネス〔前四四八頃〜前三八〇〕の喜劇に、その用例が散見しており、辞書編纂者ヘシュキオス〔後五、六世紀〕はレスビアゼイン（lesbiazein）という言葉を、はっきりと「フェラチオすること」と定義している。どうやらレスボス島では〝貝合わせ〟ばかりに耽っていたのではなく、コック・サッカー（cock sucker）の流行も盛んだったようだ。

同様に「フェニキア人化する」というのも、オーラル・セックスを意味する隠語だった。一説では「生理《メンス》の期間中にクンニリングスすること」だという。口がフェニキア染めの真紅の色合いに染まってしまうからだとも、フェニキア人の間でこの習慣がありふれていたからだとも説明されている。

「カルキス式」というのは、少年が睾丸を舐めること、もしくは、美少年を裁尾〔鶏姦〕することを意味し、「シフノス式」とは口で男のものを愛撫すること、あるいは、指で肛門《アヌス》を刺激することを、「フィキディア流」とは男性器や睾丸を犬のように舐める行為、あるいは単に男色または肛交を行なうこと、を指していた。これらの国では、おのおのそうしたテクニックが盛んだったからだというが、ギリシア・ローマ世界にあっては、オーラル・セックスや男性間の性交はどこででもふつうに行なわれており、右のごとき名称は、近代のフレンチ・キッスやダッチ・ワイフとか、かつてのトルコ風呂などというのと同じく、互いに他の国をけなし合うためにつけられたものと見てよいだろう。

ちなみに、ギリシア語で「ラコニア〔スパルタ〕式」といえば、男色ないし衆道《パイデラスティアー》をすることを意味していた。たしかにこれらの地方では、いたって男どうしのセックスが盛んだったが、だからといって他の地域がこれらにおさおさ引けをとっていたというわけではない。

一般に古典古代では、フェラチオは女のすること、ないしは〝女性化した〟柔弱な男《イルマーレ》のすることとして、表面上は嫌われていた。吸茎させる側は、能動的、支配的役割を演ずるというので、いささかも恥辱を覚えずに済んだが、受け手ないし挿入される側の役割をつとめる者には一抹の敬意も払われなかった。やられるのは好きでも、やるのは嫌いという気持ち、わからなくもない。この種の偏見は肛門性交の場合と同じである。

プルタルコスの『対比列伝』〔通称「プルターク英雄伝」〕を読まれた方々ならよく御存じのアテナイの雄弁家デモステネス〔前三八四～前三二二。古代ギリシアを代表する弁論家、政治家〕は、同性間の肉体的交わりで受け手となることを好み、「その巧みな舌で」男をしゃぶっていた、と政敵から非難を浴びせられた。前四世紀末のアテナイ政界の重鎮デモカレスもまた、「体の上のほうで」男を悦ばせていた前歴ゆえに、「聖火を吹くのに適さない」と揶揄されなくてはならなかった。じつに彼らの口は「汚れて」いたのであり、それが発する異臭については、さまざまな文学作品の中で繰り返し強調されてやまない。ローマ皇帝ネロの時代に書かれたペトロニウス〔後二七頃～六六〕の小説『サテュリコン』には、「ひどい悪臭をはなつ陰間の接吻」や、「吐く息までも汚れた女々しい男倡」が、それより少し後のマルティアリス〔後四〇頃～一〇四。スペイン出身の寸鉄詩人〕の『エピグラム集』には、吸茎《フェラチオ》を好む男に接吻するのを厭う歌や、宴席でそういう男たちに酒盃をまわすことを拒む歌が、しじゅう登場する。だから、この寸鉄詩人は知人のフェラトルたちに、吸茎愛好家《チンポしゃぶり》と見られるよりも、肛交されたがるキナエドゥス（cinaedus）、つまり受け手の男色家と見られるようにつとめよ、とすすめている。

「カリデモスよ。君の脚は剛毛でおおわれ、胸も毛むくじゃらだから、君は自分の噂をごまかせると思ってるね。だけど、僕の忠告をよく聞いてくれ。さっさと体じゅうの毛をすっかり抜きとり、尻も脱毛したことをはっきりと示すんだ。『なぜそんな真似をするのか』だって？　君も知っての通り、世間じゃ噂してるのさ、あれこれとね。だから、君はただ肛交の受け身役をやらされているだけだ、とみんなに信じこませたほうがいいんだよ」◆[2]。

「君は巨根の若者たちと寝るけど、フォエブスよ、彼らは一物をおえ立たせているのに、君の方は一向に立たないね。僕は君のことをどう思えばいいのだろう。ただの柔弱な男色家だと思いたいところだがねえ。だけど、噂は否定している。君は断じて尻を掘られたがる稚児役《キナエドゥス》じゃないってね！」◆[3]

　これは尺八好きの男に対するあてこすりである。

「カリストラトスよ、君はずいぶん率直にうちあけてくれた。君がしょっちゅう尻《けつ》を犯されたことを。だけど、君は自分でそう思われたがっているほど正直じゃないのさ。だって、そういう話を口にする人間は、それ以外のもっとひどいことをみんな隠してるんだからね」◆[4]。

　マルティアリスが記すテレシヌスのように、吸茎《フェラチオ》の絶妙なテクニックで一財産築き上げたプロの男も珍しくはなかった。詩人は勧めている。「彼のように金持ちになりたいのなら、君も男色狂い《キナエドゥス》たちと付き合って尺八の技術に励むことだね」◆[5]と。

　吸茎好きな男《フェラトル》はまた、青ざめた顔色をしていたようである。

「ヒスポーは若い男たちの性器をしゃぶったり、肛門を犯されたりして、とても青ざめている」◆[6]。

「ゲリウスよ、どうしたと言うんだ。朝、君が家を出るときと、やすらかな午睡から目ざめるときには、どうしてその薔薇色の唇が冬の雪よりも白くなっているのかね？　噂がささやいているのは、やっぱり事実だったんだな。君が男のまん中のいきり立ったものを貪り食うという噂は。だって、哀れなウィクトルの張りさけた股と、彼からしぼりとった精液におおわれた君の唇とが、はっきりとそのことを証明しているもの」◆[7]。

　このゲリウスという男は、他人のペニスばかりか、体をたわめて自分のペニスをしゃぶろうともしたらしい。

「おおゲリウスよ、もし君が頭を低く下げて、自分自身を貪り食うことができたにせよ」◆[8]と、歌われているからだ。

この自己吸茎（auto-fellatio）は、さほど珍しい行為ではない。ヘレニズム期のメレアグロス〔前一世紀、ガダラ出身の詩人。第II部第2章3節参照〕の詩集には、「ファウォリヌスは自分自身の口でやる」といった一節が見られる。また、別のある詩人の短詩《エピグラム》には、「君は君のペンを舐める」という言句が出てくる。

二〇世紀半ばに米国で公表されたキンゼイ報告《リポート》によれば、一〇〇〇人中、二、三人の男性は、体を折り曲げ、自らのペニスをくわえて射精する能力に恵まれているという。大英博物館所蔵のパピルスの中に、仰向けに寝て両脚を上体へ折り曲げ、自らの男根をくわえてオート・フェラチオを娯しんでいる男の図がある。仏典にも、体が柔軟で自分の口に男根を挿入することのできる比丘の話が散見される。[◆9]二〇世紀末に刊行されたさる雑誌に、そうやって自分自身を尺八している男性の写真が掲載されていたのを、御記憶のむきもあるだろう。

ローマ人はふつう、若者とはアヌスによるセックスを、女とはウァギナによるセックスを、そして髭《ひげ》の生えた男とはオーラル・セックスをするならいであった。

「警告しておく。少年よ、私は君の肛門を犯すつもりだ。少女よ、私は君の陰門を貫くだろう。だが、三番目の刑罰は、ひげのある悪党のためにとっておこう[◆10]」。

「少年や少女のまん中をペニスが刺し貫く。ひげのある頭に出会えば、ペニスは一番上へと登り行く[◆11]」。

「頬に柔毛が生えはじめるやいなや、君の淫らな舌はさっそく男たちの中心部を舐めまわしだした[◆12]」。

したがって、成年に達していても、男たちは同性から不意を襲われる危険を免れることはできなかった。ルキアノス〔後一二〇頃〜一八〇以降〕の『アポフラス』中の登場人物ティマルコスは、エジプトで一人の水夫に襲われて口をふさがれ、ほとんど窒息しそうな破目に陥る。また、彼が酔っ払って地面に横たわっていると、別の青年が見事にそそり立つ逸物を、彼の口中に無理やりおしこんでくる。そこで、彼はキュクロプス〔神話に出てくる単眼の巨人〕という渾名を頂戴する。あたかも、智将オデュッセウス[▼1]が、寝ているキュクロプスの一つ目に太い杭をさしこんだように、「新しいキュクロプスも巨根を受けて、頬がはり裂けんばかりになった[◆13]」からだ。この手の渾名は、ドミティアヌス帝の恋男《こいびと》だった元老院議員クラウディウス・ポリオにもつけられている。「隻眼の人《ルスキオ》」とよばれたこの貴族が、どんな種類のセックスを好んだかは、容易に想像がつこう。[14]

　詩人カトゥルス［第Ⅲ部第2章5節参照］は、上官のメンミウスに同じようにして辱められたと不平を鳴らしただけではおさまらなかった。『詩集』において彼は、自分のみならず、総督ピソに随行したウェラニウスとファブルスの二人も同じ目にあったと語っているのだ。[15]カエサルと同時代、共和制末期の社交界に活躍したこの抒情詩人の作品を見ると、当時のローマ社会が、いかにこの種の快楽に満ちあふれていたか、手に取るようによく理解される。いとも上品で機智に富んだ紳士である彼の作品の大半は、男色やフェラチオの直截な、あるいは遠まわしな表現で埋まっている。カトゥルスは本文にも出て来るので、ここではその詩集から二、三の例をあげるにとどめよう。優雅な旋律にのせて、詩人は歌い出す。「お前らの口や尻《けつ》の穴に俺の一物をぶちこんでやるぞ。尺八好きのアウレリウスよ、尻《けつ》を掘られたがるフリウスよ」[16]。

　また、「お前ら売春宿の常連は、俺がこの男根を、莫迦《ばか》面して坐っているお前ら二百人全員にしゃぶらせる力がないとでも思っているのか？」[17]、「ゲリウスが今、自分の伯父に吸茎させたとしたら、彼の伯父は一言も発することはできないだろう」[18]、「吸茎させるのが何より大好きな男が最高行政官たる総督職に就いている」[19]、あるいは、「今しがた私は、少年が自慰をしている現場をつかまえた。そこで、私の硬直した一物でその子の尻を犯してやった」[20]、「アウレリウスよ、君は僕の愛する少年を肛交したがって、一緒に戯れたり、側にくっついたりしているが、今のうちによしておけ。この一物を口にぶち込まれてからやめるなんてことのないようにね」[21]。「あんたはそのド太い奴を、仰向けになっている俺の口につっこんで、じっくりとしゃぶらせてくれたな」[22]、等々。

　だからといって、フェラチオの技巧は、ひげの生えた男たちばかりの専売特許というわけではなかった。ローマの売春宿には、衰えて勃起困難になった男を刺激するために、尺八《フェラチオ》専用の少年たちが用意されていた。去勢されたひげなし男たちも、この種の快楽に奉仕することが多かった。アプレイユス［後一二三／五頃～一八〇頃。北アフリカ出身の作家］の名作『黄金の驢馬《ろば》』に登場する女神キュベレに仕える去勢僧《ガルス》たちは、その道の専門家と言ってもいいだろう。ガルスらは体格のいい若者を奴隷市場から買って来て男妾としてもてあそんだり、筋骨たくましい田舎の青年を連れ帰り、周りを取り囲んで彼を全裸に剥いて仰向けに寝かせると、その雄偉な男根を皆なでさんざんしゃぶりつくしたりする習いだったのである。[23]

　マルティアリスも、去勢僧バエティクスに、こう呼びかけている。「バエティクスよ、君が一体どうして婦人の穴とかかわりあいがあるのかね？　君の舌は当然、男の中心部を舐めるべきなのだ……[24]」。

　閹人《えんじん》、つまり性的能力を奪われた男がオーラル・セックスに従事するのは、どこの世界でも通り相場となっていた感がある。古代インドの性典『カーマ・スートラ』を読まれた方は、アウパリシュタカ［フェラチオ］を業とする宦官たちのヴァライエティーに富んだテクニックを想い出されることであろう。ローマで去勢奴隷が法外な値段で取り引きされたのも、一つには彼らの特殊な性的技巧のゆえであった。後四世紀のキリスト教時代になっても、聖人ナジアンゾスのグレゴリオス［三二九～三九〇］の『聖バシレイオス［三三〇頃～三七九］に対する哀悼演説』にみるように、ローマの宦官たちは「唯一の武器たる舌」で男・女の性器を愛撫するのがつねであった。[2]

　ギリシア・ローマ社会では、クンニリングスはフェラチオよりも嫌われていた。ヒッポクラテスと並び称される名医ガレノス［後一三一～二〇一］は、「フェラチオする人々よりも、クンニリングスする人々に、われわれはいっそうの嫌悪を覚える。クンニリングスするなんて、経水《メンス》や排泄物を飲むのと同じくらいいまわしいことだ」と述べている。しかし、何ごとにも反対意見をもつ人がいるものだ。アリストファネスの劇には、当時アテナイで名高かったアリフラデスという市民が登場し、やたら女たちのヴァギナを舐めまわしては、ひげをよごして悦んでいる。そのため彼の口は奇妙な匂いを放つ。喜劇の登場人物は言う。「どうか私たちと同じ盃で酒を酌み交わさないようにしてもらいたい」。

▼1　トロイア戦争で活躍したギリシア側の武将、知略に秀でた英雄。叙事詩『オデュッセイア』の主人公。

▼2　もちろん、女たちも男をくわえこむ性戯（テクニック）にかけては、男たちにひけをとらなかった。エジプトの女王クレオパトラや、東ローマ帝国の皇后テオドラのフェラトリクスとしての評判は、かなりのものである。

う高貴な青年をも、むりやり犯してから謀反の廉で殺害している。

ネロはまた同時に男性の〝夫〟と〝妻〟をもっていたことがある。

〝夫〟はたくましい解放奴隷のドリュフォルス。〝妻〟は二人目の「女の皇后」ポッパエア・サビナに瓜二つの美少年スポルスである。

ローマ帝室の古文書資料を自由に閲覧できた歴史家スエトニウスによれば、「ネロはあらゆる種類の性行為を実行し、肉体のほとんどすべての部分を淫らな情交に浸し尽くしてしまうと、今度は目新しいゲームを考えついた」という。自ら野獣の毛皮をまとって檻からとび出していき、杭に縛り付けられた人々の性器に襲いかかったのである。そうしてオーラル・セックスに堪能すると、「愛するドリュフォルスによって組みしだかれて果てる」のであった。

ネロはドリュフォルスとも正式な婚礼を挙行したが、新婚初夜の床では「処女膜を失うときの娘の叫び声や嘆き声を真似た」とのこと。◆8

次々に夫をもったり妻をもったりを繰り返したあげく、彼は男の花嫁を迎えることとなる。先に名を記したスポルスという素晴らしい美少年である。ネロが蹴殺してしまった〝絶世の美女にして絶世の悪女〟ポッパエア・サビナに生き写しで、たちまち皇帝の心を独占する。その頃ネロには、スタティリア・メッサリナという三人目の「女の皇后」がいたが、そんなことはおかまいなし。二人は正式に結婚式をあげ、ギリシアへ蜜月《ハネムーン》旅行に出かける。いや、正式な挙式は旅先のギリシアでロマンティックに行なわれた。ツアーとウェディングがセットになったデラックス・コースというわけ。ネロの〝おしゃぶり役〟ティゲリヌスが花嫁の父親役をかって出、皇帝に持参金を贈呈する。披露宴の列席者たちはネロ夫妻の健康を祝して乾杯し、子宝に恵まれるようにと口々に祝う。スポルスは女装させられ、永遠に女らしくあるようにと去勢されてしまう。ネロの惑溺ぶりはたいへんなもので、どこへ行くのにも新妻をつれてまわり、片時も手ばなそうとしなかった。街路のまん中でもしょっちゅう接吻を繰り返しては、人々に見せつけたという。

ある口の悪い男はこう言った。

ネロの父親もその種の女と結婚していたなら、人類にとってはよかったのに。

いずれにせよ、正式の〝皇后〟と認められたスポルスは、その後、ネロが最期の時を迎えるまで伴侶として貞淑かつ誠実に連れ添うことになる。▼

▼……連れ添うことになる　ペトロニウスの小説『サテュリコン』に登場する富豪トリマルキオも、なかなかの稚児好きである。宴の席で彼は、妻の見ている前でも平然とお気に入りの少年とキスし合って憚らない。またトリマルキオ自身、かつて奴隷だったときには「一四年間にわたって主人の男色相手をつとめさせられた」と語っている。主人の男色相手をつとめる奴隷。これは往時としてはきわめてありふれた存在であった。大セネカ（前五四頃～後三九頃。哲学者セネカの父）の言にあるように、主人に対する性的奉仕（impudicitia）は、「解放奴隷にとっては義務、奴隷にとっては必要」だったからである（大セネカ『論判演説集（論争問題集）』(Seneca Controv.) 巻四序一〇）。このことは早くもプラウトゥス（前二〇〇年前後）の喜劇に「召使いにとってフェラチオしなければならないのが何よりも厄介なつとめだ」というセリフとして登場している（プラウトゥス『幽霊屋敷』(Plautus Mostellaria) 七八二）。

裕福になったトリマルキオは、髪の毛を長く伸ばした青年たちを快楽の具として身辺に侍らせていた。頭髪を鏝《こて》でカールさせたり長く蓄えているのは、いわゆる受け手のソフト・ゲイたる目印《マーク》だった。肩先に垂れかかる捲毛《まきげ》や長髪を束ねたりなびかせたりしている若い奴隷は、主人の男色相手に用いられる者たちだと相場が決まっていたのである。彼らに長い髪を切らせるのは、日本の若衆が前髪を落とすのと同じように、もはや性愛の対象とはしなくなる、ということを意味していた（◆9）。

【上】皇帝ネロ。64年頃。ミュンヘン、古代美術博物館蔵。
【下】ネロの２人目の「女の皇后」ポッパエア・サビナ。ネロは「絶世の美女にして絶世の悪女」と言われた彼女を蹴殺。そして、彼女と生き写しの美少年スポルスを、男の花嫁として向かえる。

2……美少年スポルスと三人の皇帝

ガルバ——男性愛(androphilia)の皇帝◆10

ネロに次いで立った皇帝ガルバ［前三～後六九。在位、後六八～六九］は、残念ながら先帝最後の妻スポルスを后《きさき》にしようとはしなかった。まったく趣味が違ったのだ。ガルバの好きなタイプは女装した男ではなく、筋骨たくましいマッチョマンだったのである。しかも、彼にはすでにイケルスという忠実な恋人がいた。

▼マッチョマン　雄々しい男を好む人々については第Ⅲ部第1章コラム「たくましい肉体の男性を愛する人々」参照。

いつもながらに、あけすけなスエトニウスは、語っている。

「ガルバは雄々しい男たちへの欲情《リビードー》(libido)に深く傾倒していた。その対象はきわめてがっちりした体格の成熟した男［エクソレトゥス］たちでなければならなかった。年とってからの同衾相手《ベッドメイト》(concubinus)の一人だったイケルス▼が、ネロの死を知らせにスペインまでかけつけてきたときには、公けの場で熱烈なキスを浴びせかけたばかりか、すぐさまイケルスに尻の毛を抜くように命じて、彼を別室にともないセックスをした」と。

▼イケルス　ガルバ帝の解放奴隷だったイケルスは、マルキアヌスという家名を与えられたうえ、騎士身分に叙せられ、さらには騎士身分最高の官職である近衛軍司令長官の座をうかがうようになる。

肛門を脱毛するのは毛切れを防ぐためである。毛むくじゃらの男でも受け手役の場合、アヌスだけはきれいに除毛しておくのがマナーだったようだ。

オトー——手鏡を覗くのが好きなお洒落な皇帝◆11

嗣子のないガルバは美貌の青年貴族ピソ・フルギに格別目をかけて、これを養子に迎えることにした。そのため、帝位を望んでいたオトー［後三二～六九。在位、六九年一月～四月。ポッパエア・サビナの先夫で、ネロの年上の男色相手］がクーデタを起こし、在位わずか六ヶ月でガルバの首は斬り落とされてしまう。

新たに皇帝となったオトーは、当代随一の洒落者だった。彼の場合は、さいわいネロの男色相手だけあって、趣味がうまく合っていた。何しろネロの前にポッパエア・サビナの夫だった人物である。さっそく美少年スポルスと結婚して「わがいとしの皇后」と呼びかける惚れこみよう。ここにネロ、ポッパエア・サビナ、オトー、スポルスと三角関係《トリオリスム》ならぬ四角関係が、めでたく成立したというわけである。もっとも、こうした男色・女色の入り交じった多角関係はローマ社会ではさして珍しいものではなかったのだが。

なお、これに先立ってネロの自害直後、スポルスは別の男の〝妻〟となっていた。プルタルコスの記すところに従えば、ネロのすぐ後に帝位に即《つ》こうとした将軍ニュンフィディウス［カリグラ帝の落胤を自称した人物。六五～六八年の間、ネロ帝の近衛軍司令長官をつとめた］が、スポルスを、まだネロの遺骸が焼かれている火葬壇の傍から迎えとり、ともに寝て妻とし、これまたどこへでも一緒に連れてまわったというのだ。スポルスはどういうつもりだったのだろう。あわよくば、「二代の后に」とでも思ったのだろうか。だが野心家の夫ニュンフィディウスは、皇帝にならないうちに、兵士たちに背《そむ》かれて、あえなく殺されてしまう［六八年］。

さてこのオトー新帝、顔面パックやミルク風呂などの美容法に余念なく、女よりもなめらかな肌と変わらぬ若さを保っていたという名うてのエステシャン。戦場であろうと、どこであろうと、常に手鏡を持ち歩き、「女のように科《しな》を作る」「柔弱な受け身」の伊達男としての盛名は広く世に知れわたっていたという。

ウィテリウス——孝行息子の身売り◆12

ところで、美少年スポルスだが、皇后の地位に返り咲いたのもつかの間、在位九〇日にして夫のオトーは攻め寄せる敵軍を前に自刃して果てる［六九年四月一六日］。オトーを倒して帝位をかちとったのがウィテリウス［後一五～六九。在位、六九年四月～一二月］。二度あることは三度あるというから、今度もスポルスは皇后に迎立されることを心待ちしたかもしれない。

しかし、期待は無残に裏切られる。新しい皇帝は色気よりも食い気ひとすじの大食漢。「性転換美人」には目もくれず、一日にいく度となく大宴会を開いては珍味佳肴に舌鼓をうつばかり。豪華な食卓には、帝国の艦隊によって世界の果てからかき集められたトラウツボの精子、紅鶴《フラミンゴ》の舌、雉《きじ》や孔雀《くじゃく》の脳味噌、といった贅沢限りない料理がならぶ。皇帝は食べては吐き、吐いては食べを繰り返し、すべての食事をたいらげる。新帝の趣味がそれだけならまだよかったのだが、困ったことに彼は、食べることに劣らず、人を殺したり拷問にかけて苦しめたりするのが大好きだった。例によって気前のよい死刑宣告、退屈しのぎの殺人、日常茶飯の拷問がつづき、その間、スポルスもウィテリウスの気まぐれの犠牲になってしまう。元皇后スポルスを娼婦のような娘に仕立てて舞台に立たせ、強姦される女というきわめて屈辱的な役割を演じさせようとしたので、少年は世をはかなんで自害してしまったのだ。何人もの男に嫁いだあげくの哀れな末路であった◆[13]。

ウィテリウス帝は、その後も友人を毒殺したり、実の母親を餓死させたりして人殺しをたのしんでいたが、なぜか人気が急落、在位数ヶ月にして叛乱軍に捕らえられ、今度は自分が嬲り殺しになって、みんなをたのしませた［六九年一二月二〇日］。

このウィテリウスも、かつて若い頃はカプリ島でティベリウス帝の遊興相手スピントリアエの仲間に加わっていたことがあった。彼が老帝の男妾仲間に加わったのは、他でもない父親に出世への途をひらいてやるためであったという。つまり、ウィテリウスが自らの童貞を差し出し、その官能的な魅力を存分に発揮したおかげで、彼の父は公職への最初の糸口をつかむことができたのである。

だが、青少年時代の遊蕩生活のせいで、ウィテリウスは、「スピントリア」という芳しからぬニックネームを頂戴し、終生その異名は彼についてまわることになった。

崇徳院の寵愛をうけたおかげで、父の伊通が中納言に昇叙された藤原爲通の逸話［『今鏡』］を想い出された読

【コラム】

化粧・美容と女装愛好家の狂宴《オルギア》

諷刺詩人ユウェナリスは鏡を手にしたオトーを淫蕩だとからかっている。

かつて美男の貴族クロディウス〔第Ⅲ部第2章4節参照〕は、ある夜、女だけのボナ・デア祭〔ローマ婦人だけで挙行される男子禁制の祭礼〕が催されているカエサルの邸内に女装して侵入したことがあった〔前六二年一二月〕。これは当時、一大スキャンダルとなった出来事である。ところが、その後しだいに男子禁制の風習が変化してゆき、後一世紀後半にはこの祭りは女装愛好家の男性専用となり、逆に女たちを一切閉め出してしまうようになる。ドラァグ・クィーンに根強い偏見をもつ詩人ユウェナリスは嘆いてみせる。

「彼らは眉墨で眉のラインをひき、マスカラやアイシャドーで化粧し、長い巻き毛をカールさせたうえ、黄金のヘアー・ネットをかぶり、なめらかな薄物のドレスを着て、すっかり女になりきってしまうのだ。『出て行くがよい、女どもは神を汚すものだ』と叫び、笛吹き女司祭《ティビキナ》も追い出される。そうして男ばかりで、勃起した巨根の形をしたガラスの酒杯から旨酒《うまざけ》をのみ、淫蕩な乱痴気騒ぎに耽るのだ。こちらでは受け手男《パティクス》の皇帝オトーの誇る持ちもの鏡を手にして、うっとりと悦に入っている男の姿が見られる。かつてオトーはいつでもどこでも鏡を携えて、内乱の最中にも手放さず、天下分け目の戦場ベトリアクム[▼1]でもミルクで溶いたパウダーで念入りにパックするなど、クレオパトラやセミラミス〔なかば伝説上のアッシリアの女王〕ら、どんな女王でさえしなかった美肌エステにうつつを抜かしてやまなかった。それが最高司[◆1]令官たる皇帝にふさわしい振る舞いだと信じこんで……」。

▼1　北イタリアの地名。後六九年、この近くでオトーとウィテリウスの軍隊が戦い、オトー勢が惨敗した。

者もあることであろう。

3……フラウィウス朝◆[14]

ローマ人の男色好きは時代が移っても、いっかな変わることはなかった。

フラウィウス朝初代の皇帝ウェスパシアヌス［在位、六九～七九］は、勇将リキニウス・ムキアヌスが受け手の放蕩家であるのに較べて、自分はあくまでも「男」つまり仕手だと主張して譲らなかった。

彼の長男でその善政を称えられたティトゥス帝［在位、七九～八一］は、若い頃から成熟した男色相手《エクソレトゥス》たちや寵童らを身辺に蓄えており、一群の宦官――去勢奴隷（spadones スパドネス、単数形 spado スパド）――を偏愛▼していたことで知られている。またティトゥスが関係をもった若者のうちの何人かは、のちにダンサーとして令名を馳せることになったという。

▼宦官……を偏愛　宦官や閹人（えんじん）を男色相手として愛玩することは、ローマ人の間では至極普及した一般的風潮であった。タキトゥスら歴史家が伝える通り、ティベリウス帝の一人息子の――したがって「皇太子」に擬せられていた――小ドルスス（前一三～後二三）は、愛していた宦官リュグドゥスの手で毒を盛られて謀殺されており（後二三年九月）、またアウグストゥスの腹心マエケナス（前章参照）や、ネロ、ウィテッリウスらいく人かの皇帝は宦官の群を引き連れていたという。さらに富裕な女性たちも妊娠する心配がないからとのきわめて現実的な理由から、充分に成熟した男奴隷の睾丸だけを切り取って心ゆくまで彼らと交わっていた。性愛の対象として去勢奴隷を好むことは、旧くから洋の東西を問わず広く行なわれていた習慣である。機会があれば、稿をあらためて書いてみたいものである（タキトゥス『年代記』（Tacitus Annales）四―八～、他）。

ティトゥス帝の弟ドミティアヌス帝［在位、八一～九六］もまた、毒味係の美しい若者エアリヌス▼に血道を上げ、その宮廷内には一〇〇〇人に及ぶいずれ劣らぬ美形の寵童が蓄えられていた。

▼エアリヌス　スタティウスやマルティアリスらの詩人によって、ガニュメデスやエンデュミオン、ナルキッソス、

ウォレン・カップ――男色を描写した銀杯

【右】男性どうしのカップル。大して年代差のない二人の男性がアナル・セックスを行なっている場面。右端に性行為を覗き見る第三の人物が彫り出されている。一世紀初頭（五〜一五年頃）。銀製。大英博物館蔵。エルサレム近郊のバティアで発見さる。高さ一一cm。ローマ帝国支配下にあっては、ユダヤの地でも男性どうしが、ごく当たり前に愛し合っていた様子が窺われる。

【左】少年愛の情景。若者を抱き上げてセックスをはじめようとする男性。一世紀。銀製。大英博物館蔵。男色は女色と等しくローマ人にとって欠かすことのできない快楽であった。

ヒュラスといった神話中の美男子にも勝るとうたわれた美貌の去勢奴隷・宦官。

ドミティアヌス自身、若い頃にはそうとう魅力ある青年だったらしく、年輩の元老院議員たちの男色相手となって誘惑したり、されたりしていた。その代表格が、彼の次に帝位に登ったローマ五賢帝の筆頭ネルウァ［後三〇頃～九八。在位、九六～九八］であるが、他にもクロディウス・ポリオという名士には「一緒に夜を過ごす密会を約束した手紙」を出していた。ポリオは後年、ドミティアヌス自筆のこの恋文を、しばしば得意気に人に見せていたという。

4……五賢帝たち――「人類が最も幸福だった時代◆15」

ネルウァ帝の養嗣子となって即位したトライヤヌス［在位、九八～一一七］は、ローマ帝国最大の版図を実現させた有能な征服者としてよく知られている。後世まで永く最良の皇帝と絶賛された彼が男色家であったことは言うまでもない。トライヤヌスは親征の旅中にあっても、体格のよい若者たちの一団を引き連れて、夜となく昼となく召し寄せては彼らと交わっていた。葡萄酒《ワイン》と衆道とをこよなく愛した皇帝だったが、「賢帝中の賢帝」だけあって、男色のことで誰一人として危害を被った者はいなかった。

トライヤヌスはまた、親族で後継者となる若き日のハドリアヌスともただならぬ仲であったというし、ピュラデスその他の俳優・ダンサーら芸能人をも愛している。

実子をもたぬトライヤヌスの崩後、あとを襲って玉座に坐ったのは、ギリシア文化愛好で著名なハドリアヌス［七六～一三八。在位、一一七～一三八］であった。彼は、青年時代から、養父トライヤヌスお気に入りの寵童たちを口説いては、彼らと性的関係をもつ発展家だったと伝えられる。教養豊かで英邁なギリシア贔屓ハドリアヌスが何よりも好んだのが美青年であったことも、当然の理《ことわり》と言ってよいだろう。彼自身、優雅な容姿と肉体に恵まれており、また芸術や建築を好むすぐれた文化人だったため後代の学者からも高く評価されている。

【コラム】

蛍大名――息子の色香で出世した父親

わが国では古来、実力によらず子女縁類のゆかりで出頭して大名に成り上がった者を、尻の光で出世したという意味で揶揄的に「蛍大名」と呼び慣わしている。これは何もひとり女色に限ったことではない。

例えば、日本人に親しいところでは、断袖の故事でおなじみの美青年、董賢《とうけん》。彼が前漢〔西漢〕の哀帝〔前二六～前一年。在位、前七～前一〕の君寵をもっぱらにしたおかげで、その父親はめざましく出世したと言われている。[◆1]

国史では、「悪左府」藤原頼長〔一一二〇～五六。左大臣、従一位〕の愛人たちが思い起こされる。頼長の男色相手の一人だった藤原爲通は、崇徳院〔一一一九～六四〕の寵愛を蒙って、父の伊通を中納言に昇任させたし、藤原家保〔一〇八〇～一一三六〕は、息子の家成〔一一〇七～五四〕が鳥羽院〔一一〇三～五六〕の男色相手として枕席に侍ったがために目出度く善勝寺家の長者となっている[◆2][▼1]〔一一三一年〕。

似たようなことは古今東西を問わずあったとみえて、プルタルコスによれば、攻城者《ポリオルケテス》と呼ばれたマケドニア王デメトリオス一世〔前三三七～前二八三〕がアテナイを支配していたとき、美しい若者クレアイネトスは、デメトリオスに自らの体を売って、父親クレオメドンの巨額の罰金刑を免除してもらったという。[◆3]

また、エデッサ王アブガロス七世のハンサムな息子アルバンテスが、その容姿で男好きのローマ皇帝トライヤヌス〔五賢帝の一人〕を魅了し、たくみに父王のためにとりなした例も知られている。[◆4]

他にも歴史上に似たような孝行息子の例は切りがないほどたくさん見出されることであろう。

▼1　家成の息子たち三人は、そろって頼長と男色関係にあった。複雑な人間模様である。

ハドリアヌスは哲学・文学など諸学問に通暁し、ギリシア語・ラテン語双方の言葉で自伝、詩集、文法書に筆を染めたのみならず、武術・乗馬・狩猟にも長じており、いつも運動をして肉体の鍛錬を怠らない、正に文武両道の人物だった。妻帯したものの、后のサビナには終生嫌悪感を懐いて子供は儲けず、もっぱら美しい若者たちとの情交を楽しんでいた。と同時に並外れて美男子に弱いというところが、ときに彼の欠点ともなり得た。ハドリアヌスと秘書官のケレルとの関係は、五賢帝最後のマルクス・アウレリウス帝によって男女間の夫婦の仲になぞらえられるほど親密なものであった。しかし皇帝が、ただ美貌の持ち主という以外に格別とり柄のない青年貴族アエリウス・カエサルを、周囲の反対を押し切って養子に迎えたときには、いささか世人の顰蹙をかったようだ。この青年が一三八年はじめに夭折すると、皇帝は彼の巨像を帝国じゅうに立てさせたばかりか、諸都市に命じてアエリウス・カエサルを神として祀る神殿を建立させるほどの熱の入れようだった。

とはいえ、ハドリアヌスが誰よりも鍾愛したのは、小アジアのビテュニア出身の若者アンティノウス［一一〇頃〜一三〇］だった。一二四年に皇帝に見出されて以来、アンティノウスは帝寵を一身に集め、伴侶として片時去らず君側にあった。あるときは狩りに随行して、襲いかかってきたライオンの歯牙から皇帝自身の手で救われたこともあったという。だが彼らにとって歓楽の日々は永くはつづかなかった。エジプト訪問中の一三〇年一〇月末、皇帝一行がナイル河を舟行している最中に、アンティノウスが水死してしまったからである。誤って溺死したのか、それとも犠牲として捧げられたのか、あるいは帝の寿命を延ばすため身代わりとなって自ら生命を投げ出したのか、その原因はついに不明である。美貌の友を失った皇帝は愛人の死を「女のように声をあげて」いたく嘆き悲しみ、彼を手厚く葬ってそこに新しい都市アンティノオポリス［「アンティノウスの都市」の意］を建設し、帝国中のあらゆる都市にアンティノウスの彫像や胸像を安置した。さらに彼を神として祀るよう命じ、エジプトやビテュニア、ギリシアなど全土に神殿や祭壇を建立して、密儀や競技祭を開催させ神託を下さしめた。そして天上の鷲《わし》座の一部にアンティノウス座という星座を新設して、愛人の名を永遠に伝えようとした。かくしてアンティノウスは古代ギリシア・ローマ文明最後の神となったのである。アンティノウスを記念して四年ごとに開催される競技祭は、その後二〇〇年以上にわたってつづけ

【コラム】

神になった愛人たち——早世した若者たち

ハドリアヌスとアンティノウスの例に倣《なら》って、若くして逝った自分の寵童を神格化する貴顕の人々もいた。二〇歳に満たずして世を去った青年は、おそらく誰にとっても神に等しい存在であったに相違ない。

例えばアテナイの大富豪、ヘロデス・アッティクス［後一〇一頃〜一七七］。彼は愛する若者ポリュデウケス［ないし、ポリュデウキオン］が夭逝したのち、神話中の英雄テセウスやアキレウスらと同じようにこの少年を英雄神《ヘロス》（heros）として祀り、ギリシア世界各地にその胸像を建てた。ハドリアヌスとアンティノウスの小型版といったところである。いく世紀もの時の波を隔てた現在、二人の愛の記念碑はあらかた失われてしまっている。とはいえ、ギリシアのアテネ国立考古学博物館を訪れる人は、ヘロデス・アッティクスの別荘から発掘された彼ら一対の胸像が並んで置かれているのを目にすることであろう。◆1

また詩歌にうたわれて不滅になった愛人たちもいる。

マルティアリスやスタティウスの詩編にその早世と美貌とを詠《よ》まれているメリオルに愛された少年グラウキアスとか、フラウィウス・ウルススの寵遇をえた一五歳の美童らが、そのよい例である。◆2▼1

▼1　これらの愛童たちは、たいてい解放奴隷ないし奴隷身分であった。富裕な人々は競うように男色相手として愛玩する美男奴隷の一団を買い求めていたのである。

アンティノウス立像　地中海周辺各地から発見されたアンティノウス像の中でも最も保存状態のよい作品の一つ。賢帝の鍾愛を受けたアンティノウスの姿は、若い男性の理想的な美しさを具現するものとして普く崇拝された。アンティノウスは星座の列にも加えられて不滅の存在となった。大理石製。2世紀前半。ナポリ国立考古学博物館蔵。

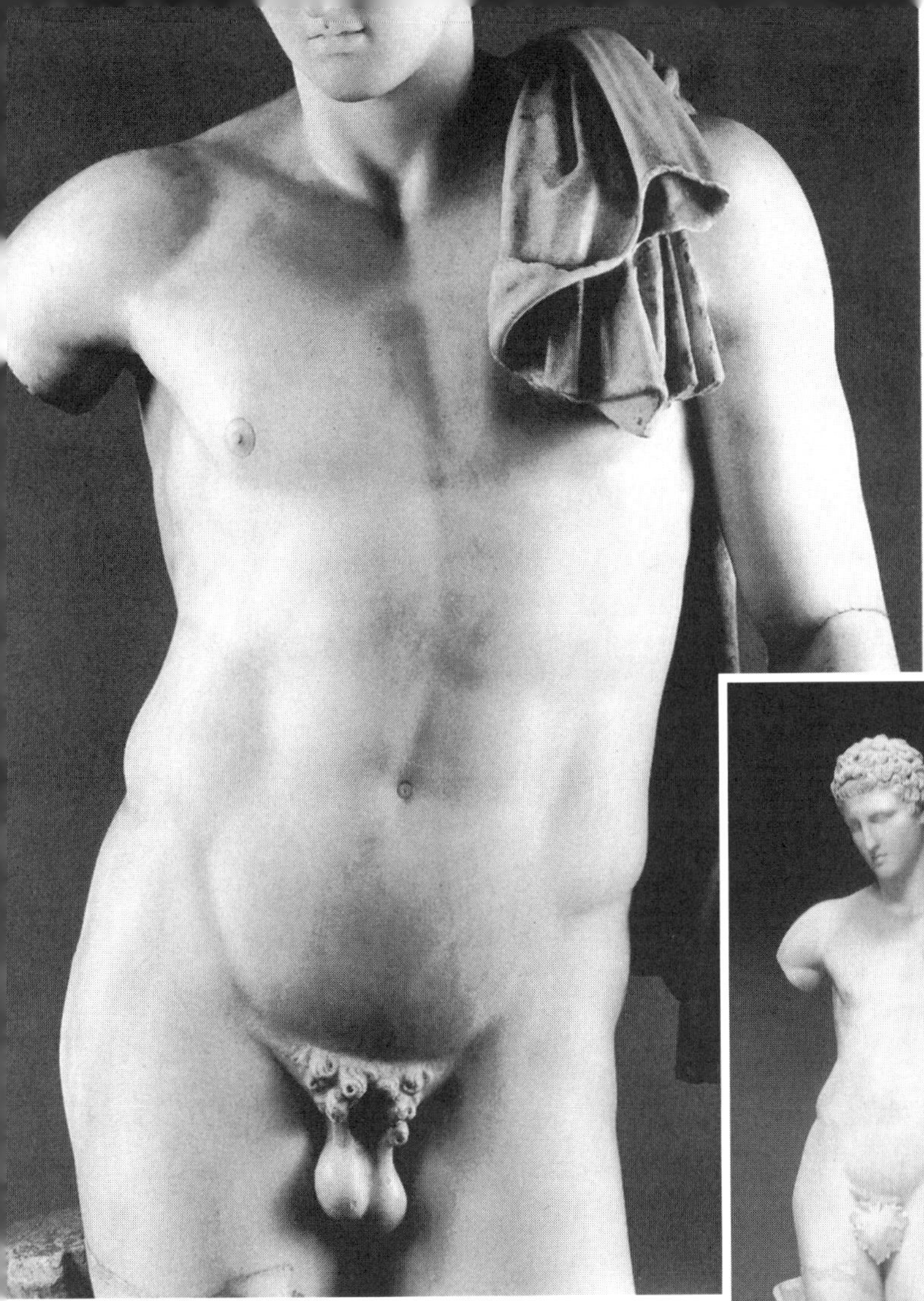

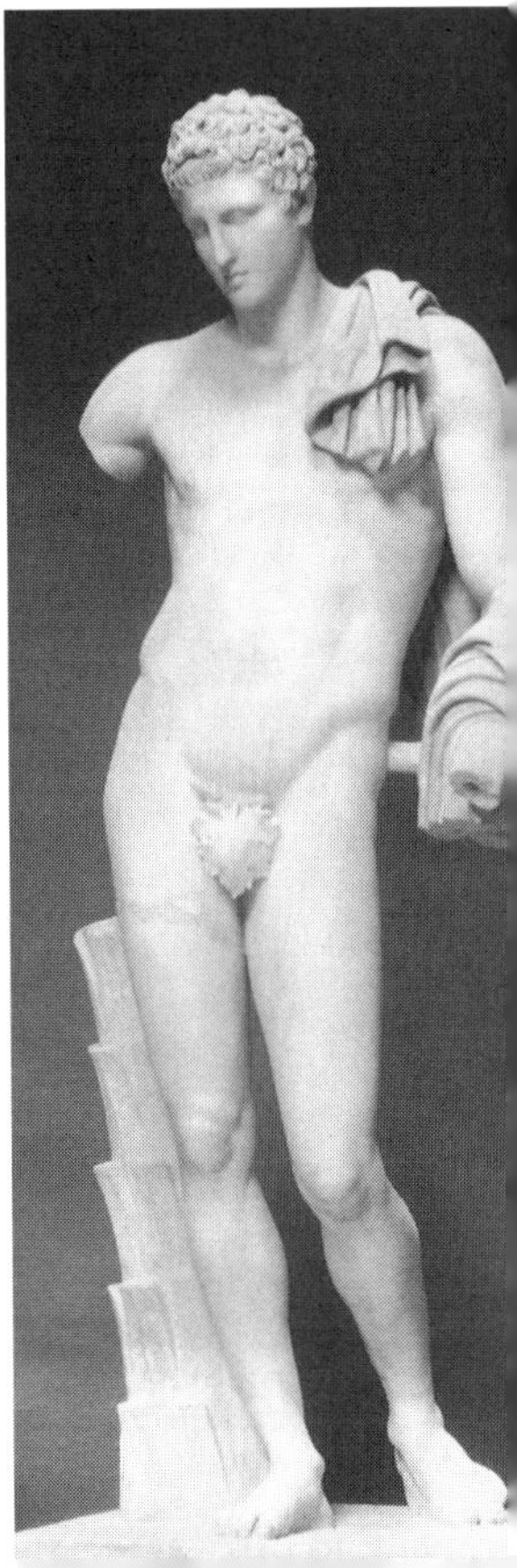

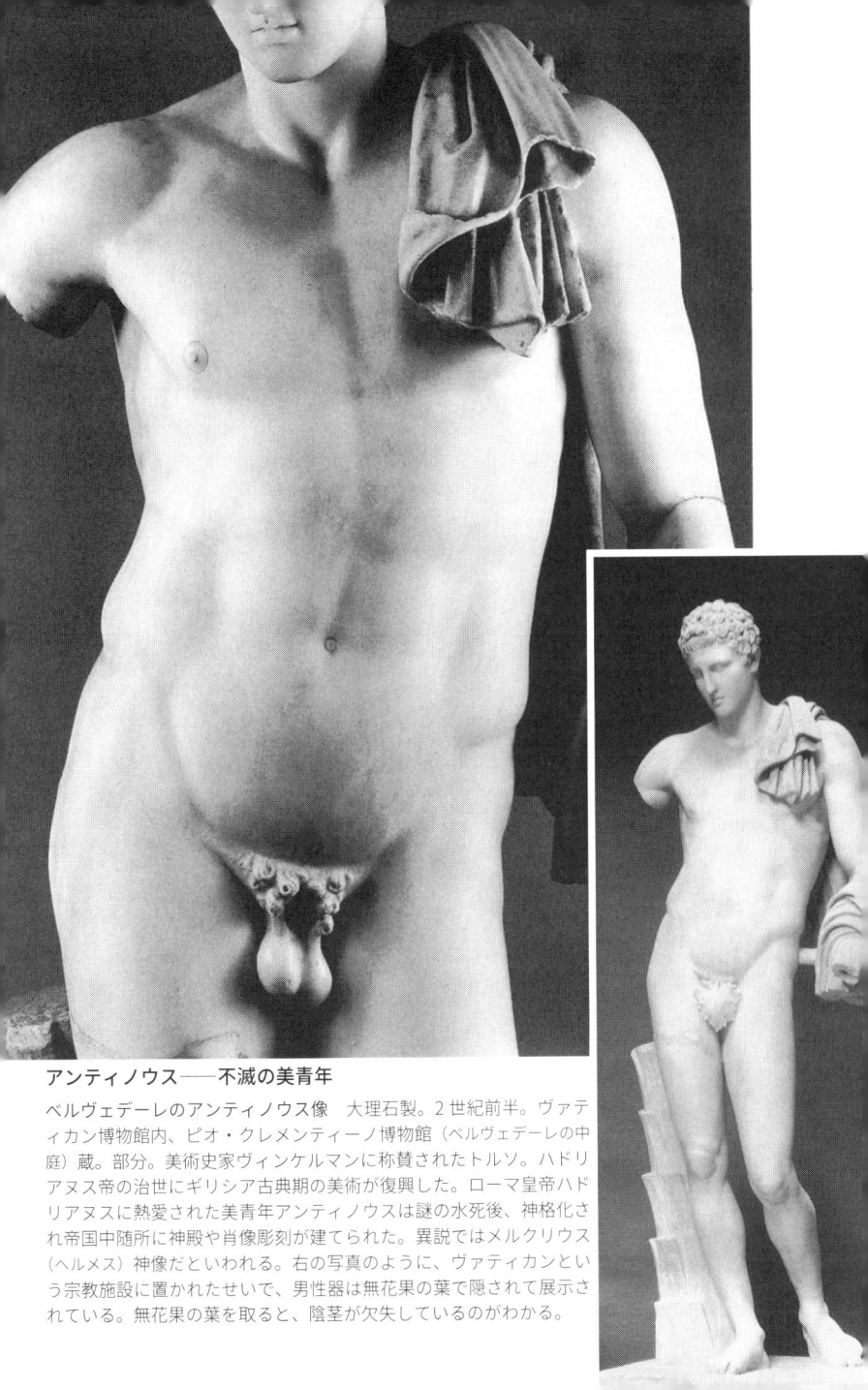

アンティノウス——不滅の美青年

ベルヴェデーレのアンティノウス像　大理石製。2 世紀前半。ヴァティカン博物館内、ピオ・クレメンティーノ博物館（ベルヴェデーレの中庭）蔵。部分。美術史家ヴィンケルマンに称賛されたトルソ。ハドリアヌス帝の治世にギリシア古典期の美術が復興した。ローマ皇帝ハドリアヌスに熱愛された美青年アンティノウスは謎の水死後、神格化され帝国中随所に神殿や肖像彫刻が建てられた。異説ではメルクリウス（ヘルメス）神像だといわれる。右の写真のように、ヴァティカンという宗教施設に置かれたせいで、男性器は無花果の葉で隠されて展示されている。無花果の葉を取ると、陰茎が欠失しているのがわかる。

られたという。

ローマ帝国の版図であった地中海世界の随所から出土している夥しい数のアンティノウスの肖像や浮き彫り、貨幣などを見れば、誰しもハドリアヌスの愛惜の深さに想いを馳せずにはいられぬことであろう。

ヨーロッパの美術館を歩いていると、ときおりANTINOVSと題した何か物憂げに佇む大理石の美青年に出逢うことがある。柔らかな捲毛と霧に烟ったような眼差しをした甘い顔貌。そこに人が見出すのは、人生の最も軽やかな日々を終え、凋落の秋を迎えた若者の、滅びゆく自己の美に対する悲しみの色である。

後世「人類が最も幸福だった時代」と評されるローマ五賢帝時代は、このように歴代皇帝が男色を好んで▼実子を遺《のこ》さず、もっぱら情愛関係による養子縁組を通して帝位が継承されていったおかげで実現した黄金期だと言えるだろう。

▼歴代皇帝が男色を好んで　『ヒストリア・アウグスタ』の「ハドリアヌス伝」によると、五賢帝最後の哲人皇帝マルクス・アウレリウスも、ハドリアヌスお気に入りの少年であったという。その若きマルクス・アウレリウスと師傅（しふ）フロントとの間に交わされた書簡は情熱溢れる恋文（ラブレター）の様相を呈しているが、二人の関係は「プラトン風の恋愛」に留まったようだ。マルクス・アウレリウスはストア派の哲学者らしく、自己の肉欲と懸命になって闘っていたのである。

コンモドゥス――巨根《デカマラ》好みの皇帝◆[16]

ローマ五賢帝の最後の人物、ストア派の哲学者としても名のあるマルクス・アウレリウス［在位、一六一～一八〇］は、現存する著書『自省録』にも自ら記しているように、「若者への愛慾を抑制する」という愚行にはしってしまった。そのせいで、実子に帝位を譲るという取り返しのつかない誤ちを犯す結果となる。賢帝時代にピリオードが打たれたのである。

新帝コンモドゥス［在位、一八〇～一九二］は、マルクス・アウレリウスがのこした一人息子で、通常彼の治世からローマ帝国の衰亡がはじまったとされている。

皇帝として初めてローマに凱旋入城したとき、コンモドゥスは自分の戦車に愛する小姓サオテルスを同乗させ、行進中にいくたびも彼と接吻を繰り返して、情愛の深さのほどを市民に見せつけた。

頑丈な肉体とハンサムな容貌に恵まれていた皇帝は、ごく若い時分から残忍かつふしだら、さまざまな快楽に没頭し、口唇を含む全身を色欲にまみれさせて飽きなかったと史書は伝えている。

帝位につくと、政務全般を寵臣サオテルスに委ねて、自らは男女両性を相手に酒食に溺れ、剣闘士試合に熱を上げる放埒な生活にのめり込んでいく。その後、実権はサオテルスからペレンニス、クレアンデルと次々に新たな奸臣・佞臣《ねいしん》の手に移っていったが、コンモドゥスの遊蕩三昧な暮らしぶりは、来る日も来る日も最期の時まで変わりなくつづけられた。帝国じゅうから選び集めたあらゆる身分の容姿秀逸な男妾《エクソレトゥス》三〇〇人と、嬖妾《へいしょう》三〇〇人から成る広大なハレムを宮殿に設け、男女両色の悦楽を倦むことなく追求。とりわけ成熟した青年たちに犯されることを好み、口や肛門など「肉体のすべての部分を汚した」という。彼はまた、寵愛する男たちを性器にちなんだ渾名で呼び、彼らの陰部に熱い接吻を繰り返したり、「いかなる動物も及ばぬ長大雄偉な逸物《ペニス》をもつ男」を見つけるとオノス［「ろば」の意］と名づけて溺愛し、惜しみなく富を与えるなど自由奔放にふるまった。

かといって帝は、常に受け手を演じていたわけではない。当時の洒落男《ダンディー》の間で非常な流行をみた〝宝石以外は何も身につけない裸体の少年〟を寵愛し、男色相手として同衾、これにフィロコンモドゥス［「コンモドゥスの愛する人」の意］というニックネームを贈ったりもしている。

さらにコンモドゥスは、帝政期にもてはやされたヘラクレス崇拝にはなはだしく熱狂し、自ら獅子皮をまとい棍棒を携えて彫像のためにポーズをとってみせた。のみならず、神話中のヘラクレスに倣《なら》ってか、しばしば女装して公開の席に臨幸し、その魅力を惜し気もなくふりまくのだった。また帝は、自分の腕前を披露するために、剣闘士《グラディアトル》となっては闘技場で野獣や剣奴を相手に血みどろの戦いを演じたり、棍棒で見さかいなく人々を撲殺したり、不具者を集めて順番に弓で射殺したりして娯しんだ。その他、ミトラス教〔ペルシア伝来の太陽神ミトラスを主神とする宗教〕の秘儀に際しては、手づから人間を屠ったり、叔母をはじめ自分の地位をおびやかす近親者や多くの高位高官にある者を、陰謀の疑いで処刑したりして、その残虐行為は罷むところを知らなかった。

その果てに運命がコンモドゥスに用意しておいた終焉は、愛妾マルキアらの策謀による毒殺であった。一九二年の大晦日の夜、皇帝は夕食の席で毒を盛った酒杯を飲み干したが、解毒剤を常用していたおかげで吐き出してしまい事なきを得る。たやすく人を殺しておきながら、たやすく死にそうにない皇帝に業を煮やした陰謀仲間たちは、入浴中の彼のもとへ、いつも帝が全裸格闘技の相手をさせていたお気に入りの闘技者《アスリート》ナルキッススを送り込む。そして暴君はこの男の屈強な腕によって扼《し》め殺されたのだった。享年三一。

【コラム】

巨根好みの男たち――サイズ・クィーン◆1

ギリシア人と違ってローマ人男性は、概して大きなペニスが好きだったようだ。この点、現代のゲイ社会に一脈通じるものが感じ取れる。▼1

立派な逸物を漁るのにかっこうの場所となったのは、やはりどこよりも――好色なエラガバルス帝〔本章5節参照〕が足しげく通った――公共浴場である。今もローマ市内にその遺跡が残るカラカラ帝の浴場に代表される壮大な公共浴場では、見事な性器をそなえた男性が人々の注目と喝采の的となっていた。巨大な陽物の持ち主が公共浴場にやって来ると、割れんばかりの拍手で歓迎されるのがつねだったのである。

寸鉄詩人マルティアリスの一節にはこうある。

「もし君がどこかの浴場で拍手喝采を聞いたなら、そ

【右】ヘルマ像（ヘルメス神像）　ヘレニズム時代の男根をそなえた男性柱像。前一〇〇年頃。チュニジア東岸マーディア沖合の難破船から発見される。本来ヘルメス神像ヘルマイ（ヘルマの複数形）は、勃起した巨大な陽物を付けた石柱だったが、本作ではほとんどペニスが屹立していない。

【下】巨根の小人　ブロンズ製ランプ。ポンペイ出土。1世紀前半。ギリシアやインド、日本その他、大半の文化圏と同様にローマでも陽物が礼讃され、至るところにプリアポス像や男根像が飾られていた。

【右】踊るファウヌス像　ブロンズ製。ポンペイ出土。一世紀前半。ナポリ国立考古学博物館蔵。

こにはマロンのものすごくでっかい肉具《ちんぽ》があるに違いない◆2」。

あるいはまた、

「一緒に入浴すると、彼は仕手の巨陽者《ドラウクス》たちを貪るような眼で凝視してやまない。唇を欲情にわななかせながら、たえず彼らの摩羅《まら》を見つめているのさ◆3」。

しかし、そういうマルティアリス自身、終生妻帯せず男色を好んだ人物の一人であった。

「私が風呂に入るとき、フィロムススよ、君はいつも『どうしてこんなにデカイ陽物《ペニス》をぶらさげた若者たちを連れているのか』とたずねるけれど〔……〕彼らは君みたいな（立派な逸物に）興味津々たる受け手連中の尻の穴に道具をぶち込むのさ◆4」。

巨陽は受け手の男色家にとって、まさに垂涎の的であった。

「ウィローが口から涎を流して驚くほど長大な一物をもった君の裸体を見つめて、狂おしいばかり矢継ぎ早に恋文を送って誘惑して来たら◆5……」

「遠くからでも目立つ長い男根《ペニス》、浴場に入れば必ず巨陽神プリアポスも羨む大きな逸物をぶら下げた男◆6……」

「カエサルが書いた二巻本の書物をあわせたよりも太いペニスをもったクロディウス◆7」

などと女嫌いの諷刺詩人ユウェナリスもデカマラ野郎に深い関心を寄せている。

ペトロニウスの小説『サテュリコン』には、アスキュルトゥスという驚嘆すべき見事な陽根をそなえた青年が登場する。

「大勢の浴客が彼のまわりをいく重にも取り巻いて、手を叩きながら実にうやうやしく讃歎の声を発していた。実際、彼の股間《またぐら》には、たいそうドデカイ摩羅《まら》が重々しくぶらさがっていたんだ。だから彼自身の方が陽物にぶらさがった睾丸《ふぐり》ではないかと思えるほどだった◆8……」。

もちろんデカマラのアスキュルトゥスは、すぐさまその持ち物に目をつけた男狂いのローマ騎士に誘われて屋敷へ連れて行かれ、立派な肉体を独り占めにされてしまう。

まさしくローマの公共浴場は巨根者を求めて受け手の男たちがクルージングをする発展場《ハッテン》と化していたのである▼2。

当時の世相を活写している寸鉄詩人マルティアリスによると、セクスティリアヌスという男は、とにかく物凄くどでかいペニスに目がなかったし、ナッタなる人物は、プリアポス神も顔負けのとてつもない巨大な逸物をもった自分の男妾《ドラウクス》を「チビちんちん」と呼んで愛でており、また道学者ぶってストア派ばりの大言壮語で時世をくさしているクレストゥスは、見事な一物をそなえた男倡《ドラウクス》を見かけるたびに、さっそく連れ去って舌でデカマラをしゃぶりまくる尺八野郎《フェラトル》だったという。[9]

個人的に巨根の召使いや従者をかかえることのできる幸運な市民も少なからずいたようだ。

「二本脚の驢馬《ろば》」と呼ばれる大物のナエウォルスのパトロンとなったウィローは、そういうラッキーな男性の一人である。しかし、巨陽者ナエウォルスの方は手ばなしでよろこんではいられない。主人の肛門を犯すつとめを果たすだけではなく、ウィローの代わりに女主人とも寝て種馬の役目までさせられた彼は疲労困憊してしまう。

激務を嘆くナエウォルスに向かって詩人ユウェナリスは慰めの言葉をかけてやる。ウィローよりもっと気前のいいパトロンに恵まれるのは必定だから、と言って。

「ローマの七つの丘がそびえている限り、決して君が受け身《パティクス》の友人たちに事欠くことは、よもやあるまい。世界中の至るところから彼らは皆な、馬車や船に乗ってここへ押し寄せて来るだろう故」[10]。

ラテン文学をひもとく限り、巨大な男性器が異常に発達した女性の乳房よりもはるかにローマの人々の関心をひきつけるものであったことは紛れもない。成人男性が巨根ハスラーに自らの肛門へペニスを挿入させたり、逸物を思うさまフェラチオしたりして快を貪るのは、きわめて日常的な光景となっていたのである。

男根支配《ファロクラシー》の強いローマ社会にあって、雄偉な男性器の所有者は、男性の力を象徴するものとして万人の称讃を浴びていたのであろう。

▼1　古代ギリシア人は彫刻や壺絵・陶画類に見られるように、比較的つつましやかな短小包茎のペニスがお気に入りだった。

▼2　ローマ市内には、公共浴場とか床屋以外にも、フォルムの一角にあったガニュメデス神殿やトゥスクス街、マルスの野に建っていたイシス神殿、その他の発展場がいく箇所もあった（ユウェナリス『諷刺詩集』(Juvenalis) 九-一二一〜一二四、マルティアリス『エピグラム集』(Martialis) 一-三四、一-六二、一一-一四、他）。

5……エラガバルス——売春する皇帝◆17

巨根の持ち主を溺愛したローマ人について述べるにあたって、シリア出身の少年皇帝エラガバルス［ヘリオガバルス。在位、二一八〜二二二］のプロフィールを語り残すことはできない。

彼についてはすでにいくつもの著述が出版されているので、ここではおもに『ヒストリア・アウグスタ』に従って簡略な記述に留めておこう。一四歳で大ローマ帝国の支配者となったこの美少年、念入りに化粧を施し、華麗な衣裳をまとって、自らを〝女帝〟と称し、数多くの情夫に次々と身をまかせていった。娼婦の扮装《みなり》をして神殿で春を鬻《ひさ》いだばかりではなく、宮殿内にも特別の淫売宿をもうけ、そこで人目を憚らず筋骨たくましい若者たちと戯れ合った。その数年に満たない短い治世中、彼が行なったことと言えば、宏壮な公共浴場を建てて特大《ジャンボ》サイズの持ち物に恵まれた男たちを熱心に物色したり、密偵《スパイ》を放っては帝国のすみずみから隈なく巨陽者をかき集めたりすることばかりであった。彼の皇宮は、美しい稚児たちの群がるハレムではなく、強蔵や巨根ビルダーたちの集うハレムだったわけだ。

呆れるほど自分の欲望に率直な帝は、男根の雄偉さにしたがって、大臣以下の要職を任命したため、御者とか水夫、飛脚、理髪師、錠前屋、驟馬《らば》追い、人足、奴隷など、身分賤しい者たちが重用され、領土まで与えられる始末。彼の「最愛の夫」ヒエロクレスは、もと戦車の馭者だったが、その若々しい美貌と輝かしい金髪、そして何よりもそのあっぱれ見事な肉体を認められて、枕席に侍るようになったのである。溺愛されたヒエロクレスは、程なく皇帝その人よりも強大な権力をもつに至り、奴隷だったその母親は、ローマの貴婦人たちの最上位に席を与えられた。羞恥心をかなぐりすてたエラガバルスは、花の女神フロラの祭りを祝うのだと称して、公然とヒエロクレスの陽物《ペニス》にいとし気に接吻してみせ、また宮中の舞台では自ら愛の女神ウェヌス［ビーナス］に扮して真裸になり、情夫に尻をさし出して愛撫を受けたという。いとしい解

【コラム】

娼婦になった皇帝

史書には、エラガバルス帝が自ら〝娼婦〟となり、全裸で戸口に立って客引きしたとある。世界の支配者ローマ皇帝たる者が、男に秋波を送って媚びを売り、若い肉体の魅力を余すことなく披露したり、秘術の限りを尽くして客たちを悦《よろこ》ばせると同時に、自らも性的快感で満たされようとしたというのである。

メッサリナ［第四代皇帝クラウディウスの妻］ら皇后が売春した先例はあるが、ローマ皇帝が自ら娼婦として稼いだのは前代未聞のことだった。宮殿に淫売窟を設け、良家の青年や婦女子を各部屋に立たせては肉体を鬻《ひさ》がせたカリグラ帝でさえ、さすがに自ら売春婦に身をやつして金儲けにはしろうとはしなかった[◆1]。

エラガバルスの前に帝位にあったマクリヌス［在位、二一七～二一八］は公倡、つまり国家公認の男倡上がりだったと言われている[▼1]。とするならば、もと売春夫の先帝を倒して玉座についた皇帝が、わが身を娼婦に落としてうち興じたということになる。

さて最初の男倡廃止の試みは、三世紀半ばにアラビア出身の皇帝フィリップス［在位、二四四～二四九］によってなされたという。男色楼の前に佇む若き男倡《エクソレトゥス》が自分の息子に瓜二つなのを見かけたのが、そのきっかけであったとか[◆2]。とはいえ、一世紀以上をへたのちも男性売春はまだ繁昌していたのだから、この禁令は何ら実効性のない空文であったと推測される。

ローマ法によって男倡が初めて全面的に禁止されたのは、じつに六世紀に入ってからのことでしかなかったのである[◆3]。

▼1　マクリヌスは下層身分の生まれであったが、カラカラ帝の治下に近衛軍司令官にまで昇進。しかしカラカラからその柔弱さをからかわれ、処刑される危険さえ生じたため、パルティア遠征中に皇帝を暗殺し、自らが帝位に即く。男倡出身のせいか、当時のローマ人としても珍しいほど宝石などのアクセサリーを夥しく身につけて飾り立てていたという（『ローマ皇帝群像（ヒストリア・アウグスタ）』「マクリヌス伝」（S.H.A. Macrinus）四）。

放奴隷上りの夫君ヒエロクレスの立派なペニスをしゃぶったり、肛門を舐《な》めたりしていたことは言うまでもない。また、淫乱女の評判をとりたがり、わざとヒエロクレスに浮気の現場を見つかるようにして、嫉妬に狂った夫の力強い手で、体に痣《あざ》や傷痕がのこるほど、乱暴に打擲されるのを無上に歓《よろこ》んだ。苛酷な体罰を受ければ受けるほど、皇帝は被虐的《マゾヒスティック》な喜悦に充たされて、雄々しい夫に対する愛情をいやましに募らせるのだった。あげくの果てにはヒエロクレスに羅馬皇帝《カエサル》の尊号を贈り、帝位に登らせようとさえしたという。

その後、歴史家ディオン・カッシオスの言葉を借りると、「男根《ペニス》の寸法において誰よりも偉大な男」とたたえられるスミュルナ［現、トルコのイズミル］の運動選手ゾティクスが出現、体育場《ギュムナシオン》から皇宮に召し出されるや、筋肉質の秀でた体軀と抜群の道具の故に、たちどころにエラガバルスの心を俘囚《とりこ》にした。

謁見を許されたゾティクスが「皇帝陛下」と慣例通りに挨拶すると、エラガバルスは蠱惑的《コケティッシュ》なしなを作って、「そんなふうに呼ばないでたもれ。わらわは女なのだから」と媚びを含んだ声音で答えたという。そして、すぐさまゾティクスとともに入浴して、その引き締まった筋肉美と立派過ぎる逸物をしかと確認して悦に入ったのである。

この強力なライバルが現われた折りのヒエロクレスの嫉妬たるや凄絶なものであった。ゾティクスはたちまち少年皇帝に対して絶大な権勢をふるうようになり、廷臣たちは皆な、彼を皇帝の夫として遇しはじめた。事実、エラガバルスは、この素晴らしい肉体をもった男と正式に結婚式をあげ床入りを行なったのである。婚礼の宴でエラガバルスは、彼のもつ唯一の美点である気どりのなさを発揮する。人前憚らず筋骨隆々たる夫に臀部を突き出して、彼は叫んだ。

「ぶちこめ、コック！」

コックというのは、父親が料理人《コック》をしていたためにつけられたゾティクスの綽名である。その点お間違いのないように。

ローマ皇帝たちの快楽

【右】カラカラ帝の胸像　3 世紀初頭。ナポリ国立考古学博物館蔵。カラカラは広大な浴場を建設した事績で今なお世人に記憶されている。フェストゥスらの男寵をもち、弟の共治帝ゲタと一緒に「少年たちを凌辱した暴君」としても名高い。のちに少年皇帝エラガバルスは、カラカラ帝の落胤を称した。

【下】『ヘリオガバルスの薔薇』　エラガバルス帝の饗宴を題材にした作品。ローレンス・アルマ＝タデマ筆。1888 年。油彩画。個人蔵。宴席に薔薇の花をふんだんに撒き散らして、後世「薔薇愛好家」として知られたエラガバルスがいっそう好んだのは、巨根をぶら下げた男性たちであった。彼はローマのあらゆる公共浴場のみならず、帝国中の隅々まで人を送って立派な逸物の持ち主をさがし出させたという。見出した巨根男性と正式に結婚して、その「妻」になった話は余りにも有名。

しかし、ここに椿事が出来《しゅったい》した。あれほどまでに雄偉なゾティクスの陽物が、肝心の初夜を迎えても真綿のごとく、ついに何の役にも立たなかったのである。これは妬忌《とき》に狂ったヒエロクレスが、ゾティクスの料理人を賄賂で手なづけ、精力を減退させる薬物を彼の葡萄酒《ワイン》にたくさん混入させておいたからであった。皇帝は嚇怒して直ちにこの不能者を位官剝奪のうえ、イタリアから追放してしまった。見かけ倒しで、房事において硬くそそり立たぬ代物などに用はなかったからである。ただし異伝では、ゾティクスは申し分なく首尾を果たし、帝の夫として巨万の富を築き上げたという。以来、宮廷での出世を望む男たちは誰しも夫をもつか、もっているふりをしなければならなくなったとのこと。

　皇帝はその後も、使者を派遣しては、屈強で眉目優れた男たちを見出して、宮廷へ連れてこさせ、己が肉体のあらゆる窪みを通じてあくなき快楽を追求することに専心した。俗に言うサイズ・クィーンだったエラガバルスは、デカ摩羅《まら》の持ち主に血道を上げ、彼らをオノベリー（onobeli）、つまり、〝驢馬《ろば》さながらの巨大な男根をぶらさげた男たち〟と呼んでいたく愛好した。そして、こういう成熟した仕手役の男妾たるエクソレトゥスやスパクトルらの股間の性毛を手づから剃ってやり、その剃刀で自らの髭《ひげ》を娯《たの》しげに剃る習慣であった。

　エラガバルスの快楽追求はとどまることをしらない。彼はさらに、下腹部に人工の女陰《ウァギナ》［ラテン語ではウァーギーナ］を切開するよう外科医に命じて、両性の享受し得る限りの受動的快楽に身を委ねようと試みたのだ。この手術が成功したかどうかは知られていない。

　また、去勢僧ガルスたちと一緒になって大母神崇拝の儀式に加わり、自宮［自己去勢］して自らの男性器を神に捧げようと思案したこともあったという。あまつさえ神殿に飼っているライオンや猿や蛇などの動物のために、大勢の男たちの性器をどしどし切り取っては、それらを餌として投げ与える気前の良さも発揮した。犠牲となった男たちのなかには、大母神の信者のみならず、かつて彼のベッドの相手をつとめた頑健な青年や、貴顕の家柄に属するハンサムな若者たち、それに宮廷に寄食する陪食人なども含まれていた。どうやらエラガバルスは、少年らしい好奇心から男性の肉体と性的機能に深い関心をいだいていたようだ。

マクシミヌス・トラクスは後に最初の軍人皇帝となる武人〔在位、二三五～二三八〕だが、巨大な体軀の持ち主だったため、その精力絶倫たることを聞き及んだエラガバルス帝から淫らな言葉で挑まれたり、好色なからかいをうけたりする羽目にあっている。だしぬけに、「そちは時に一六人の、二〇人の、また三〇人の兵士を相手にやらかすそうだな」と問われたこともあったという。

その他、シリアから運ばせた屹立した陽物《ファロス》の形をした神体をローマ市内に盛大に祀り、少年たちを生け贄に捧げたこととか、取り巻きの男を回転する水車の車輪に縛り付け、水に沈めたり浮かび上がらせたりして、これを「イクシオンの車輪▼」と名づけて娯しんだこと、等々……。この美少年皇帝に関する話題は、尽きることを知らない。

こうして血と薔薇の饗宴に時を移す裡《うち》に、頽唐の帝王の玉座にも翳《かげ》りが射しはじめ、やがて最期の日を迎えることとなる。

▼イクシオン　大神ゼウスの妻ヘラを犯そうとしたため、地獄に堕とされ、そこで常に回転しつづける火焔車に縛りつけられて永劫にやむことのない罰を与えられているという神話中の人物。

わずか一八歳でエラガバルスの治世は終わるが、その死因▼についてはいくつかの異なる説が伝えられている。反乱軍に追われて便所へ逃げ込んだところを惨殺されたとか、野外で母后とともに滅多切りにされたとか、あるいは愛人の偉大に過ぎる逸物《ペニス》を口に含んで窒息死したのだとか、後代になると憶測をまじえてさまざまに取り沙汰されるようになる。いずれにせよ裸にされ、凌辱を加えられた死体は町中を曳《ひ》き擦《ず》り廻され、鑢《やすり》をかけて皮を剥がれた末、石に結びつけられてティベリス〔現、テヴェレ〕河へ放り込まれたのであった。彼の夫や恋人、男色仲間たちも、あるいは性器を引きちぎられたり、あるいは鋭利な武器で肛門を刺し貫かれたりして虐殺された。

▼その死因　実際は、従弟で次期皇帝のアレクサンデル・セウェルス（在位、二二二～二三五）の母親に買収された近

衛軍の乱によって殺害され、屍骸は切り刻まれた後、ティベリス河に投ぜられた。

今日もなお、「同性愛の繁栄」と「ローマ帝国の衰亡」とを関係付けて考えようとする俗説が時おり巷間に行なわれているようだ。ところが現実はその逆である。

ローマ世界で最も男色が盛行したのは、まさしく古代ローマの極盛期においてであり、後三世紀以降の帝国が衰亡に向かう時代には、「男色《ゲイ》文学」をはじめとして男どうしの愛を謳歌する風潮はしだいに衰えていく傾向にあるからだ。国運の最盛期に男色が栄え、禁欲的思想が著しく瀰漫した帝国の衰頽期に、衆道も退潮を迎えているのである。この事実は銘記しておくべきであろう。

古代ギリシアやルネサンス・イタリアなどを見ても明らかなように、男色の盛んな時代は、文学や芸術創造の隆盛期に当たっている。まさしく男性どうしの愛は、最も輝かしく健全な時代にこそ開花するものなのである。これは日本や中国、イスラーム諸国にも共通してみられる現象だと言えるのではないだろうか。

6……道徳観の変質——帝政後期の衰頽期

一世紀末から二世紀初頭に活躍した詩人マルティアリスの頃には、父親が実の息子と性交することも、何ら問題視されていなかった。それに対して三世紀中葉のアラビア出身のフィリップス帝は、自分の息子によく似た若者が男色楼の前に佇んでいるのを見かけて成人男倡を非合法とした[◆18]。おそらく父子姦《インセスト》を犯す可能性を危惧しての禁令だったのだろうが、彼の倫理観は当時としては特異な部類に属していたに違いない。そのせいか、後世のキリスト教徒は、彼を最初の「キリスト教に転向したローマ皇帝」と想像したほどである。

さらに古代末期になると、ギリシアの地においてさえ「男色よりも女色のほうが優れている」と臆面もな

ローマ帝国の滅亡

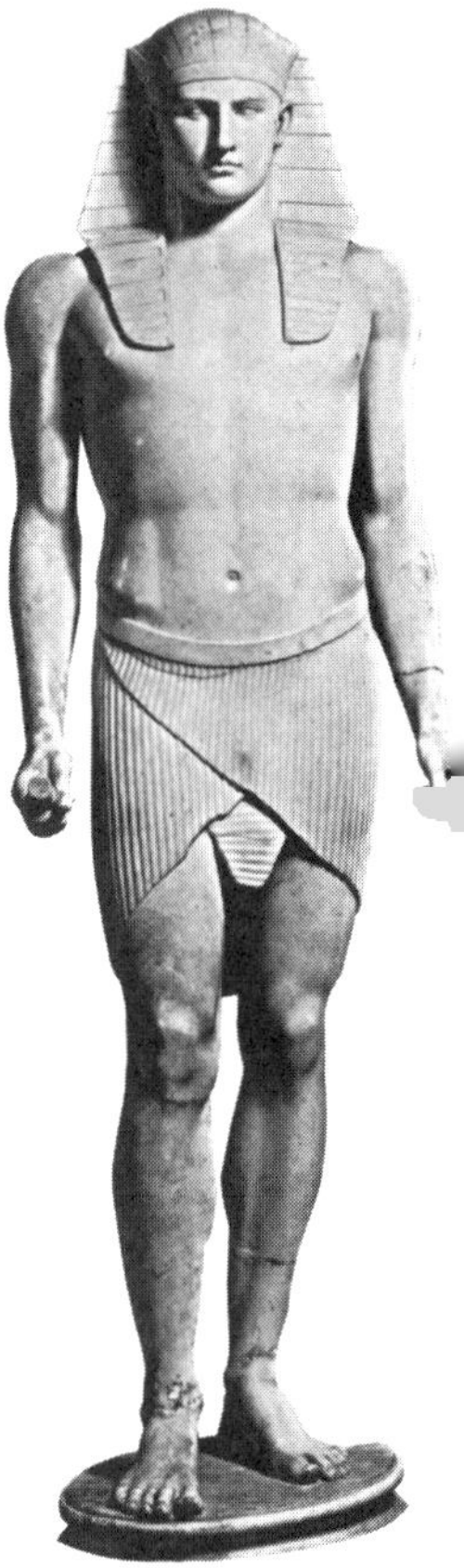

【右】エジプトの神に擬せられたアンティノウス像　大理石製。一三〇年代。ティボリ、ヴィラ・アドリアーナ出土。ヴァティカン博物館蔵。

【左】『瀕死の奴隷』　ミケランジェロ作。大理石製、部分。一五一四～一五年。ルーヴル美術館蔵。

【下】『退廃期のローマ人たち』　トマ・クーチュール筆。一八四七年。オルセー美術館蔵。

く主張するような異性愛擁護派が現われ、男女両色の優劣が論じられるありさまになる。パイデラスティアーの真価が問われるような時代が到来しつつあったのだ。

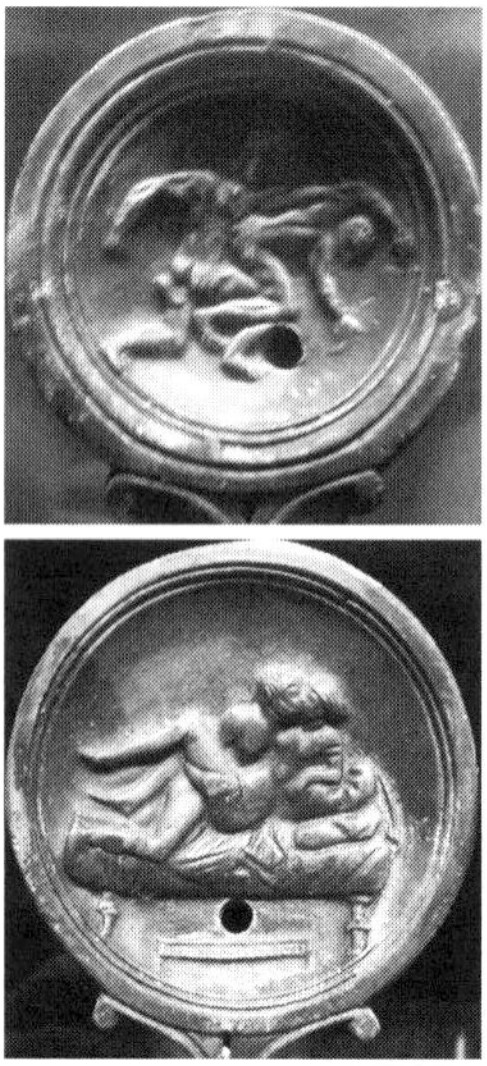

古代ローマのランプに刻まれた絵。上は男性カップル、下は男女のカップル。ローマ・ゲルマン博物館蔵

【コラム】

妻は災いのたね——妻女不要論

ゲリウス［後二世紀のローマの著作家］によると、監察官メテルス・マケドニクスは前一三一年に以下のような発言をしたという。

「われわれローマ人が、もし妻なくしてやっていけるなら、あらゆる煩わしい困惑事を避けることができるのだが[◆1]」。

ギリシアや中国、封建時代の日本など男系氏族社会通有の「女性嫌悪《ミソギュニア》」の面目躍如といったところである。明代の官吏が「女色廃止論」を提唱したことについては、第Ⅴ部第1章12節を参照されたい。

またローマ帝政期の想像力に富んだ作家ルキアノスは、女が一人も存在しない男だけのユートピアを活写し、そこでは男性どうしで結婚し子供さえ儲けるのだと、主張している[◆2]。

第Ⅳ部

インド・イスラーム世界

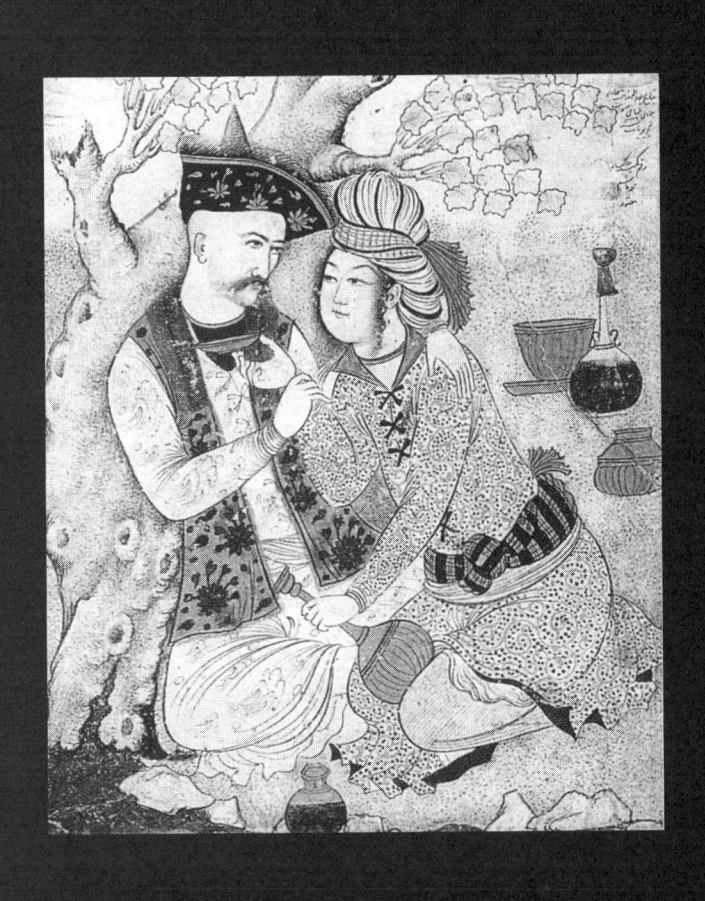

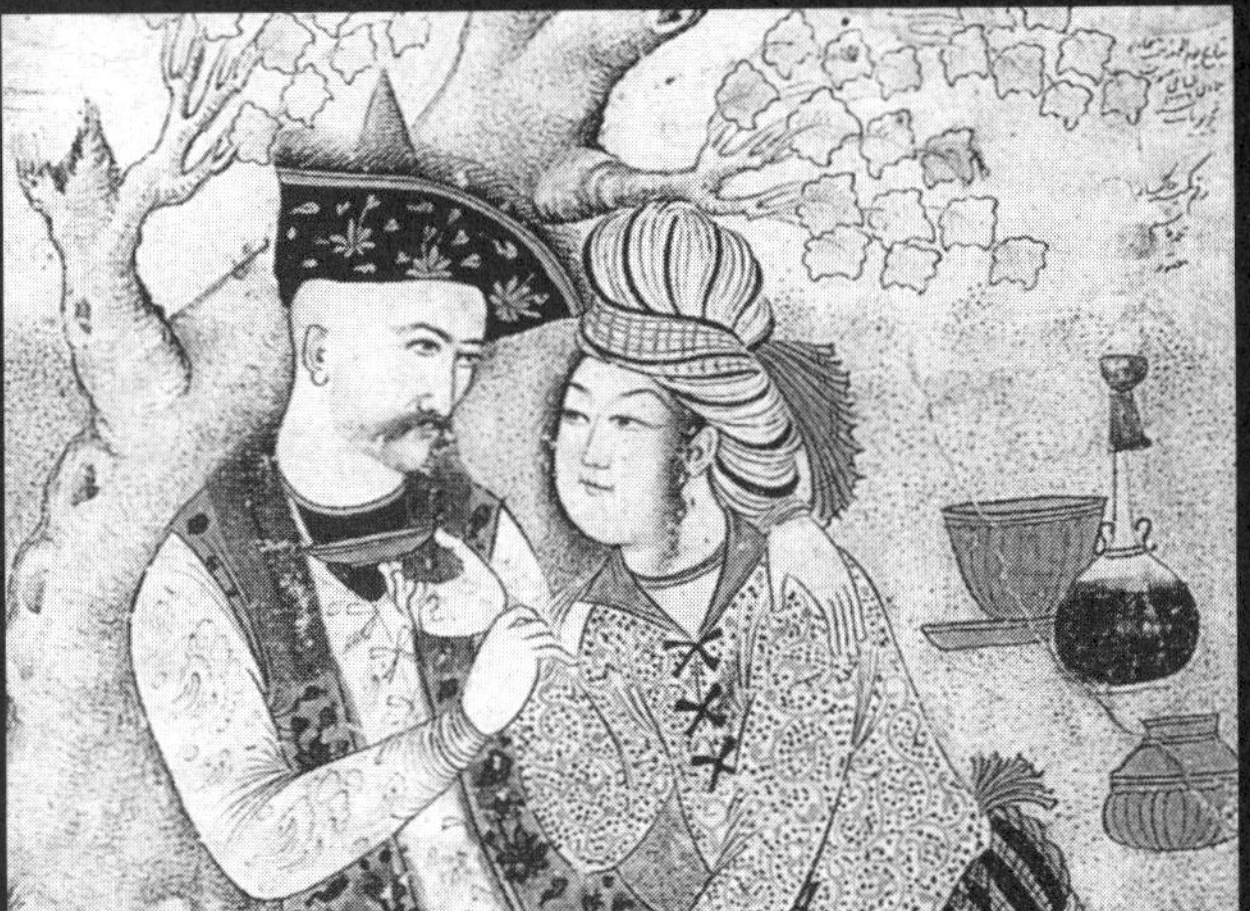

彼の桃色の頬に薔薇《ばら》の薫りをかぐ。

（アブー・ヌワース）

【扉の図版】

小姓と睦み合うペルシア王シャー・アッバース　ムハンマド・カーシム・ムッサヴィル筆。細密画。1627 年。古代から近代までペルシア人は無類の男色好きで知られていた。インド・イスラーム世界では伝統的に少年愛が盛んであった。サファヴィー朝ペルシア中興の英主シャー・アッバース 1 世が生前に描かせた唯一の肖像画が美少年との愛の場面だったのも当然と言える。

第1章 インド亜大陸の性愛

1……『カーマ・スートラ』——紳士はフェラチオがお好き◆1

伝存する古代インドのカーマ・シャーストラ［性愛論］のうち、最も旧くかつ重要な作品が『カーマ・スートラ』［後一〜四世紀頃に成立。ヴァーツヤーヤナ著。四巻］である。この性愛《カーマ》のテクニックを説く古典的名著の中でも、もちろん男性どうしの性的享楽法が言及されている。それは主としてオーラル・セックス、つまりフェラチオであり、サンスクリット語では「アウパリシュタカ」と呼ばれる行為である。同書第二部の第九章には、マッサージを職業とする閹人《えんじん》ないし去勢者の技《わざ》として口唇性交の種々のテクニックが記されている。こうしたフェラチオ行為は、閹人に限らず親しい男性市民《ナーガラカ》の間でも互いに行なわれていたという。つまり立派に成人した男どうしの相互フェラチオというわけである。

『カーマ・スートラ』によると、アウパリシュタカの技法は以下の八つの段階に分けられている。まず相手の太股を抱き寄せ、脚で挟んで、腿の付け根から性器へと激しくマッサージをする。ついでペニスが勃起しているのを見ると、両手でこれを握りしめて揉みながら弄び、彼が性的に興奮状態になったことをか

性愛を娯しむインドの男性カップル。年代不詳。

らから。それから順次フェラチオの技巧にとりかかるのだ。

では、その八段階のテクニックを原文に則して見ていこう。

一、「愛撫」片手でペニスをつかんで、その尖端を両唇でくわえつつ顔を左右に揺り動かすこと。

二、「側面咬」掌でペニスの尖端をとらえ、残る下方部分の全体にわたって唇で咬む。ただし、歯は立てない。

三、「外圧迫」その先をせがまれて、ペニスの尖端部分を唇でくわえ、上下から両唇で圧迫しつつペニスを引っ張っては離すこと。

四、「内圧迫」さらに促されて、雁首のくびれまで口に入れ、亀頭全体をしゃぶってから引き出すこと。亀頭《グランス》を舐《ねぶ》ったあとで、口から唾を出す。

五、「接吻」ペニスを手で握りながら、あたかも彼の唇に口づけするかのように、両唇でペニスを接吻すること。

六、「摩擦」接吻したあと、ペニス全体を舌でしゃぶり回してから、その尖端部分を舌先で打つこと。

七、「マンゴ啜《すす》り」外皮を付け根まで押し下げて、すっかり剥き出しになった裸根［露茎。亀頭が剥き出しになったペニス］を、再三再四、あたかもマンゴの果実を噛むかのように、強く劇《はげ》しく吸っては離すこと。「マンゴ啜り」とあるが、睾丸舐めや陰嚢への口唇愛撫は説かれていない。

八、「丸呑み」相手の希望によって、ペニスをまるごと口中に銜《くわ》え含み、舌と唇を駆使して快感の絶頂に達して射精して果てるまで、これをつづけること。

このアウパリシュタカをいっそう効果的にするため、相手の欲情の度合いに応じて、適宜手や指などで打撃を加えたり、愛欲を駆り立てる音や嬌声を出して興奮を昂《たか》める行為もまた推奨されている。さらに各

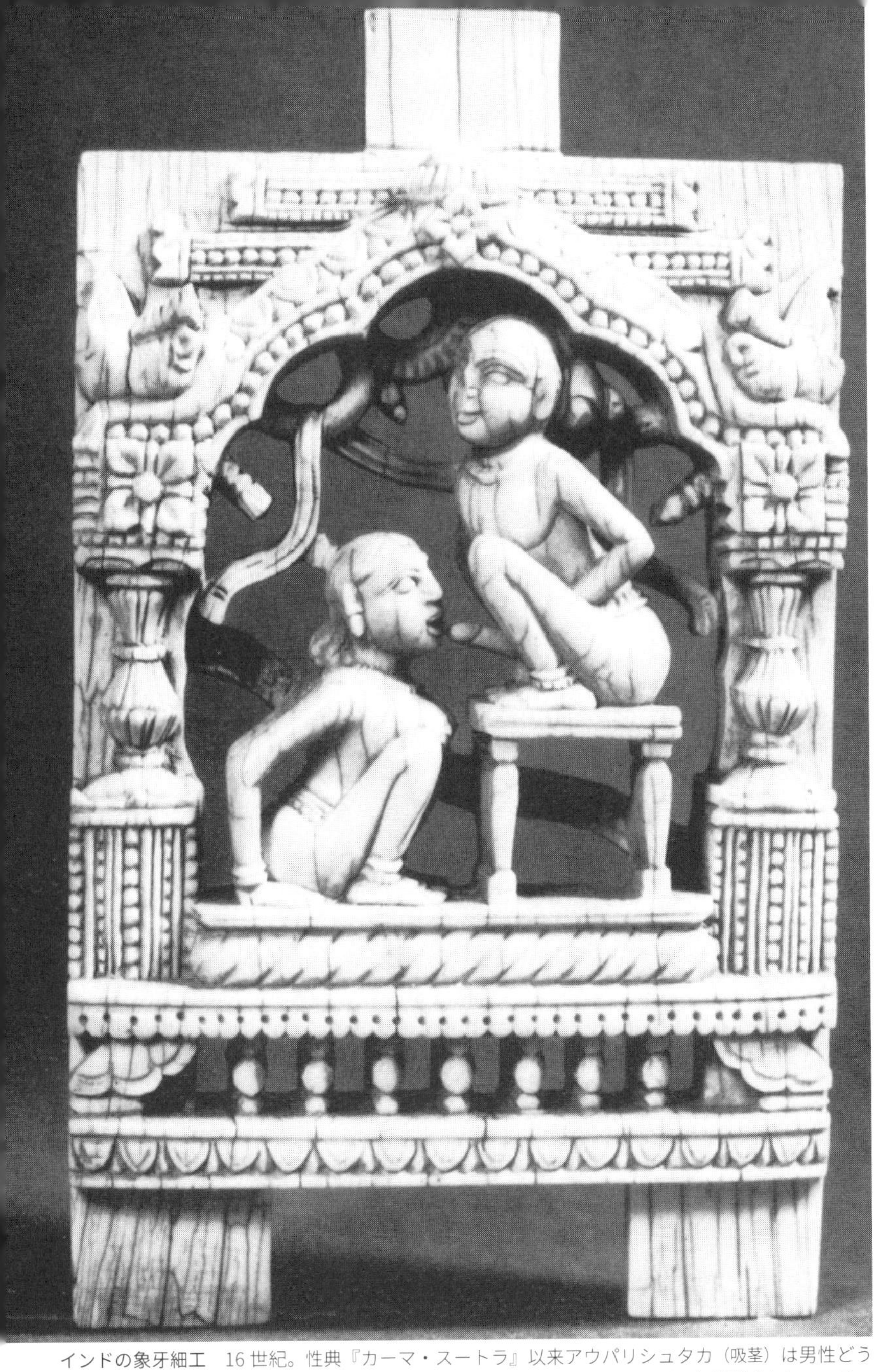

インドの象牙細工　16 世紀。性典『カーマ・スートラ』以来アウパリシュタカ（吸茎）は男性どうしの愛の営みとして行なわれつづけた。性典には勃起したペニスのしゃぶり方が詳述されている。

段階の動作が終わる都度、もう止《や》めるかのように装って、相手を焦らせるテクニックも書き漏らされてはいない。なかなか懇切丁寧な指南書である。なお、二人が同時に相手の性器を銜えて愛撫する性行為、すなわち相舐め、または69［「シックスティー・ナイン」ないし「ソワッサント・ヌフ」］は、「鴉《カーカ》の交わり▼［カーキラ］」と呼ばれたという。

▼**鴉（カーカ）の交わり**　鴉が口で性交するという俗信は、古代ギリシア・ローマ世界でも知られていた。この通説は古くアリストテレス（前三八四～前三二二）、さらには前五世紀の自然学者アナクサゴラス（前五〇〇～前四二八）にまで遡ることができる（アリストテレス『動物発生論』(Aristoteles De Gen. Anim.) 三-六、大プリニウス『博物誌』(Plinius Nat. Hist.) 一〇-一五-三二、マルティアリス『エピグラム集』(Martialis) 一四-七四、他)。

インドでは男の召使いが主人の要求に応じて、その男根をしゃぶり欲望を満足させることは珍しくなかったし、フェラチオ専門の美しい若者たちがいたことも知られている。一部には口交《オーラル・セックス》を犬の行為だと決めつけて反対する声もあったようだが、『カーマ・スートラ』の編者である聖賢ヴァーツヤーヤナは、「性愛に関する限り、人は皆な、その地方の習慣と自分の好みに従って行動するべきである」と正しく説いている。口交に長けていたのは、売春やマッサージを生業としている閹人《クリーバ》や去勢者《パンダカ》たち第三の性《トリティーヤプラクリティ》――ないし間性《ナプンサカ》――の人々に限らない。身分ある男性市民《ナーガラカ》▼らもまた、友愛で結ばれた者どうしでお互いにアウパリシュタカを行なっていたことは、既述の通り。都会の洗練された紳士はフェラチオがお気に入りだったようである。

▼**男性市民（ナーガラカ）**　こうした男どうしで愛し合う都会人士（ナーガラカ）を、アラン・ダニエルー（Alain Daniélou 一九〇七～九四）のように「婚姻関係にあった parigraha（＝同性婚関係にあった、縁組を結んだ）」と解釈する学者もいる（Daniélou (1992); Conner, Sparks & Sparks (1997)）。インド社会においてアウパリシュタカの習慣が盛んであったことは、仏教を介して中国経由で日本にも伝えられていた。わが国においても、古来、インド人はオーラル・セックスを好むことで名を馳せていた。仏典の律部に属する教典類には、釋迦が出家者に自慰や膣交、肛交をはじめとする各種性行為を誡めた条々があり、そのリストの中には自己吸茎（auto-fellatio）を含むフェラチオ、イルマチオなど多様な口交が詳細に列挙されている（『摩訶僧祇律』、『四分律』、『十誦律』、『沙彌塞部五分律』、他）。

インド、カジュラーホーのカンダーリヤ・マハーデーヴァ寺院とラクシュマナ寺院の彫刻群。10~12 世紀。ヒンドゥー教の寺院には、種々の交接を楽しむミトゥナ像のレリーフや彫刻が夥しく施されている。とりわけインド社会では古代以来オーラル・セックスが盛んだった。

男性どうしの性交渉は、早くもヴェーダ時代のブラーフマナ文書『ジャイミニーヤ・ブラーフマナ』に記されているという。仏教の律蔵その他の史料からも、前一千年紀のインド諸都市において、男たちの性愛行為としてフェラチオが広く定着していた様子がうかがわれる。

その後のインド文献にもオーラル・セックスはしばしば登場する。古代の医学関係書や仏教経典類を見ると、他の男の性器をしゃぶることを愛好する男性たちに関する記述が、肛交されたがる男性や相手の性器の匂いを嗅ぐ行為でしか興奮しない男性らとならんで、随所にリスト・アップされている。後一世紀頃に成ったと推測される医学書『スシュルタ・サンヒター』には、歯で咬まれたペニスの傷から発する病気に関する言及が見出される。フェラチオの最中についた傷が原因だったようだ。

また八世紀以降のインド各地のヒンドゥー系の諸神殿建築には、君主然とした男性のペニスを銜《くわ》える隠者の浮き彫りをはじめ、アウパリシュタカのさまざまな姿態▼が表現されている。ただし、バラモン〔ブラーフマナ〕は、原則的に他人にフェラチオしてはならないこととされていた。彼らの口は「清浄」でなくてはならなかったからである。したがってバラモンは、自らの妻女の唇に接吻することも禁じられていた。

▼**アウパリシュタカのさまざまな姿態**　性愛をきわめて自然なものとして受け容れていた本来のインドの人々は、寺院建築に男性どうしの性交（ミトゥナ）像を表現することもやぶさかではなかった。とはいうものの、『カーマ・スートラ』が編纂された時代になると、地域や学派によってアウパリシュタカに関する意見が分かれるようになっていたようだ。とりわけインド南部諸地方では、当時から相手の性別とは無関係に、口交ではなく肛交が行なわれていたと伝えられる。一〇世紀以降のイスラーム勢力の浸透後、口交（オーラル・セックス）はしだいに衰えを見せ、やがて男色関係における主役の座は肛交（アナル・セックス）にとってかわられるようになる。後世の性典『ラティ・ラハスヤ』（一五世紀）や、『アナンガ・ランガ』（一六世紀）からは、オーラル・セックスに関する章は「聖賢が説かなかったから」という理由で消え去っているのである。

2……釈迦の愛した弟子――美男の侍者阿難《アーナンダ》

日本には古く「衆道の開祖は釈迦である」とする俗説があった。すなわち、釈迦が妻子への煩悩を断つために男色の道をはじめたというのである。二九歳――一説に一九歳――で出家したガウタマ・シッダールタ［ゴータマ・シッダッタ］のちの釈尊は、最初にアーラーラ・カーラーマ仙について修行したが、その間は師アーラーラ仙の男色のお相手をつとめたという。のちに釈迦牟尼は、美男で名高い弟子の阿難《あなん》［アーナンダ］や目連《もくれん》［マウドガリヤーヤナ］らを愛人にしたと伝えられる。◆[2]

それでは、いわゆる正式な仏典には釈迦［仏陀］はどのような性行為を営んだと記されているのであろうか。仏典による限り、彼は妃を娶っても一向に相い睦《むつ》むことなく、父王をして不能男子《インポテンツ》ではないかと案じさせたとか、妃の腹部を片手で指差すだけで妊娠させ、結婚後一〇年を経て一子羅候羅《ラーフラ》を出生させたとか、宮女たちの寝乱れ姿の醜悪さをつぶさに目にして、「女人のありさまはいとも不浄で醜いものだな。どうしてこんなものに愛着することがあろうか」と呆れ果てて出家したなどといった女性嫌悪《ミソギュニア》的な物語が記述されている。◆[3]

仏典の『四分律』［四〇九年に漢訳され、日本に伝来して奈良時代の僧侶の間で非常に愛読された経典］に、「たとえ毒蛇の口に男根を入れようとも女体［女根］へ挿入することなかれ」と説法したと伝えられるごとく、釈迦は女犯《にょぼん》を厳重に禁止している。よって出家者にとって根本的な性的禁忌は女色であった。後世の仏教僧院で男色が盛行した遠因は、ここに胚胎していると見てよい。

ナザレのイエス［イエス・キリスト］に愛弟子ヨハネがいたように、釈迦には年少の弟子で美男の侍者たる阿難《アーナンダ》がいたことが知られている。従兄にあたる釈尊を慕い、若くして仏弟子となったアーナンダは、眉目秀麗なうえに温和従順な人柄で、誰からも好意をもたれていた。選ばれて師の侍者となり、以来二五年間にわたって愛情のこもった世話をして、十大弟子中「多聞第一の阿難尊者」と称されるに至った。

釈迦の前世を説いた本生譚《ジャータカ》▼◆[4]にも、釈迦と阿難との関係は、ただならぬものとしてえがかれている。かつて二人がきわめて親密な仲の二頭の牡鹿であったとき、「互いに寄り添いながら角と角、鼻先と鼻先とをならべて野山を楽し気に駆け回ってい」たとか、また別の前世では、二羽のミサゴと生まれきて、同じくともに慈しみ睦み合っていたとか、またある過去世にはバラモン［ブラーフマナ］のハンサムな二人の息子に生まれ出て、いつまでも二人一緒に居たいので妻帯を拒みつづけていたといったように。

▼本生譚（ジャータカ）　友愛を説くジャータカ物語のうち約九割は、釈迦と阿難との関係を語っているという。

影の形に添うがごとく常に釈尊に近侍した阿難《アーナンダ》は、世尊の入滅のときが迫ると知るや、声をあげて悶絶せんばかりに嘆き悲しんだと伝えられる。▼

▼……伝えられる　阿難と同じく釈迦の従弟で十大弟子の一人である阿那律（あなりつ、アヌルッダ）尊者も美男だったらしく、独りで草原を歩むところを見た悪漢が彼を犯そうとしたという話が残っている。

仏教と相前後して興起したジャイナ教その他の宗教関係の文献▼を読むと、古代以来、インドの人々は賢明にも、「人間というものは相手の性別が男女いずれであろうと関わりなく欲情するものだ」と見抜いていたことが、よく理解できる。しかし紙数の制限上、今ここで詳しく述べている余裕はない。

▼宗教関係の文献　『舊雜譬喩經』下、サーカターヤナ『ストリニルヴァーナプラカラナ』（Sakatayana "Strinirvana-prakarana"）、他。

3……サンスクリット文学とヒンドゥー神話の世界——神々と吸茎と殉死と◆[5]

ヴェーダ時代［前一五〇〇年頃～前五〇〇年頃］以前より南アジアの地に男根崇拝《ファリシズム》が広く行なわれていたことは、インダス文明遺跡の出土品を見ても明らかである。旧くからインド亜大陸では、木製・土製・牛の角製・象牙製・骨製・

金属製その他各種の張形が男女の性具として広範囲に愛好されてきた。そして、現代でもシヴァ神のリンガ崇拝に代表されるように、全土にわたってファリシズムはなお盛んである▼[6]。

▼なお盛んである　『リグ・ヴェーダ』にはヴィシュヌ神とインドラ神との友愛や、インドラが鷲の姿に化して月神ソーマを攫う場面が記されているが、明確な男性どうしの性愛行為に関しては、何ら言及されていない（『リグ・ヴェーダ』(Rig Veda) 四-一八、-二七、七-二二、一〇-九九）。前二千年紀にインドへ侵入したアーリア人の間でも、他のインド・ヨーロッパ語族と同じく男色的通過儀礼、とくに年少者が年上の男性の精液を飲むフェラチオ行為が行なわれていたと見なす学者たちがいるけれど、これについても決定的な証拠がなく断定できない。

ヒンドゥー教の神話界においても、男性神どうしの交わりが登場する場面は珍しくはない。例えば、陽物神シヴァの放出した精液を飲み込んだ火の神アグニから、雄々しい神カールッティケーヤが生まれたという伝承や、シヴァ神が美しいモーヒニーに変身したヴィシュヌ神を犯してハリハラ神を身籠《みご》もらせたといった物語は、けっこう知名度が高い。

カールッティケーヤは、すなわち軍神スカンダ〔仏教の韋駄天（いだてん）〕であり、クマーラ〔「青年」の意〕とも呼ばれている。男性美を象徴した若い神で、女嫌いとして名高く、決して妻帯せずに軍隊を唯一の妻と見なし、男の眷属《けんぞく》のみを従えていたとされる生粋の武神である。

カールッティケーヤの出生神話に見られるように、神々もまた他の男神の精液を飲むことを、何ら厭わなかったようだ。これは人界の性風俗を反映したものである。インド社会では男性どうしのオーラル・セックスはごく普通に行なわれており、先に挙げた医学書『スシュルタ・サンヒター』には、他の男の性器をしゃぶり、その精液を飲むことによってのみ勃起する男性を「アセキヤ」と名付けているくだりが見出される。

またシヴァとヴィシュヌという二人の男性神が交わって生まれたハリハラ神は、左半身がヴィシュヌ神、右半身がシヴァ神といった男性神二柱の合体した姿で表現されるのが通例である。このハリハラ神、南インドではアイヤッパンと呼ばれて今日でも非常に人気の高い有力神の一柱に数えられている。

インドを代表する叙事詩『マハーバーラタ』の中でも、ヴィシュヌの化身クリシュナが女装して英雄アルジュナの息子アラヴァンに嫁いだり［タミル語版『マハーバーラタ』］、女勇士シカンディンがヤクシャと性を交換して男性となって戦闘に活躍したり、天女ウルヴァシーの求愛を拒んだアルジュナが、彼女の呪いで一年間、閹人《えんじん》［宦官］となって女性名を名のり、ある王女の舞踊師として仕えたりするなど、クイアな物語には一向に事欠かない▼◆[7]。

▼一向に事欠かない　この伝説にもとづいて、後世では「アルジュナの日」に生まれた者が、ヒジュラーと呼ばれる女装神官になると考えられるようになった。またクリシュナを、マスターベーションを創始した神とし、彼の息子のサームバまたはシャームバを男色家の守護神に祀り上げている所伝もある。

とりわけ、二人の英雄クリシュナとアルジュナとの友愛は、どんな愛情をも超越する親密なものとして描かれている。『マハーバーラタ』の一部を成す『バガヴァッド・ギーター』に記されているように、アルジュナにとってクリシュナの生命は実の母親の生命よりも大切であり、クリシュナにとってアルジュナは妻子より大事な存在だったのである。そして、アルジュナは妻帯していても、この世を去る最期の夜には一晩中クリシュナと時をともに過ごし、翌日の別れに際しては、互いに視界から消え去るまで抱き合い、じっと見つめ合うという限りない仲睦まじさを示して已まない▼◆[8]。

▼……示して已まない　南アジア世界の民族的叙事詩となった観のある『マハーバーラタ』でさえ、種々さまざまな地域、風土、身分、部族、カーストを擁するインド社会では、絶大な権威ある文書たり得なかった。というのも、『マハーバーラタ』にオーラル・セックスは好ましくない行為であると明記されているにも拘わらず、ヒンドゥー教の寺院彫刻には——レズビアニズムや動物愛など他の禁じられた性行為とともに——何憚らず表現されているからである。またバラモンの理想を説いたという『マヌの法典』において禁止事項とされている性行為も、やはり同様である。相互に矛盾し合う規定が併存するこの法典は、何ら確たる権威をもつに至らなかったようだ。例えば「男性と性交したブラーフマナ（バラモン）男性は衣服を着けたまま沐浴するべし」（一一－一七五）という条項など

第三の性、ヒジュラー　男でも女でもない第三の性の存在は世界各地で知られている。インド世界におけるヒジュラーは古代の神話に遡る由緒ある存在として神聖視されていた。ヒンドゥー教の女神に仕えて婚礼や新生児の出生を祝う歌舞を演じ、祝儀を受け取って生計を立てていた。生まれつきの半陰陽ないし両性具有者と信じられていたが、今日では異性装者や去勢者、性転換者が大半を占めている。男性と結婚する者もいれば、男倡として売色を生活の糧にしている者もいる。イスラーム君主の後ろ盾を失ったために、都市部では差別されることも少なくないという。

は、つとに空文化していたものと考えられている。

従来、学者・研究家の間では、〝男性の売春や男性間のアナル・セックス、宦官・去勢者の使用といった習慣は、イスラーム教の浸透とともにインド亜大陸に拡がったものだ〟と見なす傾向が強かった。しかし、実際にはイスラーム教徒の到来以前から、男倡や少年売春、肛門性交は、インド社会にごく普通に見出すことができた。例えば、『カーマ・スートラ』のところで見たように、都市には主人に各種の性的奉仕をする召使いがいたし、カシュミール王の年代記『ラージャタランギニー』をひもとけば、膣性交だけでなく肛交も口交もともに大好きなクシュマグプタという国王が登場、「公けの場所で男寵たちを抱擁したのみならず、宮廷を男女両方の売春者や王の性交相手をする若者たちの群れで満たした」という記事に出くわすのである。

ガンジス河流域の王ヌルヴァル・カンナルは、あるときチェーラ朝［中世、南インドに栄えたタミール系の王朝。一四世紀初めに滅亡］のシェングットヴァン王に動物や楽人、ダンサー、奇術師らを含む多大の贈り物を送ったが、その中には一〇〇〇人もの美々しく着飾った「カンジュカ」と称される若い男性売春夫の姿が見出されたという。のちにシェングットヴァン王は戦いで撃ち破った敵将たちを、「大きなイヤリングや金のブレスレットなどで身を飾らせて成人男倡の装いに仕立て、凱旋式に行進させた」と書かれている。この成人男倡は、後宮の見張り番として用いられた去勢された宦官とも、「第三の性」と呼ばれる女装神官ヒジュラーとも異なる人々である。

さらに、バラモン［ブラーフマナ］身分出身の少年ダンサーたちがいて、彼らは王宮でシヴァ神と女神パールヴァティーとが一体と化した両性具有神アルダナーリーシュヴァラの踊りを巧みに演じてみせていたという。街頭にも似たような若い男性ダンサーがおり、人工の鬚や長髪、胸、もっこりと突き出した性器を身体につけてペディと称されるダンスを踊っていたとされている。

閹人《えんじん》ないし「第三の性」の人々の存在も早くから知られていた。彼らは、叙事詩『ラーマーヤナ』の主人公ラーマ王子が、都アヨーディヤーから一四年間にわたって追放されたときの故事に由来する伝統を誇っ

アナル・セックスさまざま

インド北西部、ラージャスターン地方の絵画。二〇世紀初頭。肛門性交を行なう男性カップル。

【左】イスラーム教徒はアナル・セックス好きで知られていたが、ヒンドゥー教勢力の強かったラージャスターンでも、ムスリムの影響を受けてか、肛交を成人男性どうしで楽しむ風習が弘まったようだ。

【下右】交わりながら乾杯する二人。「アヌスの快楽に乾杯！」

【下左】仕手は受け手の男根を右手でしごき立てている。両者とも成人男性である点が興味深い。

ており、決して蔑視される人々ではなかった。また、各地の寺院には男性の売春者が数多くいて、参詣人に身を委ねる神聖売春の習慣も拡まっていた。

インド社会と言えば、寡婦となった妻が亡き夫に殉死する風習サティーで名高いが、男性どうしの殉死ないし後追い心中もかなり古くから行なわれていたようである。一例を挙げておこう。スリランカの伝承によると、インド古典サンスクリット文学史上の最高峰と称讃される詩聖カーリダーサ〔四〜五世紀〕が、セイロン島で横死を遂げたとき、その親友だった王のクマーラダーサは狂わんばかりに嘆き悲しみ、火葬壇の焔に身を投じてあとを追ったというのだ。

肛門《アヌス》が、ペニスやヴァギナと同様に性力《シャクティ》の根源（源泉）として重視されていたことは、タントラ系の文献からも明らかにされている。タントリズム〔性交を通し、宇宙の最高真理を知る事を目的とするインド系の宗教〕の信者は、他の男をフェラチオしている男性の肛門に指を挿入して、そこから特別な力を吸いとる儀式を行なっていた。また、タントラ密教のイニシエーションでは、入壇を望む弟子が師の放った精液を飲む性的な灌頂儀礼が営まれていたという。

インドでは、男性間のセックスはオーラルが主流を占めていたように見られがちだが、アナルその他の性交法も決してないがしろにされていたわけではない。ヒンドゥー神話や民間伝承には、男性どうしのさまざまな性行為に関する話柄を見出すことができるし、寺院を飾る彫刻群の中に、オーラル・セックスやグループ・セックスが散見されるのは既述の通りである。

勃起男根神の崇拝はインド亜大陸のいたるところで行なわれていた。リンガを装飾として身に帯びたり、模造男根を性具として愛用する習慣も珍しくはなかった。呪術や魔力を得る際にも、性交渉は不可欠な行為であった。シャクティ〔性力〕を最高原理と信じるシャークタ派の信者には、死んだ男性と肛交したり死んだ女性と膣交したりしてオカルト・パワーを獲得しようとする人々がいた。タントリズムの「死の儀礼」では、男性の死体にまたがり呪文をかけて、その男根を勃起させ射精させては集めた精液を黒魔術に使用することもあったとのこと。

グループ・セックスを行なう男性たち　19 世紀初頭。性力を重視するタントリズムの教えでは、オーラル・セックスだけではなくアナル・セックスもまた聖なる行為であった。動物たちとバック・スタイル（ドッグ・スタイル）で交わる人々も描かれている。

男性ばかりの複数カップルが愛し合う情景　インド、ムガル細密画。18~19 世紀頃。イスラーム教の浸透とともに肛門性交の習慣が普及した。男性ばかりの館で愛を交わす人々。男倡楼であろうか、後代のハッテン場のような建物が各地に設けられていたのかもしれない。明らかに、少年愛でも女装した男性を相手にしたセックスでもない、「純粋に男性だけの性愛シーン」である。

要するにヒンドゥー教は、セム系起源の排他的一神教よりもはるかに性《セックス》に対して肯定的・受容的な宗教であり、彼らインド世界の人々は、セックスは生殖のためのみならず、快楽享受や精力増進、魔術効果などのためにもあると考えていたのである。▼

▼考えていたのである　ヒンドゥー社会ではギリシア文化よりもいっそう性的快楽が尊ばれていたので、あらゆる官能的快感を得るための教本として、種々さまざまな性典類カーマ・シャーストラが記された。マスターベーションをふくむ性愛行為は、一切何ら羞恥も躊躇の念もなく行なわれていたし、ファリシズム（男根崇拝）も広く全土に普及し、導師グルの陽物は崇敬され接吻の的となっていた。サドゥー（苦行者）の中にも男の伴侶をもつ者が少なくなく、師弟間の性愛も当然のように奨励されていたのである。またヒンドゥー教寺院には、たいてい男女両性の売春者が仕えていて、一九四八年のインド独立にいたるまで、女装した神官ないし男性信者の群れが母神に身をささげて、歌舞音曲および男色性交によって金銭を手にしていた。一九世紀初頭にインドへやって来たフランス人イエズス会士のジャン・アントワーヌ・デュボワが、あらゆる都市の通りという通りに男倡が大勢いるのに驚いたところ、あるバラモン僧はいみじくもこう答えたという。
「好みについてはいかんとも説明できませんからのう」。

4……イスラーム時代のインド◆9

インド亜大陸の人々にとってイスラーム勢力の侵攻は、大いなる脅威であった。ムスリムは何よりも男色肛交好きということで評判だったからである。東西を問わず先史時代より勝者が敗者を犯すというのが世の習いであったことは言うまでもない。就中《なかんづく》、イスラーム軍は征服した地域の若者たちを鶏姦することを、何よりも愛好していると広く信じられ警戒されていたのだ。イスラーム教に鶏姦を厳禁する原理主義などという運動が興るようになったのは、つい近年になってからの現象でしかない。

したがって、アル・ビールーニー［九七三〜一〇五〇以後。ホラズム生まれのペルシア人博学者。『インド誌』など一八〇近くに及ぶ著作があった］によれば、カーブルの支配者がムス

【上】僧侶が君公らしき人物の男根をしゃぶっている情景　中央インド、チュハプリ寺院の浮彫。一二世紀。アウパリシュタカ（吸茎）といった官能的行為にも宗教的意味合いが含まれていたのかもしれない。『カーマ・スートラ』に書かれている通り、都会では身分ある男性市民どうしが、お互いのペニスをしゃぶり合って性の悦楽を与え合う習慣だった。

【左】僧侶と信者　インド、カジュラーホーのヴィシュヴァナータ寺院（一〇〇二年竣工）の石像。僧侶が、合掌して挨拶をする信者の男根をしごいている場面。男性間の性愛は俗人であれ僧侶であれ、きわめて普通に行なわれていたことが理解できる作例である。残念ながら英国の支配下にあった悪影響のせいで、第二次世界大戦後こういった自由な性愛表現――わけても男性どうしのセックス描写を施した作品――の多くが、インド政府の方針で破壊されてしまった。

リムに征服されてイスラーム教に改宗を余儀なくされた折りには、「たとえ改宗したとて、今後も余は断じて牛肉を食べたり、肛門性交に耽ったりはしないであろう」と言明したという。ヒンドゥー教徒にとって牛肉食は、イスラーム教徒やユダヤ教徒にとっての豚肉食と等しく重大なタブーだったのである。

一二世紀末以降しだいにインド亜大陸の多くがイスラーム教徒の勢力圏に収められるにつれて、男性どうしの性交渉もオーラル・セックスからアナル・セックスに主流が移っていった。支配者の力というものは大きいものだ。

歴代のスルターン［アラビア語ではスルターン、トルコ語ではスルタン。よってテュルク系以外はスルターンと表記した］はもとより、シク教王国の君主やマハーラージャたちもまた、男性の愛人をもち、彼らと親密な肉体関係を結ぶのはきわめて普通のことであった。例えばガズナ朝［ガズニー朝。九五五～一一八七］の建国者アルプティギーンは、もとをただせばサーマーン朝［八七三～九九九］の君主アブドゥル・マリク一世に寵愛されたテュルク［トルコ］系の軍人奴隷《マムルーク》であった。そのアルプティギーン自身、新たに政権をたてると、少年奴隷を熱愛。とくに可愛がったサブクティギーン［九七七～九九七］は、後年、ガズナ朝第五代の君主となっている。同じく美男奴隷を愛《め》でたことで誉れ高いガズナ朝のスルターン、マフムード［在位、九九八～一〇三〇］は、お気に入りの美少年マリク・アヤーズ▼が入浴すると聞くやいなや、一目散にすっ飛んでいってその裸体を鑑賞しては心ゆくまで愉しんでおり、マフムードとアヤーズとの二人は、後々まで理想的なカップルとして詩歌に歌いつがれた。衆道の伝統もまた後々まで受け継がれた。マフムードの息子で父の蹟《あと》を継いだスルターン、マスウード一世［在位、一〇三一～四二］は、衣裳係りの奴隷ヌーシュタギーンを殊の他愛して、「わが父がアヤーズに授けたものすべてをヌーシュタギーンにも与えるよう」に命じたという。この親にしてこの子あり、である。

▼マリク・アヤーズ（Malik Ayaz）　マフムード一世に寵愛されたトルクメン奴隷。重用されて高官、将軍となり、一〇二一年にはラホールの王位を授けられる。二人の愛は理想化され、ペルシア文学お気に入りの主題として詩歌にうたわれた。

【左】一六世紀の象牙細工作品。複数の人間が一時にセックスを営むことは、どの文化圏にも共通する営為であった。膣性交あり、口交あり、肛交あり、というのが通常世界のスタンダードである。

3P、トリオリズムまたはメナージュ・ア・トロワ (Ménage à trois)

三人で男女両色の快楽に耽ることも一般的だった。

【右】二〇世紀初頭のエロティック・アート。一人の男性の勃起したペニスをしゃぶろうとしながら、背後から別の男性にアヌスを掘られているのは、女装したヒジュラーであろうか。

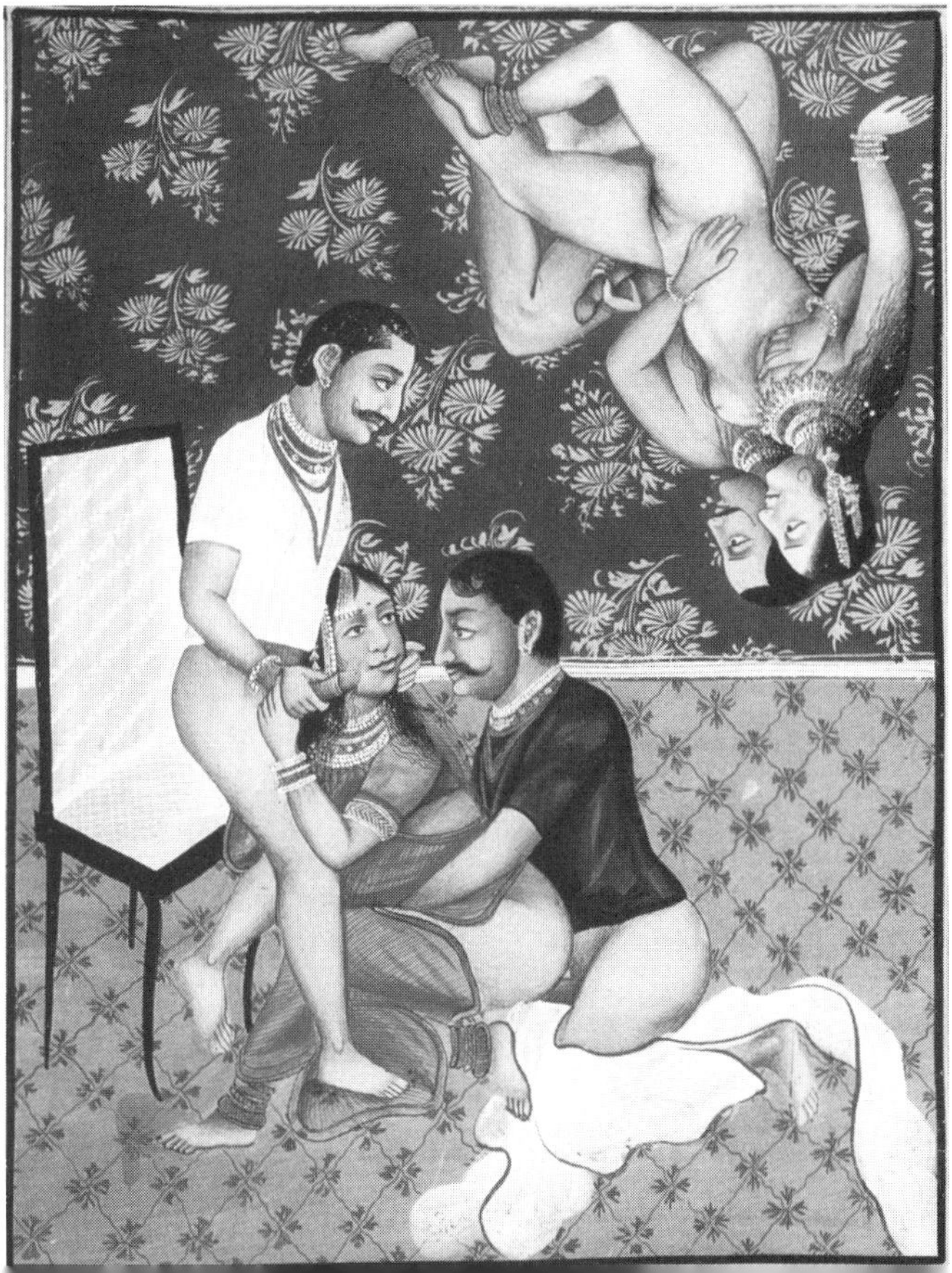

ムガル帝国の創建者バーブル［一四八三〜一五三〇］は、偉大な軍人であり政治家であったと同時に傑出した文人でもあった。敬虔なムスリムだった彼は、イスラーム諸君主の習慣を重んずる点にかけても人後に落ちなかった。晩年にトルコ散文学史上の最高傑作と絶賛される回想録［孫のアクバル大帝によってペルシア語に翻訳されて『バーブル・ナーマ』と称される。原文はチャガタイ・トルコ語（古ウズベク語）］を記しているが、その中で彼は自分の性的指向に気付き、美しい若者バーブリーと落ちた初恋の経緯《いくたて》をいとも魅力的に語っているのである。

また、アクバル大帝の長男でムガル帝国第四代皇帝のジャハーンギール［一五六九〜一六二七。在位、一六〇五〜二七］は、一〇〇〇人に及ぶ男色相手の少年をそのハレムに擁していたという。

こうして、ヨーロッパ人が来訪する頃には、「古代ギリシアをしのぐほどだ」と彼らを感嘆させるまでにインド全土の津々浦々で男性どうしの愛が交わされるようになっていた▼のである。

▼男性どうしの愛が交わされるようになっていた　とりわけ、「パンジャーブの獅子」と勇名を謳われたシク王国の創建者ランジート・シン（一七八〇〜一八三九）が、選り抜きの美男たちを随（したが）えており、最愛のグラーブ・シンには封土ジャンムーを与えて、ここにジャンムー・カシュミール藩王国が成立、第二次世界大戦後の独立時まで王国がつづいた史実は名高い。

南アジア諸国においても、世界の他の地域と同様、好戦的な民族として評判の高いラージプート、マラータ、シク教徒、アフガーン、パターン諸族ら武人社会▼では、「友愛を強固なものとするために有益だ」との理由で、男どうしの愛を称揚する風潮があった。武将や君主は大概お気に入りの男寵をもつのが習慣になっていたが、男性どうしの性愛のこと、ともすると血腥《ちなまぐさ》い行為にはしる傾向も見受けられた。例えば、一七世紀のセイロン王ラージャ・シンハ［在位、一六三五〜八七］は、身辺に若くてハンサムな男たちを侍らせて、正妻を含む女人にはまったく関心を示さず、若者たちに性的奉仕をさせた後で気の向くままに彼らの首を刎ねては快を貪っていたという。なかなか嗜虐的《サディスティック》な君主ではあるが、残念ながらこの性的奉仕の内容がアナルだったのかオーラルだったのか、その両方だったのかについて、詳細は書き残されていない。また、「マイソール

小姓を随える若き君主　ムガル細密画。19 世紀頃。薔薇の花を鏤めた美々しい衣裳を纏った君主（ラージャ）は、お気に入りの若者に同じく花模様の綺麗な衣裳を着せて侍らせ、閨房内だけではなく、外出もともにして散策の時を過ごした。

の虎」として知られたインド南部、マイソールの国王ティプー・スルターン［位、一七八二〜九九］は、侵略者イギリスと勇敢に戦い、捕虜となった英国人青年たちにスルターン自身の男根をいじらせて、彼らの口に無理やり突っ込み思うさま弄《もてあそ》んだり、彼らの肛門を犯してから鞭打ちや火焙りなどの拷責を加えて殺したり、巨根をそなえた黒人の大男たちに凌辱させるなど散々嬲り者にしたあげく、首を刎ねて処刑していた。この史話は、かろうじて難を逃れた生存者の証言にもとづいて記録されている。

▼武人社会　アフガーン人、バローチ人、パシュトゥーン人、カシュミール人らインド北方の尚武の民、とくにアーフリーディー族の間では、「女は不浄な者」と蔑視されていたので、男どうしの友愛が深く培われる習慣が定着していた。二〇世紀末になっても、アフガニスタン西北部のパターン文化においては、男性が年下の男性を愛人として持つ風習がつづいていた。

【上】ムガル帝国創建者バーブル。回想録『バーブル・ナーマ』の写本の装画。一六〇五年頃。ベルリン・イスラーム美術館蔵。美しい青年バーブリーとの初恋が記されている。
【中】ムガル帝国第四代皇帝ジャハーンギールの肖像画。一六一七年。一〇〇〇人もの少年をハレムに擁していた。
【下】インド南部マイソールの国王ティプー・スルターン。一七九九年に描かれた肖像画の模写。英国人青年の捕虜を犯して嬲りものにして処刑したという。

第2章 イスラーム世界

若き男の子《お》のうぶひげ生えた頬めでる世の人々よ、
天上の楽園にも見出せない悦びを心ゆくまでくみ給え。
（『千夜一夜物語』四二〇夜）

女人のような酌童サーキーを背後から抱きすくめる若者。ペルシア、1630年。

1……預言者の愛した男性――ムハンマドの男の愛人と「天国の美青年」

ムハンマド［マホメット。五七〇頃～六三二。イスラームの開祖］にも心から愛した男性がいた。ちょうど釋迦［ガウタマ・シッダールタ］に美男僧アーナンダ［阿難尊者］がおり、孔子に愛弟子、顔回《がんかい》がおり、ギリシアの哲人ソクラテスにアルキビアデスらの美青年が、イエス・キリストに愛する弟子ヨハネらがいたように、深く愛してやまない伴侶と言うべき友ムアーズ・イブン・ジャバル［ムハンマドの弟子。マディーナ＝メディナの美貌と才智に恵まれた若者。黒い瞳と長い睫毛、柔らかな巻毛をした、きわめて魅力的な人物］がいたのだ。ムハンマドは彼に向かって言ったという。

「おお、ムアーズよ。私はそなたを真実、愛している」。

これぞ、まさしく「信仰告白［イスラーム信仰の基本となる五柱のひとつが、信仰の告白］」ならぬ「愛情告白」に他ならない。▼

▼「愛情告白」に他ならない　イブン・ファーリド（一一八一～一二三五）ら後世の著述家は、ムハンマドのムアーズへの情熱を「純愛の模範」とみなしている。しかし、男どうしの性愛を悪徳視するキリスト教徒の間では、ムハンマド（マホメット）は「ソドミー」を推奨した張本人だと断じつづけられた。なお、次に出てくるギルマーン（単数形、ghulam グラーム）は、王侯貴族や富豪に仕える男色相手の少年奴隷を指す言葉となった（◆1）。

少なくとも一〇人の妻と正式に結婚し、三人の女奴隷を持ち、他に一六人の女性と関係を持ったとされるムハンマドにして、なお男性の美と魅力に無縁ではいられなかったわけである。

アラブ人男性にとって、麗しい若者を見て欲望をいだくことは、他の諸民族と同じく、まったく自明の事柄だと考えられていた。

イスラーム教の聖典『アル・クルアーン［コーラン］』では、天国入りを認められた者には、錦織の寝台に寄りかかって、永遠の美しい若者たち《ギルマーン》に酒を注がれながら至福の時を過ごす特権が与えられている。義なる人＝善人には、ご褒美として天上で、秘めやかな真珠のごとき美少年がお抱えの小姓として与えられ、彼らにかしずかれて美酒を捧げられることが約束されているのだ。▼

▼約束されているのだ　『アル・クルアーン』第五六章一五節以下、第五二章二四節、第七六章一九節。ギルマーンは、サーサーン朝ペルシア帝国の王侯、将軍らに仕えていた若い男性奴隷を、アラブ系イスラーム教徒が継承したものと考えられている。

この永遠の若さを享受するアラビアのガニュメデスたちは、ギルマーン（Ghilman）とかウィルダーン（Wildan）またはウルダーン（Wuldan）と呼ばれ、楽園に迎えられる信仰あつき人々に侍るのが、そのつとめであった。

アラビアの詩人たちは、彼らを豊かな捲毛《まきげ》と馨《かぐわ》しい唇をもち、薔薇《ばら》のような眼差《まなざ》しをした、若鹿さながらの青年だとたたえている。イスラーム教徒たちの夢見た楽園とは、このようなうら若い牡鹿たちの群な

【コラム】

アラビア式「吉田御殿」——ズー・シャナーティルの城館

イスラーム以前からアラブ人は男どうしのセックスを愛好していた。

南アラビアの専制君主ズー・シャナーティル［在位、四八八頃～五一五］は荒淫にして残忍な王で、若者を自らの宮殿に誘《おび》き寄せては、閨《ねや》の相手として弄《もてあそ》び、用済みになると窓外へ投げ捨てて処分する習いであった。

男なしでは一日たりとも過ごせないこの王、次々に若い男たちを餌食にして飽くことを知らなかった。アラビア式「吉田御殿」▼1または「ネールの塔」▼2である。

しかし後五一五年のこと、その美しい捲き毛にちなんでズー・ヌワース［「捲き毛の持ち主」の意］と呼ばれていた青年ゼラシュを城館内に引き入れて犯そうとしたのが運の尽き、逆にこの若者の手にかかり、あえない最期を遂げてしまったのだ。

かくして、捲き毛のズー・ヌワースが新しい国王となったが、彼はユダヤ教に改宗してユースフ［ヨセフ］と名乗るや、非改宗者の迫害に着手、ナジュラーンのキリスト教徒二万人を壕に投げ込んで生きたまま焼き殺す他、暴虐の限りを尽くした。これでは衆道狂いの前王のほうが、まだましと言うものだ。かくして、捲き毛王は在位一〇年にしてエチオピア軍に敗北を喫し殺されたという◆1［五二五年］。

▼1　二度も夫と死別した千姫が、通りすがりの美男を吉田御殿に誘いこんでは交愛し、飽きると惨殺して井戸に投じていたという伝説がある。

▼2　フランス王ルイ一〇世（在位、一三一四～一六）の妃マルグリット・ド・ブルゴーニュは、セーヌ河畔のネールの塔で学生や騎士、船頭たちと歓を尽くし、欲望を満たすと、男たちを袋に詰め込ませ、河中に投げ込んでいたと伝えられる。

す快楽の苑《その》に他ならなかったのである。

ハディース［預言者ムハンマドの言行録、伝承］によれば、ムハンマドは「未だ髭《ひげ》の生え揃わない若者たちは、極楽の美女フーリよりも誘惑に富み、あまりにも魅力に満ちているから、ゆめゆめ彼らを見つめ過ぎてはならぬ」と警告を発しており、また神アッラーフ［アラー］自らが預言者の前に輝かしい美青年の姿で現われたと語ったともいう。

アラブ人の間では、イスラーム以前から長い男色の伝統▸があった。それはたんに隊商《キャラバン》生活における少年愛の習慣に限らず、アッラートらの女神に奉仕する神官層や歌舞音曲団の世界にも広く行なわれてきたものであった。

さらにアラブ人は、情熱的な友愛《イシュク》（ishq）を、「二つの肉体に宿る一つの魂」として重視しており、友愛のための死は聖戦《ジハード》による死と同じく、天国へ直行する死であると信じていた。彼らにとって男性問の友愛は至高善だったと言ってよい。

▸長い男色の伝統　先イスラーム時代の楽人（mukhannath ムハンナス）の中では、トゥワイス（六三二頃～七〇〇）とその愛弟子アル・ダラル・ナフィードとの親密な師弟愛が、とりわけ名高い（Conner, Sparks & Sparks (1997); etc.)。

2……カリフたちの愛——バグダードは男色のメッカ◆2

アッバース朝イスラーム帝国の極盛期、黄金時代と言えば、『千夜一夜物語』でもお馴染みのカリフ［教主］、ハールーン・アル・ラシード［在位、七八六～八〇九］とその息子たちアル・アミーン［在位、八〇九～八一三］とアル・マアムーン［在位、八一三～八三三］の時代であろう。

この時期のバグダードに少年愛が盛行したのも、また当然と言ってよい現象だった。カリフのハールー

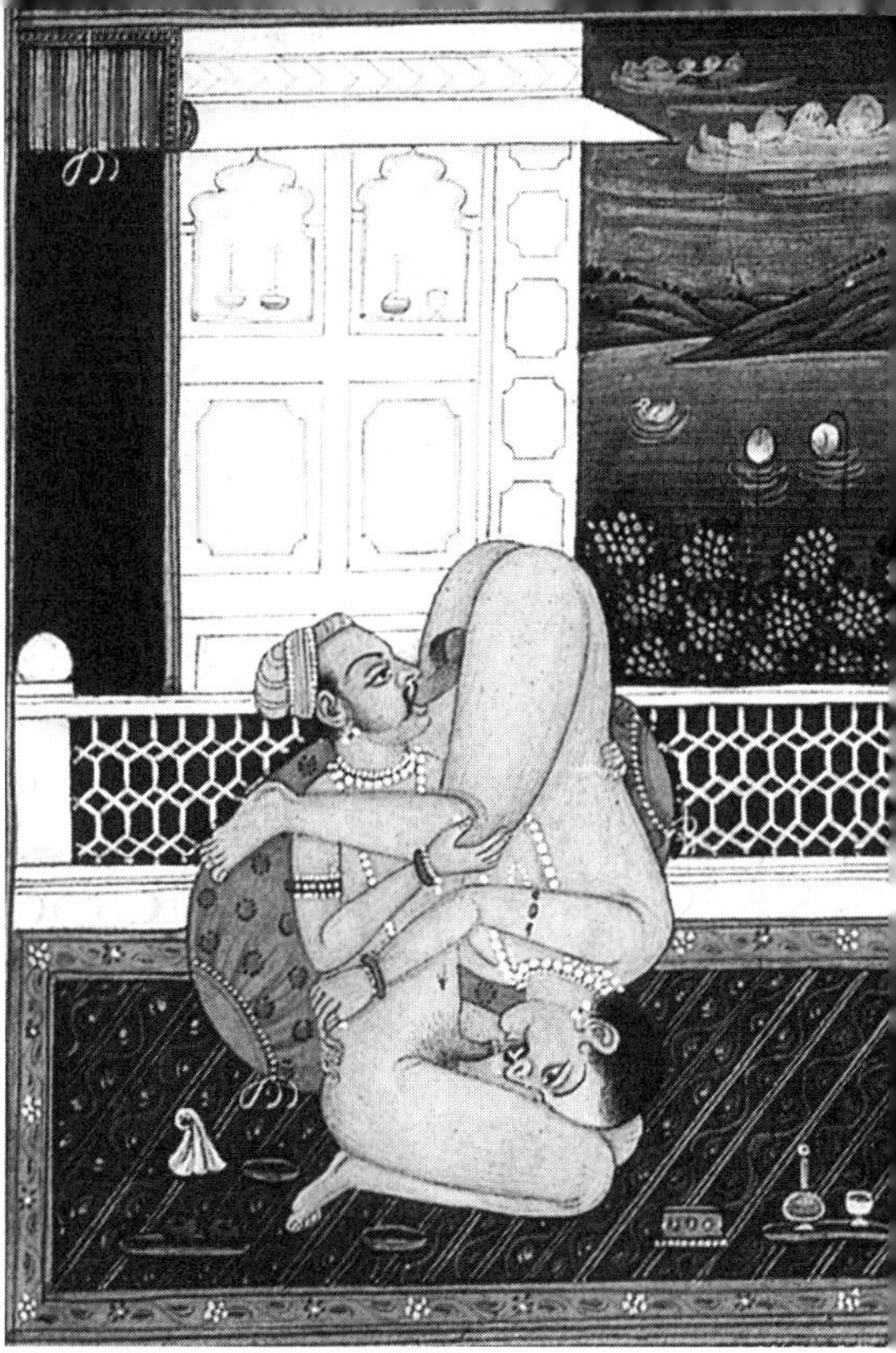

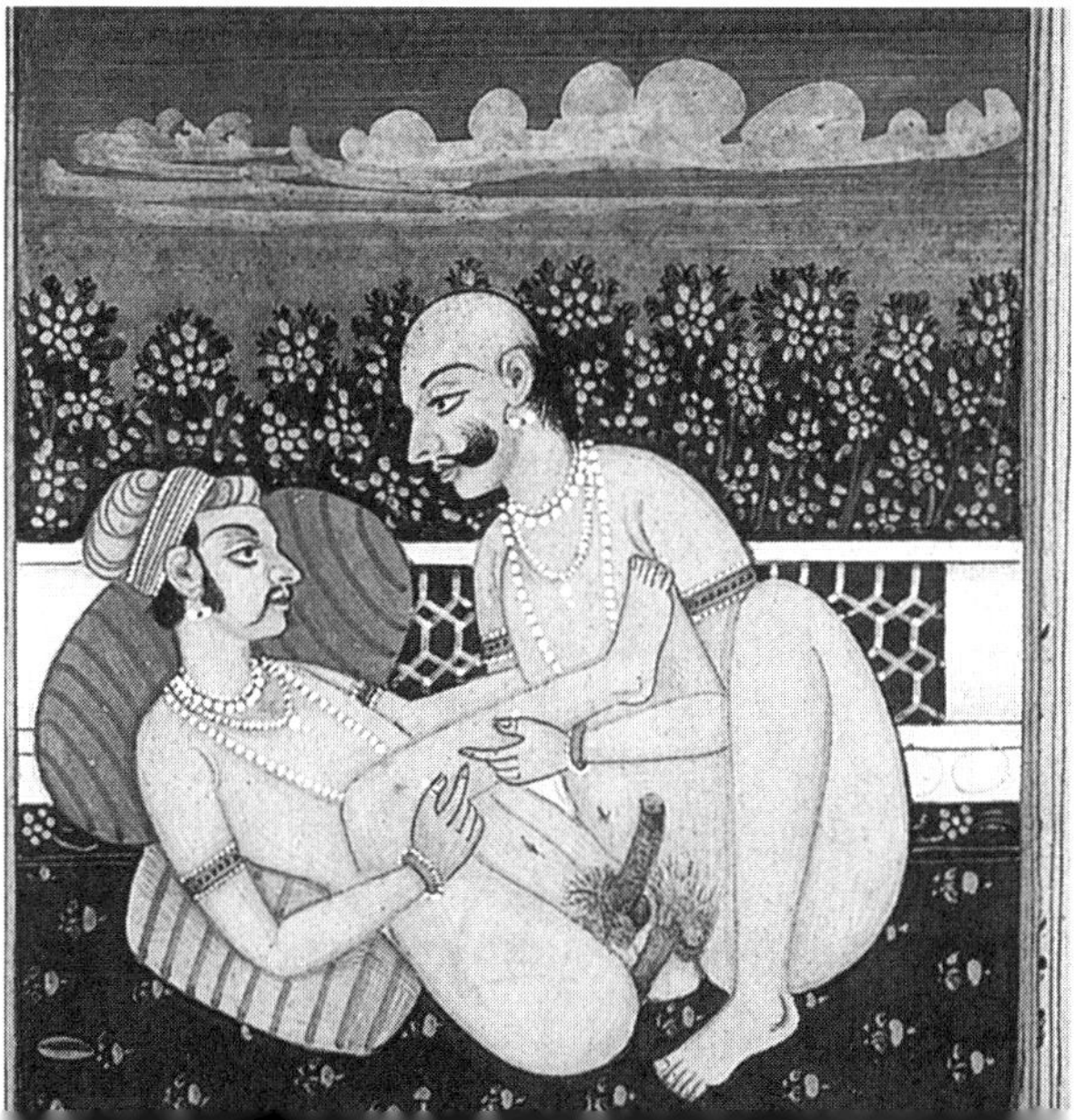

性愛を娯しむ男性たち　20世紀。69の体位で互いのペニスを舐め合うカップルもいれば、肛門性交を営むカップルもいる。現代になっても男性たちは愛し合う習慣を捨てなかった様子が、よく窺える作品である。すべて髭の生えた成人男性どうしであることに留意されたい。

ン・アル・ラシード自身が、権門バルマク家の息子で容姿の秀でた好青年ジャアファル〔七六七頃～八〇三〕をこよなく熱愛して文字どおり寝食をともにし、一着の寛衣に二つの襟を仕立てさせては、この服を二人で着て楽しむありさま。まさに君臣一体そのものという親密さを誇示していたからである。ジャアファルの父親ヤフヤーは、ハールーンの幼少期以来の後見役をつとめ、ジャアファルの兄ファドゥル〔ファドル〕は、ハールーンの乳兄弟にあたるという重縁の仲であった。バルマク一門の多くが栄職に就き、まさに彼らの権勢は頂点に達していた。

　これほど深く愛されていたにもかかわらず、八〇三年一月に突如としてバルマク家は失寵する。歴史家アル・タバリー〔八三八～九二三。アッバース朝時代のバグダードで活躍した学者〕によると、総勢一二〇〇人を超える一族全員が、わずかに三人を残して虐殺されてしまったとのこと。伝えるところでは、その原因はカリフの嫉妬にあったという。ハールーンはいつもジャアファルと後宮内で遊楽に耽っていたいと思い、「天下随一の美女」と謳われた自分の姉妹アッバーサとジャアファルとに形式だけの結婚をさせた。その際カリフはジャアファルに、「彼女の体には絶対に手を触れてはならぬぞ」と、とくに厳しく命じておいた。ところが、名ばかりの夫婦でいると厳粛な誓いまで立てておきながら、当代きっての美男美女のこと。ある日、酒に酔ったジャアファルは妻と交わるというとんでもない過ちをおかしてしまい、いつしか二人の間には子供まで生まれる始末。カリフの怒りを怖れて、その児は宦官と奴隷女との手に委ねられて、バグダードからメッカ市内へ運ばれ、某所で隠し育てられていた。しかるに、その秘密はやがてハールーンの正妃ズバイダに嗅ぎ出され、彼女を通じてカリフの知るところとなる。逆上したハールーンは腹心の黒人宦官マスルールに命じて、ジャアファルの生首を刎ねて大皿の上に載せて持ってくるよう命じた。命令は即座に実行された。アッバーサと子供は床下に生き埋めにされ、ジャアファルの父ヤフヤーと兄のファドゥルは投獄の憂き目をみた。一門の財産はことごとく没収され、同家に属する人々は老若男女を問わず三昼夜にわたって殺戮されたという。後世になると、ジャアファルは肛門なしに生まれた奇形児で、豚や蛇の血をのんで育てられ、やがてハールーン・アル・ラシードの鍾愛をこうむって宰相になったのだとか、吸茎者《フェラトル》（fellator）として絶妙なテクニックで教主の愛顧をかち得たのだといった奇談がつけ加えられた。

この事件など、あたかも徳川三代将軍家光〔一六〇四～五一〕が、お気に入りの小姓上がりで二大寵童の一人、酒井重澄に、「子を儲けるな」と厳命しておいたのに、病気療養中と称して自宅に籠もっているうちに妻妾に子供を孕ませていたことが発覚。嫉妬に駆られた家光によって改易・配流に処されたうえ、ついに自害に追い込まれたという史話に類するものと言えるだろう。

ハールーン・アル・ラシードの宮廷はまた、歌手のイブラーヒーム・アル・モウスリーや黒子《ほくろ》の綺麗な美男小姓ヤシル・アル・リフラーがカリフの寵愛を受け、飲酒と衆道を謳う自由思想家の詩人アブー・ヌワースが活躍していたことでも知られている。中でもアブー・ヌワースは、『千夜一夜物語』中にもハールーンの文人食客・詩友として登場するので、すでにお馴染みの方々も多いことであろう。

大詩人アブー・ヌワースの恋――酒と愛慾の日々

夜の星にも似た顔《かんばせ》の若者たち、
あまりの優美さに彼らを見ると、憂いもはるる。
私は彼の腰のあたりで望みを果たした。
こともあろうに私のごく親しい友人を相手として。
（アブー・ヌワース、塙治夫訳）

アブー・ヌワース〔七五六頃～八一四頃。本名アル・ハサン・イブン・ハーニー。通称のアブー・ヌワースは「捲き毛の人」といった意味の一種の雅号〕は、アッバース朝詩人の最高峰にして男色詩の第一人者として名を馳せた大詩人である。恋と酒の詩に優れ、唐の李白と較べられることもある。

師たるクーファの詩人ワーリバ（Waliba ibn al-Hubab）は、遊蕩児のほまれ高く、美少年で才気煥発のアブー・ヌワースを一目見て気に入り、クーファへ連れて帰って男色相手として寵愛しつつ、詩作の方法と酒色の道の手ほどきをした。▼のちアブー・ヌワースは、バグダードで宰相バルマク家一族やアッバース朝カリフのハールーン、アミーン、マアムーン三代の殊遇を得て、宮廷詩人として活躍。伝統を無視した斬新な詩作法で後代に大きな影響を及ぼした。とりわけ酒と愛の歌を得意とし、アラビア文学界に若者に対する恋愛詩という新たなジャンルを確立した。酒舗の酌取りの若者や、友人の可愛がっている美しい青年らに熱い血をかき立てられて詠《よ》んだ「少年愛の詩」に、その本領が遺憾なく発揮されている。

▼**手ほどきをした**　古代ギリシア・ローマ世界と同じくアラブ・イスラーム圏においても師弟間の男色関係は、きわめて一般的だった。しかし、このトピックについて語ると長くなるので、機会があれば稿を改めて書いてみたい。

アブー・ヌワースの男色恋愛詩は欲望がストレートに出ていて、情熱に溢れており、調子のよい優れた作品が多いという定評がある。たんにうら若い美少年のみならず、すでに鬚《ひげ》のはえた青年にも、「彼の鬚はその魅力をなおいっそう増すものだ」と、こよなく深い情愛を寄せてやまない。

『千夜一夜物語』に登場するアブー・ヌワースは、三人の容姿端麗な色若衆を自宅に招いて相互男色（Alish Takish）に歓を尽くし合う艶話とか、酒場で若くてハンサムな男のために使った銀貨一〇〇〇枚が支払えなかったため身柄を質に差し押さえられしまい、カリフのハールーンに召し出されても出仕できなかった滑稽譚といった、男色逸話の主役に仕立てられている。その他、美男と美女の優劣論争を闘わせる物語の中でも、彼の詩句は美男愛好派によって援用され、女人にまさる若者の価値と魅力を称揚する際に能弁を発揮する（『千夜一夜物語』三三八夜～、三八一夜～、四二〇夜、など）。また彼はキリスト教徒やユダヤ教徒、ゾロアスター教徒の若者たちと寝たことを誇らかに語り、「それがイスラーム教徒の義務だから」と付け足して、後世の詩人たちにムスリム［イスラーム教徒］たる者の範を垂れている。▼

▼**範を垂れている**　ここでもまた、他の文化圏と同じく「挿入の力学」が認められる。異民族に対して挿入する行為は、相手を屈従させ支配することを意味しているのである。つまり、アブー・ヌワースはこう語ることで、ムスリ

ム男性たるものは異教徒に対する仕手役となって服従させるのが義務である、と主張しているのだ。このように非ムスリムへの肛交は、イスラーム法学派によっても正当化され得るものであった。

アブー・ヌワースの時代から男色詩は、のちにガザル（ghazal）として発展する「ロマンティックな恋愛詩」と、放縦で時にはアナル・セックスに関するスカトロジーめいた際どい文句も現われる「ムジューン［艶笑譚・猥談］」との二種類に区分されるようになる。

その彼が例外的に愛した女性はグラーミーヤ［男装女］のジャナーンただ一人であった。

このグラーミーヤの流行をはじめたのは後で述べるように、カリフのアル・アミーンだった。伝えるところでは、アル・アミーンは若い頃にはたいそう美男子だったので、アブー・ヌワースは彼にぞっこん夢中になってしまい、宮中ではいつもしげしげと眺めやっていたという。これに気付いたアミーンから「そんなに穴があくほど凝視しないで下さい◆3」と頼まれるぐらいに。

女嫌いの美男カリフ

最盛期のアッバース朝カリフのうちでも、とくにアル・アミーンは男色を好むことはなはだしく、ハレムの女たちになぞ見向きもしなかった。そこで、後継者の絶えることを憂慮した母妃ズバイダは、一計を案じ、若くて眉目優れた女人たちを選び出すと彼女らを小姓姿に装わせたうえで息子に献上した。これが色男好みのアミーンの気に入り、何人かの男装の麗人はカリフの寵愛をこうむったという。以来、イスラーム世界では、この剣を帯び、髪の毛を短く刈り込み、口鬚まで描いて男装した女小姓グラーミーヤがもてはやされ、これら男装の小姓を身辺に侍らせることが一世紀以上にわたり広く全土で流行するようになる。

美青年ギルマーン（単数形 Ghulam グラーム）を寵愛する制度をはじめたのも、このアミーンの功績に帰せられている。また彼はサーサーン朝ペルシアにならって宦官ないし閹人《えんじん》、去勢奴隷を好んで情事の相手にし、彼らを高位の官職に登用、以来、イスラーム諸国で宦官が組織的に用いられるようになる先鞭をつけたという。アミーンが異母兄のマアムーン軍に敗れて最期の時を迎えるまで同伴した寵愛の側近カウサルもまた、去勢された黒人小姓であった。

▾アミーンが……であった　アミーンとマアムーン兄弟の甥アル・ムタワッキル（アッバース朝第一〇代カリフ。在位、八四七〜八六一）も男色好みで知られており、ムハンナスと呼ばれる受け手の楽人たちを称讃し、その治下には男色詩が、まことに繁栄した（Summers (1995/2002); etc.)。

たしかにイスラームの聖典『アル・クルァーン』には男色に対する禁忌《タブー》があるにはあった。[4] しかし、自然な習慣は不自然な戒律を常に超克するものである。アラブの詩人たちは禁令なぞものともせずに、高らかに男どうしの愛を謳い上げていく。

▾自然な習慣は……超克するものである　女性を隔離した男系氏族社会に男色盛行の原因を指摘する説は根強い。たしかに俗耳に入りやすい意見ではあるが、それでは何人もの妻妾をほしいままにわがものとすることのできた、カリフやスルターン、シャー、アミールら君侯が、男色を女色より好んだ理由が説明できないのではないだろうか。

ともあれ、イスラーム文明圏では男色は、かなり早くから女色と同じくまったく自然な恋情と見なされて、何ら怪しまれなかったようだ。ウマイヤ朝の八世紀には、カリフ、アル・ワリード二世［在位、七四三〜七四四］が熱愛する詩人の全身に――性器を含めて――くまなく接吻を浴びせたように、男どうしの熱い情愛はすでに一般化していたと見てよい。[5]

大征服によって完成された広大な帝国――東は中央アジア、インドから西は北アフリカ、イベリア半島にわたる版図――の全領域において、少年愛や衆道が眼を瞠《みは》るほど隆盛をきわめたことは注目に値する。男性間の性愛は、愚直なキリスト教徒やユダヤ教徒の社会のように抑圧されるどころか、身分、職業のいかんを問わず上下に浸透し、時には詩歌や散文において讃美されることすらあったのである。

おかげでアラビア語には男色用語が限りなく豊富で、男倡を意味する言葉だけでも何十通りもの語彙があるという。[6]

アラビア文学の恋愛詩は、大半が男から男にあてて書かれたものである。男女両色を扱った詩文学の諸

【コラム】

若者たちのハレム
――花盛りの後宮

美しい若者や凛々しい青年たちの起居する後宮の存在は、古代オリエント、ヘレニズム世界にあってはきわめてふつうのことであった。いな、オリエントやギリシア文化圏に限らず、およそ快楽を愛する君主のいるところであれば、世界中どの地域にも見られたものといってよいだろう。

ローマ帝国も、むろん例外ではない。穏和な名君として慕われたティトゥス帝は仕手役《エクソレトゥス》の青年や受け手役の宦官《スパド》たちの一群を蓄えて、彼らを愛しており◆[1]、五賢帝中でも最高の元首ともてはやされたトライヤヌス帝はたくましい体つきの若者たちからなる小姓部隊《パエダゴギア》をかかえ、夜となく昼となく彼らを召し出して抱く習いであった。

名君・賢帝ばかりではない。暴君として悪名高いドミティアヌスは、詩人マルティアリスによれば宮廷に択りすぐりの美しい寵童を一〇〇〇人も擁していたという◆[2]。コンモドゥス帝が身分や地位を問わず三〇〇人に及ぶ美男子を集めて性の快楽に耽溺し、とりわけ雄偉なペニスの持ち主を慈しんでフェラチオやアナル・セックスを楽しんだのも◆[3]、巨根の男を好んだことにかけては右に出る者のない少年皇帝エラガバルス［ヘリオガバルス］が逸物のサイズにしたがって数多の情夫を宮殿に召し抱えて登用したのも◆[4]、当時としてはさして珍しいことではなかった。

皇帝だけに限らない。ローマの貴族や富豪たちも見目麗しい少年奴隷を競って買いあさり、閨房の相手として彼らの肉体をもてあそんだものだった。六五年にネロ帝は執政官《コンスル》のウェスティヌスを処刑し、その財産を没収したが、その目的たるや、ウェスティヌスの妻スタティリア・メッサリナを奪って后《きさき》にするためだけではなく、彼のかかえている大勢の粒よりの美少年をわがものとするためでもあった◆[5]。

ヘレニズム時代の君主の中でも、マケドニアのデメトリオス一世ポリオルケテス「在位、前二九四～前二八七」や、エジプトのプトレマイオス四世「在位、前二二一～前二〇四」などは、他の王侯より一段とまして、多くの美少年を熱心に王宮に集めていたことで評判をとった。歴史の父ヘロドトスによれば、「ペルシア人は少年愛をギリシア人から習った」ということであるが、実際は逆であろう。古代オリエント社会には、ずっと旧くから男色の風習が定着しており、むしろギリシア系の君侯が強大な権力を掌握し、東方風の豪奢な享楽生活に触れるにつれて、こうした美少年のハレム制度をとり入れていったものと考えるのが妥当である。

現存するペルシア人の聖典『アヴェスター』や、アラブの『アル・クルアーン「コーラン」』は、男色や鶏姦をかたく禁じている。ところが、皮肉なことに、後世に至るまで、古代ギリシアをしのぐほど同性どうしの愛、とりわけ少年愛が盛行したのは、これらの地域においてであった。それに反して、ナザレのイエス本人は、決して〝同性愛〟を否定せず、彼自身その傾向が色濃くあったにもかかわらず、キリスト教国では男色が罪悪視されていくことになる。

アラビアの歴史家アル・タバリー「後八三九～九二三」の記すところでは、イスラーム帝国にペルシア風の小姓《ギルマーン》寵愛の制度を確立したのは、アッバース朝第六代カリフ、アル・アミーン「在位、後八〇九～八一三」だったとされる。しかし、ギルマーン（Ghilman）とよばれる美々しく装って枕席に侍り主人の特別な寵愛をうける美青年奴隷の存在は、アミーンの父、ハールーン・アル・ラシード「在位、七八六～八〇九」の時代からひろく一般に知られていた。父の衣鉢を継いで、この美貌のカリフがギルマーンたちの集うハレム組織を大成したというのが実状だったのであろう。アミーンはまた、髪を短く刈り、男装して絹のターバンをかぶった女小姓の流行をつくり出したことでも名高い「本章2節参照」。ハールーン・アル・ラシードとアミーン、およびアミーンの異母兄マアムーン「在位、八一三～八三三」の治世は、アッバース朝の最盛期にあたり、文化が爛熟をきわめ、世人は欲望の赴くがまま男色女色のふた道を享楽していた。当代一の大詩人アブー・ヌワース「七五六頃～八一四頃」は、「まだ頰に鬚《ひげ》の生えない若者たち」への狂おしいまでの愛を歌い、バグダードのある裁判官は四〇〇人もの美青年を自邸にかかえて何ら憚らなかった。

イスラーム帝国が分裂してからも、エジプトにペルシアにトルコにと、およそオリエント風の洗練された文明諸国であればどこでも、この制度は継承され、はるか後世にまで脈々と伝えられていった。例えば、インドのムガル帝国第四代皇帝ジャハーンギール［在位、一六〇五～二七］の後宮には、王妃三〇〇人、宮女五〇〇〇人とならんで、男色用の美少年一〇〇〇人が置かれていた。また、オスマン・トルコ帝国の宰相アリ・パシャ［一七四一～一八二二］は数百名の女人を収めたハレムをもっていたにもかかわらず、ほぼ男色専一に精進し、女のハレムとは別に若者たちからなるセラーリオを擁して、彼らの中から主要官僚を選び出すならいであったという。

イスラーム世界でとりわけ好まれたのは、マムルークとよばれる白人系の少年奴隷たちで、彼らはカリフやスルターンの寵愛を受け美服を着用して近侍した。白人とはいっても、実際はテュルク［トルコ］系の者が主体をなしていたらしい。本来、こうした近習《ハーンキー》であったマムルークたちが、のちにエジプトを中心に王朝を築くことになり、彼らマムルーク朝［一二五〇～一五一七年］の君主たちもまた、時に四〇〇人に及ぶ若者たちを宮廷にかかえて男どうしの逸楽に時を過ごした。イスラーム文明に憧れた神聖ローマ帝国皇帝フレデリクス二世［フリードリヒ二世。一一九四～一二五〇］が、宮廷にハレムを設け、黒人・白人の男女を相手に「内外両色に耽った」ことも、よく知られている。

中国歴代王朝の宮廷に、これに類した美童の群れが蓄えられていたことは、何らあやしむに足りない。春秋五覇の筆頭、斉の桓公［在位、前六八五～前六四三］以来、内外を好む君主は数知れず、漢の高祖［劉邦。在位、前二〇六～前一九五］やその子、恵帝［在位、前一九五～前一八八］の頃には、両帝の寵愛を蒙った籍孺や閎孺などという美青年の顰《ひそ》みに倣って、侍従や近侍の者たちは、こぞって錦鶏の羽で飾った冠をかぶり、貝を嵌《は》めたベルトをしめ、脂粉をつけて妍を競い合った。諸帝の中には、男色にうつつをぬかして女人を近づけなかったため、後継者の絶えることを憂えた臣下に、宮女とも接するよう諫められる人物さえいた。後漢末に台頭した梟雄、董卓［？～後一九二］もまた、権力を握ると宮殿を造営し、ここに選り抜きの美女や美少年八〇〇人を入れたという。

男色が最も流行した宋代・明代になると、上は王侯より下は庶人に至るまでこれをたっとび、女色を圧倒して妻と離婚する者が続出、ついには「天下の婦女、廃すべし」と女色廃止論の奏上を試みる官吏さえ出現する。清朝末期になっても、咸豊帝［在位、一八五〇～六一］の弟、恭親王奕訢《えんきん》［一八三三～九八］が美少年を大勢蓄え、その嫉妬抗争が昂じて刃傷沙汰まで惹起した事件や、ラスト・エンペラーたる宣統帝、溥儀《ふぎ》［在位、一九〇八～一二］が男性ばかりを愛して、皇后と不仲であったことなどは、日本でも比較的よく知られているのではなかろうか。

わが国の美少年愛好と小姓制度については、今さらここに縷言をつらねる必要もないかと思われる。周知の如く、男寵の風華やかなりし平安末葉・院政期からこのかた、歴代天皇や公卿、高僧、降《くだ》っては室町、江戸時代の将軍家や大名家にあっては、美童を養うことが通例となっていた。

「犬公方」の渾名で馴染み深い徳川五代将軍、綱吉［在職、一六八〇～一七〇九］に例をとってみれば、姣童《こうどう》一五〇人をつねづね城内にたくわえ、枕席に侍る小姓たちの数は、大奥の寵姫らの倍をこえたという。綱吉公は、妻帯する者であれ、大名家の当主であれ、あるいは堂上《とうしょう》方の子弟であれ、およそ美貌の者であれば、みさかいなし、かまわず召し出して近習とした。しかし、この将軍、たいそう嫉妬深く、彼らが親族の者と口をきくのはおろか、手紙をやりとりすることまで厳重に禁止してしまったのには呆れ返る。男振りがよいというだけで、能役者や台所の料理人、駕籠かきといった身分軽き者たちが、褥《しとね》に招かれ、寵用されるためしも珍しくはなかった。はじめは容色を以て鍾愛されていた柳澤吉保［一六五八～一七一四］も、後には自邸に殿舎を設けて数多くの美少年を蓄え置き、綱吉公のお成りを迎えた折りには、夜伽《よとぎ》の者として献上するならいだったとか。いわば、色香のうつろえたポンパドゥール夫人が、ルイ一五世［在位、一七一五～七四］の漁色の用に設けた「鹿の苑」の男色版といったところである。

綱吉の在職した元禄前後は世をあげて天下泰平を謳歌した時代。財力を得て勃興した町人たちもまた、武士や僧侶にまけじとばかり、衆道狂いにはしった。井原西鶴［一六四二～九三］の浮世草子『好色一代男』の主人公、世之介《よのすけ》は、五四歳までに計三七四二人の女に戯れたが、その合間に七二五人の少年とも誼を通じたとされている。西鶴当人も四十代半ばの貞享元年［一六八七年］には、すでに男性の千人斬りを果たしたと誇らし気に語っているほどである。

かたや近世ヨーロッパに冠絶する色豪カサノヴァ［一七二五〜九八］が、無数の女たちを漁ったのみならず、名うての男色愛好家であったことは、案外知られていないのではないだろうか。若いころ、女方《おんながた》［女形］の少年俳優に夢中になって以来——とりわけ後年、女色に倦んでからは——、いく人もの男と同性愛に耽るようになった。パドヴァ大学を追い出されたのも、派手に男色をやらかしたからだという。とはいえ、その数は〝好色一代男〟世之介の記録にとうてい及ぶまい。

華麗な異性間恋愛遍歴を送った英国の詩人バイロン［一七八八〜一八二四］卿が、大勢の年下の若者たちを愛したことも、レイディ・キャロラインとの奔放な情事の陰にかくれて、あまり語られることがないようだ。マルキ・ド・サド［一七四〇〜一八一四］の例を引くまでもなく、色事師・漁色家というものは、洋の東西を問わず、男女両性を好むものと相場が決まっているらしい。いや、そうでなければひとかどの蕩児たる名に価しないのであろう。

ルネサンスから近世ヨーロッパの諸侯——例えば、ミラノのフィリッポ・マリーア・ヴィスコンティ［一三九二〜一四四七］やトスカーナのジャン・ガストーネ・デ・メディチ［一六七一〜一七三七］ら——が、好んで見目麗しい小姓たちを囲い、その宮殿《パラッツォ》が一種ハレムの観を呈していたという史実については、もう触れないでおこう。世俗の君主に劣らず、ローマ教皇をはじめとする高位の聖職者らも、美童を蓄えることに血道を上げたが、その種の話も最早や聞き飽きた。

アシャンティ[▼1]の高官やウガンダの首長たちのハレムにも少なからぬ数の男奴隷が性的快楽の用に仕えていて、主人の死に殉じてあとを追う習俗があった。その他さまざまな部族社会にあっても、男色が制度化ないし組織化されていた事実は、第Ⅷ部第3章で見ることになるであろう。[▼2]

▼1　西アフリカに強力な軍事的王国を築いていたアカン系の民族集団。アサンテともいう。

▼2　右記の他に、美少年のたむろする後宮といえば、三〇〇〇人の面首を控鶴府に蓄えたと誇称する周の武則天（ぶそくてん。唐の則天武后）を筆頭に、ロシアのエカテリーナ二世やアンゴラの女王ジンガら各国の女性君主の夜伽をつとめるために集められた男妾たちのグループがあげられるが、これは本書の内容とは質を異にするので、別の機会に語ることにしたい。

ジャンルが発展していたとはいえ、恋愛詩の分野では愛し合う当事者が両方とも男性であるという男色詩が圧倒的に優位を占めていた。

かくして文学作品には、大概男性どうしの愛がうたわれ、バグダードのイブン・ダーウード▼や、コルドバのイブン・ハズム〔九九四～一〇六四〕、北アフリカのアル・ティーファーシー〔一一八四～一二五三〕らの著書に認められるように、美しい若者への恋情や色事の諸相を綴ることが主流《スタンダード》となっていく。さらにその後、イスラーム期ペルシアの名だたる大詩人ルーミーやオマル・ハイヤーム、サアディー、ハーフィズ〔ハーフェズ〕、ジャーミーらの詩文において、男性愛はいっそう高らかに称揚されるようになるのである。

▼イブン・ダーウード　八六八～九〇九。九世紀末に活躍した法律家・神学者。愛するムハンマド・イブン・ジャーミーに詩集『花の書』を献げる。のちこの男に恋い焦がれて死んだという。

カスピ海の南岸地方を支配したズィヤール朝〔九二七～一〇九〇頃〕の第七代の王カイ・カーウース〔在位、一〇四九～六九〕は、息子ギーラーン・シャーのために、王者たる者がいかにあるべきか、その理想の姿を説いた教訓の書をペルシア語で記した。この鑑文学『カーブースの書』の中で彼は、「性の愉しみ」について「男色と女色のいずれにも片寄ってはならない」と諭《さと》すことを忘れてはいない。「禁欲には害がある」と正しく理解していた聡明な王は、「夏場には若者、冬場には女と寝るがよい」と助言してもいる。◆7 このくだりなどわが国の「春夏は男色、秋冬は女色」という伝統に合致するし、ルネサンス期のローマ教皇シクストゥス四世〔一四一四～八四。在任、一四七一～八四〕が、枢機卿たちの要請に応じて、暑い盛りである六月から八月までの夏季三ヶ月の間は、ソドミーを実行するよう奨めたという話にも一脈通ずるものがある。▼

▼……一脈通ずるものがある　中世イスラーム世界の恋愛詩をひもとけば、必ずと言ってよいほど若道をうたった作品が見出されることであろう。これは千年以上にわたり、ムスリム社会のどこにでも見られる汎世界的現象であった。バグダードやダマスコスなどの古都に限らず、イスファハーン（エスファハーン）、シーラーズ、デリー、カーブル、カイロ、カイラワーン、チュニス、フェズ、コルドバ、セビーリャ、グラナダ、コンヤ、イスタンブル、サ

マルカンド、ブハーラーなど、どの都市で編纂されようと、驚くほど変わらず普遍的に認められる恋愛詩の特徴となっていたのである（Murray & Roscoe (1997); Crompton (2003); Greenberg (1988); etc.）。

3……アラブ・ペルシアなどイスラーム世界の男色礼賛——「剣か寵愛か」◆8

美しい若者を見て何も感じないという男は嘘つきだ。そやつの言う通りならば、やつは人間ではない。動物でしかあり得ぬ。

（イブン・アル・ジャウジー［一一一四～一二〇〇。ハンバル学派の法学者］）

戒律の杓子定規な遵守よりも、現実的な悦楽を重視するだけの英知と良識に恵まれていたイスラーム世界の人々は、初期の一部の狂信者を除いて、禁忌など意にも介さず男女両色を享受していた。

元来、イスラーム教は、禁欲的なキリスト教に比して性に対して否定的な宗教ではなかった。また、『アル・クルアーン』で〝ソドムの罪〟に該当する行為が非難されてはいるものの、明確な処罰法は記されておらず、法学派によって判断が区々《まちまち》に分かれていた。▼ また三〇万条とも六〇万条とも言われる膨大な数に達するハディース［預言者ムハンマドの言行録。伝承］も、相互に矛盾し合う言句が多かった。ハディースによれば、ムハンマドのあとを継いだ正統派カリフのアブー・バクル［在任、六三二～六三四］は、肛門性交の受け手を処刑したと伝えているが、別のハディースにしたがうと、ムスリムで処刑されるのは、姦通と殺人と信仰否定の三者のみであるとして男色を除外している。▼

▼**判断が区々に分かれていた**　退行現象をきたしている今日でも、「『アル・クルアーン』は男性間の性交渉を明確には非難していない」とか、「ソドムの人々が罰せられたのは過度の乱行に耽ったためであり、男色者に対する厳罰ではない」と主張するまともな人々がいる（Vanessa Baird, "Out South," *New Internationalist*, October 2000; etc.）。

▼**男色を除外している**　いずれにせよ、女色の私通のほうが男色の肛交よりも厳しく処断された。しかも、交接のあった事実を立証するには男性四名の目撃証人を必要としたので、両者が合意のうえで行なった場合、立件は不可能に近かった。

ともあれ、当然ながら伝統のほうが、題目や戒律、立て前などというものよりは強く長く生きながらえるものである。

アル・ジャーヒズ［七七六～八六九頃。アラブ古典散文学の確立者］の説によると、ムスリム社会に本格的に男色が浸透しはじめたのは、東北ペルシアのホラーサーン地方からであったという。七四七年にこの地でウマイヤ朝に対して反旗を翻した将軍アブー・ムスリムが、麾下の将兵に女色を禁じた頃から俄然男どうしの性愛が流行しだしたというのだ。文化的により進んだペルシア人を征服したあと、——ちょうどギリシア人を征服したローマのように——イスラーム大帝国はもののみごとにペルシア化されていった。それにつれて、男色や少年愛の風習も一段と洗練の度を加えたのである。

しかし、遊牧民ベドウィンの部族に関して「彼らほど拡がった肛門の持ち主はない。海よりも砂漠よりも、それは広い」といったジョークがあるくらいだから、都市部と言わず砂漠・荒地と言わず、いずこの地にあっても、古来の性習慣は変わることなく存続していたといってよい。▼

▼**存続していたといってよい**　預言者ムハンマドの属するクライシュ族には、受け手の男色家があまりにも大勢いたので、それに関する俚諺ができたほどであった。

4……スペイン・ウマイヤ朝（後ウマイヤ朝）——アンダルスに咲いた花々◆9

アッバース朝に追われたウマイヤ家の生き残りアブドル・ラフマーン一世がスペインのアンダルスの地に建てたのが後ウマイヤ朝［七五六～一〇三一］である。この新天地においても、他のイスラーム諸国に劣らず男色文

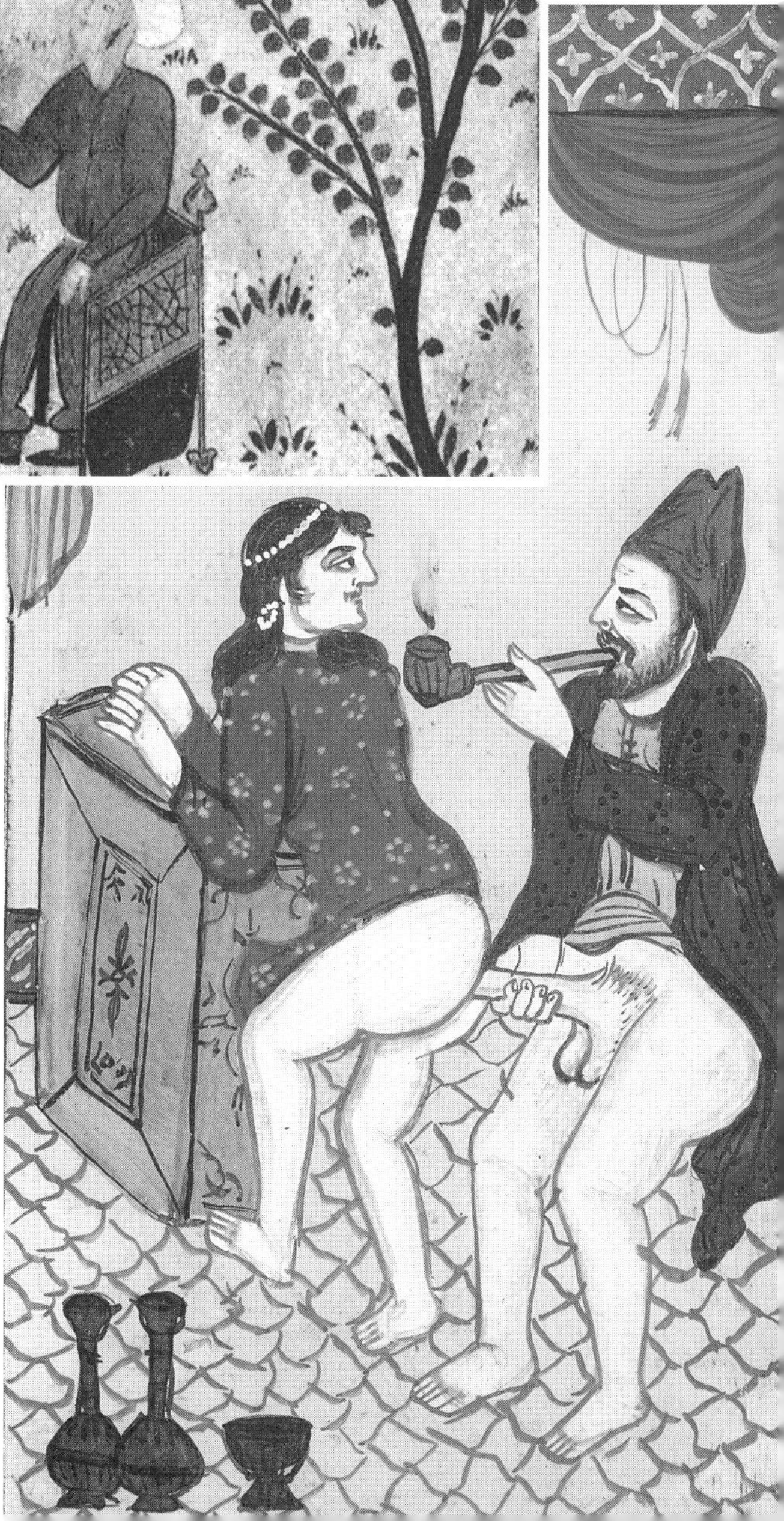

【右】エロティック文学の挿絵　アラビア。一九世紀。パイプを燻らせながらアナル・セックスのひとときを娯しむ老人。相手をつとめるのは売春夫であろうか、髪飾りと模様入りの赤い上着が印象的である。

【上】張形を弄ぶ若者　ペルシアの手稿書挿絵。一六世紀。自ら使用するつもりなのか、誰かに挿入しようと思案しているのか、どうやら「四つ目屋」（淫具屋のこと）ではなさそうである。

化の花が開いた。

両刀づかいのイブン・クズマーン〔一〇七八～一一六〇〕の詩文や、イブン・サイード〔一二一三～八六〕の詞華集、神学者イブン・ハズムの恋愛論『鳩の頸飾り』などの書物には、夥《おびただ》しい数の男色逸話が盛り込まれており、それ以外にも若者にささげられた大量の恋愛詩が現に伝存している。さらにエスコリアル修道院にある旧スペイン王室図書館には、男性どうしの性愛を扱った文献が未刊・未訳のアラビア語写本のまま、たくさん眠っているという。

その中から人口に膾炙した史譚をいくつか紹介しておくことにしよう。

後ウマイヤ朝第四代のアブドル・ラフマーン二世〔在位、八二二～八五二〕は、ムスリム男性の常として男女両色を嗜んだ。彼は美少年を去勢して性的快楽の相手とし、殊にナスルという若者をいたく寵愛していた。彼の治世にエロティックな詩歌が最初の流行をみたが、時代の好尚を反映して、以来、スペイン・アラブ詩集には必ず男どうしの愛の詩がふくまれることになる。

次の第五代目のムハンマド一世〔在位、八五二～八八六〕が二〇歳頃のこと。夜の護衛についた兵士が若くてとびっきりハンサムだったので、ムハンマドは欲情に身を焼かれ、煩悶して眠れず輾転反側《てんてんはんそく》、三度もベッドから起き上がったのち、勇を奮って何とか情欲にうち克った。その美男兵を遠ざけて階下のテラスへ降りさせてから、彼はようやく休息をとることができたという◆[10]。

後ウマイヤ朝第七代のアブダッラー〔在位、八八八～九一二〕は、男色詩を愛し、自ら「黒き瞳の若者」への愛の詩を書いた。その廷臣で解放奴隷詩人のイブン・アブド・ラッビヒーもまた、若者への恋の詩を著わしている。

後ウマイヤ朝第八代〔カリフとしては初代〕のアブドル・ラフマーン三世〔在位、九一二～九六一〕は、通常この王朝の最盛期をもたらした名君として喧伝されている。とはいえ、キリスト教徒の間では彼を暴君扱いする殉教伝説も語られていた。キリスト教の美少年ペラギウス（ペラヨ）を寵童の一人に加えようと試みて果たせたなかったので、少年を処刑してしまったというのである〔九二五頃〕。ちなみにアブドル・ラフマーン三世の治世下の都コルドバには、サカーリバと称される白人（スラヴ人）系の宦官だけで一万三七五〇人もいたという記録が残っている。

「バグダード風」ファッション——小姓と男装の麗人

後ウマイヤ朝のカリフ、アル・ハカム二世［在位、九六一〜九七六］は、「人類最大の賢者」とうたわれる名君だった。首都コルドバに世界最高の大学を設け、そこには四〇万巻を超える蔵書があったと伝えられる。いわゆる篤

【コラム】

アストゥリアスの美少年ペラギウスの殉教

ことのほか男色好きのカリフ、アブドル・ラフマーン三世［在位、九一二〜九六一］は、頑として服従を拒むキリスト教徒の美少年ペラギウス［ペラヨ］を処刑した［九二五／九二六年］。人質として送られて来たペラギウスがたいへんな美形だったので、カリフは男色相手の従僕にしようとさまざまに求愛をこころみた。ところが、あくまでも峻拒されたうえに棄教をもかたくなに撥ねつけられたため、やむなくこれを処刑せざるを得なかったのである。一説に少年は裸にされてから、拷問を受けた後、斬罪に処せられたという。▼1

▼1　彼の殉教譚はフィクションでしかない他の大半の聖人伝とは違って、直接その刑死のありさまを目撃した人物の証言にもとづくものであり、なおかつペラギウス（九一二頃〜九二六頃。祝日、六月二六日）の死後五〇年以内に三種類の「殉教伝」が著わされている。つまりムスリムを無理やり敵役に仕立て上げるための捏造談ではないということになる。

学の賢君だったが、衆道好きのあまり男遊びに熱中してハレムの女人に注意を払わなかったので、四六歳に達しても子供がなかった。当時であれば孫がいてもおかしくない年齢である。そこでバスク人の女奴隷スブフが「バグダード風」に男装して男名ジャーファルを名乗り、たくみにカリフに近づき、かろうじて閨房で交接して嗣子［のちのヒシャーム二世］を授かった。以来、彼女は常にジャーファルという男性名で呼ばれつづけ、ボーイッシュな装いを捨てなかったという［『アンダルシア年代記』による］。男性愛繁栄の折りから、男装の麗人が「バグダード風」と呼ばれてスペインでも広くもてはやされた様子がうかがえる。

その子ヒシャーム二世［在位、九七五〜一〇〇九、一〇一〇〜一三］もまた美男子に首っ丈だった。どうやら彼は、情愛に盲日となってしまったようだ。遊楽の相手であるサンジュイロを溺愛するあまり、これを自らの後継者に擁立しようと企てるまでに突っ走ってしまったのである。そのためクーデタが起きて、いったんカリフ位を廃される破目に陥っている。▼

▼破目に陥っている　グラナダのズィール朝の君主アブダッラー（?〜一〇九〇）も、女色より男色を好み、美貌の青年たちと交わって、恋愛詩を作り赤裸々な自伝を著わした。

ちなみに右のアル・ハカムの話など、女嫌いで鳴らした上杉景勝（謙信の養子）が直江兼続の送り込んだ男装女性を侍らせ、五〇歳にして初めて唯一の実子・定勝を儲けたという史談と符節を合するものであろう。

年上の恋人——王と詩人の語らい

スペインの恋物語をつづける。

セビーリャのアッバード朝の王《アミール》アル・ムータミド［在位、一〇六九〜九一］は、衆道をたいそう好んで男色詩を書き誌した。その彼が一三歳の王子時代から恋人としていたのは、九歳年上の詩人イブン・アンマール［一〇三一〜八二／八四］であった。

ある宵、酒宴の席で詩句を交わした後で、ムータミドは詩人に向かって「今夜は私と同じ枕で眠りませんか」と誘いかけ、初めて二人は結ばれたという。ムータミドが詩人のイブン・アンマールと深い仲となり、昼も夜も片時たりと離れられなくなったと知るや、父王アル・ムータディド［?～一〇六九］は、詩人を宮廷から放逐する挙に出る。一介の詩人が国政に容喙するのを懼《おそ》れたからであろう。

程なく父王が没して位を継いだムータミドは、すぐさま詩人を王宮とベッドに呼び戻す。のみならず宰相として重く用い、彼に政治・軍事上の大権を与えた。ところが甘美な日々は長くつづかない。詩人宰相はある夜、王の手にかかって殺される夢を見て以来、心の片隅に一抹の不安を覚えはじめる。

彼の「貴方が空の三日月さながらだった若き日々、私は貴方のみずみずしい肉体を抱擁し、……」といった類《たぐい》の詩が、王を稚児扱いしているとして政敵から訴えられ、縄目に掛かったこともあった。このときは、

【コラム】

セビーリャの父子――イスラーム式「親子丼」◆1

セビーリャの法学者が、ある日、街でクルージングをしていて魅力的な青年を見つけ、彼を自宅に連れて帰ると、さっそく歓を尽くした。そのあと金《かね》をとりに私室へ入って行ったところへ、ちょうど息子が帰って来て青年を見つけるや、すぐさまこれを犯した。戻ってきた老人は、自分の息子が青年と交わっている場面を発見して声をあげた。

「何という奴じゃ！　天におわす神が『父親と婚《くなが》うた者と婚うてはならぬ』と命じられたのを忘れたのか？」

すると息子は涼しげな顔をして言い返した。

「何を惚《とぼ》けたことを言ってるんですか。その折りに、神は女色についてだけ交わりを戒《いまし》められたんですよ！」

もちろん王の命令で直ちに釈放されて事なきを得た。

　しかるに、やがて詩人は政争の渦に巻き込まれてゆき、とうとう陰謀に加担、逆上した王自身の手によって斬り殺されて果てる。ここに夢は現実となる。すぐさま王は恋人の死を心から悲しみだし、かつてアレクサンドロス大王がヘファイスティオンの死を嘆いたように、呻吟しつづけたあげく、彼のために壮麗な葬儀を営んだという◆11。

アルハンブラ宮殿の想い出――グラナダに咲いた恋

　グラナダのナースル朝のムハンマド六世〔在位、一三六〇〜六二〕もまた、同性への愛に血眼になっていた。そこで世継ぎを儲けるために、女人は男装して彼を誘惑しなければならなかったと伝えられる。その点で彼は、アッバース朝のアル・アミーンや、後ウマイヤ朝のアル・ハカム二世らと軌を一にしているわけだ。井原西鶴の『好色五人女』巻五の美男、源五兵衛に近付こうと若衆姿に身をやつしたお萬の物語を思い浮かべた読者もおられることであろう。

　ナースル朝のユースフ三世〔在位、一四〇八〜一七〕もまた、好んで少年愛詩に筆を染めた。「たおやかにしなる緑の枝のように細っそりとした身体、……彼は両の眸で私を誘惑した……」。ナースル朝最後の王ムハンマド・アブー・アブドゥッラー〔ボアブディル。在位、一四八二〜八三、一四八七〜九二〕の『自伝』にも大量の男色詩がちりばめられている。

　どうやらアルハンブラ宮殿には、男性たちの恋が花開いていたようである。観光ガイドも、後代に捏造された女色姦通談を繰り返すことは、そろそろ止《よ》して、グラナダ王歴代の真相を語るように心がけてもらいたいものだ。

　とは申せ、イスラーム諸国中、スペイン、アル・アンダルス〔アンダルシア〕地方においては、研究者が驚くほど韻文、散文ともに「他の地域と比較して男色文学が乏しい」と一般に評されているのである。それにはもちろんシスネロス枢機卿ら後世のキリスト教徒によるイスラーム文明の組織的破壊も与《あずか》って力があったことであろう。

にもかかわらず、ムスリム支配下のイベリア半島では、女色とならんで男色はまったく当然視され育《はぐく》まれつづけていた。いや、より正確には、男色の快楽のほうが女色のそれよりも洗練された高尚なものだと信じられていたのである。一二世紀のセビーリャでは男倡のほうが娼婦より高額を要求したし、客層も上流身分の人々が多かった。それに反して、娼婦は農民や下層の男たちを相手にしていたという。このあたり、どこか徳川時代の歌舞伎子、陰間の売色と似通ったところがある。

またアラブ人だけではなく、ユダヤ人たちも後で見るように、何ら宗教的羈絆《きはん》に縛られることなく少年愛の詩文を大らかに書き綴って憚らなかった。

それはイベリア半島に限らない。北アフリカからシチリア島など地中海域、エジプト、シリア、アラビア、ペルシア、トルコ、バルカン半島、インドにいたるまでの全イスラーム文化圏に属する地域では、宗教の別に係わりなく上下を挙げて男色が広く営まれていたし、人々はそれを自明の事柄として、何ら咎めだてしなかったのである。

5……文学と現実——男色の聖地メッカ

表向き男性どうしの性交渉を否定した大歴史家イブン・ハルドゥーン［一三三二〜一四〇六］の『世界史序説《ムカッディマ》』にさえ男色詩が収められていることは、御存知の向きもあるのではないだろうか。

ある男たちは男たちを、ある男たちは女たちを、ある男たちは両
方を欲する。

（クスター・イブン・ルーカー［八三五〜九一二。アラブの学者。医学・天文学・論理学など多岐にわたる論文を書いた］）

抒情詩にうたいあげられた情景と実生活との間には、古代ギリシアその他すべての世界と同様に懸隔《ギャップ》があったようだ。現実は詩歌に詠まれているほど綺麗な恋愛物語《ラブロマンス》ばかりではなく、売春や乱脈とも言える交わりが多かったからである。

発展場として代表的なところと言えば、まず第一にハンマーム［公共浴場］が挙げられる。ハンマーム内で男色がしきりに行なわれたことは、数え切れぬほど多くの文献に記録されている。古代ローマや現代社会と同じく裸体で男性どうしが接触し合える格好の場所だったからである。

アル・アブシーシーら大勢の詩人たちは、衣服を脱いで美しい肉体を露わにした若者たちに対する愛の詩《うた》を好んでつくっている。また肛交好きな男たちは文字通り数珠つなぎに輪となって、ローマ時代のスピントリアエ［第Ⅲ部第3章1節「ティベリウス」参照］を再現していた。

エジプト人やジプシーの少年らは、生来の男倡といっても過言ではないほど男好きで、彼らはハンマーム内でおもにフェラチオを特技にして富裕になったと伝えられる。ハンマームは今日のサウナ・バスと同様の発展場として充分に機能▼していたわけである。

▼ハンマームは今日の……ハッテン場として充分に機能　大概のイスラーム諸国では、「ハンマームに行く」という言葉は、「セックスをしに行く」と同義語であったという（Bouhdiba (1975); etc.）。

一一、一二世紀にオリエントへ侵略を試みたフランク人、自称「十字軍」が、トルコ式の公共浴場を学んで、本国に入浴の習慣と男色の風俗とをもち帰ったとは、かねてからよく言われるところである。かくして後進地域だった西欧にも浴場が建てられるようになったが、一二世紀にはまだ男性専用だったために、ヨーロッパでも「男色の温床になった」とされている。◆12

モスクもまた、絶好のクルージング・スポットとなっていた。人々の寄り集う場所では、必ず新しい出会いがあったからである。◆13

だから、聖地メッカは契りを結ぶ最適の土地だった。紀行文や古文献によれば、旧くからメッカは巡礼者が交歓する場と化していたという。

たいそう敬虔な信者が聖地メッカへたどり着き、
アヌスを犯されて、こよなく甘美な快感と喜悦を覚え、
そこに留まって売色で身を立てるようになった

とか、

旅路の果てに、どの信徒も隣人の肛門で巡礼の仕上げをしたのさ

といった痛快な諷刺詩、無数の格言さえ流布したぐらいである。◆[14]
まさに聖地メッカは、男色の聖地メッカでもあったのだ。
トリオリスム、つまり三人で完全な快楽を求め合う人々も珍しくはなかった。詳しく説明する必要はないだろう。当然ながら前後双方のサンドイッチ式交接を相互に行なったわけである。◆[15]
一三世紀にイスラーム世界［エジプト］を訪れたドミニコ会士オーヴェルニュのギヨーム［一一八〇頃～一二四九。フランスのスコラ学者。パリの司教に選ばれたので、パリのギヨームとも呼ばれる］は、「サラセン人は、キリスト教徒が男女で同棲するように、男どうしで一緒に暮らしている」◆[16]と驚愕の叫び声を上げている。
その後、二〇世紀後半にいたるまでの長きにわたって、イスラーム世界を訪ねたヨーロッパ人は絶えず同じ驚きを繰り返すことになる。異口同音に驚き、かつ眉を顰めるのが義務であるかのように。▼

▼……義務であるかのように　何にもまして驚くべきことは、キリスト教徒が世界じゅう至るところで男色の風習が浸透し普遍的に営まれているのを目の当たりにしながら、「自分たちの文化や倫理観が風変わりなのではないか」

と、何ら顧慮しなかったことである。どうやら、彼らは自らの宗教や価値体系を毫も疑ってみなかったようだ。

アラブ首長国連邦などいくつかのイスラーム諸国では、今日もなお男性どうしの結婚が執り行なわれているという報告[◆17]がある。またリビア砂漠のシーワ・オアシス地方では、一九四〇年代に法律で禁止されるまでは成人男性が年下の若者と結婚する「少年婚」の制度が公式につづけられていたことが報告されている。

6……スーフィー（イスラーム神秘主義）詩人たち

私は顔をあなたのほうへ、永遠のほうへと向けます。私たちはそれほど永きにわたって愛し合ってきたのです。（ルーミー）

ルーミーの恋——あるいは「老け専」（ジェロントフィリア）の慕情

ペルシア文学最大の神秘主義詩人として名高いルーミー〔一二〇七～七三。ジャラールッディーン・ルーミー〕は、一二四四年一〇月、三七歳のときコンヤ〔コニヤ〕の街頭で、ある男性を見て、一目で恋におちてしまった。その相手というのはタブリーズ出身のシャムス・アル・ディーン〔一一八五頃～一二四七〕。ところが人々はルーミーの恋人の姿を見てわが目を疑った。シャムスはルーミーより二〇歳以上年長、当時六十路にさしかかろうという漂泊の托鉢僧《デルヴィーシュ》だったからである。

信じ難いという人もいるだろうが、この間の人心の機微については余人にはうかがい知れぬものがある。俗に「老け専」と呼ばれている人々の意見を聞いてみる必要があるであろう。

シャムスに心底《しんそこ》惚れ込んだルーミーは、自宅へ連れ帰って数年間、日夜師と崇めて恭《うやうや》しく仕えた。シャムスの中に神の顕現を見出したからである。二人きりになるためコンヤを去って荒野で一緒に暮らしはじめると、ルーミーの弟子たちは激しい嫉妬の念に襲われ一致団結、脅迫してシャムスを追い払ってしまう。しかし、仲を裂かれると、その都度ルーミーが見るも哀れなまでに嘆き苦しむので、シャムスを連れ戻さざるを得なくなる。同じようなことを何度か繰り返したのち、師のルーミーが独占されたことを恨んだ弟子たちは、ついに一二四七年五月、目障りなシャムスを抹殺してしまったらしい。突如シャムスが行方知ら

【コラム】

シーワ地方の「少年婚」——最も長くつづいた同性婚◆1

エジプト西部のリビア砂漠のシーワ・オアシス、すなわち古代ギリシア・ローマ時代に神アンモンの神託所として千里の道を遠しとせずに参詣人を集めた霊場アンモニオン［アレクサンドロス大王も前三三一年にその託宣を問いに赴いた聖地］、では二〇世紀の中頃［一九四〇年代末］に法律で禁止されるまで、永《なが》きにわたって正式に成人男性と少年との結婚が豪勢に祝われてきた。

シーワ・オアシス地方では、一種の社会的義務として、あらゆる男性が、少年の父兄に、女性の妻を迎えるときよりもはるかに高額の結納金を贈り——ふつう女色婚の十数倍の金額——、盛大に饗宴を催して華やかな結婚式を挙げ、少年と正式に婚姻関係を結んでいたのである。この地域では男たちがのこらず、ボーイフレンドをもち、首長や富者らは若者たちから成るハレムを擁していた。男たちは時に若者をめぐって殺し合うことがあったが、女のために争い合うことは絶えて無かったという。

こうした少年婚または男色婚の風習は、つい近年にいたるまで世界各地で挙行されてきたことが知られている。イスラーム社会に関して言えば、南アフリカではムスリム男性どうしの長期にわたる性的交渉が、神聖で合法的な結びつきと見なされていて、両親は「息子の夫を暖かく家庭に迎え入れる習《なら》わしだった」といった例があげられる。

ずになったのである。ルーミーの嘆くまいことか。恋人が失踪した後、やるせない悲嘆の底に沈んだルーミーは、彼への愛慕の念から恍惚三昧の境地におちいり、昼も夜も休みなく踊りつづけ、二人の愛を陶酔の抒情詩《ガザル》に詠みはじめた。こうして現在まで伝わる旋回舞踊派メヴレヴィー教団が創始されることになった。すでに七世紀以上もつづいているこの教団は、ローマ時代のハドリアヌス帝がはじめたアンティノウス崇拝とならんで「男どうしの愛情から生まれた二つの宗教▼」の一つにかぞえられている。

▼**男どうしの愛情から生まれた二つの宗教**　これら両者のうち、メヴレヴィー教団を創始したルーミーの「老人愛（ジェロントフィリア）」が結果的には勝利を制しているようだ。アンティノウス崇拝が古代ローマの衰亡とともに絶えてしまったのに比して、メヴレヴィーは今日もなお存続しているからである。しかし、そうなった理由としては、アンティノウス崇拝の場合、信仰の確立後二〇〇年あまりでローマ帝国がキリスト教化されてしまい、そのせいで断絶のやむなきに至ったという史的要因も考慮に入れなくてはならない。他にも近代ドイツの詩人ゲオルゲ（一八六八〜一九三三）が愛する少年マクシミリアン・クロンベルガー（一八八八〜一九〇四）の早世後、彼を「マクシミン」と名づけて神格化し、詩人に心酔する新興宗教めいたゲオルゲ派（Georgekreis）という集団に、この若き神を信奉させた例が知られている。

その後、ルーミーは鍛冶屋のサラー・アル・ディーン・ザルクーブを愛弟子とし、一二六一年に彼にも先立たれると、教団の後継者となるフサーム・アル・ディーン・ハサンを最愛の弟子として、日夜睦みあった。「ペルシア語のコーラン」とも呼ばれる代表作『精神的マスナヴィー』はこの最後の愛弟子フサームのすすめで作詩したものである。しかし、ルーミーの作品の中で最も美しいものは、「愛してやまぬシャムス老人のために、あたかもシャムス自身が作者であるかのように一体化して書いた抒情詩『シャムス・イ・タブリージー詩集《ディーワーン》』である」との評価は揺るがない。ルーミーはシャムスを完璧な人と見なし、彼を愛するのは神を愛することであり、二人は天国でふたたび一緒になれるものだと信じて疑わなかったのだ。

ルーミーはこよなく愛されていたので、息をひきとると、遺骸を浸した水を信者が争って飲んだと伝えられている。古代ギリシアの詞華集にせよ、シェイクスピアのソネットにせよ、年長者が若者を称讃する

【右】**愛弟子フサームに愛を表明するルーミー**　ペルシア細密画。一五九四年頃。ニューヨーク、モーガン図書館蔵。ペルシア最大の神秘主義（スーフィー）詩人ルーミーの恋愛対象は、例外なく男性であった。彼の創始したデルヴィーシュたちの旋回舞踊する宗団は、現在もトルコのコンヤを中心に活躍している。

【上】**男性器を露出するアブー・サイード**　一三世紀。イラク。一二世紀の聖人アブー・サイードが勇敢な戦士の証しとして、衣をはだけて他の男性に性器を見せている場面。

のが一般的な男性愛の世界で、ルーミーのように年下の者が老人を賛美する例は、まことに珍しい。その意味でも貴重な作品だと言えるだろう。

スーフィー詩人の大半が愛する若者を歌った恋愛詩を残している。例えば、カイロのスーフィー詩人ムハンマド・アル・ナワージー［一三八三頃～一四五五。別名、シャムス・アル・ディーン］は、自らの召使いサワブをはじめとするいく人もの美しい若者たち、浅黒い肌の少年や色白の少年らを謳った詩文を書き綴ったし、同じく神秘主義詩人メフメト・ガザーリー［?～一五三五］は、男どうしの情交のもつ価値を頌《たた》えた詩歌を記している。▼

▼……詩歌を記している　後世に甚大な影響を及ぼしたムハンマド・イブン・ダーウード（九世紀末）の『花の書』や、惜しくも亡失したアル・タアリビー（?～一〇三八）の『少年の書』、ジャフシャワイヒ（ジャーフ・シャワイヒ。九世紀）の『陽物礼賛』、アブー・タンマーン（九世紀）、アル・ハッラージュ（八五七～九二二）、アル・ムタナッビー（九一五～九六五）、イブン・アル・ファーリド（?～一二三五）、大思想家アル・ガザーリー（一〇五八～一一一一）、哲人イブン・シーナー（九八〇～一〇三七）らの少年愛詩など、数多いるアラブの男色詩人を紹介していたら、いくらペンと紙を費やしても際限がなくなってしまうことであろう。

7……男女両色の優劣論

男を愛する男もいれば、女を愛する男もいるし、閹人《えんじん》を愛する男もいる。また彼ら全部を愛する男もいる。（アル・ジャーヒズ）

性愛の対象とするのに、若い男性か女性か、どちらがより好ましいか、という古代ギリシア以来の討論は、イスラーム圏でも盛んだった。九世紀に書かれたジャーヒズの『競う小姓と女奴隷たち』◆[18]を皮切りに、アル・タアリビー［?～一〇三八。散逸した『少年の書』などの作者］、アル・カーティブ［?～一一二四］、アル・アーディィリー［一三世紀中頃。『千人の若者と千人の乙女』の作者］、ヒジャージー［?～一四七二］、アル・バドリー［?～一四八九］らといった面々が、陸続と美男と美女の優劣を、いとも愉しげ

【コラム】

オスマン・トルコの宮廷詩人——華麗なるアヌス讃歌◆1

オスマン・トルコの好色文学は、アラビアやペルシアのそれを模倣した作品が多く、スルタンを筆頭とする貴顕人士のために作詩されたものが主流を占めていた。

メフメド・ガザーリー［一五世紀後半〜一五三五］は、オスマン・トルコのスーフィー系宮廷詩人としてひときわ異彩を放っている。ブルサ生まれの学匠詩人だった彼は、スルタン、バヤジト二世の皇太子クォルクドに仕えて、エロティックな作品を世に送り出した。一五一二年に皇太子が兄弟の新スルタン、セリム一世に殺された後、詩人はイスタンブルへ移住し、若者たちの集う庭園やモスク、浴場《ハンマーム》などを擁した快楽の館を営み、大勢の青年を相手に放蕩を繰り広げた。この詩人、よくよく男好きだったらしく、のちにメッカへ移って、聖地にも同じような邸宅を建てたという。彼が皇太子の文学サークルにいた頃に創った作品のうち、最も有名な『難儀を退け不安を除去するもの』は、寓意と機知に富んだ傑作で、情交《セックス》とりわけ男色の治癒効果を高らかに謳いあげている。この詩の中で彼は男女両色の優劣論を展開し、女色派が男色を貶《けな》すと、あちこちから男色賛成派が集まって来て、両派は派手に闘争を開始。ペニスと睾丸を武器に華々しい立ち回りの結果、男色派の圧勝となり、打ち負かされた女色派の頭目は熱心な男色愛好家へと宗旨《しゅうし》替え、「肛門こそ真の快楽の源泉である」と頌《たた》える痛快なアヌス讃歌でラストを締め括《くく》っている。肛交《アナル・セックス》を至上の快楽とみなしていたトルコ人ならではのユーモラスな感性に満ちた佳作である。▼1

▼1 「もしも神がペニスを肛門ではなく膣（ウァギナ）にフィットするように創られたのならば、ペニスはそれに相応しい形状をしていたであろうに、実際には肛門（アヌス）に適合した形をしている」という俗諺が広く知られている。また健康によいとアナル・セックスが大いに推奨されていた形跡がある。

に論じている。

『千夜一夜物語』の四二〇夜〜四二三夜［マルドリュス版では三九〇〜三九三夜］に、「美男と美女との優劣について」という両色の優劣▼を議論し合う物語があることは、先刻承知の読者諸賢も少なくはないことであろう。

▼両色の優劣　イスラーム圏の男女両色の優劣論に関して、詳しくは、Wright & Rowson (1997) を参照されたい。

一三世紀のアル・ティーファーシーが述べているように、「対等な相互男色ができる点で、互いに挿入し合うことのできない女色よりまさる」という主張も多い。

このアル・ティーファーシーは「犯されると同時に犯すこともできる一〇代の若者がいい。これに反して女は一つの役しかできぬ」と、文句なしに男色側に軍配を上げている。

受け手はまた同時に仕手にもなり得た。したがって、イスラーム文化圏において男色の受け手となる成人男性は蔑視されがちであったという通説は必ずしも正しくはないのである。

男性どうしの肉交を描いた絵画やミニアチュールを見ても、立派なひげを蓄えた男性が肛門を他の男に犯されている場面が、いくつも出てくる。おそらくローマ帝国の最盛期と同様に、イスラーム文化圏においても受け手の快楽を追求する成人男性が少なからず現われたのであろう。

経水《メンス》の穢れも妊娠の心配もないという点で、男色は女色より有利であった。のみならず肛交は便秘にならず、浣腸の必要がないからといった理由で奨励されることもあった。さらに、男性間の交接では性病に罹らないという俗信も普遍的なものとなっていた。衆道に薬効あり、というわけだ。当時の著名な医師▼の多くが、女性との性交は痛風や痔疾、老化の原因になる、と警告を発していたことも関連して、男色はいよいよ隆盛をきわめた。

▼著名な医師　「アヴィケンナ」のラテン名で知られる名医イブン・シーナー（九八〇〜一〇三七）も、女色よりも男色に軍配を上げている。「若者との性交は遂情のためにより激しい運動を必要とするが、膣性交ほど大量の精液を浪費しないから」というのが、その理由である（『医学典範』）。ちなみに彼イブン・シーナーには、影の形に添うが

エロティック文学の挿絵　アラビア。18 世紀。仕手は受け手のペニスを右手でしごいている。『千夜一夜物語』を筆頭としてアラビア文学に男色や肛門性交の場面は不可欠の題材（モチーフ）だった。アッバース朝カリフが洗練されたペルシア文化を取り入れて以来、アラブ人の間に急速に衆道愛好の風が普及していった。

痔の検査図　イスラームの医学書から。ムスリム（イスラーム教徒）はアナル・セックスを愛好したせいか、痔疾を患う男性が多かったようだ。個人蔵。稀代の名医イブン・シーナーも男色詩を詠んでいる。

ごとく終生離れずに過ごしたアブー・ウバイド・アッ・ジューズジャーニーという愛弟子のいたことが知られている（九世紀の詩人ジャフシャワイヒ（Jahshawayh）、一一三〇頃〜一一八〇頃の数学者サマウアル・アル・マグリビー（Saumaál ibn Yahya）、他による）。

しかしながら、男色には利点ばかりがあったわけではない。友愛や詩歌創作のインスピレーションを提供する一方で、愛する男をめぐる争いや嫉妬心に発する殺人などの騒擾《じょう》が頻繁に起こっていたからである。紙数の都合上、詳細については他日を期して書いてみたい。

8……英雄たちの恋愛模様——「十字軍」時代の名将

偉大なる英雄サラディンの恋

サラディン［サラーフッディーン。一一三八〜九三。クルド人の出身でエジプト・シリアを支配したアイユーブ朝の創始者となる］は、「十字軍」の遠征期における最大の英雄として敵側のキリスト教徒からも絶賛された名将である。

同時代のアラブ人史家たちによると、彼は美しい若者にはてんで目がなく、一部では衆道過多のせいで早くからインポテンツ状態になったとさえ取り沙汰されている。またトルコ系の去勢奴隷カラークーシュ（Karakush）を寵愛し、彼を軍司令官からエジプト行政官、ついでアッコーのアミール［君王］に取り立てたという。『千夜一夜物語』第六九七〜六九八夜には、サラディンの男色に関するいくつかのエピソードが言及されている。ハンサムな若者に血道を上げる英主。そう、彼もフランク人［＝十字軍］侵攻時代の敵側のイギリス王リチャード一世獅子心王［一一五七〜九九］と同じく、勇敢有能な武将によくある男道［男性愛］の愛好者だったのである。

マムルーク朝――白人奴隷の王朝（一二五〇～一五一七◆19）

がんらい小姓ギルマーンと同じくもっぱら容色をもって主人に仕えた白人奴隷でしかなかったマムルーク［おもにトルコ系、グルジア系、チェルケス系の軍人奴隷］が、やがて一三世紀にはエジプトを中心に強力な軍事王国を形成する。それがマムルーク朝である。

マムルークはオスマン・トルコのイェニチェリと等しくスルターンだけに忠誠を誓う軍人奴隷であった。彼らは幼少時に両親によって奴隷に売られた者が多く、奴隷商人の手を経てカイロやダマスコスに運ばれたのち、スルターンの軍事学校でアラビア語やイスラーム学、武芸百般を教え込まれる。主人たるスルターンに絶対の忠誠心を抱く一方で、マムルークどうしの間でも強い仲間意識が培われた。しかし、彼らはあくまでも主人のものであり、年長のマムルークが年下のマムルークを犯したりすることのないように、宦官が見張り▼についていた。奴隷身分から解放された後は、スルターン直属のエリート軍団を形成、君主に重用されて台頭し、ついには支配者となり、中央アジアから興起したモンゴル軍をも撃退するほどの精強を誇る統治者となったのである。オスマン・トルコ時代になってからも、マムルークは一八一一年までエジプトの支配者集団として長くその権力を維持しつづけた。▼

▼**宦官が見張り**　実際は若者たちの間でセックスがしきりに行なわれるため、監視役が必要だったのに相違ない。

▼**マムルークは……維持しつづけた**　十字軍と称するヨーロッパから侵略したキリスト教徒が、男性どうしで愛を育むようになったのは、おもにマムルーク戦士たちの習慣を見ならったからだという。

マムルーク朝を代表するスルターン、バイバルス一世［在位、一二六〇～七七］には、こんな逸話が伝わっている。ある日、彼はまだひげの生えぬ若者たちを見て魅了され、さっそく言い値で購入してわがものにした。ところが、彼らが機会があれば盗みを働くのに困じ果てて、側近のオスマンに「この性悪どもを連れていってくれ。そして代わりの者たちを連れて来てくれぬか」と頼み込んだ。すると、用意よろしく、たちまち思春期の少年が何人も召し出されて、「彼らこそ、まさに熟れた食べ頃の果実。愛を交わすのにもってこいです」と紹介された。次いで何人かの男たちがぞろぞろと現われて、「この者どもが少年の仲介屋でございます」とスルターンにお目見えしたというのである。スルターンの男好きにつけこんで、何とか報償にあずかろうとする手合いが大勢、手ぐすね引いて待ちかまえていたというわけだ。◆20

　マムルーク朝下のエジプトでは、キリスト教徒の少年が奴隷として売られ、男倡に仕立て上げられることが多かった。イスラーム社会では、通例一五、六歳から二五、六歳までの青少年が男色のあいかたとして愛好されていた。そして、このマムルークの時代には、男色はいっそう繁栄をきわめ、紅顔の美少年よりも、もっと年長けたトルコ人［テュルク系］青年奴隷が理想の愛の対象とみなされ、しきりに称讃されるようになる。そうした風潮を反映してか、百科全書や詞華集の類には「ひげの生えた男」▼シリーズや「美男」シリーズが集録されるようになっていく。

▼ひげの生えた男　アル・ティーファーシーの書に登場する多くの男が、鬚の生えた成人男性に惹かれているのも、こうした成熟した男性愛好の傾向を反映したからかもしれない。ジャーミーやアル・ハリーリー、またウルドゥー詩人シャー・ムバーラク・アーブルー（一六九二〜一七四七）らの作品にも、充分に成熟した青年に対する愛が歌われており――モスクのミナレット上で他の男に肛交される老人のエピソードすら御目見得する――、年齢に関わりなく肛門を犯されたがる成人男性が全階層に遍くいた様子が見受けられる。ペルシア文学やウルドゥー文学にあっては、鬚は若者の色香が失せる秋ではなく、これから盛りを迎える春にすらたとえられていた。

9……モンゴル人――蒼き狼の血統◆21

　何でも鵜呑みにしてしまう人は、モンゴル人は男色に対して否定的であったと信じがちである。古法で鶏姦・肛交の類が厳禁されているからだ。しかし、伝存する大ヤサ［ジャサ。モンゴル帝国の成文法典］はムスリムの手になるものでしかなく、本来、モンゴル人は――他のアジア系諸民族と同様――男道を愛好する民族であったと言っ

若者に求愛する老人　ペルシア。アッバシー風スケッチ。一六四〇年頃。高齢になっても少年に言い寄る男性は珍しくない。古今東西を問わぬ光景である。サファヴィー朝時代は男色芸術が栄えたことで名高い。ワシントンDC、フリーア美術館蔵。

若者の尻を追う男性　ペルシア。細密画。17 世紀。「性愛の相手とするのに男性か女性かどちらがより優れているか」という男女両色の優劣を論ずる文学作品は、古代ギリシア・ローマ以来の伝統だった。アラビア文学の世界でも 9 世紀のジャーヒズを皮切りに俄然しきりに述べられるようになった。

てよい。チンギス・ハーン［成吉思汗（ジンギスカン）。一一六七頃〜一二二七］が若い頃にジャムカと義兄弟《アンダ》の契りを交わし、夜は二人で一つしとねをともにして、一年半の間仲睦まじく暮らしたことは、よく知られていよう。

モンゴル支配下の元朝でも禁令は一切なかった。近年ではフビライ・ハーン［一二一五〜九四］とマルコ・ポーロ［一二五四〜一三二四］との関係が男色であったという説まで唱えられている。つまり、フビライがマルコ・ポーロの容子のいい男振りに心惹かれて、側近く仕える美青年の一員に加え、一七年たっても、なかなか帰国を許さなかったのは、これすべて彼への愛情がきわめて深かったためであるというのである。

モンゴルに限らず、トルクメンやコサック、クルドといった中央アジアの遊牧民▼の間でも、男色は全土にわたって広く営まれていた。例えばウズベキスタンのサマルカンドやブハーラーといった大都市周辺には、バッチャ（bacchá）と呼ばれる一〇代の少年ダンサーがいた。バッチャは一二歳から一六歳を最盛期とし、若くて綺麗な間は崇拝者たちが彼らバッチャのどんな命令にも従い、いくらでも金銭を出して吝《お》しむ気配はなかった。このバッチャはマッサージや肛門拡張などで仕立てられた男倡で、讃美者にとりかこまれて歌ったり踊ったり、肉体を鬻《ひさ》いだりするのだった。そして自分自身が成人すると、市民として自らのハレムやバッチャを擁するようになり、また受け手になることを望む場合は、召使いに肛交させていたという。こうした男色用の少年ダンサーの存在は、エジプトやトルコ、モロッコ、アフガニスタンなどイスラーム社会のいたるところで確認されている。

▼**モンゴルに限らず、……中央アジアの遊牧民**　ムガル朝の祖バーブルの回想録『バーブル・ナーマ』によると、彼の妻アーイシャの父スルターン・アフムード・ミルザ（サマルカンドの君主）や、その後継者バーイスングル・ミルザ（スルターン・マフムード・ミルザの次男）、シャイバーン朝（一五〇〇〜九九）の創設者シャイバーニー・ハーン（一四五一〜一五一〇）、ホスロー・シャー（ヒサールとクンドゥズの領主）ら、当時の王侯・群勇らはのこらずきわめて若道を好み、およそ武将たる者であれば稚児を持たぬことを恥としていたという。

【左】庭園で若者たちと寛ぐ男性　ペルシア。一五九〇年。シャー・アッバース一世がエスファハーン宮殿内の四阿用に焼かせた彩色陶画。せせらぎの傍らの木蔭でギルマーンと語らう男性は、ムスリムが夢見るクルアーンの天国を彷彿させる。アラブ初期の大詩人アブー・ヌワースが美しい若者たちと戯れた物語を想い起こす人もあるかもしれない。

【下】とりどりの体位で交わる男たち　ペルシア、エスファハーン（イスファハーン）。櫃に描かれた彩色細密画。カージャール朝、19 世紀末 ~20 世紀初頭。受け手の性器が見えなければ、異性愛者の四十八手と勘違いし兼ねない交合図である。テヘラン。個人蔵。

10……ペルシア詩人たち——男色の本場と謳われた国

オマル・ハイヤーム〔一〇四八〜一一三一〕の名は、一九世紀に英国のゲイ詩人エドワード・フィッツジェラルドによって翻訳された四行詩集『ルバーイヤート』の作者として、世界中に喧伝されている。このアナクレオン風の詩集にはサーキー▼と呼ばれる酌をする美しい侍者を讃えた飲酒詩が散見される。

▼サーキー　酒間の取り持ちをする若者たち。紅顔の美少年らを指す言葉だというのに、ホモフォビックなヨーロッパ諸国、およびその模倣国では「酒姫」などと女性に性転換されて翻訳されている。こうした性別の無断変更は、近世ペルシア文学やウルドゥー文学の訳出の際にしばしば見られる行為だが、読者をして誤解させる改悪でしかないので、良心的な訳者は断じて避けるべきであろう。

「ねえ麗しのサーキーよ。〔……〕旨酒《うまざけ》を飲んで私の言うことを聞いておくれ。あの人たちが言ったことなぞ、ただの風でしかないのだよ」。

ペルシアを代表する二大詩人、サアディー〔一二一三頃〜九一〕とハーフェズ〔ハーフィズ。一三二〇頃〜八九頃〕の詩集・恋愛詩《ガザル》に記されている性愛は、ことごとくと言ってよいほど衆道、つまり男性どうしの愛である。殊にサアディーの『薔薇園』〔一二五八〕には、ある王子に恋い焦がれて命果てた若者の物語とか、蹄鉄屋の若者を溺愛したハマダーンの法官《カーディー》の逸話、カシュガルの美少年に熱を上げた著者サアディー自身の恋愛譚、といった史話やエピソードの数々が記されていて興味が尽きない。年老いてもなお、サアディーは男色を愛《め》でること限りなく、死に臨んではその全財産を、こよなく愛していた美しい若者に遺贈したという。また聖なる人ハーフェズの詩には、「もしもあの性悪のトルコ人が私の道具〔男根〕を銜《くわ》えるならば……」といった行もある。

ペルシアではさらに、フェルドウシー〔フィルダウシー。九三四頃〜一〇二五頃〕の民族叙事詩『シャー・ナーメ〔王書〕』の男道パロディ版も、一四世紀に作られた。このもじり作では、英雄ロスタムがフーマーンと成人どうしの相互男色

イスラームの若衆たち

【右】抱き合う二人の若者　ペルシア、エスファハーン（イスファハーン）。17世紀中頃。サファヴィー朝。ワシントンD.C.、フリーア美術館蔵。

【下】手と手を執り合って見つめる若き二人　ペルシア。16世紀末。同年代の若者どうしも相思相愛になることは何ら珍しくなかった。パリ、ギメ美術館蔵。

を繰り広げる。二人は武器を置くと互いに上になり下になりして絡み合い、自然が賦与した武器たる肉具で組んずほぐれつ責め合うという滑稽きわまりない場面を展開する。このパロディ詩の作者オベイデ・ザーカーニー［一三〇〇頃〜一三七一］は、次のような艶笑譚も書いている。ある若衆好きの男が可愛い青年に約束した。「もし尻に入れさせてくれるのなら、ペニスを半分しか使わないと誓うよ」と。けれど若者が同意すると、男は根元まで丸ごとぶち込んでしまった。青年が文句を言うと、男は平然としてこう答えた。「俺が言ったのは、根元のほうの半分のことだよ」。

11……サファヴィー朝ペルシア――「世界の半分」、王都イスファハーン◆[22]

ペルシアでは有史以来、終始変わらず男色が盛んだったようだ。

とくにサファヴィー朝［一五〇一〜一七三六］の時代には、美少年を描いた絵画・細密画が好んで販売されていた。イスファハーン［エスファハーン］に都し、サファヴィー朝の全盛期をもたらした中興の英主シャー・アッバース一世［在位、一五八七〜一六二九］は、小姓らとの交歓に耽溺した大王としてあまりにも名高い。生前に彼が描かせた唯一の肖像画が、美少年との愛の場面であるという一事をとってみても、余のことはもはや何をかいわん、といったところであろう。王に仕えるギルマーンを軍人や官僚として重用する制度も、サファヴィー朝では彼が確立したとされている。

その曾祖父でサファヴィー朝の創始者、イスマーイール一世［在位、一五〇一〜二四］は、「あまりにも美しく邪悪なものを感じさせるほどだ」と、彼を実見した西欧人が記している。イスマーイール王の男寵も少なくはなく、バグダード太守に任命したお気に入りの宦官には「カリフの中のカリフ」という尊称を惜しみなく与えたほどである。その孫で第三代の王イスマーイール二世［在位、一五七六〜七七］は、即位した翌年の一一月に腹上死を遂げるはめに遭う。もちろん同衾相手は男性である。愛する小姓と寝室で交わった翌朝、その小姓とともに変

男性ばかりの世界　細密画。ペルシア。16~17 世紀頃。男女が隔離されがちな社会にあっては、恋愛もセックスも同性間で育まれた。踊る美少年に魅せられて一緒に踊りだす有髯の男性、男どうしで情交しようとする人たち、男色が繁盛したのも当然である。

死▶しているのを発見されたのであった。

▼愛する小姓と……その小姓とともに変死　いく人かの古代ローマ貴族やローマ教皇らも、寵童との性行為の最中に急死したと伝えられている。

サファヴィー朝に取って替わって玉座に登った一代の英雄ナーディル・シャー［一六八八〜一七四七。アフシャール朝の創始者。在位、一七三六〜四七］は、インドのムガル朝の君主アウラングゼーブ［在位、一六五八〜一七〇七］に美男奴隷の一団を贈ったが、こうした性愛《セックス》の快楽用の奴隷を贈答するならわしは、当時、何ら珍しいふるまいではなかった。

ペルシアでは宦官も若者を愛した。

シャルダン［ジャン・シャルダン。一六四三〜一七一三。フランスの旅行家。インド・ペルシア方面に旅をし、のちイギリスの宮廷出入りの宝石商となる］の『ペルシア旅行記』や、オレアリウス［アダム・オレアリウス。一五九九〜一六七一。ドイツの文学者。ペルシア文学を翻訳して、東方文化をドイツに紹介した］その他の記述によれば、一七世紀のペルシアの賢明な宰相サルー・タキは、若い頃サファヴィー朝弟六代の王サフィー一世［在位、一六二九〜四二］の書記官をつとめていたが、ある美少年を誘拐・強姦したために、少年の両親に訴えられて宮刑［去勢する刑罰］に処せられてしまった。そののち職務に精励してサフィー一世の息子アッバース二世［在位、一六四二〜六六］時代に宦官宰相に登り詰め、少年売春を禁じるなど善政を布《し》いた。とはいえ、去勢されても無類の若者好きはいっかな変わらず、大勢の美しい小姓を蓄えて目の保養として娯しんだという。

近代に入ってからもペルシアでは、他のイスラーム諸国と同様に、男性売春はいたってありふれていた。西欧の旅行者たちは、ペルシアには売春宿は数多《あまた》あるが、それらすべてが男色楼で、娼婦・妓女のいる売春宿は皆無であると知って、その実態を「驚きをもって」しきりに報告している。

12……アフガニスタン——武辺の民アフガーン人◆[22]

尚武の民の常として、アフガーン人もまた、きわめて男色を尊重した。とくにアフガニスタン北西部の

【上】若いカップル　エスファハーン（イスファハーン）、商家の壁画。19 世紀頃。二人の愛を記念して描かせたものらしい。

【右】抱擁する二人　ペルシア、リザ・イ・アッバシー筆。1630 年。ニューヨーク、メトロポリタン美術館蔵。女人のような酌童サーキーを背後から抱きすくめる若者。サファヴィー朝で最も名高い画家アッバシーは、大王シャー・アッバース一世お気に入りの絵師。

パターン［バシュトゥーン］文化は、男性が年下の男性を愛人にもつ風習があったことで知られる。これをアフガーン文化の「少年妻」制度と呼ぶ研究者もいるほどである。アフガーン人の隊商には、他のイスラーム文化圏の諸民族と同じように性愛《セックス》の相手をつとめる青少年の一群が加えられていた。

歴代君主もまた、少年愛や男色の大いなる愛好家であった点において、他のムスリム諸国におさおさ引けを取らない。精力さかんな強蔵も好まれたふしがある。カーブルの奴隷市場では、近代に入っても伝統通り男奴隷を全裸にしてならばせては、買い手たちに全身を隅から隅まで——まさしく尻の穴にいたるまで——吟味させ、さらには「強壮な雄牛男」であることを証明するために、「奴隷に射精させて精液《ザーメン》を掌ですくいとって確認することさえ行なわれていた」と報告されている。▼

▼報告されている　もちろん、似たような光景——奴隷を全裸にして身体じゅうを残る隈なくチェックする場面——は、イスタンブルやカイロその他の諸都市のバーザールや奴隷市場でも見られた（Edwardes (1959); ブラントーム『回想録』(Brantôme)、他）。

自分たちの社会と異なる風習であれば、何にでもけちをつけなくては気の済まないキリスト教徒流の表現を借りれば、アフガーン人の間では「ソドミーが蔓延していた」ということになる。

13……オスマン・トルコ帝国——「征服者」メフメト二世の小姓◆[23]

一四五三年、オスマン・トルコ帝国［一二九九〜一九二二］のスルタン、メフメト二世［一四三二〜八一。在位、一四四四〜四六、一四五一〜八一］の攻撃によってコンスタンティノポリス市が陥落し、ここに一〇〇〇年以上の長きにわたって栄えた東ローマ帝国は滅びた。この攻略戦ではハギア・ソフィア大聖堂などの教会に避難した人々のうち、見目麗しい若者や身体の美しい者は男女を問わず裸にされ、二人づつ一組にされたのち全員が強姦されたと言われている。中には容貌すぐれた青年がトルコ軍の手で奪い合いとなり、揉み合ううちに肢体をバラバラに引き裂かれてし

【上】肛門性交を営むカップル　トルコ。18~19 世紀。オスマン帝国では身分の上下を問わずアナル・セックスが盛んであった。トルコ人もペルシア人に劣らず男色好きの民族として西洋では有名だった。酒を飲みながら一儀に及ぶ光景。イスタンブル、トプカプ宮殿で発見される。現、ニューヨーク、モーガン図書館蔵。**【下】美しく装った若者**　ペルシア。19 世紀初頭。女のように華麗な衣裳に身を包み、花柄の絨毯とソファーに身をもたせる妖し気な雰囲気の青年。カージャール朝時代（1796-1925）の男性売春者であろうか。

まった例もある。

征服者メフメト二世には、すでに何人かのお気に入りの小姓がいたが、男好きのスルタンは、捕らえたビザンティン貴族の子弟中とりわけ美しい若者たちを、新たに性愛の相手としてわがものとした。彼は占領した都市コンスタンティノポリス［イスタンブル］の総督に、ビザンティン屈指の名門貴族ルカス・ノタラスを任命しようとした。そこで彼の忠誠心を試《ため》すべく、「類稀な美男子だ」という評判のその息子を差し出すよう命じた。使者の宦官を派遣してノタラスに息子の提供を求めたところ、キリスト教の戒律に束縛されていたこの貴族は、スルタンの要請をかたくなに拒んで従わなかった。そのため不運なノタラスは、新しい支配者の逆鱗に触れて、美貌の息子や娘婿ともども揃って首を刎ねられたという。キリスト教徒はこの話をどこか殉教めいた美談であるかのように伝えている。

初代オスマン帝国のスルタン、バヤジト一世［在位、一三八九～一四〇二］が、征服した国々から若者たちを快楽用に渉猟して以来、俄然トルコ人高官や貴族・軍人の間に男色愛好の制度が拡まっていった。のちに「デヴシルメ［少年徴集］」に継承されていく、支配下の各地から四年に一度、魅力的な若者を選び出してスルタンの小姓とし、時には性の相手とする風習は、すでにこの頃から組織的に行なわれていたのである。

バヤジト一世の宰相アリ・パシャは、大勢の美少年を小姓として用いていたし、バヤジト一世の父ムラト一世［在位、一三五九～八九］も選り抜きの容姿端麗なギリシア系の若者たちに取り巻かれていた。征服者メフメト二世自身は、バルカン半島のボスニア王国最後の王の弟ジギスムンドやワラキアのラドゥ美男公らキリスト教国の君侯一族を自らの小姓や稚児にして、いつでも気の向いたときに意のままに従わせていたという。

このメフメト二世には王者としての寛仁大度《かんじんたいど》を示す史話も残っている。

ある日、寵愛する近習の少年が、詩人兼大臣のアーマド・パシャと恋仲になっていることが発覚した。激怒したメフメトは、「えい！　そこな慮外者めが。死刑に処してくれるわい」と息巻いたものの、アーマド・パシャがすぐれた詩を作ってスルタンの心を動かしたので、少年を彼に与えてブルサへ追放するに留めたというのである。

イェニチェリとデヴシルメ制度——スルタンに近侍する小姓たち（イチュ・オーラン）

一五世紀以来、オスマン帝国は領域内に居住するキリスト教住民より若者たちを強制的に徴集するデヴシルメ制度を確立し、四〇戸のうち一戸の割合で身体強健にして眉目秀麗・頭脳明晰な一〇代の少年を選んで宮廷へ送り込むようになった。こうして集められた少年たちは、イスラームに強制改宗させられ、各自の適性に応じた種々の知的・肉体的教育、訓練を施された。スルタンの奴隷《カプクル》たる、彼らのうち大部分の屈強な者は「イェニチェリ［「新軍」「新しい軍隊」の意］」に配属されたが、とくに容姿端正で知的能力の秀でた者四〇名ほどは、将来の国家の官僚候補として他の者から分離され、内廷でスルタンに直接近侍するイチュ・オーラン▼［「近侍小姓」の意］に選別された。

▼イチュ・オーラン［近侍小姓］　スルタンに仕える小姓は通例、少なくとも五〇〇〜六〇〇人を数えたという。

一六世紀の後半以降、大宰相以下の宮廷官吏職の大半が彼らによって占められ、国政の中核、最も華やかな支配層を形成した。言うまでもなく彼らは、若い頃にスルタンの男色相手として寵愛をこうむり、その信頼と重用のおかげで高位高官に昇進できたのである。ヨーロッパ人がよく、「トルコの稚児は侍従や太守、総大将などの顕職にのぼるのが掟である」などと言うのは、この制度によって選ばれた者たちが政治・軍事の中枢をほぼ独占した事実にもとづいている。スルタンの身辺に奉仕するイチュ・オーランはもとより、オスマン帝国軍の精鋭と謳われたスルタン直属の親衛歩兵イェニチェリもまた、士官級になるまで結婚を禁じられ、主君に絶対的忠誠を誓って領土拡大に深く貢献し、大宰相にまで出世するような人材を輩出した。

スレイマン一世（立法者）――偉大なる帝王の愛人◆24

「壮麗者（Magnificent）」ないし「立法者《カヌーニー》（Kanuni）」と呼ばれるオスマン帝国の黄金時代を築きあげたスルタン、スレイマン一世［一四九四〜一五六六。在位、一五二〇〜六六］も、イスラーム教国の君主としてまことに当然ながら何人かの男たちを愛人にした。

大宰相となったイブラヒム［一四九二〜一五三六。ギリシア人奴隷の出身。スレイマンに寵愛されて位人臣をきわめ、十数年にわたり大宰相の座にあった］もその一人である。このイブラヒム、もとはイオニア海岸の小島に暮らす美しく聡明な少年漁師だったが、海賊に攫われて皇太子時代のスレイマンに献じられて以来、常に行動をともにする仲となる。未来のスルタンより二歳年長、筋肉質で長身だったという。テントを共有するばかりかベッドで一緒に寝るほど親密な間柄となり、まさしく君臣一体、やや年上の念兄のような立場にあったものと思われる。後年の大帝スレイマンも若かりし頃は、自分より少し年長の男性に心惹かれたようである。イブラヒムは鷹匠頭を皮切りにとんとん拍子の出世を遂げ、スレイマンが即位すると、三〇歳にして一躍、大宰相に抜擢される。慣行に反した小姓頭からの異例の出頭だったので、エジプトで叛乱まで生じたほどだった。大宰相のちには大将軍を兼ね、彼が実質上の帝国の支配者となる。スレイマン外征中は共同統治者の任にあたり、まさしく無冠の帝王の地位にあったと言ってよい。これほどの君寵をこうむったのも、彼がわが国の小姓上がりの側用人柳澤吉保《よしやす》や間部《まなべ》詮房《あきふさ》らと同じく、主君の愛人だったからに他ならない。スレイマン自身、オスマン朝歴代で屈指の姿色秀でた青年スルタンとの令名が高かった。大宰相イブラヒムは四〇歳まで妻帯しようとせず、ついにスレイマンの実姉を妻として娶ることを許される。これほどまでにいたく信寵されていたにもかかわらず、スルタンの後継者問題に関連した宮廷内の陰謀に巻き込まれ、一五三六年五月半ばスルタンの寵妃ヒュッレム［ロクセラーナ］の使唆《しそう》によって暗殺されてしまう。その前夜、イブラヒムはスレイマンから晩餐に招かれて、食後スルタンの寝室で一夜をともにしたばかりであった。翌朝、彼は裸のままうつ伏せの屍骸《むくろ》となって発見された。以来、ス

【上】若者に肛門を犯させる成人男性　オスマン帝国の細密画、手稿書『五つの詩編』の挿絵。19 世紀初め。イスタンブル、トルコとイスラーム美術館蔵。楽士らの演奏を聞きながら、受け手の快感を味わう髭を蓄えた人物。通常の立場を逆転させた面白い絵。

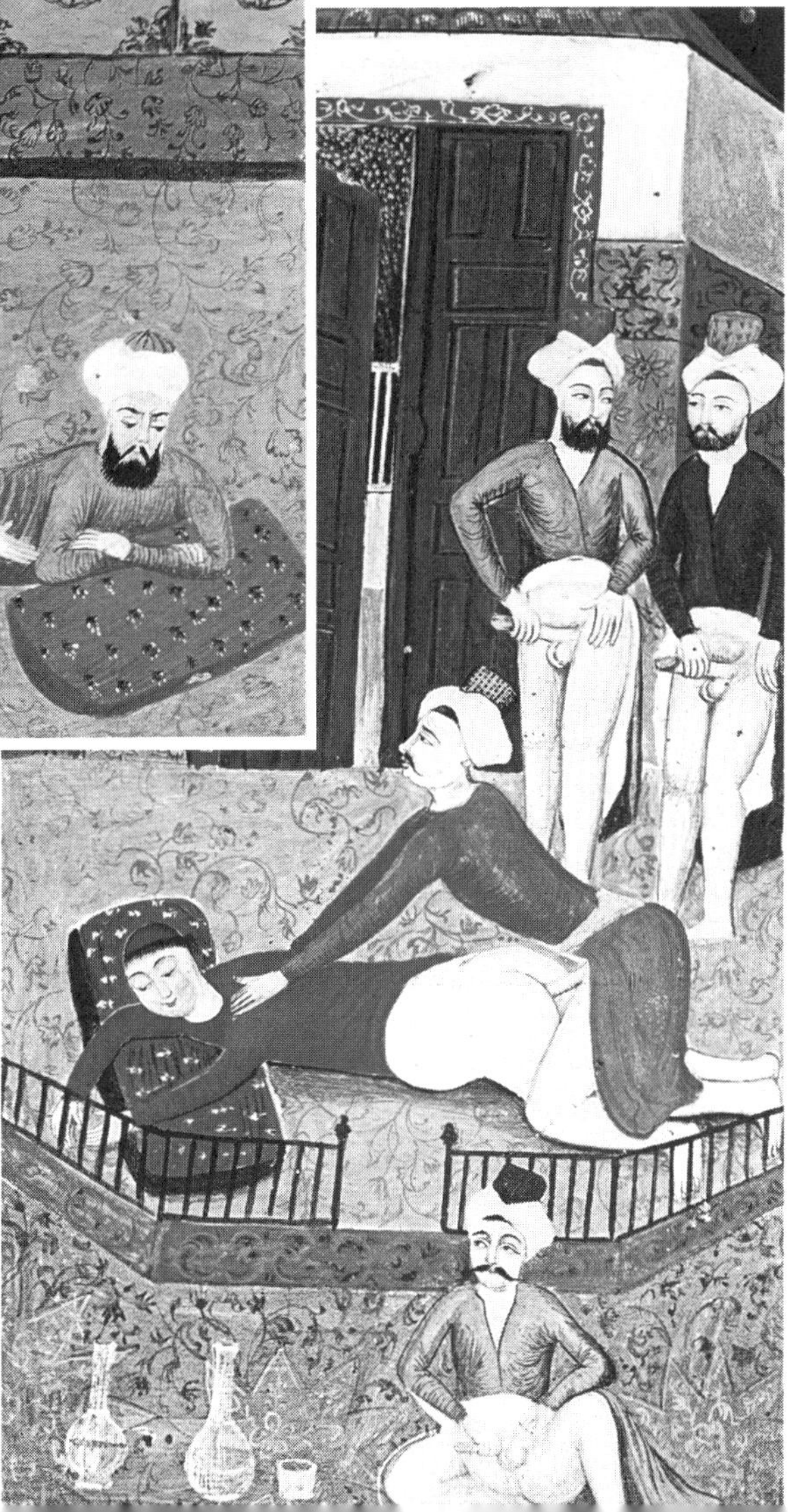

【下】肛門性交する男性と、それを見ながら自らのペニスをしごく人たち　オスマン帝国の細密画、手稿書『五つの詩編』の挿絵。19 世紀初め。イスタンブル、トルコとイスラーム美術館蔵。江戸の陰間茶屋のような男色楼内の光景か。

レイマンは、自分が没するまで、イブラヒムが殺されたときに部屋の壁に飛び散った血の痕を拭い去ることを禁じたという。

その後もスレイマンは、女婿に迎えたクロアティア生まれの美しい小姓ルステム・パシャら、いく人もの男寵と次々に契りを交わしたが、心には若い頃のイブラヒムが常に宿って離れなかったらしい。ある日、スルタンに愛妾がイブラヒムとの関係について問うた折りには、こう答えている。

「余は誰にもまして彼を愛した。そなたよりもな」。

アジア、アフリカ、ヨーロッパと三つの大陸にまたがる広大なオスマン帝国の全土において、身分の上下を問わず、男色がきわめて盛んであった次第は、西洋人来訪者の証言によっても裏付けることができる。彼らの報告に従えば、トルコの首都イスタンブルの軍人は、殊に男性どうしの性愛を重んじて、新婚初夜に花嫁をまず自分の率いる連隊全員に提供したばかりか、やがて妻が妊娠すると、ふたたび同僚との衆道関係に戻る習慣であったという。

オスマン帝国時代のイスタンブルでは、ガラタ地区にギリシア人の美少年ダンサーが客の相手をする売色専門店があって、たいそう繁昌していた。ハンサムな踊り子をめぐる争いは一七世紀以来、加熱する一方で、暴力事件にまで発展したため、とうとうアブデュル・メジト一世［在位、一八三九〜六一］の治下に、男性ダンサーが客をとる慣行は禁止された［一八五六年］。

こうした男色風俗の名残りが後々までも、旧オスマン帝国の各地に、——例えばアルバニアの少年婚制度や、オマーンの男倡ハニース（khanith）、モロッコのハッサース（hassas）、トルコのキョチェク（köçek）、エジプトの若い踊り子ハワル（khäwal）ないしトルコ語のジンク（jink / gink）、リビア砂漠のシーワ地方における男色婚——といった形態をとって存続していくことになるのである。一九八〇年代のはじめには、イスタンブルの紅灯の巷に、少なくとも二二三人の男性売春者がいたことが調査・報告されている。▼

▼報告されている　ちなみに一九三七年のチュニスにあった一軒の男色楼には、一五人の男倡——内わけは一三人の

ユダヤ人、一人のフランス人、一人のイタリア人——がいた（Murray (2000); Bouhdiba (1975); etc.）。

男色楼や少年売春宿はイスラーム圏のたいていの都市や町々、時には村落といった程度の小規模な集落にもあって遊客で賑わっていた。▼

▼……遊客で賑わっていた　トルコ相撲の職業レスラーは、力を保つため女犯を断って男色のみに励む者が多かったという（Murray & Roscoe (1997), etc.）。

オリエント諸国を訪れたキリスト教徒ヨーロッパ人旅行者は判で捺《お》したように、自分たちの強い宗教的偏見から、男色が何か悪い所業ででもあるかのように嫌悪感をもって観察している。例えば、一七世紀末のカイロを旅した英国人ジョゼフ・ピッツは、「この地では女よりも少年の一人歩きのほうが強姦される危険度が高い」と、まるで明治三〇年代の日本を訪れた外国人さながらの感想を洩らしている。一八五〇年にフランスの作家フローベールがエジプトに来たときにも、「バルダーシュ（bardashes）」と呼ばれる男倡ないし受け手の男性が大勢見受けられたという。フローベールは、市民たちが皆な互いの男色関係を至極当たり前のことと見なして、「ホテルのテーブルを囲んでの上品な話題としていた」とか、公共浴場《ハンマーム》で男性どうしの愛が芽生え花開くのだといったといった見聞を記録に留めている。なお、筋金入りの女色家だったフローベールでさえ、オリエント旅行で触発されて男色に開眼し、機会をみてはこころみたという。

アナル・セックスとオーラル・セックスの優劣論——イスラーム版野傾論

アラビア、ペルシア、トルコなどイスラーム諸国では、男性どうしの肉交はたいていがアナル・セックスであり、オーラル・セックスは少なかったようだ。アブール・アンバス作と伝えられる『尻が口にまさる利点』といったペルシア語写本が残っていることから見ても、肛交が優位を占めていた次第が察せられる。イスラーム社会では、男色・女色の優劣ばかりではなく、肛交と口交の優劣までもが論じられていたわけである。

他方、ムスリム世界のキリスト教僧院は、男色楼と同義語に用いられるほど「修道僧は限りなく男好きだ」という定評で鳴りわたっていた。アル・ジュルジャーニーの婉曲語リストにも、キリスト教の僧侶は肛交愛好家の別語として掲載されている。そればかりではない。彼ら修道僧は、通常「鶏姦者《ルーティー》（luti）」と呼ばれて、若者たちを相手に肛交を行なうのみならず、吸茎《フェラチオ》をも好んでするほどの好色漢だと見られていたという◆[25]。

インドでもムスリム社会の到来とともに口交が肛交にとって代わられたことはすでに述べた。現代なお北部インドで活躍する男倡ヒジュラーたちは、「母神の意に背《そむ》くよろしくない行為」としてフェラチオを避けているという。古代インドにあってさえ、一部の地域では、オーラル・セックスに対する偏見があって、「犬の行為」と呼ばれていたほどであった。

しかし他方では、ペルシアのハーキムらイスラーム系の生理学者が、「フェラチオをして精液を体内に摂り入れることは男性の精力増強によい」と奨励していた。この学説が功を奏したために、男性たちの間に相互吸茎が流行して、尺八《フェラチオ》を本業とする少年たちの仕事をあやうくする事態さえ招いたという。

肛交か口交のどちらが効用があるか、といった問題については、ムスリムの間でも意見が分かれていたようである。イスラーム教徒が浣腸《エネマ》を必要としないのは、つねづねペニスを挿入されているからであり、したがってアナルのほうが有益だという意見もあれば、逆に、フェラチオは男性の回春に役立つため、オーラル・セックスのほうが好ましいという反対論もあったからだ。

古代ギリシア・ローマ世界においては、先に記したようにフェラチオは女性や奴隷、男倡のする行為として、アナルや素股《すまた》よりも低くランク付けされていた。政敵を「口まで汚れた男だ」として攻撃することは、古代アテナイ以来、演説や詩文の常套法であった。また同じオーラルであっても、他の男の男根《ペニス》をしゃぶる男性（fellator フェラトル）よりも、女性の陰部を舐めるクンニリングス好きな男性のほうが、手ひどく

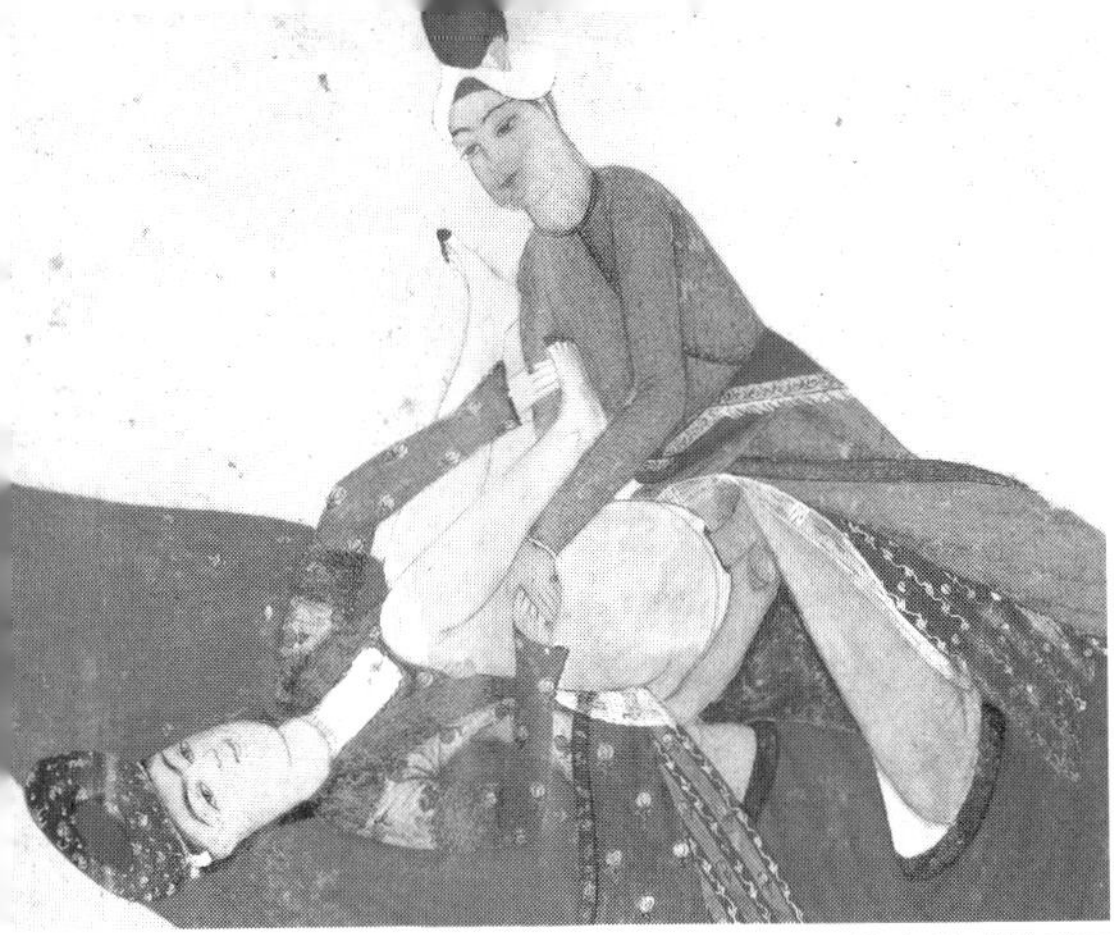

アナル・セックスに興じる二人
オスマン帝国の細密画。19世紀。トルコ。相手は美しく装った男倡か。イスラーム世界の美術作品では、異性間の性交でもアナル・セックスが好んで表現される傾向が顕著である。

【下】オスマン帝国の細密画。18世紀のトルコ詩人著『美男子の書（フーバン・ナーメ）』の挿絵。
【右】シリアの青年。【左】トルコ風呂で働く少年　イスラーム世界では「公共浴場（ハンマーム）へ行く」といえば、同性間のセックスをしに行くことを仄めかす言句であった。マッサージ係りのうら若い少年が裸体を心ゆくまで揉みほぐしてくれたばかりか、同性どうしの出会いの場にもなったからである。

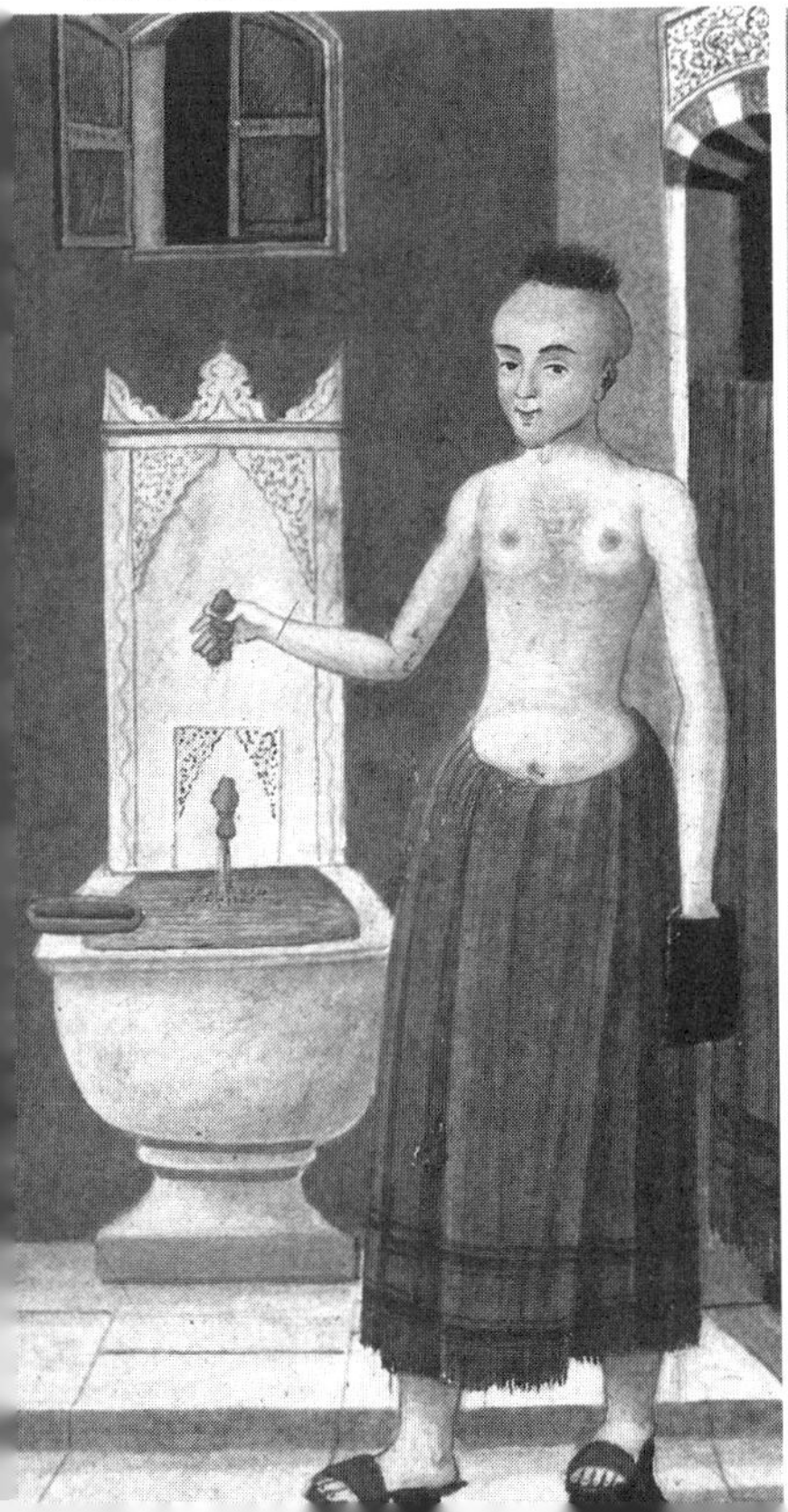

嘲笑されていた。男の逸物をしゃぶるのならまだしも、女の陰部を舐めまわすとは以ての外というわけである。皇帝でさえ好んで他の男をフェラチオするようになったローマ帝政期に入ってからでも、保守的な諷刺詩人の作品には、こうした立て前が墨守されている。マルティアリスは毛むくじゃらの脚や胸を露わにして見せる友人に忠告する。「僕の意見を聞いて体じゅうの毛をすっかり抜き取り、尻も脱毛したことを、はっきりと証明したまえ。どうしてそんなまねをするのか、だって？ 世間では君のことを色々と噂しているからさ。だから、君はただ肛門を犯されがっている陰間だと世の中の連中に信じ込ませたほうがよいのだよ。摩羅《まら》をしゃぶりたがっていると見抜かれるよりもね」。

ギリシアの『夢判断の書』の著者アルテミドロス［後二世紀］も、「フェラチオの夢見は、男性がしゃぶるにせよ、しゃぶられるにせよ、たいてい凶兆である」と明記している。▼

▼明記している　例外として自己フェラチオ（auto-fellatio）は吉夢であるという（アルテミドロス『夢判断の書』（Artemidorus）一-七九〜八〇）。

アッバース朝カリフのアル・ムタワッキル［在位、八四七〜八六一］の治下、男色詩が盛んに作られ、機知に富んだ随想『口唇よりも肛門が勝ること』、『レズビアンと受け手の男色家たち』、『去勢者・宦官・閹人《えんじん》に関する稀有の逸話集』などが編まれたが、惜しくもすべて散逸し、後世の文献に引用された断片でしかうかがい知ることができない。

それに引き替え、日本では『稚児之草子《ちごのそうし》』［鎌倉期成立の男色絵巻。醍醐寺三宝院所蔵］の昔から、男性どうしの相舐め、つまり〝69〟は、何の偏見もなしに行なわれていた。▼院政期の左大臣、藤原頼長の日記『臺記《たいき》』に散見する成人男性どうしの「濫吹《らんすい》」をオーラル・セックスだと解釈する説も行なわれている。してみると、『臺記』中の「相互濫吹」は、男どうしが互いの性器をくわえ合い、しゃぶり合って交歓する行為を指していることになる。

▼男性どうしの相舐め……行なわれていた　『稚児之草子』第五段。『稚児之草子』の相舐めは、精確にはフェラチオとアニリングスである。

蛇遣いの少年　ジャン＝レオン・ジェローム筆。1870年頃。油彩画。米国、マサチューセッツ州、ウィリアムズタウン、クラーク美術協会蔵。オリエンタリズムを得意とするフランス人画家が描いた全裸の蛇遣い。男性客の前で惜しげもなく裸体を披露する少年の絵には、煙管や笛、銃、大蛇など男根を象徴する道具立てが揃っている。

オスカー・ワイルドやアンドレ・ジッド、ジャン・コクトーら当事者の証言にしたがえば、一九〜二〇世紀の、いわゆる近・現代欧米型のゲイ・ピープルの性行為では、肛門性交よりも、相互マスターベーションやフェラチオのほうが頻繁に行なわれるという。二〇世紀半ばのアメリカ合衆国で公表されたキンゼイ報告《リポート》もまた、同様の傾向を示している。もちろん、だからといって、フィスト・ファックやスカル・ファックが現に行なわれている以上、アナル・セックスの愛好家が減少したというわけでは、なさそうであるが。

以上見てきたように、いわゆる「古典期」のアラビア・ペルシア文学においては、年長の成人男性が鬚《ひげ》のない若者《アムラド》を愛慕、賞翫するという古代ギリシア式パイデラスティアーの形をとる場合が基本的に多かった。プラトン哲学の影響を受けて、「美の理想」「神の美の証し」を若者の容姿の彼方に見るというポーズをとった恋愛詩も少なくはない。もっとも、一言に男色といっても、古代ギリシアと同じく高尚な友愛から、淫蕩限りない情欲まで、とりどりの様相を呈していたことは言を俟たないのだが。

ヨーロッパ人の観察によると、アラブ人がこの世でとびっきり男好きの民族であるという。例えばアラブ系遊牧民のベドウィンの手におちた外国の美青年は、身につけた衣服をことごとく剝ぎ取られると、肛門を強姦され、男根をもてあそばれ、ときには口にペニスをぶち込まれてさんざん凌辱されたという。◆[26]

男色に血道《ちみち》を上げていたアラブ人やペルシア人の間では、古代ギリシアと同様に男色輪姦も珍しくはなかった。ハレムに闖入《ちんにゅう》した男が発見されると、「一糸まとわぬ姿にされて召使いの前に投げ出され、馬丁や黒人奴隷たちによって、したたかに弄《もてあそ》ばれ犯される習慣であった▼」と、リチャード・F・バートン卿その他のオリエント旅行者や研究家は伝えている。

▼**習慣であった**　戦争捕虜を強犯する行為は、太古の昔から世界じゅういたるところで繰り返し行なわれてきた。したがって、エジプトへ侵略したナポレオン麾下のフランス軍のうち、マムルークやアラブ人に捕らえられた者たち

3人の囚人　無名のフランス（?）の画家。エキゾティックなオリエンタリズムで半裸体の男たちを描いている。キリスト教諸国では極度にタブーとされていた快楽を、支配下の国々では金銭次第で比較的気軽に得ることができたようだ。アンドレ・ジッドをはじめとする作家の書物から、その実態を読み取るのはたやすい。

は、当然ながら彼らに思うさま強姦されたし、一九一七年トルコ軍に囚われの身となった「アラビアのロレンス」ことT・E・ロレンス（一八八八〜一九三五）は、裸にされ鞭打たれたあとで肛門を犯されたのである。ペルシア王族の不興を買った宣教師が肉体を凌辱されたという話も、よく聞くところである。土地に不案内な旅人も、暴漢や不良どもに肛門を犯されるという危険を覚悟しなければならなかったのだ（Burton (1885); Stephen E. Tabachnick, *The T. E. Lawrence Puzzle*, 1984; T. E. Lawrence, *Seven Pillars of Wisdom*, 1926, 6; etc.）。

14……現代イスラーム諸国の愛

いわゆる「原理主義」などと称されるものが瀰漫《びまん》したのは、近年になってからの特殊な現象でしかない。イスラーム圏が文化的な先進諸国であった時代には、決して偏狭な聖典解釈や時代錯誤な蛮行が蔓延《まんえん》するような見苦しい事態▼は生じなかった。

▼**見苦しい事態**　一部のムスリムが硬直主義に取り憑かれはじめたのは、社会学上から、また歴史学上から、さまざまな要因が考えられるものの、今ここで言及している余裕はない。手っ取り早く言えば、つい半世紀前までのキリスト教国と同様に、排他的一神教の最悪の部分が露呈されたのである。すなわち、狭隘きわまりない教条主義が、人間の本性を否定し弾劾するという事態を招き寄せてしまったのだ。

何しろ、古来男色のほうが女色より芳醇で甘美な交わりだというコンセンサスがあって、若者の代わりに女を犯すことを、「ワインが欲しいときに水を飲む」と表現してきたのがムスリム社会の実相なのだから。◆[27] 年代上も地域的にも広範にわたって営まれてきたイスラーム文化圏の男性愛が、現代になって急速に不可視の日陰者的な存在となってきている風潮は、はなはだ嘆かわしい限りである。ほんの一世代ばかり前には男色風俗の遍在したイスラーム世界が、当今は地上で最も悪名高いホモフォビックな国々に堕してしまっている。近年では、「同性どうしの愛は西欧人がもたらした悪徳である」とする主張さえ罷《まか》り通るありさまだという。▼

アラブの少年を写した絵葉書　1910 年頃。世紀末から 20 世紀初めにかけて官能的な絵葉書が大量生産された。当時の欧州人のオリエント趣味（オリエンタリズム）に投ずる作例。事実上の植民地と化していたイスラーム諸国では、性別を問わずセックスの相手を自由に購うことができた。

▼近年では……ありさまだという　近年でこそ過激派や原理主義運動のせいで著しく評価の下がった宗教だが、一九九三年の報告にもあるように、アラブ首長国連邦やクウェートなどいくつかのアラブ・イスラーム諸国では、現在でもなお男性どうしの結婚が通常の慣例として執り行なわれているという（アブー・ハリル報告（Abu Khalil report））。また現オマーンのスルターンがゲイであることも、知る人ぞ知るオープン・シークレット（公然の秘密）である。

【コラム】

焚書の憂き目にあう文献

――性愛恐怖症の蔓延がもたらした悲劇

かつてのイスラーム文明は豊富な性愛文献をもつ高度に洗練された社会を現出させた。ところが、残念なことに、それら多くの書物が未だ刊行も翻訳もされずに写本のまま公開される日を待っているという。なかでも男色や少年愛を扱った作品は、せっかく優れた学者の手で〝発掘〟、訳出されても、人為的に破壊・抹殺され焚書処分にされてしまう場合が珍しくはなかった。

一五世紀のエロティック文学の傑作、ネフザーウィの著『匂える園』も似たような運命を辿っている。リチャード・F・バートン卿[1]による英訳版は、詳細な注解と厖大な男色研究資料が付けられていた逸品であった。ところが、彼が死ぬや、ヴィクトリア朝の性嫌悪症《セックス・フォビア》思想に洗脳されたその妻によって訳稿が焼き捨てられ、そのせいで貴重な「男色の部」は失われてしまった。[2]

▼1　一八二一～九〇。英国の探検家、東洋学者。『千夜一夜物語』や『カーマ・スートラ』の翻訳を残す。

▼2　一九〇七年に〝同性愛〟をふくむ別の版が出版されたと聞くが著者は未見である。ちなみに現代もなおアフガニスタンやイラクなどの紛争地域において「図書館の蔵書をはじめとする厖大な文化遺産が焼かれたり破壊されている」との報道が絶えない。

第Ⅴ部

中国、
朝鮮半島と日本

商女は知らず亡国の恨み、
江を隔てて猶《な》お唱う後庭花《こうていか》。
（唐、杜牧）

【扉の図版】

桑の木陰で（の悦楽）　トリオリズムを愉しむ人物。明代。「春花秋月」画巻より。紙本彩色画。アムステルダム、ベルトレート・コレクション。中国では古代以来、男色は女色と並んで身分の上下に関係なく愛好されてきた。

第1章 中国

美男、老いを破る。（『周書』）

竹林での交わり。右側の人物は、股間を見ると男性だとわかる。明代末期、17 世紀初頭。

1……男色は黄帝にはじまる——恋は神代の昔から

「孌童《れんどう》は黄帝にはじまる」という雑説がある。黄帝というのは漢民族の始祖とされる伝説上の人物でしかない。とはいえ、男色が遙か太古の昔から行なわれてきたという意味において、この言葉はまったく正しいと言える。[◆1]

文献上では『商書』▼〔『書経』のうち商＝殷代のことを記した書〕の「伊訓篇」に「頑童《がんどう》に比するの戒め」という文がある。過度に美少年への愛欲に溺れることを「乱風」の一つにかぞえて誡めているから、夏・殷・周代にはすでに男風〔男色〕の習慣がかなり浸透していたものと推定される。[◆2]

▼商書　「伊訓篇」は殷の湯王が崩じ、孫の太甲が位に即いたとき、摂政の伊尹（いいん）が教え導くために作った書とされている。学者の考証によれば、『詩經』の「鄭風・子衿（しきん）」に描かれる多くの情景は、「両男相悦（男

二人の悦び）」の言葉であるという。また「褰裳（けんしょう）」「揚之水（ようしすい）」などの詩には、「狡童」「狂童」「維予二人」といった語句が登場し、それらは男色と関係があるとみなされている。なお、『周書』には「美男、老いを破り、美女、舌を破る」とあり、『戰國策』には「少男、国を破り、少女、家を破る」という文言が見出される。周代に男風が盛行していた事実をうかがわせる記述である。

2……龍陽君《りゅうようくん》と彌子瑕《びしか》——余桃の愛

わが国では周の第五代目の穆王《ぼくおう》［前一〇世紀頃］に寵愛された慈童が、「菊慈童」や「枕慈童」の伝説で名高い。けれど、この物語は本場の中国ではあまり知られていないようだ。春秋五覇の筆頭である斉の桓公［在位、前六八五～前六四三］が「内外を好んだ」、つまり男女両色を愛したことや、晋の献公［在位、前六七六～前六五一］の用いた「美男の計」のほうが著名だという。

「美男の計」というのは、こうである。晋の献公が虞《ぐ》の国を攻め取ろうとしたとき、公は一計を案じて、美男を虞侯のもとへ送り込み、侯をたらしこんでから、賢臣の宮之奇《きゅうしき》を讒言させ、これを逃亡させた。聡明な宮之奇がいなくなれば、もうこちらのものである。後は一気に攻め立てて、まんまと虞を奪い取ったというのだ。この故事は〝傾国の美男〟を用いたことにもとづいて「美人の計」と呼ばれた◆3。

また、『詩經』の「鄭風」などに男風［男色］を詠じた作品がいくつか見出せることも、つとに指摘されている。

しかし、何といっても人口に膾炙しているのは、衛の靈公［在位、前五三四～前四九三］に愛された美少年、彌子瑕《びしか》と、「男色」の異名となった魏王の寵童、龍陽君《りゅうようくん》の故実であろう。

衛の靈公に寵愛されていた彌子瑕は、ある夜、母親が病気だと聞くと、「主君の許可だ」と偽って靈公の車に乗って帰宅した。衛の国法によると、勝手に君主の車を使った者は足斬りの刑に処せられることに

清朝末期の男色の交接図

【上左】若い俳優に戯れかかる学者　「龍陽の嗜み」は、清末までのたいていの文学作品に登場するテーマである。清代ではとくに京劇のうら若い役者が官吏や学生ら士大夫（官僚知識層）の相手として好まれた。「龍陽」なる言葉は前4世紀末の魏王に溺愛された美男子、龍陽君に由来する。

【上右】肛交しつつ受け手の男根をしごく書生　春宮画にも男色の場面は欠かせない。

【左】男色交合図　受け手は女形役者であろうか。男性器を露していなければ、異性間のアナル・セックスに間違え兼ねない一幅の絵である。

すべて19世紀。絹本。彩色画。アムステルダム、ベルトレート・コレクション。

なっていた。ところが、靈公は「何たる孝行者であろうか、母のために足斬りの罪さえ犯したとは」と称して敢えて問わなかった。またある日、彌子瑕は靈公と果樹園に遊んだときに、食べさした桃が美味だからといって靈公に残り半分をさしあげた。公は「何と深くわしを愛してくれることだろう。自分で食するうまさも忘れて、わしに献ずるとは」と言って、その心配りを手放しで褒めた。しかしながら年を経て彌子瑕の容色が衰え、君寵が薄れるに及んで、靈公は彼を疎ましく思うようになり、「かつて君命と偽ってわしの車に乗り、おまけに、わしに食い余しの桃を食べさせた前科者だ」と怒って罪に問うたという。◆4 以来、「分桃の愛」ないし「余桃の愛」という言葉が、男色の別語となったのである。▼

▼男色の別語となったのである　同様に「余桃の罪」と言えば、寵愛が衰えた後に、かつて愛し賞されたことが逆に罪のもとになる人情の転変を指す言葉となった。『戰國策』などによると、衛の靈公には彌子瑕と癰疽（ようしょ）という二人の寵臣がいたとあり、また公は美男で評判の宋朝（宋の公子、朝）をも溺愛したため、ついには内乱（南子の乱）が勃発したという。当時の君侯が男女両色を好むのは、ごく普通のことであったとはいえ、衛の靈公は殊に男寵好みの傾向が強かった人物のようである（『史記』「老子・韓非子傳」、「佞幸傳」、『情史』、呉下阿蒙『斷袖篇』、その他）。

魏王に愛された龍陽君の場合は、もう少し幸運だったようだ。智略に富んでいたからである。ある日、魏王と同じ船で釣りをした折りに、龍陽君は一〇尾あまり釣ったところで、はらはらと涙を流しはじめた。不審に思った王がわけを問うと、彼はこう答えた。「わたくしはこの魚なのです。はじめこそ魚が釣れて嬉しゅうございましたが、後からより大きな魚が釣れると、前の魚は捨ててもよいという気持ちになりました。今はわたくしのごとき者が王様のために枕席を払わせていただき、人々はわたくしに敬意を表わしてくれて居りますが、世の中には定めし美男も大勢いることでしょう。わたくしが王様から寵愛をこうむっていることを聞けば、必ずや手を尽くして王様のもとへ馳せ参じてくるに相違ありません。さすれば、わたくしの運命もこの魚のように果敢《はか》ないものであろうと思い、覚えず涙を流したという次第です」。

愛人に泣かれた魏王は、さっそく国中にお触れを出して、「美男を宮中に献上しようとする者があれば、

【左】男色楼での営み　清朝末期。一九世紀後期。紙本。彩色画。アムステルダム、ベルトレート・コレクション。同年代どうしのセックスは古今東西を問わず決して珍しいものではない。この弁髪の二人もまだ若者と言ってよい年齢である。

【下】屋外でのひととき　清朝。一九世紀。絹本。彩色画。書を読み、茶を喫し、色を好む。典型的な士大夫や富者の生き方である。赤い上着の若者は男倡であろうか。「分桃の愛」「余桃の愛」は前五〇〇年頃の美少年、彌子瑕以来、久しく中国歴代の君公貴人が嗜むところであった。

一族皆殺しの刑に処する」と厳命した。◆5 以降、中国では龍陽が男色の美称として用いられるようになり、後世『龍陽逸史』などの男風小説が書かれるに至ったのである。▼◆6

▼……に至ったのである　同じように智略で君寵を繋ぎ止めた美形の人物に、楚の共王（在位、前五九一～前五六〇）に愛された安陵君（あんりょうくん）がいる。いずれ美貌が衰えていけば、寵愛が薄れるのは必定と知った安陵君は、江乙という知恵者の助言に従って、進んで共王に「死後もお供をさせていただきます」と申し出て王をいたく喜ばせ、お陰で領地まで与えられることになったという。男色のことを時に「安陵の好み」と称するのは、この故事に由来する（『戰國策』「楚策」、『説苑』「權謀」、など）。その他、容色を以て趙の孝成王に寵愛されて宰相にまでなった建信君ら、男寵によって栄達した何人もの人々の例が知られている（『戰國策』、他）。

3……春秋戦国時代の男性どうしの愛情 共枕樹――死後も離れぬ連理の枝

春秋戦国時代の男性どうしの愛は、おおむね高貴な年長の者が若者を愛するという年齢差および身分差のある関係だった。とはいえ、逆の例も珍しくはなかった。▼

▼逆の例も珍しくはなかった　『説苑』巻一一には、楚の鄂君（がくくん）が江に船を浮かべていると、船を漕いでいた越の人が歌を作って愛慕の情を表わしたので、鄂君は越人を自らの寝台へ連れていき、錦の夜具をかけて交歓したという史譚が出てくる。これまた一介の越人が楚王の叔父に恋着して叶えられたという男どうしの恋愛物語である。

『晏子春秋《あんししゅんじゅう》』巻八の記事によれば、斉の景公［在位、前五四八～前四九〇］は生まれついての美男子で、あるとき、羽人という下っ端の役人から懸想されて熱烈な秋波を送られた。不作法に凝視されたことに気付いた景公が理由を問いただすと、羽人は「君主がお美しいから見とれていたのです」と答えた。それを聞いた公は「私を女を見るように見るとは無礼な奴だ」と怒って羽人を殺すように命じた。すると宰相の晏嬰《あんえい》［?～前五〇〇頃。晏子（あんし）として後世知られる名宰相］が参内して、「人の欲望を拒むのは『不道』であり、人の愛慕を憎むのは『不祥』です。あの者が、あなた様に思いを寄せたからといって、殺すには及びません」と諫めたところ、公は素直に得心して、「そういうことなのか。なれば沐浴の際に背中でも流させることにしようか」と述べたという。なかなか物分かりのよいサバケタ殿様である。

また同等の立場にある男性どうしの関係も、当時からよく見られた。

呉の潘章《はんしょう》は、たいへんな美貌の持ち主だったため、当時の人々が皆な競って彼を慕っていた。楚の王仲《おうちゅう》先《せん》という若者がその美名を聞いて、「ともに学びたいものだ」と訪ねきたところ、一目見てお互いに惚れ込み、以来、夫婦のように愛し合い同衾する仲となった。交友はやむことなくつづき、後年二人がともに死

【コラム】

楚王、細腰を好む——砂時計形美男[◆1]

美男子好きの楚の靈王［在位、前五四〇～前五二九］は、とりわけ腰の細い男性を愛したという。臣下らは王に気に入られようと、競ってダイエットに狂奔、食事を減らしたり、ろくに摂らないで、痩せる努力をした。そのせいで、楚の群臣・士人は風に吹かれて走り、物にすがったり、もたれたりして辛うじて立つ程にヒョロヒョロになってしまった。君主に取り入ろうとして迎合するあまり、宮中はおろか国中に自ら飢えたり餓死したりする男たちが、はなはだ多かったという。

本来、この故事は楚王が、女ではなくて男の引き締まった細い腰を愛したという話だった。ところが、後世になるとなぜか王が細腰の女を好んだため、宮女たちは痩せようとして食事を摂らなくなったといった女色物語に変化させられている。奇怪千万な限りだ。

んでしまった際に人々が羅浮山に合葬すると、塚の上にたちまち一樹が生え出て、その枝々も葉も相抱いて離れなかった。時の人はこれを異とし、名付けて共枕樹▼と呼んだ、とのことである。◆[7]

▼共枕樹　この共枕樹の女色版が、いわゆる「想思樹」である（『捜神記』など）。後世、男風（男色）の盛んな福建地方には、こうした木が多く生えており、双樹が相擁して一樹となったものは、とくに「南風樹」と呼ばれていた（『無聲戲』第六回『男孟母教合三遷』）。本話は中国における男性どうしの偕老同穴を遂げた同性婚の初例となっている。

孔子と愛弟子――「天われを滅ぼせり」

子弟間のまめやかな情愛の深さもまた、この時代にはよく見られたものだった。

孔子［前五五一～前四七九］には三〇〇〇人もの弟子がいたが、その中で最も彼が愛していたのは、貧しい家の生まれながら学才・徳行ともに優れた顔回《がんかい》［前五一四～前四八三頃。字は子淵（しえん）。孔門十哲の一人］であった。その顔回がわずか三二歳で師に先立って夭逝してしまったときには、さすがの孔子も悲しみのあまり「ああ、天われを滅ぼせり、天われを滅ぼせり」と叫んで、はなはだしく慟哭した。ひどく度を失った悲嘆ぶりに驚いたお伴の者が「先生が慟哭されたぞ」と言うのを聞いて孔子は、問うた。「顔回のために慟哭しないとしたら、一体、誰のために慟哭するのだ」（『論語』「先進篇」）。

妻の死にも一人息子の死にも堪え得た孔子だったが、自分の後継者と心に定めた顔回の死去にあっては絶望的な打撃を受けて、声を放って泣きじゃくる取り乱しようであった。一説に、この折りばかりは、かたわらにいた今一人の愛弟子の子路《しろ》［前五四三～前四八一。季路ともいい、孔門十哲の一人］も嫉妬の色を隠せなかったと伝えられている。▼

▼……と伝えられている　最愛の弟子、顔回の早世が、孔子の死期を早めたという。同じ『論語』「先進篇」に、「晩春には春の服もすでにできあがり、元服した大人五、六人に、元服前の少年六、七人と一緒に河で水浴びし、涼んでから歌をうたいつつ帰る」とあるのを男色の謂に解する説がある（『男倡玄々經』、その他）。また『墨子』「尚賢」には、天子諸侯卿大夫らが容姿の美しい男たちを情愛に魅かれて重い役職に任じる風潮についての言及がみられる。

【左】簾を下ろす少年と男性　清朝後期。一九世紀。個人蔵。家童にちょっかいを出す主人を描いた絵だろう。明清の小説によく登場する場面である。

【下】富者と少年の交歓図　清朝後期。一九世紀中頃。絹本。彩色画。アムステルダム、ベルトレート・コレクション。召し使う少年とのセックスはきわめて日常的な光景だった。

なお『離騒』の文言から、かの詩人、屈原（くつげん、前三四三頃〜前二七八頃）が、側近として仕えた楚の懐王（在位、前三二九〜前二九九）に対して恋愛感情をいだいていたことも指摘されている。

4……断袖の交わり――皇帝の愛人たち

中国皇帝たちが男色を愛好したことは、『史記』以来の歴朝の正史に明らかである。司馬遷《しばせん》の『史記』および班固《はんこ》の『漢書』の「佞幸傳」には、前漢の諸帝の寵臣らの生涯が述べられている。漢の高祖、劉邦《りゅうほう》［在位、前二〇六〜前一九五］には籍孺《せきじゅ》が、その子で第二代皇帝、恵帝［在位、前一九五〜前一八八］には閎孺《こうじゅ》がいた、というふうに、歴代皇帝たちの男寵の名前が列挙されているのだ。▼

▼……列挙されているのだ　籍孺と閎孺の二人は、ただ色と美貌をもって高い地位と寵愛を受け、皇帝とともに寝起きしたために、大臣・宰相は皆な、彼らを通じて帝に奏上することになった。よって侍従見習いや近侍たちは全員、錦鶏の羽根で飾った冠をかぶり、貝をはめたベルトをしめ、紅白粉をつけて閎孺や籍孺のような連中になってしまったという。ここから「閎籍の族」なる言葉まで生じたとされている（『史記』、『漢書』）。

――男の愛人をもつ皇帝たち。

男性が男女両色をもてあそぶことが当然視されている多くの文明社会においては、むしろこれこそが通常の性愛のありようであると言ってよい。

就中《なかんづく》、古来広く知られているのが前漢末期の皇帝、哀帝［在位、前七〜前一］と、その恋人董賢《とうけん》との情愛である。董賢ははじめ殿中で時刻を報ずる小役人でしかなかった。が、ある日、端正な容姿の董賢を一目見て気に入った哀帝は、「そちが董賢という舎人か」と下問し、そのまま手を引いて殿上にあげると傾蓋旧のごとく語りあい、直ちに彼を黄門郎に任じた。以来、寵幸日ましにはなはだしく、外出時には必ず彼を車に陪乗させ、常に君側に侍らせて、旬月の間に賜金巨万を重ねるというありさま。その尊貴は朝廷を震駭させるほどで、後宮の美女三〇〇〇は顔色を失った。程なく董賢は侍中を経て高安侯に封ぜられ、その一族にもことごとく高位が与えられた。

哀帝は董賢のために、善美を尽くした金殿玉楼の建ちならぶ大邸宅を造営させ、また自身の墓所・義陵にならんで彼の墓を築かせて死後も日夜ともにいられるようにはからった。帝の愛人たる彼をいささかでも譏《そし》る者は獄に下され、罪を得て死んだため、もはや誰も諫言するものはいなくなった。

帝はいつも董賢と起き伏しをともにする習いであった。かつて昼寝をしていたとき、賢が袞龍《こんりゅう》の御衣［龍の文様を縫いとりした天子の礼服］の片袖を下に敷いて寝ていたため、起きようとした主上は愛する男の眼を覚まさせまいと気遣い、やむを得ず自らその袖を断ち切って起きたことがあった。これがいわゆる断金の交わりならぬ「断袖の交わり」▼の故事である。

▼**断袖の交わり**　男色を「断袖の愛」とか「断袖の寵」と呼ぶ美称は、「龍陽」「余桃の愛」などとともに、以降、二〇〇〇年間にわたって久しく用いられた。明代の呉下阿蒙編の『断袖篇』その他の作品名は、すべてこれにちなんで付けられた名称である。

こうしたあつい恩寵に応えて、賢も、休暇を賜っても一向に退出しようとせず、いつも宮中に留まっていた。二二歳のときには大司馬・大司徒・大司空を拝し、「三公」を一身に兼ねて位人臣をきわめ、その権力は皇帝と等しく、まさに飛ぶ鳥を落とす勢いであった。

翌年、来朝した匈奴《きょうど》の単于《ぜんう》［匈奴の最高君主、王の称号］は、董賢が群臣に抜きん出て若く美しいのに高位を占めていることを訝《いぶか》った。「彼は年少ではあれど、大賢人である故にその地位にいるのです」と聞かされて納得すると、単于は立ち上がって董賢を拝礼し、漢帝国が賢臣を得た慶事を恭しく祝福したという。

哀帝はさらに、かつて堯が舜に禅譲したように、帝位を董賢に譲ろうとさえした。ところが、間もなく病を得て崩御したため、譲位のことはついに果たせなかった。帝の亡きあと董賢はたちまち太皇太后と結んだ王莽［前四五～後二三。漢帝国の簒奪者、新の皇帝。在位、後八～二三］によって失脚の憂き目をみ、「わが事終われり」と観念し自殺して果てた。▼◆8

▼**自殺して果てた**　死後に没収された董氏の財産は四三億銭に達したという。哀帝は男女両色を愛するのが通例であった当時の風潮の中でも、別して男風をのみ深く好んで、生来、女人には関心が乏しかったらしい。よって無嗣のまま崩じており、従弟の平帝（在位、前一〜後五）が帝位を継いでいる。

5……漢武故事

漢の武帝［在位、前一四一〜前八七］にも男性の愛人が何人かいた。その中には衛皇后の弟にあたる衛青《えいせい》［?〜前一〇六］や霍去病《かくきょへい》［前一四〇〜前一一七］ら、武将として知られた外戚も名を連ねている。

のちに大将軍となった衛青は、容貌優れ体格が雄偉だったので、宮内の侍臣として寵愛を受け、武帝は彼を厠内にまで招き入れて引見したという。前後七回にわたる匈奴《きょうど》平定などに活躍した後、彼が死没すると、武帝はその遺骨を自分の茂陵の傍《そば》に陪葬させて恩愛の深さを示した。

衛青の甥、霍去病もまた、一八歳のときから武帝の男寵をこうむり、叔父とともに匈奴討伐を指揮して武名を謳われ、帝国の版図を拡大するに功あって大将軍となったが、惜しくも夭逝した。享年二四。彼も茂陵のかたわらで妨げられることのない眠りを眠っている。

士人では韓嫣《かんえん》［『漢楚軍記』で知られる韓王信（?〜前一九六）の曾孫］が、武帝の竹馬の友として名高い。彼は騎射をよくし兵事に長じていたため、帝の即位後ますます寵愛された。二人はいつも起臥をともにし、後宮への出入りも許し許されるほど親密な仲だった。ところが、この後宮への出入り御免が仇となる。あるとき彼が皇帝の弟君、江都王をないがしろにしたせいで、讒臣が「宮女と密通している」と皇太后に密告、武帝の陳謝も空しく皇太后の命令で自殺を強いられてしまったのだ。韓嫣の弟、韓説《かんえつ》もまた、武帝に愛幸された臣下の一人である。韓説は軍功によって侯に封ぜられ、権力をほしいままにしたが、前九一年巫蠱《ふこ》の乱の折りに戻《れい》太子［武帝と衛皇后の息子］に殺されて生涯を閉じている。▼

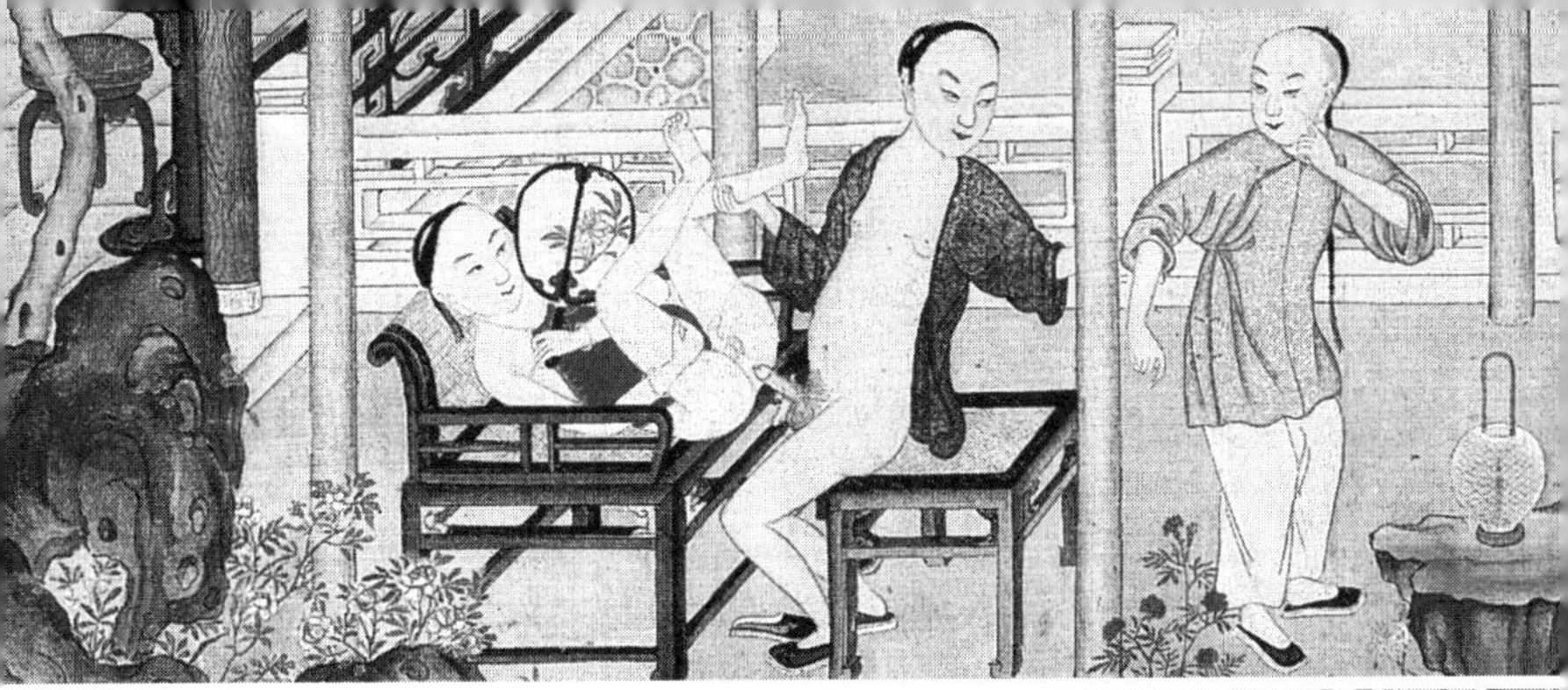

複数での交接

【上】3人で楽しもう　清朝後期。19世紀中頃。絹本。彩色画。富裕な男性が少年と交わろうとしながら、もう1人の少年の臂を引いて誘っている。

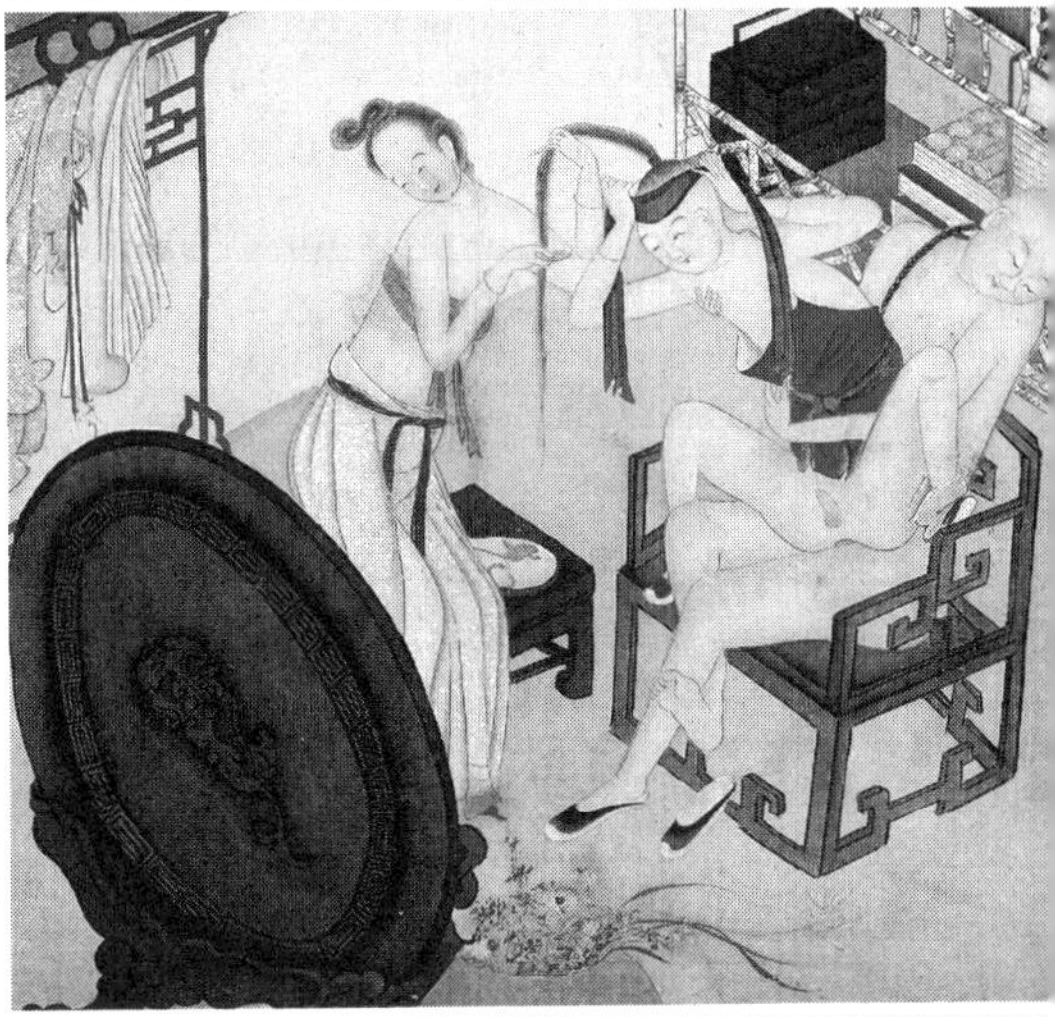

【中】鏡に映しながらの交歓　清朝。18世紀。絹本。彩色画。今も昔も、鏡にはエロティックな刺激を倍増させる効果があるとみえる。

【下】売春宿でのグループ・セックス　清朝末期。19世紀後期。紙本。彩色画。ローマ皇帝ティベリウスに限らず、「複数の男性がデイジー・チェインを構成する情景」を好む人々はさまざまな文明に存在していた。肌の浅黒い異国人たちが数珠繋ぎになっている。3点とも、アムステルダム、ベルトレート・コレクション。

宦官では李延年［?～前八七］が、武帝の寵を受けたことで名高い。彼は音楽歌舞を得意とする芸能人一家に生まれ、罪を得て宮刑に処せられ後宮に仕えていた。新しい音楽を創作する才能に恵まれていた延年は、その才ゆえに皇帝の愛顧をこうむり、ある日、新楽曲を求める帝の前で、次のような歌舞を披露した。

北方に佳人あり。絶世にして独り立つ。
ひとたび顧みれば城を傾け、ふたたび顧みれば国を傾ける。
城を傾け国を傾くとはよく知れども、
あわれ佳人はふたたび得がたし。

これを聞いた武帝は、姉の平陽公主から李延年の妹に絶世の美女がいると知らされる。さっそく彼女を召しだしてはなはだしく寵遇した。これが「傾国」の故事や「反魂香」の伝説で後世にまで著名な美妃、李夫人である。こうして兄妹揃って武帝の君寵を得、李延年は二千石《せき》の印綬をおびて、帝と起居をともにし宮廷に重きをなすようになった。しかるに、李夫人が卒した後、延年の弟、李季が宮女と私通していたスキャンダルが露顕して、さしもの権勢を誇った李一族も誅せられた。▼◆9

▼**生涯を閉じている**　戦国時代以来、男性の肉体、容貌の美しさが重んじられるようになったが、漢の武帝はとりわけ好男子を愛する傾向が顕著である。漢の武帝の男の愛人については、『史記』、『漢書』、他を参照。

▼**李一族も誅せられた**　董賢や李延年に限らず、君主の寵愛をうけた者たちの大半は、その終わりを全うしなかったようである。武帝の祖父にあたる文帝（在位、前一八〇～前一五七）に愛された士人の鄧通（とうつう）にしても、文帝から銅山を賜り自由自在に貨幣を鋳造する権利を与えられて、巨万の富をたくわえたものの、同帝が崩ずるやたちまち新しく即位した景帝（在位、前一五七～前一四一）によって全財産を没収され、貧窮の裡に世を去っている。「君臣相愛の情は成帝と張放が最も深し」と評されているその富平侯、張放ですら、かつては成帝（在位、前三三～前七）と常に起き臥しをともにする仲であったにも関わらず、貴族たちに妬忌されて皇太后の命令で放逐され、成

帝が崩御すると嘆きつつ流謫の地で死んでしまったという（『漢書』「張放傳」、『情史』、呉下阿蒙『断袖篇』、など）。

6……子都の美

武帝の愛人の一人霍去病の弟、霍光［?〜前六八。名将・霍去病の異母弟。武帝、昭帝、宣帝の三代に仕え、大司馬、大将軍に任じられた］は、幼い昭帝［在位、前八七〜前七四］の後見者として政務を執って誤りなかったが、また一方で美しい召使いの馮子都《ふうしと／ひょうしと》［?〜前六六］を寵愛したことで普《あまね》く知られている。実質上の漢帝国の支配者だった霍光は、「子都の美」と世に謳われるほどの無双の美男、馮子都を愛するあまり、つねづね国家の大事まで彼に相談をもちかけるほどであった。

やがて大将軍、霍光が卒すると、その妻の顯《けん》は亡夫の男寵、馮子都と公然と通じて、豪華きわまりない車を作らせ、それに二人で乗りつつ車中で戯れ交わって醜聞を流したという。召使いが主人夫婦の双方に性的奉仕をすることは万国共通の現象である。▼◆10

▼万国共通の現象である　古代ギリシア・ローマその他、大部分の文化圏と同じように、従属身分の者は、主人の意のままに男女を問わず、その性愛の相手をつとめなければならなかった。

夫の生前から美男奴隷をめぐって夫婦が争う場合もあった。後漢の大将軍、梁冀《りょうき》［?〜後一五九］は、秦宮という才色兼備の召使いを鍾愛していたが、梁冀の妻、孫壽もまた、この美男子にうつつを抜かして交わった。このため梁冀夫妻は秦宮をめぐって相争い、嫉妬し合って憚らぬようになる。彼ら夫妻は、互いに秦宮を招いて睦み語らうべく豪壮な邸宅を建てて張り合ったので、時人はこれを「木妖」［木の妖異。大規模な邸宅を建てて秦宮の寵愛を競い合った夫婦を諷した表現］と称したという。

他にも、後漢の光武帝［在位、後二五〜五七］と、書生時代からの親友、嚴子陵との同衾譚や、同じく後漢時代の士人、范式《はんしょく》の夢枕に現われて、自らの死去と葬儀の時刻を告げた張劭《ちょうしょう》との友愛物語など、漢代には、成人男性どうしの深く親密な愛情関係を語る史話は少なくない。▼◆11

▼成人男性どうしの……史話は少なくない　後漢の諸皇帝の中でも、とりわけ男風を好んだことで名高いのは桓帝（在位、後一四六～一六七）であるという所伝がある。臣下から男色を控えて広く宮女に接し後嗣を儲けるよう上奏されたほどの愛好ぶりで、結局のところ子なくして三六歳で崩じている。

7……三國志の英雄たち——義兄弟の誓い[12]

魏の曹操［一五五～二二〇。三国魏の祖。のち太祖武皇帝と謚される］が、孔挂《こうけい》や荀文若らの美男子を寵愛したことは、史書などの文献に記録されている。

また曹操の峻厳にして酷薄な人となりを伝える話もある。彼はつねづねお気に入りの少年に扈従《こしょう》させていたが、あるとき、誰も自分の眠っている場所に近づくことのないように命じたあとで、わざと寒いところにごろ寝をしてみせた。その少年が気遣って夜具を掛けようとした刹那、白刃一閃、曹操は無慙にもこれを斬り殺してしまった。軍規の峻厳さを身をもって示したのである。それが奏功して、以来、誰一人、彼の寝所に近寄る者がいなくなったという。[13]

蜀の劉備《りゅうび》［一六一～二二三。字は玄徳。蜀漢の建国者。在位、二二一～二二三。昭烈帝］が、關羽［?～二一九］、張飛［一六六～二二一］と桃園で義兄弟の契りを結んだという話は、『正史』には、まったく書かれていない。しかし、『三國志』「蜀書」には、劉備が「寝るときはこの二人と同じベッドに休み、兄弟さながらに恩愛をかけた」と記載されている（『關羽傳』）。同じ寝台で眠ったというのは、通常の主従間では考えられない度をこえた親密ぶりである。他聞を憚る関係があったに相違ない。

劉備と諸葛孔明［一八一～二三四。名は亮、孔明は字。三国蜀漢の名宰相］との「水魚の交わり」もまたしかり。寝食をともにし、恋人どうしのごとく交情▼は日に日に濃密になっていったという。

▼恋人どうしのごとく交情　『三國志』「蜀書」「諸葛亮傳」。寝食をともにするとあるが、どの程度、性的交渉があっ

【左】二人の男性が愛を交わそうとする情景を覗き見る女人　清朝。一八世紀。絹本。彩色画。上海博物館蔵。男性どうしの睦み合いを覗うのは男性の妻女か、あるいは侍女か。この後の展開は不明。

【下】二人が交わろうとする様子を衝立の陰から覗き見る年上の若者　清朝後期。一九世紀中頃。絹本。彩色画。アムステルダム、ベルトレート・コレクション。この後は三人でプレイを楽しんだことであろう。

たのかは詳述されていない。ただ確かに言えるのは、元来、男性どうしの性愛に偏見のない伝統的な中国文化が、「義兄弟の契り」といい、「一つベッドを分かつ習慣」といい、きわめてホモエロティックな社会であったという事実である。

曹操の息子で、詩才・文才に優れていた曹植《そうしょく》［一九二〜二三二。魏の初代皇帝、文帝曹丕（そうひ）（一八七〜二二六。在位、二二〇〜二二六）の弟。当時を代表する詩人］は、「名都篇」で売色を業とする少年について次のように歌っている。▼

名都、妖女多く　京洛、少年を出だす

▼……歌っている　後代の文献にしたがえば、呉の孫策（一七五〜二〇〇。呉の初代皇帝、孫権の兄）と美丈夫、周瑜（しゅうゆ、一七五〜二一〇）とは、若い頃から無二の親友で、ともにある美少年（蔡秀才）と同衾していたという（『子不語』「雙花廟」）。呉の孫権（太帝。一八二〜二五二）や、蜀の後主、劉禅（在位、二二三〜二六三）、魏の文帝（在位、二二〇〜二二六。曹操の長男、曹丕（そうひ））といった人たちにも、おのおの男寵があったと伝えられるが、詳細は割愛する。

8……男風の最盛期——清談の士、竹林の七賢と金蘭の交わり

史書にこうある。「咸寧［二七五〜二八〇］・太康［二八〇〜二八九］よりのち、男寵大いに興り、女色よりもはなはだし。士大夫これを尚《たっと》ばざるはなく、天下皆な相倣う。あるいは夫婦離絶し、多く恨みを生じ妬忌するに至る」と。けだし西晋の武帝［在位、二六五〜二九〇］の頃から、男色が貴族社会を中心にきわめて重視され、盛んに行なわれた▼様子をうかがい知ることができよう。誰もが女色より男色を好んで、大勢の夫婦が離婚したというのだから。◆14

▼男色が……盛んに行なわれた　なお、魏の明帝（曹叡、文帝の長男。在位、二二六〜二三九）が、同族同室の美男子、

京劇の役者どうしの交歓図

【上】立役の俳優（生）が、女形俳優（旦）と交接　清朝。18 世紀。絹本。彩色画巻より。アメリカ合衆国、キンゼイ研究所蔵。北京に限らず南京その他の地域でも、若い花形役者は大勢の男性ファンを魅了し、美貌コンテストが開催されることもあった。

【下の 2 図】老いたる俳優どうしの交接　清朝。19 世紀。絹本。彩色画。アムステルダム、ベルトレート・コレクション。老いても色の道だけは変わりない。

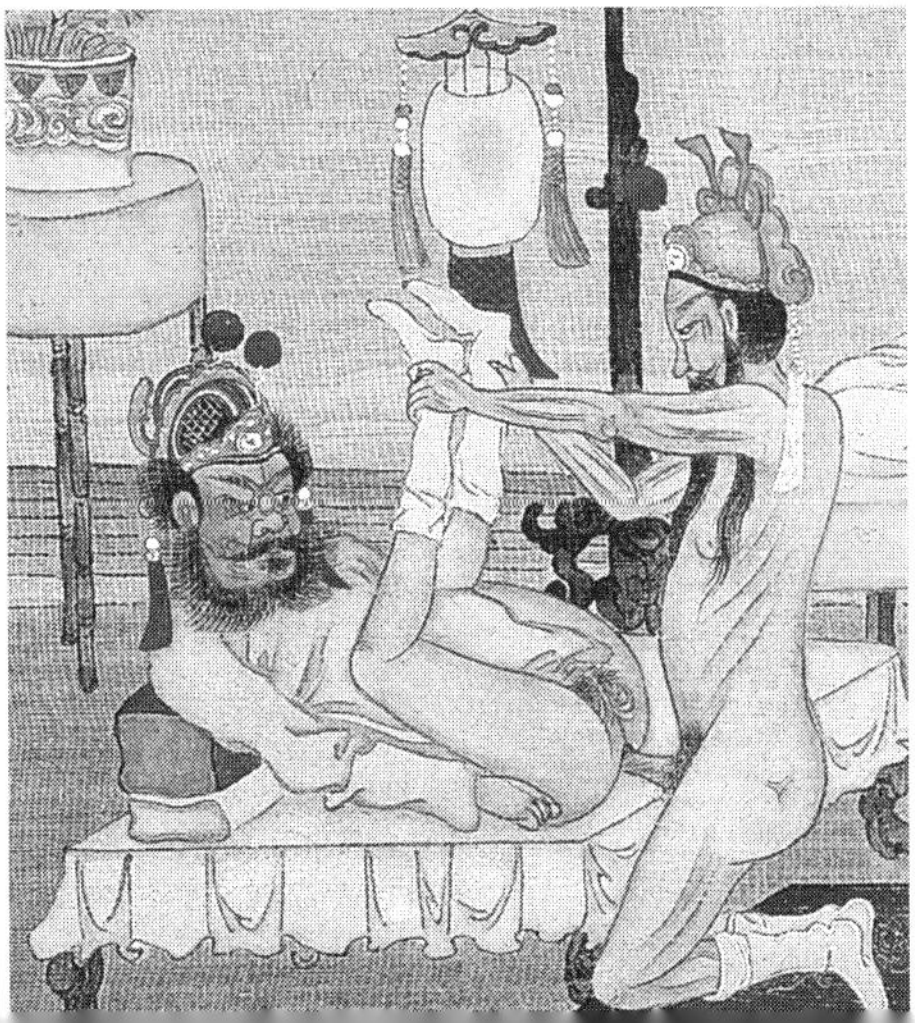

曹肇を愛したり、南朝、宋の王僧達が、親族の王確を熱愛したように、魏晋南北朝時代には、男女間では禁忌となっている同姓どうしの交愛も、男性どうしの間ではありふれていたようだ（『宋書』巻七五、『情史』、呉下阿蒙『断袖篇』、その他）。

後漢から東晋までの名士の逸話を収めた『世説新語』にも、男性の容貌に関する記述がはなはだ多い。「竹林の七賢」の阮籍《げんせき》［二一〇～二六三］と嵆康《けいこう》［二二三～二六二頃］との愛情関係は、その後の成人男性どうしの男風の先蹤となったことで特筆される。安陵君や龍陽君ら史上の美男を詠んだ阮籍の詩▼もまた名高い。

▼史上の美男を詠んだ阮籍の詩　『詠懐詩　八十二首』「昔日繁華子、安陵与龍陽、夭夭桃李花、灼灼有輝光」。

竹林仲間の山濤《さんとう》［二〇五～二八三］は、阮籍や嵆康と一度会っただけで「金蘭の契り」を結び、尋常ならぬ親密さであった。三人の関係を怪訝に思った山濤の妻、韓氏は、夜間壁に穴を穿って彼らを監視し、朝までそこを離れなかった。翌日、韓氏が夫にむかって口にした言葉がふるっている。「あのお二方のほうがあなたよりご立派でしたわ」。立派だったのは、果たして才能だけであったのだろうか◆[15]。

潘岳《はんがく》［字は安仁。二四七～三〇〇］の美貌は諺になるほど有名だった。「男と生まれるなら潘安仁」と称され、彼が洛陽の街に出掛けると、人々が手に手に果物を投じたので、その車はいつも果物で一杯になっていたという。夏侯湛［二四三～二九一］も同じく文名の高い美男子で、潘岳と最も親しく、よく一緒に連れ立って歩いた。当時の人々は、二人を見て「連璧《れんぺき》［連ねた玉］だ」と言って羨んだと伝えられる。

書聖、王羲之［三〇七頃～三六五頃］とて時代の子、男性の美しさを賞讃することを▼惜しむ気色はなかった。当時の美男を代表する杜弘治［名は乂（がい）］を見て、「顔は凝脂のごとく、眼は点漆のごとし。これは神仙の世界の人である」と評している。また王羲之は、みずみずしい美貌と才識と情感に恵まれた清談の名手許詢《きょじゅん》［字は玄度］と親しく交わったが、残念ながら許詢にはすでに孫綽《そんしゃく》［字は興公］ら心を許した念友がいた。とくに孫綽が許詢に応えた詩には、恋人どうしならではの濃密な愛情のたけを示した作品がある。王羲之もまた、許詢の来訪を待ちわび、ともに詩を賦し、哲学を語りあう喜びを分かち合った。そして愛する許詢が若くして没すると、その悲嘆は限りなく深く、肺腑をえぐる痛ましい思いにうちひしがれて日々を過ごしたという。

▼**男性の美しさを賞讃すること**　当時の身分ある中国人の間では、男性美の賞讃が著しく弘布していた。何晏（かあん、?～二四九）を代表とする当代の伊達男たちは、あくまでも白皙にして得も言われぬ雅びな風情をそなえた貴族的容貌を、こよなくたっとんだのである。魏の明帝が何晏の顔色が抜けんばかりに白く美しかったので、白粉をつけているのではないかと疑ったという話が伝えられているけれど、六朝時代に上流貴紳たちが、衣裳に香をたきしめ、紅と白粉とを顔につけて、ハイヒール風の靴をはき、お抱え役によりかかって手を引かれながら優雅に歩を進めるのは、ごく普通の光景であった。魏・晋代には成人どうしの男色のみならず、古来の少年愛もまた広く行なわれた。晋の詩人、張翰（ちょうかん、二五八?～三一八?）の『周小史詩』に歌われた一五歳の美しい男倡、周小童がその好例である（◆16）。

9……六朝貴族◆17

玉樹光を流して後庭を照らす。

（陳、後主［在位、五八三～五八九。陳叔宝］『玉樹後庭花』より）

東晋の廃帝、司馬奕《えき》［海西公。三四二～三八六。在位、三六五～三七一］は、早くから男色を好んで、相龍や計好、朱靈寶らの嬖人を寵愛していたが、女体に対してはまったくの陰萎《インポテンツ》であった。しかるに、どうしてか田氏と孟氏という二人の側室が三人の息子を産み、のち息子らに封土を与えて爵位を授けようとしたので、世人ことごとく「不可思議な限りだ」と噂したという◆18。おそらく三人の息子の実父は、相龍ら帝の男寵だったのであろう。

このように男色を専一に好んで、女色には見向きもしない帝王が現われても、何ら不可思議ではないのが、六朝貴族の社会であった。

北方の五胡十六国の君公も、男女の性別とは無関係に美しい人々を愛してやまなかった。例えば、前秦の王、苻堅《ふけん》［三三八～三八五。在位、三五七～三八五］が前燕国を滅ぼしたとき［三七〇年］、慕容沖《ぼうようちゅう》［西燕の威帝。三五九～三八六。在位、三八四～三八六］の姉の清河公主は未だ一〇代で殊色あったために、苻堅はこれを後宮に入れて寵愛し、弟の慕容沖も「龍陽の姿色」があったので、彼を男色相手としてはなはだ幸寵した。姉と弟とで苻堅の寵愛を独占し、他の廷臣・宮人が付け込む隙はさらになかった。そこで、長安の人々は、「一雌、また一雄、雙《なら》び飛んで紫宮に入る」と歌ったという。◆19

後趙の石虎［字は季龍。二九五～三四九。在位、三三四～三四九。太祖武帝］は、優童の鄭櫻桃を絶愛して限りなく、鄭櫻桃は君寵を独占しようとして、石虎に巧みに讒言してその正室を二度までも殺害させたという。◆20 唐の詩人、李欣は、その作品『鄭櫻桃歌』の中で誤って彼を女性と解釈している。おそらく愛する者の心を迷わせて、その正妻を二度にわたってあやめさせた嫉妬深い性格から推して、女人だと曲解したのであろう。

以来、南北朝の諸帝、諸君子が男色を好んだことは、史書など古文献の随所に記されている通りである。南朝の宋代では、王僧達《おうそうたつ》［？～四五八］が、年若く美貌の親族、王確を熱愛し、断袖の交わりを結んだことが知られている。のちに王確の叔父、王休が永嘉太守となり、確を連れて赴任することに決まったところ、王僧達は愛人と別れたくないがために、確に自分のもとに留まるよう迫った。ところが、これを機に確のほうから密会を避けるようになったので、僧達はこの仕打ちを深く恨みに思った。そこで僧達は、ひそかに自邸の裏庭に大きな穴を掘ると、別れ話にこと寄せて確を呼び出し、殺してここに埋めようと謀《はか》った。それに気付いた従弟の僧虔《そうけん》が、何とか説得し親族殺しを思いとどまらせたので、かろうじて事なきを得たという。この王僧達という人物はよくよく男好きだったとみえて、後年、皇太子に仕えて東宮に在ったとき、軍人の朱靈寶［もと東晋の廃帝・司馬奕の男寵］を深く愛して、彼が成人すると自らの息子として迎えとっている。男色婚の一方便としての養子縁組▼は、何も近代にはじまったことではないのである。◆21

▼男色婚の一方便としての養子縁組　日本をはじめ同性婚の制度が認められない国では、今でも養子縁組を結んで、婚姻の代用としている。

南朝、梁の簡文帝［蕭綱（しょうこう）。武帝蕭衍（しょうえん）の第三子で、昭明太子蕭統の同母弟。五〇三～五五一。在位、五四九～五五一］が皇太子時代に編纂させた詩集『玉臺新詠［玉台新詠］』

元代の名戯曲『西廂記』の一場面　14世紀初頭に成立した北曲『西廂記』は長きにわたって人気のある演目だった。左上方には宿の階上の部屋における男色の情景が描かれている。

〔五三四頃成立〕には、簡文帝自らの作になる「孌童《れんどう》嬌麗質」ではじまる宮体詩「孌童詩」を筆頭として美少年、繁華の艶姿をうたった作品が少なくない。梁朝はその後起こった侯景《こうけい》〔五〇三～五五二〕の乱〔五四八～五五二〕によって事実上、滅亡するが、洗練された貴族文化は、つづく陳朝〔五五七～五八九〕を経て隋・唐大帝国へと継承され華やかに大輪の花を咲かせる。▼

▼つづく陳朝……花を咲かせる　わけても、南朝・陳の文帝が美男子の韓子高（陳子高）を溺愛して「男の后」にしようとした話は、のちに小説『陳子高傳』に仕組まれて最も名高い。

北朝でも南風は、劣らず盛んであった。類例をいくつか挙げておこう。

北魏の第七代、孝文帝〔在位、四七一～四九九〕の子、汝南王・悦〔元悦太子。？～五三三〕は、徹底した女嫌いだった。彼は男色を好んで女色を絶ち、妃妾を鞭打つなど虐待する一方で、崔廷夏《さいていか》や邱念《きゅうねん》といった美男子を愛して、常に彼らと起き伏しをともにしていた。私生活のみならず、政事にまで王が彼らの意見を用いた次第は、『魏書』や『北史』に見えている。

北斉の初代皇帝、文宣帝〔高洋。五二九～五五九。在位、五五〇～五五九〕は、東魏を簒奪すると、東魏の宗室に列なる彭城王、元韶《げんしょう》を男妾とし、公然と交わって憚らなかった。元韶はすでに髭《ひげ》を蓄えた美丈夫だったけれど、おそらくこういう男性が彼のタイプだったのだろう。文宣帝は元韶の髭を剃り落として、白粉や紅で念入りに粉黛を施し、きらびやかな婦人服を着せてお伴をさせ、「彭城王を娶ったぞ」と称した。そして、この寵愛する元韶の言を容《い》れて、東魏の帝室に血縁のある元氏一族を皆殺しにしたが、元韶自身もその混乱のさなか食を絶ってこときれてしまったという。

六朝時代には、従来の思想に加えて仏教のめざましい進展があった。そのため、なおさら男色が世に盛んに行なわれたと考えられている。仏教は女犯を戒めていたからである。それに中国伝来の陰陽思想から見ても、男性どうしの情愛は、何ら非とするべき行為ではなかった。というのは、男性どうしの性交のとき、射精して陽の気を失っても、相手から同じ陽の気を得ることができるので、陽陽相和することはむしろ

歓迎するべき性行為だったからである。加えて、仏教の女犯忌避の思想が一世を風靡したため、上下を問

【コラム】

男の皇后――「男后」陳子高（韓子高）

南朝、陳の第二代皇帝は文帝［陳蒨（せん）。在位、五五九～五六六］だが、彼に寵愛された陳子高《ちんしこう》［『南史』では韓子高］は、美貌と武勇との双方に秀でていた。侯景の乱［五四八～五五二年］を避けて都、建康に出てきたとき、陳子高はまだ一六歳の美少年。その容姿は艶麗にして繊妍、美婦人も三舎を避けるほどの見目優れた若者であったという。将軍として活躍していた陳蒨［のちの文帝］は、さっそく彼を召し抱えて近侍に任じ、日夜溺愛して憚らないありさま。肛交を試みたとき、文帝の男根がすこぶる雄偉だったため、陳子高は受けるに堪えられず、菊座［肛門］が裂けて出血し、ひどく傷ついてしまった。遂情してから文帝が「この傷がそなたを殺すことになるのではあるまいか」と案じて問うと、若者は「私の身体はすべてこれ、陛下のものでございます。死んだとて何の思い残すことがありましょうか」と健気《けなげ》に答えたので、いよいよもって帝の寵愛が勝《まさ》ったとのこと。ある日、文帝が「わしには帝王の相があると人は言うが、志を得ればそなたを后に冊立したいものじゃ。ただ同じ姓であることだけが懸念されるが」と言うと、陳子高はその場で叩頭して、こう答えた。

「いにしえには女主がいたと聞きます。さすれば男后もいて当然かと存じます。陛下より御厚情を垂れて頂いて居りますのに、何故に呉孟子[▼1]になることを厭いましょうや」と。

文帝はますます喜んで、片時も側から離さぬほどの鍾愛ぶりを示した。

▼1　春秋時代、魯の昭公（?～五一〇）の夫人。魯と同じ姫姓の呉国から迎えられた。

わず男風は繁栄をきわめるに至ったのである。▼

▼男風は繁栄をきわめるに至った　江南の二人の老兄弟が、相互フェラチオを毎夜行なって互いの精液を呑み合っていたおかげで、一〇〇歳を超えてもなお若々しい容姿と健康とを保っていたという話が伝えられている。『断袖篇』に引かれている、南山に住む二老翁が互いに愛し合っていたという明代の「両叟」の逸事もまた、けだしこの類であろう。同じく『断袖篇』に収録されている仙人の馬繍頭がつねづね頑童を好んで、「美少年の中にこそ真の陰がある」と唱えていたという話も参考になる。回春のための補精として好んで男子の精液を飲んでいた人々の話も残っている。仏教寺院に限らず、道教の道観においても、師と童との間に男色が営まれるのは、後世にいたるまできわめてありふれた習慣であった。

10……大唐世界帝国とその後◆22

踏花同惜少年春（花を踏んで同じく惜しむ少年の春）。

（白居易「春夜」）

ふたたび全土が統一されて、中国は隋・唐大帝国の時代を迎える。歴代の皇帝たちは従来通り男女両色を好んだに相違ないが、正史にはほとんど各帝の男寵相手の記録が残されなくなる。あまりにも一般化、日常化してしまったために、敢えて特筆する必要がなくなってしまったのかもしれない。長安・洛陽には男倡の妓楼が建ちならび、空海ら日本からの入唐僧や留学生たちも、こうした花街・遊郭や僧院で男色を娯《たの》しむ風雅な遊びを学んで帰ったものと推測されている。

唐朝歴代のうちで最もよく知られている男風好みの人物は、太宗［李世民。五九九～六四九。在位、六二六～六四九］の皇太子、李承乾《りしょうけん》［六一九～六四五］であろう。遊牧民族、突厥《とっけつ》［トルコ系の民族］の風俗に憧憬をいだいた太子は、突厥語を習い、突厥風の衣服を身につけ、突厥式の包《パオ》に寝起きして突厥料理に舌鼓を打ち、また突厥の葬式を真似て自ら屍体に扮して

【左】張形で後庭を掘らせる遊戯　清朝初期。17世紀。肛門を犯されるのが好きな男性が、ディルドーをペニスバンドのように装着して困惑した表情の女性に、挿入させようとしている。

【下】若者の肛門を犯す女性　清朝。19世紀。絹本。彩色画。アムステルダム、ベルトレート・コレクション。女形どうしのプレイと思いきや、ディルドーをペニスバンドのように装着させて肛門へ突っ込むシーンである。

は部下の騎馬群に周囲を駆けめぐらせたりする無類の突厥マニアだった。そればかりではない。突厥人の達哥支らを男色相手として寵愛し、楽童の称心という美少年とも日夜ベッドをともにして交わった。これを知った父帝の太宗は、太子を誤らせる元凶だと怒って、称心ら数人の取り巻きを誅殺した。溺愛する美少年を失った太子は、追慕の情去りやらず、東宮の苑中に称心の墳墓を営み石碑を建てて官号を追贈した。そのうえ、御殿の内奥に称心の等身大の塑像を祀り、朝夕に供養を怠らず像の前を徘徊しては落涙して已まなかった。[23]

玄宗〔六八五～七六二。在位、七一二～七五六〕その他の皇帝に男色相手がいたことも知られている。中には寵愛する少年が原因で崩御する羽目に陥った皇帝さえいる。晩唐の僖宗《きそう》〔在位、八七三～八八八〕である。僖宗は愛する少年、張良狗にねだられて、高価な馬を買い与えてやったのはよいものの、皮肉なことにそれが命取りになってしまった。ある日、僖宗がその馬を間近で眺めているときに、なぜか突如馬が躍り跳ねたため、左脚でしたたかに蹴られてその場に昏倒。慌てた張良狗はすぐさま銀の器に放尿すると、それを気付け薬として無理やり皇帝に嚥《の》ませた。しばらくして僖宗は、ようやく息を吹き返したが、元通りに恢復することはなく、ほどなく世を去ってしまったのだ。[24]

男風の盛行は士大夫から衆庶に及び、長安の教坊は活況を呈し、わけても身分高い人々の間では「楽人らとの交愛が好まれるあまり、結婚・妻帯が絶えてしまう」という情況であった。[25]

唐・宋代を通して、この風潮に変わりはなかった。日本では唐の文学者、韓愈《かんゆ》〔韓退之。七六八～八二四〕と孟東野との仲や、北宋の文人、蘇東坡《そとうば》〔蘇軾（そしょく）。一〇三四～一一〇一〕と李節推《りせっすい》との間柄▼が名高いが、他にも李白〔李太白。七〇一～七六二〕と孟浩然《もうこうねん》〔六八九～七四〇〕や、白居易〔白楽天。七七二～八四六〕と元稹《げんじん》〔七七九～八三一〕ら、詩人たちのカップルが何組も知られている。

▼**蘇東坡と李節推との間柄**　日本で広まっていた蘇東坡と李節推の男色関係という通説は、五山の禅僧による東坡詩講義に源泉があるのではないかと指摘されている。狩野一溪『後素集』（元和九年自跋）巻三、男色には、「風水洞圖」「李節推讀書圖」「節推練詩圖」が載っている。蘇東坡との男色関係を前提にした画題であり、近世初頭に絵画

のテーマとして広く愛好されていたことがわかる。

唐土の男色は、まさしく文学に結びついた風雅な士君子の嗜みだったのである。

もちろん、南風［男風］を愛したのは、士君子に限ったことではない。陶穀［九〇三〜九七〇］の『清異録』には、こんな記述がある。「京師《みやこ》の男子は自分の身体をすすんで売りに出し、送り迎えして恬然としている」。宋の時代になると、都会の男性たちは競って売色を事とするようになっていたのだ。都の男性があげて自ら春を鬻《ひさ》ぐ風潮。開封には一万人あまりもの男倡が満ち溢れ、大勢の夫婦が男色が原因で離婚するありさま、ついに政和［一一一五〜一一一八］年間には史上初の男性売春禁止令が公布される仕儀となっ

【コラム】

明皇「風流の陣」——美少年 対 美姫

春たけなわとなると、玄宗は宮廷内で「風流の陣」という花合戦を開催する習いであった。それは美少年数百人と宮女数百人とに、おのおの牡丹の花枝や簪などをかざし持たせ、二手に分かれて相対し挑み戦わせるといった趣向の催しだった。雷鼓を打ち轟かせ彩旗を春風春日に翻し、剪花《せんか》の鉾に翠羽《すいう》の楯という雅びないでたちで、両軍うち乱れて華やかに闘わせ、敗れた者には罰杯を重ねさせ、勝者には金帛《きんぱく》を下賜して、禁苑の春の遊興としたという。

この「風流の陣」では、宮女軍の将にお気に入りの楊貴妃を、少年軍の将に信寵してやまない宦官長、高力士を立てていた。玄宗皇帝が男女両色の美をめでていた消息がうかがえるであろう。後世、男風の咲き匂う花園となる「梨園《りえん》」［音楽教習府。のち演劇界一般を指す］を創設したのも、ほかならぬ明皇、玄宗皇帝であった。

た。▼とはいえ、すでに指摘されている通り、この法律は厳格に適用された気配がなく、まったく空文でしかなかった。上は皇帝から下は一般庶民や無頼の徒までもが、こぞって男色を愛し、男倡と戯れることを好んでいたのだから、それも当然だろう。

▼男性売春禁止令……仕儀となった　唐の崔令欽『教坊記』には、突厥伝来の「香火兄弟」に関する記載がある。「香火兄弟」というのは、もっぱら相思相愛の者たちが義兄弟の契約を交わす突厥の風習である。世界帝国になった唐代には、こういった外国起源の念契習俗がもてはやされていた。男性どうしが兄弟の契りを結び、愛し合う風潮が当時著しく盛んであった様子がうかがわれる。安史の乱を起こした安禄山（七〇五頃〜七五七。ソグド人と突厥系の混血。康国（サマルカンド）出身）らの武将たちにも、男寵がいたことは言うに及ばない。五代十国の蜀の後主（王衍。在位、九一八〜九二五）と王承休との情愛や、後漢の隠帝（劉承祐。在位、九四八〜九五〇）と李業の逸事、閩（びん）の恵帝（太宗。在位、九二六〜九三五）と歸守明、同じく閩（びん）の景帝（在位、九三九〜九四四）とその甥、李仁遇との近親愛などについては、いずれ稿を改めて言及したい。宋の周密『癸辛雑識』後集には、東都（開封）の盛時には、無頼の男たちも男色によって衣食の途を計ったとある。北宋末期、徽宗（きそう、在位、一一一〇〜二五）の治下に、「男子を捕らえて倡となす者を告発した者には賞金五十両、売春した者は杖一百と定めた」とある。

中でも興味深いのは、唐代の男性たちが巨大な男根をそなえた売春夫を好んでいたという記録が残っていることである。その雄偉な逸物の故に一人の男倡をめぐって男どうしが争うといった小説類をひもとくと、唐代の男性たちの嗜好がうかがい知られる。彼らは、短小包茎のペニスをめでた古代ギリシア人とは正反対に、巨根をもった男倡をこよなく愛好していたようだ。

11……男どうしの結婚「契兄弟」——福建の男色婚制度◆26

古来、福建や呉・越など東南沿岸地方では男風がたいそう重んじられていた。とくに福建の契兄弟の風習は名高く、彼らは身分の上下や老若、容姿を問わず、男色に熱中していたという。念契によって結ばれたカップルのうち、年長の者を契兄、年少の者を契弟と称し、契兄が契弟の家にやって来ると、父母ら家

若衆たちの戯れ

清朝末期。19 世紀末。北京で製作された紙本彩色絵巻。老若を問わず男風は盛んだった。

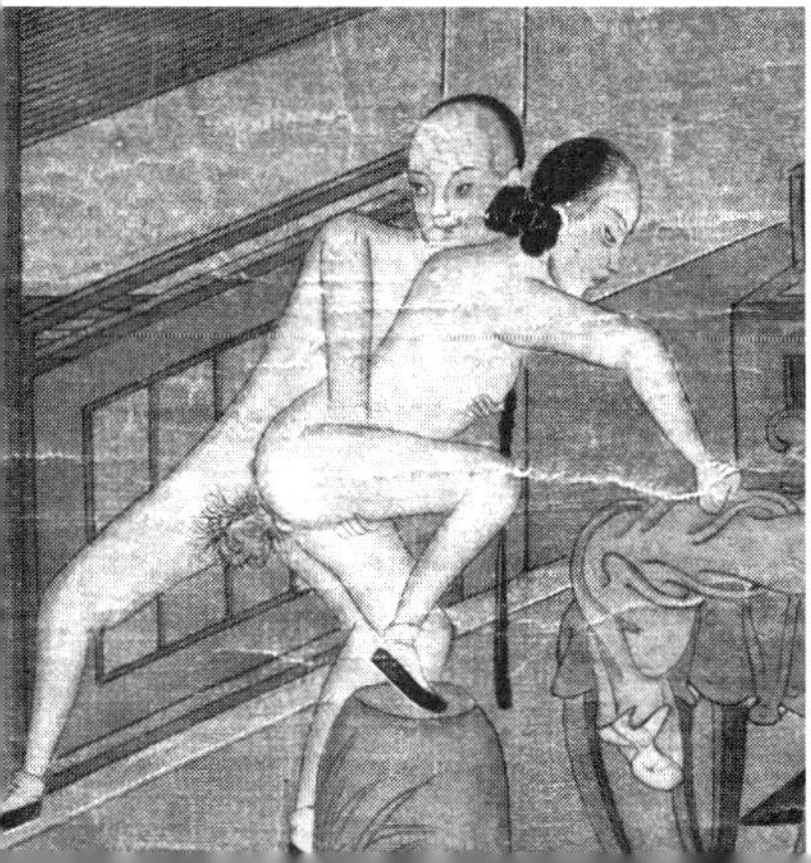

中の者はあたかも婿が来たときのように大歓迎をして愛撫しいつくしんだ。契弟の後日の生活や嫁取りなどの諸費用は、すべて契兄が支払うことになっていた。その相思相愛の者になると、年老いてからも夫婦さながら同衾しつづけ、契弟がひそかに別の男性と通じることを意味する「要訐《けいかん》」と言う特別な文字まで作られた。また二人の男性が愛し合っても意を遂げることができない場合は、相抱いて波間へ身を投げ心中をはかることもあったが、これは容姿や年齢のほぼ同程度の者たちに限られていた。さらに、財力に物を言わせて、「契児」と呼ばれる美貌の若者を多数集めて一種のハレムを作り、彼らと交わる壮年の男性もいた。自らを父、美少年たちを児と見なしたわけである。倭寇を含む海賊の頭目・首長らもまた、こうした一群の寵童を囲い、「契父」と称せられていたという。

福建で男色婚▼がかくも盛んになったのは、通例、彼らの営む海賊稼業や密貿易などの水上活動に原因があるとされている。すなわち、女人を船に乗せると海神に祟られて船が転覆すると信じられていたので、男寵を以てこれに代えたのがはじまりであるというのだ。

▼男色婚　台湾の先住民の間にも、よく似た男色婚の習慣が浸透していた。しかしながら、まことに残念なことに、近代に入って日本の植民地になると、同性どうしの婚姻は台湾総督によって禁圧されてしまう（Pflugfelder (1999); 小（1984／97）、他）。

さらに福建では、男色をつかさどる神も随所に祀られていた。「胡天保」と呼ばれる神廟には、二人の男性が前後に相擁した――つまり、向かい合わせではなくバックスタイルでつながった――神像が鎮座しており、誰か恋しく想う男性があると、この神像に祈り、香炉中の灰を取って相手にこっそりと振り掛ければ願いが叶うとされていた。念願成就して意中の相手と結ばれたあかつきには、豚の腸油と糖《あめ》を神像の口辺に塗りつける風習だったという。この神廟は男色の相手となる少年＝小官にちなんで、別名「小官廟」とも称されていた。

異説によると、清初に福建へ巡按として視察にきた年若い御史［地方巡察官］が、たいそう美形だったため、彼を見て懸想した胡天寶《こてんほう》という男が、平素から機会あるごとに、その姿をまじまじと見つめていた。御史が他の土地を巡察してまわるときにも、一緒について行き、ひそかに厠に身を潜めては彼の尻を覗き見ていたが、ついに発覚して捕らわれ、あわれ生命を奪われてしまった。程なく胡天寶の霊が里人の夢に現われて、冥界の官吏が彼を「兎児神」▼に封じて、人間の男が男を愛する営みを司《つかさど》らせ、その廟を建て香火を得ることを認めた由を告げた。これを聞いて人々が皆な争って金銭を醵出して神廟を建てたところ、果たして霊験響くがごとくあらたかで、思いを遂げたいと願う者は、ことごとく参詣してこの神に祈るようになっ

【コラム】

美男の計で滅びた大明帝国

大明帝国が衆道のせいで清朝に滅ぼされてしまったという言い伝えがある。

明末の逸材・洪承疇《こうしょうちゅう》「一五九三〜一六六五。明末清初の官僚・武将。福建の出身」は、勢力を増して中国に侵略をつづける満州の清軍と戦って捕虜になった。囚《とら》われの身となっても、彼は節を持し、明朝への忠誠を示すため断食を宣言する。彼が福建の生まれである――昔から福建人は男色好きで天下に鳴りひびいていた――と知るや、清の太宗は一計を案じて獄中に美男を送りこむ。縹緻《きりょう》のいい男に目のない名将は、他愛もなく色仕掛けの罠にかかって投降を決心する。この変節によって明の命運が決定してしまったという（異説あり）。

漢民族最後の帝国を滅亡させた「傾国の美男」が存在したことは、かくれもない事実だったのである。▼1

▼1　ちなみに、これに似た女色版の話もあった。呉三桂（一六一二〜七八。明末の武将）が、愛妾の陳圓圓が明末の李自成（一六〇六頃〜四五。反乱軍の指導者）軍に奪われたと知って、清に寝返ったため、満州族の天下になったという伝承である（『圓圓曲』、他）。

たという。「兎児神」と名付けられたのは、西方世界と等しく中国でも、兎は雄どうしが交尾すると一般に信じられていたからであろう。

なおまた、広東の桂林には、悪党に強姦されそうになって拒んだために殺された、一組の美しい若者たちを祀った「双花廟」という神廟が、効験いやちこで評判が高かったと伝えられている。

▼兎児神　男色の守護神は、この他にも二郎神や五通神、紂王など、いく柱も見受けられる。また男風が福建など東南地方に限らず、全土にわたって隆昌をきわめていたことは、『五雑組』その他の文献に見られる通りである。西北地方の男色は、おもに西域のモンゴルやトルコ系諸民族の風俗に倣ったものであると説かれている。これらイスラーム化されつつあった地域では、男色を重んじることまことにはなはだしく、とりわけ肛交がきわめて盛んで、愛する若者に装着させる一種の貞操帯まであったという。

なお、前世紀末の一九八九年一月に福建で、旧来の伝統に則って結婚した男性二人が官憲に逮捕されるという事件が起きたことを憶えておられる読者もあろう。一人は三〇歳の農民だったが、もう一人は二六歳のもと人民解放軍の兵士であったため、不名誉な除隊処分を受けたと聞く。共産化されて以降の中国が、性文化を否定する「後進国」になり下がってしまっていたことを如実に露呈した事件だと言えよう。一人っ子政策を標榜して少子化をはかる一方で、人口減少に寄与すること大なる同性婚を禁圧するというのは、自己矛盾もはなはだしい愚行としか言えない。つい先頃まで「中華人民共和国には同性愛者は一人も存在しない」などと公言して憚らなかった国柄とはいえ、呆れ果てざるを得ない次第である。

12……翰林《かんりん》の愛と相公◆27

奏上帝、欲使童子後庭誕育、可廃婦人。　（兪大夫［明代の女色廃止論者］）

明・清代になると、ますます男風は盛んにもてはやされた。官吏と妓女との遊蕩に制限が加えられたうえに、明の宣徳［一四二六〜三五］以降は官妓の設置が厳禁されたため、男色趣味にいっそう拍車がかかったのだ。男伎との交際や家僕との男色は、至極当たり前の行為と見なされており、妻といえども夫の男遊びに口出しする権利はなかった。

後宮の佳麗三千を意のままにし得る皇帝からして、内外両色を愛して倦《う》まなかった。明の武宗［正徳帝。在位、一五〇五～二一］や、神宗［萬暦帝。在位、一五七二～一六二〇］ら歴代の皇帝が愛する男性をもっていた▼のも、まことに当然なことである。

▼歴代の皇帝が愛する男性をもっていた　萬暦帝は美男の近衛兵をいたく寵愛したのみならず、若い内臣一〇人あまりを選んで御前に仕えさせ、その中からとくに気に入った者と閨（ねや）をともにしていた（『萬暦野獲編』巻二一「十俊」、『棗林雑俎』、他）。

明末の皇帝、熹宗《きそう》［天啓帝。在位、一六二〇～二七］の男寵好みは、とくに名高い。北京には男倡の伎楼街である「長春苑」という遊郭が胡同巷にあり、また遊女の花街である「不夜宮」も都下にあって美妓が妍を競っていた。熹宗は宮中に男院と女院とを設け、長春苑から美貌の男伎を、また不夜宮からも美しい妓女を召し出して各々ここに住まわせ、両院が帝寵を争って鎬《しのぎ》を削る様子を眺めて打ち興じた。中でも美男子を代表する少彌《しょうび》は格別の君寵をこうむっており、同じく帝の愛幸を得ている美妓の賽施《さいし》と嫉視し合うこと一方ならぬありさまで、相互に男色と女色の長所や利点を皇帝に奏して応酬し、反目し合ってやまなかったという。熹宗は元来、女人に対する関心が乏しく、宮中では容姿端麗な太監・高永壽をとりわけ鍾愛し、一緒に遊び戯れ、いつも行動をともにしていたとのこと。その高永壽がまだ二〇歳に満たずして水遊びの最中に溺死すると、帝は限りなく傷心し、格別の命令を下して盛大な法事を営ませ、手あつく愛人を供養したと伝えられる。▼

▼……と伝えられる　『天啓宮詞一百首注』、『天啓崇禎宮詞三十三首』、『檮杌（とうごつ）閑評』。

高官や文人、学者、士大夫らもこぞって男風を愛した。美しい男子をめでることは別名を「翰林［皇帝直属のエリート官僚］の風」と称されて、女色よりも風雅な嗜みとされていた。

明朝には男色をたっとぶあまり、「天下の女子を廃すべし」と論じて、皇帝に疏《そ》を作って奏上しようとする者さえ現われた。「少年の後庭を誕育して永遠に婦女を廃してしまおう」、男色こそが君子の健康法だと主張したのは、兪大夫という人物である。「女は以て子を産むべし。男は以て楽しみを取るべし。天下の色皆な、男が女に勝《まさ》る。それが証拠に羽族に於いては鳳凰・孔雀より鶏・雉の類に及ぶまで雄のほうが色あでやかで優れている。犬や馬の毛並みや色つやもまた然り。男がもし子を生育するならば、女はおのずから廃すべし」。つまり、天地の万物ことごとく陰より陽、女より男、雌より雄が立派で優秀な存在である、というのが論拠である。どうやら、彼の建議は正式に上呈されなかったらしいが、当時の風潮をよく今日に伝える好史料と言ってよいであろう。

この兪大夫は本名を兪華麗という。広東の県長をつとめたときには、梁生という貴族の家に雇われている魅力的な歌童に通じて、毎朝早く厠の中に隠れては主人の外出するのを待って愛人と密会していたが、やがて主人もそれに気付いて彼を迎え、ともに歓を尽くしたという逸話の持ち主である。生涯、女体には関心を示さなかった筋金入りの少年愛者だ。

明代には男子が懐妊して子を産むという椿事も出来《しゅったい》したらしい。
姑蘇の太守だった周文襄《しゅうぶんじょう》は、その報せを聞くと、役人どもを見まわしてこう述べた。
「なんじら慎めよ、近来、男色の盛んなること女色よりはなはだし。それ必至の勢いなり」。
他にも多数の史話が残されているが、紙幅の関係上、割愛しなければならない。

清代になってからも、男風好尚の風潮は相変わらず上下に盛んであった。最後の皇帝、溥儀《ふぎ》［宣統帝。在位、一九〇八～一二］に至るまでの歴代諸帝はもとより、親王、大官、士大夫、はたまた僧侶、商人、兵卒、一般庶民の全階層にわたって男性間の性愛は天下にあまねく営まれつづけていたのである。

咸豊帝［在位、一八五〇～六一。その側妃で次の皇帝同治帝の生母がのちの西太后］が、北京の男館街に遊ぶのを好み、贔屓の役者を離宮、圓明園に呼び寄せた話や、同治帝［在位、一八六一～七四。咸豊帝の子］が市中に微行して酒場で知り合った書生を相手に男色の受け手役を演じた話、美しい若者数名を蓄えていた恭親王［咸豊帝の弟。一八三二～九八］が、男寵の嫉妬抗争のせいで刃傷沙汰に巻き込まれた

【左】翰林風の交歓図　『花営錦陣』(明代末期)中の挿絵。受け手の人物が纏足をしていないことから、男性どうしの交合であると判明する。帝国の高官はこぞって後庭を愛でたので、男性に対するアナル・セックスは「翰林風」と称され、男色は女色より高尚な趣味と看做されていた。
【下】竹林の庭での営み　明代末期。一七世紀初頭。男色が「断袖の愛」と呼ばれるのは、前漢の皇帝、哀帝と、美貌の寵臣、董賢との故事に由来する。

話、洪秀全〔一八一四～六四。太平天国の乱の最高指導者〕率いる太平天国の反乱軍が金陵〔南京〕を陥落させるや、城中の若者五千余人を去勢して男妾とした話〔一八五三年〕など、興味深い逸話の類がいくつも残されている。しかし、ここでは紙数の都合で省略しなくてはならない。

清朝最後の皇帝にして満州皇帝の愛新覺羅《あいしんかくら》溥儀〔一九〇六～六七〕が筋金入りの男色家《ゲイ》で、若い男たちを侍らせ、后妃の誰とも性交渉がなかったことは、万人周知に属する事柄▼だと言ってよいだろう。

▼万人周知に属する事柄　欧州人監督の映画『ラスト・エンペラー』では、なぜか溥儀が平凡な異性愛者に描き変えられてしまっている。近親など当事者が認めている事実を、このように歪曲するのは、死者に対する侮辱以外の何ものでもないであろう。

また『金瓶梅』や『紅樓夢』、『杏花天』をはじめとする明清代の小説類には、必ずといってよいほど男色の挿話が登場する。このことは、当時の文学作品を読まれた方ならば誰しもよくご存じであろう。さらに男色は『笑府』『笑林廣記』などの笑話集にも随所に散見される。「翻雲覆雨」や「翰林《かんりん》風」といった性

【コラム】

美人コンテスト——呉敬梓『儒林外史』より

清代前半期の白話小説の傑作、呉敬梓《ごけいし》〔一七〇一～五四〕『儒林外史』の第三〇回には、南都金陵〔南京〕で開催された風流な美男コンテストの経緯《いきさつ》が描かれている。美しい若者に目のない杜愼卿《としんけい》〔作者呉敬梓の従兄弟、呉自然がモデルという風雅な読書人〕は、日頃から「男色は女色に勝る」と主張して譲らず、明の始祖、洪武帝〔朱元璋。在位、一三六八～九八〕の言葉「自分が女から生まれてきたのでなかったならば、天下の女どもを皆殺しにしてやるんだが」を引き、「女人には誰一人として碌なのはいない。生まれつき女とは部屋三つ離

れていても、その臭気が鼻についてしまう」と放言するほどの女嫌い。その彼が南京の莫秋湖で友人の季葦蕭《きいしょう》［作者の親友がモデルという美貌の才子］と一緒に、百三十余座の優伶を全員集めて、うら若い役者たちの競演大会を催し、風雅の名を高めるという趣向である。

男好きの杜慎卿、当初は「梨園に知己を求めるなぞ、女色家が妓楼中に愛情を求めるようなものでしかない」と口にしていた。そして季葦蕭の「世の人々は美男子をほめるときに、とかく女みたいだと言うけれど、これはまったくもって正しくない。天下には元来、そんなものとは別に男性本来の美しさというものがあるんだ」という意見に、わが意を得たりとばかりに賛同する。

ある日彼は、宦官が俳優たちを侍らせて音楽を娯しむのを見て、「そんな愉快なことを宦官独《ひと》りに楽しませておくのは遺憾の限りだな」と嘆息する季葦蕭に対し、「では満都の役者に残らず招集をかけ、莫秋湖の湖亭において品評会を開催しよう」と美人コンテストを提案。かくて五月三日を期して二人が主催する美男俳優の容姿と芸を採点する大会が開かれる運びとなる。梨園嫌いだった彼が、宦官の役者遊びを目にするようになり、すっかり俳優の魅力のとりこになってしまったというわけである。

当日は客人たるお歴々名士たちはおろか、城内の役人や富裕な商人連までもが湖中のそちこちに船を仕立てて参集し、役者らが次々に衣裳を纏って橋の上を渡った後、舞台で一齣づつ演じるありさまを、昼間から夕刻、さらに夜明けまで無数の照明をともしつつ眺めて打ち興じた。競演の結果はほどなく、水西門に貼り紙が出されて、第一等に選ばれた役者には「艶色は桜桃を奪う」と刻んだ金杯が褒賞として与えられ、他の者たちには銀や巾着、手巾、詩扇などが、順位に応じてそれぞれに贈られた。上位十名までに入った俳優は、贔屓にしてくれる旦那衆を有頂天にさせ、その後何日にもわたって祝い酒が随所で振る舞われた。かくて風流才子、杜慎卿の声名は江南に轟き渡ることになったという。▼[1]

▼1　こうした役者たちを総揚げにした品評会は規模の大小こそあれ、翰林風の愛が盛んに称揚された明・清朝の中国では、おそらく各地で催されたことであろう。

交体位を描いた春宮画も多く出版されて人々の眼を娯しませていた。この時代に最ももてはやされたのは、――前代の「小唱」［歌唱し酒の相手をして色を商う少年］と同じく――「相公《シャンコン》」と呼ばれる梨園の男優たちであった。『品花寶鑑』、『宜春香質』、『龍陽逸史』、『斷袖篇』、などといった男風を専門に扱った小説や選集が巷間に流布し、辛亥革命［一九一一～一二］で清朝が倒れた後になっても、世をあげての男色愛好の風潮がやむことはなかった。▼

▼男色愛好の……なかった　日清戦争後の下関条約で清国の全権大使となったことで名高い李鴻章（りこうしょう、一八二三～一九〇一）が男色を愛し、とくに受け手となって肛門を犯されることを好んだという逸事が伝えられている。

【コラム】

巡り逢い――悖徳《はいとく》というも愚か「中国版オイディプス」

蒲松齢《ほしょうれい》［一六四〇～一七一五］『聊齋志異《りょうさいしい》』より。

咸陽《かんよう》の名家に生まれた韋公子《いこうし》は、評判の放蕩者だった。がまた、怜悧で聡明でもあったので、一念発起して勉学に励み、数年後には科挙に合格して進士となった。ある日、西安［かつての長安］に赴いた公子は、年のころ一六、七で美男役者の羅恵卿《らけいけい》と知り合い、ぞっこん惚れこんでしまう。その晩は引きとめて離さず、存分にむつみ合い、恵卿に山のような贈り物を奮発した。さらに、近頃恵卿の娶った妻が美貌だと聞くと食指を動かされ、ひそかに意をもらすと、恵卿はいやな顔一つせず、夜になると妻を連れて来た。三人は一つ寝床で数日の間いつづけで、心ゆくまで快楽に耽った。もはや公子は恵卿夫婦と離れられなくなり、咸陽に連れて帰ろうとして相談をはじめる。ところが、身の上話を聞いているうちに、意外なことが明らかになる。何と恵卿は、韋公子がかつて咸陽の邸内で手をつけた侍女から生まれたわが息子だったのである。これを知って愕然とした公子は、冷汗三斗の思いに駆られて黙り込む。そして夜が明けると、恵卿に多額の金品を贈り、転業して堅気になるよう勧め、「後日、迎えの者を寄越すから」と言いなしておいて、そそくさと西安を立ち去った。この後、彼は蘇州の県令となって赴任した折りに、沈韋娘《しんいじょう》という艶麗な妓女と知り合い、役宅に留め置いて寵愛するが、これがまた以前、咸陽の名妓に生ませた実の娘であると判明する。

……といった筋書きの物語である。厳格な儒教思想が浸透した清代の小説だけあって、公子は三八歳で五、六人の妻妾がありながら、嗣子なくして病死するという、まことに倫理的な結末で終わっている。ただしかし、畜妾制度や売春制度が当然視されていた当時の中国では、実際に父子と知らずに交わることは十分にあり得たであろう。インセスト・タブーなどという不粋なものを薬にしたくももちあわせない心なごむ奇しき邂逅譚ではないか。

『聊齋志異』には、男色風俗をめぐる奇譚が散見される。

例えば、豪族に殺された商士禹《しょうしう》の娘、商三官が、男装して俳優、孫淳の若い弟子になって豪族に巧みに接近、その男っぷりに魅せられた豪族と同衾した夜に相手を屠って、見事に父親の仇討ちをした復讐美談。

著者蒲松齢《ほしょうれい》の大叔父、蒲玉田が、無二の親友、李王春の夢に現われて永久《とわ》の別れを告げたため、翌日弔問に訪ねて行くと、はたせるかな門口には忌中を示す旛《はた》が掲げられていたという友愛霊異譚。

また旧家出身の男色好きの公子、兪愼《ゆしん》が、北京の宿舎の向かいに住む一七歳の美しい若者、兪士忱《ゆししん》を見そめて心惹かれ、義兄弟の契りを結ぶ。以来、その仲の睦まじいこと限りなく、兪士忱が公子の宿舎に来ぬ日はないほどで、科挙を首席で通ったために降って湧いた数多の縁談も兪士忱は公子との愛の故に悉くことわるというありさまだったが、三年後に士忱が急死してしまい、公子は手足を失ったかの如くに烈しく嘆き哀しんだという悲話。

さらには、断袖の愛を好む何師參《かしさん》という名士が、一五、六歳の美少年に化けた狐の黄九郎《こうくろう》を愛して情を遂げることができたものの、逢瀬が度重なって腎去して死んでしまう。同じく男色好きの巡撫（省の長官）も黄九郎の色香に迷わされ、これと交わりつづけて半年あまりで死去してしまったという龍陽版異類婚談など、男風や念契を主題とする物語がそちこちに見出される。

梨園の花形俳優として一世を風靡した梅蘭芳（メイ・ランファン、一八九四〜一九六一）ら京劇界の第一人者とて、若かりし頃は優伶として富豪や顕官の相手をつとめたことは、日本人旅行者の記録その他によっても、よく知られているところである。『大清律例』巻三三において「鶏姦」行為は禁止されていたにも拘わらず、これまた一向に守られた気配が認められない。清帝国瓦解後もなお、男性どうしが「把兄弟」と称して先祖三代の系図を取り交わしたうえで、念契関係を結ぶ習慣が広く行なわれていたからである。

他の多くの文化圏と同じく、中国の男色は総じて年齢差、身分差、性役割の差異のある例が多かったようだ。とは言い条、対等者間の情愛関係や、年少者が年長者を犯したり、終生の愛を誓って偕老同穴の婚姻生活を送ったりするケースも少なくなかったことは注目に値する。

中国の笑話——『笑府』より

【コラム】

一、「突き抜けた！」◆1——ところてん（外洩れ）

和尚に掘られてばかりいた若い僧が、初めて弟《おとうと》弟子《でし》を誘って菊座［肛門］を犯し、気分が出たところで、後ろから前に手をやると、弟弟子の一物も硬《お》えていた。それがぬるぬるしていたので、仰天して叫んだ。

「阿弥陀仏《しまった》！　突き抜けた!!」。

二、「夫の夫」◆2——若衆の夫（二世を契った仲）

ある男、馴染んでいた若衆がいい年頃になったので妻を世話してやり、その後も相変わらず遊びにきていた。そんなある日、いつものように遠慮なく若衆の部屋に入り込んでいくと、ちょうど居合わせた妻の母親が娘に向かって、「あれは何方《どなた》なんだえ？」と聞いた。娘は答えた。

「あの人は夫の夫なの」。

【左】京劇の若き役者たち　ドイツの書物に描かれた挿絵。19世紀。若い俳優、ことに美貌の優伶は、男色の相手として引っ張りだこだった。

【下】女形役者を相手のセックス　清朝。19世紀。絹本。彩色画。アムステルダム、ベルトレート・コレクション。洋の東西を問わず俳優の世界に男性どうしの性行為は付きものだった。かの名女形、梅蘭芳が若い頃、男性客を相手に売色していたことは、つとに知れわたっている。フェラチオや肛門性交も性技にかけて俳優連はお手の物だったはず。

第2章 朝鮮の男色

1……新羅の花郎——花郎の徒[◆1]

六世紀の新羅には、名門貴族の子弟から選抜された花郎の徒と呼ばれる青年エリート集団があった。『三國史記』によると、「花郎」の制度が定められたのは、第二四代眞興王の三七年［後五七六］のことであったという。この制度、当初は「源花」と称され、男子の代わりに女子が択ばれたのだが、互いに郎徒を擁し嫉み合って、果ては殺人事件まで起こしたため、女子は廃されて才色兼備の男子だけから成る青年戦士団になったと伝えられる。以来、花郎の間では不祥事が出来《しゅったい》することは絶えてなく、新羅の国の興隆に大きな功績を果たし、ついには百済、高句麗を征服し、大唐帝国の軍隊をも退けて新羅による半島統一を実現させている。花郎は通常一五～一六歳の上級貴族の美少年を択んで化粧をほどこし、武芸と歌舞を習得させて、花郎の徒の長となるべく教育したもので、国王自らが親しく任命する名誉ある役目であった。容姿端麗な花郎を中心に戴く集団生活のうちに、青年戦士である花郎の徒は友愛を深め合い、勇敢に戦ったのである。花郎に奉戴された美男子は、新羅滅亡までに二百余人に及び、各花郎に属した花郎の徒は、それぞれ数百人

中国皇帝へ朝貢に訪れた新羅の「花郎」の青年。『唐閻立本王會（職貢）圖』。7世紀、台湾・故宮博物院蔵。

から三〇〇〇人に達したという。三国統一の不世出の英雄、金庾信《きんゆしん》や、一八、九歳の若さで世を去りながら後世に名を留める斯多含《したがん》などは、いずれもこの花郎の出身であった。

彼らの友愛の深さには並々ならぬものがあり、例えば若くして大伽耶《かや》国征服に武勲をたてた斯多含は、武官郎という者とともに「死友を約していた」という。生死をともにするとの誓いを立てていたのである。やがて武官郎が病いを得て没するや、斯多含は慟哭のあまり七日にして自らも卒し、愛する友のあとを追った。当然ながら、これは美貌の若者が念兄に殉死したものである。一五歳もしくは一八歳で花郎に奉じられた金庾信［五九五〜六七三］が、王族の金春秋［六〇四頃〜六六一。のちの武烈王］と親交を結び、やがて金春秋を第二九代新羅国王に推戴して太宗武烈王［在位、六五四〜六六一］となし、三国統一に活躍した史話も、広く人口に膾炙している。▼

▼史話も……している　『三國史記』、『三國遺事』ともに新羅第二四代眞興王（在位、五四〇〜五七六）の治世に花郎の制度が定められたと伝える。しかしながら、実際には六世紀前半、第二三代法興王（在位、五一四〜五四〇）の頃にはすでに存在していたと、近代の研究者の間では推測されている。また、金春秋（のちの武烈王）は、三十余歳で親友の花郎、金庾信（きんゆしん）の妹を妻に迎えているが、その年まで彼は独身でいたということになる。男どうしの深い絆と友愛の中に暮らしていた様子がよくうかがえよう。なお後代の高麗および李朝時代になると、男性の巫覡（シャーマン）が、「花郎」あるいは「花徒」、「花童」、「郎中（両中）」などと称して歌舞や巫術のみならず売色をも行なっていたという（『高麗史』巻一〇一、『中宗實録』巻一九、など）。

2……国王の愛人たち――「王の男たち」◆2

歴代の国王が女色のみならず男寵をも重んじたことは、今さら贅言を連ねるまでもあるまい。新羅第三五代の景徳王［在位、七四二〜七六五］は、男根の長さが八寸［約二四センチ］あったが子宝に恵まれず、淫楽に耽ってばかりいた。王の寵愛ひとかたならなかった家臣、李純は、ある日突然、世間を避けて山中に入り、王から再三呼び出しがあっても従わず、剃髪して僧侶となってしまった。のちに王がみだらな遊楽をいまだやめないでいる

朝鮮の春画

儒教道徳に縛られた李氏朝鮮では、色道を描いた美術は、久しく未発達なまま価値を認められず顧慮されずにいた。近年になってようやく妓生との交合を描いた作品がいくらか発掘されるようになったに過ぎない。18 世紀のキム・ホンドーや 19 世紀末のチョー・ウソクらの好色画があるが、男色絵画はほとんど知られていない。古代新羅以来の「花郎」の伝統をもつ国だというのに残念な限りである。今後の発見に期待したい。

と聞くや、寺を出て宮門にやって来て、夏の桀王、殷の紂王が酒色に溺れて国を滅ぼした例を引いて諫言した。これに感じいった景徳王は彼を王宮内に招き入れ、数日間にわたってその話を聞き、以来、きっぱり淫楽を断ったという。諫臣として立派につとめを果たした男寵もいたのだ。

この景徳王が前妃を廃し、後妃によってようやく儲けた一粒種が、第三六代の恵恭王［在位、七六五～七八〇］である。ところがこの少年王は、「本来、女子として生まれるべきところを父王が上帝に祈願して男子に変成させて誕生させた」と言われるだけあって、幼時より好んで女の仕草をし、即位してからも婦人用の絹袋を佩用し、道士たちと戯れてばかりいて政治を顧みなかった。そのせいで、国が乱れ人心が離反し、王はついに反乱軍の手であえなく殺されてしまった［七八〇年四月］。

新羅第三八代目の元聖王［在位、七八五～七九八］が、若い僧侶、妙正を一目見るなり気に入り、宮中に留め置いて片時も側から離さず寵愛した物語も、かなり知られているようだ。同様に第四九代の憲康王［在位、八七五～八八六］が、臣下の東海龍の子息、処容をいたく鍾愛して長く王宮内に引き留めておいたという史話も残っている。

新羅を滅ぼした高麗［九一八～一三九二］のいく人かの王も男色を好み、美男子を宮中に囲った。中でも一番名高いのは恭愍王《きょうびんおう》［在位、一三五一～七四］の「子弟衛」であろう。恭愍王は少なくとも五人以上のお気に入りの若者を「子弟衛」に任じて、君側に侍らせ性愛の相手としていた。また恭愍王は、夢の中で身を挺して王を庇った容姿端麗な僧侶に生き写しの美僧、辛旽《しんどん》［？～一三七一］に一度の謁見で惚れ込み、以後は彼を常に座右に置いてその意見を聞くことにしたという。

李朝時代［一三九二～一九一〇］に入っても事情は代わらず、両班《ヤンバン》と呼ばれる上流層の貴紳たちは、男色相手の美童を抱えるのが通例であった。地方官の郷班らになると、公然と「少年妻」を娶り、彼ら少年妻たちの地位は村落社会で正式に認められていたという▼。

▼**正式に認められていたという**　民間伝承や笑話集を見る限り、男色に批判的な新儒学思想の影響は限定的なものでしかなかったようである。

3……男四堂（男寺党）——売笑芸能団◆3

李朝時代になって男色は、「男四堂（Namsadang）」あるいは「男寺党」と呼ばれる旅芸人によって弘《ひろ》く朝鮮全土の一般大衆に普及した。彼らは四〇～五〇人の男性ばかりで構成される巡業団で、タチ役（Sutdongmo）とウケ役（Yodongmo）とに分かれており、また若い団員たちは、居士《コサ》と称する座頭と男色関係を結んでいた。中でも美少年［美童、midong］は、年長の役者と結婚していてその「妻」の役割を果たし、芝居では女役を演じることが多かった。時には同座内や他の座との間で少年たちの美男コンテストが開かれることもあった。彼らは韓八道を村から村へと流浪の旅をつづけ、各村の広場などで歌舞音曲をみせ、観客に媚びを売り春を鬻《ひさ》いで世を過ごした。李朝の崩壊後も一九二〇年代頃まで、彼らは全国の農漁村を回りながら、風刺的な人形劇「コクト閣氏《かくし》（kkoktu kaksi）」や仮面舞劇、農楽、とんぼ返り、綱渡りなど、各種の民衆娯楽を提供し伝統芸能を継承していった。しかし、あくまでも男色売春で稼ぐのが彼ら男四堂［男寺党］の本分、本業であったことを忘れてはならない。▼

▼**忘れてはならない**　戦前まで朝鮮全土に「尻童（パクリチョンガー）」という肛交を行商して歩く組織化された男倡群のいたことは、わが国でもよく知られている。宮武外骨は朝鮮人男性に肛門的疾病が多いのは男色盛行の証左であると説いている（紅夢楼主人『東西男性色情史』、宮武（1967）、岩田（1973a、b）、下川他（1994）、礫川（2003）、『朝鮮を知る事典』新訂増補版、平凡社、二〇〇〇、他）。

このように上下こぞって朝鮮の人々は男色を愛好していた。にもかかわらず、室町時代や徳川時代に来日した朝鮮使節らが、日本の君主に男寵の多いことや、男倡の優れて艶美なこと、また総じて男色の盛んなことに瞠目している点はきわめて興味深い。▼

▼**きわめて興味深い**　なお『慵齊叢話』には、朝鮮の女色を好まぬ人々、女嫌いの男性の逸話が記載されている。

第3章 日本——衆道礼賛の国

万《よろず》の虫までも若契の形をあらわすがゆえに、日本を蜻蛉国ともいえり。

（西鶴『男色大鑑』序）

女性の服を着て髪を結う青年。宮川長春画『元禄武家風俗繪巻』。18世紀初。

1……弘法にはじまる——衆道は武門の花

そして日本である。

俗説に本朝の男色は弘法大師〔空海〕にはじまるというが、もちろんそれ以前から広く行なわれていたことは断るまでもない。実際、記紀万葉の奈良時代の文献にも男色に関する記述が散見されるのである。仏教寺院では師僧と稚児の師弟関係で、貴族や武士の社会では主従の間で芳契を結ぶことが、きわめて盛んに行なわれていた。さらに中世には、禅林において喝食《かっしき》と呼ばれる美しい少年が、男色の対象として愛好された。通常、日本で衆道とか男色というと、成人男性と未成年の少年との肛交が一般的だったように語られることが多い。しかし実際には、院政期の左大臣、藤原頼長の日記『臺記』に見られるように、成人した

『男色繪巻』 宮川一笑（一六八九〜一七八〇）筆。一八世紀中頃。絹本画巻、肉筆浮世絵。個人蔵。陰間遊び百態。

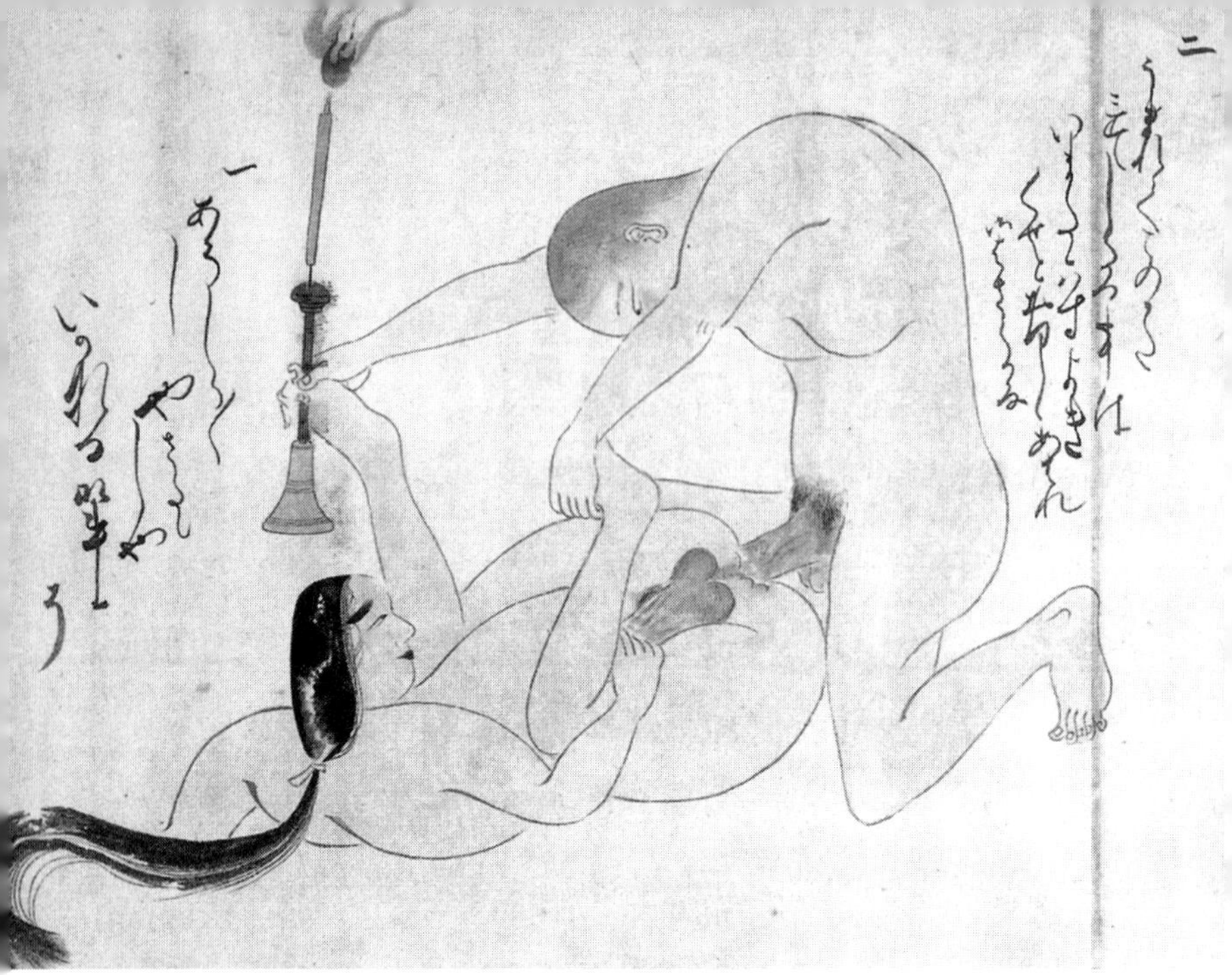

【上左】僧侶と稚児との相舐めシーン。世界最古の男性間の 69 図が本邦の「フェラチオとアニリングスのシーン」だという事実はきわめて興味深い。
【上右】高僧に仕える稚児と、彼に恋慕した僧侶とのまぐわい。

【下】高僧に仕える稚児の肛門を棒・張形で拡張する中太。

『稚児之草子』絵巻

模本（元亨元〔1321〕年筆写の原本は、醍醐寺三宝院蔵）。画巻 18 図。貴重な歴史資料でありながら、門外不出の秘宝とされ公開されていないため、模本でしかその様子を窺い知ることができない。伝・鳥羽僧正覺猷筆。わが国では、弘法大師空海の渡唐（帰朝）以来、男色の道が大いに開かれたという俗説が行なわれている。仏僧は厳しく女犯を戒められ、若い少年・稚児に性愛の対象を求めた。

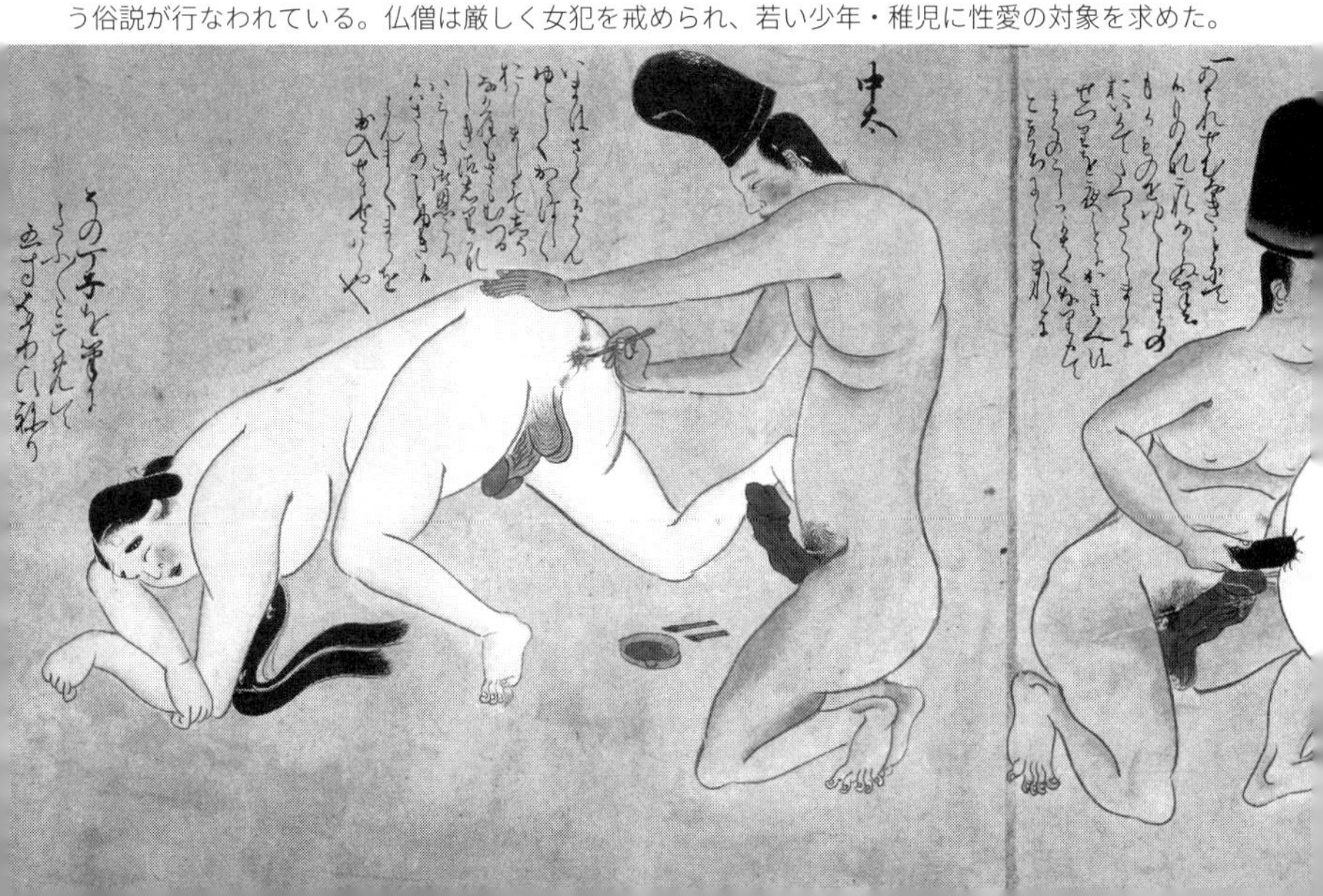

貴族どうしの相互濫吹《らんすい》〔相互男色ないし相舐め行為〕や、身分の低い武士が高位の貴族を犯すことも珍しくはなかったのである。また、性交渉も必ずしもアナル・セックスに限らず、オーラル・セックスなど色々な方法が行なわれていた。そのことは、醍醐寺三宝院の『稚児之草子』▼をはじめとする諸史料から明らかに看て取れる。

▼『稚児之草子』　69（フェラチオとアニリングスの相舐め）のみならず、世界史上初のフィスト・ファックの場面が解説入りで描写されている。

2……南蛮人が見た男性どうしの恋愛——「黄金に富む男道の楽園」

現代の欧米社会からは「世界一の男色文化を開花させた国」として高く評価されている日本であるが、かつてのヨーロッパ人は今日とは違った見解をもっていたようだ。

公元〔基督教暦〕一五四九年、キリスト教布教のため日本にたどり着いたフランシスコ・ザビエル〔ハビエルとも。一五〇六～五二。スペイン出身のイエズス会士〕は、仏僧を筆頭に男色が全国的に盛行しているのを目の当たりにする。キリスト教独特の偏見に凝り固まっていたザビエルは、この「自然に反する大罪」を禁圧しようと説法にこれ努める。ところが、彼が力説すればするほど、街じゅうで人々の嘲笑の的となるだけであった。▼自国の優れた伝統文化に誇りをいだいている日本人にとって、けだしこれは当然の反応であったろう。

▼嘲笑の的となるだけであった　実は通訳がザビエルの独善的な説教を、ありのままに伝えなかったのだが。

イタリア出身のイエズス会宣教師ヴァリニャーノ〔アレッサンドロ・ヴァリニャーノ。一五三九～一六〇六〕は、日本人の学生たちが互いに男色を娯しむのを知って、これを報告書に誌し、カブラル〔フランシスコ・カブラル。一五三三頃～一六〇九。ポルトガル出身のイエズス会宣教師〕その他のカトリック僧たちも、皆な口をきわめて日本の「ソドミー盛行の実態」を批判的に書き記している。

西国七州の主《あるじ》、大内義隆〔一五〇七～五一〕などは、キリシタンのバテレンが「男色の罪」を糾弾してお抱えの美しい小姓たちを放逐するよう説くのを、たいそう面白がって——もしくは南蛮僧が嫉妬しているものと興

【上】地若衆と交わる男性　喜多川歌麿。1790年頃。色刷り木版画。やはり練り木（通和散）が要り用な様子である。若衆は香具売りというよりも、商家の御店者のごとくに見える。「島屋の番頭」という言葉を想い出される向きもあろう。

【右】唾で濡らして逸物を若衆に挿入しようとする男性　鈴木春信。1750年頃。木版画。大きいペニスの持ち主より小振りの一物の持ち主のほうが稚児に好まれたという話がある。練り木などの潤滑用閨房薬が工夫され、しきりに用いられたという。『稚兒之草子』にあるように、受け手の少年もアヌス拡張にさまざまな訓練を怠らなかったらしいが。以上2点、ともにアムステルダム、ベルトレート・コレクション。

【左】東都式トリオリズム　北尾政演（山東京傳の画号）。一七八〇年頃。ロンドン、ヴィクトリア＆アルバート博物館蔵。女一人に男二人の交歓というのが徳川時代の浮世絵版画お気に入りの主題であった。前髪立ちの若衆は素人のようである。「美男子を引きずり込んでいた女房から、徒し男を奪い取る夫」の話（『男色大鑑』二巻）などが思い起こされる。

じて――、わざとその目前で美童を抱き寄せて口を吸ったりしてからかったという。

徳川時代に入ると、従来の僧侶や貴族、武士に加え、一般の衆庶、町人たちの間にも、衆道がもてはやされるようになる。それはおもに演劇界、陰間・色子の売色の世界を通じて流行したものだが、当時の日本男性の間では、「男たるもの、若き頃には念兄に愛されてこそまことの男になるのだ」といった考えが普及していたようである。佐賀、鍋島藩の山本常朝［一六五九〜一七一九］が説いた〝武士道のバイブル〟『葉隠』にも、「相愛の念友をもたぬ若者など碌な者ではなく、人として恥ずかしい」といった趣旨の記述がある。

世界に冠たる男色愛好国たる日本の衆道史に関しては、とうてい本書において委曲を尽くすことができないので、別途稿を改めることにしたい。

清水宗治、自刃す。

【コラム】

スペインの商人アビラ・ヒロン［一五九四〜一六一九年の間、在日した貿易商］の『日本王国史』第四章によると、清水宗治［一五三七〜八二。毛利家家臣。備中高松城城主］の切腹に殉じたのは一人の小姓だったという。秀吉の水攻めにより、城兵の助命を条件に切腹した宗治の最期は、周知の通りだが、実際に天正一〇（一五八二）年六月四日、清水兄弟とともに切腹したのは家老や郎党たちであった。しかし、伝聞にしたがってこの南蛮商人が書き綴ったのは、――当時の日本人全般に共有されていた社会通念に則って――美しい寵童の殉死する姿だったのである。

「彼の連れて来た小姓の一人が、己の刀に手をかけて主人の首を斬り落とすと、今度はその小姓の首を羽柴［秀吉］の家来が打ち落とした」。

小姓が主君と生死をともにする習慣は、南蛮人にも当然の振る舞いと映じていたのである。◆1

第Ⅵ部

キリスト教とヨーロッパ

弟子たちの一人で、イエスの愛しておられた者が、
み胸に近く席についていた。
（『ヨハネによる福音書』）

【扉の図版】

キリストと聖ヨハネ像　ドイツ。彩色木彫。1320 年頃。ベルリン、ボーデ博物館蔵。キリスト最愛の弟子は福音書を誌した聖ヨハネだと伝統的に信じられてきた。ヨハネはうら若い（まだ髭のない）青年の姿で表わされるのが定番。このテーマは美術の主題としてたいへん好まれたらしく、現今も各地の教会や美術館に寄り添う二人の彫像や絵画が残っている。外典や通俗小説とその映画化作品のせいで、キリストが異性愛者であったかのような誤解が近年、蒙昧な大衆の間に蔓延しているようだ。が、キリスト本人が異性愛を奨励した記録は無い。むしろ彼は、ローマ軍人のパイデラスティアーを認めていたのである。

第1章 人間イエス・キリストの時代

これまでキリスト教は、近代世界に瀰漫したホモフォビア［同性愛恐怖症］の元凶であると、しばしば見なされてきた。たしかにそれは動かし難い歴史的事実である。

では、キリスト教の開祖たるナザレのイエス自身は、どんな〝性的指向〟の人物だったのであろうか。

1……イエスと愛弟子ヨハネ——キリストの胸によりかかっていた最愛の弟子

現存する四福音書による限り、彼がいかなる形態のものであれ、性交をしたという記述は見出せない。とはいえ、長年にわたりキリスト教徒の間で、「イエスと愛弟子ヨハネとの二人は特殊な関係にある」と信じられてきたことも、これまた否定できない事実なのである。

古代末期以来、イエスとその〝愛する弟子〟ヨハネの姿は絵画や彫刻など美術の主題に、しばしばとりあげられきた。それらの作品では、ヨハネは通例まだ髭の生えぬうら若い青年として表現されている。これは『ヨハネによる福音書』第一三章二三節〜二五節にあるイエスの最愛の弟子が「イエスの胸もとに寄

「最後の晩餐」でキリストにもたれかかるヨハネ。デンマーク・ハデスレウ大聖堂蔵。

りかかったまま」最後の晩餐の席についていた▼という記述にもとづいたものである。

▼最後の晩餐の席についていた　古代ギリシア・ローマ人は通常二人ずつ臥台に横たわりながら食事をとる習慣であった。刑死に臨んだソクラテスが、寝椅子の右側にいる愛弟子ファイドンの頭髪をいとしげに愛撫した情景が想い出される（第Ⅱ部第3章コラム「哲学者となった売春夫」参照）。

文学の世界においても、イエスとヨハネの師弟関係はホモエロティックなものとして語り継がれてきた。例えば、リヴォーのアエルレッド［一一一〇頃～六七。ローマ・カトリック教会の聖人］は、キリストとヨハネとの間柄を、正《まさ》しく「結婚」と呼んでおり、◆1 その後もイエスとヨハネが恋人どうしであったという考えは、多くの人々に支持されて伝統的に継承されていく。また福音書の記述にしたがえば、別の使徒でローマの初代司教［後世のローマ教皇］となるペトロは、ヨハネに対して嫉妬の色さえ隠せずにいたほどである。◆2 イギリスの劇作家クリストファー・マーロウ［一五六四～九三］は、「福音の聖ヨハネはキリストとベッドをともにして、いつもその胸に抱かれて眠っていた。キリストはヨハネをソドム人のように扱っていたのだ」と口にしていたし、英国王ジェイムズ一世は、寵臣のバッキンガム公ジョージ・ヴィリヤーズのことを「キリストにヨハネがいたように、余にはジョージがいる」と公言して自分の妻であるかのように愛でて憚らなかったという。フランスの啓蒙思想家ディドロ［一七一三～八四］やイギリスの哲学者ベンサム［一七四八～一八三二］、プロイセンの啓蒙君主フリードリヒ二世［一七一二～八六］、アメリカの詩人ホイットマン［一八一九～九二］らも同様の見解を明らかにしている。

終生女犯を断って独身を保ったイエスとヨハネとは、当時の師弟間によくあった肉体の絆で結ばれた関係だったのであろうか。イスカリオテのユダがキリストを裏切ったのも、かつて自分が占めていた「最愛の弟子」の座をヨハネに奪われた嫉妬心が主たる原因であったとさえ言われることがある。◆3 ゲッセマネの園における「ユダの接吻」には、たんなる裏切り者の合図を越えた複雑な心境が織り込まれていたようだ。▼

▼……いたようだ　ユダヤ教のタルムード伝説の中には、イエスとイスカリオテのユダが天上で闘争を繰り広げ、一時優勢となったユダがイエスと首尾よく性交するという内容の作品もある（『イエスの生涯』（Toledot Yeshu））。

2……「ラザロよ、出てきなさい」

ところが、二〇世紀になって、この通説に異を唱える学者が現われた。

一九五八年、イスラエルはユダの荒野にある修道院から、歴史学者モートン・スミス［一九一五〜九一］の手によって『マルコの秘められた福音書［マルコによる秘密の福音書］』の写本が発見されたからである。この福音書は、それまでアレクサンドレイアの主教クレメンス［一五〇頃〜二一五頃］の『パレスティナの信者に宛てた書簡』［二世紀末］に引用された断片でしか知られていなかった。よってそれは、きわめて貴重な世紀の新発見であった。にもかかわらず、既成のキリスト教の教義に合致しない内容であったがために、不当に低い評価しか与えられていないようだ。

ともあれ、その「秘本」の記述にしたがえば、イエスが行なった入信式《イニシエーション》では、裸体の上に薄い亜麻布を纏《まと》っただけの姿の若者に奥義が授けられ、夜通し行なわれた二人きりの儀式には性的な契りも含まれていた▼というのである。さらにスミスその他の学者たちは、『ヨハネによる福音書』第一一章でイエスが「ラザロよ、出てきなさい」と大声で呼ばわって墓から生き返らせた▼ベタニアのラザロが、この儀礼に加わったという考えを強く支持している。たしかに、『ヨハネによる福音書』第一一章には、イエスがラザロを深く愛していたことが繰り返し記されている。ラザロの訃報に接したイエスは涙を流して墓所へ向かい、その姿を目の当たりにしたユダヤ人たちは「ああ、何と彼を愛しておられたことか」と感嘆の声を発しているほどである。イエスとラザロ。この二人の間柄は、どうやらたんなる慈愛や師弟愛の範囲をはるかに越えた仲であったようだ。グノーシス系のキリスト教徒の間では、ラザロをイエスのエローメノス［衆道（パイデラスティアー）関係の愛人］とみなす一派があったという。聖書研究家ロバート・ウィリアムズはその著書の中で、最後の晩餐において「イエスの胸もとに寄りかかっていた」愛弟子は使徒ヨハネではなく、このラザロであったと主張している。◆4

▼性的な契りも含まれていた　アレクサンドレイアのクレメンスの書簡では、「裸体の男どうしが一緒に横たわる」

となっているが、『秘本』では、亜麻布を纏った姿で夜間に行なわれたことになっている。「その夜、若者はイエスのもとに留まった」とか、「若者はイエスを見るなりイエスを愛し、一緒にいてくれるように懇願した」という文言にはセクシャルなものが感じられる。

▼**墓から生き返らせた**　裸になってともに横たわり、身体を摺り合わせたり、息を吹き込んだりするという方法は、古代地中海世界で行なわれた蘇生術であり、イエスもこの方法を用いてラザロをよみがえらせたと信じられていたようである（アイリアノス『動物の特性について』（Aelian. "De Natura Animalium"）二八-一六、他）。

この他にも、キリスト最愛の弟子というのは、『マルコによる福音書』第一四章でイエスが逮捕されたときに、「着ていた亜麻布を脱ぎ捨てて裸で逃げ去った」若者マルコだとする説があり、のちにはイエスは若い愛弟子と十字架の体位で交接したという俗説も巷間に流布されるようになる。

いずれにせよ、イエスが他の男性にたんなる友愛を超えた深い愛情を寄せていたことは、ほぼ明白である。それに彼は、教条主義的なユダヤ人とは違って、当時のギリシア・ローマ世界で広く盛行していた男色の習慣にも、何ら否定的な態度はとっていない。『マタイによる福音書』第八章や『ルカによる福音書』第七章に登場するローマの百人隊長の少年奴隷［稚児（パイス）］の病気を、その望みに任せて死と病苦の淵から快く救っている一事を見ても、そのことは明らかであろう▼◆[5]。

▼**明らかであろう**　公平を期するために付言しておくと、どうしてもキリストを凡庸な異性愛者にしたがる一部の人々は、イエスの愛人にマグダラのマリアを配している（偽典『フィリポによる福音書』）。反動的なキリスト教国の一つであるイギリスで、一九七七年七月に、「キリストは同性愛者だった」とするジェイムズ・カーカップの詩を前年（一九七六年）に掲載した雑誌社が、瀆神罪の判決を下されたことも比較的記憶に新しいところである。

3……ヘロデ大王の愛人たち——色めでる「暴君」◆[6]

ヘロデ大王［前七三頃～前四年。ユダヤ国王、ヘロデス一世。在位、前三七～前四］と言えば、キリスト教神話の「ベツレヘムの嬰児虐殺」で悪役に仕立

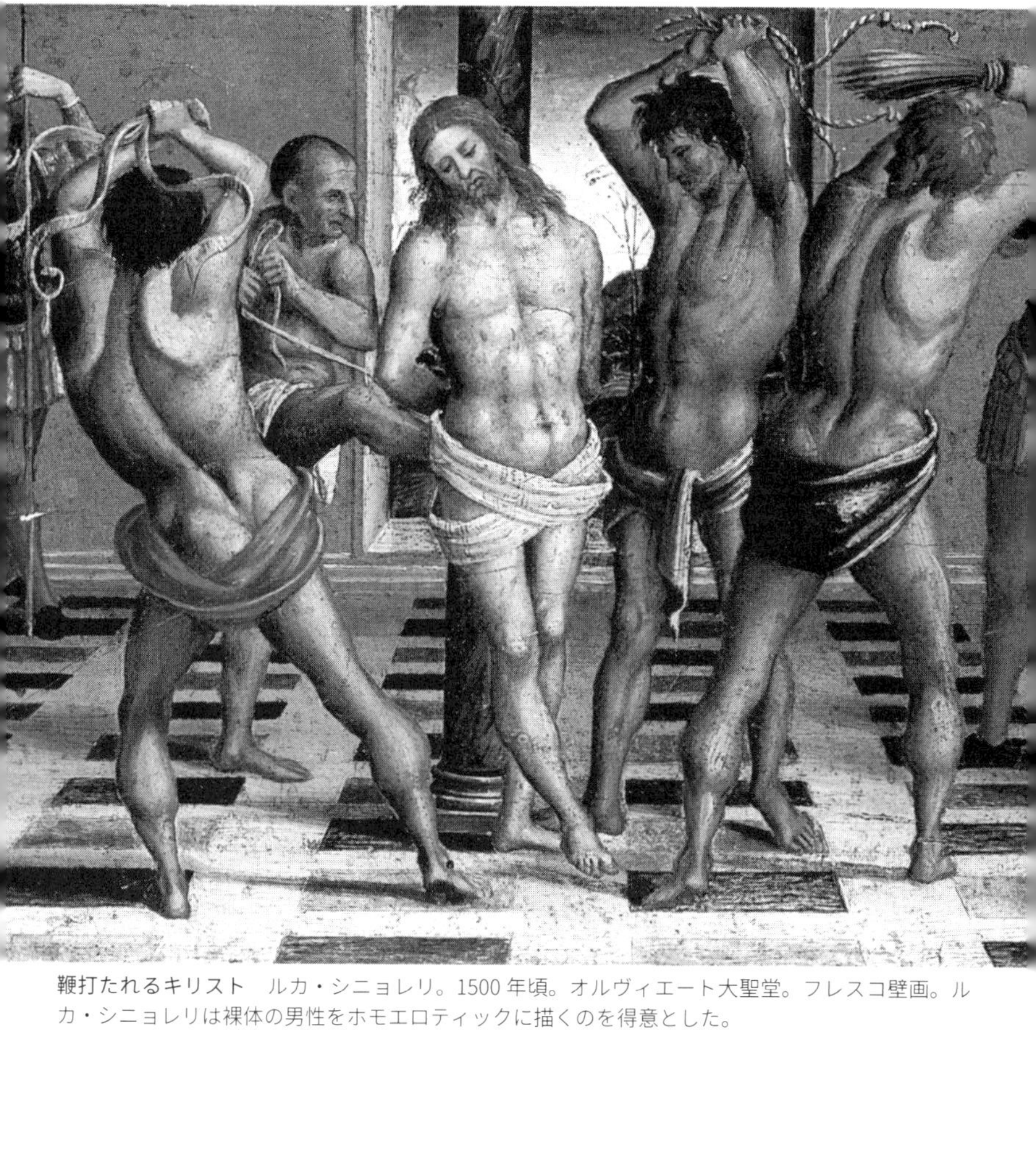

鞭打たれるキリスト　ルカ・シニョレリ。1500 年頃。オルヴィエート大聖堂。フレスコ壁画。ルカ・シニョレリは裸体の男性をホモエロティックに描くのを得意とした。

て上げられている国王だが、そのせいか、彼が賢明かつ有能な君主であった側面は忘れ去られがちである。実際のヘロデは、ヘレニズム文化に心酔して、劇場や競技場など数々の建築事業をおこし、ユダヤ各地にギリシア・ローマ風の都市を建設。かたや熱心なユダヤ教信者としてエルサレム神殿を修築したり、大宮殿を造営するなどすぐれた業跡を残しているのだ。

史家ヨセフス［イオセポス］やプルタルコスらの記述にしたがえば、王は性愛の面でもヘレニズム文化に心酔していたようである。例えば彼は、美しい若者カロスを愛したばかりか、長身でハンサムな哲学者ニコラオスを殊の他寵愛していたという。さらに三人の美貌の宦官を溺愛して国事を彼らに委ねたところ、三人が三人とも息子のアレクサンドロス王子に寝取られてしまう体たらく。父子間における男色のもつれが昂《こう》じて、のちに彼はわが子アレクサンドロスを扼殺《やくさつ》するにいたるのである［前七年］。

親子で美男の召使を奪い合ったりするほど、キリスト紀元当時のユダヤ人社会は、男どうしの性関係に対して開かれていた、と言うことができる。ギリシア・ローマ文明の恩恵に浴していたわけだ。

ちなみに、彼の義弟つまり妻の弟のアリストブロス三世［ユダヤの前王朝ハスモン家の王子］は、なかなかの美男だったので、ローマの将軍アントニウス［第Ⅲ部第2章4節参照］に、いたく愛されたことで知られている。かのエジプト最後の女王クレオパトラとの恋愛で知られるアントニウスの同性の愛人になったというのである。アントニウスとエジプト女王クレオパトラ七世との自殺で終わる悲恋は、シェイクスピアの史劇『アントニーとクレオパトラ』をはじめとする、幾多の文芸作品の主題となって誰一人知らぬ者のないまでに名高い。その反面、キリスト教社会でタブー視されてきたせいか、男どうしの恋愛を謳《うた》い上げた作品はまことに少ないのが現状である。

歴史上の人物像の実態を歪めてしまうこの種の偏向は、まったくもって遺憾の限りと言う他はない。

第2章 ケルト人とゲルマン人

ギリシア・ローマの人々から蛮族《バルバロイ》呼ばわりをされたケルト人やゲルマン人ら異民族もまた、男色を好むことにかけては人後におちなかった。

アリストテレスは名著『政治学』の中で、ケルト人をはじめとする、男性相互の性交渉を公然と称揚してやまぬ軍国的、好戦的な諸民族について言及している。そして、こうした異民族、とりわけケルト人が、男色に対して与えている公的な栄誉には、財富に執着する心を抑制するというすぐれた利点のあることを率直に認めているのである。◆1

1……ケルト人の男性愛

古代ヨーロッパの広い地域に暮らしていたケルト人。彼らの風習に関して、われわれはギリシア人が書き記した文献を介してうかがい知ることができる。

「ケルトでは」とシチリアのディオドロス［前二一頃没］は記している。「容姿の美しい妻がいるのに、男たちは

「瀕死のケルト人」。紀元前3世紀末のヘレニズム時代の作品のコピー。ローマ・カピトリーノ美術館蔵。

ほとんど彼女らに見向きもしない。彼らはただひたすら男性と情を交わそうと狂おしいまでに抱擁を求める。地面に敷かれた獣皮の上に横たわり、両側に男の愛人たちを侍らせて転げ回るのが慣わしとなっている。何よりも驚くべきことは、彼らが自分の端正な肉体を意識せずに、他の男たちの求めに応じて身体をたやすく委ねることである。これを、何ら恥ずかしいなどと思わず、むしろ求愛されているのに提供された贈り物を拒もうとする者があれば、価値のない人間だと見なされてしまうのだ」◆2。

アテナイオスも同様の記事を残しているが、両者はともにギリシアの博学者ポセイドニオス〔前一三五頃～前五一〕の書物を参考にした形跡がある。▼

▼**参考にした形跡がある**　アテナイオスは「あらゆる夷狄（バルバロイ）の中で、ケルト人は世にも美しい女が大勢いるにもかかわらず、他のどんな民族よりも若者たちとの快楽を、ひときわ愛している。そこで彼らはよく二人の愛男（エローメノス）とともに一つベッドで動物の毛皮をかぶって寝る」と書いている（アテナイオス『食卓の賢人たち』（Athenaeus）一三-六〇三a）。

地誌学者ストラボン〔前六四頃～後二一頃〕がケルト人の男色習俗について述べたくだりも相似た内容である。

「ケルト〔ガリア〕人の間では、若い男たちが魅力を惜しまず他の男に与えても、何ら恥ずかしいなどとは考えたりしない。〔……〕彼らは肥えたり腹がつき出たりしないように努めており、腰回りが一定標準をこえた青年を処罰する習いであった」◆3。

どうやら古代ケルトの民は、「少年愛《パイデラスティアー》〔衆道〕」を手放しで絶賛したギリシア人でさえ吃驚するほどの男色好きで鳴りわたっていたらしい。▼

▼**鳴りわたっていたらしい**　若者たちの肥満を厳にいましめる習慣はスパルタにもあった（第Ⅱ部第4章2節参照）。

2……ゲルマン戦士の恋

ゲルマン［ゲルマニア］人の間でも、男色は制度化していたようだ。セクストス・エンペイリコス［後二世紀末頃。ギリシア系の医師。哲学者］によれば、ゲルマン人のもとでは男色は恥ずべき行為であるどころか、むしろ慣わしの一つになっていたという。[4]

ローマ人史家タキトゥスの『ゲルマニア』中の記述を読むと、ちょうど古代新羅の花郎の徒［第V部第2章1節参照］のような貴族身分の扈従《こしょう》［小姓］制度が、ゲルマン人の間にあったことが理解できる。年長者を取り巻くこれら扈従たちは「平時にあっては〝美〟を添え、戦時にあっては防御となる」と羨望の念をこめて語られている。▼[5]

▼語られている　同じタキトゥスの『ゲルマニア』一二章の「肉体的に恥ずべき罪を犯した者」は、文脈から姦通を犯した者と解釈するのが妥当である。キリスト教圏の研究家はしかし、どうしても自分たちの宗教界の禁忌である〝同性愛〟を行なった者と解釈したがる傾向にあるようだ。ただし、この「恥ずべき罪を犯した者を、頭から簀をかぶせて泥沼に埋める」という文に対しては、同書四三章に出てくるゲルマン人ナハナルヴァリ族などの「女の装いをした神官」の厳粛な埋葬法を、タキトゥスが「女装した受け手の男色家を蔑視するローマ人通有の偏見から誤って解釈したのだ」とする説も呈示されている。

また修辞学者クィンティリアヌス［三五頃〜九五頃］の著作にあっては、ゲルマン人の兵マリアヌスが、「自分たちの社会では男色は名誉あるものとして尚《たっと》ばれている」と誇らしげに宣言する箇所がある。[6]

その後、ローマ帝国がキリスト教化した頽廃期に入ってからも、ゲルマン人の男色制度に大きな変化はなかった。アンミアヌス・マルケリヌス［三三〇頃〜三九五年頃］の史書によれば、ゴート人系のタイファリ族の若者は、年長の戦士と念契関係をもたねばならず、単独で手づから熊か猪を仕留めて初めて成人男性の資格を得たという。この念契関係には、もちろん男どうしの肉体の契りがふくまれていた。[7]

東ローマの歴史家プロコピオス［五〇〇頃〜五六五頃没］は、やはりゲルマン人の一派ヘルリ族の若者が戦闘で武勇のほどを示すまでは年長者に仕え、その男色相手をつとめなくてはならなかったという習俗について述べている。プロコピオスはまた、同じくゲルマン系の一派ヴァンダル人が、ローマを占領するに先立って三〇〇名の生まれのよい美青年をローマ貴族の男色用奴隷として送り込んでおき、かねて定めておいた日時に一斉に各々の主人を殺して市門を開かせた史談をも記録しているのである。▼◆8

▼……記録しているのである　メロヴィング朝フランク王国の確立者クロヴィス一世（在位、四八一〜五一一）は、キリスト教に改宗して洗礼を受けた日に男色の経験を告白したという（四九六年頃）。また歴史家トゥールのグレゴリウス（五三八頃〜五九四）の『フランク王国史』には、アウストラシア王シギベルト一世（在位、五六一〜五七五）の面前で司教パルテニウスが、パラディウス伯から「お前が淫行に耽りつつ同棲している男妾たち mariti（正しくは「夫たち」）はどこにいる？」と問われる場面が登場する。中世初期のゲルマン人の間でまだまだ命脈を保っていた男色習俗の一端を垣間見させてくれるエピソードだ（トゥールのグレゴリウス『フランク王国史』(Gregorius Turon.) 四-三九、フレデガリウス『年代記』(Fredegarius "Chronicon")、他）。

タイファリ族が、後四世紀になってもなお、往古以来の男色の通過儀礼の習慣を留めていたことは右に述べた通りである。これをもって、今もニューギニアのサンビア族などメラネシアに残るような「フェラチオやアナル・セックスなどの行為をふくむ男色的イニシエーションが、インド・ヨーロッパ語族に共通の風習としてあった」と考える学者もいる。

やや遅れてブリテン島〔イギリス〕のボニファティウス〔六七三頃〜七五四〕が、七四四年にマーシア王に宛てて「〔ブリテン島の人々は〕ソドムの民に倣って快楽に耽っている」と書いていることも参考になるであろう。ブリテン島の住民〔アングロ・サクソン〕はゲルマン人の一派だったからである。▼

▼一派だったからである　近世になると、英国（イギリス）人は、「男色は海外のイエズス会系の学校からイギリスに持ち込まれた」などと主張するようになる（Burton (1885); Bray (1982); Greenberg (1988); etc.）。

第3章
ユダヤ教からキリスト教へ
——ホモフォビアの伝播

アウグスティヌスのステンドグラス。L・C・ティファニー作。フロリダ・ライトナー博物館蔵。

1……東方の迷信——ユダヤ教の特殊性◆1

古代世界において男どうしの性愛を罪悪視する社会はなかった。ただ一つの例外を除いては。その例外というのは、伝説上の預言者モーシェー〔モーセ〕の律法を遵守するユダヤ教徒たちである。

では、ユダヤ教徒〔＝ユダヤ人〕だけが、なぜ男色に対して否定的な態度をとったのであろうか。たんに彼らが風変わりだったからではない。風変わりにならざるを得ない事情があったからなのだ。

ユダヤ人の同性愛恐怖症は、『創世記』のソドム神話〔第1部第3章3節参照〕からというよりも、むしろ「律法書《トーラー》」中の『レビ記』に記された禁令に由来している。◆2 いわく、「女と寝るように男と寝てはならない」、「女と寝るように男と寝る者は、両者ともに厭うべきことをしたのである」云々といったくだりである。▼

▼……といったくだりである　これらの条文は前四五〇年前後の成立と考えられている。

膣外射精を意味する「オナンの罪」をはじめとして諸々のユダヤ教の性的タブーは、たえず大国に脅かされつづけてきた弱小民族たる彼らのおかれた窮状を反映しているものが多い。とくに「申命記革命」と呼ばれる南ユダ王国のヨシヤ王［在位、前六四〇頃〜前六〇九］の改革［前六二二頃］や、セレウコス朝シリア王国に対するユダ・マカバイの叛乱［前一六六〜前一六〇。ギリシア＝マケドニア系のヘレニズム王国セレウコス朝シリアに対するユダヤ人の反乱。「マカバイ戦争」とも呼ばれる］が起こった時期には、外国勢力の圧迫がはなはだしかったため、つとめて異邦の習慣を排斥する傾向が強まった。どちらの場合であれ、古代ユダヤ人は、オリエント各地で一般的だった男女両性による神殿売春とか、ギリシア＝ヘレニズム社会で称讃されていたパイデラスティアー［少年愛、衆道］といった習慣を極力排除して、民族の団結を高める必要にせまられていたのである。ヘブライ聖典に敢えて男色の禁忌が明記されたのも、当時のユダヤ人指導者や宗教家が、圧倒的に優勢な外界からの影響に呑み込まれんとする、小民族のアイデンティティーを何とか維持するべく、彼ら独自の「理想的な」規範を掲げて国民を鞏固にまとめようと意図していたからである。

ユダヤ教が成立した当時のイスラエル＝ユダヤ人がおかれていた状況を考えれば、彼らにとって「産めよ、増やせよ」という再生産活動が至上命題だったのは、余儀ない話だったと言うことができるだろう。しじゅう周囲の強大な文明国の圧力を受けつづけ、侵略されたり隷属身分に落とされていた古代パレスティナの小国の為政者の目には、生殖目的以外の性行為は精液のたいへんな浪費でしかないと映ったに相違ない。▼

▼……と映ったに相違ない　他方『レビ記』には、生理中の女性と膣性交した場合は男女ともに死刑だとか、血液や脂肪を含む肉を食べてはならないとか、二種類の糸で織った衣服を着てはならない、占いをする者は死刑だ云々といった戒律が明記されていることも忘れてはいけない。いずれ劣らず重大なタブーだったのである。

2……キリスト教の変質◆3

使徒パウロ——あるいは、自己嫌悪型の男色《ゲイ》家

「同性愛嫌悪症的なゲイ」の先蹤として近年の研究家の槍玉にあげられているのが、キリスト教の使徒パ

ウロ［パウロス。後一世紀］である。

後世のキリスト教の実質上の確立者が、生前のイエスに一度たりと会ったことのないユダヤ人のパウロであることは旧くから知られている通り。当初は熱心なキリスト教徒の迫害者だった彼が、突如転向して今度は熱狂的なキリスト教信者となり、ローマ帝国各地へ布教していった経緯《いきさつ》は「新約聖書」の『使徒言行録』に詳述されている。

当時の反ギリシア・ローマ文化的なユダヤ教思想に骨の髄まで浸りきっていたパウロは立場上、少年愛や男性売春に反対せざるを得なかった。その書簡において彼は、平然と各地の教会［＝キリスト信者の集団］に向かって男色をやめるよう説いて憚らない。後世の人々にとって迷惑千万なことに、彼は『レビ記』の戒律を導入することで、新たに興ったばかりのキリスト教そのものをホモフォビックに変質させてしまったのである。

とはいえパウロの、終生妻帯せず「男は女に触れぬがよい◆[4]」と説く女性嫌悪や、あからさまな女性蔑視、自らの肉体を嫌悪する口調、自身を断罪するかのごとき感覚などは、いささか常軌を逸していると言わざるを得ない。これらは近代欧米社会の、自己の性的指向を知って嫌悪感に陥る「隠れゲイ」と共通の特徴だという。『コリントスの信者への第二の手紙』の一二章七節「私の肉体に与えられた一つの棘《とげ》」という件《くだり》を、パウロ自身の同性に対するやみ難い情慾であったと解釈する学者もいる。▼

原始キリスト教の変質は、今日のキリスト教の実際上の教祖であるユダヤ人パウロの個人的な葛藤によってはじまっていた、と言っても過言ではないのである。▼

▼**解釈する学者もいる**　例えば、米国聖公会の司教ジョン・スポング（John Shelby Spong）は、パウロを「ゲイであることを抑圧し、自己嫌悪していた男」と著作に明記して、心理分析を施している。

▼**過言ではないのである**　一七世紀イタリアの傑作『学校のアルキビアデス』（一六三二）には、教会内で男色が盛んであるという噂を調べるべく天界より降ったパウロが、教皇や高位聖職者から「奇妙な狂人」とみなされて追い出されるという痛快な話が書かれている。パウロの狭隘かつ偏頗な道徳観を揶揄（からか）った佳作だと言えよう。

アウグスティヌス——両刀づかいの聖人

キリスト教を性に対して否定的な宗教にしてしまった張本人と、しばしば目《もく》されるのが、北アフリカはヒッポの司教アウグスティヌス［三五四〜四三〇］である。彼とて最初から性恐怖症に罹っていたわけではない。それどころか、若い頃には当時の通常のローマ人と同じく男性の愛人をもっていたのである。そして、心友たる「二つの身体に宿る一つの魂」アリュシウスが早世した後、しばらくの間は女色に淫する堕落した日々を送った。やがて肉体を悪、精神を善なるものとみなす二元論的なマニ教やグノーシス思想の影響を強くこうむり、母モニカの感化もあって、ついにキリスト教に転向［後三八七］。以来、にわかに活発な執筆活動をはじめ、他の教父たちに倣って性愛という性愛をことごとく否定するようになる。かつて自分自身が肉の快楽に耽溺していたことを深く反省した彼は、およそ性行為は汚らわしく卑しいものと決め付け、「生殖以外のいかなる性交もことごとく罪である」と断定し切った。子供を産むセックスだとて、しぶしぶ容認したに過ぎず、完全な禁欲こそが望ましいものと考えるありさま。夫婦間の営みであれ快感を覚える以上、罪深いものだというのである。加えて、何よりも人類にとって不運なことには、この「未開の地の風変わりな老人」、「口やかましくがなり立てる驢馬《ろば》の代弁者」と、ユリアヌス帝［三三一〜三六三。在位、三六〇〜三六三］から蔑まれた不粋で老いぼれた田舎司教アウグスティヌスの厭世的な見解が、何と西方ラテン教会に公式に採り入れられ、その後の西欧文化に決定的な影響を与えてしまったのである。執拗なまでに性を禁圧する過度の禁欲主義が、キリスト教社会を覆い、やがては世界中に瀰漫《びまん》していく経過をわれわれは見ることになるであろう。▼

▼**見ることになるであろう**　面白いことに、英語のスラングでは、“to pull a St. Augustine”という言い回しは、「ゲイ男性がクルージングやカジュアル・セックスを放棄して、ただ一人の相手とのステディな関係に入る」といった意味合いで用いられているという。もっと皮肉なことには、一九九〇年代以来、ゲイのクリスチャンの間では、どうしてかアウグスティヌスが「同性愛者の守護聖人」に祀り上げられているというのである。

使徒パウロ　６世紀。モザイク画。ラヴェンナ、アリウス派洗礼堂。「新約聖書」で男色を非難してキリスト教を歪曲した元兇のごとくに忌み嫌われてきたパウロだが、現代では「自己嫌悪型のゲイだった」と心理分析する説が広まっている。

3……ローマ人の変化とキリスト教の蔓延

当初キリスト教徒は、「彼らは女だけで満足している」と、ローマの人々からいささか奇異の眼で眺められる存在でしかなかった。がしかし、そのローマ帝国自体が内部から蝕まれ変質しつつあったことも否めない。ローマ人の間にもストア哲学風の禁欲的な傾向や、自由奔放な性愛の享受を否定する思潮が拡がりはじめていたのである。

男色に対する法律の制定

パウロによって変質させられ、ユダヤ的道徳によって色付けされたキリスト教。その宗教指導者たちは、何らかの理由をもうけては同性間の性交渉に非を鳴らしつづけた。三一三年、キリスト教が公認され、クリスチャンの皇帝が現われるに及んで、その傾向にますます拍車がかかった。

ローマ帝国が法律として正式に男色に関わる禁令を発布したのは、三四二年一二月四日に出されたコンスタンティウス二世とコンスタンス両帝［二人ともキリスト教徒］の〝男色婚禁止令〟をもって嚆矢《こうし》とする。ついで三九〇年八月六日にテオドシウス一世［三四六頃〜三九五。在位、三七九〜三九五］が、「売春窟で男性に受け手となるよう強制させた者を、火刑でもって処罰するべし」という勅令を発している。後者は、同じ頃ギリシア北部の都市テッサロニケで起きた市民虐殺事件——その原因は戦車競走の花形人気馭者と美少年との男色関係を、総督が弾圧したことにある——に関連して出されたものと考えられている。▼

▼**考えられている**　テッサロニケ市民鏖殺（おうさつ）を命じたテオドシウス帝は、ミラノの司教アンブロシウスから破門を宣告されたため、贖罪を兼ねて、キリスト教以外の神々に犠牲を供する行為を禁止するとともに、この男倡強制行為に対する禁令を発したという（Bailey (1955); Boswell (1980); Cantarella (1988); etc.）。

たしかにローマの為政者は、年を追うにしたがって、ますます偏狭になる倫理観と専制的な抑圧を国民に強いつつあった。

ローマ帝国のこうした変質については、これまでにいくつかの理由があげられてきた。曰く、帝国の「田舎化」つまり蛮族《バルバロイ》の侵入などによる大都市の衰頽、ないし帝国そのものの「蛮族化」現象、あるいは、性を否定する思潮の蔓延、はたまたキリスト教の国教化［三八〇／三九一年］による極端にして狭隘なユダヤ的モラルのおしつけ、などなど、これらすべての要因が相俟《あいま》って、世界史上でも類をみない排他的で独善的な宗教的倫理観を奉ずる社会が造り出されたというのである。

とはいえ、五世紀後半になってもなお、ノンノス［古代末期のギリシアの詩人。酒神ディオニュソスに関する詩『ディオニュシアカ』の著者］のように「異教の」男色譚を堂々と歌いあげる詩人たちがいたり、六世紀初頭まで男倡に対する課税がつづけられていた史実から考えて、この種の法律がどれだけ実効性をともなうものであったか、はなはだ疑問ではあるが。

ユスティニアヌス帝の法典――「禁じられた恋」

きわめつけは東ローマ帝国の皇帝ユスティニアヌス一世［四八三～五六五。在位、五二七～五六五］が、五三三年に公布した法律である。男色行為は飢饉・震災・疫病をもたらすと信じた帝は、厳罰を以てこれに臨んだ。

ユスティニアヌス帝はキリスト教会の見解に従って、あらゆる男性どうしの性交渉を、姦通の場合と等しく死罪と規定した。ヨアネス・マララス［四九一～五七八頃］やテオファネス［七五八～八一七頃］の『年代記』によると、男色を行なった人々には恐ろしく残忍な迫害が加えられたという。激しい苦痛を与えるために男性器を切断したり、〝身体の中で最も敏感な穴〟に先の鋭く尖った葦の茎を突き刺したりといった肉刑が容赦なく執行された。犠牲者になった人々のうちには、著名な主教［司教］たちが多くふくまれていた。例えば、ロドス島のイザヤとディオスポリスのアレクサンドロスという二人の主教は、皇帝の命令で首都コンスタンティノポリスへ連行され、厳しい拷問の末に去勢されてから街路を曳《ひ》き摺り回されて公衆の嬲り者にされた。その間じゅう彼らと同じ罪を宣告された仲間たちは、この戦慄すべき光景を、ずっと見つづけるように強制されていた。以来、皇帝は「男色の罪」を犯した者は全員去勢するように命じ、そのせいで大勢の人々が断罪され男性器を切除されて死んでいった。なおひどいことに、このユスティニアヌスの法律は、皇帝の反対党や莫大な資産をもつ者など、おもに政敵を陥れるために濫用されるようになった▼のである。◆5

▼**濫用されるようになった**　一例を挙げれば、ユスティニアヌス帝の妻テオドラ（五〇〇頃〜五四八）は、自分の意にそわぬ青年ヴァシアヌスを男色の廉で告訴させると、その逃げ込んだ教会から無理やり引きずり出して拷責を加えたあげく男性器を切り取らせている

西ヨーロッパでも、同じような蛮行が、まかり通っていた。

六五〇年頃にスペインの西ゴート王国の君主は、男どうしの性行為に去勢刑を科す法律を制定した。◆6 以降、残酷な処刑法が各地で猖獗《しょうけつ》をきわめ、ヨーロッパは東西もろともキリスト教の迷妄の闇にとざされた世紀を迎えることとなる。かつて高く称揚された「崇高な天上の愛」、「神々の好む色事」、「愛智者《フィロソフォス》〔哲人〕ソクラテスの愛」が、今や非合法な禁じられた愛慾に変貌させられてしまった。こうして野蛮が理性に、迷信が合理主義精神にうちかって、西方世界は中世の暗黒時代に突入、しばらく世界史の表舞台から鳴りを潜めざるを得なくなった▼のである。

▼**鳴りを潜めざるを得なくなった**　よく「近代の欧米文化のルーツは古代ギリシアにあり」などという言葉を耳にするが、ルネサンス以降の人文主義にせよ、ヴォルテールに代表される啓蒙主義にせよ、民主主義思想にせよ、現代のいわゆる〝先進諸国式の風俗〟にせよ、どれもキリスト教思想によってかなり変形ないし変質されたものでしかない。

「聖なる単純さ」(sancta simplicitas)

「迷信」の力は強い。愚直なまでに硬化した教義《ドグマ》を墨守しはじめたヨーロッパ人は、つい近年に至るまで

実に千数百年以上にわたって、男性どうしの愛を「不自然な悪徳」だとか「自然に悖《もと》る背徳行為」だなどと本気で信じ込んでしまったほどである。もちろん男色は、聖職者と言わず、王侯貴族と言わず、吟遊詩人や一般庶民と言わず、身分の別なく、他の地域と同様に脈々と営まれつづけていた。しかし、それを公然と表明することが憚られる世の中になったのだ。

十字軍の遠征で著名な英国王リチャード一世獅子心王［一一五七〜九九］とフランス王フィリップ二世［一一六五〜一二二三］は、若い頃、恋愛関係にあったが、せいぜい「毎日一つテーブルで同じ皿から食事をとり、夜になってもそれぞれのベッドが二人を分かつことはなかった」と史書に仄めかされるのが関の山となる。◆7 どこまで厳格に

【コラム】

「教皇聖下」の愛——〝ゲイ〟の令名高きローマ教皇たち◆1

歴代ローマ司教、いわゆる西方ラテン教会の首長たる「教皇」の中でも、男色を好んだ人物は決して少なくはない。教会関係の歴史家は一五五五年までに五名の教皇が男性を愛でたと主張しているが、実際はもっと大勢いたに相違ない。記録上、明らかになっているのは氷山の一角でしかないと考えるのが妥当であろう。

例えば若くして教皇の座についたヨハネス一二世［九三七〜九六四。在任、九五五〜九六四］。スポレート公でローマの君主アルベリコ二世［九一二〜九五四］の息子オッタヴィアーノとして生まれた彼は、父親の強大な勢力のおかげで、教皇に選出されるや、ラテラーノ宮殿で飲めや歌えの狂宴《オルギア》を繰り広げて評判をとった。うら若い少年もたくましい青年も大好きで、彼と喜んで同衾する男たちに気前よく司教職を贈った。廃位しようとする策動もあったが、とにかく死ぬまで教皇位に坐りつづけ、最期はお気に入りの美男子と性交中に急死した。享年二七。なお九六二年にド

イッ王オットー一世に神聖ローマ皇帝の帝冠を授けたのは彼である。

　仕合わせな腹上死を遂げた教皇は彼一人ではない。「ローマ皇帝エラガバルス［ヘリオガバルス］の再来」と称されたベネディクトゥス九世［在任、一〇三二～四四、四五、四七～四八］は、男性を好むこと一通りではなく、やはりラテラーノ宮殿で男色のオルギアを華やかに展開した。また自らの容貌に自信のあった教皇パウルス二世［在任、一四六四～七一］は、「フォルモスス」［「美男子」の意］と名のることを望んだぐらいの二枚目で、衣裳・宝石・壁掛け・男その他何でも美しいものにひとかたならず熱中し、ある夜、お気に入りの若者に肛門を犯されている最中に突如として昇天してしまったという。

　パウルス二世の後継者シクストゥス四世［在任、一四七一～八四］は、多数の青年たちを愛して彼らを枢機卿に任命し、とりわけ甥のリアリオ兄弟とジュリアーノ・デラ・ローヴェレ［のちの教皇ユリウス二世］を鍾愛・重用した。一四七四年、甥で愛人のピエトロ・リアリオに二八歳で先立たれて、それ以降はハンサムでたくましい男たちを裸にしては短剣で闘わせ、勝った者をその夜のセックス・パートナーにしていたとか。また、二〇代の青年ばかりを次々に枢機卿にして、彼らの要請で一年のうち暑い季節三ヶ月間は男色ないし男どうしの肛門性交を公認しようと考慮したなど、さまざまな逸話が伝えられている。病に伏したときに医師団から女性の乳汁を飲むように処方されると、シクストゥスはこう答えた。

「余には女の乳汁よりも若い男たちの雄汁のほうが適しているようだぞ」。

　シクストゥス四世の愛人だったユリウス二世［在任、一五〇三～一三］は、野望に富み好戦的な性格の持ち主で、自ら教会軍を率いて出征し、ペルージャ、ボローニャを屈服させ教皇の世俗権力の拡大に努めた。その一方で文芸を愛好し、新たな聖ペトロ寺院［サン・ピエトロ大聖堂］を起工、ラファエロ、ミケランジェロらの芸術家を保護してローマをルネサンス文化の中心とした。彼もまた、大概のルネサンス時代の教皇に負けず劣らず男好きで、つねにハンサムな青年たちに取り巻かれ、彼らの受け手となって犯されることを好んだという。また、フランス王妃が教育のためにイタリアへ送った若者二人に男色の手ほどきをしたとも伝えられる。

　次のレオ一〇世[▼1]は若かりし頃、教皇インノケンティウス八世［在任、一四八四〜九二］の稚児だったために最年少の枢機卿に選ばれる栄誉を勝ち得た。しかし、そのせいか痔疾を患いつき、自身が教皇となってのち、政敵に買収された医師の手で危うく肛門に毒物を注入されて暗殺されるという危機に何度か見舞われたことがある。そして一五二一年末の深夜、レオ一〇世は若者との性交中に突然、腹上死を遂げて「天に召された」という。

枢機卿の頃から公然と男色家として知られていた――つまりカミング・アウトしていた――教皇といえば、ユリウス三世［在任、一五五〇〜五五］が、その筆頭格であろう。六三歳で「聖ペトロの座」についた彼は、さっそく街で拾った一七歳の少年を枢機卿に任命したばかりか、最高位の顕職にまで取り立てて舌舐めずりせんばかりに溺愛した。また、しばしば若い枢機卿数人を集めてオルギアを催しては乱交に耽り、その情景を他の高位聖職者らに見せつけて心からたのしんだという。さっそく同好の士、ベネヴェントの大司教ジョヴァンニ・デ・ラ・カーサ［一五〇三〜五六］は、『男色礼賛《ソドミア》』(*De Laudibus Sodomiae / In Laudem Pederastiae seu Sodomiae*) なる一書を著わして教皇に謹呈し、彼をいたく喜ばせた。なお、この頃までは男どうしの結婚式がカトリック教会内でも執り行なわれていたらしく、本文に述べる通りフランスのモンテーニュその他の証言が残っている。▼2

右記の人々以外にも、教皇権の拡大をはかってフランスの美男王フィリップ四世と衝突したボニファティウス八世［在任、一二九四〜一三〇三］や、海賊上がりの対立教皇ヨハネス二三世［在任、一四一〇〜一五］、ボルジア家出身のアレクサンデル六世［在任、一四九二〜一五〇三。本名、ロドリーゴ・ボルジア。一四三一〜一五〇三］、博学なオランダ人ハドリアヌス六世［在任、一五二二〜二三］、神聖ローマ軍によるローマ劫略［サッコ・ディ・ローマ］を招いたメディチ家出身のクレメンス七世［在任、一五二三〜三四］ら、男色愛好ないし両刀づかいで名高いローマ教皇はいく人《たり》も知られている。

▼1　一四七六〜一五二一。在任、一五一三〜二一。俗名ジョヴァンニ・デ・メディチ。メディチ家当主ロレンツォ・イル・マニフィコの子。

▼2　ユリウス三世は最も開けっぴろげに男好みを顕示した教皇だった。彼は養子のみならず、自らの庶子ベルトウッチーノをも愛人にし枢機卿に任じたという。

守られたかどうかはさておき、教会の定めた「懺悔規定書」によれば、オーラル・セックスやアナル・セックス、素股《すまた》、相互マスターベーションなど男性どうしの性行為は、何であれことごとく贖罪の対象とされてしまった。

『ロランの歌』［最古の写本は一一世紀半ば］や『アミとアミール』［現存最古のテキストは一〇九〇年頃］などの作品に見られるように、友愛は賞賛されることはあっても、肉の交わりをともなう男性愛は決まって厳しく非難された。『アイネイアス物語』、『ランヴァルのレ』、『ファブリオー』から『ルナール物語［狐物語］』、『薔薇物語』にいたる世俗文学も、皆な男色に対する否定的態度を崩してはいない。

さらに、男色行為はイスラーム教や異端思想と結びつけられて、想像を絶する残酷な迫害が加えられ、テンプル騎士団の弾圧やカタリ派撲滅を名目とするアルビジョア［アルビ］十字軍の発足といった無惨な結果をみるのである。▼

▼**無惨な結果をみるのである**　男性どうしの肛交を異端と同一視することは、すでに古代末期のラテン教父ヒエロニュムス（三四八頃〜四二〇）にはじまっている。
テンプル騎士団は、その富に目をつけたフランス国王フィリップ四世によって、男色（ソドミー）や悪魔崇拝といった罪をきせられ、騎士たちは異端の徒として捕らわれ、拷問にかけられ、火炙りの刑に処された（一三一二年解散）。

世界史上、どの文化圏も、男性どうしの性交渉を弾圧することはほとんどなかった。唯一の例外が——ユダヤ教倫理の影響をうけた——キリスト教文化圏である。ヨーロッパ・キリスト教社会だけが、何故にかくも肌に粟を生じるような野蛮で残忍な法律を押しつけ、酷烈なまでに実行したのか、文化史上きわめて興味深いトピックではあるが、この問題に関しては改めて考察してみたいと思っている。

迫害の嵐

【左】教皇ボニファティウス8世像　1300年。ブロンズ像。シエナ出身のマンノ・バンディーニ作。ボローニャ中世博物館蔵。ローマ教皇ボニファティウス8世は、政敵のフランス王フィリップ4世から異端と魔術とソドミーの廉で告発された。中世からルネサンスにかけて、いく人ものローマ教皇が男色家ないし両刀づかいだったと伝えられている。中には若者とセックスの最中に腹上死を遂げた教皇もいる。

【下】ヒュー・ル・デスペンサーの処刑　ジャン・フロワサールの『年代記』挿絵（15世紀）。フランス国立図書館蔵。イングランド王エドワード2世の若き寵臣ヒュー・ル・デスペンサーは、1326年、きわめて残忍な方法で処刑された。囚われの身となったエドワード2世は翌年、監禁されている獄内で肛門に焼け火箸を差し込まれて殺害されたという。

最後の審判と地獄堕ち

【上】ダンテとヴィルジリオが地獄で男色者たちと出会う場面　1345 年頃。グイド・ダ・ピサ手稿本挿絵。ダンテ『神曲』「地獄編」15 歌（巻）。シャンティイ、コンデ美術館蔵。当時のキリスト教徒は、同性間の性愛は「自然に反する罪」だと本気で信じ込んでいたようである。大勢の修道士や司教がこの地獄に堕とされている。立ち止まってダンテとヴィルジリオに話しかけているのは、ダンテの師ブルーネット・ラティーニである。この一場を「最古のアウティング・シーンだ」と主張する研究家もいる。しかし、ダンテは、冥界の導き手ヴィルジリオ（ウェルギリウス）が生涯妻帯せずに、美少年ばかりを愛してやまなかった史実を知らなかったはずはない。

【左】最後の審判図　部分。14 世紀後期。タッデオ・ディ・バルトロ筆。フレスコ画。サン・ジミニャーノ聖堂（もと大聖堂）内部。中央では男色を好んだ聖職者が、肛門から口まで串刺しにされている。現代でもローマ・カトリックの聖職者に（少年愛者を含めて）同性愛好きな人々が多いのは、数々の「性的虐待事件」からも一目瞭然である。

AVOLTERA

第4章 中世ヨーロッパの世界

私は一〇〇〇人のうちに一人の男を得たけれど、
そのすべてのうちに、一人の女も得なかった。
（『コヘレトの言葉（伝道の書）』七－二八）

ソドミーの罪のために火炙りにされるアルザスの城主リヒャルト・プラーと小姓。1482年。

1……ユダヤ人◆[1]

同性どうしの肉体関係、とくに男どうしの交わりを、罪と断ずるという人類史上最も愚かしい過ちの首魁として、きまって槍玉にあげられるのがユダヤ教である。たしかに古代パレスティナの地に偏狭にして排他的なこの宗教が誕生しなければ、そしてユダヤからイエス・キリストやパウロといった宗教家があらわれなかったならば、後代の男色観は、さらに言えば今日の世界そのものは、よほどに異なったものになっていたことであろう。イスラームの預言者ムハンマドも、ソドムの物語を『アル・クルアーン〔コーラン〕』に借用することはなかっただろうし、現代の「イスラーム原理主義運動」による被害者を生み出すこともなかったに違いない。半ば未開状態のヨーロッパ人が一六世紀以来、新大陸の侵略に乗り出し、世界じゅうを植民地化しては自らの迷信にもとづく「ソドミー法」をおしつけることもなかったであろう。

しかし、起きてしまったことは、もはや如何ともしようがない。

イスラーム文化圏内におけるユダヤ人

大方の人々に誤解されたままでは気の毒なので、ここにユダヤ人のために一言弁じておく。彼ら全員が、男どうしの肉体関係が日蝕や震災、疫病、飢饉など諸々の災厄をひきおこす原因であるとか、当事者の身の上に神罰（karet）が下るだなどと、本気で信じていたわけではなかった。それどころか、ユダヤ人だとてイスラーム諸国の庇護のもとで繁栄していた時期には、若者たちを愛《め》でる恋愛詩▼に筆を染め、男性間の愛を高らかに謳い上げていたのである。

▼若者たちを愛でる恋愛詩　これら中世ユダヤ・アラビアの恋愛詩は、稚い少年を相手にしたものではなく、「青年愛（ephebophilia エフェボフィリア）」、すなわち成人男性が青年を性愛の対象として追い求めた心象を歌った作品だと解されている（Blackmore & Hutcheson (1999); Scheindlin (1986); Bleys (1995); Wilhelm (1995); etc.）。

中世ユダヤ人の記す魅力的な若者たちの形容は、おおむね同時代のアラブ抒情詩のそれに倣っている。

つまり、

「朱を点じたような唇、望月《もちづき》さながらの輝かしい顔容《かんばせ》、羚羊《かもしか》のごとき瞳、あたかも糸杉のようなすらりとした姿、云々……」

といった常套的な表現である。

モーシェー・イブン・エズラ［一〇五五頃〜一一三九頃］を旗頭とするヘブライ語詩人の秀作が少なからず残っているので、関心のある向きには翻訳書の類を当たっていただきたい。

【コラム】

中世イスラーム圏のユダヤ詩人◆1

ユダヤ教徒がそろって、同性愛恐怖症にかかっていたわけではない。中世イスラーム文明圏で自由と繁栄を享受していた頃には、アラビア詩の影響を蒙って若者への熱い情愛を詩にうたうユダヤ教徒も少なくはなかったからである。

日本では今まで紹介されることがほとんど無かったため馴染みが薄いものの、ユダヤ人の歴史を語る際には必ずと言ってよいぐらい登場するビッグ・ネームが男色詩の世界に勢揃いしている事実は一見に値する。

例えば、サアディア・ベン・ヨセフ［八八二〜九四二］。彼はエジプトのファイユームに生まれ、三六歳でユダヤ教の最高権威とされるバビロニアの学院長《ガオン》になった中世ヘブライ哲学の巨人である。理性だけによって信仰の真理に到達できると考えた優れた合理主義者であり、聖書を字義通りに解釈する〝杓子定規な迷妄〟を排斥した功績で名高い。彼はまた若者たちを好み、男どうしの愛を論じ、ユダヤ人青年たちと肉体関係をもったことでも知られている。そのため、政敵である亡命君主《エクシラルク》ダウィド・ベン・ザッカイ［?〜九四〇頃］に攻撃の口実を与えてしまったとか。◆2

また、イェフダ・ハレヴィ［ユダ・ハレウィー。一〇七五頃〜一一四一］。彼はスペインの上流家庭に生まれ、合理主義全盛の時代に「人は理性のみでは神と合一できない」と主張したユダヤ思想家である。美しい若者たちに宛てて恋愛詩を書いたり、女色を扱ったアラビア詩のジョークを男色向けのものへ書き換えたりした。「その詩情に太陽も西から昇る」と称えられた三大詩人の一人として名高い。聖地エルサレムへ向かうが、嵐で船が沈みエジプトで客死した。

あるいはまた、アブラハム・イブン・エズラ。▼1 彼は同郷のイェフダ・ハレヴィと親交を深め、一緒にスペインや北アフリカ各地を旅した。次のモーシェー・イブン・エズラの親友でもある。エジプト、イラク、イラン、インドまで行き、イタリア、フランス、イギリスなどヨーロッパ各地を放浪し、スペインへ帰る途上で死去した。やはり美少年に向けたロマンティックな恋愛詩を書き残している。

さらに、モーシェー・イブン・エズラ。▼2 彼は右のアブラハム・イブン・エズラの親友にして遠縁にあたり、ハレヴィをグラナダの家で一ヶ月間歓待した。当時のアンダルス詩人のつねとして、自分が想いを寄せる若者に宛てて奔放かつ洗練されたホモエロティックな詩を綴っている。

一例として「ムスリムの少年に恋して」詠んだ短い恋愛詩を挙げておこう。

私の心はいたく嘆き悲しむ、ケダルの息子のせ
いで、
子鹿の如き外見、まだうら若くして、
その頬は深紅に染まり、髪はぬばたまの漆黒
唇は朱を置いたごとく可憐な美しさ

その他、イサク・ベン・マル・サウルやイブン・ハスダイ、ソロモン・イブン・ガビーロール「アヴィケブロン」、ヨセフ・イブン・サディーク、イサク・イブン・エズラ、イブン・サール、イブン・ガイヤート、イブン・シェーシェット、ユースフ・イブン・ハスダイ……。

枚挙にいとまが無いほど大勢の詩人や学者、宗教指導者たちがイスラーム文化を存分に享受し、ムスリム男性らとともに少年ダンサーやうら若い酌童を酒席に侍らせつつ、愛の対象たる若者に向けて少年愛詩を書き記したのである。

「タルムード時代」に、アナル・セックスを行なった男性カップルを投石刑で殺すと規定していたのと同じユダヤ人とは、とうてい考えられない成長ぶりではないか。

▼1　一〇八九頃～一一六四頃。スペインに生まれた詩人哲学者、言語学者、聖書注解者。

▼2　一〇五五頃～一一三九頃。グラナダの有産階層の出身。イエフダ・ハレヴィ以前の「スペイン最大のユダヤ詩人」の盛名を馳せる。学者、哲学者としても著名。

2……中世キリスト教ヨーロッパ——迷信と無知の支配

一二世紀ルネサンス——優劣論の再燃

一口にキリスト教徒といっても、皆なが皆な、どうしようもないファナティックな狂信者となってしまったわけでは、もちろんない。

一〇九八年にオルレアンの司教に任命されたジャンという青年は、前任者のオルレアン司教やその弟にあたるトゥールの大司教と性的関係を結んでいた。のみならず、フランス王フィリップ一世［在位、一〇六〇〜一一〇八］とも枕を交わす仲であった。このように次々と気前よく肉体を提供していたお陰で、彼は司教の地位を若くして獲得できたのだと言われている。その後ジャンは、およそ四〇年間にわたってオルレアン司教の座を全うしており、以来、ここオルレアンは男色の本場《メッカ》だとの評判を高め、パリやシャルトル、サンスとならんで、巨根の男倡を揃えた売春窟のサーヴィスが受けられる土地として一世を風靡するようになった。

また、『ガニュメデス対ヘレナ』［一二世紀初頭］とか、『ガニュメデス対ヘベ』［一二〜一三世紀］といった、古代後期に記されたような男女両色の優劣論さえ登場する。▼

▼男女両色の……登場する　ちなみにビザンティン帝国、つまり東ローマ帝国では、一三世紀にヨアネス・カトラリオスによって両色の優劣論が書かれている。

しかし、これらの作品を読むと、いずれも男色を弁護するような形を取っており、女色が「自然」であるのに対して、少年愛は黙認されてはいるものの、何らかの「悪徳」めいた色欲であるとする思想が深く根付いてしまった社会背景が感じとれる。もはやギリシア・ローマ時代の栄光ある地歩を、男性どうしの性愛が失ってしまっていることは動かし難い既定事実となっていたようである。すでに一〇五一年頃、教会改革の指導者ペトルス・ダミアーニ〔一〇〇七頃〜七二。ローマ・カトリック教会では聖人に列せらる〕は、『ゴモラの書』を著わして、聖職者の間で著しく普及していた男性間の肉交を口をきわめて罵倒していた。

ラテン教会〔通称ローマ・カトリック教会〕は、九世紀から一二世紀にかけては同性愛に対して比較的「寛容」であったが、一一七九年の第三回ラテラーノ公会議を契機に方針を一変、男色は異端や異教と同じく断罪され、弾圧されるようになる。▼そして一三世紀以降は、「全科博士」の異名をとったアルベルトゥス・マグヌス〔一二〇六頃〜八〇。ドイツのスコラ哲学者。ドミニクス派。ローマ・カトリック教会で列聖さる〕や、その弟子で「天使博士」と称されたトマス・アクィナス〔一二二四頃〜七四。スコラ哲学の完成者。ドミニクス派。ローマ・カトリック教会では列聖される〕らの「自然法」という概念、つまり同性どうしの性愛は――マスターベーションや獣姦、生殖目的でない異性間交接とならんで――、「自然に反する悪徳である」と決め付ける偏見が、西ヨーロッパ世界を覆い尽くしていくのである。

▼**男色は……弾圧されるようになる**　現在もなお、この決定はローマ・カトリック教会の戒律として残存している。そして今日ローマ教皇に在職中の人物が、同性愛者を受けいれようとした改革は、教会内部の保守派の圧力で失敗に終わった（二〇一四年一〇月）。

時代の変化は大きい。

例えば、同じ男好きの英国王であっても、リチャード一世▼が、のちのちまで〝栄えある騎士道の鑑〟と仰がれたのに較べて、一世紀あまりのちに即位したエドワード二世▼は、廃位された後、焼けた串で肛門を刺し貫かれて悲惨な最期を遂げる、といった著しい違いが時代の変遷を示唆していると見ることもできるだろう。

▼**リチャード一世**　一一五七〜九九。勇猛さ故、獅子心王と称される。在位、一一八九〜九九。愛人だったフランス王フィリップ二世やトルバドゥールのブロンデルらと一緒に十字軍遠征に出かける。妻帯するが王妃ベレンガリアは処女妻のままだったという。

▼**エドワード二世**　一二八四〜一三二七。在位、一三〇七〜二七。小姓ピアーズ・ガヴェストンや、寵臣ヒュー・

ル・デスペンサーを愛した男色王。

以来、現代にいたるまで男性どうしの性愛が何か悖徳《はいとく》的な行為であると信じて疑わない悪癖が、彼らの抜き難い痼疾と化してしまう。さらに、大航海時代以来の西欧人の海外進出を通じて、男色行為を迫害することは神意にかなった正しいふるまいだと確信してやまぬ思想が世界中に蔓延していくのである。

セルギオスとバッコス——ゲイ結婚の守護聖人　東西のキリスト教会で同性婚は本当に行なわれていたのか

ユスティニアヌス帝のところで、男色禁止法が「政治目的に濫用された」と書いたが、実際に政敵を失脚させるために時おり悪用されたものであったらしく、〝ソドムの罪（sodomia）〟の廉《かど》で断罪され処刑された人々の名は、さほど多くは伝えられていない。

ユスティニアヌス以後の東ローマ［ビザンティン］帝国の何人かの皇帝や帝室のメンバーも、いわゆるゲイ・ピープルだったと言われている。

例えば、ミカエル三世［ミハイル三世。在位、八四二～八六七］。

筋骨たくましい美男に目のないミカエル三世は、身分の低いバシレイオスという馬丁上がりのレスラーに夢中になり、これを重用して寝所の伴侶としたのち、程なく自らの養子に迎立。あまつさえ、バシレイオスが皇帝の叔父バルダスを面前で暗殺すると、恋心に夢うつつだったミカエル帝は、「皇帝弑逆の陰謀を未然に防いでくれた」と誉め称えて、この愛人を共同統治者に冊立《さくりゅう》した。しかし、皇帝がバシレイオスに飽きて新たにハンサムな水夫に心を移すと、俄然、権力欲を露わにしたバシレイオスは、ミカエル三世を新しい寵臣もろともベッドで殺害し、単独支配者となって君臨した。これがマケドニア朝の創始者バシレイオス一世［在位、八六七～八八六］である。◆[2]

また、アメリカの歴史学者ジョン・ボズウェルのように、東西のキリスト教会において、「結婚式」に等しい男性どうしの友愛の結合を祝う儀式が、長きにわたり公けに挙行されてきたと主張する人もいる。◆[3]こ

【左】カタリ派信者たち　一二三〇年代の写本に描かれた挿絵。ウィーン、オーストリア国立博物館蔵。アルビ派（アルビジョア派）とも呼ばれるカタリ派は、フランス南部とイタリア北部に弘まったが、異端と断ぜられて撲滅された。カタリ派信者は「ソドミーに耽っている」と言われ、図版左下では雄猫の尻に接吻する信徒の絵が描かれている。

異端とソドミー

【下右】聖職者の尻に接吻するテンプル騎士団　1350 年頃。ジャック・ド・ロンギュイヨン『孔雀の願い』の写本に描かれた稚拙な諷刺画。ニューヨーク、モーガン図書館蔵。男性メンバーのみで構成されるテンプル騎士団は、1307 年 10 月、慢性的な資金不足に悩むフィリップ 4 世の命令で一斉に逮捕され、膨大な資産を没収された。聖地でイスラーム教徒と接触する機会に恵まれた彼らは、「入団式でソドミー行為や悪魔崇拝などの悖徳行為に耽っていた」と断罪されたのである。

【下左】火刑に処せられるテンプル騎士団員　ベルナール・ギーの年代記（14 世紀末）挿絵。異端やソドミーなどの罪状を自白するまで苛烈な拷問を加えられたのち、火炙りの刑に処された。「ソドミー」は異端と結びついて、政治的目的にしばしば利用された。

の儀式は東方教会では、ギリシア語でアデルフォポイイア（Adelphopoiia）と名付けられており、ギリシア人のみならず、スラヴ諸国や、イタリアのギリシア語を話す人々の間でも、二人の男性を「兄弟」として結びつける聖なる儀式として教会において祝われていたという。その際に友愛の手本とされたのが、ローマ帝政期の殉教者セルギオスとバッコスなる二聖人〔三世紀末〜四世紀初頭頃〕の関係であった。両聖人の芳契はアガペーにもとづく「婚姻関係」であるとさえ見なされていたのである。

ルネサンス期には、教皇を筆頭に高位の聖職者の間で男色が大いに流行ったため、「ローマ式の結婚式を挙げる」という言い回しが、男性どうしの性的結びつきを指す言葉として文献に散見されるようになる。西方カトリック教会では、一七〇〇年代までは同性間の婚姻が祝われていたとも言われている。▼

▼同性間……言われている　一六九〇年にポンツォーニの司教が禁止したとはいえ、それから一世紀近くたってからもなお、アルベルト・フォルティスがダルマティアの教会で同性婚が執り行なわれていたことを目撃している。

また、ルネサンス時代には、パウルス二世、シクストゥス四世、ユリウス二世、レオ一〇世、ユリウス三世などなど、ローマ教皇だけでも少なからぬ人々が男好きで名を馳せている。枢機卿や教皇の一族にいたっては、その数は知れない。

その後も東ヨーロッパでは、オスマン・トルコの薫陶よろしきを得たおかげか、男どうしの婚姻が、ますます盛んに行なわれるようになったようだ。

とくにバルカン半島では、アルバニアやエペイロスなど各地で、つい近年までそうした儀式が執り行なわれていたという。▼

▼近年まで……行なわれていたという　二〇世紀に入ってからも、旧ユーゴスラビアでは男どうしの挙式が教会で行なわれていた。唯一、モンテネグロ正教会の僧侶（聖職者）が非難の声をあげたにもかかわらず、村落社会では男色関係が完全に受け容れられていたようである。おもに、Boswell (1994); Greenberg (1988); Dinko Tomasic, *Personality and Culture in Eastern European Politics*, 1948; etc.

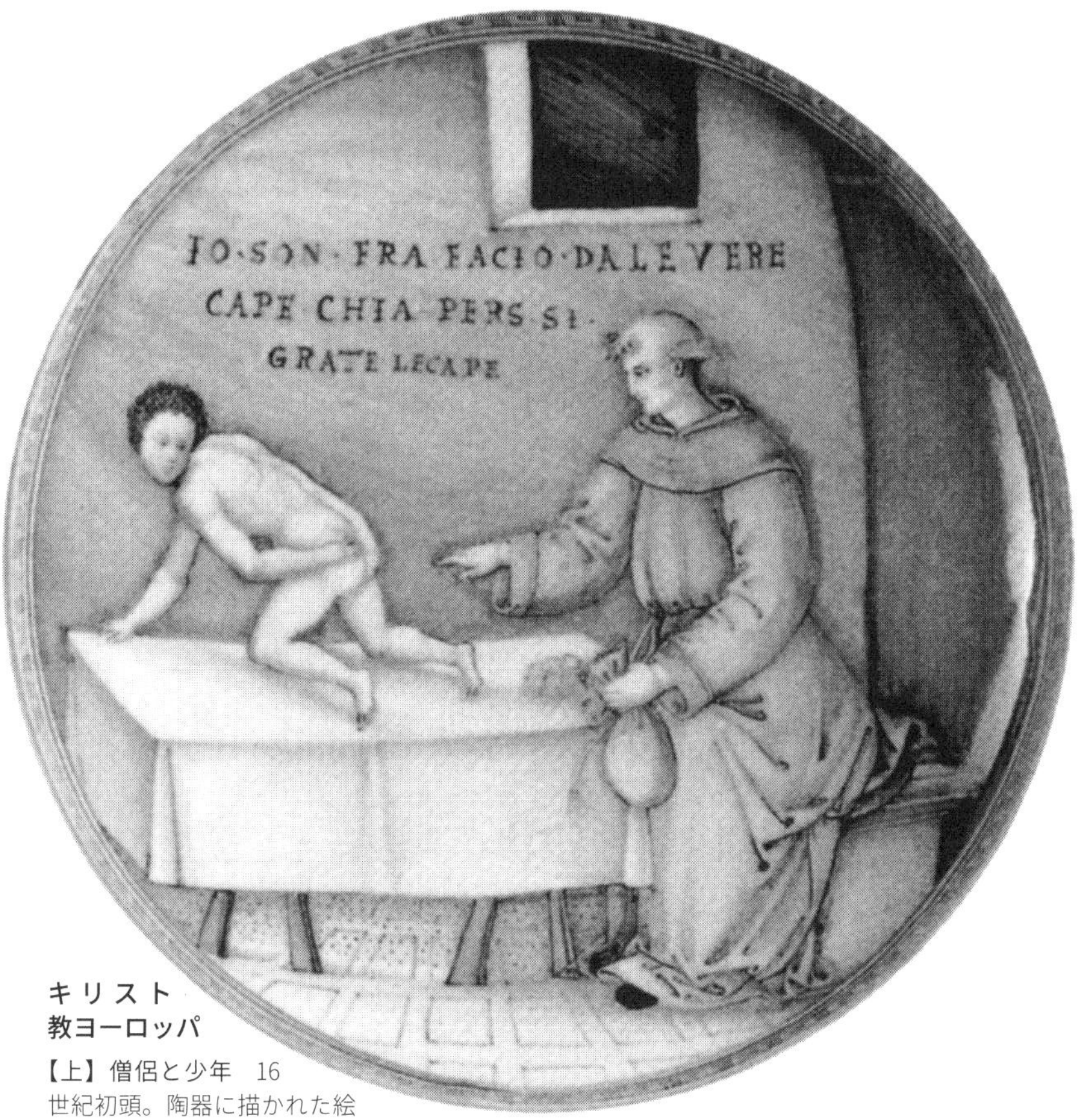

キリスト教ヨーロッパ

【上】僧侶と少年　16世紀初頭。陶器に描かれた絵画。パリ、クリュニー美術館（国立中世博物館）蔵。修道僧が金の入った袋を手に持ち、若者に迫るところ。キリスト教聖職者と男色・少年愛とは切っても切れない関係にあると見られていた。

【下】友愛の守護聖人、聖セルギオスと聖バッコス　7世紀のイコン。キエフ（キイフ）美術館蔵。303年に一緒に殉教した両聖人は、画像では常に一頭の馬に跨り、必ず二人一組で描かれる習いである。わけても東方キリスト教会に彼らの聖画像が多い。義兄弟の契りの儀式には彼らの祝福が期待された。このキエフのイコンは二聖人の間にキリストの顔が顕われて両者の関係を祝福しているように見える。「ゲイ結婚（同性婚）の守護聖人」と看做す説もある。

しかしながら、ボズウェルがローマ・カトリック信者としての立場から護教論を唱えている傾向は否定できない。つまり、教会は同性どうしの愛を、元来、否定したり迫害したわけではないというのが、彼の一貫した主張なのである。とはいえ今日、キリスト教会にとって何よりも必要なのは、擁護されることではなく、ユダヤ人ら非キリスト教徒（彼らの言う「異教徒」）や異端と断罪した各宗派に対して行なったと同じように、ゲイ・ピープルに対しても、迫害しつづけてきた過去に関して心からの謝罪と反省をすることなのではないだろうか。

世俗法における禁止——締め付けの強化と世俗権力の介入

キリスト教諸国のホモフォビックな禁令は、中世後期になると世俗法にも明文化されるようになっていく。

開明君主として高く評価される神聖ローマ帝国の皇帝フレデリクス二世［一一九四〜一二五〇。シュタウフェン朝のハインリヒ六世の子。神聖ローマ皇帝。在位、一二二〇〜五〇。「玉座に坐った最初の近代人」と呼ばれる］は、宗教の違いや男色女色の差異に対して、何ら迷信がかった偏見をもっていなかった。したがって、彼が一二三一年にシチリアで制定した『メルフィ憲法（Liber Augustalis）』には、反同性愛的条項は記載されていない。つまり、男性どうし、女性どうしの性交渉は合法とされていたのである。ところが、一三世紀中頃以降に公布された西欧各地の法律は、男色に対して残忍無比な刑罰を科すようになる。▼去勢、手足切断、火刑、生き埋め、投石刑、云々といったぐあいだ。時代が下るにつれて、その残忍さは度を増して行った感がある。

▼**男色に対して……科すようになる**　一九世紀のナポレオン法典制定まで数百年にわたって、男色者迫害がヨーロッパ全域で神の名のもとに行なわれつづけることになる。一五三三年にイギリスのヘンリー八世が絞首刑と定めた法律は、——若干の修正を加えられつつ——二〇世紀後半の一九六七年まで連綿と存続した。一五三二年に神聖ローマ皇帝カール五世が下した『カロリナ法』（Constitutio Criminalis Carolina）で火刑とされた条項は、その後かたちを変えつつも二〇世紀ドイツまで後生大事に保持され、ついにはナチスによるゲイ男性の収容所送りとなって結実するのである。これら西欧人の犯した蛮行の詳細に関しては、他の書物にもよく記されていることなので、本書では略筆したい。

同性どうしのカップル

【右】鷹狩りに出掛ける二人　エッチング。1485 年頃。アムステルダム国立美術館蔵。ぴったりとしたタイツを穿き、ブラゲットで股間を目立たせ、腕を組みながら狩りに出かける二人の男性。中世末期の親密な関係を仄めかす珍しい作例である。

【下】抱き合う男性どうし、女性どうしのカップル　13 世紀初期。フランス『道徳的に教化された聖書』中の彩色画。ウィーン、オーストリア国立博物館蔵。愛し合う男と男（右側）、女と女（左側）のカップルを、背後で悪魔がそそのかしている。キリスト教会が大目に見たのは生殖に結びつく夫婦間の膣性交だけであった。それ以外の性愛は、ことごとく「禁断の愛」と決め付けられるようになってしまう。

T 186

【上】リヒャルト・プラーが愛する小姓と一緒にチューリヒで焼き殺される場面　1482年。『ブルゴーニュ大年代記』の挿絵。チューリヒ、中央図書館蔵。1482年9月、アルザスの城主リヒャルト・プラー・フォン・ヘーエンブルクが、召し使う若者（床屋）アントン・メッツラーとともに、火炙りの刑に処せられるところ。城壁外に立って検分しているチューリヒ市長も、7年後には、ソドミーその他の罪状で処刑される運命にある。迷信の闇に沈淪してしまった暗黒の中世社会では、男性どうしの愛は死罪に値すると考えられていた。それでも、王侯貴族をはじめとする多数の人々は、同性を愛する行為を、いっかなやめようとはしなかった。自らの本性にしたがって行動しつづけたのである。

【右】13世紀に行なわれていた異端審問と処刑の有り様　公開処刑を指揮するのは聖人ドミニクス。1490年頃。ペドロ・ベルゲーテ（1450頃~1504）筆。マドリード、プラド美術館蔵。異端審問はソドミーを裁く場ともなり、「神と正義」の名のもとに数知れぬ人々が生きながら火炙りにされて殺されていった。

ベルギーのブリュージュで男色者を処刑している図　フランス・ホーヘンベルフ（1535-90）による1578 年頃の版画。左手前で拷問を行ない、右奥で絞首刑に処している。カルヴァン主義者は、「ソドミー」の告発を政治的に利用してカトリック聖職者を処刑した。プロテスタント側の反カトリック・プロパガンダとして、「カトリックの修道士や高位聖職者＝男色者」というイメージを、しきりに定着させようとした。

第Ⅶ部

ルネサンスと「理性の時代」

わが熱愛する男の恋人よ、君の姿は男たちの眼を奪う

（シェイクスピア）

【扉の図版】

聖セバスティアヌス（サン・セバスティアーノ）の殉教　ソドマ（ジョヴァンニ・アントニオ・バッツィ、1477~1549）筆。1525 年。フィレンツェ、ピッティ宮・パラティーナ美術館蔵、のちにウフィツィ美術館蔵。キリスト教世界にあって、美しい青年の裸体像を描く絶好の機会と口実を与えたのが、新しいアポロンたる聖セバスティアヌスであった。

第1章 イタリア・ルネサンス
――「文芸のみの復興」

レオナルド・ダ・ヴィンチ画『バッコス』。1515年、ルーブル美術館蔵。

1……人文主義者《ウマニスタ》と新プラトン主義

ルネサンスの到来とともに「暗黒の中世」が終焉を告げ、古典古代の学芸と合理主義精神が蘇ったと言われている。とくにイタリアのフィレンツェでプラトン哲学の研究が進み、古代ギリシアの思想が高く評価されたことは注目に値する。

この時代に活躍した代表的人物を何名か挙げておこう。

マルシリオ・フィチーノ［一四三三～九九。フィレンツェのプラトン・アカデミアの中心人物］は、プラトン風のパイデラスティアーを純粋で知的な愛の究極の形として称揚し、女色は「脳の働きを損なう肉欲に過ぎぬ」として退けた。彼はたいへんな美男子で女たちに憧愛されたが、女人には一切目もくれず、一九歳の美青年ジョヴァンニ・カヴァルカンティとの交愛を重んじた。プラトンの『饗宴』の注釈書『愛について』を著わし、「アモル・プラトニクス［プラトン風の愛］」――英語のプラトニック・ラブ――という用語を普及させたことでも知られる。

「天使のような美男」と謳われたピコ・デラ・ミランドラ［一四六三～九四。博学な若き人文主義者］。フィチーノと親しく交際して、同じくロレンツォ・デ・メディチ［一四四九〜九二。「豪華公（イル・マニフィコ）」と称されたメディチ家の当主。文芸の保護者として名高く、画家ボッティチェリや詩人ポリツィアーノらを庇護し、自らも詩作した］の知遇を得た。彼はジロラモ・ベニヴィエーニを深く愛して、「二人は魂を共有している」と公言し、死後もサン・マルコ修道院内の同じ墓に葬られて永遠の眠りについている。

アンジェロ・ポリツィアーノ［一四五四〜九四。イタリアの詩人、古典学者］は、ギリシア語で男色詩をいく篇も書いた。彼はまた、豪華公《イル・マニフィコ》ロレンツォ・デ・メディチを熱愛すること一方ならず、その生命を暗殺者から救い、ロレンツォが無事に帰国した際には詩をささげ、のち豪華公の逝去をこの上なく嘆きつづけるあまり、日増しに健康が衰えて死んだという。

アントーニオ・ベッカデッリ［一三九四〜一四七一。パレルモ出身の宮廷詩人］は、男色《ソドミア》について開けっぴろげに語った『ヘルマフロディトゥス』と題するエピグラム詩集を、国父コジモ・デ・メディチ［一三八九〜一四六四。ロレンツォの祖父］にささげた［一四二五年］。息を吹き返したプラトン哲学が、彼らが同性を愛する際の思想的バックボーンとなっていたと考えてよいだろう。

男性間の愛を謳歌したのは、これら人文主義者《ウマニスタ》たちに限らない。ドナテッロ▼、ヴェロッキオ▼をはじめとする芸術家たちもまた、同性を愛する才能にかけては決して人後に落ちなかったのである。

▼ドナテッロ　一三八六〜一四六六。ルネサンス前半期を代表する彫刻家。美貌の男弟子を愛好した。代表作『全裸のダウィド（ダヴィデ）像』や『聖ゲオルギウス像』は生前から〝ゲイのイコン〟とされていた。コジモ・デ・メディチ邸における男色エピソードが豊富に残る。

▼ヴェロッキオ　一四三五頃〜八八。ドナテッロの様式を発展させた彫刻家・画家。門弟のレオナルド・ダ・ヴィンチをモデルにしたという『ダウィド像』などが有名。当時の習慣にしたがって弟子やモデルの若者たちを愛した。

そして何よりも特筆に価するのが、ルネサンスの双璧として万人が認める巨匠レオナルド・ダ・ヴィンチとミケランジェロである。この天才二人は、ともにまったくの女嫌いで、完璧な男性愛者として世に鳴り響いている。

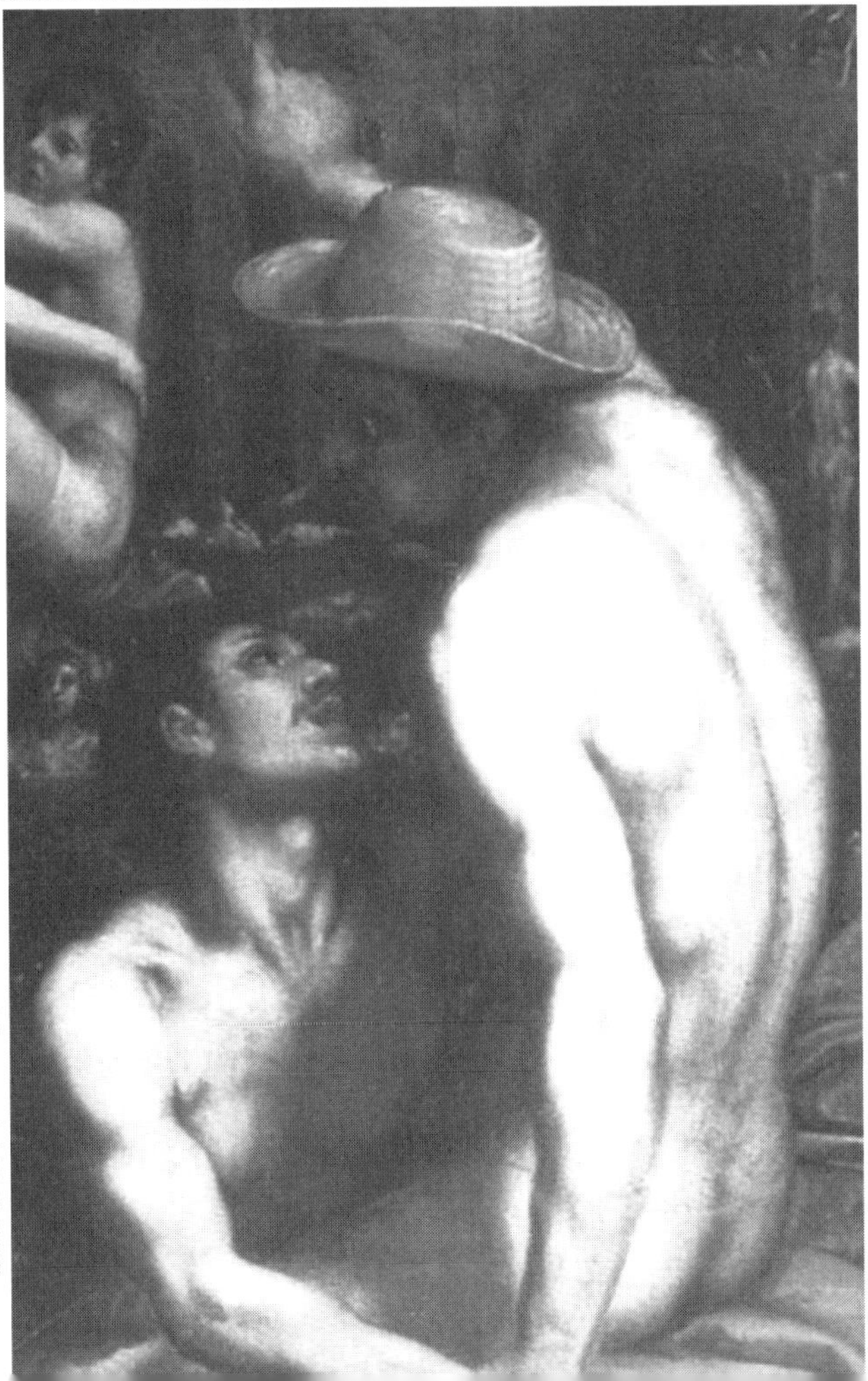

サン・ニッコロで水浴びをする男性たち　一六〇〇年頃。ドメニコ・クレスティ、通称パッシニャーノ（一五六〇～一六三八）筆。個人蔵。男性だけの水浴シーンを描くのはミケランジェロの傑作『カッシーナの闘い』（一五〇五～〇六）以来、イタリア・ルネサンスの伝統となっていた。とくに男色好きで令名高かったフィレンツェでは、こういったテーマが好んで描かれたようである。

【コラム】

ルネサンス期イタリアの花の都フィレンツェと男色伝播説

たしかにイタリアでは男色が他の西欧諸国より際立って盛行していたようである。

とくにフィレンツェを中心とするトスカーナ地方では、大学も教会も「女子より男子のほうが街を一人歩きするのが危険だ」と警鐘を鳴らしていた。この地域では、容姿に恵まれた息子が売春で稼ぐことを認める親さえいたという。芸術家は若い弟子と、貴族は小姓と同衾するのが、イタリアでは一種の習慣となっていた。トスカーナに限らず、ローマやヴェネツィアなどのイタリア諸都市でも、事情は似たようなものだった。ボッカッチオの『デカメロン』に記されているように、一四世紀のローマでは身分に関係なく人々が男色を好んだので、若衆が幅をきかせて街を闊歩していたという。

歴史学者マイケル・ロック（Rocke (1996)）らの研究によって、ルネサンス期のイタリア、とくにフィレンツェでは三分の二以上の男性が〝ペデラスティー〟を行なっていた実態が明らかにされている。その関係は路上での行きずりのセックスから持続的で安定した事実婚までまちまちであったという。こうした男色の顕在化もあってか、アルプス以北のより粗野なキリスト教諸国民は、男色のことを「イタリアの悪徳」と呼び習わし、なかでも「フィレンツェ人（ドイツ語、Florenzer）」という言葉は男色家と同義語のように用いられるようになった。

日本で衆道・男色が弘法大師が唐からもたらした先進国の習慣だと信じられていたように、他の多くの民族の間においても、男性どうしの性愛は舶来の風習だとみなす傾向があった。イタリアでは英国とは逆に男色のことを、「イギリス人の悪徳（Il vizio Inglese）」と呼んでいたし、フランス人は「ドイツ人の悪徳（le vice allemand）」とか、「イギリス人の悪徳（le vice anglais）」と称していた。これに反してイギリスでは、「フランス人の悪徳（French Vice）」とか「イタリア人の悪徳（Italian Vice）」、さらに「スペイン人の悪徳（Spanish Vice）」などと言いならわし、時には異端と断じられたボゴミール派と関連させて「ブルガリア人の悪徳（Bulgarian Vice）」と、さらには男色が栄《は》えある地位を占めていた大国に託して「トルコ人の悪徳（Turkish Vice）」などと呼ぶこともあった。時に英国人は男色愛好を、ノルマン人やロンバルディア人が持ち込んだ風俗と考えたし、ノルマン人はノルマン人で、フランス人から学んだと信じていた節がある。スペイン人は、ピレネー山脈を越えてフランス人がもたらした習慣だと語っていたが、フランク人は十字軍がオリエントから持ち帰ったものだと思いたがっていた。

ユダヤ人は、古くはエジプト人やカナアン人から移入した習俗だと主張し、のちにはキリスト教徒と声をあわせて、「エジプトやアラブ・スペインなどのイスラーム教徒から学んだのだ」と合唱するようになる。

ところがどうやらムスリムは反対意見の持ち主だったらしい。「キリスト教徒、とりわけその僧侶・聖職者が、こよなく淫らな男好きだ」と彼らは言い張っているからである。アラビア人はペルシア人から採り入れたとし、ペルシア人はギリシア人から、とくにギリシア系のキリスト教僧侶らが持ち込んだと見なしていた。ハッサン・ハーンの伝播説では、男色はギリシア文化の受容を通じてトルコやペルシアへ、次いでアラブ・イスラーム社会全体に拡がったということになる。

ヒンドゥー教徒はイスラーム教徒を大の男色愛好家だと信じてやまなかったが、やがてヨーロッパ人が侵略しはじめると、今度はヨーロッパ人を鶏姦愛好者だと呼びだし、これに応じて欧州人はインド人を「このうえなく男色好きな民」と称した。

サハラ以南のアフリカ人は、当初はアラブ人から移入された風習だと思い込んでいたようだが、のちに西欧人の侵略を受けると、今度は「ヨーロッパ人が植民地化時代にもたらしたのだ」と主張を変更している。

古代ローマ人でさえ、エトルリア人やギリシア人から教わったと考えたぐらいであった……、というふうに異文化伝習説は昔から根強く、なぜか第一の栄誉を自任することにかけては遠慮がちである。

「ダヴィデ像」2体

【右】裸体のダヴィデ像　1440 年頃。ドナテッロ（1386~ 1466。フィレンツェ生まれの初期ルネサンスを代表する彫刻家）作。ブロンズ製。高さ 158cm。フィレンツェ、バルジェッロ国立博物館蔵。古代文明が滅びて以来、ドナテッロは初めて全裸の男性立像彫刻を造り出した。この記念碑的名作は、その後の多くの芸術家に影響を及ぼした。ペデラスティーを好むゲイたちのイコンとなっている。

【左】着衣のダヴィデ像　1473~75 年頃。アンドレア・デル・ヴェロッキオ（1435 頃 ~88）作。ブロンズ製。フィレンツェ、バルジェッロ国立博物館蔵。モデルは美男だった弟子レオナルド・ダ・ヴィンチだと言われる。

ボッティチェリ（サンドロ・〜、1445~1510）

【上】眠れるマルス　『ウェヌスとマルス』部分。1483年。テンペラ油彩画。ロンドン、ナショナル・ギャラリー蔵。ボッティチェリの名作の多くが、キリスト教僧侶で「狂信者」のサヴォナローラの煽動に乗って焼却されたが、その運命を免れた稀なる作品。午睡する軍神マルスのしどけない姿態は、キリスト教世界に男性の裸体美をあらためて認識させた。

【左】『聖セバスティアヌス（サン・セバスティアーノ）の殉教図』 1474年。テンペラ油彩画。195 × 75cm。ベルリン、絵画館蔵。男色を好むフィレンツェ人画家だけあって、キリスト教の聖人を描いても、どこか世俗的な「異教」の雰囲気を漂わせている。

【下】若き天使たち　『マニフィカトの聖母』部分。1483~85年、テンペラ油彩画。フィレンツェ、ウフィツィ美術館蔵。甘美な官能美を描出した画家ボッティチェリは、後輩のレオナルド・ダ・ヴィンチと同じく「女嫌い」で名高かった。「ソドミア」ゆえに当局に訴えられた点も、レオナルド・ダ・ヴィンチと共通している。

２……巨匠たちの恋――レオナルド・ダ・ヴィンチとミケランジェロ

ルネサンスを代表する天才と言えば、誰しもレオナルド・ダ・ヴィンチとミケランジェロの名前を思い浮かべることであろう。

性格的には正反対だったとされるこの二人だが、共通するものが、ただ一つあった。それは両巨頭とも生涯妻帯せず、男性のみを熱烈に愛したという点である。

レオナルド・ダ・ヴィンチ――美形の若者好き

ルネサンスの巨人レオナルド・ダ・ヴィンチ［一四五二〜一五一九］は、先輩の画家ボッティチェリ［一四四四／四五〜一五一〇］と同様に「男色《ソドミア》の罪」故に訴えられたことが一度ならずある。▼

▼訴えられたことが一度ならずある　女嫌いの画家ボッティチェリは一五〇二年、五七歳のときに男色行為で告訴されているが、裁判にまでいたらなかった。その弟子ベルト・ピアラは、それより早く一四七三年に同じ理由で訴えられている。

レオナルド・ダ・ヴィンチは一四七六年四月、フィレンツェの若者ヤコポ・サルタレリ［当時一七歳］との肉体関係を当局に密告された。他の三人の若い男性とともにサルタレリと性交した男色者として容疑がかけられたのだが、二度の審問の後、証拠不十分で放免されている。これは有力者トルナブオーニ家が介入したおかげだという。トルナブオーニ家の子弟の一人レオナルド・トルナブオーニ、通称イル・テーレが、ダ・ヴィンチの共同被告人だったからである。この二ヶ月後にもダ・ヴィンチは同様の告発を受けて、ふたたび逮捕されている。彼の才能に対する嫉妬心が密告の裏面に蠢いていたのかもしれない。つづけさまに逮捕・拘禁されて懲りたのか、以来、レオナルドは男倡めいた若者との大っぴらな関係はもたなくなる。

もちろん、巨匠として名を馳せるようになってからも、彼はチェーザレ・ダ・セストやジュリアーノ・ボルトラッフィオら、いく人もの眉目秀麗な青年たちに惚れ込んでは、彼らを助手に雇いいれている。▼ 代表作『モナ・リザ』をはじめとするレオナルド筆の女性像の多くが、実は若い男性をモデルにして描かれた作品だとする論述もある。中でも一等長きにわたって寵愛したのは、ミラノ出身の美少年サライと、これに取って代わったハンサムな若者フランチェスコ・メルツィの二人である。

▼……助手に雇いいれている　レオナルド・ダ・ヴィンチが入門したヴェロッキオの工房（ボッテーガ）は、当時大半の工房がそうであったように、師匠をはじめとする独身男性の小規模な共同体であり、男性どうしの性愛が、ごく日常的に育まれていた。ちなみに、若い弟子を侍らせて独身生活を謳歌したイタリア・ルネサンス最初の巨匠は、全裸のダヴィド（ダヴィデ）像の作者として名高いドナテッロ（一三八六～一四六六）である、と言われている(Duberman, Vicinus & Chauncey (1989))。

サライ［一四八〇～一五二四。本名はジャコモ・カプロッティ、「サライ」とは小悪魔という意味の渾名］は、伝記作家ヴァザーリ［一五一一～七四］によれば、カールした綺麗な頭髪をもつ愛らしい青年で、師のレオナルドから「深く愛された」という。劣悪な環境に育ったため手癖が悪かったが、ダ・ヴィンチはそれを知りつつ観察をつづけて、盗んだ日付や金額、悪戯の数々などを逐一記録している。それでもなお彼を手ばなさなかったのは、よほどに魅了されていたからであろう。サライはダ・ヴィンチの遺言により、ミラノの土地を相続する。かたやダ・ヴィンチ最後の愛人フランチェスコ・メルツィ［一四九三～一五七〇。のちにダ・ヴィンチの養子となる］は、師とともにフランスへ同行して最後まで献身的に仕えた。サライとは正反対の良家出身の青年で、巨星レオナルドの晩年の生活に潤いを与えたとして、その評判もなかなかよい。フランチェスコは遺言執行人に指名され、師の書き残したすべての手稿と、所有する全書籍、芸術に関する道具、肖像画などを相続している。

ミケランジェロ・ブオナローティ——バルキーなビーフケーキ愛好家《クィーン》

私の述べる愛は神のもとへと赴くもの、……女性への情熱とはあまりに異なる。

女はあまりに違っていて、生まれながらに薄情だ。賢く男らしい相手でなければ熱を上げるべきではない。　（ミケランジェロ）

ルネサンス彫刻の最高峰にして、「神のごとき人」と頌えられた巨匠ミケランジェロ〔一四七五〜一五六四〕も、言わずと知れた男性愛者であった。若くしてメディチ家の学園入りを許された彼は、「男性どうしが惹かれ合うのが最高の愛だ」という、プラトン式恋愛の思想に大いに触発された。もちろん、ネオ・プラトニズムの感化がなくても、彼の天稟《てんぴん》はあやまたず男性の肉体に激しく惹かれることになったであろうが。

レオナルドが美少年タイプの若者に強く惹かれたのに対して、ミケランジェロはたくましい筋肉をもった、見るからに雄々しい男性に欲情を覚えた。

二〇代の終わりに完成した大理石彫刻『ダウィド〔ダヴィデ〕裸像』〔一五〇四年完成〕は、その若々しくも凛凛しい青年の肉体美でフィレンツェ市民を感嘆させ、熱狂的に迎えられた▼。

▼熱狂的に迎えられた　しかし、ギュムノフォビア（裸体恐怖症）に罹っていた発注主の大聖堂造営局は、まもなくこの裸像が観衆を「過度の性的興奮に駆り立てている」と称して、性器と肛門周辺部を金鍍金（めっき）したブロンズの葉で覆い隠してしまった。システィーナ礼拝堂のフレスコ画の裸体像に下帯（ブラゲット）が描き加えられたのと同じ運命をたどったわけである。

華麗なる肉体美の創造者であると同時に崇拝者であったミケランジェロは、理想的な姿態を求めて次々に男性遍歴を重ねていく。

レオナルド・ダ・ヴィンチ（1452~1519）

【上】『青年と老人の頭部』 1480 年頃の赤チョークによる習作。フィレンツェ、ウフィツィ美術館蔵。生涯独身で男性のみを愛しつづけた天才レオナルド・ダ・ヴィンチは、他にも数多くの手稿、日記、スケッチ類を残している。

【左】『洗礼者、聖ヨハネ図』 1509~16 年。油彩画。ルーヴル美術館蔵。晩年のレオナルド・ダ・ヴィンチが最期まで手放さなかった作品の一つ。両性具有的な謎めいた微笑みが印象的だ。愛弟子サライがモデルだとする説あり。

ミケランジェロ（～・ブオナローティ、1475~1564）

【右】『勝利の像』 1532~34 年。大理石製。フィレンツェ、パラッツオ・ヴェッキオ蔵。終生、男性の肉体美を熱愛した天才ミケランジェロの秀作。モデルは愛弟子のトマーゾ・カヴァリエーリ（1509 頃 ~87）だという。

【下】『天上へさらわれるガニュメデス』 1532~33 年。米国、ハーバード大学付属フォッグ美術館蔵。古代ギリシア神話に登場するガニュメデス神話に取材した本作は、男性（同性）の愛人に対する贈り物であったと伝えられる。模作がいくつも作られ、各地の美術館で見ることができる。

筋肉質で光り輝くような美男モデルのゲラルド・ペリーニ［彼とミケランジェロの関係は当時、ちょっとしたゴシップの種となった］、フェーボ・ディ・ポッジォ、チェッキーノ・デル・ブラッツィ、助手のウルビーノら、いく人もの男性を熱狂的に愛し、彼らに率直なラブ・レターや恋文にも似たソネット、時には巨額の金品を贈って惜しまなかった。

【コラム】

ミケランジェロの苦悩

六〇歳代末の老境にさしかかった芸術家は、一五歳の魅力的な美少年チェッキーノ・ブラッツィとめぐり会った。チェッキーノは、ミケランジェロが「彼の容貌によって神は自然を訂正しようとしている」と誉め称えたほどの美男子だった。一五四四年、そのチェッキーノが一六歳で夭折すると、ミケランジェロは若き友のために墓を設計したうえ、五〇篇余りの哀悼詩を書いた。

彼はまた長生きし過ぎたせいで、四半世紀もの間ベッドを分かち合った愛弟子ウルビーノにも先立たれるという不幸を経験しなければならなかった。一五五五年にウルビーノが死んだ際の彼の嘆きと憔悴《しょうすい》は、はためにも痛ましいものであった。

本文に述べたように、ダ・ヴィンチが美しい青少年を愛したのに較べて、ミケランジェロはボディビルダー・タイプの筋肉美を熱愛し冀求した。そういう意味で、ミケランジェロは今日の欧米ゲイ社会に多いボディ・クイーンの偉大なる先祖と呼ぶことができるだろう。

レオナルド・ダ・ヴィンチとミケランジェロ。ルネサンスの双璧が、そろって男性愛者だったのは、何ら奇異なことではない。時代の好尚もさることながら、衆に抜きん出た人物が、「ただの凡百の異性愛者でしかない」ということなぞ、とうてい考え難い話だからである。

ベルヴェデーレのトルソ（自害を思案する英雄アイアス像）

前一世紀中頃。アテナイの彫刻家アポロニオス作。大理石製。ヴァティカン博物館内、ピオ・クレメンティーノ博物館蔵。ルネサンス時代には古代の芸術品が再び高い評価を受けた。手足や頭部を欠く本作は、男性の筋肉美を愛でてやまないミケランジェロの大のお気に入りとなった。〝ビーフケーキ〟が大好きな天才彫刻家ミケランジェロは、本作を日々愛撫して已まなかったという。この古代彫刻から彼は尽きることなきインスピレーシヨンを得たことであろう。

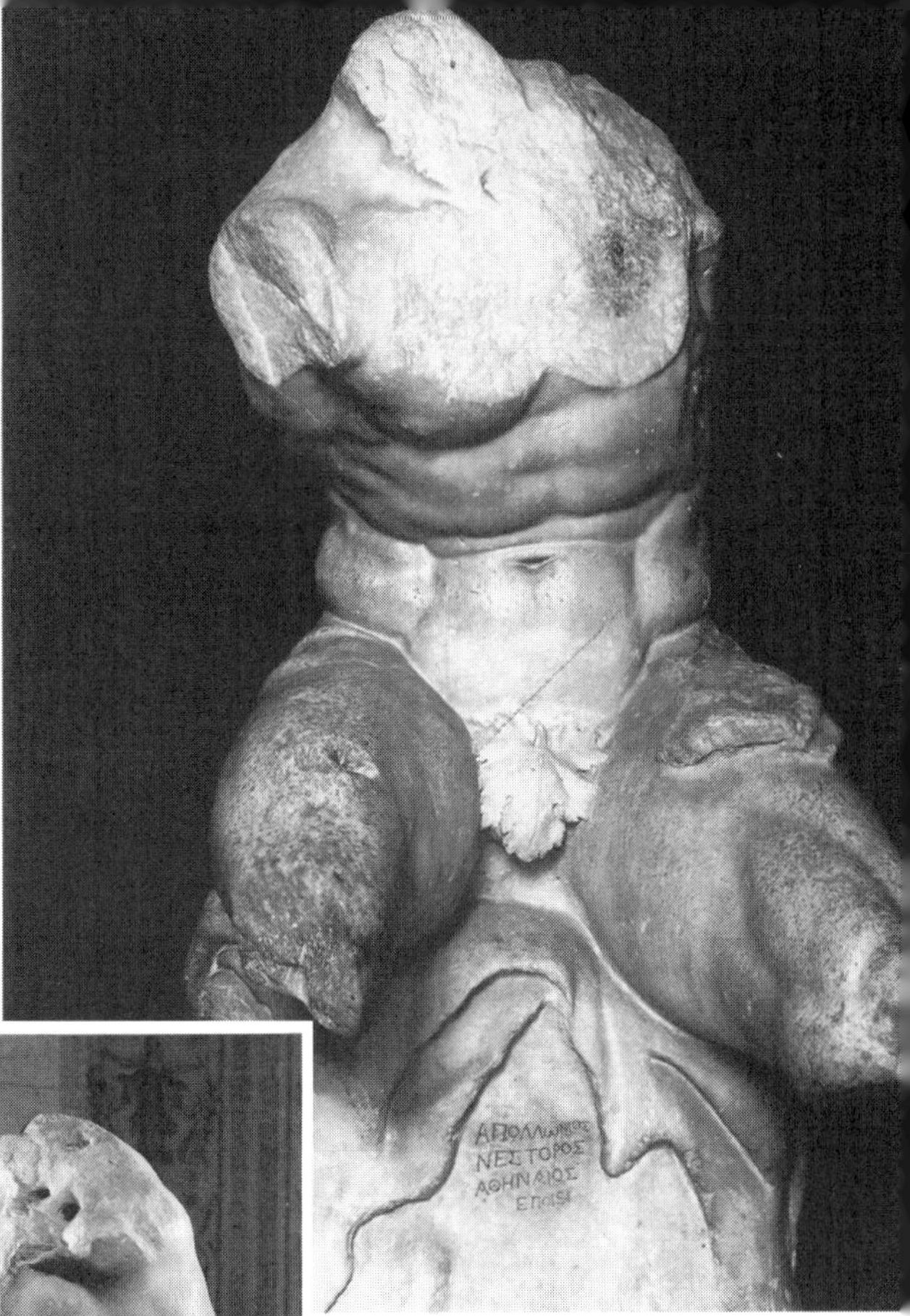

だが、彼が愛した男性の中で最も著名にして気高い人物だったのは、一五三二年に出会ったローマの青年貴族トマーゾ・デ・カヴァリエーリ［一五〇九頃～八七。知的でハンサムな青年貴族。ミケランジェロ終生の愛人。多数のソネットをささげられる］である。ミケランジェロがカヴァリエーリに送った手紙には、

「われわれの世紀の光明にして、この世で唯一無二の貴方にならぶ者、似ている者は誰もいないのです」

といった情熱的な言葉がならんでいる。

比類なき美男であるばかりか、上品な気質と優雅な挙措に恵まれ、芸術を愛していたカヴァリエーリは、たちまちにしてミケランジェロの心をとりこにしてしまう。ヴァザーリによると、「冠絶した美人でない限り、生身の人間を写生することを嫌っていたミケランジェロが描いた唯一の肖像画は、他ならぬカヴァリエーリの等身大の肖像だった」という。またミケランジェロの裸体彫刻「勝利」のモデルとなったのも、同じく若き恋人カヴァリエーリだったと考えられている。

〝愛するいとしの君〟カヴァリエーリに巨匠は素晴らしい贈り物をした。『ゼウスの鷲によって空高く連れ去られるガニュメデス』、『禿鷹に肝臓を喰われている巨人ティテュオス』、『太陽の車から転落するファエトン』などの秀逸な素描《デッサン》を、また美しい愛のソネットを――ミケランジェロのソネットは没後、一六二三年に刊行されたが、「異性愛主義者」の親族の手で男性代名詞はすべて女性に改変されてしまった――、たゆまず贈りとどけたのである。

あなたの美貌のうちに私が求め学ぶものは、凡俗のやからには理解され得ません。
二つの体に宿る一つの魂が同じ翼で天上に運ばれて永遠のものとなるのなら、……
私たちの心は互いに焦がれあうべきものです。

三〇歳以上年若いこの恋人は、見事に天才芸術家の期待に答え、もう少しで九〇歳に手が届こうという

ミケランジェロの最期をみとることになる。

毒舌家のピエトロ・アレティーノ〔一四九二〜一五五六。イタリア・ルネサンス後期の諷刺文学者〕は、ミケランジェロとペリーニやカヴァリエーリとの関係を、あからさまに肉交つまり男どうしの性交渉だとすっぱ抜いている。

とはいえアレティーノ当人も男好きで名うての人物だった。彼はマントヴァ公フェデリコ・ゴンザーガから若者たちを周旋されていたし、ジョヴァンニ・デ・メディチに宛てたユーモラスな手紙には、「少しの間、ソドミアを中断することにしましたよ。女に惚れてしまったものですからね。でも、すぐにまた立ち直り正道に舞い戻ってくることでしょう。この女色という狂気から逃れ次第に。そうしたら思いっ切り男色をやらかして、堪能させましょう。私をも友人たちをも」と、あけすけに書いているほどである。

さてミケランジェロは、生涯独身で、女に性的な興味を抱かず、筋骨たくましい男性の肉体美を熱烈に称讃、また実際に美形の男性に夢中になってやまなかった。男女いずれを表現するのにも、男性ヌード・モデルしか使わず、着衣の人物を製作する場合であっても、まず全裸モデルからはじめることにしていた。システィーナ礼拝堂のフレスコ画には全裸の青年像「イニューディ（ignudi）」や、男どうしで抱擁し接吻し合うカップルの姿を見ることができる。

錚々たる男色家の顔ぶれ

同性を愛したのは、何もこの二人の天才だけに留まらない。

華美な服装を好んだ自己顕示欲の強いシエナ派の画家イル・ソドマ▼や、マニエリスム美術を代表する画家ポントルモ〔一四九四〜一五五七。多数の男性ヌードを好んで描いた〕とその愛弟子ブロンツィーノ〔一五〇三〜七二。メディチ家の初代トスカーナ大公コジモ一世に仕える〕ら、当時の名だたる芸術家や文人、学者、王侯貴族で、男性を愛さなかった人物をさがすほうが至難の業だと言ってよい状態なのだから。

▼イル・ソドマ　一四七七〜一五四九。本名ジョヴァンニ・アントーニオ・バッツィ。男性をこよなく愛し、いつも

気に入りの若者たちに取り巻かれ、自らもそれを誇りに思っていた筋金入りのゲイ画家。美男を愛撫して憚らなかったので、「ソドマ」なる愛称を冠せらる。代表作『聖セバスティアヌスの殉教』。

もう二、三、例をあげておこう。

グイド・レーニ〔一五七五～一六四二。作家の三島由紀夫がレーニの描いた『聖セバスティアヌスの殉教』図を見て初めて射精を経験したという〕は、――こと女性との関係に限っては――生涯童貞だったという。彼はソドマと同様に男性の官能的な裸体美を得意とした。

カラヴァッジョ〔一五七一～一六一〇。イタリアバロック絵画最大の巨匠。本名、ミケランジェロ・メリージ〕は、魅力的な男のモデルと何年も同居していたばかりではなく、一六〇三年の法廷文書には、ジョヴァンニ・バティスタら「いかがわしい若者たち」と性交していたことが記録されている。パトロンだった男色好みの枢機卿フランチェスコ・マリア・デル・モンテの求めに応じて、枢機卿の愛する青年をモデルに絵を描いたことも一再ならずある。デル・モンテは、かつて無名で困窮していたカラヴァッジョを救い出してくれた恩人である。

偉大なラファエロ〔一四八三～一五二〇〕だとて、ルネサンス時代の〝ゲイ〟の殿堂入りを果たす日は、そう遠くはないかもしれない。何しろ「画家の中の王子」と呼ばれるほど美貌の青年で、派手な衣装をまとい助手の若者たち五〇人を連れて市中を練り歩いていた、折り紙つきのナルシストだったからである。かてて加えて彼は、選ばれた女性と結婚せずに生涯を独身で通しただけではなく、数ある男友達に深く愛され、また二人のお気に入りの弟子ジューリオ・ロマーノ〔一四九九頃～一五四六。男女両色を好んだマニエリスムの画家・建築家〕とジャンフランチェスコ・ペンニ〔一四八八～一五二八〕と同棲して、遺産のほとんどを彼ら両名に残したのだから。

さらに、イタリア・ルネサンスの大立者として活躍した人物のリストには、――

ピエトロ・ベンボ▼や、ピエトロ・アレティーノ▼、ベンヴェヌート・チェリーニ▼、トルクアート・タッソ▼といった錚々たる顔ぶれがならぶことになる。

▼ピエトロ・ベンボ　一四七〇～一五四七。教皇レオ一〇世の秘書をつとめた人文学者。詩人エルコレ・ストロッツィに愛される。

聖セバスティアヌスの殉教

後年「ゲイのイコン」となったキリスト教の殉教者。その美貌ゆえにディオクレティアヌス帝の寵愛を蒙っていたという。通常、柱に縛められ、矢を射られた姿で描かれる。

【上】ソドマ（ジョヴァンニ・アントニオ・バッツィ、1477~1549）筆。1525年。フィレンツェ、ピッティ宮・パラティーナ美術館蔵、のちにウフィツィ美術館蔵。キリスト教徒たちは、アポロンにかわる美男の神像として疫病を矢で退治してくれる聖人セバスティアヌスを創り出した。その裸体は、イタリアの画家ソドマをはじめとする男色好みの芸術家たちに、多大のインスピレーションを与えつづけてきた。

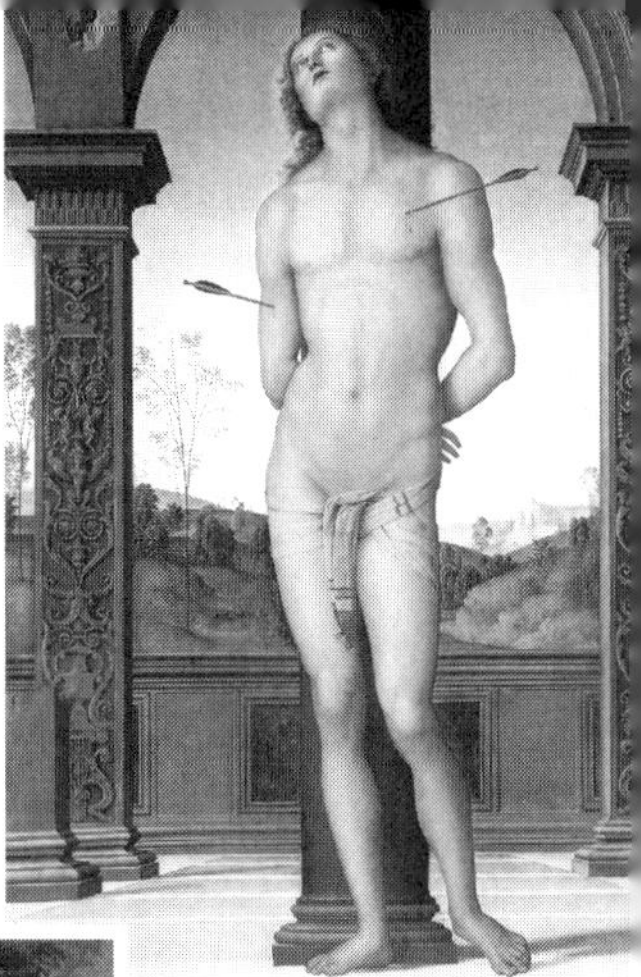

【上】ペルジーノ（1450頃~1523）筆。1494/1500年。油彩画。ルーヴル美術館蔵。ラファエロの師たるペルジーノのセバスティアヌスは夢見るような甘美な面差しで著名。

【上】グイド・レーニ（1575~1642）筆。ジェノヴァ、パラッツォ・ロッソ美術館蔵。三島由紀夫が初めて射精を体験したという作品。「聖セバスティアヌス（サン・セバスティアーノ）の殉教」を少なくとも７回も描いたグイド・レーニの作品には、若き日の小説家を刺激する官能美が横溢していたのに相違ない。

【下】篠山紀信撮影。被写体、三島由紀夫。1966年。

【下】ピエールとジル作。1987年。パリ。

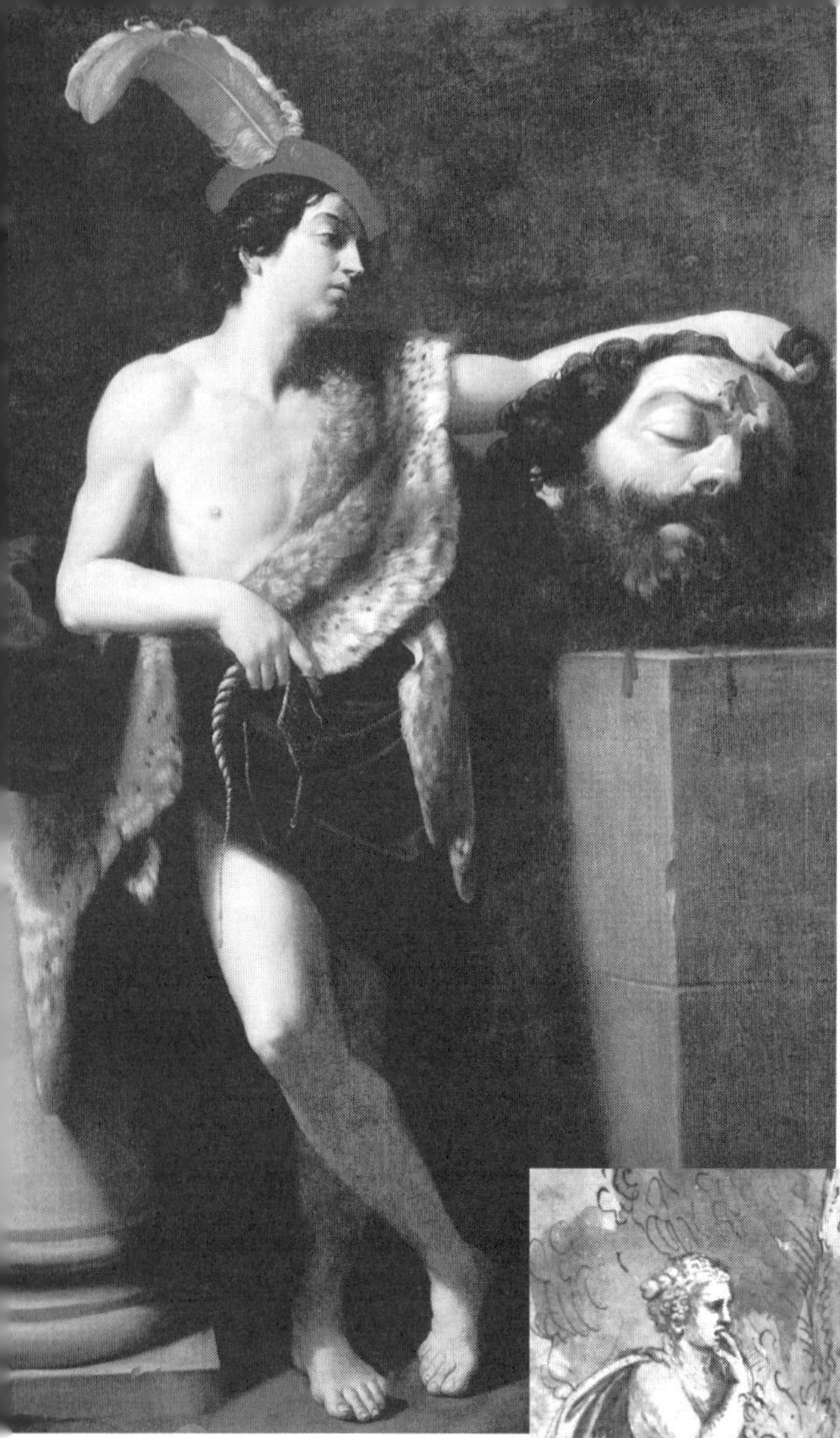

【左】『ダヴィデ』
グイド・レーニ（1575~1642）筆。1605年。油彩画。220×145cm。ルーヴル美術館蔵。三島由紀夫お気に入りの『聖セバスティアヌス（サン・セバスティアーノ）の殉教図』（前ページ）を描いたイタリア人画家は、他にも数多くのホモエロティックな絵画を残している。巨人ゴリアトを斃した若きダウィド（ダヴィデ）の図も、ゲイ・ピープルの間で好評を得ているという。

【右】『アポロンとキュパリッソス』
ジューリオ・ロマーノ（1499頃~1546）作の模写。1596年。ストックホルム、国立美術館蔵。ラファエロの弟子ジューリオ・ロマーノは、（数々の性交体位図のみならず）古典神話にまつわる官能的な男色絵画を描いている。

カラヴァッジョ
――もう一人のミケランジェロ
（ミケランジェロ・メリージ・ダ・～、1571~1610）

【上】『勝ち誇るアモル』 1601~02 年頃。油彩画。ベルリン、絵画館蔵。「愛の勝利」を描いた本作は、後世に至るまで少年愛者のイコンとなった。

【左】『バッコス』 1595 年頃。フィレンツェ、ウフィツィ美術館蔵。微醺を帯び誘いかけるような眼差しを向ける青年。カラヴァッジョは生涯妻帯することなく、愛する若者たちをモデルに絵を描きつづけた。

▼ピエトロ・アレティーノ　一四九二〜一五五六。ソネットでソドミア（男色、アナル・セックスなど膣性交以外の各種性行為を指す。英語のソドミー）を推賞し、ヴェネツィアでは男色と瀆神の故に訴えられる。『学校のアルキビアデス』（実際はアントニーオ・ロッコの著述）の著者に擬せられる。

▼ベンヴェヌート・チェリーニ　一五〇〇〜七一。フィレンツェ出身の彫刻家・金細工師。画家フィリッポ・リッピの息子フランチェスコと手に手をとって駆け落ちしたり、気に入った美青年モデル・ディエーゴを女装させてパーティーに同伴したり、繰り返しソドミアの廉で告訴される。『ペルセウス』や『アポロンとヒュアキントス』、『ガニュメデス』などの男性裸像が残る。著書『自伝』が名高い。またライバルの彫刻家バンディネロから「この男色家（ソドミタ）」と罵られたとき、すぐさま彼は「狂人めが！　かかる高貴な営みを知ることこそ栄誉の限りだ。ユピテル（ゼウス）が天上でガニュメデスと歓を尽くし、地上では最も偉大な皇帝たちや国王たちが重んじて行なっているのが、まさにこの性愛なのだからな」と応酬したという。

▼トルクァート・タッソ　一五四四〜九五。ルネサンス文学の最後を飾る詩人。ルッカ・スカラブリーノという青年を恋慕し、また若い男性に宛てた愛のソネットを書き残した。

ほかにも、いやいや結婚するなり、すぐさまイタリアへ旅立ったドイツの画家アルブレヒト・デューラー［一四七一〜一五二八］ら北方ルネサンスの芸術家たちも、このリストに加わるが、残念ながらここで触れているゆとりがない。

3……イタリアにおける男色の隆盛と弾圧

君主たちも負けてはいない。

マキャヴェリの『君主論』で称えられたチェーザレ・ボルジア［一四七五〜五〇七。教皇アレクサンデル六世の子。枢機卿にしてヴァレンティノワ公、ロマーニャ公］は、父ロドリーゴ［ローマ教皇アレクサンデル六世］や弟ホアン［一四九四〜一五四三］らと同じく、男女両色を好むこと著しく、例えばファエンツァを攻め落としたときには、若き城主アストーレ・マンフレディとその弟を捕らえてローマに連れ帰り、閨《ねや》の相手として瑞々《みずみず》しい肉体を思うさまもてあそんだという。リミニのシジスモンド・マラテスタ［一四一七〜六八。文芸の

チェリーニ
（ベンヴェヌート・〜。1500~71）

トスカーナ大公コシモ１世の面前で、「この男色家め！」と罵られたとき、すかさずチェリーニは、「痴れ者めが！　神々や偉大な皇帝・国王たちが重んじているのが、男どうしの性愛なのだ」と言い返したという。なおメディチ家最後のトスカーナ大公ジャン・ガストーネにいたるまで、歴代トスカーナ大公の大半が男色愛好家だった史実は、ルネサンス発祥の地たるフィレンツェの面目躍如たるものを感じさせる。

【右】『ガニュメデス立像』　1525/50年。大理石製。フィレンツェ、バルジェッロ国立博物館蔵。ミケランジェロと親交のあったベンヴェヌート・チェリーニは、古代神話に基づく何体もの全裸男性像を制作している。

【左】アポロンとヒュアキントス像　1545~48年。大理石製。フィレンツェ、バルジェッロ国立博物館蔵。ルネサンス時代に入って古典ギリシア・ローマの神話に登場する男性どうしの愛人たちが再び造形芸術の世界に復活した。古代の彫刻には較べるべくもないが、それでも全裸の愛し合う男性カップル像が作られるようになったことは意義深い。

保護者として知られるリミニの君主］は、実の娘や義理の息子を犯したばかりか、己《おの》が息子ロベルトに対しても男色行為を挑んだと伝えられている。

歴代のメディチ家トスカーナ大公は、概して女性よりも男性を好んだようだ。わけてもフェルディナンド二世［一六一〇～七〇］以降は小姓を溺愛する風尚が甚だしく、コジモ三世［一六四二～一七二三］、その子フェルディナンド［一六六三～一七一三］、さらにその弟ジャン・ガストーネ［一六七一～一七三七］は、生来の男好きで鳴らした人物である。最後の二人に至っては嗣子を儲けなかったために、家系が途絶えてしまうありさまだった。――こんな逸話がある。

トスカーナ大公フェルディナンド二世は、小姓ブルートが三六歳になるまでベッドの相手として交わりつづけていた。妻のヴィットリアは予告せずに夫の寝室を訪れて、その光景を目撃し、持ち前の迷信深さからイエズス会の司祭に男色を弾劾させて、夫を脅かそうとした。ところが、大公は一計を案じてブルートに贈り物を持たせて司祭のもとへ行かせ、このイエズス会の僧を難なく誘惑させた。よってもって、大公から「ブルートとの性交渉を知っているぞ」と告げられた司祭は、風をくらってフィレンツェを逃亡。以来、一八年間にわたり大公は妻と同衾しなかったという。またフェルディナンド二世は頑迷な母、マリア・マッダレーナから「火刑にしなさい」と言って男色家のリストを渡されたとき、「いや、これはまだ完全ではない」といって自分の名前をそこに書き加えた。それでもなお母親が火炙りにせよ、と執拗に迫ると、そのリストを火中に投じて言い放った。

「ほら、お望み通り、彼らはことごとく焚刑に処されましたよ」。

フェルディナンド二世の後を嗣いだコジモ三世も、その弟フランチェスコ・マリアも、女嫌いの男性愛者だった。コジモ三世は小姓らを寵愛したのみならず、さる大司教とも割りない仲となったとか、弟のフランチェスコ・マリアは成人した馬丁や従僕に伽を命じて戯れたうえ、彼らどうしがさまざまな性行為をする様子を見て堪能した、など多くの史話が伝えられている。[◆1] 他にも「男狂い」の君主は少なくないが、この話題については後日に譲ることにしたい。

【右】『友愛を称揚する男性二人の肖像画』 ヤコポ・ダ・ポントルモ（1494~1557）筆。個人蔵。イタリアのマニエリズム画家が描いた二人の男性は、キケロの『友情について』の一頁を分かち持っている。近世に入ってからも、モンテーニュやエラスムスら、友愛を他のいかなる愛情よりも重んずる賢人たちが少なくなかった。

【左】『男性たちの浴場』 アルブレヒト・デューラー（1471~1528） の木版画。1496~97年。ベルリン、国立博物館蔵。北方ルネサンスを代表する画家デューラーが描いた男たちだけの世界。当時も浴場は同性を求める人々の「ハッテン場」となっていた様子が窺われる。

マキャヴェリ[一四六九〜一五二七。フィレンツェ出身の政治思想家。『君主論』が最も著名]。彼は若い頃、当時のイタリア人男性のご多分に洩れず男色関係を好んで、妻帯しようとしないことで名高かった。

ところが因果はめぐるで、後年このマキャベリズムの元祖自身、わが子の男遊びになす術がなくなってしまう。息子のロドヴィコが〝ゲイ・フレンド〟と親密過ぎるのを気にかけた彼は、一五三三年、友人でローマ教皇庁へ派遣されているフィレンツェ大使のフランチェスコ・ヴェットーリに相談。するとフランチェスコからは次のような内容の返書が届いた。

「われわれは年を取って自らの青春時代のことを忘れ去ったみたいだね。ロドヴィコは今その若者と一緒に戯れ楽しみ同衾している。それに何の不都合があろうか。何も悪いことなどなかろうて」。

この他、女色に無関心だったフィレンツェの歴史家グィッチャルディーニ[一四八三〜一五四〇]や、男好きの学者、錬金術師らを作品に登場させた哲学者ジョルダーノ・ブルーノ[一五四八〜一六〇〇。異端者として火刑に処せられる]、あるいはまた、ホモエロティックな愛の歌を書き綴ったルネサンス期の抒情詩人が十指に余るほどいる。◆2

「おお、何と大勢の市民たちが男色を愛していることか。いや、彼らすべてがこの『悪徳』に耽っていると言ってもよい」

とフィレンツェ市民の間に男色家が多いことに、修道士フラ・ジョルダーノは悲鳴を上げている。

狂信者サヴォナローラ[一四五二〜九八。狂信的なドミニコ会士。一時はフィレンツェに神政政治をしくが、教皇アレクサンデル六世に破門され、のち異端者として処刑された]による男色家《ソドミト》迫害があったにもかかわらず、「フィレンツェ人」という言葉は「男色家」の別語としてひろく流布していた。

しかし、われわれはイタリア・ルネサンスを過大評価してはならない。相変わらずキリスト教の偏見は根強く生きながらえていたからだ。

フィレンツェでは一四三二年に創設された夜間警察隊「夜の役人」が、男性どうしの性行為に干渉し、その取り締まりにあたっていた。教皇のお膝元ローマでは男色者は火刑に処され、ヴェネツィアでは斬首刑さえ執行されていたのだ。▼

自慢の股袋

ブラゲット、コッドピース、シャームカプセル

【右】ブラゲットを股間につけた神聖ローマ皇帝カール５世の肖像画　ティツィアーノ筆、1532~33年。マドリード、プラド美術館蔵。中世後期からルネサンス期にかけて男性器を目立たせる股袋（ブラゲット）を付けることが流行した。カール５世（1500~58）とて例外ではない。

【下左】股間の膨らみを、もっこり際立たせる青年　ジョルジョーネ筆。『マゴイの崇拝（東方三博士の来訪）』部分。ロンドン、ナショナル・ギャラリー蔵。サイズと形が重要視されたようだ。

【下右】男性器を誇張するブラゲットを付けた二人の青年　ジョルジョーネ筆。『モーゼの火の試練』（1505年頃）部分。ウフィツィ美術館（フィレンツェ）蔵。男色が盛んなイタリアでは、とりわけ逸物を際立たせてアピールする工夫がなされた。袋の左右で色を変えたり、ペニスを勃起させたように上向きに立てたり、物を詰めたり、あの手この手で男たちは股袋を競い合った。

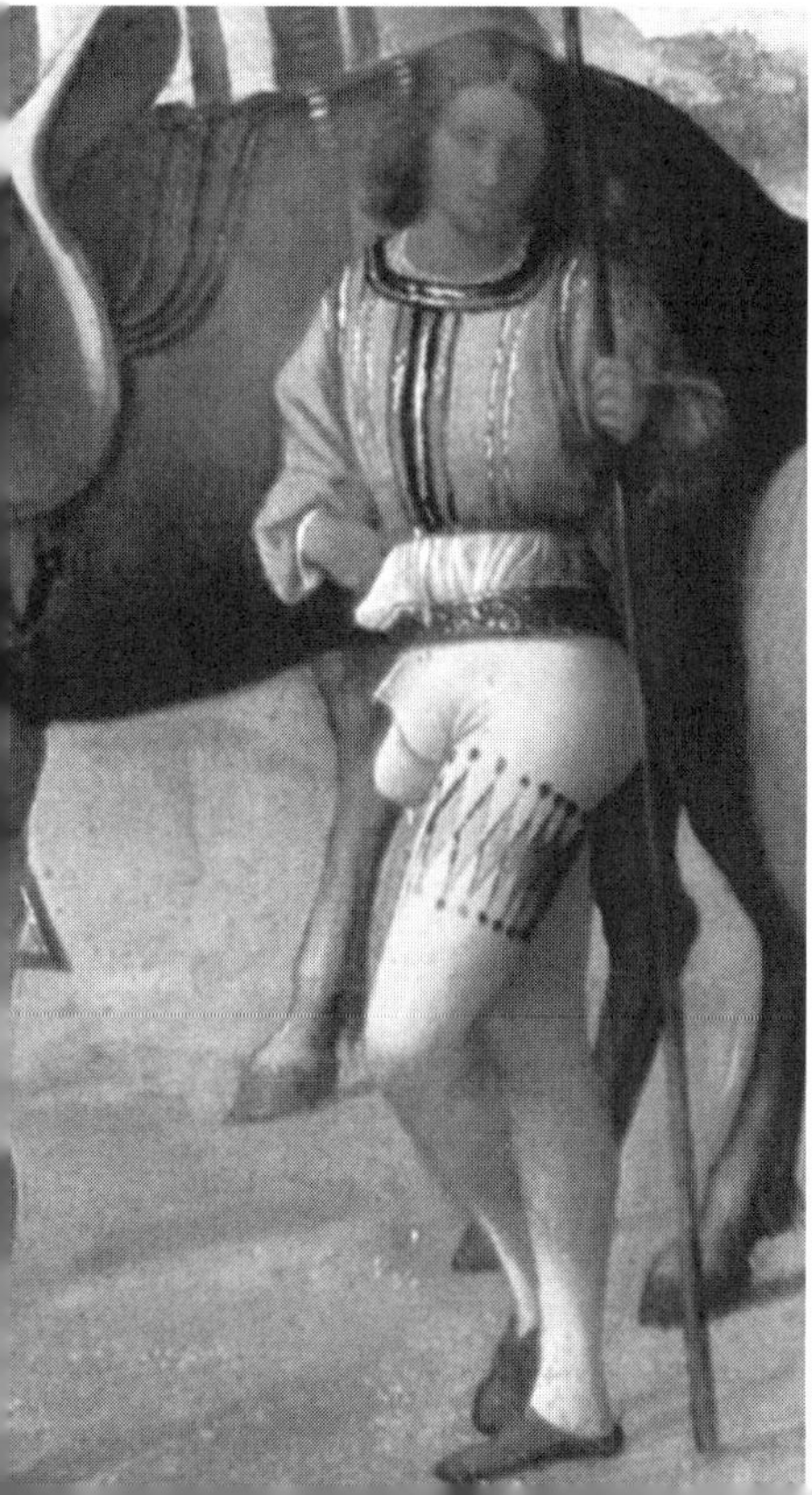

▼**斬首刑さえ執行されていたのだ**　フィレンツェでは男色があまりにも熾烈をきわめたので人口減少の危機感が生じ、市当局は公娼制度を大規模にして女郎買いをすすめた。サヴォナローラが天災を「この悪徳」のせいにし、フィレンツェ市民に「青二才の若者に対する愛欲を捨てよ」と命じて〝虚栄の篝火〟を行なわせた暴挙は史上悪名高い。ヴェネツィアでも総督が各市区に二名づつの風紀係官を派遣して、男色を取り締まらせようとしたが、やはり効果なく、政府は娼婦に胸を露出して男性の気を惹くよう奨励しなければならなかった。ローマでも男性愛は広く普及しており、とくに聖職者間に著しかった。原理主義者のマルティン・ルターは、この聖都を「悪徳の巣窟だ」などと口をきわめて弾劾している。

神の名のもとに処刑される犠牲者はあとを断たなかった。ときには身分や地位も斟酌されなかった。例えば一四九二年には、ヴェネツィアで貴族と司祭が首を刎ねられているほどである。いつ告発されて、逮捕されるかもしれない。悪くすると火炙りの刑などで殺される可能性さえある。そうした言い知れぬ恐怖を覚えつつ生きなければならない社会であった。自由で寛大なルネサンスという神話は、こと性愛に関する限り、まったくの幻想でしかないと言ってよいだろう。復興したのは、文芸だけでしかなかったのである。

モンテーニュとエティエンヌ・ド・ラ・ボエシ

ラ・ボエシと付き合った四年間に較べたら、それ以降の人生なんて暗くて退屈な夜に過ぎない。

（モンテーニュ）

一層幸運に恵まれていたのは、『エセー』の著者でお馴染みのフランスのモラリスト、ミシェル・ド・モンテーニュ［一五三三〜九二］である。

一生女に恋することのなかったモンテーニュが心から愛した相手は、三歳年長のエティエンヌ・ド・ラ・ボエシ［一五三〇〜六三。フランスの哲学者、ボルドー高等法院の評定官］であった。モンテーニュ一五歳、ラ・ボエシ一八歳のときに知り合って以来、

【上・左】異端審問の拷問　18世紀の版画より。「文芸復興の時代」を迎えてもなおキリスト教世界では、ソドミーは異端と結びつけられて、数々の残虐な拷問と処刑の対象となっていた。
【下】ベッカフーミ『異端審問の拷問図』
16世紀前期。ルーヴル美術館蔵。イタリアのマニエリズム画家ドメニコ・ディ・パーチェ・ベッカフーミ（1486~1551）の本作から、男色の本場イタリアの地でも、多数の犠牲者が出た様子を察することができる。

【コラム】

偉大なる人文主義者エラスムス◆1

暗黒の時代にも少数の理性と教養の持ち主はいるものである。

「ルネサンスのヴォルテール」と呼ばれるオランダ出身の思想家デシデリウス・エラスムス［一四六六頃～一五三六。「ロッテルダムのエラスムス」］が、その一人であることに異論はないであろう。今日では『痴愚神礼賛』［一五〇九］の著者として最もよく知られているこの〝宗教改革期最大の学者〟の書簡集の中には、同輩の修道士セルウァティウス・ロゲルスに宛てた情熱的な「恋文」が収められている。司祭の庶子として生まれ、早くに両親をうしなったエラスムスは、修道院に入ってギリシア・ラテン語の研究をつづけるかたわら、少し年下のセルウァティウスと出会うや、しんそこ魅せられて深い恋に落ちていった。

「人生で友愛ほど崇高なものはなく、熱烈に求められているものはないのです」。

古代ギリシアの哲人ソクラテスを「聖なる人」と呼ぶエラスムスは、何らためらうことなく自らの情愛を相手に向けて憚らない。

「そんなに内気にならないで下さい。私のすべては完全にあなたのもの、何も後には残らないほど貴方に捧げているのですから」。

しかし、彼の恋心はみのらなかったらしく、セルウァティウスは、「今後は感情をもう少し抑制して下さい」と冷静に答えたに過ぎない。

その後、一四九五年までにエラスムスの心は新しい友人へと移ってゆく。中でも生涯の友ウィレム・ヘルマンとの親密な仲は非常なもので、「私と彼の深い関係は、いわば『二つの肉体に宿った一つの精神《こころ》』と表現してよいでしょう」とエラスムス自ら語っている。さらにパリ大学で、彼は二人のハンサムな英国人学生と親しい仲になる。そのうちの一人で運動競技に優れた二二歳の青年トーマス・グレイに対する情熱は妨害が入って頓挫する。だが、もう一人のウィリアム・ブラウント、のちの第四代マウントジョイ卿［男爵］との関係は順調に進み、その招きで英国へ渡り、トーマス・モアやジョン・コレットらイギリスの人文学者と交流を深める。モア邸に滞在中に書いた『痴愚神礼賛』は、当時の王侯貴族や教会の腐敗ぶりを痛烈に諷刺した作品だった。にもかかわらず、「傑出した学者」との盛名を馳せた彼は、ヨーロッパ各地の宮廷から招聘を受け、神聖ローマ皇帝カール五世やローマ教皇ハドリアヌス六世とも親しく交わった。

とくにスコットランド王ジェイムズ四世の庶子アレクザンダー・ステュワート「一四九三〜一五一三。のちセント・アンドリューズ大司教」とは、仲良くイタリアに旅行し、まことに楽しい日々を過ごしている。

またドイツ人文主義の代表者の一人ウルリヒ・フォン・フッテン「一四八八〜一五二三」から、「このソクラテス「＝エラスムス」の愛人アルキビアデスになりたい」と切実に懇願されたこともあった。

ヨーロッパ諸国の人文学者に多大なる影響を及ぼし、門下から大勢の宗教改革者を出したが、エラスムス自らは理性尊重の立場を保ち、激動の中に身を置くことを好まなかった。一五一四年には、かつての愛人セルウァティウスから修道院へ戻って余生を送るよう要請されたものの、すでに熱情の冷めたエラスムスは謝意を述べつつも二度と再び修道院内に立ち戻るような真似はしなかった。死に際しても遺言によって、その莫大な財産は片鱗たりとも教会へ譲ることはなく、大半が友人のボニファツィウス・アーメルバッハの所有に帰した。同時代の人々はエラスムスのことを「たんに女色に無関心な人物だ」と思っていたようである。実際のところ、人文主義者エラスムスは、教会や新旧両派のドグマの愚劣さを嘲笑しながら、迫害を免れる僥倖に恵まれた賢人だった、というのが正鵠を射ているのかもしれない。

エラスムスの肖像画　1523年、ハンス・ホルバイン画。

二人は「最も深く結ばれ好き合って、完全な一体となった」と記されるほど熱烈な仲となる。彼ら二人は、その後ラ・ボエシが三三歳で早世するまで一五年間にわたり、めったに離れることなく親しく交わりつづけた。

「あらゆる方向に美しい顔つきを見せていた魂」とモンテーニュが著作『エセー』に書き表わしたラ・ボエシの早世は、非常な痛手をこのモラリストに与えた。愛する友の死去以来、モンテーニュは憂鬱と神経衰弱がつのる一方となり、ラ・ボエシの著述を出版することと、二人の友愛を反映した随想『友情について』を執筆することにのみ慰みを見出した。

モンテーニュはまた、一五八〇年から翌年にかけてイタリアへ旅行しており、その折りの『旅日記』には、張形を用いて女と交わったレズビアン女性が絞首刑にされた記事など、彼の関心を惹いた出来事が誌されている。中でも興味深いのは、一五八一年三月一八日付の記述で、そこにはローマの教会で、いく組かの男性どうしのカップルが結婚式を挙げたことが書かれているのである。つまり、一五七〇年代にローマのサン・ジョヴァンニ・ポルタ・ラティーナ教会で「ミサの際にカトリック司祭の司式のもと、ポルトガル人男性がカップルで公然と結婚式を挙行したが、それは男女の結婚とまったく違わない式次第にのっとった正式なものであった。はれて神の前で結ばれた彼らは、次いで一緒に食事をし、かつ寝て交わった」とのこと。しかしながら、その後、彼らを恐ろしい運命が襲う。教条主義に陥っていたローマ当局つまりカトリック教会が、婚姻後何年もたってから、いきなり彼らを捕縛したのである。ヴェネツィア大使の報告によると、このとき男色婚の故に逮捕されたのは、スペイン人、ポルトガル人あわせて二七名で、一五七八年八月二日に、そのうちの一一人が教皇の命令によって焼き殺されたという。▼◆[3]

▼教皇の命令……殺されたという　伝聞によって知らされたモンテーニュの記述に従えば、一五八一年三月一八日に火刑に処せられた男性は八、九人だとされている。

【コラム】

犠牲になった芸術家デュケノワ――戯れに恋はすまじ◆1

ブリュッセルの観光名物となっている小便小僧。その制作者、大デュケノワの息子にジェローム・デュケノワ［一六〇二～五四。ブリュッセル出身の彫刻家］という彫刻家がいる。このジェロームは、兄のフランソワ・デュケノワ［一五九七～一六四三］とともにイタリアへ赴き、ローマでアントン・ヴァン・ダイク▼1らと一緒に仕事をした。ついでスペイン王フェリペ四世の宮廷で彫刻家として名を成し、画家ニコラ・プーサンと親しく交流、ヨーロッパじゅうに声名を馳せた。一六五三年、ブリュッセルへ戻って『ガニュメデスとユピテルの鷲』や『若き牧神ファウヌスと子どもたち』といった力強い筋肉質の男性の肉体をブロンズ像に表現した。各地で引っ張りだこになるが、その評判が命取りになる。

　一六五四年七月、彼はヘント［ゲント］へ招かれ、教会の仕事を委ねられた。ところが、まもなく「モデルをつとめる礼拝堂の若者二人を教会内で犯している」という噂がひろまり、〝ソドミー〟の廉で告発される。フランドルの統治者でかつてのパトロン、トリエステの司教の擁護があったにもかかわらず、不幸にもスペイン王の特赦が間に合わなかった。一六五四年九月二八日、死刑の判決が下る。かくて、デュケノワはヘントの町の中央広場で絞殺されたのち焚刑に処されたのである。

　兄のフランソワは、もう少し幸運だった。彼も男好きで、やはりモデルの若者たちと寝ていたが、イタリアからフランドルへ帰る途中で病死したため、弟のように火炙りで殺される憂き目をみないで済んだからである。

▼1　一五九九～一六四一。アントワープ出身の画家。英国王チャールズ一世の宮廷に仕える。フランドル派の巨匠。

【コラム】

危険な関係——ジル・ド・レと悪魔崇拝

ゲイ・ピープルは何も天才や巨匠、偉大な思想家、科学者、芸術家、文豪ばかりとは限らない。犯罪の分野において比類ない才能を発揮した人たちも少なくないのである。例えば、次のような面々が名高い。

一五世紀フランスの元帥でジャンヌ・ダルクとともに戦った「救国の英雄」ラヴァルの領主ジル・ド・レ［一四〇四～四〇］。百年戦争の最中にフランス屈指の名門貴族に生まれた彼は、フランス王にも匹敵するとされた財産を湯水のように使い、黒魔術や錬金術などに傾倒する。それだけではない。自分の性的興奮を満足させるために何人もの少年を次々に惨殺するようになり、八〇〇人以上の青少年を淫楽殺人のなぐさみものとしたという。そして遂にこと発覚して、一四四〇年一〇月二六日、絞首刑ののち火刑に処せられたのだ。

ハンガリーのナダスディ伯爵夫人バートリ・エルジェーベト［一五六〇～一六一四］が数百人の乙女を殺して彼女らの血のシャワーを浴びていた史話については、ここで言及することは避けておこう。

「ハノーヴァーの吸血鬼」とよばれた第一次世界大戦後ドイツの人肉嗜食者《カニバリスト》フリッツ・ハールマン［一八七九～一九二五］や、二〇世紀米国の「ミルウォーキーの怪物」ジェフリー・ダーマー［一九六〇～九四］の事件に関しては、読者諸氏にはすでに、どこかでお読みになったことであろう。

ジル・ド・レの肖像画　1835年に作成された油彩画（ベルサイユ宮殿蔵）をもとに描かれたもの。

第2章 ヨーロッパ諸国の宮廷

煙草と少年を愛さぬ者は皆な愚か者だ。

（クリストファー・マーロウ）

フランス国王アンリ三世。作者不詳、1580年。

1……フランス王と小姓

「ソドム陛下」――アンリ三世と男寵《ミニョン》たち

近世ヨーロッパの君主のうちでも、男色好きにかけては、ヴァロワ朝最後のフランス国王アンリ三世［一五五一～八九。在位、一五七四～八九］の右に出る者はいないのではないだろうか。母妃カトリーヌ・ド・メディシス▼の秘蔵子だったアンリ三世は、胸や背中が露わなドレスを着ることを好み、真珠の首飾り、宝石のイヤリング、腕輪などのアクセサリーをつけ、香水を愛用。つねづね側辺に十数人のミニョンと呼ばれる小姓たちを侍らせていた。

▼カトリーヌ・ド・メディシス　一五一九～八九。フランス王アンリ二世（在位、一五四七～五九）の妃。フィレン

ツェの富豪ロレンツォ・デ・メディチの娘。フランス王フランソワ二世、シャルル九世、アンリ三世らの母。権謀たくましく、息子たちの摂政として君臨し、毒殺や魔術・占星術を愛好。一五七二年にはサン・バルテルミの虐殺を行なった。

若い頃から筋骨たくましい男性を好んだアンリ三世は、頑健な青年貴族ルイ・ド・ベランジェ率いる体格のよい若者たちから成る親衛隊をつくった。殊に隊長のルイには完全に魅了され、最期までその感情は変わらなかったという。

アンリ三世の寵愛した四〇名以上にのぼる美青年ミニョンたちは、ヴァイオレットの粉をふりかけた長髪をカールさせ、顔には化粧を施し、派手なラフ〔襞飾りの付いたレースの襟〕をくびにまとわせ、色鮮やかな衣装にかおり高い香水をふんだんに撒き散らす、といった華美ないでたちをしていた。「ソドムのプリンス」と称された彼らは、しかし、揃って並々ならぬ剣の使い手で、かつ立派な体軀に恵まれた雄々しい側近たちであった。王のミニョンたちは、王弟アランソン公〔一五五五～八四。エルキュール・フランソワ・ド・ヴァロワ〕のミニョンたちと絶えず対立抗争を繰り広げ、そのせいで大半が三〇歳になるまでに落命していった。美形ぞろいのこれらの青年たちは、主君に対し狂信的なまでに忠実で、愛する国王のために生命をささげることを情熱的に欲してやまなかったという。

彼らの間でも、とくにアンリ三世の寵愛を受けたのは、王室礼拝堂に埋葬されたサン・メグラン伯、のちに軍政両面に活躍することになるエペルノン公、際立って男前のケリュス、ジョワイユーズ公、サン・リュック、グラモン、モージロンといった男性たちだ。

同時代に出まわった『両性具有神《ヘルマフロディトス》たちの島』(*L'Isle des Hermaphrodites*)によると、王宮内奥の部屋には「ハドリアヌス帝のアンティノウスへの情愛」や「ヘリオガバルス〔エラガバルス〕帝の男色生活」を描写したタピスリーが掛けられ、ベッドの天蓋には「ネロ帝とピュタゴラスの結婚」の情景が表現されていたという。

上の好むところ、下もこれにならうとか。彼の在世中は、きわめて男色が流行し、ルーヴルの柱廊には「藁《わら》の騎士」と呼ばれる男たちが出没し、口にくわえた藁を目印にして、互いに相手を物色し合ったという。

フランス王アンリ３世
ヴァロワ朝最後のフランス王（1551~89、在位、1574 ~89）。
【左】『アンリ３世の肖像画』 1570 年。フランソワ・クルーエ筆。アンジュー公時代の肖像。パリ、国立図書館蔵。カトリーヌ・ド・メディシスお気に入りの息子アンリ３世は、若い頃から大勢の美男を左右に侍らせていた。

【右】フランス王アンリ３世を諷刺した『ヘルマフロディトスたちの島』の口絵　ハンサムな“ミニョン”を寵愛した国王を政治的意図から誹謗するパンフレットがいくつも出回った。パリ、国立図書館蔵。

ルーヴル宮はこの時代のクルージング・スポットの一つとなっていたのである。▼

▼……となっていたのである　なお、アンリ三世の兄で先代王のシャルル九世（一五五〇～七四。在位、一五六〇～七四）も、男色を嗜んだ一人とされている。

2……ゲイの君主たちが支配したヨーロッパ——一七世紀初頭

一七世紀初頭には期せずして男色家の帝王たちがキリスト教ヨーロッパの玉座にあった。神聖ローマ皇帝のルドルフ二世、フランス王のルイ一三世、そして英国王のジェイムズ一世らの面々である。

終生童貞なる神聖ローマ皇帝ルドルフ二世

神聖ローマ皇帝の君主ルドルフ二世［一五五二～一六一二。在位、一五七六～一六一二。皇帝マクシミリアン二世の嗣子］は、プラハの居城で諸学問に携わり、芸術に並々ならぬ関心を寄せた教養豊かな趣味人《ディレッタント》である。天文学者ティコ・ブラーエやヨハネス・ケプラー、画家アルチンボルドらのパトロンだった異色のこの皇帝、スペイン王女との縁談を無視して、生涯〝異性愛結婚〟をしなかったことでも際立った人物だと言えるだろう。化粧や女装が大好きな仏王アンリ三世でさえ形式的に王妃を迎えたというのに、彼だけはとことん妻帯を拒みつづけたのだ。この時代のキリスト教ヨーロッパ社会では珍しいくらい徹底して一途に男子専科に生きた人物として特筆に価する。彼は男色好きの——女色好きの君侯も同断だが——君主にありがちな偏愛におちいることは一切なかった。もっぱら従僕たちを愛情の対象として、過剰な栄誉や地位を彼らに贈る愚を避けた。君寵をこうむった何人かの家臣・従者の中では、フィリップ・ラングが最も長きにわたって帝側に侍ったと言われている。

政務は好まず、プラハの城内に籠もってひたすら自己の趣味を追及したルドルフは、かくして嗣子なくして崩じ、帝位は弟マティアス［在位、一六一二～一九］が継承した。

ルイ一三世の愛人——太陽王ルイ一四世の実父は誰？

狩猟や乗馬、野外スポーツが好きだったルイ一三世［一六〇一～四三。在位、一六一〇～四三］は、それらすべてを合わせたよりも男性が大好きだった。ジャン・エロアール［一五五一～一六二八。王の筆頭侍医］によれば、たくましく優れた体軀の持ち主だったフランス王ルイ一三世は、若い頃から二〇歳以上年長のシャルル・ド・リュイーヌ［のちリュイーヌ公爵。一五七八～一六二一］を深く愛して高位に昇格させたという。

スペイン王女アンヌ・ドートリッシュと結婚してからも、彼女をないがしろにして、何年も同衾しようとせず、ひたすら小姓のバラダグラ側近の者を寵愛するばかりであった。リュイーヌが四〇歳余りで死に、バラダが数人の貴族と情交したことが発覚して失寵し［一六二六年に宮廷を退去］、その後釜のサン・シモン［公爵に叙せられる。名高いルイ一四世時代の宮廷日記を書いたサン・シモンの父］が罷免されると、権謀たくましい宰相リシュリュー［一五八五～一六四二。枢機卿、公爵］は、国王にハンサムな青年アンリ・コワフィエ・ド・リュゼを紹介する［一六二九年］。これがのちのサン・マール侯爵［一六二〇～四二］である。粋な枢機卿は、ルイ一三世の好みのタイプを弁《わきま》えていて、取り持ち役を買って出たのだ。国王はたちまちこの青年の容貌と機智のとりこになり、王の衣装係、次いで主馬頭に任命して、寝所に侍らせた。歴史家の中には、「フランス王位の継承者を儲けるために、この青年を王妃の種付け役としてあてがったのだ」と説く者がいるが、通説では太陽王ルイ一四世の実父はリシュリューのあとを継いで宰相となったマザラン［一六〇二～六一］だと取り沙汰されている。ともあれ王妃は一六一五年に嫁いでから二三年たって、ようやく次のフランス王ルイ一四世の母となることができたのである［一六三八年］。

侯爵に列せられても野心的な美青年は満足しなかった。

一六四一年、寵臣サン・マール侯が王に、枢密院のメンバーと軍司令官にしてくれるようねだったところ、フランスの真の実力者リシュリューの横槍ですげなく一蹴されてしまう。憤慨したサン・マールは王弟オルレアン公ガストン［一六〇八～六〇。アンリ四世の三男］の陰謀に加担。とはいえ、しょせん、彼はリシュリューの敵ではなかった。暗殺計画を察知したリシュリューは、持ち前の峻厳な態度で素ばやく処断した。逮捕されたサン・マールとその心友ド・トゥーはリヨンで裁判にかけられたのち、従容として断頭台の露と消えたのである。▼一説には、サン・マールが王妃を妊娠させたと疑って嫉妬に逆上したルイ一三世が、愛人の死刑に同意したと伝えられる。そして、彼らの刑死後一年を経ずして、リシュリューも、ルイ一三世も、死を迎えることになる。一六四三年五月一四日、王は四一歳で世を去ったが、その死因について人々は、「浣腸に仕込まれた砒素による毒殺だ」と噂し合った。▼

▼**断頭台の露と消えたのである**　一六四二年。ド・トゥーは無実だったにもかかわらず、愛する友サン・マール亡きあと生きながらえたくなかったので、一緒に処刑されたという。

▼**「浣腸に……」と噂し合った**　神聖ローマ皇帝フレデリクス二世の嗣子コンラート四世（一二二八～五四。在位、一二五〇～五四）も、浣腸器にしこまれた毒薬によって殺されたらしい。ローマ教皇レオ一〇世（在任、一五一三～二一）の場合は痔をわずらっていたので、治療中に毒物を肛門に注入されていく度か暗殺されかけている。これらの人々は皆な、受け手としてアヌスを犯されることを好むA感覚の持ち主だったと目されている。

男運に恵まれない英国王ジェイムズ一世——「キリスト教世界で最も賢明な愚者」と呼ばれた国王◆1

三人の君主のうちで最も愛情運に見放されていたのは、イギリス王となったジェイムズ一世［一五六六～一六二五。スコットランド王ジェイムズ六世、在位、一五六七～一六二五。イングランド王ジェイムズ一世、在位、一六〇三～二五］である。

情熱的なスコットランド女王メアリー・ステュワートの息子として生まれたジェイムズは、母親と同様に生涯を通して無類の男好きであった。▼若い頃の愛人の中では、フランス帰りの美貌の片従兄——父の従弟《いとこ》——エズメ・ステュワートが名高い。優雅な挙措の年上の親族に魅了されたジェイムズは、彼を「不死鳥フェニックス」だとか「こよなく甘美な人」と呼んで賞賛し、スコットランドで唯一の公位たるレノックス公爵に列して摂政の座にすえた。だが、程なく少年王の念兄に対する殊遇を不満とする勢力が叛乱を起こし、エズメは国外へ追放の身となる。その後ジェイムズが何人もの男色相手を取り換えたり、デンマー

【右】ウィリアム三世の肖像　一七世紀末。油彩画。ゴドフリー・ネラー筆。妻のメアリー二世の共同統治者として英国王となったウィリアム三世（在位、一六八九〜一七〇二。もと、オラニエ公ウィレム三世）は、男色の通人として何名もの恋人と情事を重ねたと伝えられる。

近世ヨーロッパを支配したゲイの国王たち

【左上】少年時代のフランス王ルイ 13 世　1616 年頃。オランダの画家フランス・プルビュス（子、1569 頃 ~1622）筆。フィレンツェ、ピッティ宮・パラティーナ美術館蔵。寵臣をサン・マール侯に陞爵させたことなど、王の男寵に関する話題は尽きない。息子オルレアン公も名だたるゲイに成長。

【右下】若き日のジェイムズ 1 世　油彩画。筆者不明。英国王室コレクション蔵。処女王エリザベス 1 世を継いで王位に即いたのは、女王のライバルだったスコットランド女王メアリー・ステュワートの息子ジェイムズであった。王は父ダーンリー卿と同様に「男好き」だという評判を取った。同時代の神聖ローマ皇帝ルドルフ 2 世、フランス王ルイ 13 世と並んでゲイの君主として名高い。

【左】ピョートル大帝の肖像画　一六九七年。英国王室コレクション蔵。ロシア帝国を欧州列強の仲間入りさせた名君ロマノフ家のツァーリ・ピョートル一世（在位、一六八二〜一七二五）は、男色好きでも知られていた。つねに召使いの一人を同衾させる習慣だったという。

ク王女を妃に迎えたりしているうちに、イングランドの処女王エリザベス一世が死んでくれたお陰で、彼の掌中にブリテン全島の王冠が転がり込んでくる〔一六〇三年〕。ロンドン入りした王を人々は冷淡な皮肉混じりの態度で受け入れた。

辛辣な警句も飛び交った。「先代エリザベスは国王だったけれど、今度のジェイムズは女王だぞ」。

右の警句は、ジェイムズが受け手の男色を好んだことを風諭《ふうゆ》したというよりは、「男色家」全体を何か女性的なものと結びつけたがる偏見の表明に過ぎないと見てよいだろう。

▼……**無類の男好きであった**　ジェイムズ一世の父親ダーンリー卿もまた男色好きだった。したがって、ジェイムズの実父は、ダーンリー卿ではなく、母スコットランド女王メアリー・ステュワートと夫君ダーンリー卿との共通の愛人だった、イタリア人音楽家ダヴィッド・リッチョ〔一五三三～六六〕だと取り沙汰された。やがてダーンリーは妻メアリー・ステュワートと不仲になり、一五六七年二月、お気に入りの従者ウィリアム・テイラーとひとつのベッドにいるところを襲われて、もろともに謀殺された。

英国王となったジェイムズが誰よりも気に入ったのは、才気煥発な男色家《ゲイ》トーマス・オヴァベリー卿の小姓だったロバート・カー〔一五八七頃～一六四五〕という青年である。

【コラム】

恋に落ちたシェイクスピア

わが情念をつかさどる男の恋人よ。
（シェイクスピア『ソネット集』二〇番）

英国を代表する劇作家で詩人のウィリアム・シェイクスピア〔一五六四～一六一六〕――彼ほどの才人に同性の恋人がいなかったはずがない。

シェイクスピアが男性の愛人に献げた百数十編か

らなる『ソネット〔一四行詩〕』を書いたことは、英文学を専門的に研究したことがなくても知らぬ人は少ないのではないだろうか。一六〇九年に刊行された『ソネット』に歌われている美しい青年に対する愛の性質や実相と、詩集の献呈の辞に記されている〝Mr. W. H.〟〔Mr. は Master の略〕とは誰なのかといった問題について、これまでさまざまな説が唱えられてきた。

　シェイクスピアに霊感を与えた美貌の青年と解釈される〝Mr. W. H.〟に関しては、やれペンブルック伯ウィリアム・ハーバートだとか、サウサンプトン伯ヘンリー・ライアスリーだとか、はてはオスカー・ワイルドも賛同した少年俳優ウィリアム・ヒューズとする説など、いくつもの推測や仮説が行なわれている。▼1

　オスカー・ワイルドの考証によれば、売れっ子劇作家クリストファー・マーロウ▼2が、このシェイクスピアの寵童俳優ウィリアム・ヒューズに魅せられて、自作の史劇『エドワード二世』〔一五九二〕で国王エドワード二世の愛する小姓ピアーズ・ガヴェストン役を演じさせようと、彼をシェイクスピアのもとから奪い去ったのだという。クリストファー・マーロウといえば、「煙草と少年を好きにならぬ者はみんな愚か者だ」と喝破した無神論を奉ずる男色家である。

　生前は「シェイクスピアを凌ぐ」とさえ評価された天才マーロウだったが、ほどなくロンドン郊外の居酒屋で喧嘩に巻き込まれて刺殺されてしまう〔一五九三年五月〕。享年二九。事件の真因は、マーロウの恋人だったウォルシンガム卿が自分の性生活を暴露されることを危惧し、スキャーズなる男を雇って口封じさせたのだとも、マーロウに代わってウォルシンガム卿の愛人になったスキャーズが恋敵《ライバル》を葬り去ったのだとも、諸説紛々として一致をみない。ともあれ、マーロウの死後、移り気なヒューズは、ちゃっかり元の恋人シェイクスピアのところへ舞い戻っている。もちろん、不実な若者をシェイクスピアは喜んでその腕とベッドに迎え入れた。

▼1　シェイクスピアの情熱の対象となった男性の愛人というのは、「快楽の優雅な寵児」、「全世界に咲き誇る薔薇」、「耳に快き妙なる楽の音」であり、「時は移ろうが、君の美はいや増すばかりだ」とか、「この世では君が私のすべてなのだ」などと詩人は表現して、この若者に永遠の命を与えている。

▼2　一五六四〜九三。シェイクスピアより二ヶ月年かさの花形劇作家、詩人。

一六〇七年、馬上試合で右脚を骨折した二〇歳のロバート・カーを見そめた王は、負傷者の寝室まで付き添っていき、自ら親しく看護するほどの熱の上げようだった。王、四一歳のときの出会いである。この背が高くてブロンドの無学なスコットランド青年を溺愛した王は、公然と彼にキスを浴びせ、またぐらを愛撫して、自らの熱情をまったく隠そうとはしなかった。栄誉も山と浴びせられた。ロチェスター子爵、次いでサマセット伯爵に叙せられたカーは、富と権力を手にするや、たちまち不遜かつ横暴な態度をとるようになる。カーが人妻を横取りしたり、旧主オヴァベリー卿を毒殺したことを知った王は、彼をロンドン塔へ幽閉。新たにジョージ・ヴィリヤーズ〔一五九二〜一六二八〕というケンブリッジの学生に愛の対象を見出す。二六歳年下の眉目秀麗な若者に惚れ込んだ王は、彼をスティーニーという愛称で呼び、バッキンガム公に列したうえ海軍大臣に任命する入れ込みようだった。バッキンガム公も、先の寵人ロバート・カーに劣らず飽くなき富と権力の亡者で、無能だったにもかかわらず尊大な姿勢で国政に容喙し、上流層の人々と言えども彼の承認なしには王に近付くことができない始末。これがジェイムズ晩年の統治を大きく誤らせ、ピューリタン革命の遠因をなしたとされている。「傾国の美男」はどこの国にもいるものだ。

愛欲に盲目となった王は臣下から諫言されても、「イエス・キリストにヨハネがいたように、余にはジョージがいるのだ。キリストが非難されないのなら、余もまた非難されるべきではない」と欽定訳聖書の制定者らしく返答し、「このスティーニーは余の妻なのじゃ」と平然と言ってのけるのであった。

ジェイムズ一世の同性の愛人は、他にもエセックス伯ロバート・デヴェルー〔一五九一〜一六四六〕ら、一〇人近くの名が挙げられており、寵臣たちに宛てた、王の惚気《のろけ》た多くの恋文《ラブ・レター》も、活字にうつされて公刊されている。

なお、バッキンガム公は一六二五年三月、王の死を看取ったあと、かねて親しい仲であった新王チャールズ一世〔一六〇〇〜四九。在位、一六二五〜四九〕の寵臣となり、かくて父子二代の英国王の男寵として驕りをきわめたという。しかし、バッキンガム公は後に、フランス王妃アンヌ・ドートリッシュと情を通じ、失政を重ねた末に暗殺されて果て、ロンドンじゅうが彼の死を喜び祝った〔一六二八年〕。

第3章
啓蒙主義の時代

一度目は哲学者、二度目は男色家。
（ヴォルテール）

マルキ・ド・サドの肖像画。H・ビーバーシュタイン画、1912年。

1……フランス貴族社会――ヴェルサイユ宮殿に咲いた愛

王弟殿下《ムッシュー》オルレアン公フィリップ

ルイ一四世の弟オルレアン公フィリップ［一六四〇～一七〇一。「王弟殿下（ムッシュー）」と呼ばれる］は、戦場ではどんな騎士にも劣らないほど勇敢だったが、またどんな貴婦人にも劣らず華やかな衣裳とお化粧に凝る洒落者だった。

この王弟殿下は、つねづね好んでハイヒールの靴を履き、香水をふりかけ、お白粉をはたき、髪をみごとに結い上げ、リボンや宝石で身を飾り立てていた。

美貌の妻はそっちのけで、フィリップ・ド・ロレーヌやシャティヨンといった騎士仲間を愛して、男の恋人たちとの関係を大っぴらに見せつけ、「ソドムの王」という渾名を頂戴して御満悦だった。いつもお気に入りのハンサムな寵臣に取り囲まれていたが、中でも騎士ロレーヌを最も深く愛していたらしい。妻の妃殿下《マダム》アンリエット［一六四四〜七〇。英国王チャールズ一世の娘］は、二人の仲を嫉妬して、義兄にあたるルイ一四世にロレーヌを宮廷から追放するよう頼みこむありさま。これを聞いた夫のオルレアン公フィリップが激怒したことは言うまでもない。そのせいか一六七〇年にアンリエット妃が若くして急死したときには、「王弟殿下との仲を引き裂かれたロレーヌが毒殺したのだ」という噂が世上を巡った。

　王弟フィリップはまた、フランス軍人たちが結成した男色秘密結社の発足メンバーの一人だったと考えられている。この結社の会員は、跡継ぎを儲ける目的以外には女犯を一切断《た》ち、自分たちメンバーの男性どうしでしか情交しないことを誓っていた。彼らは全員、男が女を踏みつけている姿を表わしたメダルを身につけており、またこの会では客人にフェラチオをしてもてなすことが好まれていたとのこと。太陽王ルイ一四世は、男色家《ペデラスト》たちの集うこうした結社の存在に気付いていても、弟オルレアン公の才幹と軍事力を畏れて、何ら手出しできないでいた。会員には、コンティ公フランソワ・ルイ▼や、フランス海軍提督のヴェルマンドワ伯▼らブルボン王室の親族も名をつらねていた。当時の宮廷関係者が残した文書には、こうある。

「彼らは、ヘラクレスやテセウス、アレクサンドロス大王、カエサルたち偉大な衆道好みの英雄を範と仰ぎ、公然と男色家たることを誇っていた。『ソドム以来、主は誰一人として男色の故に人間を処罰したためしはないのだから、立派な人々がこの道を嗜むのは至当である』と称して」。

▼コンティ公フランソワ・ルイ　一六六四〜一七〇九。ラ・ロッシュ・シュル・ヨン公爵（在位、一六八五〜一七〇九）。大コンデ公お気に入りの甥。一六九七年にはポーランド王に擁立されるが、すでにザクセン選帝侯アウグスト二世が即位していたので帰国する。

▼ヴェルマンドワ伯　一六六七〜八五。ルイ一四世と愛妾ルイーズ・ド・ラ・ヴァリエールの末子ルイ・ド・ブルボン。一六八二年に一五歳の若さで入会する。

これに類した「神聖兄弟団」や「栄光ある男色家《ペデラスト》の集い」といった同性を愛する男たちばかりから成る

王弟オルレアン公フィリップ
（フィリップ・ドルレアン、一六四〇～一七〇一）

【左】『華麗なる王弟殿下（ムッシュー）』一六六五年頃。アントワーヌ・マティウ筆。油彩画。ヴェルサイユ宮殿蔵。フランス王ルイ一四世の弟フィリップ・ドルレアンは、リボンや宝石、アクセサリーで美々しく身を飾り、化粧を施し、香水を振りかけ、ハイヒールを履く洒落者だった。美しい妻そっちのけで騎士ロレーヌら、何人もの男たちと奔放な恋愛生活を送った。

【下】イタリア式恋愛　1799 年。フランスの彩色版画。同性間の性愛を犯罪視していたキリスト教圏では、男色を他国の風習だと考えたがった。フランス人はこれを「イタリアの悪徳」と呼んでいた。右側には寄り添ってキスする二人の男性の姿が見える。なお、イタリアでは男色を「イギリス人の悪徳」と呼び、イギリス人は「フランスの悪徳」と呼んでいた。要するに、舶来の性習慣だと看做す傾向があったのである。

結社やグループは、フランス国内だけでも他にもいくつかあったことが確認されている。

2……啓蒙君主プロイセン王フリードリヒ大王——青年士官好きの大王、若き日の「駆け落ち」事件

ヨーロッパ啓蒙専制君主を代表する大王フリードリヒ二世［一七一二～八六。在位、一七四〇～八六］が、典型的な女嫌いの男性愛者であったことは、広く知られている。後年、プロイセンをヨーロッパ有数の大国に仕立て上げる名君も、若い頃はドイツ語を軽視しフランスの言語、文芸を愛して詩作やフルート演奏に耽る優雅な少年だった。そのため、粗暴で厳格な父王フリードリヒ・ヴィルヘルム一世［在位、一七一三～四〇。軍事に異常なまでの関心をもち、大男の兵隊ばかりを集めて「ポツダム巨人軍」を編成した「兵隊王」］の怒りをかい、しじゅう厳しい折檻を受けていた。洗練された宮廷生活とはおよそ無縁な父王には、そんな王太子が女々しい軟弱者としか映らなかったからである。父王の怒りは、ティーンエイジャーの息子が若い将校フォン・カッテと親密になっていくのを見て、いやましに増大した。この関係を王太子の「年上の少尉カッテに対する一目惚れ」とする意見もある。カッテは哲学や文学、音楽を好む自由主義思想の魅力的な青年将校だった。父王は彼らの関係を疑った。八歳年上のカッテが息子を稚児にしているのではないかと。

一七三〇年の八月、今や一八歳になっていたフリードリヒは、毎日のように父親から殴られつづける日々に耐えきれず、フォン・カッテおよび同じく側近の若いカイト少尉とともにイギリスへの逃亡を計画、父王とともに南ドイツへ旅した際に企てを実行に移した。しかし、父王は息子の周囲に監視網を張りめぐらせておいたので、亡命する途中の王太子をたやすく逮捕する。カイトはイギリスに逃れたが、フリードリヒとカッテは軍法会議にかけられ、一〇月末にカッテは王太子の脱出を助けた叛逆者として死刑を宣告される。二六歳のハンス・ヘルマン・フォン・カッテは要塞の中庭で斬首刑に処され、フリードリヒは父の命令で独房の窓から処刑の一部始終を目撃するよう強いられる。王太子は「私を殺してくれ」と身悶えしながらカッテの命乞いをしたが空しく、窓際へ引きずっていかれ、愛する友の刑死を正視しなければなら

【コラム】

軍人たちの秘密結社――大コンデ公、そして将軍たち

洋の東西に関わらず、秀でた武将や軍人には男色好きの人物が多くみられる。

アレクサンドロス大王しかり。ユリウス・カエサルしかり。日本の戦国武将たちしかり。中国やイスラーム圏の多くの勇将たち、またしかりである。ヨーロッパでは獅子心王リチャード一世、フランスの将軍リュクサンブール［ルクセンブルク］公、プロイセン王フリードリヒ二世［大王］、フォン・シュトイベン男爵、キッチナー将軍、「アラビアのロレンス」ことT・E・ロレンスらの名前が、すぐさま思い浮かぶ。

太陽王の陸軍大臣ルーヴォワは、軍隊内の団結を固めるのに不可欠なもの、将兵の連帯感を促すものとして男色を賞揚し、女色家でしかなかったルイ一四世も、これを敢えて咎めるような愚は犯さなかった。大コンデ公とその父親アンリ――アンリは側近く仕える男たちのフィットした股引ズボンの中に人前はばからず手を突っ込んでは下半身を弄んでいたという――といった王の親族や、セザールとその孫のフィリップという二人のヴァンドーム公などといった歴々の将軍たちが、男好きで鳴らしたのも、ブルボン朝全盛期の特徴と言える。

フランス史上屈指の勇将、大コンデ公［一六二一〜八六。生涯にわたって男性を愛したことで知られる］の「兄弟団」には、公の寵愛する音楽家リュリ[1]やグラモン公爵らがメンバーとなっていた。[2]

▼1　一六三二〜八七。イタリア出身の作曲家。ルイ一四世の王室音楽総監督となる。フランス・バロック音楽の確立者。師のダスーシーと同様に男色家として著名。

▼2　同性に愛される男性は、必ずしも雄々しい武将ばかりではない。そのことは、後にド・ポンパドール夫人やデュ・バリー夫人らの嬖妾を愛したフランス王ルイ一五世（在位、一七一五〜七四）が、一六歳の頃まで、伊達男の側近ラ・トレムイエにより「ガニュメデスのように扱われていた」史実からも明らかである。初々しい若者を愛する少年愛の伝統もまた盛んだったのである。

なかった。窓から身を乗り出して赦しを乞う王太子に、カッテは「私は殿下のために喜んで死にます」と答えると、目隠しをことわって従容と跪いた。フリードリヒは念友の首が刎ねられる瞬間に失神した。

　この恐ろしい体験が彼の人生を根底から変えてしまった。プロイセンをヨーロッパの大国にした「偉大なフリードリヒ」の誕生である。しかし終生、フリードリヒの性的指向は変化するはずがなかった。政略結婚させられてからも、彼の愛情はたえずハンサムな青年たちに注がれつづけた。王位を継いで「国民の第一の公僕」と自ら称し、軍人としても政治家としても優れた手腕を発揮したのちも、身辺に若々しい美青年たちを常に侍らせていたのだ。また、フリードリヒは毎朝数人の士官とコーヒーを飲んで談論するのを日課としており、その座にいる者のうち、大王にハンカチを投げ与えられた者が一人席に残り、王の相手をつとめるきまりだという風評も囁かれた。▶

▼風評も囁かれた　ヴォルテールの記述によると、「とはいえ、若い頃の恋愛沙汰で心に痛手を負っていたので、王は最後の一線を越えることはなかった」とのことである。「若い頃の恋愛沙汰」というのはカッテとの一件を指している。また「最後の一線を越えることはなかった」という表現は、この場合、射精をともなうアナル・セックスには至らなかったという意味に解釈するのが適切であろう。がしかし、実際に性的交渉があったにしても、ヴォルテールの立場としては、そのことを明記するわけにはいかなかったはずだ。事情に詳しい王の姉ヴィルヘルミーナでさえ、あたかも大王が女人と交際があったかのような文章を『回想録』に書き残している。男色が犯罪視されていたヨーロッパ・キリスト教社会という背景を、何人といえど無視することはできなかったのである。

　フリードリヒ大王の男性好みを物語る話は、いくらでもある。恋人とされるトレンク男爵が大王の姉妹と仲良くし過ぎるので、嫉妬に駆られてトレンクを獄に投じたとか、書斎の窓外に美男の青年兵を立たせておいて、いつも眺めて眼福としていたとか、あるいはハンサムな青年フレーデスドルフを従者として終生そば近く仕えさせたなどといった、さまざまな逸話が取り沙汰されている。

　学問・芸術を愛する大王は、啓蒙思想家のヴォルテールやダランベールらと交わり、自分でも詩や著述をものしている。「イエス・キリストのガニュメデス」だった愛弟子ヨハネがイエスと一つベッドで同衾す

啓蒙君主フリードリヒ大王

（プロイセン王フリードリヒ二世）

【左】ヴォルテールとフリードリヒ大王　サン・スーシ宮に招かれたフランスの哲学者ヴォルテールと面談するフリードリヒ大王。凛々しい美男に目のない大王は毎朝、数人の士官たちと珈琲を飲み、その座にいる者の中から「お相手」を決める習慣だったと噂されていた。

【右】ハンス・ヘルマン・フォン・カッテの処刑　一七三〇年一一月一六日、若きフリードリヒ（のちの大王）の恋人フォン・カッテは、要塞の中庭で斬首された。その瞬間、窓から処刑を見ることを強いられていたフリードリヒは気を失ってしまった。

るさまを謳った詩句が、彼の作として名高い。

またフリードリヒ大王は、当時発掘中のティヴォリから出土したアンティノウス〔ローマ皇帝ハドリアヌスの愛人〕像など、古代のホモエロティックな美術品を購入、サン・スーシ宮殿の図書室には、同じく男色家の名将オイゲン公子〔一六六三〜一七三六。オーストリアの軍人・政治家。サヴォワ出身〕から贈られたヘレニズム時代のガニュメデス像や「祈る若者《ゲイ》」のブロンズ像が置かれていたという。▼

▼ブロンズ像が置かれていたという　古代ギリシア・ローマ時代の男性裸像とその複製品は、現代欧米のゲイ男性の間でも、お気に入りのイコンとして高い人気を保っている。

どうやら彼の一族は、ゲイ・ピープルを輩出する資質に恵まれていたようだ。アメリカ初代国王に推挙された大王の弟ハインリヒ〔一七二六〜一八〇二。若者たちへの性的関心をまったく隠そうとせず、その男好きは軍内でも評判だった。第Ⅸ部第１章コラム「アメリカ初代国王はゲイ」参照〕や甥は、名うての男好きだったし、大王の姉ヴィルヘルミーナはレズビアンで作曲家として名を成した。

もちろん、ゲイ・テイストの天稟は独り彼の一族に限られているものではない。同じドイツ系の王侯を例にとっても、ヴュルテンベルク王やハノーヴァー王、バイエルン王など諸君侯家に、男色家の著名人を輩出しているからである。▼

▼男色家の著名人を輩出しているからである　ことわるまでもなく、血統や身分に係わりなく、同性愛は異性愛とならんで人間の最も自然な性的指向である。キリスト教諸国で「ソドミー」や「鶏姦」を理由に処刑された男性たちが、ほとんどすべての階級、職業に行きわたっていたこと一つを見ても、それは明らかであろう。一六三一年に、召使い数人と素股で交わった云々の罪状で斬首刑に処された放蕩貴族キャスルヘイヴン伯爵〔一五九三〜一六三一〕から、絞首刑に処された聖職者や銀行員、一七三一年にアムステルダムで死刑にされた一四歳の少年にいたるまで、実に多士済々、さまざまな地位や階層の人々が、迷信の犠牲になって葬り去られている。残念なのは、紙数の都合上、本書では史書や古文献に残った有名どころの一握りの人たちしか扱えないことである。

フリードリヒ大王が建てたポツダムの新宮殿内の大天井フレスコ画には、中央にガニュメデスの絵が描かれ、その「友愛の殿堂」には、テセウスとペイリトオス、オレステスとピュラデス、ヘラクレスとフィ

【上左】英国の詩人トマス・グレイ（1716~71）の肖像画。油彩、1748年。ロンドン、ナショナル・ポートレート・ギャラリー蔵。ハンサムな青年たちとの情熱的な友愛で知られる。**【上右】放蕩貴族ロチェスター伯爵ジョン・ウィルモット**（1647~80）の肖像画。1675年頃。ロンドン、ナショナル・ポートレート・ギャラリー蔵。男女両色の快楽に耽り、「40人の女をもしのぐ甘美な小姓、我にあり」といった詩や、戯曲『ソドム』を書いた。

【下左】デンマーク王クリスティアン7世（1749~1808。在位、1766~1808）の肖像画。1768年。油彩画。英国王室コレクション蔵。王は、小姓や寵臣らを相手に自由奔放な性生活を送ったとされている。スウェーデン・ノルウェー王マグヌス7世をはじめ、スウェーデン王カール12世やグスタフ3世、カール15世、グスタフ5世など北欧の君主にはゲイ男性が少なくない。ちなみに、スウェーデン女王クリスティーナも、ゲイ女性＝レズビアンとして名高い。**【下右】英国の哲学者ジェレミ・ベンサム**（1748~1832）の肖像画。油彩。1829年頃。功利主義の創始者ベンサムは、「誰にも実害を与えず、当事者間には快楽すらもたらす」として同性愛の合法化を提唱した（1785年頃）。

ロクテテス、エウリュアロスとニソスら古典神話に登場する念友カップルの肖像画が飾られていたという。

一八世紀のドイツ語圏には感傷主義（Empfindsamkeit）［ほぼ一七四〇～八〇に流行］と呼ばれる思潮が一世を風靡し、友愛をロマンティックに崇拝する風が盛行した。時代の好尚▼を反映する実例として、詩人のヨハン・ヴィルヘルム・ルートヴィヒ・グライム［一七一九～八三］が自邸に建立した友愛の殿堂――そこには一〇〇名もの情熱的な愛情で結ばれた男性たちのポートレイトが飾られている――が今も残っている［現、ハルバーシュタット市のグライムハウス美術館］。

▼時代の好尚　若きモーツァルトがラテン語の少年愛（ペデ）オペラ『アポロンとヒュアキントス』（K38、一七六七年）を作ったのも、この風潮と無縁ではない。ゲーテの少年愛詩『ガニュメデス』も同様である。

3……旧体制《アンシアン・レジーム》下のリベルタンたち

カサノヴァやマルキ・ド・サドに代表されるリベルタンと呼ばれる〝男女両色を嗜む放蕩家〟が活躍したのも、こうしたアンシアン・レジーム体制下のことであった。

マルキ・ド・サド［一七四〇～一八一四。本名ドナシアン・アルフォンス・フランソワ・ド・サド。マルキ・ド・サド（「サド侯爵」の意）は通称］は、その著述や名声とは裏腹に、私生活では同時代のリベルタン貴族たちとさして相違のない性的遊戯に耽ったに過ぎない。だが、運命の女神は公平ではない。不運なサドは美男秘書や召使いとの男色、殊に受け手のアナル・セックスや、娼婦相手の肛交、鞭打ち、催淫剤の使用などを理由に逮捕され、一二年半にわたって投獄される憂き目をみることになる。もっとも、その余慶も軽んじることはできない。長年にわたり獄中に暮らしたお陰で、彼は旺盛な執筆活動に専念することができ、後世の文学に多大な影響を及ぼすとともに、サディスムの名祖《なおや》としての栄誉をも受けるにいたったからである。人生何が幸いするかわからない。

飽くことなき快楽を追究するリベルタンが活躍する時代――とはいえ当時もなお、キリスト教諸国では男色者を生きたまま焼き殺すという蛮行がまかり通っていた。ごく一部の高い身分の者を除いて、同性を

リベルタン（放蕩貴族）たちの戯れ

【左】ソファーで互いのペニスを見せ合う二人　出所不明。左下と同じ作品からか？

【右】マルキ・ド・サドの小説『ジュリエット物語（悪徳の栄え）』の挿絵　一七九七年。版画。ボネ筆。大勢の男性が、動物も交えて、アナル、オーラル各種お好みのままに肉体ピラミッドを作って快感を貪る図。

【上】アナル・セックスをする二人の男性　フランスの小説家アンドレ・ロベール・ド・ネルシア（一七三九〜一八〇〇）の作品に描かれた挿絵から。

愛する人の誰もが、いつ逮捕・処刑されるか知れぬ理不尽きわまりない危機感にさらされていたのである。

その一方で理性の曙光が芽生えはじめてもいた。ヴォルテール、モンテスキュー、ミラボーら啓蒙思想家が、こぞって「男色は苛酷に処罰され過ぎている」とか、「まったく無害なのだから禁止法をすぐさま廃止するように」と主張する時代にさしかかっていたのだ。

ロシアの女帝エカテリーナ二世〔在位、一七六二～九六。夫帝ピョートル三世を廃位、殺害してロシアに君臨した啓蒙専制君主〕は、一七八五年、裁判官たちに対して「ソドミー」の審理にあたっては極力、慈愛の念をもって扱うようにという要請を出している▼。

▼……要請を出している　理性に恵まれていたベンサム（一七四八～一八三二。イギリスの哲学者。功利主義の主唱者）は、誰にも害を及ぼさない男色を違法とする愚行を論難したし、近代的無神論者の先駆者たるマルキ・ド・サドも、男色やアナル・セックスを処罰する野蛮さを作品の中で非難してやまない。実のところサドは残虐な行為が誰よりも嫌いな人道主義者だったのではないだろうか。

4……カリブの海賊――少年たち憧れの冒険世界◆1

船乗りの世界は男たちばかりのホモエロティックな社会であった。とくに海賊の間ではマトロタージュというフランス語で呼ばれる一種の念契関係が営まれていた。もしもスティーヴンソン〔一八五〇～九四〕が『宝島』〔一八八三〕をもっと正確に描いていたならば、ジム・ホーキンズ少年と一本脚の海賊ロング・ジョン・シルヴァーとは恋人どうしとして表現されていたことであろう。

ゲイで知られる海賊と言えば、のちに教皇ヨハネス二三世〔対立教皇。在任、一四一〇～一五。ルネサンス期に活躍した大勢のゲイ教皇の一人〕となったイタリア人バルダッサーレ・コッサが名高い。が、男色関係を築いていたのは何も彼に限ったことではない。近年の研究によれば、当時の海賊の九割までが男性どうしの性愛関係をもっていたという▼。海賊たちは、普通数名の男の恋人をもち、アヌス用の貞操帯が用いられることも珍しくはなかった。

二人の男性が出会ってから火炙りの刑に処せられるまでを描いた版画６葉　アムステルダムで1730年出版。一番上左の〈１〉で二人は出会い、〈３〉で捕らわれ、〈４〉で投獄され、〈５〉で火刑に処されて果てる。1730年代のオランダでは、無数の人たちが「ソドミー裁判」によって処刑された。世界に先駆けて同性婚を合法化した現在のオランダとは隔世の感がある。

▼当時の海賊……もっていた　男ばかりの海軍内では水兵どうしが愛し合い、船長や交易商人らは一〇代の若者を稚児として同伴する習いだった。

ヨーロッパ全土で戦禍の絶えない一七世紀、カリブ海域で海賊たちは勢力を広め、独自の社会を形成していた。各船内では男色の特権は、船長と上級船員にのみ許されており、当時の記録によれば、「おもにアフリカで捕らえた大きな体軀の黒人奴隷を犯すならいであった」という。

水夫たちは一つのハンモックに二人づつ、裸のまま眠る習慣だった。彼らの日常生活の中から男どうしの愛情が、ごく自然に芽生えたことは想像に難くない。

ルイ・ル・ゴルフの『バッカニーアの思い出』によると、マトロタージュという一種の念契で結ばれた愛人たちは、互いの持ち物を共有し合い、遺産相続をともなう婚姻に似た交わりをつづけていたという。彼らは一方の恥辱は他方のそれと心得、片割れ《パートナー》［侶伴］が罰せられると、もう一人も同じ刑罰——死刑ですら——を分かち合うほど親密な仲であった。同書には、ジョルジュ・ルンシヴィルと愛人ティモテの哀しい最期が語られている。嵐に遭って船が座礁したとき、ジョルジュは何人かの船員と一緒にボートで難を逃れたが、気付くと愛人のティモテがいない。振りかえれば沈みいく船に取り残されているティモテの影が見える。ジョルジュはためらわずに海中に身を躍らせると、愛人を救い出すべく船へと泳ぎ戻った。しかし、ジョルジュとティモテの二人は互いに抱擁しつつ船もろとも水中深く没して落命する。以来、二人は英雄視されて、その友愛と信義とを謳いつがれることになった。どこか日露戦争時の旅順港閉塞作戦で「軍神」にまつりあげられた広瀬武夫少佐と杉野孫七兵曹の最期を彷彿させる話▼ではないか。

▼広瀬武夫……彷彿させる話　中国その他世界各地の海賊たちも、同様の念友関係で結ばれていることが多かった。明・清代の文献には、海賊の頭目が、寵愛する男色相手を養子にして、跡目を継がせたことが少なからず記録されている。ちなみに生涯独身を保った日本初の「軍神」広瀬武夫（一八六八〜一九〇四）は、少し年長の杉野孫七（一八六七〜一九〇四）と知り合って意気投合し、日夜寝食をともにしたという。

第VIII部

「新しい世界」の男色

大航海時代から植民地支配へ

ポリネシアでは若者の美が、女の美を凌駕している。

（スティーヴンソン）

【扉の図版】

ヨーロッパ人侵略者によって“ソドミア”の廉で猟犬に喰い殺される人々　1590 年。テオドール・ド・ブリ（1528-98）による彩色版画。ニューヨーク、公共図書館蔵。新大陸アメリカを「発見」したヨーロッパ人は、南北アメリカの全地域に男色の風習が根付いているのに驚いた。本図はスペイン人征服者バスコ・ヌーニェス・デ・バルボア（1475~1519）がパナマ地方の先住民 40 人に猟犬をけしかけている場面。新大陸の随所に同性どうしの性愛や異性装の習慣があることが、ヨーロッパ人キリスト教徒に先住民を虐殺する口実を与えた。その結果、アメリカ大陸の大半の伝統文化は壊滅させられてしまう。

第1章

オセアニア世界の男色性向

1……ハワイの王侯貴族◆1

一七七八年、イギリスの探検家クック船長〔ジェイムズ・クック。一七二八～七九〕が、初めてハワイ諸島へやって来たとき、島々の首長たちは皆な、アイカーネと呼ばれる若い美男貴族をともなっていた。ハワイでは昔から伝統的に、首長と最も眉目秀麗な若者とが同棲し、相互に愛し合う契りを結んで、どこへでも仲良く同行する習慣があった。アイカーネはたいへん名誉ある職と見なされ、高い社会的地位を得て、聖なる儀式にも参列し、また「マナ」という特別の霊力をもっている者と信じられていた。具体的にどのような性交渉が営まれたかは、記録が残されていないので詳しいことはわからない。ただ、ある英国人が「彼らは王を相手にオナンの罪を犯すのが責務だ」と記しているので、相互マスターベーションか補助的マスターベーション、ないしフェラチオ行為などを年長者に施していたものと推測される。右の文脈から推して、おそらく彼らは手で王または首長のペニスをしごいて射精させる役割を果たしていたのではなかったろうか。しかし、欧米人が詳細な記述を残さないままアイカーネの存在を根こそぎ禁圧してしまったせいで、今日では断定的なことは

クック船長の最後の航海記に描かれた、首長の衣装を着けた先住民の青年。18世紀。

何も言えない。ちなみにハワイの古語では、アイカーネは「男まぐわい」を意味する言葉であった。▼

▼**アイカーネは……言葉であった**　アイカーネの好典型、アルキタイプとされるのが、天の神ロノとカパ・イヒとの念友関係である。神話は語る。ハワイの天候と豊饒の神ロノが魔法の木を捜し求めて旅立ったときに、これを見て思いを寄せたカパ・イヒは、突如ロノの目前に姿を現わして、率直に愛情を告白した。二人はアイカーネの契りを結んで恋人どうしとなり、以来、仲良く一緒に旅をつづけた。後年、カパ・イヒが去ってしまうと、ロノ神は傷心のあまり病気になり、そのまま空しく息を引き取ったという。ハワイでは伝統的に男性どうしの性愛は、宗教上も、歴史的にもきわめて適正な行為として認められていたわけである。

かのハワイ諸島を統一して「大王」の称号を冠せられたカメハメハ一世〔一七三七頃〜一八一九〕も、かつては先君カラニオプのアイカーネの一人であり、他の貴族身分の青年たちと君寵を競い合っていた。のちには彼自身、年下の美青年と芳契を結んで愛情の限りを注いでやまず、自分の行くところへは必ずどこへでも同伴した。ヨーロッパ人の船へ赴いたときには、側近たちとともに愛するアイカーネを連れていき、彼らの男色関係を遠来の客に対しても一向に隠そうともせず、一夜をアイカーネと一緒に西欧の帆船で過ごした程である。当時の「航海記録」などの資料によると、ハワイの男性たちは西洋船の乗組員のうちハンサムな青年がいると、それを船長のアイカーネだと信じて疑わず、出航が近づくと首長は「是非とも彼を儂《わし》に売ってくれぬか」と真剣にせがんで気前よく婚資〔結納金〕をはずむありさまだったという。

性愛に対して偏見をいだかなかったハワイの人々は、男性どうしの性の営みをきわめて自然なばかりか、栄えある行為と受けとめ、称賛してやまなかったのである。▼

▼**称賛してやまなかったのである**　古ハワイ語でアイカーネを直訳すると、「男犯し」もしくは「男を犯す者」という意味になると解釈されている。

オセアニア文化

【上】二人のアイカーネを連れたサンドウィッチ諸島（ハワイ諸島）の首長　1787年。部分。オーストラリア、キャンベラ国立図書館蔵。18世紀後期にハワイを訪れたクック船長一行は、島々の首長がアイカーネと呼ばれる青年たちを常に同伴していることに気付いた。彼らは首長たちの愛人で、高い社会的地位をもっていた。ハワイを統一したカメハメハ大王も、もとはある首長のアイカーネの一人であり、やがて自ら美青年のアイカーネを引き連れるようになった。

【左】勃起したペニスを手でしごく人物座像　ニューギニアの木彫。ファロス芸術は世界中に普遍的に広まっていた陽物崇拝の証拠である。パプア・ニューギニアをはじめとするメラネシア各地では、少年が大人になる通過儀礼（イニシエーション）の中で、年長者のペニスをフェラチオしたり、肛門性交の受け手となったりして、精液を体内に取り込む儀礼的行為が行なわれている。

2……タヒチ◆[2]

女には失望した。男の美しさには、とうてい及ばない。

（ダーウィン、タヒチ島にて）

一八世紀末には、タヒチで首長が従者のペニスをしゃぶっているところが、ヨーロッパ人によって目撃されている。われわれの知っている通常の性的・社会的役割では、従者が首長にフェラチオ行為をするべきところだが、この場合は立場が逆転している。あるいは、ともすると首長という高い地位が己れの欲するがままの性行動をとらせたのかもしれない◆[3]。

従来からよく言われてきたことだが、タヒチの人々は「男らしさ」とか「女らしさ」といった概念をほとんどもたないので、男女のジェンダー差がきわめて少ないという。この地で成人男性たちが互いに身体を密着させて踊ったり、マーフーと呼ばれる男のもとへ誰憚ることなく通っては性交渉をもったりしていたことは、一八世紀以来、長きにわたって報告・記録されている。マーフーというのは、少年時代から女性特有の仕事や作業に従事したがり、長じてのち自ら女装してシャーマン的な役割を果たすようになった人々のことである。彼らは治癒者として深く尊敬され、古来の習慣にしたがって特権を与えられており、またフラ・ダンスの祖形である伝統舞踊や歌を巧みにこなした。マーフーの性行為というのは、マーフー以外の男性にオーラル・セックスをすることであり、口内に射精されたザーメンを彼らは喜々として一滴残らず飲み込んでいた。男たちもこうしたフェラチオ行為をまったく当然な性交渉だと見なしていて、女性との交接よりも遙かに大きな快感を得られるものと思っていたようである。マーフーの行なう口交は「オテ・モア」［「ペニスしゃぶり」の意］と呼ばれ、精液には滋養とエネルギーが含まれていると信じられていたせいか、マー

南海の楽園タヒチ

【上】タヒチの青年漁師たち
1931年のF·W·ムルナウ監督の映画『タブー』の冒頭シーン。ロンドン、ロナルド・グランド・アーカイブ。タヒチの人々は性への偏見がなく、「男らしさ」とか「女らしさ」といった固定概念にとらわれなかったという。また、男性間の友愛が大切にされ、契りを結ぶと相互に深い愛情を寄せ合う習慣があった。なお、ムルナウはドイツの映画監督で『ノスフェラトゥ』などの名作を送り出したが、1931年3月11日、『タブー』が公開される1週間前に交通事故死した。42歳。事故発生の際、若いフィリピン人運転手にフェラチオしていたと噂されている。

【左】「マーフー」とされる男性
1870年頃。パリ。人類博物館蔵。かつてはタヒチに限らず、ポリネシア諸島各地にマーフーと呼ばれる「第三の性」的な人々がいた。彼らは、男性をフェラチオして精液を飲んだり、首長らの「妻」になったりする習慣があったと記録されている。

フーは誰も皆な、たいへん力強かったという。彼らは男たちにフェラチオをし、相手の精液を飲むことで強くなると考えられていたのだ。

　ハワイやマルキーズなど、他のポリネシア諸島にもマーフーが存在したが、大半は一八世紀末以来、侵略してきたヨーロッパ系キリスト教徒に迫害され弾圧を被って、諸々の伝統文化とともに滅び去ってしまった。今日なお残っているのは、わずかにタヒチだけでしかない。かつて首長たちはマーフーを「妻」として娶り、六〜八名の「妻」をもつ者もいた。各村落には基本的に一人のマーフーがおり、一人が死ぬと別のマーフーが新たにその座につくとされている。▼

▼……とされている　かつてはオセアニア全域にマーフーと同様の「男性とセックスをする〝第三の性〟的な人々」が存在していたことが記録に残されている。しかしながら、近代以降キリスト教の宣教師らによって「罪深い邪悪な者ども」だと厳しく断罪されて、ほぼ根絶やしにされてしまった。

　ちなみにアメリカの小説家メルヴィル［一八一九〜九一。代表作『白鯨』。年上の作家のナサニエル・ホーソンに熱い思いを寄せるが、報われずに終わる］は、一八四一年から一八四五年にかけての太平洋旅行で、「すべてのポリネシア人に心友をつくる風習がある」と誌している。彼はこうつづける。「『タヒチ島年代記』は素晴らしい友愛の宝庫である。かのギリシアの念友ダモンとピュティアスよりも深い献身——時には生命をもささげても惜しまないほど強い相互の友愛——の例も豊富に見られる。他の島から訪れた見知らぬ男を一目見かけただけでも、心からもてなし念契を結ぶことがよくある。女色では嫉妬することはないが、芳契関係にかけてはライバルの存在を許さない◆[4]」。

第2章 アメリカ大陸

——南北両アメリカに栄えた男色文化「扼殺された文明」

ショショーニ族の青年。1898年、C・S・ベイカー撮影。ワイオミング大学蔵。

1……メソ・アメリカのマヤ文明とアステカ人

「何と恐ろしいことだ!」。

一四九四年、コロンブスの第二回アメリカ航海に従った医師は、新大陸の住民の間に男色が普《あまね》く拡がっていることに驚愕し、日誌にこう記した。

スペイン人征服者《コンキスタドール》のバルボア〔一四七五〜一五一九〕は、一五一三年パナマ地方を遠征したときに、カレカの王を殺したが、その折り王弟ら大勢の青年が「男色に耽っている」のを目撃して、四〇名の若者たちを猛犬に喰い殺させたことを得意気に記録している。さも正しいことをしたかのように。

次いで一五一九年には、逸名のスペイン人侵略者が、中央アメリカのマヤ人がきわめて男色を深く愛好していることを報告。つづくヨーロッパ人たちは、「新大陸」の先住民すべてが〃ソドミー〃を営んでいる事実を、祖国へ報告することになる。

かくして自分勝手な宗教心から彼らキリスト教徒たちは、残忍きわまりない「新大陸」征服と住民虐殺を正当化したのである。しかし神学者フランシスコ・デ・ビトリア〔一四八三頃～一五四六。スペイン出身のカトリック神学者〕は、皮肉なユーモアをこめて言い放った。「もしも男色行為が侵略を正当化できるのならば、イタリアへ侵攻したフランス軍はまことに聖なるふるまいをしたと言わなくてはならぬな」と。ヨーロッパ人の間では、イタリア人男性は男好きで定評があったからだ。

中でもカリブ海のインディオたちは、ことごとく男色に熱中していた。ヒスパニョラ〔ハイチ〕島のインディオ戦士には、敵対する部族から捕らえた少年たちを、時には去勢してから、一八歳に達するまで愛人とする習慣があったという。宝石や美しい衣裳を捕虜となった少年たちに与えて身を飾らせ、恋人として寵愛したカリブの男たちもいる。

マヤ人の間では、青年が年下の若者を「妻」として娶る少年婚の制度が確立されていた。この習慣に関しては、すでに一五四二年のスペイン人ラス・カサス〔一四七四頃～一五六六。ドミニコ会派伝道師〕や一六一五年のフランシスコ派の僧侶らが報告している。マヤの神話によると、「昔々、一柱の男神チン〔マラン、その他の異称あり〕が地上に天降《くだ》って自ら他の男神と交わり、男たちどうしでセックスする方法を伝授し男色行為を祝福した」というのである。神の教えにしたがって、両親は息子が年頃になると、性交の相手として少年をあてがう慣《なら》わしで、その少年に言い寄る余所《よそ》の男たちは法により「結婚生活を乱す者」と見なされ、姦通の場合と同じ処罰を加えられることになっていた。成人して女の妻を娶ることもあったが、生涯にわたって男色婚が継続する場合も珍しくはなかったという。

マヤ文化において男性愛はきわめて普及しており、年齢差のある男色関係も対等者どうしの男色関係も、まったく文句なしに認められていた。青少年は二〇歳ほどで妻帯するまで「男たちの家」で暮らし、それまでの期間は男性間でのみ性交する風習であった。また、男根崇拝、精液崇拝も広まっていて、裸身に刺青を施した一五歳から一八歳ぐらいの若い神官たちが、陽物《ファロス》状の柱の周囲を踊りながら廻って、美男の双生兄弟神フン・アプとイシュバランケに自らの精液をささげるエロティックな儀式も行なわれていた。

アメリカ先住民の性愛

【右】チェロキー族のパイプ　フェラチオを行なうのも、北米大陸の先住民にとっては、何ら問題ではなかったようだ。20世紀になってもオーラル・セックスで裁判沙汰を起こしていた白人たちは、こと性文化にかけては、はるかに遅れた人種でしかない。

【下右】全裸の男性の姿で表わされたホピ族の精霊　アリゾナ、ホピ族の崇拝する超自然的な精霊カチナをかたどった人形、カチナドール。北米でも男色はきわめて一般的な習慣だった。

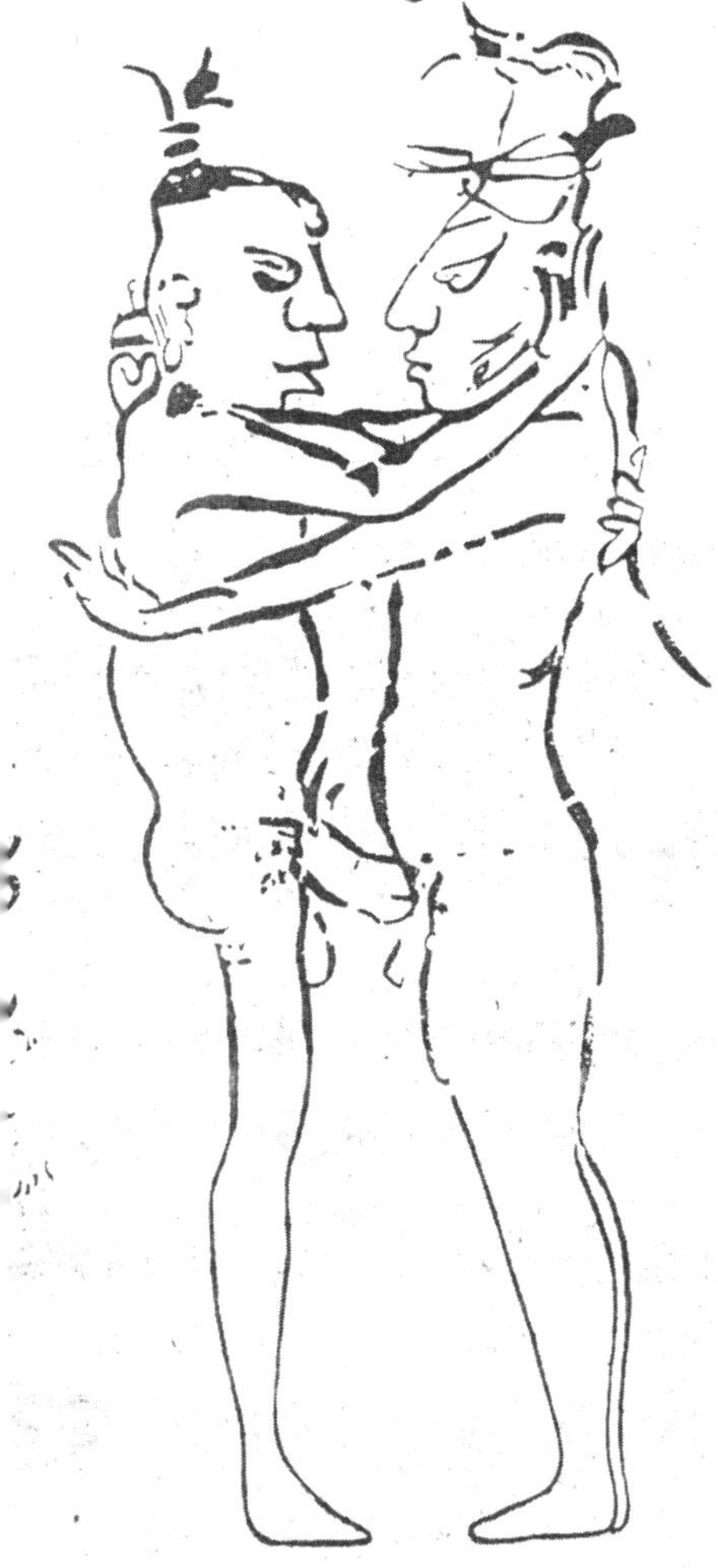

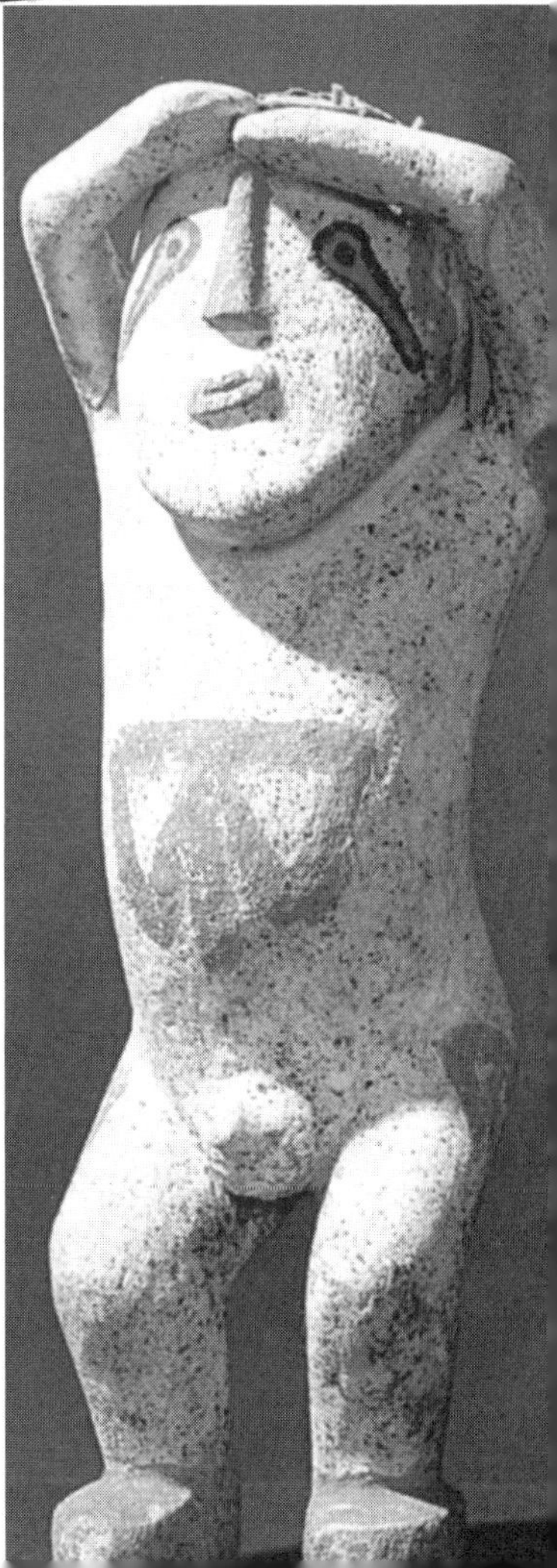

【左】素股で交わるマヤの男性　男色的な儀式の場面を描いたマヤ壁画。グアテマラ、ペテン地方の洞窟壁画より。中央アメリカに繁栄したマヤ文明においては、少年婚の制度をはじめとする、さまざまな男性どうしの性愛行為がひろく行なわれていた。男色はマヤの男神の祝福を受ける関係だったのである。

一五一九年にベラクルスに到着したコルテス〔一四八五～一五四七。エルナン・コルテス。スペインのコンキスタドール〕は、トトナカの王ゴルドに出会うが、「王のハレムに女は一人も居らず、若者たちのみで構成されていた」とのこと。

アステカ人〔一四世紀から一六世紀にかけて現在のメキシコ中央部に強大な帝国を築いた民族〕もいたって男色好きな民族で、六歳の子供さえもがこの種の情事の仲間入りをしていたと伝えられる。コルテスに従軍したベルナール・ディアスの記述に拠れば、神官たちは妻帯せずに男色をもっぱらとし、神殿には売春をする少年たちが大勢いたという。おそらく古代オリエントの神殿男倡に相似た聖職者だったのであろう。神格ではとくにショチピリという花の神が、男どうしの愛を守護すると考えられていたらしい。アステカ人はこのショチピリ神崇拝を、古くに栄えたトルテカ人〔一〇～一一世紀にメキシコ中央高原を中心にさかえたメソアメリカの先住民族〕から採り入れたようである。

アステカ帝国の実質上最後の帝王と言ってよいモクテスマ二世〔一四六六頃～一五二〇年七月一日。在位、一五〇二～二〇〕は、「自らの情交相手として好むお気に入りのタイプの若者を食べていた」といい、コルテスらスペイン人の許へも体格のよい男を気前よく送り届けてくれた。カニバリズム〔人肉食〕は、彼らの宇宙観にもとづく宗教的慣行だったのである。

2……南米アンデス文明◆[1]

インカに先行するモチェやモチーカ、チムー文化の遺品である陶器類の中には、男性どうしや女性どうしの性交渉、アナル・セックスやオーラル・セックス、マスターベーションを造型した作例が見出される。もっとも、こうした性行為を表現した美術品は――黄金製品の作例もあったが――手当たり次第にキリスト教の宣教師たちによって破壊されてしまい、現存する遺物はほんのわずかでしかない。▼

▼現存する遺物はほんのわずかでしかない　ある蒐集（コレクション）の中では、二人の男性が肛門性交をしている場面を描写した像が、全体の三パーセント、レズビアニズムは一パーセントを占めているという（Greenberg (1988);

南アメリカ・アンデスの芸術

【左】エロティックな体位でまじわる男性　モチェ（モチーカ）陶器。五〇〇頃〜七〇〇年頃か。今のペルー北部に一〇〇年頃から七五〇年頃まで栄えたモチェ文化は、のびやかな性愛を謳歌する鐙型注口土器の存在で知られている。ヨーロッパ人キリスト教徒が侵略するまで、男性どうしの性愛に対するタブーなどという代物はほとんど持ち合わせなかったのである。

【右】アナル・セックスに興ずる男性　チムー陶器。一五世紀前半。マドリード、アメリカ博物館蔵。今のペルー沿岸地域に九〇〇年頃から一四七〇年頃まで栄えたチムー文化は、おおらかな性行為を楽しむ漆黒陶器で名高い。男色に対する禁忌などという偏狭な「性道徳」とは無縁な世界であった。

Bullough (1976); etc.)。

インカ帝国の人々の間にも男色の制度化が見出された。スペインの年代記作家シエサ・デ・レオン［一五一八頃～五四。代表作『ペルー誌』］は、こう書いている。「美しい女がたくさんいるのに、多くの男たちは実に開けっぴろげに男色を行ない、それをたいそう誇りにさえ思っている」。各地の神殿には奉献された若者たちがおり、首長や領主は特別な祭日に彼らと交わる男色儀礼を行なっていた。また公共の建物に美しく装った男性が大勢いる地域もあった。インカの皇帝や王侯が男寵を擁したという文証は残らないが、聖俗両界で男性どうしの性行為が盛んに行なわれていた▼ことには疑いの余地がない。

▼聖俗両界で……行なわれていた　アステカやインカに男色を処罰する法律があったというキリスト教徒の伝える話は信用に値しない。スペイン僧がアステカやマヤの文書を焼却してしまったため、侵略以前の法律は残っていないし、古代インカの「男色に耽る巨人が天使の剣で滅ぼされ、焔によって焼き尽くされた」という伝説は、宣教師によるソドム滅亡神話の焼き直しでしかないからである。

さらにトゥピ族らアマゾン流域の社会にも、根強い男色制度の伝統があった。一六世紀にポルトガル人やフランス人が実見したところでは、戦士たちは男色楼で他の男性とオーラル・セックスないしアナル・セックスを行なうことによって、より力強くたくましい勇士になっていくと信じ、進んで登楼していたという。

3……二つの精神をもつ人々

南北アメリカ大陸では、北極圏のイヌイット［エスキモー］から、南米の先端にいたるまでほぼ全域にわたって、男性間の性愛は――同性婚をふくめて――、広く普及し、かつ制度化されていた。

北米の多様なジェンダー

【上】フロリダの“ヘルマフロディトス”と看做された人々　1564年、フランス人画家ジャック・ル・モイン・ド・モルグ（1533頃~88）が描いた彩色画。テオドール・ド・ブリ『アメリカ』（1590年）より。新大陸を旅行したモルグは、「ヘルマフロディトスは、きわめて普通に見られる」と書いている。男色の受け手となる長髪の男性を指していると思われる。しかし彼らは、侵略者のスペイン・ポルトガル人によって徹底的に迫害され虐殺されてしまう。

【下】ベルダーシュに献げる儀式　1835年、ロッキー山脈東方の大平原地帯を旅したジョージ・カトリン（1796~1872）が目撃した光景。ワシントンD.C.、スミソニアン協会、国立アメリカ・インディアン博物館蔵。右手に直立する「二つの精神」の人物（通称「ベルダーシュ」）に対して舞踊の儀式を行なうソーク（サック）＝フォックス族の戦士たち。

中でも平原インディアンと呼ばれた北米先住民グループの研究が、おもに合衆国の学者によって進められてきたので参考になる。

一五四二年には、テキサスの部族社会で男性どうしの結婚が挙行されていることをヨーロッパ人が「発見」している。その後、キリスト教徒の侵略によってアメリカ本来のゲイ文化は徹底的な弾圧と破壊を被り、ほぼ完膚なきまでに壊滅してしまうという悲惨な運命をたどる。現代まで残った古俗は寥々たる断片でしかない▼。

▼現代まで残った……断片でしかない　ヨーロッパ人がまだ宗教的迷妄の闇から脱しきれぬ半未開といった状態のまま、世界各地の侵略・征服に乗り出していったことは、独り「新世界＝アメリカ大陸」に限らず、人類全体にとってきわめて不幸なことだったと言わざるを得ない。世界各地で、多彩な性習慣のみならず、さまざまな伝統文化が否定され、変質を余儀なくされ、時には徹底的に破壊されてしまったのだから。

「ベルダーシュ」と呼ばれた〝二つの精神〟をもつ人々

アメリカ先住民社会の「異性装のシャーマン」を、ヨーロッパ人はペルシア語の〝男色用奴隷〟を意味する言葉にちなんでベルダーシュと呼んだ。

男性のベルダーシュは少なくとも一三〇以上の北米先住民グループに認められており、部族によってその呼び名は種々さまざまで、そのあり方も部族、時代によって異なっている。彼らは夢告や神々の啓示に従って自ら女の服装と仕事を択び、非ベルダーシュ男性の妻となる場合が多かった▼という。一種の同性婚である。

▼非ベルダーシュ……多かった　北米先住民社会では男色が禁忌（タブー）とされていなかったので、同性を愛するために敢えてベルダーシュになる必要はなかった。

通例、彼らは部族内で高い地位を占めていた。ナバホ族ではナードレーと、ズーニー族ではラーマナと、

「二つの精神」をもつベルダーシュ

【上】ウェーワ、最も有名なベルダーシュ　一八八五年撮影。ワシントンＤＣ、スミソニアン国立博物館蔵。二つの精神をもつ人々のうちで白人社会において最も知られたのが、ズーニー族の文化的、社会的指導者ウェーワ（一八四九～九六）であろう。

【左】クロウ族最後のベルダーシュ　一九二八年撮影。クロウ族（正しくはアプサロケ族）に限らず、北米先住民の間では異性の服装を身に纏い、時には同性と結婚する第三のジェンダーと見なされる人々がいた。彼らは偉大な霊能力をもっており、部族の中でも高い地位を保っていた。異性装者は白人キリスト教徒から長きにわたり迫害を受けつづけた。

スー族ではウィンクテと称され、その霊能ゆえに精神的な指導者として人々から尊敬を受け、部族全体に多大の利益を与えるという特有の社会的役割を果たしていた。

いちばん有名なベルダーシュは、おそらくズーニー族のウェーワ［ないし、ウィーワ（We'wha）。一八四九〜九六。一九世紀末のズーニー族社会の文化的・政治的リーダー］であろう。彼は最も力強く、かつ賢明で、敬意をはらうべき人物とされていた。ウェーワは「白人」から〝インディアンのプリンセス〟だと思い込まれていたので▼、一八八六年に代表使節としてワシントンへ赴き、クリーヴランド大統領と握手を交わした。

▼**インディアンの……思い込まれていた**　現今では彼らは、〝二つの精神をもつ人（Two-Spirit）〟ないし〝男＝女（Man-Woman）〟と称されている。詳しくは、Williams (1986); Roscoe (1988/91; 1995; 1998); Jacobs, Thomas & Lang (1997); Herdt (1993) などの英書を参照していただきたい。

ちなみに、現代もメキシコ南部のフーチタン周辺には、ムシェ（muxhe）と呼ばれる、タイのカトゥーイやインドのヒジュラーと相似た異性装ないしトランス・ジェンダーな人々を中心とするクィア文化が残っている。このフーチタンが属する地方のオアハカ語を話すサポテカ族は、アメリカ大陸でも珍しくホモフォビアに蝕まれなかった部族として注目される。◆2

ウェーワ　上は女装姿、下は機を織っているところ。1871-1896年撮影。アメリカ国立公文書館蔵。

第3章 アフリカ大陸
——サハラ以南のアフリカ諸社会

1……アフリカの少年妻◆1

かつては「黒人〔サハラ以南のアフリカ先住民〕」に制度化された男色の習慣はない」といった人種差別的な、しかも事実に反した偏見が、長きにわたって浸透していた。

しかし、二〇世紀以来の研究によって、アザンデ族〔現、南スーダン南部から中央アフリカにかけて居住していた民族。ザンデ族とも呼ばれる〕の男色婚をはじめ、アフリカ各地に同性どうしの性愛が広く行なわれてきたことが今日では明らかになっている。

例えば、二〇世紀初頭までアフリカ大陸中央部の大半を支配したアザンデ族の間では、男色はきわめて一般的に営まれており、▼とくに王宮に仕える兵士ら軍隊内においては、男性間の結婚が公式に認められていた。若い独身戦士は年下の若者や少年を娶り、性的快楽のパートナーとしただけではなく、行軍の折りには楯持ちとして随身させ、戦闘訓練をはじめ種々の掟や習慣などを教育するならいであった。日本でも「若衆をするはかまはぬ庚申《かのえさる》」〔庚申の日に性交をするのは禁忌だが、男色は構わないという意の川柳〕といった俗信があったように、女色には数々の性的タブーがあったが、少年愛にはそうした「性的穢れ」がなかったので、むしろ男色のほうが推奨されていた

アザンデ族の戦士。1874年。戦士は少年妻を娶る習慣があった。

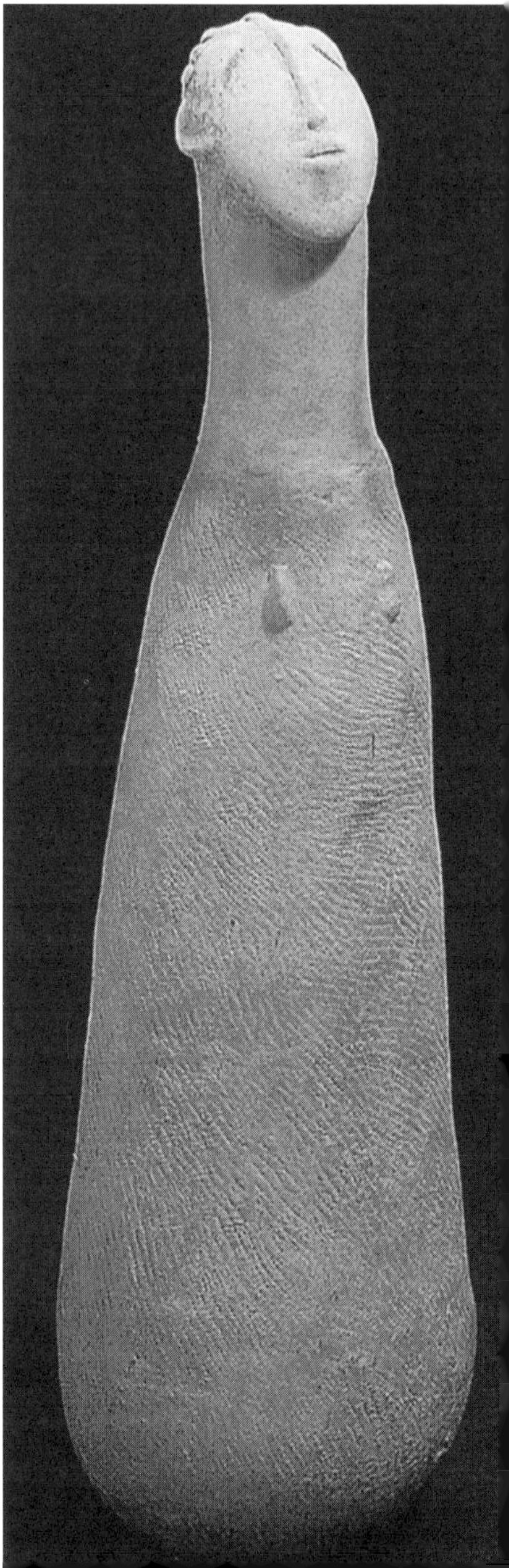

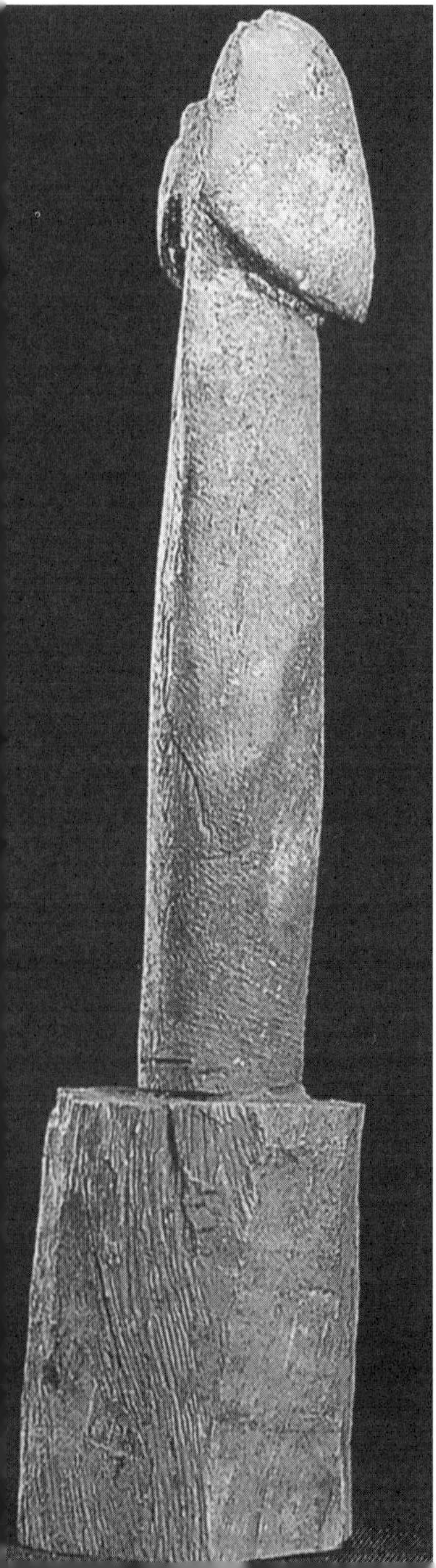

ファロス崇拝

【右】人頭の土製陽物像　ナイジェリア、一七世紀頃。亀頭が人間の顔に作られている。豊作祈願その他、呪術的用途に使われた。

【左】屹立する木製男根像　ナイジェリア、一九世紀頃。雁高の亀頭が際立つ陽物像は、豊饒を象徴するシンボルである。

アフリカ大陸

【右】アフリカ式トリオリズム　ナイジェリア、ノク文化。2世紀頃。太古から3人で行なうセックスは、人種・民族を問わず愛好された。男性2人に挿入される中央の人物は女性であろう。太い男根が印象的な作例である。

【左】男性裸像　暗黒大陸と呼ばれ、「サハラ砂漠以南の民族に男色の習慣はない」といった差別的な言辞は、人類学者の研究により全面的に否定されている。

のだ。性行為は股間交つまり素股《すまた》の形で行なわれ、王族の目にとまった若者は、側臣・小姓として寵愛めざましく時めいたという。兄貴分が戦士段階を終えて女色婚［異性婚］をするようになると、今度はその少年妻だった青年が年下の若者を妻として娶る慣わしだった。古代ギリシア人の全人格的な教育を施すパイデラスティアーや、わが国の衆道に近い関係と言えるだろう。

▼**アザンデ族……営まれており**　アザンデ族の男性は現代でも、三〇～四〇歳代になるまで妻帯を遅らせ、若者相手の男色を通常の習慣としているという。

一七世紀末までにナイジェリアからガーナにまたがる強大な王国を築いたアシャンティ［アサンテ］族には、ハレムに男奴隷を妻として囲う風習があり、主人が死ぬと彼らも殉死させられたという。こうした殉死や生贄の慣行を口実にイギリス政府は王国への侵略を正当化し、一八七四年には王都クマシを陥落させた。強盛を誇った軍事国家もここに崩壊し、イギリスの植民地支配のもと、伝統的な文化は抑圧と迫害にさらされた。

対等者間の交情の例もたくさん見出されている。そのうち代表的なものをいくつかあげておこう。

コンゴ河南支流のバロンダ族は、男性たちが友愛の契りを結ぶ儀式を行なうことで知られている。二人の男が互いの手をとりつつ向き合って坐り、身体に小さな傷をつけて滴る血を、盃を交わして飲む。この「カセンディ」という儀式が済むと、二人は〝血族〟と見なされ、以来、常に行動をともにすることになる。念契がいったん結ばれるや、血盟の証しとして贈り物が交換されるが、それは決まって最も貴重な所有品である。

こういった芳契の儀式を執り行なう風習は、南アフリカのマンガジャ族その他のザンベジの諸部族社会に広く認められるという。

ズールー族［南アフリカに住むバントゥー系有力民族集団］には、念友となる相手と互いに名前を交換し合う習慣があり、首長クラスの地位の者たちもこの儀式を行なっていた。名を取り換え合った者どうしは、以後、特別に親密な仲の知音《ちいん》

アフリカの同性婚

20 世紀の人類学者・民族学者のおかげで、サハラ以南のアフリカ文化に男性どうしの性愛が顕著に認められる事実が証明された。

【上】アザンデ族の少年婚　エドワード・エヴァン・エヴァンズ＝プリチャード（1902~73）著『アザンデ族——歴史と政治制度』（1971 年）掲載の図版。イギリスの社会人類学者エヴァンズ＝プリチャードはアザンデ族の間で一般的な男色風俗を研究し、古代ギリシアのパイデラスティアーや日本の衆道と相似た男性どうしの関係を「少年婚」と呼んだ。アザンデ族の戦士たちは年下の若者や少年を娶り、弟分に種々の戦闘訓練や掟を教育する習いであった。

【右】アシャンティ族の女王に仕える少女たち　エヴァ・メイェロウィッツの著書『アカン族の聖なる国（*Sacred State of the Akan*）』（1951 年）より。アシャンティ族の王国では、ハレムに男奴隷を妻として囲う風習があった。母系制だったため、王位継承権は母から娘へと受け継がれていた（ただし王〔アサンテヘネ〕は男性）。ガーナのアカン族など母系制社会では、とくにレズビアニズムが普遍的に認められていたという。ところが、キリスト教宣教師ら白人たちの糾弾のせいで、次第に減少していった。

となり、終生、相手を賓客として接待するなど、特殊な義務を互いに負うことになる。ズールー族を統一した王シャカ〔ディングスワヨ。在位、一八一六～二八〕をふくめて勇敢な戦士たちは、女色が認められているときでも、性の相手としては迷わず男のほうを選んだと言われる。

マダガスカル島では、少年の踊り子や歌手が一種のギルドを形成していて、男たち相手の売春に励んで倦まなかった。彼らはセカトラと呼ばれて、占いで人を病気にさせる力があると信じられていた。

ウガンダ〔ブガンダ〕の王ムワンガ二世〔在位、一八八四～九七〕が、若者たちのハレムを擁していたことは、欧州人の間でもよく知られていた。

ダホメーその他、多くのアフリカ諸民族集団においても、同性どうしの性愛行為はまったく日常的に行なわれており、とくに結婚するまでの青年期にあっては当然至極のふるまいだと受けとめられていた。▼

▼**当然至極のふるまいだと受けとめられていた**　こうした男性どうしの性愛関係は、ヨーロッパ人によって侵略され、その植民地として征服されるに及んで、新たな法律下に禁止されてしまった。とはいえ、現代でも未婚の青年たちが相互マスターベーションをすることは、アフリカ各地域できわめて普通に行なわれている。

【上】ズールー族を統一した王シャカ。N・アイザックス著『東アフリカへの旅行と冒険』（1936）より。
【下】アシャンティ王国の王、Prempeh 2世（在位 1933~70）。正式な王位ではないが、現在に至るまで絶大な権力を有している。

第4章　ユーラシア大陸各地の男色◆[1]

ボルネオ（カリマンタン）島ダヤク族の神官バシル。男と結婚する風習があった。1938年。

1……東南アジア——植民地化された地も、されなかった地も

シャム（タイ）——「王様と私」歴代国王と男寵たち

『アンナとシャム王』や『王様と私』で名高いバンコク朝〔正しくは、チャクリー王朝。時にラッタナーコーシン朝とも呼ばれる。一七八二年から現在にいたるタイの王朝〕シャム王ラーマ五世チュラーロンコーン〔一八五三〜一九一〇〕や、ラーマ六世〔一八八〇〜一九三九〕ら歴代の君主は、ほぼ例外なく男寵をもっていたと言われる。

現今の閣僚クラスの要人の中に、ゲイ・ピープルが少なくないことは、知る人ぞ知る公然の秘密《オープン・シークレット》である。

仏僧はあらゆる性行為を絶つ立て前になってはいたものの、僧院の師弟間では男色がごく普通に行なわれていた。▼

▼僧院の……行なわれていた　現代もタイではカトゥーイ（kathoey）と呼ばれる女装男性の存在が、第三の性としてクイア文化を形成している。タイは植民地化されなかった国柄だけに、カトゥーイの存在は、太古からの神話に

由来する誇らかな伝統に裏打ちされているという。彼らカトゥーイたちが、欧州人の支配下におかれたインドのヒジュラーやオマーンのハニースと較べて、はるかに広く社会に受け容れられているのも、至極もっともな話である。

二〇世紀初頭に研究発表をしたフィンランド出身の人類学者ヴェステルマルク［一八六二〜一九三九］によると、マレイ海周辺の各地域で男性同性愛はきわめて普遍的に見出されるという。▼

▼普遍的に見出されるという　東南アジアの全域にわたって男色がごくカジュアルに営まれていたことは、古来大勢の旅行者の目で確認されている。

東ジャワには若い男性どうしの念契制度があった。それは、若い成人男性（warok）と一〇代の若者（gemblakan, 単数形は gemblak）との営みで、いわば「少年婚」と言ってもよい安定した関係であった。若者と結婚している成人男性が、女と性交することもあるにはあった。が、それは女色を好んだからではなく、子孫を儲けて家系を絶やさぬようにするという社会的要請に駆られてやむなくそうするに過ぎなかった。したがって妻帯したのちも、若者と同衾する男性は、何ら珍しくはなかったのである。

ボルネオ［現、カリマンタン］島のダヤク族の神官バシル（basir）は、呪術を生業とし、しばしば他の男と正式に結婚する風習で知られていた。

一八世紀末の『クックの航海記』によると、ボルネオやスマトラの住民たちは男色を事とし、「白人や中国人が漂着すると、彼らを全裸にして鶏姦し辱めたのち屠殺し」ていたとのこと。

セレベス［現、スラウェシ］島のマカッサル族の間では、妻帯した男性がマスリ（masri）なる旅芸人一座の少年を買春する光景がよく見られた。宮廷に所属する名誉ある男色神宮ビス（bissu）の伝統は、侵略者オランダ人によって弾圧を被り衰退したけれど、売春旅芸人や男倡カウェ（kawe）の習慣は、第二次世界大戦後も、しばしば命脈を保った[◆2]。

インドネシアの陽物崇拝　クリスと呼ばれる短剣の把手に彫られたファロス。木彫。ファリシズムが世界のあらゆる地域に普く弘まっている実態が窺われる。

バリ島のヒンドゥー文化——欧米文化に汚染される以前の制度

インドネシアを占領していたオランダ人が記しているところでは、バリ島では男性どうしの性愛はきわめて一般的に育まれていたという。時には一種の男色婚と呼ぶべき長期にわたる安定的な関係も認められた。男女とも公然と同性間の性行為を行ない、男性ダンサーが村落の男たちに言い寄られる情景も、かつてはよく見られたとのこと。ところが、同性どうしの性交を「不自然な悪徳」と断罪する宗教を奉じる〝西洋人〟の影響のせいで、古来の風習はしだいに影をひそめてしまった。

フィリピンでも、一六世紀のスペイン人による占領［一五二一年にマゼランが来航。一五六五年以来、スペインの植民地となる］までは、男色者《バクラ》が祭事を司っていた。フィリピンにおいては、マニラ在住の華僑商人の間で男色がたいへん盛んで、おもに地元のフィリピン人を性愛の相手としていた。一五八八年には、フィリピン駐在のスペイン人将軍が、「男色を行なった中国人一二名以上を逮捕した」ことを、スペイン王へ書簡で報告している。その結果、中国本土では男色は至極当たり前の行為であったにもかかわらず、二人が焼き殺され、残余の人たちはガレー船送りとなった。重ねて言うが、スペインに限らず、キリスト教諸国では男色は死刑に値する犯罪だと本気で信じられていたのである。

植民地化されたものの、現代フィリピンでは男色家《ゲイ・ピープル》は、何ら軽んじられる存在ではない。統計を信じてよいのなら、青年たちの八割が売春夫として体を売った経験があるという。

2……チベット——西蔵仏教の聖地にて

ラマ教という俗称で知られるチベット仏教の僧院において、男色が著しく盛行していたことが知られている。僧侶は女犯・肛交・口交を禁じられていたので、もっぱら背後からの素股《すまた》［股間交］を行なっていたようだ。

チベット語には、あらゆる性的ヴァリエーションを表現する語彙が豊富にあり、男性どうしの性愛も国中に広く普及していた。河口慧海《えかい》［一八六六〜一九四五。生涯童貞を通した仏教学者。主著『西蔵旅行記』］が、一九世紀末から二〇世紀初頭に現地で実見したところによると、ラサの僧院では、厳格な女犯の禁がしかれていたため、男性間の性行為がまったく当たり前になっていたという。とりわけスポーツ・コンテストを好む戦闘僧、ドプドプ（Idob Idob）と呼ばれる一種の僧兵たちは、美しい若者をめぐって諍いを起こすことが多く、しばしば決闘になる場合もあった。彼らは好んで貴族の少年をものにしようとし、時には成人男性、しかも官職に就いている貴族の成人男性を手に入れることもあったとのことである。

またチベットのある宗派においては、「コプト教の儀式と同じように、男性が祭司の肛門に男根を挿入、射精して、自らの性器を浄める儀礼▼」も営まれていたとか。コプト教の儀式云々についての真偽のほどはともかく、これは日本の密教寺院で執り行なわれた稚児灌頂《かんじょう》の秘儀に似通った儀礼だったのかもしれない。

▼儀礼　二〇世紀前半までにE・シュファー（一八九六〜一九四二）、H・ハラー（一九一二〜二〇〇六）ら何人もの外国人旅行者・滞在者によって、僧俗を問わず一般に広まった男色風俗が確認されている。しかるに、中国共産軍の侵略以降、仏教が弾圧されて多数の僧侶が虐殺され、異様な全体主義国家のもと、伝統的な性愛慣行も封殺されてしまった。

3……シベリア——極寒の地から最果ての地にいたるまで

チュクチ族、コリヤーク族らシベリアにおいても、男性どうしの結婚は珍しくはなかった。これらの男色婚は、おおむねシャーマニズムと関連していたようである。

アリューシャン列島からアラスカにかけての広範な地域では、「男性シャーマンで男色売春を副業とする者もいた」と記録されている。

シベリアの住民に限らない。ロシアなどのスラヴ人、アルバニア人、またスイス、ドイツ、その他ヨーロッパ各地の農民、牧人は総じて、何ら躊躇なく男色を行なっていたことが報告されている。ふるく南ロシアに居住していた遊牧民サカ族は、古代ギリシアの地理学者ストラボンによれば、男色を好むこと並々ならず、「酒宴ともなると男どうしばかりでなく、宴席に侍る女人たちをも相手に情事に耽った」とのこと。◆[3]メインは男性どうしの色事であり、気が向くと女人とも交わったというのである。

タイの仏教寺院ワット・プーミンの壁画　一九世紀。
【上・中】男性カップル、右側は女装している。上は拡大図。
【下】戦士のカップル。

第5章　メラネシアの通過儀礼《イニシエーシュン》

人類学者らのたゆまぬ研究のお陰で、サンビアやバルヤ、エトロなどパプア・ニューギニアのアンガ系諸民族に男色的な通過儀礼《イニシエーシュン》のあることが明らかにされている。それは年上の男性が少年に口交か肛交によって精液を授与しつづける儀式であり、ときにはマスターベーションで射出された精液を少年の身体に擦り込むケースも認められる。例えばサンビア族の間では、少年は絶えず年長者をフェラチオして、その精液を体内に摂取しつづけることによって、一人前の男性になることができる、と信じられている。

ただ、こうした通過儀礼におけるフェラチオやアナル・セックスを、「同性愛」という文脈で把握するのは、いかがなものであろうか。たしかに外見上はオーラル・セックスやアナル・セックスといった男性どうしの性愛のかたちをとってはいる。がしかし、これはあくまでも伝統的なイニシエーション上の義務▼として行なわれる行為であって、必ずしも双方の親愛の情とか恋愛感情といったものをともなう性愛の営みとは限らないからである。

▼**伝統的なイニシエーション上の義務**　アボリジニという一般用語で知られるオーストラリア先住民の間でも、――成人式をすませる前の若者どうしの相互マスターベーションはもとより――制度化されたアナル・セックスによる

ソロモン諸島の戦士。1920年撮影。通過儀礼として年上男性の精液の授受が行なわれた。

男色関係が認められている。さらに、オーストラリア西部のキンバリー高原地域に住む先住民は、「少年婚」の習慣を守っていたという（◆1）。

第二次世界大戦後に心理学者のC・S・フォードとF・A・ビーチが公表した研究によれば、これだけキリスト教思想の偏見が蔓延した時代になってもなお、調査できた七六の社会のうち六五パーセントにのぼる四七の社会で、同性愛が正常なものとして是認されていたという。

しかも、近年の調査の結果、右の統計で「男色が受け容《い》れられていない」と分類された一四グループのうち、ヒマラヤのレプチャ族など少なくとも五つは――「男どうしの性行為を否定していない」という意味合いで、つまり相互マスターベーションなりアナル・セックスが、何らかの愛情表現として認められるため――誤りだと証明されている[◆2]。

パプア・ニューギニアで、一九七四年に撮影された通過儀礼の模様。年上の男性が少年に口交をさせ精液を授与し、一人前の男性にするというもの。上から、手を引いて誘い、一緒に水浴びをして、性器を露出し、フェラチオをして、射精された精液を顔に塗っている。

第Ⅸ部

近・現代社会の変貌

暗黒の支配から解放されて

それは美しく、すばらしいもので、
すべての愛情のうちで最も高貴なものです。
その愛には「自然に背くもの」など何一つありはしません。
それは知的な愛でもあります。
（オスカー・ワイルド）

【扉の図版】

『海辺にて』 1835~36 年、イポリト・フランドラン（1809~64）筆。ルーヴル美術館蔵。フランスの画家イポリト・フランドランは、この「海辺の若者」をはじめ裸体の男性が登場するホモエロティックな絵画を描いた。

第1章 ナポレオン法典
――開明君主と啓蒙思想の勝利

『玉座のナポレオン１世』。アングル画、1806年。フランス軍事博物館蔵。

1……フランス、軍隊、ナポレオン！

一八〇四年に制定された『ナポレオン法典』［一八〇四年三月二一日に『フランス人の民法典』として成立、一八〇七年に『ナポレオン法典』と改称され、その後も部分的に修正されて今日に至る］では、成人間の合意のうえでの私的な男色関係が合法化された。▼この功績を、法典編纂の主任をつとめた男色家カンバセレス▼に帰する説がしばしば唱えられている。しかし、これは正確ではない。というのは、カンバセレスは民法の作成に尽力しただけで、性犯罪法には直接関与していないからである。

▼私的な男色関係が合法化された　実際に〝ソドミー〟が処罰の対象でなくなるのは、一八一〇年の刑法制定を俟たなくてはならなかった。

▼男色家カンバセレス　一七五三〜一八二四。ナポレオン一世の法律顧問、大法官。生涯独身。自己の男好きな性的指向を隠しはしなかったが、常に慎重に身を持した。

男色や鶏姦に関する条項の削除は、もっぱら啓蒙主義哲学の影響であり、その勝利であると考えられる。この成果をナポレオン［一七六九〜一八二一］その人の男色的傾向によるもの▼と解釈する論攷もある。

▼ナポレオン……傾向によるもの　フランス革命下の一七九一年九月二五日に制定された新法典には、成人どうしの合意のうえでの「ソドミー行為」が言及されていない。これは前年の一七九〇年に「闘争的男色家（ソドミト）」の市民グループが革命政府に性交渉の認可を請願したことと無関係ではないであろう。しかしヨーロッパ・キリスト教諸国の法律に実際の影響を及ぼしたのが、『ナポレオン法典』であったことは疑いを容れない。

ナポレオンが副官のジュノ▼と寝ていたとか、デュラクその他の男たちを愛したとか、側近には好んで若い優《やさ》男を選んだなどといった逸話が伝わっているからである。

▼ジュノ　一七七一～一八一三、後年ナポレオンから遠ざけられたため、三階の窓から飛び降り自殺する。

ただし、『ナポレオン法典』制定以降も「公序良俗を紊《みだ》す」という名目で迫害はつづいた。▼例えば、一八二四年にはフランスで、ある貴族が男色行為の故に糾弾され追放されているし、その後もパリの警察は繰り返しゲイの集まるクラブを襲撃していたのである。

▼『ナポレオン法典』制定以降も……迫害はつづいた　フランスのノーベル賞作家アンドレ・ジッドは、「なぜナポレオンは男色を禁止しなかったのか」という問いに対して、「そんな法律をつくったら、部下の名将軍たちが何よりも真っ先に困ると思ったからだろう」と『コリドン』の中で答えている。

2……各国の秘密クラブと地下組織——ゲイの下位文化《サブカルチャー》　モリー・ハウス

話は遡る。

一七世紀から一八世紀にかけて英都ロンドンに、モリー（molly）と称する男色家たちの集う居酒屋モリー・ハウスが賑わっていた。一七二〇年代には約四〇軒のモリー・ハウスが軒を連ねていて、顧客はおもに中流や下層の男たちであったという。モリー・ハウスの一室に設けられたチャペルで男性どうしのカップルが「結婚」し、儀式のあとベッドで性交し合った。鍛冶屋と肉屋といったきわめて庶民的なカップル

19世紀の性倒錯「強制的異性愛」

【右】フランス革命期のパンフレットに描かれた青年どうしのセックス　1790年。パリ。国立博物館蔵。ソドムの破壊を若い料理人が交歓している最中に起きた火災によるとする新説を描いたもの。

【下】クロハ主教パーシー・ジョスリン事件の戯画　1822年。ロンドン、大英図書館蔵。パーシー・ジョスリンは1822年、ロンドンの酒場ホワイト・ライオン亭で、ズボンを下げて衛兵と事に及んでいるところを捕らえられた。その直後に外務大臣のキャスルリー（第2代ロンドンデリー侯爵ロバート・ステュアート。1769~1822）は、国王ジョージ4世に「私は主教と同じ理由で脅迫されている」と告白してから自殺している。

【下】ナポレオンの秘書長官の男好きを揶揄した戯画　1814年。個人蔵。フランス王党派による諷刺画。ナポレオン法典のお陰で、キリスト教社会において、成人の同性間の性行為が「犯罪」ではなくなった。しかし、それは法典の立案責任者だった男色家カンバセレスの功績に帰せられるものではない。フランスではすでに大革命下の1791年に「ソドミー」を除外した刑法が制定されていたのである。

の挙式例も記録に残っている［一七二八年頃］。が、彼らの関係は現代の同性婚のような単婚制ではなかったようだ。もちろん同性どうしの婚姻権など認めるよしもない当時の英国のこと、ここで言う「結婚」とはたんにセックスするための手続きでしかなかった。大部屋における乱交もよく行なわれていた。マザー・クラップの店では四〇～五〇人の男たちが入り乱れてセックスし合っていたという証言がある。

警察の踏み込みも繰り返され、一晩のうちに四〇名以上もの人が検挙されることもあった。裁判で「ソドミー」の廉で有罪を宣告された者は絞首刑に処されたし、死刑を免れても罰金を科せられ、晒し台で辱しめと暴行を加えられたのち投獄されるのが通例だった。一七二五年一二月にコヴェント・ガーデン近くのモリー・ハウスが急襲されたときには、二五人の男たちが抵抗を試みたが、結局のところ無事に逃れられた者は、ほんのわずかしかいなかった。二世紀半ほど後のストーンウォール・イン事件［第IX部第6章1節参照］のような凱歌はあがらなかったのである。

一九世紀に入っても、情況は改善されなかった。▼ジョン・チャーチ［一七八〇～一八三五頃。近代欧州最初の同性婚司式者］という聖職者は、「ソドミー」の故に処刑された男性の葬儀を執り行ない、ホワイト・スワンというモリー・ハウスのチャペルで男性間の結婚式の司式を行なっていた。しかしながら、一八一〇年七月に警察の手入れに遭って他の二六人の男たちとともに逮捕され、彼自身は絞首刑を逃れたものの、晒し台にかけられたうえ二年間にわたる入獄を強いられた。一八一三年に釈放された後も、新聞の主導するアンチゲイ・キャンペーンのせいで暴動や脅迫に晒され、一〇年も前に他の聖職者と男色関係にあったとして訴えられるなど迫害の嵐は已まなかった。一八一六年にはふたたび「ソドミー」の嫌疑で審理に付され、翌一八一七年にまたもや二年間の懲役刑を宣告されたのだった。

▼一九世紀に入っても……改善されなかった　カフェや旅館などの発展場をふくむゲイのサブカルチャーがあったのは、何も英国やフランス、イタリアなどの主要都市に限らない。はるかなる辺境地と目されていたロシアへ旅行した西欧人の記録によると、かの地では一般の農民からモスクワの貴族にいたるまで、ありとあらゆる階層、地域に

【上】『接吻を交わす二人の男性』 1600 年頃。バロック期のイタリア人画家バルトロメオ・チェシ（1556~1629）筆。フィレンツェは男色の本場として欧州中に知れわたっていた。フィレンツェ、ウフィツィ美術館蔵。日常の挨拶もキスからといった習慣は、イスラームその他の文化圏では何ら珍しいことでは無かったのだが。

【左】『女嫌いの嘆き』の挿絵、3 葉　1707 年出版。英国の都市部ではモリー・ハウスと呼ばれるゲイ専用のパブがサブカルチャーを形成していた。そこでは同性どうしが結婚式を挙げることもあったという。中央・抱擁する男性たち。上下は手入れを受けたせいで自殺に追いやられる人たち。ロンドン、ギルドホール図書館蔵。

【下】マルキ・ド・サド『新ジュスティーヌ』（1787）のオランダ版挿絵　1797 年。18 世紀末のリベルタン貴族だったマルキ・ド・サドの作品には、男性らが複数で行なう快楽が頻繁に登場する。

おいて男色が普及していたとのこと。また一七三〇年にはアムステルダムで広範囲にわたるゲイのネットワークが発覚し、三〇〇人が起訴された結果、未成年者をふくむ七〇名が処刑されている。なお、「モリー」の語源は諸説あるが、ラテン語の「ソフトな」を意味するモリス（mollis）に由来すると考えるのが妥当であろう。

3……アメリカ合衆国、キリスト教原理主義者の国――大統領の私生活

ワシントン大統領――初代大統領は女体に無関心

合衆国の「国父」とも呼ばれる初代大統領ワシントン［一七三二～九九］は、生涯ほとんど女性に関心を抱かなかった。世間体を気にして妻帯はしたものの、この夫婦生活から子供は生まれなかった。彼の愛情はもっぱら男性に向けられていたようである。

殊に魅力的な青年アレクサンダー・ハミルトン［一七五七～一八〇四。独立戦争中（一七七六～八一）ワシントンの副官として活躍。初代財務長官］を私的に秘書として雇い、「まるで妻のように」愛情深く扱ったことは、かなり知られているのではないだろうか。のちにワシントンは、自分の片腕となったアレクサンダー・ハミルトンが、「女性と結婚するつもりだ」と打ち明けたときには、嫉妬に駆られて怒りだし、ちょっとした痴話喧嘩が起きたほどである。

アレクサンダー・ハミルトン自身は、同僚の青年士官ジョン・ローレンス▼［一七五四～八二］といたって親密な仲で、一七七九年から一七八二年にかけて、二人はラブレターのやり取りをしているのだが。

▼ジョン・ローレンス　彼は二人の関係を、古代ギリシアの念友ダモンとピュティアスにたとえている。

ワシントンが、アレクサンドロス大王、ユリウス・カエサル、スウェーデン王カール一二世、サヴォワのオイゲン公子［一六六三～一七三六。オーストリアの元帥。軍事的天才として、また学芸愛好家としても知られる］、英国の初代マールバラ公爵▼といった〝全員ゲイの名将たちの胸像〟を立てようと発注したことも参考になるだろう。

▼マールバラ公爵　一六五〇〜一七二二。イギリスの軍人。チャーチルの先祖。スペイン王位継承戦争でオイゲン公

【コラム】

アメリカ初代国王はゲイ――プロイセン王子ハインリヒ

アメリカ合衆国の独立が承認されてまだ日も浅い一七八六年のこと、新国家の政体が弱いのを不満とした人々によって立憲君主制を導入する試みがなされた。アメリカ独立戦争に活躍したアレクサンダー・ハミルトンや、シュトイベン男爵▼1、のちに第五代大統領となるジェイムズ・モンロー［一七五八〜一八三一。「モンロー宣言」で名高い］ら有力者の提唱によって、プロイセン王子ハインリヒ［一七二六〜一八〇二］が初代アメリカ国王に推輓された。白羽の矢を立てられたハインリヒ王子はプロイセン国王フリードリヒ大王より一四歳年少の弟であった。兄王から自由主義《リベラル》的な教育を受けたのち、若くして七年戦争［一七五六〜六三年］に将軍として活躍。教養豊かで魅力的な人物として評判が高かった。しかし兄大王と同じく男色家だったハインリヒ王子、老いた召使いから一七歳の伯爵にいたる大勢の男性を愛することに忙しくて、アメリカへの返答が遅れたために立憲君主国は実現せず、大統領制が成立してしまった。がもしも、子なしのハインリヒが米国最初の王位に即《つ》いていたならば、かつてワシントンを魅了した色男のアレクサンダー・ハミルトンが自己の魅力を彼に振り向けて王嗣［王位継承者］として養子に迎えられていた可能性が高い。

プロイセン王子ハインリヒ。1769年画。

▼1　一七三〇〜九四。アメリカへ渡り独立戦争で武功を樹てたプロイセンの軍人。男色家としても知られる。

子とともに戦い、二人は「二つの肉体に宿った一つの霊魂」つまり一心同体と称された。妻のサラはアン女王の同性の愛人として羽振りをきかせた。ちなみにチャーチル（一八七四〜一九六五。イギリスの首相）も若い頃、同性と性交渉をもったことを後年、伝記作家のモームらに自ら語っている。

リンカーン大統領――南北戦争のさなかにも愛をささやく

かのエイブラハム・リンカーン［一八〇九〜六五］が、二八歳のときから四年間、二三歳のハンサムな商人ジョシュア・スピードと一つベッドに同衾していたことや、イリノイ州のスプリングフィールドで法律事務所を開いていた頃、九歳年下の共同経営者ウィリアム・ハーンドンとの性的関係を囁かれていたことは、近年何かと取り沙汰されるようになっている。妻帯してからも、夫人のメアリーが外泊するときには、ボディガードや友人たちとベッドをともにしていた事実も証明済みだ。妻子持ちだからといって、ゲイではないという理由にならないことは周知の通り。ともあれ、二二歳で独立してニューセイラムで雑貨店をはじめて以来、彼には少なくとも四人の男性との深い関わりがあった。

歴代アメリカ大統領のうちで最も国民から尊敬されている人物がゲイであるとぐあいでも悪いかのように、懸命になって否定したがるホモフォビックな集団が、米国には今でも存在するようである。いわく、かの時代に辺境地《フロンティア》ではベッドが不足していたので、男どうしが一つベッドに同衾することは珍しくなかったのだとか、あれこれ理由をこじつけては。しかし、辺土はともあれ、ホワイトハウスにはベッドは決して不足していなかったはずである。

他にも――、生涯独身を貫いた唯一の大統領ブキャナン［一七九一〜一八六八。第一五代大統領。在任、一八五七〜六一。咸臨丸で太平洋を渡ってきた幕府使節団と一八六〇年に面会する］が、ワシントンで二〇年間にわたりアラバマの上院議員ウィリアム・ルーファス・キング［一七八六〜一八五三。同じく終生独身者で、副大統領。「可愛いミス・ナンシー」などと呼ばれる］と同棲しており、その長くつづいた恋愛生活は評判のまととなっている。現存する愛情のこもった手紙から二人の深い交わりのほどを、しかと読みとることができる。

ピューリタンの国アメリカ

【上】『ヘラクレス、ヒュラス、アポロン』 1995年。デルマス・ホウ（1935~　）が描くカウボーイの絵には、ギリシア神話のタイトルが付けられている。

【右】女装した男倡　1836年に逮捕された異性装の売春者「メアリー・ジョーンズ」（ピーター・シュワリー）。1830年代のニューヨークで活動した女装のセックス・ワーカーを「マン・モンスター（男の怪物）」と仰々しく題して描いた図。ニューヨーク歴史協会蔵。

第2章
「同性愛」の発見と「ゲイ解放運動」の先触れ

1……先駆者たち

弾圧が激しいほど、その反動もまた強くなるものである。

いわゆる近代ゲイ・リベレーションの嚆矢というべき活動が、性の後進国を代表する英国圏とドイツ圏から起こったのも、当然の成り行きであった。

ドイツの博識な法学者カール・ハインリヒ・ウルリヒス〔一八二五〜九五。ヌマ・ヌマンティウスの筆名で『男性間の愛の謎を探る』（一八六四）を発表する〕は、男性間の愛を研究して、男色家ないし男性愛者を指す用語として「ウルニング（Urning）▼」という言葉を用いた。「ウルニング」ないし「ウラニアン」という言葉は、プラトン哲学を代表する作品『饗宴』で、男どうしの愛を「天上の《ウラニア》愛」と呼んだのにもとづいて造られたものである。ラテン語ではウラニスムス（Uranismus）、英語でユラニズム（uranism）、フランス語でユラニスム（uranisme）などという。その後もクラフト＝エビングやアルベルト・モルらの性科学者がこの言葉を用いている。

▼ウルニング（Urning）　この用語が最初に使われたのは、一八六二年のことである。

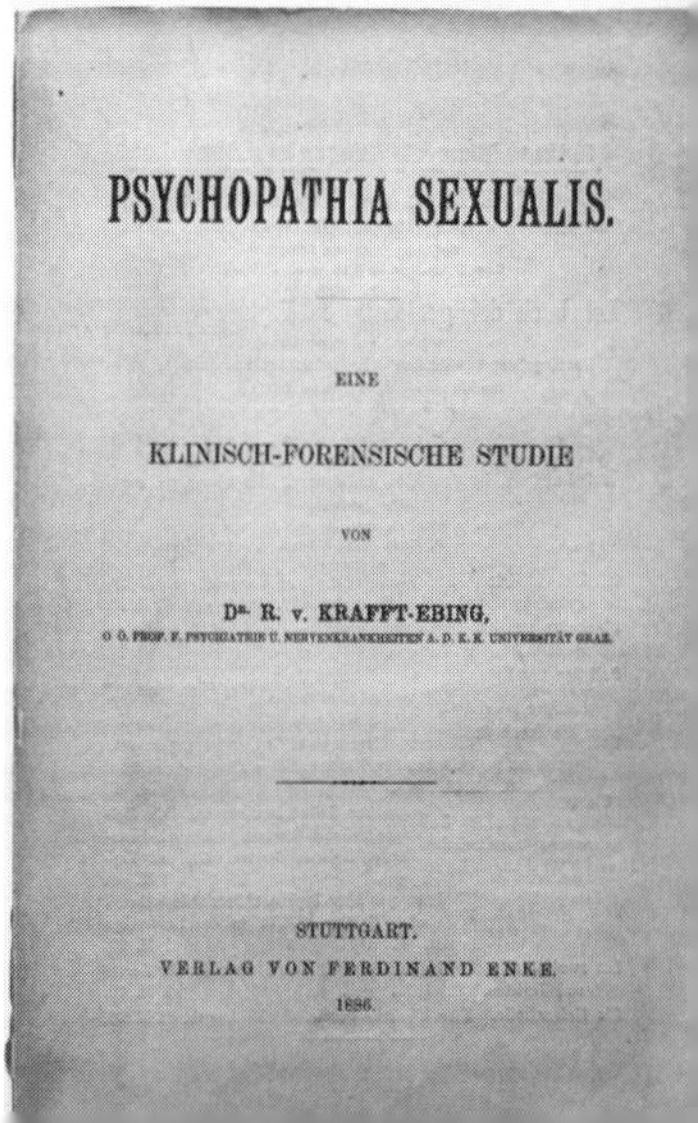

クラフト＝エビング著『性的精神病質』初版、1886年。同性愛を精神医学の対象とし、ベストセラーとなった。

新古典主義芸術家による少年

【右】『ジョゼフ・バラの死』 1794年。ジャック＝ルイ・ダヴィッド（1748~1825年）筆。アヴィニョン、カルヴェ美術館蔵。フランス革命期に王党派によって処刑された少年鼓手ジョゼフ・バラ（1779~93）。その英雄的な最期の場面が全裸の姿で描かれている。

【上】『クピド（キューピッド）像』 1797年。大理石製。ミハイル・コズロフスキー（1753~1802）作。ペテルスブルグ、ロシア国立美術館蔵。

そこへ新しい言葉が入り込んできて、その後一〇〇年間にわたり用いられるようになった。ハンガリー人のジャーナリスト——時に誤って医師とされることがあるが——カロリ・マリア・ケルトベニ〔一八二四〜八二。カール・マリア・ベンケルト〕が、一八六八年五月六日付の手紙で用いたドイツ語homosexuell、いわゆる、ホモセクシャルhomosexual——ラテン語形はhomosexualis——という語彙である。

これは二重の意味で問題のある言葉である。

まず、「ホモス」は「同じ」を意味するギリシア語であり、それにラテン語の「セクスアーリス」を付け加えた混成用語であること。つまり、ギリシア語源のラティナイズ型ではなく、二種の言語が組み合わさったアマチュア成語である点。

第二に、男性どうしの性愛と女性どうしの性愛を一括りにした用語で、その両者の区別を考慮していないこと。すなわち、「自分と同じ性に欲情を覚える」というほどの意味でしかなく、対象とされるのが男性か女性かによって生ずる差異が、何ら現われない点。

この二点、とりわけ後者が、はなはだ問題視されている。

さらに、これを名詞化してホモセクシャリティという医学用語ができたが、「ホモセクシャルなる言葉は、そもそも形容詞としてのみ使用するべきで、名詞として抽象概念化して使うのは不適当である」という主張も根強くある。

事の当否はさておき、このやっかいな言葉が、二〇世紀に心理学や精神分析学の分野を通して、一般社会に広まり、世の中を席巻したせいで生じた弊害は大きい。▼

▼**世の中を……弊害は大きい**　日本でも翻訳語の「同性愛」とか「同性愛者」という言葉が、男女の別なく用いられるようになる。また、これに関連して「異性愛」や「異性愛者」という言葉も派生した。性的指向による区分語も、元来が奇異な性的偏見をもつ欧米社会から生じた疑似科学界の語彙であるだけに、日本のように性愛に対して大らかな風土を築き上げてきた文明圏には、どこかそぐわぬ印象を拭えない。まして、近代化以来、何でも「西洋人」

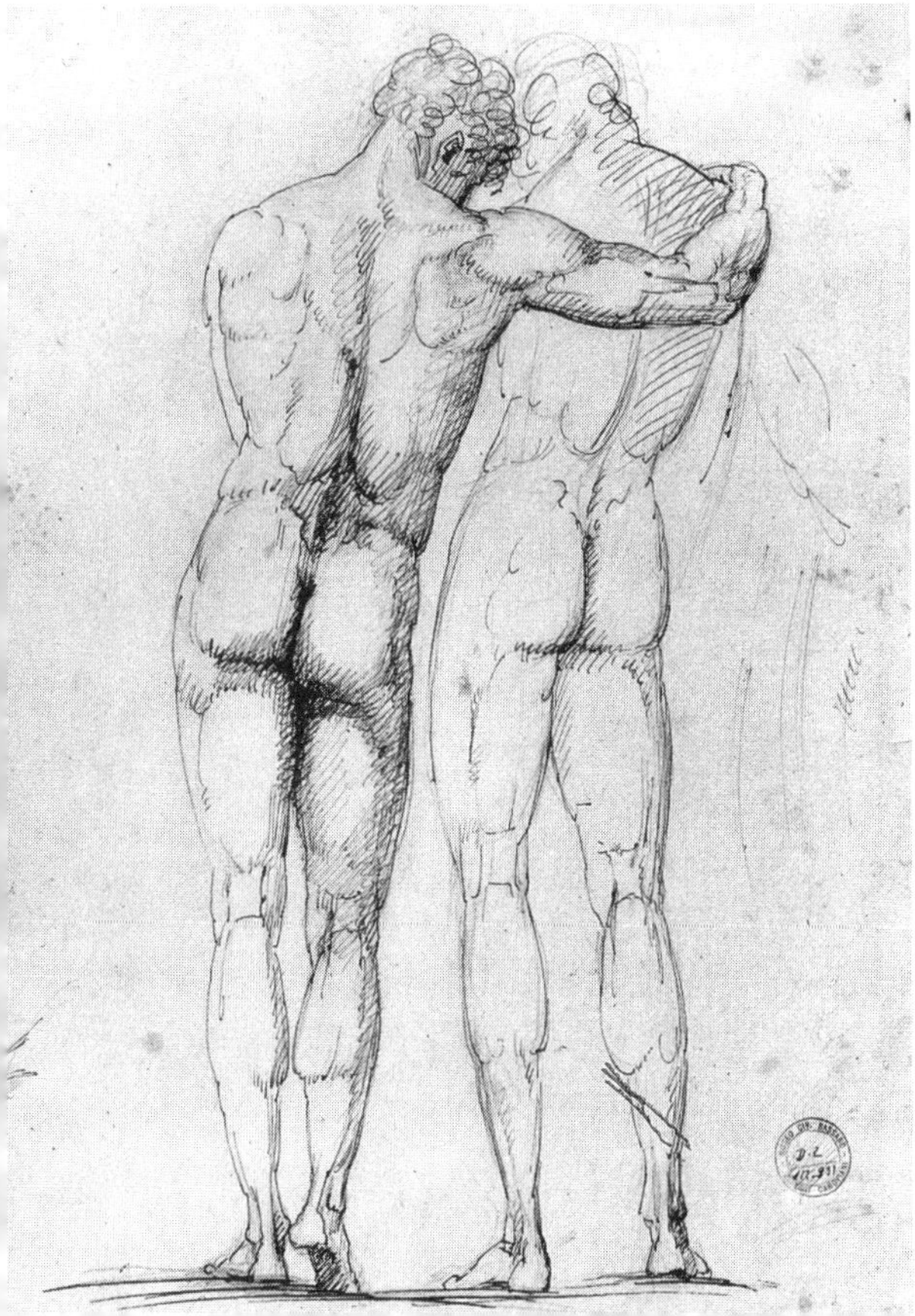

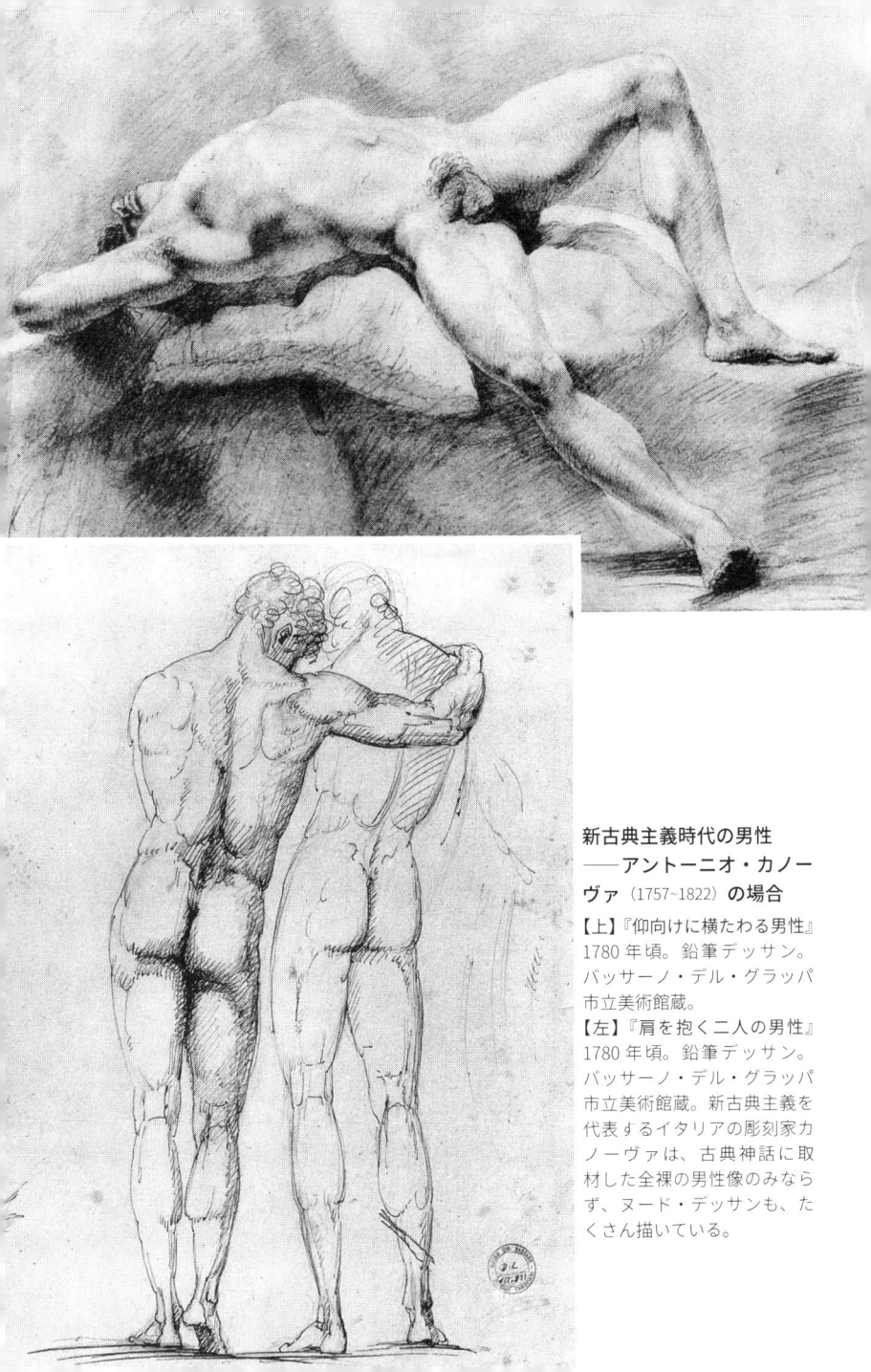

新古典主義時代の男性
——アントーニオ・カノーヴァ（1757~1822）**の場合**

【上】『仰向けに横たわる男性』1780年頃。鉛筆デッサン。バッサーノ・デル・グラッパ市立美術館蔵。

【左】『肩を抱く二人の男性』1780年頃。鉛筆デッサン。バッサーノ・デル・グラッパ市立美術館蔵。新古典主義を代表するイタリアの彫刻家カノーヴァは、古典神話に取材した全裸の男性像のみならず、ヌード・デッサンも、たくさん描いている。

の価値観に阿諛迎合してきた学術界が、この造語を無批判にとりいれたため、明治時代まではごく普通に営まれてきた男色が、どこか逸脱した性愛のヴァリエーションであるかのような錯覚が生まれてしまった。それだけに、わが国の伝統文化が変質を被った損失には甚大なものがある。

2……「同性愛」の発見

この「発見」を現代の視点から振り返るとき、その功績をあまり高く評価することはできない。

それが男の男に対する愛情が犯罪とされていた「性の後進国」で、法律改正のために医学的研究に資するべく考案された造語でしかなかったからだ。なお厄介なことに、同性愛指向はまるで先天的な疾患であるかのように見られ、新たな差別と偏見を招く結果となった。言葉というものは、いったん造られると、あとは独り歩きしはじめるものである。

以来、欧米社会では、「異性愛者にあらずんば人にあらず」という、まことに困った錯覚が世を風靡することになる。

元来普遍的なもの、遍在する愛が特殊なものと化した。特別な鋳型にはめられてしまった。そのときをさかいに男色は一種の「逸脱した愛のかたち」としてしか見られなくなったのである。

そのうえ、「同性愛」と「異性愛」という奇妙な二項対立状態がはじまった。

爾後、人間は「ホモセクシャル」か「ヘテロセクシャル」に二分割されてしまうことになる。もちろん、人類の大部分を占める「バイセクシャル」という概念も、その後付け加えられはしたものの、欧米圏ではなぜかそれは少数派と見なされて、長きにわたり「同性愛」と「両性愛」はともに〝異常な性向〟と断定されてしまうのである。

ホモセクシャルという言葉、および概念の「発見」は、同性愛行為をソドミーとか「自然に反する悪徳」

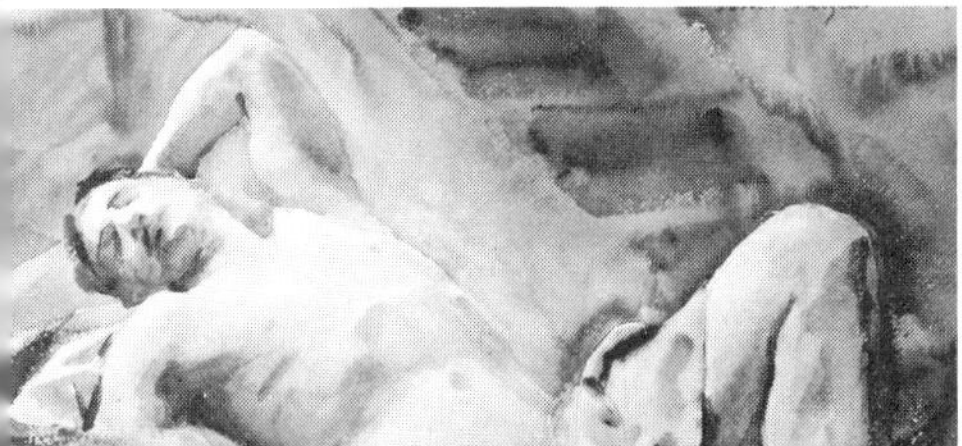

ベル・エポックのゲイ美術あれこれ

【上】アメリカの画家トーマス・エイキンズ（1844~1916）　屋外を舞台にした男性裸体画を描いている。『水遊び場』1883/85 年。

【左】アメリカ出身の画家ジョン・シンガー・サージェント（1856~1925）　水彩画。カーディフ、ウェールズ国立博物館蔵。

【右】イギリスの画家ヘンリー・スコット・テューク（1858~1929）　青少年の裸体を画題に、いく多の絵画を描いた。個人蔵。1903 年。

として犯罪視してきた特殊な社会ではともあれ、それ以外の「男性は通常、相手の性別に関係なく性行為をするものである」と認めていた世界にとっては、むしろ迷惑千万な囲い込みでしかなかった。実際、欧米列強が世界の大半を侵略・支配していた往時にあっては、これが無謬のグローバル・スタンダードであるかのように有無を言わせず人類の大半に押し付けられてしまったのだ。

　植民地化されなかった日本でさえ、何であれ欧米の模倣を事とする曲学阿世の徒が輩出して、一時期は「鶏姦罪▼」なるものを作ってみたり、『日本書紀』に出る「阿豆那比《あつなひ》の罪」とは男色のことを指すのだ云々と主張したりする始末。医学者もまったく同様の醜態を演じた。ホモセクシャリティの翻訳語として「同性愛」なる用語を造り、これを病理学の対象とし異常視して恥じない弊風が蔓延した。ありがたくも、「西洋人」の価値観なら何でも唯々諾々として従う卑しい心組みから、自国古来の伝統である衆道も「蛮風」の名のもとに一蹴し去って憚らぬようになったのである。

▼**鶏姦罪**　明治政府が制定した「鶏姦罪」は直接には清朝の模倣であるが、満州族支配下の清代に、こうした法律が作られた遠因は、キリスト教徒の性愛否定思想と無縁ではないはずである。

　つまるところ、「ホモセクシャル」の発見は、当初の目的とは裏腹に、セックスの相手として異性よりも同性を好む人たちを、犯罪者から倒錯者へ変えたに過ぎなかった。今や彼らは、牢獄へは送られず、病院へ隔離されるべき存在になってしまったのだ。

　以降、欧米に限らず世界各地では、なぜか「同性愛者は悩みつつ社会の片隅で暮らさなくてはならない▼」といった不文律ができあがってしまった。

▼**同性愛者……暮らさなくてはならない**　こうした判で捺したような「苦悩に呻吟する同性愛者像」は、キリスト教世界では二〇世紀後半に入っても、なお延々と尾をひきつづけることになる。

「幸福なゲイ（ホモセクシャル）というのを見せてくれたら、陽気な屍体に会わせてやるよ」とは、マーク・トローリィ作の戯曲『真夜中のパーティー』（初演、一九六八）中の有名な台詞である。彼らが牢固として抜き難い偏

ヴィルヘルム・フォン・グレーデン、または写真芸術の時代

【上・右】ドイツの貴族ヴィルヘルム・フォン・グレーデン男爵（1856~1931）は、主にシチリアのタオルミーナでイタリアの若者や少年たちのヌード写真を撮影した。3000点余りの作品が彼の死後、愛人でモデルだった青年に遺贈されたが、1936年ムッソリーニ政権下に2500点以上の写真が破壊（焼却）された。1900年頃の写真。

【下】ヴィルヘルム・プリュショー（1852~1930）撮影の青年ヌード写真。1900年。ベルリン、写真博物館蔵。ヴィルヘルム・フォン・グレーデンの作品と似ているため、よく間違えられることがある。

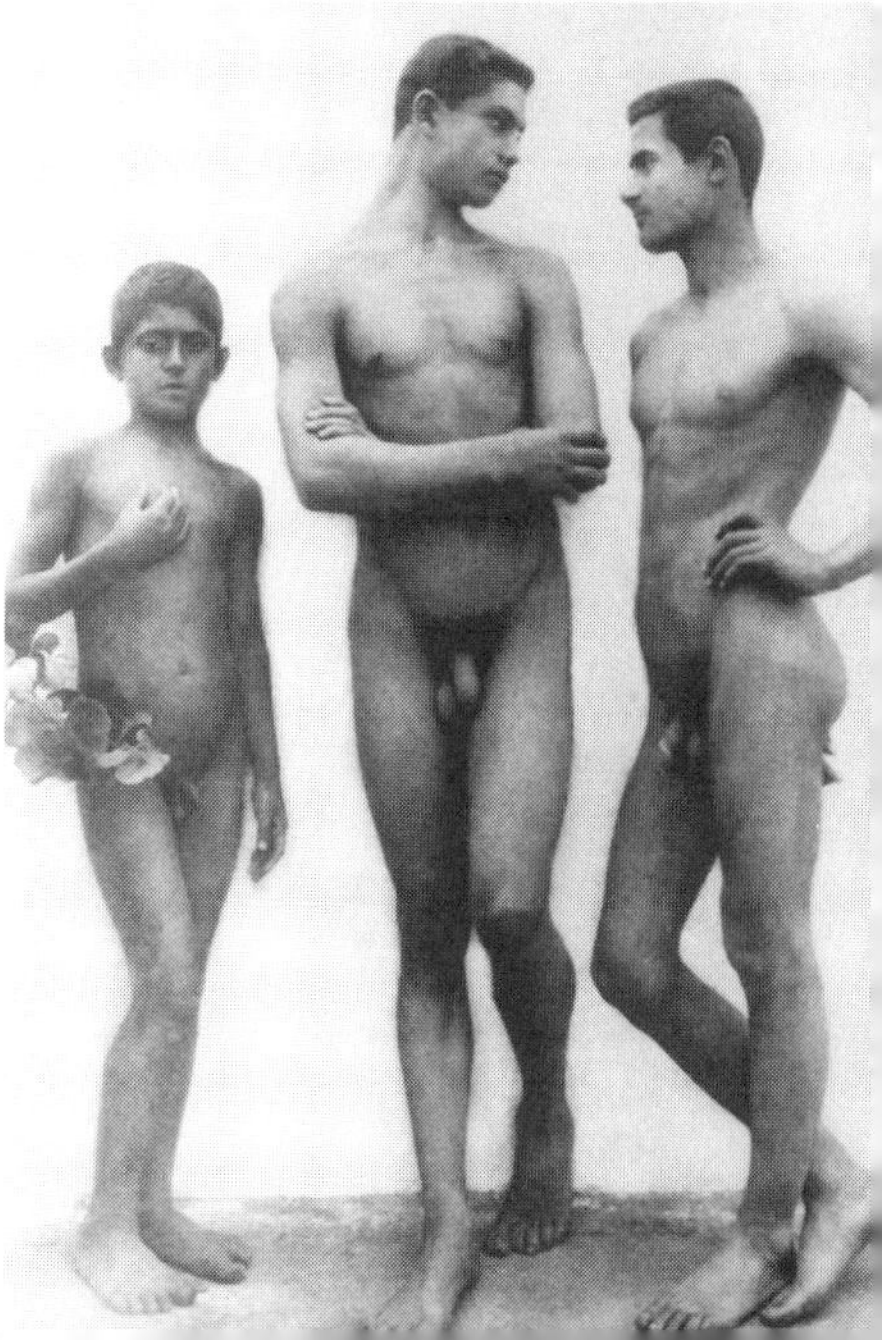

見から自由になりはじめたのは、ついここ近年のことでしかない。

社会史上は、この「同性愛者の誕生」には、産業革命以後の近代資本主義の台頭とか、自由奔放にふるまう貴族身分や富裕な上流階級に対する下層市民の反感などといったさまざまな要因が関わっているとされている。なるほど、そういう解釈も可能であろう。

ドイツの鉄血宰相ビスマルク〔一八一五〜九八〕は、「男色は国家にとって重大な脅威を与える。社会階級間の垣根を取り払ってしまうからだ」と考えて、男性どうしの性交渉を一〇年以下の懲役刑に処するという帝国刑法を制定させた。▼彼の頑迷な階級意識が、つい近年の一九九四年までドイツ国民を苦しめた悪名高い刑法第一七五条として存続することになるのである。

▼男性どうしの……制定させた　しかし、ビスマルクは他方で、「男色家の中にはアルキビアデス、カエサル、ロシアのピョートル大帝、トルコのスルタンの多くなど、大勢の武勇優れた能将がいた」と認めてもいる。なぜかアレクサンドロス大王の名前が抜けてはいるが。

【上】グレーデン男爵撮影、1900年頃。Hermaphrodite（ヘルマフロディトス：ヘルメスとアフロディテの合成語、両性具有の意）。

【下】イギリスの写真家フランシス・メドウ・サトクリフ撮影、1890年頃。

第3章

ヴィクトリア風偽善道徳の猖《しょう》獗《けつ》

――最もセックスが抑圧された時代

クラレンス公アルバート・ヴィクターの肖像写真。1891年。

1……世紀末の幻想

欧米白人史上において、セックスが社会の表面から偽善によって最も覆い隠されていたのが、一九世紀の中頃から二〇世紀前半にかけてのヴィクトリア式道徳が風靡した時代だった。

今日かえりみて、「強制的異性愛こそがこの時代唯一の性倒錯である」と言われるのも、もっともな限りである。

近世の貴族社会に取って代わったブルジョワ市民たちは、自分たちを遊蕩に明け暮れる貴族階級と区別するために、ことさら禁欲的な倫理観にしがみつくことになった。その帰結として、「ピューリタニズム」と称する最も不自然な性的禁圧が蔓延したのだった。

英国生まれのエドワード・カーペンター［一八四四〜一九二九］は、『成熟の愛』［一八九六］や『イオラオス（*Iolaus*）』［一九〇二］、『中間の性』［一九〇八］を執筆して男性どうしの友愛を「ホモジェニック・ラブ」と名付け、その崇高にして利他的な価値を称揚した。しかし、早過ぎた覚醒者の常で、彼の主張はとり合われない。大衆は馬耳東風。世間は因習に固執し、さしたる変化を遂げなかった。イギリスで二一歳以上の成人男性が合意のうえで私的《プライベート》な場所でセックスすることが犯罪でなくなったのは、驚くなかれ、何と二〇世紀も後半の一九六七年七月二七日以降のことでしかないのである［スコットランドや北アイルランドでは一九八〇年代に入ってから］。

ユダヤ＝キリスト教の性に対する抑圧的な倫理観と、それがもたらした重苦しい禁欲社会とは、二〇〇〇年近い西洋史に無数の犠牲者を産み出してきた。

それは独り火刑壇や絞首台の露と消えた無辜の市民たちばかりではない。

また時代遅れの法律によって断罪されたオスカー・ワイルドに代表される〝聖なる殉教者〟にも、それはとどまらない。一九世紀末のオスカー・ワイルド以後も、第二次大戦下のドイツ・ナチスによる収容所送りと大量虐殺《ホロコースト》、冷戦時代の米ソ両陣営における迫害を経てハーヴェイ・ミルク射殺事件［一九七八年一一月］にいたるまで、あるいはさらになおも大勢の犠牲者を際限なく出しつづけているのが現状だ。▼

▼**大勢の犠牲者を……つづけている**　近年イスラーム諸国に吹き荒れているホモフォビアは正気の沙汰とは思えない。イランやサウジアラビア、パキスタン、アフガニスタン、モーリタニア、スーダンなどではシャリーア（イスラーム法）で男色・鶏姦は死刑と定められている。東南アジアのムスリム国家でも、例えばマレーシアの副首相アンワル氏が、一九九八年、〝ゲイ〟を理由にマハティール首相に解任されたのみならず、「同性愛」の廉で懲役九年が宣告されたことは記憶に新しい。

ここでわれわれは今一度、セム系起源の排他的唯一神崇拝が、いかに異例、変則的な存在であるかということに思いを致したいものである。

一九世紀末《ファン・ド・シエクル》の芸術家や文学者の間で、ホモセクシャル・ラブは慥《たし》かに愛好された。とはいえ、せいぜいそれは、オスカー・ワイルドのように芸術至上主義とかデカダンスを気取る――しかも、ことさら露悪的なポーズで――のが関の山、という状態だった。ゲイ・ピープルは一歩間違えば、社会のアウトサイダーどころか、アウトロー、アウトカーストとして、名声も地位も失い、社会的生命を断たれる危険と隣合わ

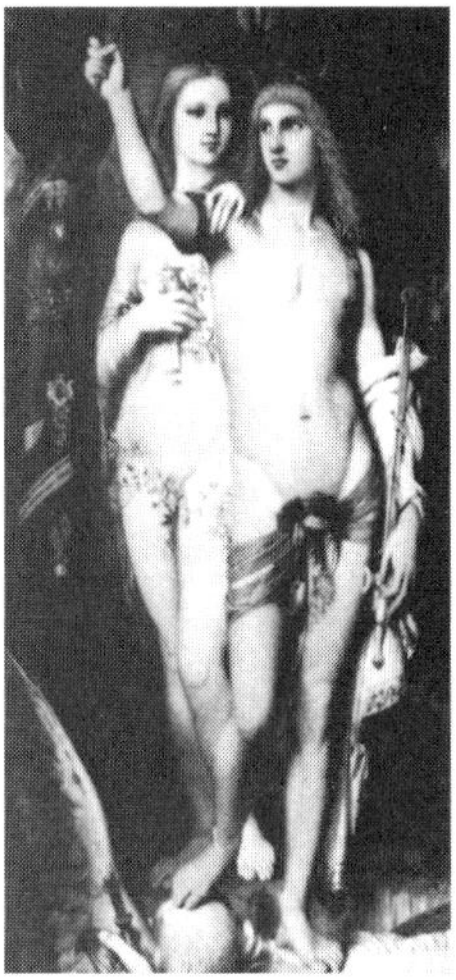

【上右】『哀しき愛』 一八六五年。シメオン・ソロモン筆。ヴィクトリア&アルバート博物館蔵。ラファエル前派の画家シメオン・ソロモン（一八四〇～一九〇五）が描いた「花嫁とキスする花婿と手を繋ぐ真の愛人」。詩人スウィンバーンと同棲していたシメオン・ソロモンは、一八七三年、公衆便所での「猥褻な行為」故に逮捕されて投獄されたうえ、画家としての地位を失い、友人や家族からも見放されて救貧施設で晩年を送った。ヴィクトリア朝英国の偽善道徳の犠牲者の一人である。

世紀末芸術——耽美とデカダンス

【上左】『イアソン』 1865 年。ギュスターヴ・モロー筆。油彩画。ルーヴル美術館蔵。フランスの象徴主義の画家ギュスターヴ・モロー（1826~98）は、オイディプスやプロメテウスら古典神話に登場する人物の男性裸体画を好んで描いている。

【下２点】オーブリー・ビアズリーによるイラスト画。イギリスの世紀末芸術を代表するオーブリー・ビアズリー（1872~98）は、オスカー・ワイルドの戯曲『サロメ』の挿絵でよく知られている。当時は公表されなかったが、男性器を露出した全裸の男性を描いた作品がいくつも残っている。【左】「ラケダイモンの使者」 1896 年。【右】アリストパネス『女の平和』挿絵 1896 年。屹立する雄偉なペニスが一際目立つ。

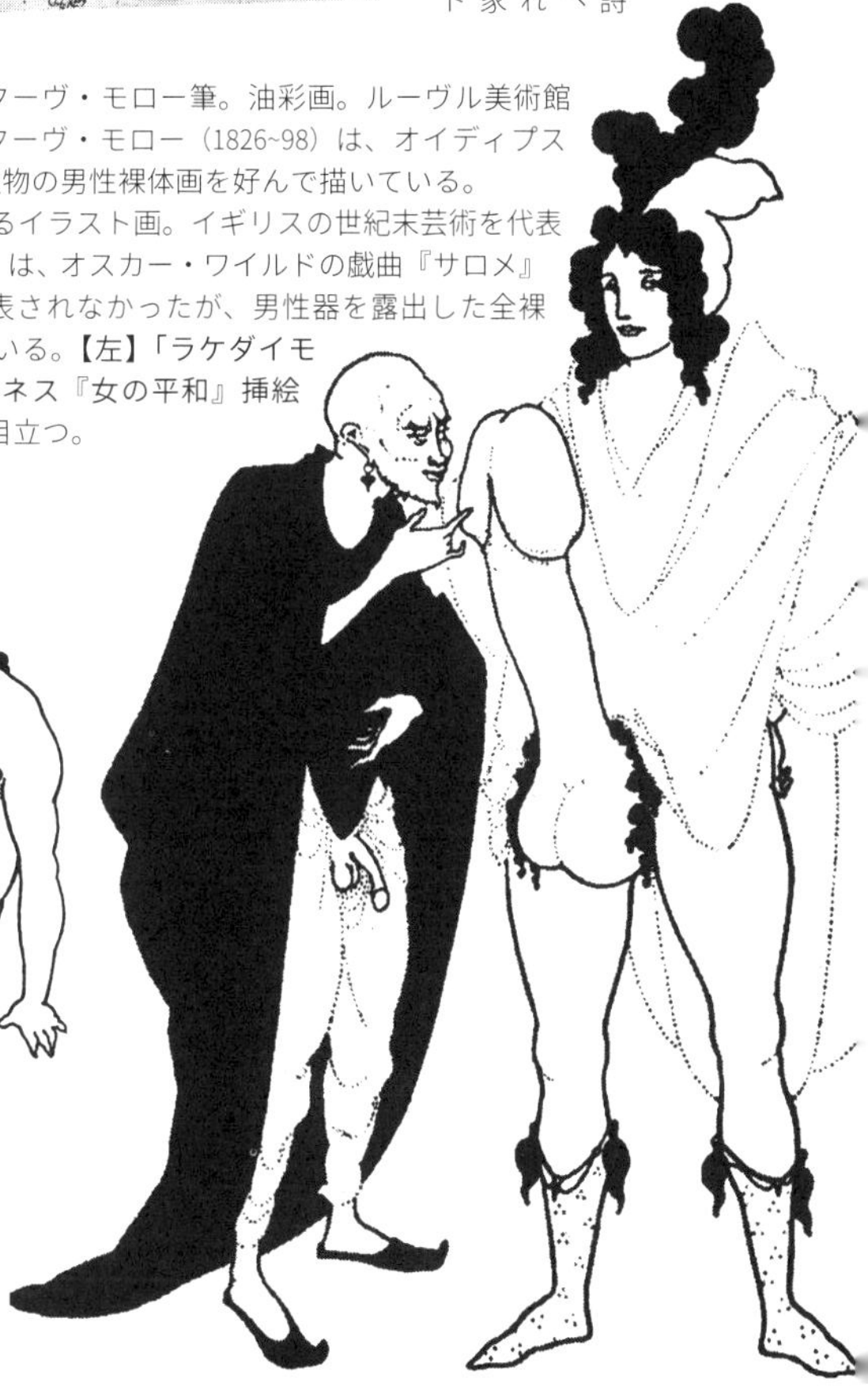

せの日々を送らねばならなかったのだから。

いくばくかのサブカルチャーがあったといえども、絶えず強請《ゆす》り、たかり、脅迫、恐喝などの危難にさらされていた社会を、開花した文明国だなどとは、お世辞にも呼べないであろう。▼

▼開花した……呼べないであろう　二〇世紀前半のアンドレ・ジッドの時代になってさえ、『コリドン』（一九二四）を出版するにあたっては、周囲の強い反対を押し切るだけの勇気が必要だった。人々が反対したのは、社会的名声を一朝にして喪失するからという理由故である。ジャン・コクトーの『白書』は匿名で世に問われたし、骨の髄までホモフォビアが浸みついた英国では、E・M・フォースター（一八七九〜一九七〇）の半ば自伝的な小説『モーリス』は半世紀以上も上梓されず、著者の死をまって一九七一年にようやく刊行の運びとなったのである。

2……殿堂入りした「聖なる犠牲者」たち

オスカー・ワイルド裁判

一九世紀末耽美主義の立て役者オスカー・ワイルド［一八五四〜一九〇〇］が、愛人アルフレッド・ダグラス卿［一八七〇〜一九四五。通称・ボジー。ウラニアン詩人。クィーンズベリー侯爵の三男］の父親の挑戦に敢然と受けてたったために、ヴィクトリア朝の偽善道徳の犠牲《スケープゴート》となって、名誉もキャリアも家族も社会的地位も、ことごとく失った悲劇は江湖に知れわたっている。感動的なスピーチを法廷で披露したにもかかわらず、一八九五年、懲役二年間の重労働刑に処されたワイルドは、その後、住む家も活躍する場も家庭も友人の大半も喪失してパリの陋《ろう》屋で窮死した。

英国の刑法は、一八八五年のラボーチャー［ラブシェア］修正案によって、アナル・セックスのみならず、フェラチオや相互マスターベーションにいたる、ありとあらゆる男性どうしの性行為が処罰の対象となるべく改変されていた。ワイルドは肛交を好まず、もっぱらオーラル・セックスやマスターベーションしか行な

歴史を騒がせたゲイたち

【左】オスカー・ワイルド（右）と愛人アルフレッド・ダグラス卿　1892年、ノーフォークにて撮影。アイルランド出身の作家オスカー・ワイルド（1854~1900）が、1895年の裁判で破滅したスキャンダルは余りにも有名。事件の原因となった16歳年下の愛人「ボジー」ことアルフレッド・ダグラス（1870~1945）は、天上の愛ウラニアを謳うユレイニアン詩（ウラニア詩）を執筆したが、後年自らも獄中生活を送ることになる。

【左中】バイエルン王ルートヴィヒ2世　若い頃その美貌で知られた第4代バイエルン国王ルートヴィヒ2世（1845~86。在位、1864~86）は、生涯「異性結婚」せずに男性だけを愛したため、「童貞王」と渾名された。作曲家ワーグナーや城館造営に資金を蕩尽し、やがて廃位された後、ほどなくして謎の水死体で発見された。森鷗外は王を異性愛者に変質させた小説を書いている。

【下右】ロベール・ド・モンテスキュー伯爵　1897年。ジョヴァンニ・ボルドーニ筆の肖像画。パリ、オルセー美術館蔵。プルーストの『失われた時を求めて』のシャルリュス男爵や、ユイスマンスの小説『さかしま』の語り手デ・ゼッサントのモデルになった唯美主義詩人。ある宵戯れに演じた喜劇の中で、女優サラ・ベルナールを抱いたところ、24時間吐きつづけたという名うての女嫌い。もちろん終生妻帯しないゲイ貴族であった。

【下2点】ドイツ貴族オイレンブルク事件（1907~09年）の風刺画。ドイツ帝国のカイゼル（皇帝）ヴィルヘルム2世の側近フィリップ・ツー・オイレンブルク・ウント・ヘルテフェルト侯爵（1847~1921）もまた、「同性愛スキャンダル」の犠牲となって政治生命を断たれた。

わなかった。が、見せしめのためもあってか――政治的謀略説もある――、冷徹な国家の生け贄にささげられたのである。

「私は生涯に三度結婚した。一人の女と二人の男と」と、晩年のオスカー・ワイルドは語ったという。二人の男とは、愛称ボジーことアルフレッド・ダグラスと、ロバート・ロス〔一八六九～一九一八〕ないしジョン・グレイ〔一八六六～一九三四〕のことかと思われる。

クリーヴランド事件（一八八九）――王室を巻き込んだスキャンダル

一九七五年の関係書類公開まで極秘とされてきた、いわゆるクリーヴランド事件も現今ではよく知られている。一八八九年七月、ロンドンのクリーヴランド街一九番地にあった男性売春組織の摘発によって起きたこのスキャンダル――まだゲイがスキャンダルたり得た時代のことである――には、王長孫、つまり時の女王ヴィクトリアの嫡孫クラレンス公アルバート・ヴィクター▼や、王太子エドワード七世〔一八四一～一九一〇。在位、一九〇一～一〇〕の侍従アーサー・サマーセット卿〔第八代ボーフォート公爵の末子。厩舎管理長官。一八五一～一九二六〕ら、大勢の貴顕人士が関わっていたという。王太子は時の首相ソールズベリー卿と相談のうえ、スキャンダルを避けるために、キーパーソンたるアーサー・サマーセット卿を司直の手の及ばないフランスへ亡命させた。

クラレンス公はインド訪問に送り出され、帰国してほどなく流感から肺炎を併発して二八歳で亡くなった。が、もしも無事に生きながらえていたなら、父王の跡を継いで大英帝国の王座に即いていたはずの人物である。

▼クラレンス公アルバート・ヴィクター　一八六四～九二。ヴィクトリア女王の長男ウェールズ公アルバートのちの国王エドワード七世の長男にあたる。愛称エディ。ジャック・ザ・リパーこと「切り裂きジャック」連続殺人事件の真犯人の有力候補者にもノミネートされている。とかく醜聞と縁の深い人物である。

世紀末から 20 世紀初め、多くの文学は、同性愛者を中性的で退廃的なものとして描いた。
【右上】『レオニーと呼ばれたレオン』（シャルル＝エティエンヌ、1922）。【左上】『女のようになった男』（ジャック・ド・バンドル、1922）。【左下】『レスボスのノートルダム』（シャルル＝エティエンヌ、1924）。【右下】『あの可愛い殿方たち』（フランシス・ド・ミオマンドル、1921）

作曲家チャイコフスキー——『悲愴』をささげた人

『白鳥の湖』や『胡桃割り人形』などのバレエ音楽作品でお馴染みのロシアの大作曲家チャイコフスキー〔一八四〇〜九三〕がゲイであったことが、彼の手紙や日記から明らかにされてすでに久しい。この時代の英国のパブリック・スクールと同様に、彼の初体験《デビュー》も、男子ばかりの全寮制の学校が舞台となっていた。学生時代から寄宿舎制度の法律学校で親密な関係にあった下級生セルゲーイ・キレーエフと二人で手を組んでいる写真は、はるか後年になっても、チャイコフスキーの仕事机の前に貼られていたという。

三二歳のときに彼は、愛弟子のウラディーミル・シロフスキー〔一九歳〕と一緒に外国旅行に出かけている。ウラディーミル・シロフスキーは裕福な青年で、モスクワ音楽院時代〔一八六八〜七二〕に知り合って以来、作曲家から特別に目をかけられ、秘蔵っ子のようにいつくしまれた。シロフスキーの資金で二人はたびたび隠密旅行をし、その返礼にチャイコフスキーは初期のピアノ曲を彼に捧げている。

一八七七年、チャイコフスキーは音楽院の教え子アントニーナと結婚するが、婚前に「僕は女を好きになったことはないし、これからも愛せない」と告げていた。それでも彼女は婚姻を望んだ。案の定、二ヶ月半で夫婦生活は破綻し、妻は錯乱状態に陥り、色情狂《ニンフォマニア》となってよその男たちと密通、何人もの子供を産んだあげく、精神病院に収容される羽目になる。

チャイコフスキーは、学生時代から死にいたるまで、二人の弟モデストとアナトーリをはじめ、ピアニストや生徒たち、召使い、馬丁など一〇〇人に及ぶ男たちと関係をもった。夫婦仲を引き裂かれたのも、もとをただせば、嫉妬した弟たちの画策によるという。

彼の『日記』には、ピアノの教え子ヴァシリー・サペルニコフとベッドで交わったことが克明に誌されている。二人は仲良くドイツ、フランス、イギリスに旅行したが、その間も正直なチャイコフスキーは、大勢の男と情交したことを細大洩らさず書き綴っている。

またこの大作曲家は、美青年のミハイルとアレクセーイ兄弟を家政夫にして同棲をつづけていた。のちに兄のミハイルは田舎へ帰ってしまったため、最期には遺言によってチャイコフスキーの遺産はすべてア

【コラム】

文豪トルストイの恋愛遍歴——ロシア文学者の愛◆1

レフ・ニコラエヴィチ・トルストイ〔一八二八〜一九一〇〕と言えば、一九世紀後半のロシアを、いな近代ヨーロッパを代表する小説家の一人である。その代表作『戦争と平和』『アンナ・カレーニナ』『復活』などは小説という文学ジャンルが退潮した現在でさえ、古典的名作として広く読みつがれている。

だが、彼を包み込む宗教的偏見のせいで、その本当の性的指向はあまり一般に知られていないようだ。

二三歳のときに彼は日記に、こう書いている。

「今まで一度たりとも女を好きになったことはない。〔……〕しかし、男性にはよく恋したものである。〔……〕〝ペデラスティー〟が何であるかを知る以前から、私は男性を愛していた」。

また、ある親密な仲の友人との出会いに関して詳細に記している。

「ピロゴヴォと過ごしたあの夜のことは一生忘れることがないだろう。一枚の毛布にくるまりながら、私は彼をキスと涙で貪り尽くしたかった。性的欲望がまったく欠けていたわけではない。だが、性欲がどんな役割を演じたかを述べることは不可能である」。

トルストイは彼の領地管理人とも男色関係にあり、後年には弟子の一人ウラディーミル・チェルトコフと恋仲になり、彼を長期にわたって個人的秘書とした。

そのため、トルストイ晩年の八一歳のときに妻のソーニャは夫をチェルトコフと「同性愛の関係にある」として公式に告訴している。本妻の座を奪われたことに我慢がならなかったのであろうか。

レクセーイが相続することになる。

晩年の傑作『悲愴交響曲』［一八九三］は、〝最愛の甥〟ボブ［またはボビュク］ことウラディーミル・ダヴィドフ［一九〇六年、三五歳で自殺する］に献げられている。ボブもまたゲイであり、成人すると二人は肉体関係をもったが、例によって例のごとくチャイコフスキーの恋は「片想いに終始したに過ぎない」として肉の交わりを認めたがらぬ人々もいる。どうやらこの手合いは、チャイコフスキーが甥と懇ろな仲であったことには触れられたくないようだ。

ソ連の音楽学者アレクサンドラ・オルロヴァによると、チャイコフスキーの命取りになったのは、ロマノフ帝室と縁戚関係にあるステンボーグ・フェルモール公爵の甥と肉体関係を持ったことであるという。一八九三年の秋、ステンボーグ・フェルモール公爵は、皇帝《ツァーリ》アレクサンドル三世［在位、一八八一〜九四］に宛てて苦衷を訴えた書簡を送り、皇帝親裁の秘密法廷が開かれた結果、砒素を飲んで自決するようにとの判決が作曲家に下った。自殺を強要されたチャイコフスキーは、やむなく自宅で服毒死を遂げたのであった。

一般に流布されていたコレラ死因説は、チャイコフスキーの弟でゲイのモデストが、兄の死去をスキャンダルから遠避けるべく公表した虚報でしかなかった▼というのである。

▼虚報でしかなかった　ホモフォビックな伝記作家たちは、チャイコフスキーの同性に対する愛情は、あくまでもプラトニックなものでしかなかったと主張したばかりか、女性とのロマンスまで捏造してきた。

クルップとオイレンブルク大公の事件――プロイセン最大の誤ち

『ナポレオン法典』を採用しなかったせいで、ドイツ帝国でも英国と同じ愚行が繰り返された。兵器産業のトップ、クルップ財閥の長たるフリッツ・クルップ［一八五四〜一九〇二。フリードリヒ・アルフレート・クルップ］は、イタリアのリゾート地カプリ島で若い男たちと愉しんでいることを、ナポリの左翼系新聞に暴《あば》き立てられた。そのせいでイタリアから強制退去させられ、ドイツへ戻るが、祖国でも皇帝ヴィルヘルム二世［在位、一八八八〜一九一八］をめぐる政争に巻き込まれて、一九〇二年一一月に自殺へと追いやられる。いわゆる「クルップ事件」である。

男性間の性行為を禁じる刑法第一七五条を温存していたドイツでは、政敵を男色の廉で失脚させることさえ行なわれた。若き皇帝《カイゼル》ヴィルヘルム二世の側近フィリップ・ツー・オイレンブルク［一八四七〜一九二一。ヴィルヘルム二世の一二歳年上の恋人］を法廷で攻撃した事件［一九〇七〜〇九］が、その代表格である。この醜聞沙汰と一連の裁判の過程で、フォン・モルトケ伯爵ら何人もの要人が連座する羽目となり、自殺に追いこまれる士官もあらわれた。ドイツ帝国は、平和政策をすすめるオイレンブルクを失った結果、第一次世界大戦に突入するという致命的な破局に陥るのである。▼

▼……に陥るのである　オーストリア帝国でも、フランツ・ヨーゼフ皇帝の時代に、ゲイ・スキャンダルに巻き込まれて葬り去られた高位の人物がいた。皇帝自身の弟ルートヴィヒ・ヴィクトル大公である。ウィーン市内のトルコ風公衆浴場における「風俗紊乱事件」は、皇帝の介入するところとなり、大公は兄である皇帝の命令で辺境のクレッスハイム城に死ぬまで幽閉される。同じく生涯独身でゲイのバイエルン国王ルートヴィヒ二世（一八四五〜八六。在位、一八六四〜八六）が、この城に大公を訪ねたことがあるという。さらにオーストリア帝国では、上官からピストル自殺を強いられたレーデル大佐事件が一九一三年に起きている。

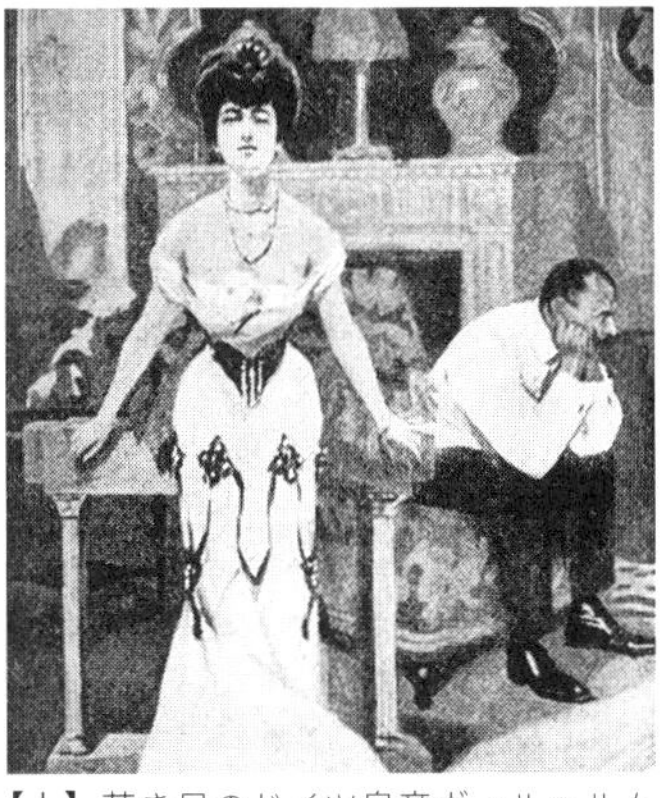

【上】若き日のドイツ皇帝ヴィルヘルム2世、1905年撮影。【中】オイレンブルク大公、1895年撮影。【下】醜聞事件の風刺漫画『上流階級の間では』（1907年）。「妻：あなたが本物の男であればよかったのに。夫：同感だね。君がそう（本物の男）だったらと思うよ」。

第4章 第一次大戦後の自由な空気と新たな弾圧

1……一九二〇年代の爛熟した文化の中で◆1

第一次世界大戦の敗北後、ドイツにも一時自由な空気が流れこみ、首都ベルリンはパリと並ぶ同性愛者のメッカとして盛況を呈した。しかし、それも束の間、ヒトラーの台頭によって、ゲイ迫害が再開する。

それでもヴァイマル共和政時代〔一九一九～三三年〕のベルリンは、英国に較べて同性愛者に対する抑圧がまだましだったため、W・H・オーデン〔一九〇七～七三。イギリス出身の詩人〕やクリストファー・イシャーウッド〔一九〇四～八六。イギリス出身の小説家〕らが長く滞在することになる。学生時代からの愛人だった二人は、もはやセックス・フレンドでしかなく、おのおののベルリンの若者たちと恋を語り合った。

ベルリンには、マグヌス・ヒルシュフェルト〔一八六八～一九三五。ドイツの医師・性科学者、「性のアインシュタイン」と呼ばれる〕による性科学研究所を筆頭とする性に関連する博物館が建ち、男性同性愛を扱った映画が製作され、高校生をはじめ様々な年齢の男倡が数知れずたむろしていた。発展《ハッテン》場は無数にあり、異性装者のダンス・パーティーが開かれるホールもあった。退廃的なカバレット〔キャバレー〕も多く、それはイシャーウッドの小説に描かれ、やがてミュージカル映画

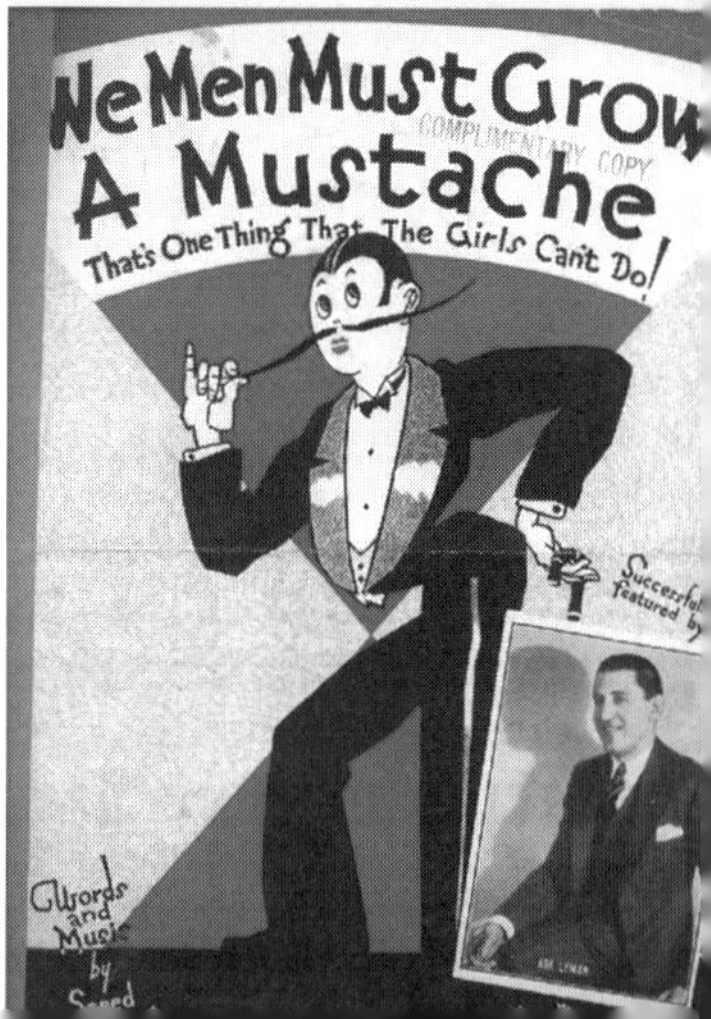

「男は口髭を伸ばさなければなりません」という歌のポスター。1922年。

バレエ・リュスの花形

【左】『シェヘラザード』で「金の奴隷」を踊るニジンスキー。一九一〇年。【上】『バレエ・リュスの想い出』より ジャン・コクトー筆「二人は恋人ディアギレフとニジンスキー」。一九一二年。バレエ・リュス（ロシア・バレエ団）の創設者セルゲイ・ディアギレフ（一八七二～一九二九）と、その愛人だったダンサーのヴァーツラフ・ニジンスキー（一八九〇～一九五〇）を描いたデッサン。【下】ディアギレフのサイン入りのポートレイト写真。Jan de Sterlecki 撮影、一九一六年。

【上右】スイスで発行された雑誌『クライス／セルクル』創刊 25 周年号。ゲイ男性に向けて 1943 年にチューリヒで発行された月刊誌。2 ヶ国語で書かれ、読者が自らの体験を投稿した。

【上左・下】同性どうしのダンス　ともにハンガリー出身でパリで活躍した写真家ブラッシャイ（1899~1984）撮影。上左は、セーヌ左岸のモンターニュ・サント＝ジュヌヴィエーヴで開かれた舞踏会で（1911 年）。下は、パリ、カルティエ・ラタンのダンス・ホールにて。パリには、異性装をした大勢の男女がパーティを楽しめるホールが何軒もあった。

【上・右】一九三九年、ニューヨークでの一斉取り締まりで、「女装」してダンスをしていたとして、逮捕・連行されている人々。ウィージー（写真家、一八九九～一九六八）撮影。

【下】ドイツの同性愛者の雑誌 *Die Freundin*（ガールフレンド）一九二八年五月一四日号。

cheint 14tägig Montags

4. Jahrgang Nummer 10
14. Mai 1928

20 Pf.

Die Freundin

Offizielles Publikationsorgan
des „Bundes für Menschenrecht, e. V.", Berlin.
(Das ideale Freundschaftsblatt)
Halbmonatsschrift für Aufklärung über ideale Frauenfreundschaft

dem Inhalt

homosexuelle
Frau und die
eichstagswahl

Was ist
nd und Schmutz?

chende Frauen

Der Klub der
Freundinnen

『キャバレー』に翻案されることになる。ゲイの作家クラウス・マン［一九〇六～四九。バイセクシャルの作家トーマス・マンの息子］らが「カバレティスト」として活躍し、のちにオーデンはクラウス・マンの姉でレズビアンのエリカ・マンと「結婚」することになる。

精力的なヒルシュフェルトは、男性同性愛を禁じた刑法を廃止する請願書を提出したが、これにはアインシュタイン、トルストイ、フロイト、ゾラ、ヘッセ、リルケ、ツヴァイク、トーマス・マンら六〇〇〇人を超える有名人の署名が寄せられた。

一方、パリでは、ヴェルレーヌとランボー亡きあと、ディアギレフとニジンスキーのバレエ・リュス［ロシアン・バレー］が一世を風靡し、一九二〇年代に入ると、プルーストが『ソドムとゴモラ』を公刊［一九二一年］。アンドレ・ジッドも〝同性愛弁護の書〟『コリドン』やカミングアウトの自伝『一粒の麦もし死なずば』を世に問いかけた［一九二四年］。才人ジャン・コクトー［一八八九～一九六三］やその若き愛人レイモン・ラディゲ［一九〇三～二三］が活動をはじめ、コクトーは学友や船乗り、労働者階級との情事を記した自伝的な作品『白書』を秘密出版した［一九二八年］。彼の交友・人脈は、愛人で美男俳優のジャン・マレーや、「悪と背徳の世界を生きた」男倡上がりの作家ジャン・ジュネらへと連なっていく。

ちょうど同じ頃、ニューヨークではハーレム・ルネサンスが全盛期を迎え、そこではゲイの黒人［アフリカ系アメリカ人］たちが、主要な役割を演じていた。ヒルシュフェルトに触発されたドイツ生まれのヘンリー・ガーバー［一八九二～一九七二］が、シカゴで米国最初の同性愛者の権利を訴える組織「人権協会」を立ち上げたのも、この当時のことであった［一九二四年］。

しかしながら、なんと言っても、一九二〇年代の欧米社会で多くの同性愛者を惹き付けたのは、三〇〇軒ものゲイ・バーやカフェが建ち並び――仄暗いバーの中では、政府高官や経済人が水兵を口説く姿が見られたという――、いく種かの同性愛雑誌が街じゅうのニュースタンドで販売され、ゲイ演劇専門の劇団さえあった、「世界のバビロン」ベルリンであった。

芸術の国フランス——コクトーの場合

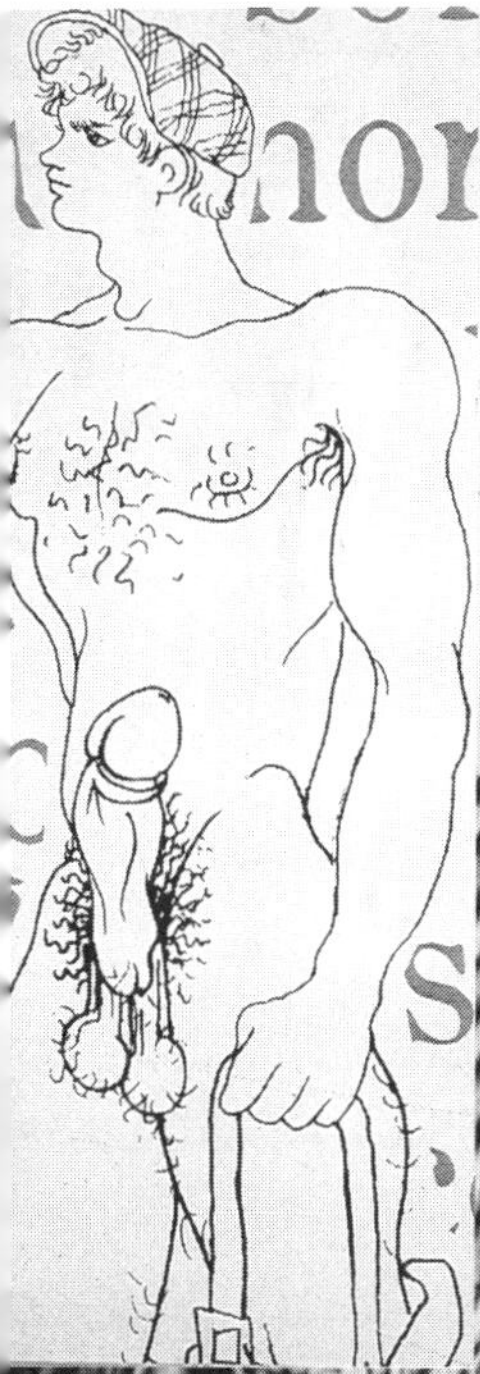

【左2点】コクトーのデッサン ジャン・コクトー（1889~1963）は、自著『白書 *Le Livre Blanc*』（1928年）などにエロティックな欲望を明らかにしたスケッチを残している。ジャン・マレーやレイモン・ラディゲらとの交情でも名高い。

【下】コクトーの壁画前に横たわるエドゥアール・デルミット（1925~95） 1948年。ドイツの写真家ヘルベルト・リスト（1903~75）撮影。デルミットはコクトーの愛人、養子。

20 世紀前半の先駆的なメールヌード

イギリスの写真家セシル・ビートン（1904~80）撮影のポートレイト。英国王室写真家であり、映画『マイ・フェア・レディ』でアカデミー美術賞および衣裳デザイン賞を獲得した才人セシル・ビートンは、自ら男好きを公言し——本人の主張するところでは「ゲイリー・クーパーとも寝た」とのこと——、異性装する友人たちの写真も撮っている。

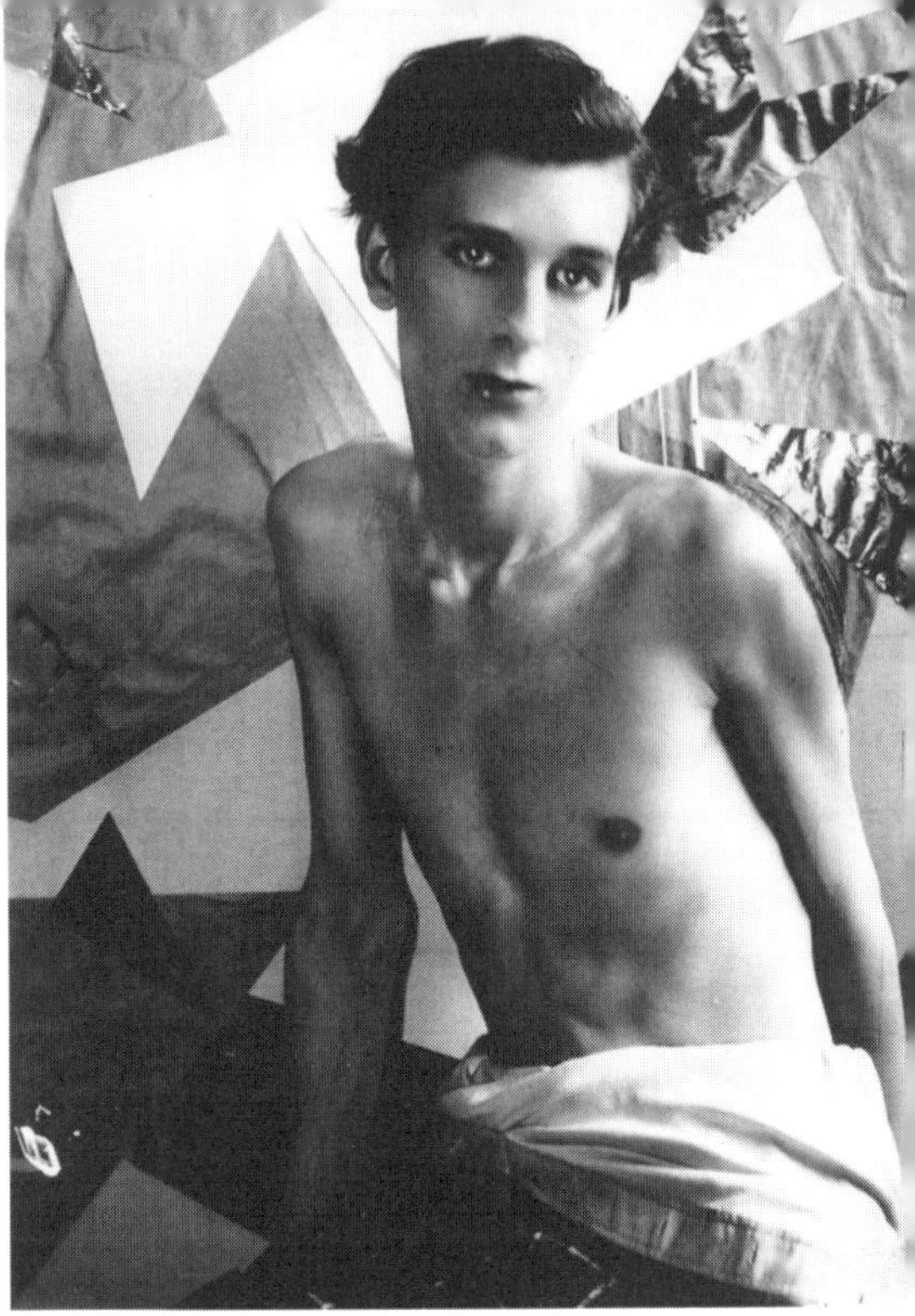

『ジョニー・ワイズミュラー』 セシル・ビートン撮影。1932 年。もとオリンピックの水泳選手で、のちに映画ターザンで一世を風靡したジョニー・ワイズミュラー（1904~84）のポートレイト。

イタリア系アメリカ人のボディビルダーでダンサー、トニー・サンソンのヌード写真。エドウィン・F・タウンゼンド（1879~1957）撮影。1930年頃。

ドイツの写真家ハーバート・リスト（1903~75。ドイツ語風の発音ではヘルベルト・リスト）撮影のヌード写真。【上】「レスリングする若者たち」1933年。【右】「アラブ人の少年とエレムルス（ユリ科の植物）」1935年。

2……ヒトラーの私生活――ナチスによる迫害とホロコースト

ベルリンに自由な空気が流れこんだのも束の間、ヒトラーの台頭によって、ゲイ迫害が再開する。

一九三三年、アドルフ・ヒトラーが総統の座につくやいなや、同性愛研究で名高いマグヌス・ヒルシュフェルト〔一八六八～一九三五。ドイツの医師・性科学者。「性のアインシュタイン」と呼ばれる〕の性科学研究所が襲撃を受け、一万冊の蔵書と半トンもの貴重な資料が灰燼に帰した。「ヒルシュフェルト財団」の財産は全てナチスに没収された。翌一九三四年には、ヒトラーの右腕として貢献してきた突撃隊（SA）の粛正が決行され、ゲイで知られた隊長のエルンスト・レーム〔一八八七～一九三四〕をトップとする隊員がことごとく虐殺された。ついで、あらゆるゲイ男性を強制収容所へ送り込み、断種のうえ皆殺しにするホロコーストが開始される〔一九三七年七月〕。あたかもヒトラー自身の若き日々の男性経験を、ひたすら覆い隠すかのように闇雲《やみくも》になって。▼

▼ヒトラー自身の……闇雲になって　ヒトラーとルドルフ・ヘスとの甘い関係はかねてから囁かれてきたところだ。近年ではドイツのブレーメン大学の研究によって、ヒトラーが一九二〇年代後半に数多くの同性愛関係をもっていたにもかかわらず、一九三四年になって突如これら過去の男色相手であった友人たち多くを殺害しはじめ、次いでさらに大規模な迫害（ホロコースト）に乗り出していった経緯（いきさつ）が明らかにされている。

収容所において彼らは、胸にピンクの逆三角形（Rosa Winkel）を目印としてつけられ、ユダヤ人よりも酷い虐待を受けた。一年の間に五万六〇〇〇人のゲイが去勢され、大戦中に約五〇万人もの男性が「同性愛」の廉で有罪となり、その大半が収容所で死亡したという。▼同様のゲイ男性の大虐殺《ホロコースト》は、ムッソリーニのファシスト政権下におけるイタリアでも断行された。

▼その大半が収容所で死亡したという　Simon Le Vay, *Queer Science*, 1996による。犠牲者の数については諸説ある。

第5章

冷戦下のホロコースト

——共産主義指導者の狂気と「自由の国」アメリカの粛清

アメリカの共産主義化の恐怖を訴えるマッカーシズムのパンフレット。1947年。

米ソ冷戦体制下にあっても、蛮行の数々が繰り広げられた。

ソ連はロシア革命の当初、一九一七年に「同性愛」に関する旧法を廃止していた。「国家や社会は個人の性の問題に干渉するべきではない」と、一九二三年にモスクワ社会衛生研究所長グリゴリー・バトキスは宣言した。

ところが、スターリン［一八七九～一九五三。彼自身は側近の秘書官たちに犯されることを好んだという］独裁政権の登場とともに「同性愛」は、「資本主義的デカダンスの産物、ブルジョワ的倒錯」だとして非難され、ゲイ・ピープルは弾圧にさらされることになる。反革命と「同性愛」とを同一視したスターリンは、一九三四年に「同性愛者を犯罪者として五ヶ年のシベリア流刑に処する」という法律を施行。「それでもなお改めなければ、さらに同じ刑罰が繰り返し科されるもの」とした。大粛清の嵐が吹き荒れる恐怖政治下に大勢の人々が、「反革命」の名のもとに、強制収容所へ送られ、冷遇の果てに抹殺される憂き目を見たのだった。

他方、「自由の国」アメリカ合衆国においても、「反共」のスローガンのもとにマッカーシー旋風［マッカーシズム］が吹き荒れていた。一九四八年にキンゼイ博士［アルフレッド・キンゼイ。一八九四～一九五六］の報告《リポート》▼が公刊されたにもかかわらず、骨の髄まで同性愛恐怖症に浸っていた合衆国の為政者たちは、相も変わらず「ホモセクシャル」を犯罪視しつづけることを止めなかったのである。

▼**キンゼイ博士の報告**　キンゼイ報告によると、アメリカ人成人男性の約五〇パーセントが、思春期以後四五歳までの間に「同性愛的な性的興奮の経験」をもっており、肉体的接触を経験した者は三七パーセントに達するという結果が出ている。しかし、この数値とて「同性愛行為」が犯罪と見なされ、発覚した場合には処罰の対象となり、社会的威信も名声も一夜にして失ってしまうという時代に調査された結論に過ぎない。また、この報告をもとに全人口の一〇パーセントが完全無欠なゲイないしレズビアンであるという「マジックナンバー」神話が登場した（Kinsey (1948)）。

共和党上院議員のジョゼフ・マッカーシー［一九〇八～五七］が、一九五〇年から開始した「赤狩り」の対象となったのは、共産主義者だけに限定されなかった。ゲイやレズビアンたち「同性愛者」も、「性倒錯者」の呼び名のもとに、スパイの容疑をかけられて徹底的に迫害を受けたのだった。アイゼンハワー大統領［一八九〇～一九六九。第三四代アメリカ合衆国大統領、在任、一九五三～六一］も同調して、「政府からすべての『性倒錯者』を追い出せ」と息巻いた。特別委員会による粛清が行なわれ、国務省では九一名のゲイ・ピープルが馘《くび》になったが、誰一人として抗議した人はいなかった。一九五〇年代の前半だけで少なくとも一万人以上の人々が職を追われる羽目に陥った。全米各地で狂気のようなゲイ狩りが行なわれたのである。

人口四万人のアイダホ州の州都ボイシでは、「同性愛者」であるとの嫌疑をかけられた一四七二名の市民が逮捕されて裁判にかけられ、一五年間の投獄刑を宣告されたりして破滅していった。しかも、驚くべきことには、いかなる政治団体も、こうした迫害に異議を唱えなかったというのだ。いく人もの自殺者が続出したことは言うまでもない。何よりも不幸のきわみだったのは、この「同性愛者狩り」を実行したマッカーシー以下、ＦＢＩ長官のエドガー・フーヴァー［一八九五～一九七二。一九二四年にＦＢＩを創設する］、ＦＢＩの副長官クライド・トルソン［一九〇〇～七五］、側近の検察官ロイ・コーン［一九二七～八六。マッカーシズムの急先鋒に立って同性愛者を粛清した］らが全員揃って「ホモフォビックなゲイ」だったらしいことである。ここで詳しく述べる余裕はないが、皆な揃って独身だったうえに、フーヴァーは配偶者さながら四四年間連れ添った仲の、ハンサムなトルソンの写真を何百枚も撮りつづけ、死に臨んで自分の不動産をすべてトルソンに遺《のこ》しているし、エイズで死亡するロイ・コーンは男と性交渉をもったことを指摘されると、「俺はクイアではない。男と寝るヘテロセクシャルだ」と嘯《うそぶ》いていたという。

【コラム】

ホモフォビアのゲイ——自己嫌悪か受け手嫌いか

こと男色に関するかぎり、一見して自己撞着としか思えない首鼠《しゅそ》両端を持した人々の例には、古来いっこうに事欠くことはない。

東ローマ皇帝ユスティニアヌス一世は、自らストラテギオスなる貴族《パトリキウス》と男色関係があったにも拘わらず、男性どうしの愛を死罪をもって罰する法律を制定した。これより早く似たようなアンチ・ゲイ法をローマ帝国に布いたキリスト教徒のコンスタンティウス二世とコンスタンス兄弟両帝［コンスタンティヌス大帝の息子たち］も、やはり、おのおの男の愛人をもっていた。

古代ローマきっての雄弁家キケロとて例外ではない。政敵のウェレスやガビニウス、カティリナ、アントニウスらを男色の故に攻撃しておきながら、私生活では解放奴隷のティロといちゃついてキスしたり、その情景をエロティックな詩に書いたりしているのだ。もちろん、彼に言わせてみれば、自分は飽くまでも仕手役つまり男性として威厳ある姿勢を崩さなかったと主張することであろうが。

従来ホモフォビックだと指摘されることの多かったギリシアの喜劇詩人アリストファネスを、筆者はこのリストの中に入れる気にはならない。彼はたんに、少年売春夫の肉体を弄《もてあそ》んだ後で金銭を支払わずに立ち去った男が地獄に堕ちるさまを面白おかしく描いたに過ぎないのだから◆1。

中世にはカンタベリーの大司教アンセルムス［一〇三三頃〜一一〇九。「スコラ学の父」と呼ばれた］のように、かたやノルマン宮廷の男色の風を批判しながら、自身は一連の弟子たちと情熱的な関係にあった聖職者は少なくない。男性どうしの性交を禁止したシャルルマーニュ［七四二〜八一四。カール大帝。カロリング朝フランク王国の王カール一世］が、民話の世界では小姓の尻を追い回していたとか、ある大司教に恋して四六時中まとわりついて離れようとしなかったなどと伝えられているのは面白い。

ローマ教皇ボニファティウス八世［在任、一二九四〜一三〇三］は、フィレンツェの司教アンドレア・デ・モッツィを男色の廉で追放しているが、彼自身もまた、男色と魔術と異端の故に告発され、断罪されている。

ダンテ［一二六五〜一三二一。イタリアの大詩人］が「自らの同性に対する欲情を抑えつつ、師ブルーネット・ラティーニ［一二二〇頃〜九四頃］の〝アウティング〟（ゲイだと素破《すっぱ》抜くこと）をして、地獄で責め苦にあう男色家たちを憚ることなく描き出している」という説にも、なかなか説得力がある。[1]

日本では、『往生要集』［寛和元（九八五）年成立］において、合意の上であれ男性どうしの肉交を地獄落ちだなどと記した恵心僧都源信［九四二〜一〇一七］が挙げられる。彼自身、僧侶として男色と無関係であったはずはない。日頃目にする稚児愛好の光景。それがかえって過激な「仏教原理主義者」風の考えにはしらせてしまったのであろうか。しかも、この源信、天台宗の稚児の心得書きを詳述した衆道解説書『弘兒聖教祕傳』の著者だと言い伝えられているのだから皮肉なものである。

ムガル皇帝アクバル［一五四二〜一六〇五。インド、ムガル帝国の第三代皇帝、大帝。在位、一五五六〜一六〇五］は寵愛する臣下をベッドで抱いていたが、男色は「ウズベク人の悪徳だ」として、廷臣たち全員に妻帯を命じた。彼はそのときに限って都合よく自分がイスラーム教徒だったことを思い出したのかも知れない。

サファヴィー朝の大宰相サルー・タキは、アッバース二世[2]の初政に、男倡・少年売春を厳禁した。若い頃、彼自らが男色好きで少年を強姦したために去勢されるという屈辱的な目にあったことが、トラウマとなったのであろう。

フランスの小説家プルーストは自分の同性への性的指向を非難をこめて書いた屈折した作家の一人である。アンドレ・ジッドとて実際の性行為は若者との相互自慰ばかりだったらしく、その『日記』において、成人男性に欲望を向ける男性愛者（sodomite）

や、〝女役〟になりたがる「倒錯者」に深い嫌悪感を示して憚らない。

英国のジョン・アディントン・シモンズ［一八四〇～九三］は、生粋のゲイだったにもかかわらず、一八五八年、ハロー校の校長《ヘッド・マスター》、ヴォーン博士を「生徒たちとの性交渉」故に訴えて辞職に追いやっている。

作家のW・サマセット・モーム［一八七四～一九六五］は言わずと知れた隠れゲイだったが、甥のロビン・モーム［一九一六～八一］が若い男と同棲しているのを嫌がり、やっきになって別れさせようとした。マッチョで鳴らしたアメリカの作家ヘミングウェイ［一八九九～一九六一］が同性愛を嫌悪したのは、彼本人が抑圧されたホモセクシャルだったからだ、という心理分析も行なわれている。

近代西欧史上最初のゲイ雑誌『デル・アイゲネ』を一八九六に創刊したジャーナリスト、アドルフ・ブラントは、一九〇八年のオイレンブルク事件の裁判において、帝国宰相ベルンハルト・フォン・ビューロウが秘書のシーファーと「同性愛関係にある」と証言することを、何らためらわなかった。これはホモフォビアそのものではないかも知れないが、自分の証言がいかなる結末をもたらすかは、じゅうぶん承知していたはずである。往時のドイツでは、同性愛はいまだに犯罪だったのだ。

ソ連のスターリンは戦争が激化すると、いつも側近の秘書に肛門を犯してくれとせがんだらしいけれど、他方で同性愛者を徹底的に弾圧した。どうしようもない女色家だと思い込まれていた毛沢東が、実はボディーガードに若くてハンサムな男性ばかり選んでマッサージ係を兼ねさせ、彼らを抱きしめてはベッドに誘っていたという目撃談も、彼の死後公表されている。がしかし、毛沢東を頂点とする共産党支配下の中国では長い間、同性愛者は苛酷な迫害を受けてきたのである。

ヒトラーとルドルフ・ヘスとの甘い関係はかねてから囁かれてきたところだ。近年ではドイツのブレーメン大学の研究によって、ヒトラーが一九二〇年代後半に数多くの同性愛関係をもっていたにもかかわらず、一九三四年になって突如これら過去の男色相手であった友人たち多くを殺害しはじめ、次いでさらに大規模な迫害《ホロコースト》に乗り出していった顚末が明らかにされている。

その他――、

J・エドガー・フーヴァー[▼3]や、第二次世界大戦後の赤狩りの中心人物J・R・マッカーシー〔一九〇八〜五七〕、ロイ・コーン▼4および、その親友で独身者のディヴィッド・シャイン〔一九二七〜九六〕、東欧では反同性愛法を制定したアルバニアの共産主義独裁者エンヴェル・ホッジャ〔一九〇八〜八五〕、等々と、この手の罹患者の数は尽きない。いずれにあれ、「過度にホモフォビックな男性こそ自己の裡《うち》に潜在しているホモセクシャルな欲望を抑圧している人物である」という説は、かなり核心をついているようだ。

▼1　『神曲』「地獄篇」一五歌。一四世紀の無名氏の注解によって、ダンテ自身がホモエロティックな情感を懐いていたという解釈が、昨今試みられている。作品中、ダンテの導き手となるウェルギリウス（ヴィルジリオ）は、西欧中世においては、古代ラテン詩人のうち男色家の代表格とされていたことも示唆に富んでいよう。

▼2　シャー・アッバース二世。一六三三〜六六。サファヴィー朝ペルシア第七代の王。在位、一六四二〜六六。

▼3　一八九五〜一九七二。ＦＢＩ長官。副長官のクライド・トルソン（一九〇〇〜七五。やはり生涯独身）とは四四年間の親密な仲で、ハンサムなトルソンの写真を何百枚も撮っていた。

▼4　一九二七〜八六。生前に男と性交渉をもったことを指摘されると、「俺はクイアではなく、男と寝るヘテロセクシャルだ」と嘯（うそぶ）いていた。一九八六年七月の死後、ゲイでありエイズで死んだことが明らかにされる。

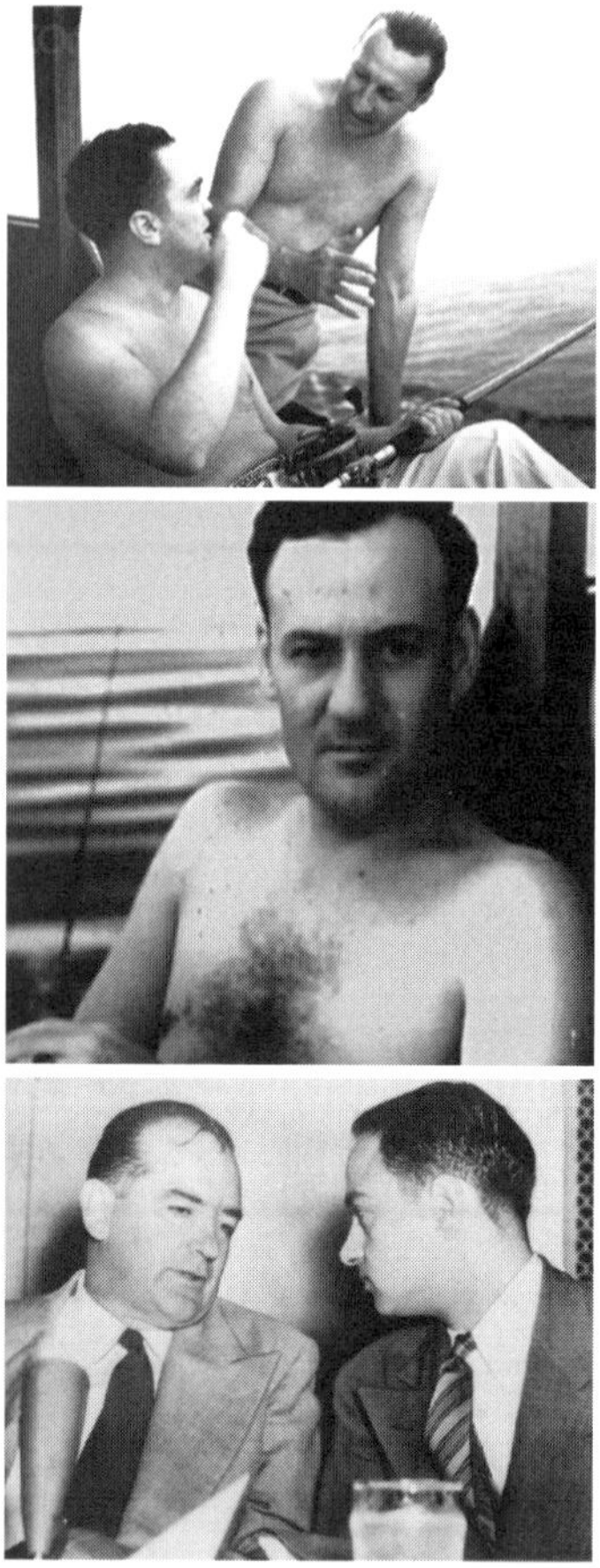

【上】FBI長官フーヴァー（左）と副長官トルソン。2人は生涯を通して連れ添った。【中】フーヴァーが撮影したと思われるトルソンの写真。【下】上院議員マッカーシー（左）と検察官ロイ・コーン。コーンは、マッカーシズムの急先鋒に立って同性愛者を粛清したが、彼自身がゲイだった。

第6章 ゲイ・リベレーション
——変貌する世界

1……たちあがる人々

いわゆる「西洋白人社会」に理性が覚醒したのは、ほんのここ半世紀足らずの間のことでしかない。デンマークは他の欧米キリスト教諸国に先駆けて、一九三〇年に「ソドミー法」という迷信にもとづく法律を廃止した。ヨーロッパのいくつかの国々がそれに倣ったが、根強く浸透した偏見から自由になれる人たちは、まだまだ少なかったようだ。イギリス政府が成人男性どうしの性的関係を認めるようになったのは、先述のとおり一九六七年になってからのことでしかない。しかも、その後サッチャー率いる保守党政権下に第二八条という新法が制定された〔一九九〇年〕ため、成人間の合意のうえであってもゲイ男性の性行為の大半が、レイプと同様に犯罪とされてしまうという始末だった。西ドイツで悪名高い刑法一七五条第二項が一部改正されるのには、実に一九六九年九月を俟たざるを得なかった〔撤廃は一九九四年〕。

アメリカ合衆国では公民権運動の高まった一九六〇年代に入って、ようやくゲイの自覚と団結が強まっていく。一九六一年にイリノイ州が、全米で初めて「ソドミー法」を撤回したのを皮切りに、各地にゲ

「ゲイ解放戦線」（GLF）のポスター。1970年。

イ・リベレーション組織が結成され、一九六八年にはロサンゼルスにメトロポリタン・コミュニティー教会（MCC）が創始されて、同年末には合衆国最初の同性婚の儀式が執り行なわれた。それでもなお、警察の手入れなどの公権力によるハラスメントはやまなかった。翌一九六九年六月に米国史上初の「ゲイ・パワーによる叛乱」が、ニューヨーク市のクリストファー・ストリートにあったゲイ・バー「ストーンウォール・イン」で勃発。不当な逮捕に対して抗議するゲイ・ピープルが、武装した警官隊を向こうに回してバリケードを築き、三日間にわたり攻防戦を演じた。この事件が契機となって「ゲイ解放戦線（GLF）」が創設される。以来、ほんの数年も経ずして、似たような運動が全米各地のみならず、カナダやオーストラリア、さらにヨーロッパ諸国でも台頭を見るにいたったのである。▼

▼似たような……見るにいたった　一九七三年にアメリカ精神医学会（APA）が、初めて疾病リストから「同性愛」を削除して、これを人間の正常な性活動であると認定した。とはいえ、世界保健機関（WHO）が、性的逸脱と性障害の項目から「同性愛」を削除するのは、一九九二年になってからのことに過ぎない。

2……一九八〇年代のエイズ禍とその後

一九七〇年代は、欧米のゲイ・ピープルにとって、史上初めて開放的な空気を味わうことのできた楽観的な時期である。ところが、七〇年代の後半には、次の時代を暗示するかのようなまがまがしい出来事が生じている。「ゲイの市長」と呼ばれたサンフランシスコの市政執行委員ハーヴェイ・ミルク［一九三〇〜七八］が暗殺されたり、キリスト教原理主義者のアニタ・ブライアントが、ゲイの公務員不採用法を通過させることに成功したりして［一九七七年］、アメリカ社会の恥部をまざまざと露呈したのだ。

ところが、一九八〇年代の恐るべきエイズ禍の時期を経て、ゲイ運動《リブ》はさらにいっそうの前進を遂げ、連帯を強めることとなる。

ゲイ・リベレーション

【上】ゲイ解放戦線（GLF）の機関紙『Come Out』創刊号の題字、1969年11月。【中左】米国初の同性愛者団体マタシン協会（1950年創設）によるホワイトハウス前での抗議行動を報じる『コンフィデンシャル』紙、1965年。【中右】ロンドンのGLFの機関紙『Ink』の表紙（化粧したゲバラ）、1971年。【下】「ストーンウォール反乱」の1周年記念で、GLFがニューヨークで行なったデモ、1970年。以降、6月の最終日曜日に世界でゲイパレードが行なわれるようになった。

一九八九年のデンマークを皮切りに、ノルウェー〔一九九三年〕、スウェーデン〔一九九五年〕などのヨーロッパ諸国で、同性どうしのパートナー〔ドメスティック・パートナー〕制度が次々に導入され、一九九九年にはフランスでPACS〔市民連帯契約法〕が可決、アメリカでさえ二〇〇〇年からヴァーモント州で事実上の同性間の結婚を認めるシビル・ユニオン法が制定された▼。

▼シビル・ユニオン法が制定された　米国のマサチューセッツ州では、二〇〇四年五月一七日から同性婚の登録が開始され、コネティカット州、カリフォルニア州がこれにつづいた（二〇〇八年）。今日では過半数の州で同性婚が認められているが、まだまだ反動的な勢力も根強く残っているという。

現在では、オランダ、ベルギー、スペイン、カナダなど、まともな先進国では次々と「同性どうしの婚姻権」が法制化されている。また、同性婚と呼べるほど異性婚と同等の権利を有してはいないものの、同性間のドメスティック・パートナーシップやシビル・ユニオンを法律で認める国家や州も、増加の一途をたどっている。こうした成果を産み出したゲイ・リベレーションの歴史についても、機会があれば書いてみたいものである。

3……「植民地根性」に染まった第三世界

恐怖は常に無知から生じる。　（エマーソン）

一〇〇年前とは攻守所を変えて、現今ではかつてホモフォビックだったキリスト教圏西欧諸国が、「まともな先進国」に変貌を遂げつつある。他方、もともとホモフォビアなぞ持ち合わせなかった非キリスト教諸国が、時代錯誤な宗教色やイデオロギー原理に毒されて、「惨めな後進国」へと化しているようだ。

いわく、「『ホモセクシャリティ』は西欧から植民地各国へ持ち込まれたものでしかない」といった類の

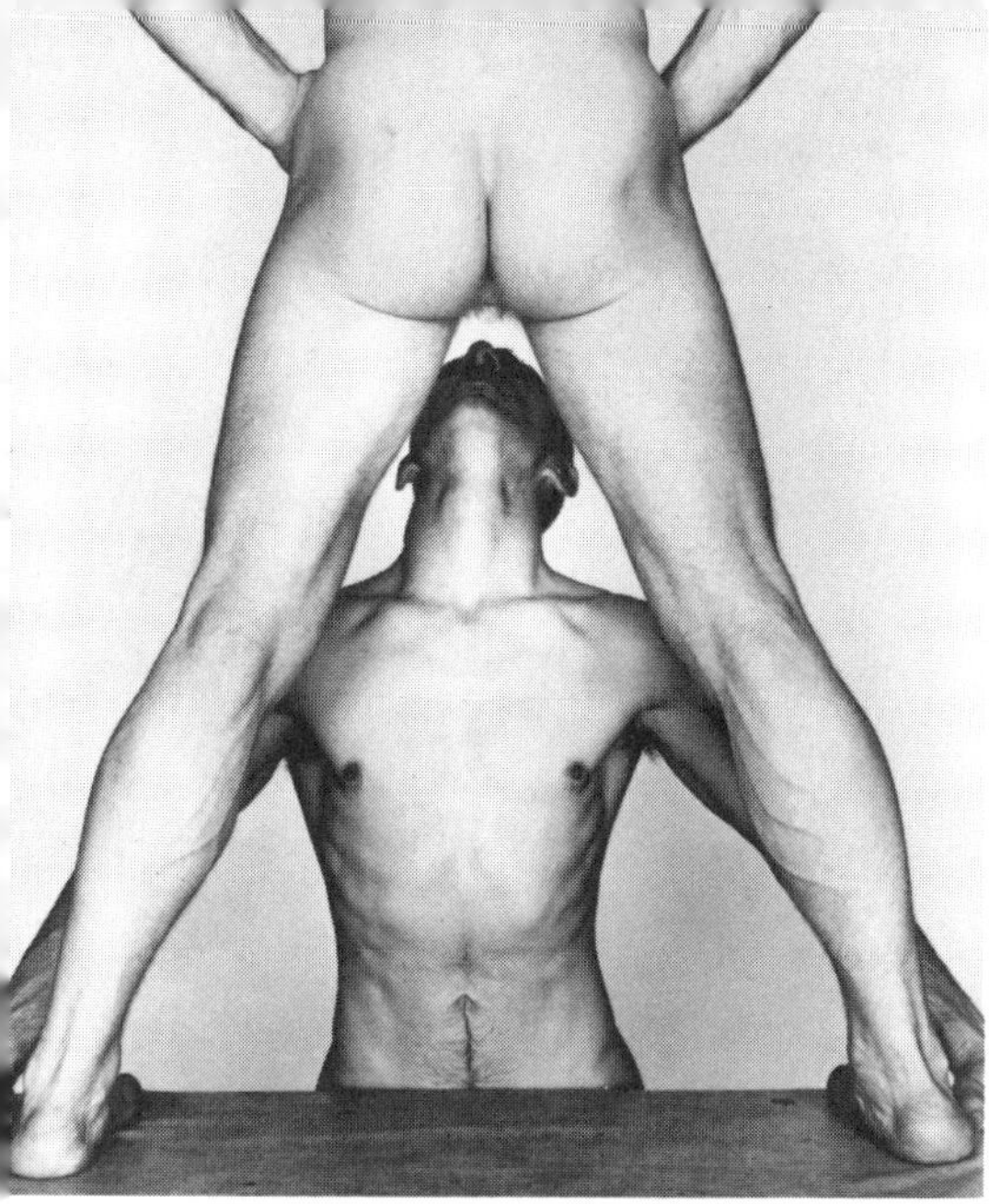

戦後のメールヌード

【右下】『剣をもつ男性』 ブルース・オヴ・ロサンジェルス撮影。1948年。ブルース・オヴ・ロサンジェルス（本名、ブルース・ベラス。1909~74）は、1940年代から70年代にかけて活躍したアメリカの写真家。男性ヌード写真を多く残した。現在では日本その他の後進国を除いて、全裸の写真集は容易に購入することができる。

【上・下】アメリカの写真家ジョージ・プラット・ラインス（1907~55）撮影の男性ヌード（1954年・1950年）。

イデオロギーである。彼らに自分たちの歴史や文化を正しく見つめる眼力があれば、むしろ「ホモフォビア〔同性愛恐怖症〕」こそ、植民地支配を通じて西欧キリスト教社会から押し付けられた概念であることを容易に認識できるであろう。

こうした「第三世界」と呼ばれる元キリスト教諸国植民地だった地域では、宗主権国に隷属している間に手もなく洗脳されて――しかも洗脳された事実にさえ気付かず――、今では「後進国」の特徴となっているホモフォビアに汚染されてしまった例が珍しくない。宗主国によっておしつけられた「ソドミー法」を後生大事に守りつづけている新興国家も少なからず存在する。

何を勘違いしたのか、旧套を墨守する一部の国々は、自分たちの文化に男色制度は存在しないなぞと言い張るありさま、例えば共産党の支配する中国当局の主張するところでは、十何億もいる国民の中に「同性愛者は一人も存在しない」のだそうである〔二〇世紀末頃までの公式見解による〕。

戦争や疫病などで死者を増やさずとも、人口問題を食糧問題ともども一挙に解決してくれる正しくも望ましい政策だというのに、なぜか共産中国、インドなどアジア・アフリカの〝後進諸国〟は同性婚に乗り気ではないように見える。▼

▼〝後進諸国〟は……見える　インド初代首相ネール（ネルー、一八八九～一九六四）は、ヒンドゥー教寺院を飾る彫像から同性間性交の場面を懸命に削除したけれど、若き日には師のフェルディナンド・ブルックスと好い仲だったことが明らかにされている。ガンジー（ガンディー、一八六九～一九四八）に男性ボディビルダーの恋人がいた事実は近年、伝記作家によって公表された。

この〝後進〟性は、第三世界諸国それぞれの伝統というものでは決してない。欧米列強が世界じゅうを侵略支配していた時代に刷り込まれた倫理観から、未だに独立できていないだけなのだ。忌憚なく言えば、「植民地根性」とでも言うべきもののなせるわざでしかないのである。

台湾では近年中にも同性婚が合法化されようとしている〔二〇〇三年〕というのに、大陸中国〔中華人民共和国〕は、伝統にのっとって結婚式を挙げた男性たちを逮捕するまでに堕落してしまっている。一方で「一人っ子政策」をとりながら、とんでもない自己撞着に陥っていることに気付く為政者もいない▼ていたらくである。

▼自己撞着に……為政者もいない　二〇世紀末までの中華人民共和国の公式見解では、「中国に同性愛者は存在しない」というものであった。これはギャグでもジョークでもない。共産党幹部の歴とした主張なのである。ただ一言、中共政府のために弁じておくならば、今世紀になってから「同性愛者」の存在を無視することができなくなったため、全国人民代表会議で同性婚を許可する法律制定が提案されたことはある（二〇〇三、〇五、〇六年の少なくとも三度）。もちろん、その提案は議事日程に組み込まれることなく却下されたのだったが。

それどころか、共産党支配の中華人民共和国では、「同性愛者」は有無を言わさず広場で銃殺されてきたのだった。▼

▼共産党……きたのだった　一九九七年まで同性愛者は風紀を乱すとして犯罪者扱いされ、摘発の対象になっていた。余談ながら、どうしようもない女色家だと思われている毛沢東（一八九三〜一九七六）が、実は若い男性にも性欲を覚えていたことが、近年明らかにされている。彼が屈強な美男の護衛たちをベッドに誘う場面が、何度も目撃されているのである。

二〇〇二年、中国でも精神科医連盟の満場一致の決定により「同性愛は精神病ではない」と認められた。とは言うものの、中国最初のレズビアンを描いたドキュメンタリー映画［二〇〇一年の『残夏』］は、公開数日にして上映禁止になっており、中共体制の本質を露呈してしまう結果となった。

とはいえ、「同性愛者は一人もいない」と言い張っていた韓国でも、二〇〇四年に男性どうしの公開結婚式が行なわれて、結婚届けが役所に提出されるなど非欧米諸国の情況は変貌の途にある。▼

▼非欧米諸国……途にある　フィリピンでも、男性どうしの結婚が共産主義反乱軍の野営地で行なわれた。が、これは「ゲイの人々を反乱軍に参加させるため、同性婚の問題を政治的宣伝に利用しただけだ」とも言われている。ベトナムやカンボジア、タイ、メキシコ、アルゼンチンにおいても同性間の婚姻もしくはパートナーシップ制度を求

める運動がおきつつある（その後、南アフリカ（二〇〇六年）、アルゼンチン（二〇一〇年）、メキシコシティ（二〇一〇年）ブラジル（二〇一三年）、ウルグアイ（二〇一三年）、ニュージーランド（二〇一三年）などで同性婚が合法化された）。

今日では同性どうしの婚姻を認めるか認めないかが、その国が先進国か否かのバロメーターになっている観さえある。ホモフォビアの根強い国民ないし市民が大多数を占める国家は、総じて〝後進国〟ないし〝未開な国家〟と断言して間違いなかろう。

あとがき

愛のために二流市民にならなければならないのは不公平。
（スペイン社会労働党のカルメン・モントン議員）

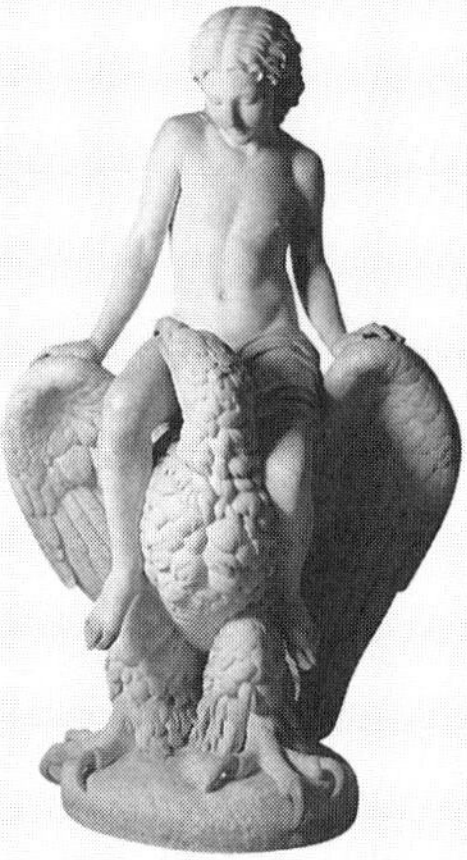

「マジック・ナンバー」という言葉がある。

一九四八年にアメリカでキンゼイ報告《リポート》が公表されて以来、全男性の一〇パーセントが同性を愛する人々だという数字が登場した。この一〇パーセントというのが、俗にマジック・ナンバーと呼ばれている数字だ。

そんなに大勢の男性がゲイなのか、と驚かれるかもしれない。

ところが、である。

その後の調査によれば、先進工業国で同性のパートナーがいる男性の比率は一〇パーセントをさらに上回るという統計が出ているのだ。

「完璧なゲイ男性の比率は、もっと少ない」と指摘する声もある。地域や国家により、パーセンテージがぐんと減ってしまう場合もあるからだ。判定基準が曖昧なため、数値はたえず揺らいでいる。

――よしんば、男性を愛する天稟に恵まれている男性が、全人口の数パーセントに過ぎなかったにせよ、ゲイ・ピープルの権利は守られなくてはならない。

このことに異論のある人はないだろう。

先進諸国では、二〇世紀末以来、同性どうしのカップルを認知する法律が整備されてきた。中には異性婚とまったく等しい権利をもつ同性婚を合法化している国家もある。

過去の大半の社会でそうであったように、現在も性愛文化が洗練度の指標となるならば、同性どうしの婚姻権を認めているか否かによって、その社会の文明度・成熟度が計れると考えることも可能であろう。

真に成熟した社会とは、性的指向や性愛の行動スタイルなどに関係なく、万人が快適に暮らしていける精神的・文化的に豊かな世の中を実現させるものである。

本書では、社会構築主義と生得的本質主義との対立については言及しなかった。人間の性的指向を決定づける要因が、その両者のいずれかでなくてはならないということはないだろうし、生涯に一度も同性に対して愛欲を覚えたことのない人というのも、筆者には想像し辛いからである。

また、「同性愛」と「異性愛」といった二分法で人類の性向を対立させるカテゴライズ化も避けた。この二分割法［二項対立法］には、両性愛という視点が欠落しているからだ。

さらに、「同性愛研究書」によくある、男性どうしの愛を、年代差のある関係、ジェンダー差のある関係、対等者間どうしの関係、などに分ける区分法も、あえて採り入れなかった。一つの区分だけに属さない性行動も多いし、どの区分にも該当しない場合だってあり得るからである。

一口に同性愛と言っても、その内実は千差万別である。

本書が、男性の同性愛に限らせていただいたこと、そして残存する歴史資料の性格上、王侯貴族や文人・芸術家など著名な人物に記述が偏る傾向となったことは、おことわりしておきたい。女性の同性愛の世界史については私の能力を超えることであり、適切な方が執筆いただけることを願っている。

「世界史」という壮大な構想のために、本書の完成には当初の想定をはるかに超え、一〇年という歳月がかかってしまった。参考文献一覧をご覧いただければ、いかに膨大な資料が必要であったかをご理解いただけると思う。しかしながら紙幅の限界から、紹介できた内容や図像はほんのごく一部になってしまった。そのため、やや小走りの記述になってしまっているが、読者のご諒恕を願いたい。最後に、この一〇年、温顔をたやさず応援して下さった作品社編集長の内田眞人さん、膨大な原稿と図版と格闘して編集実務をこなしてくれた杉山一樹さんに、心よりお礼を申し上げる。

本書が店頭にならぶ頃には、日本も同性どうしの婚姻を合法的に認めるまともな国家になっていることを心より願って筆を擱きたい。それも「ドメスティック・パートナーシップ」とか「シビル・ユニオン」といった限定条件付きの二級市民・劣格市民の扱いではなく、正式な異性婚と完全に同等の権利を有する同性婚の合法化の実現を切に願ってやまない次第である。

二〇一五年五月

5刷への付記

本書の五刷を世に送り出す日が来るとは、当初は予期すらしていなかった。書評で本書を紹介して下さった方々、そして読者の皆様方に、この場を借りて感謝を申しあげたい。

本書は、何十年もかけて蒐集してきた膨大な情報を数年がかりで整理し、草稿を時代順・地域別に並べて、所々に興味深いトピックを「コラム」として挿入して成立した作品である。よって必ずしも冒頭から順を追って読み進まれなくても、関心を懐《いだ》かれた箇所を思いつくがままに繙《ひもと》かれると、意外な発見に出くわす可能性を秘めた歴史絵巻に仕上がっているはずである。

とはいえ、多大な記事内容を無理やり一冊に集約したため、微細な点では些《いささ》か説明不足な傾向のある作品となってしまったようだ。とりわけ出典や参考文献を巻末に能《あた》うる限り記載したものの、巻数・章・節・段といった詳細情報が乏しいという不満を抱かれた読者もいらしたと仄聞する。しかしながら紙数の関係から、逐一それらを全て列挙収録することは、とうてい不可能であった。これ以上、ページ数を増やせば一冊本には収まらなかっただろう。その点は了として頂きたい。

また出典として紹介した文献は、主要な作品に限っている。男性どうしの性愛の歴史について、さらに深く知ろうと志す方々は、目を通しておかれたほうがよいとおぼしい書籍ばかりである。もちろん古代ギリシア語やラテン語の古典文献、漢籍の仏典や唐土の史書・稗史、アラビア語やペルシア語で書かれた歴史や詩集の原典を読破せよなどと難儀なことを申し上げているのではない。列挙した書目の多くは英文に

翻訳されているので、辞書さえ座右に備えれば、とくに英語に堪能な方でなくても読解することは可能であろう。意欲と関心のある方は是非とも挑戦していただきたい。

その後の「婚姻平等」と日本

本書の第Ⅸ部第6章「ゲイ・リベレーション」［本文五六〇頁以下］において、同性婚が認められているのは、現在、西ヨーロッパを主とする先進諸国であるといった記述をしたが、本書の初版を刊行した西暦二〇一五年には「キリスト教原理主義国家」を代表するアメリカ合衆国の最高裁判所が、すべての州で同性婚を認める判決を出し、さらに翌二〇一六年には全州の同性カップルが養子を迎えることも可能となった。

その後は先進国に限らず、途上国であっても、苟《いやしく》も人権を重んじる国々であれば、「婚姻平等（marriage equality）」のもとに陸続と同性間の婚姻を合法化しており、ついにアジアにおいても台湾が二〇一七年の司法院［最高司法機関］大法官会議で、「同性婚を認めぬ現行民法は、憲法が規定する婚姻の自由や平等権に違反する」と判断し、二年以内の法律改正を命令。二〇一九年には同性婚法を施行した。

こうして台湾は人権と平等を重視する国家であることを世界に示したが、それに引きかえ、かつて「主要国の一角を占めた」日本は、台湾よりはるかに劣る人権後進国に過ぎない事実を端なくも露呈したのである。

本来であれば、同性どうしの性愛に対する宗教的偏見をもたぬわが国こそが、全世界に先駆けて同性結婚を合法化し、他国に範を垂れるべきだったというのに。

少しでも自国の文化や伝統を学ぼうという気持ちがあるならば、男性どうしの愛に対していささかの偏見もいだかず、一度として同性間の性行為を全面的に禁止したことのなかった日本人こそが、同性婚の分野において世界をリードするべきだったと、正しく認識したに違いない。

日本国民は総じて同性どうしの婚姻に奇妙な偏見をもつほど民度は低くないはずだが、無知と誤解と謬見に心歪んだ一部の与党議員の抵抗のせいで、日本全体が恥をかかされなければならないのは、きわめて残念である。戦後、とみに進取の気性を喪失してしまったかに見えるわれわれ日本人の一部には、「同性婚は日本の伝統に適合しない」などと平然と公言して憚《はばか》らない政治家すら存在するようだ。かくまでも卑屈で先進諸国の後追いさえも出来なくなってしまったわが国の現状は、まことに残念でならない。なにごとにも萎縮してしまい、退嬰的に堕してしまったかの如くである。まことに慚愧の念に堪えない。

およそ日本人であれば、平和な浮世を謳歌し男女両色を満遍なく享受した井原西鶴の「色道ふたつ」〔『好色一代男』〕という有名な至言を閑却してはなるまい。

男女両道は等価であり、時には同性間（男性間）の愛情のほうが重んじられさえしたのだから。

『図説・ホモセクシャルの日本史』（仮題）の執筆について

こうした日本の「性愛平等」の誇るべき歴史を知るためにも、本書の刊行後、兄弟篇というべき『図説・ホモセクシャルの日本史』（仮題）の執筆を、七年以上かけて続けてきた。ようやく原稿の完成の見通しが立ってきたことを、ここに御報告しておきたいと思う。これからまた、膨大な図版の選定や編集作業にかなりの労力と時間が要すると思うが、来年には刊行に持っていきたい。

この日本史篇においては、従来の「わが国の男色史」といった枠組みに留まらず、先史時代の考古学上の発見や神話伝説の世界、近隣地域との文化交流にも言及し、これまでさほど焦点をあてられてこなかった事例や歴史に対象を広げ、名実ともに〝男性同性愛者の日本史〟と言うべきものにしている。例えば、成人男性どうしの情愛や現代の同性結婚さながら終生にわたり伴侶《パートナー》と添い遂げた夫夫《ふうふ》の事例、生涯男子のみを愛して女色には無関心だった人々の伝記、地位の高い年長者が年若い小姓や稚児を犯す「少年愛」の類型から離れて「年上の男性を愛した人々」の史談、等々といったあまり巷間に知れわたっていない文字通りの男性同性愛史を描くのに意を用いた。

さらに、世に広まっている誤解、例えば、『日本書紀』に登場する本朝初の同性心中の箇所に見られる「アズナイの罪」は「男色の罪」である、といった妄説を打破することはもとより、かの「前田利家は織田信長に寵愛されたのではなく、単にそば近くに寝かせてられていたにすぎない」といった虚譚など、数々の謬見も訂正している。これらはごくごく一部の例にすぎないが、今までの「男色史」とは異なる独自色を持った通史にするべく心懸けているので、期待をしていただきたい。

明治時代に研究家が論評したように「男男相婚」「陽陽相愛」、つまり男性どうしの婚姻や恋愛こそが長きにわたってわが国本来の伝統であった。男女間の情愛には、生殖面の必要性を除けば、さほど重きを置かれていなかったのである。

最後に『葉隠《はがくれ》』にも引用された西鶴の名言を紹介しておこう。

「念友のなき前髪《まえがみ》縁夫《えんぶ》もたぬ女にひとし」。

〝相愛の念友のいない男子は、夫のいない女と同じ〟といった意味合いの言葉である。ことほど左様に、徳川時代には、言い交わした男性の恋人がいない男子は、夫がいない女と等しく肩身の狭い思いをしたものであった。この言葉は、男性どうしの愛が男女の夫婦に喩えられている点で特徴的である。愛し合う同性の存在は異性愛のカップルと同様、世間では当然視されていたことが、よくわかるセリフだ。まさしくこれは現代の男性同士の婚姻関係＝同性婚と相似の世間公認の夫夫関係だったと言えるだろう。

今日《こんにち》の同性婚と同様に「婚姻関係」は解消可能であった。西鶴の作品には晩年に達するまで偕老同穴の仲睦まじい一生を送った一組の男性たちの話も登場する。

なお、第5刷を刊行するにあたって、アラビア語の日本語表記や、ペルシア語・トルコ語の人名表記などをいくつか改めた。

（二〇二二年五月）

第Ⅷ部　「新しい世界」の男色

第１章●オセアニア世界の男色性向

◆**1**　Morris (1990); Bleys (1995); Conner, Sparks & Sparks (1997); Beaglehole (1967); Murray (2000; 2002); Herdt (1997); etc.　◆**2**　Levy (1973); Williams (1986); Greenberg (1988); Gilmore (1990); Nanda (1990); Murray (1992; 2000; 2002); Conner, Sparks & Sparks (1997); Roscoe (1995); Bleys (1995); Herdt (1993; 1997); etc.　◆**3**　Greenberg (1988); Oliver (1974); Roscoe (1995); etc.　◆**4**　Herman Melville, *Omoo*, 1847.

第２章●アメリカ大陸

◆**1**　Burton (1885); Bullough (1976); Williams (1986); Greenberg (1988); Kepner (1995); Boughner (1988); Conner, Sparks & Sparks (1997); Bleys (1995); Spencer (1995); Alyson (1993); etc.　◆**2**　Murray (1995; 2000); etc.

第３章●アフリカ大陸

◆**1**　Evans-Pritchard (1970); Greenberg (1988); Murray & Roscoe (1997; 1998); Herdt (1997); etc.

第４章●ユーラシア大陸各地の男色

◆**1**　Bullough (1976); Greenberg (1988); Swidler (1993); Bleys (1995); Edwardes (1959); Conner, Sparks & Sparks (1997); Herdt (1997); Murray (2000); etc.　◆**2**　Edward Westermarck, *The Origin and Development of the Moral Ideas*, 1906~08/1917; Greenberg (1988); Bleys (1995); Murray (2000; 2002); etc.　◆**3**　ストラボン『地誌』(Strabo) 11-512.

第５章●メラネシアの通過儀礼

◆**1**　Géza Róheim, *Psychanalyse et Anthropologie*, 1967; Bullough (1976); Greenberg (1988); Herdt (1981; 1984; 1994; 1997; 1999); Murray (2000; 2002); etc.　◆**2**　C. S. Ford & F. A. Beach, *Homosexual Behaviour, in Patterns of Behaviour*, 1951; Dennis Werner, *A Cross-Cultural Perspective on Theory and Research on Male Homosexuality*, 1979; Greenberg (1988); Swidler (1993); Conner, Sparks & Sparks (1997); etc.

第Ⅸ部　近・現代社会の変貌

第３章●ヴィクトリア風偽善道徳の猖獗
コラム●文豪トルストイの恋愛遍歴

◆**1**　Woods (1998); Greif (1989); Rutledge (1987/96/2003); etc.

第４章●第一次大戦後の自由な空気と新たな弾圧

◆**1**　Kepner, Jim, *Becoming a people*, 1995; Aldrich, Robert and Wotherspoon, Garry (ed.), *Who's Who in GAY & LESBIAN HISTORY: From Antiquity to World War II*, 2001; Stern, Keith, *Queers in History*, 2009; Larivière, Michel, *Homosexuels et bisexuels célèbres*, 1984; Boughner, Terry, *OUT OF ALL TIME: a gay and lesbian history*, 1988; Russell, Paul, *THE GAY 100: A Ranking of the Most Influential Gay Men and Lesbians, Past and Present*, 1995; Hogan, Steve and Hudson, Lee, *COMPLETELY QUEER: The Gay and Lesbian Encyclopedia*, 1998; etc.

第５章●冷戦下のホロコースト
コラム●ホモフォビアのゲイ

◆**1**　アリストファネス『蛙』(Aristophanes Ran.) 147~.

milite Mariano）3-16. ◆**7** アンミアヌス・マルケリヌス『歴史』（Ammianus Marcellinus）31-9-5. ◆**8** プロコピオス『ゴート戦争』（Procopius De Bello Gothico）1-487, 2-14~5.

第３章●ユダヤ教からキリスト教へ

◆**1** Bailey (1955); Bullough (1976); Horner (1978); McNeill (1976); Vanggaard (1969); Boswell (1980); Scroggs (1983); Cantarella (1988); Greenberg (1988); Boughton (1992); Swidler (1993); Helminiak (1994); Cornner, Sparks & Sparks (1997); Jordan (1997); Jennings (2003); etc. ◆**2** 『レビ記』18章22節，20章13節. ◆**3** Boswell (1980); McNeil (1976); Kepner (1995); Russell (1995); Stewart (1995); Cornner, Sparks & Sparks (1997); etc. ◆**4** 『コリントスの信者への第1の手紙』7章 1節. ◆**5** マララス『年代記』（Johannes Malalas Chronographia）18-168；テオファネス『年代記』（Theophanes Chronographia）151；プロコピオス『秘史』（Procopius Anecdota）11-34~6, 16-18~23；他. ◆**6** 『西ゴート法』（Leges Visigothorum）3-5-4. ◆**7** 『国王ヘンリクス（ヘンリー）二世の業績』（*Gesta regis Henrici Secundi Benedicti abbatis*）2-7.

コラム●「教皇聖下」の愛

◆**1** Burton (1885); Garde,(1964); Bullough (1976); Greenberg (1988); Conner, Sparks & Sparks (1997); Stewart (1995); Aldrich & Wortherspoon (2001); etc.

第４章●中世ヨーロッパの世界

◆**1** Boswell (1980); Wilhelm (1995); Schirmann (1955); Roth (1982); Scheindlin (1986); Greenberg (1988); Blackmore & Hutcheson (1999); Bleys (1995); etc. ◆**2** イオアンネス・スキュリテス『スキュリテス・マトリテンシス』（Skylitzes Matritensis）；『テオファネス・コンティヌアトゥス（テオファネス以降の東ローマ史）』（Theophanes Continuatus）；ゲオルギオス・ハマルトロス『年代記要』（Georgius Chron.）；リウトプランドゥス『贖罪』（Liudprand Antapodosis）；ヨセフ・ゲネシオス『諸帝の歴史』（Iosephi Genesii Regum Libri Quatuor）；コンスタンティノス七世（？）『バシレイオス伝』（Vita Basilii）；他. ◆**3** Boswell (1994).

コラム●中世イスラーム圏のユダヤ詩人

◆**1** Boswell (1980); Wilhelm (1995); Schirmann (1955); Roth (1982); Scheindlin (1986); Greenberg (1988); Conner, Sparks & Sparks (1997); Blackmore & Hutcheson (1999), p.188; Bleys (1995); etc. ◆**2** Duberman, Vicinus & Chauncey (1989); Swidler (1993); etc.

第Ⅶ部　ルネサンスと「理性の時代」

第１章●イタリア・ルネサンス

◆**1** Garde (1964); Aldrich & Wotherspoon (2001); H. Acton, *The Last Medici*, 1938/58; etc. ◆**2** Rocke (1996); Kepner (1995); Greif (1989); Fone (1998); Cestaro (2002); Garde (1964); etc. ◆**3** Michael de Montaigne, *Journal de Voyage en Italie par la Suisse et l'Allemagne en 1580 et 1581*; Fabio Mutinelli (ed.), *Storia arcana ed aneddotica d'Italia racontata dai Veneti ambasciatori*, 1855; Larivière (1997); etc.

コラム●偉大なる人文主義者エラスムス

◆**1** Garde (1964); Rowse (1977); Cowan (1988/96); Alyson (1993); Norton (1998); etc.

コラム●犠牲になった芸術家デュケノワ

◆**1** Garde (1964); Becker (1964); Rutledge (1987/96/2003); Saslow (1999); Summers (2004); etc.

第２章●ヨーロッパ諸国の宮廷

◆**1** Garde (1964); Rowse (1977); Bray (1982); Norton (1992; 1997; 1998); 特に G. P. V. Akrigg (ed.), *Letters of King James VI and I*, 1984; Bergerson, *King James & Letters of homoerotic desire*, 1999; etc.

第３章●啓蒙主義の時代

◆**1** Burg (1983/95); Boughner (1988); Fletcher & Saks (1990); etc.

『肉布團』.『書影』;『耳談』;『清異錄』;『金臺殘涙記』;『板橋雜記』;『敝箒齋餘錄』;『翰林風』;『京師樂府辭』;『王郎曲』;『四庫全書』;『清宮遺聞』;『燕蘭小譜』;『長安看花記』;『官場現形記』;『清稗類鈔』;『清代逸聞』;『子不語』;『沈南野宣南零夢記』;『隨園詩話』;『隨園隨筆』;『韻鶴軒筆談』;『柳公公禮記』;『痴婆子傳』;『拍案驚奇』;『今古奇觀』;『治世餘聞』;『繡榻野史』;『燈月緣』;『艶異編』;『借蘭詞』;『笑林廣記』;『新齋諧』;『笑笑錄』;『耳談』;『浪史奇觀』;『桃花影』;『醫心方』;『昭陽趣史』;『巫山艶史』;『桃花艶史』;『醉茶志怪』;『木魚書』;『品花寶鑑』;『宜春香質』;『龍陽逸史』;『弁而釵』;『情史』; 呉下阿蒙;『京華春夢錄』;『秋海棠』;『香夢影』;『末代皇帝秘聞』;『滿洲國紀實』; 他. Hinsch (1990); Van Gulik (1951; 1961), Cheng (1963); Becker (1964); Granet (1975); Bullough (1976); Abraham Franzblau (introduction), *Erotic Art of China* (1977); Spencer (1984); Greenberg (1988); Duberman, Vicinus & Chauncey (1989); Dynes & Donaldson(1992a); Vitiello (1992; 1994); Swidler (1993); Leupp (1995); Roscoe (1995); Summers (1995/2002); Mitchell (1995); Kepner (1995); Conner, Sparks & Sparks (1997); Hogan & Hudson (1998); Woods (1998); Saslow (1999); Haggerty (2000); Murray (2000; 2002), Fernandez (2001); Smalls (2003); Crompton (1987; 2003); etc.

コラム●楚王、細腰を好む

◆1　『戰國策』;『後漢書』;『墨子』;『韓非子』;『荀子』;『五雜組』; 他.

コラム●中国の笑話

◆1　『笑府』巻八「刺俗部」対穿. ◆2　『笑府』巻三「世諱部」夫夫.

第２章●朝鮮の男色

◆1　三品（1943）; 南方（1921）; 鮎貝（1932）; Rutt (1961); Dynes & Donaldson (1992a); Conner, Sparks & Sparks (1997); Murray (2000; 2002); etc.　◆2　『三國史記』「新羅本紀」第 9以下;『三國遺事』巻 2;『海東高僧傳』;『高麗史』;『高麗史節要』; Rutt (1961); Levy(1972); Dynes & Donaldson (1992a); Leupp (1995); Francoeur & Noonan (2001); Murray (2002); etc.　◆3　宋希璟『老松堂日本行錄』; 申維翰『日本聞見雜錄』(邦訳:『海遊録』姜在彦訳注, 東洋文庫, 平凡社, 1974); 稲垣（1967）; 岩田（1973a; b）; 下川他（1994）; 礫川（2003）; Rutt (1961); Greenberg (1988); Dynes & Donaldson (1992a); Leupp (1995); Stewart (1995); Herdt (1997); Conner, Sparks & Sparks (1997); Murray (2000; 2002); etc.

第３章●日本

コラム●清水宗治、自刃す。

◆1　『秀吉事記』;『太閤さま軍記のうち』;『陰德記』;『清水長左衞門尉平宗治由來覺書』;『太閤記』;『毛利家日記』; 他.

第Ⅵ部　キリスト教とヨーロッパ

第１章●人間イエス・キリストの時代

◆1　『愛の鏡』（*De Speculo Caritatis*）3-110~1.
◆2　『ヨハネによる福音書』第 21章 15節以下.
◆3　例えば, Garde (1964), p.129; Corner, Sparks & Sparks (1997), p.191.　◆4　Smith (1973); Williams (1992); Jennings (2003); etc.　◆5　Horner (1978); Vasey (1995); Jennings (2003); etc.　◆6　イオセポス（ヨセフス）『ユダヤ古代誌』（Josephus J.A.）13~7; イオセポス（ヨセフス）『ユダヤ戦記』（Josephus J.B.）1; プルタルコス「モラリア」（Plutarch. Moralia）723d; ディオン・カッシオス『ローマ史』（Dio Cassius）48-26, 49-22, 54-9; アッピアノス『内乱記』（Appianus Bell. Civ.）5-75; ストラボン『地誌』（Strabo）16-765; 他.

第２章●ケルト人とゲルマン人

◆1　アリストテレス『政治学』（Aristoteles Pol.）2-1269b, -1272a.　◆2　シケリア（シチリア）のディオドロス『歴史叢書』（Diodorus Siculus）5-32-7.　◆3　ストラボン『地誌』（Strabo）4-199.　◆4　セクストス・エンペイリコス『ピュロン思想概説』（Sextus Empiricus Pyr.）3-24-199.　◆5　タキトゥス『ゲルマニア』（Tacitus Germania）13.　◆6　クィンティリアヌス『兵士マリアヌスについての演説』（Quintilianus Declamatione de

Greenberg (1988); Summers (1995/2002; 2004); Bleys (1995); Murray & Roscoe (1997); Woods (1998); Murray (2000); Aldrich & Wotherspoon (2001); etc. ◆**25** Bayard Dodge, *The First of Al-Nadim*, 1970; Wright & Rowson (1997); etc. ◆**26** Dr. Jakobus X（Louis Jacolliot）『人類学の前人未踏の分野』1895；Hardman (1993); etc. ◆**27** Wright & Rowson (1997); etc.

コラム●アラビア式「吉田御殿」

◆**1** 『アル・クルアーン（コーラン）』第85章4節; 他.

コラム●若者たちのハレム

◆**1** スエトニウス『ティトゥス伝』（Suetonius Titus）7. ◆**2** マルティアリス『エピグラム集』（Martialis）9-36. ◆**3** 『ローマ皇帝群像（ヒストリア・アウグスタ）』「コンモドゥス伝」（S.H.A. Commodus）5~. ◆**4** 『ローマ皇帝群像（ヒストリア・アウグスタ）』「ヘリオガバルス伝」（S.H.A. Heliogab.）；ディオン・カッシオス『ローマ史』（Dio Cassius）79；ヘロディアノス『歴史』（Herodianus）5. ◆**5** タキトゥス『年代記』（Tacitus Annales）15-69.

コラム●セビーリャの父子

◆**1** アル・ティーファーシー『心の喜悦』.

コラム●シーワ地方の「少年婚」

◆**1** Murray & Roscoe (1997); Murray (2000); Georg Steindorff, *Durch due Libysche Wuste zur Amonsoase*, 1904; Abd Allah, *Siwan customs*, 1917; Walter Cline, *Notes on the people of Siwah and El Garah in the Libyan desert*, 1936; Byron Khun Prorok, *In quest of lostworlds*, 1936; Robin Maugham, *Journey to Siwa*, 1950; Allen Edwardes & R. E. L. Masters, *The cradle of erotica*, 1963; Gordon Isaacs & Brian McKemdrick, *Male Homosexuality in South Africa*, 1992; Bleys (1995); etc.

コラム●オスマン・トルコの宮廷詩人

◆**1** Summers (1995/2002); Conner, Sparks & Sparks (1997); Griffin (2002); etc.

第V部　中国、朝鮮半島と日本

第１章●中国

◆**1** 清『閲微草堂筆記』巻 12; 呉下阿蒙， 43. ◆**2** 『五雑組』巻 8「人部」; その他. ◆**3** 『戰國策』「秦策」. ◆**4** 『韓非子』「說難」;『說苑』「雜言」. ◆**5** 『戰國策』「魏策」. ◆**6** 『戰國策』「魏策」;『情史』; 呉下阿蒙; 他. ◆**7** 『太平廣記』巻 389; 元『誠齋雜記』; 明『少室山房筆叢』巻 35; 呉下阿蒙;『情史』; 他. ◆**8** 『漢書』第 63「佞幸傳」; 他. ◆**9** 『史記』第65「佞幸傳」;『漢書』第63「佞幸傳」; 他. ◆**10** 『漢書』「霍光傳」;「佞幸傳」;『情史』; 呉下阿蒙;『樂府』「馮子都」; 呉均『詠少年』; 他. ◆**11** 『後漢書』「梁冀傳」;「宦者列傳」;「獨行列傳」;『情史』; 呉下阿蒙; 他. ◆**12** 『三國志』;『世說新語』;『晋書』;『情史』; 呉下阿蒙; 他. ◆**13** 『三國志』「魏書」;『世說新語』; 梁、殷藝（いんうん）『小說』;『情史』巻 22; 呉下阿蒙「孔拄」;「張幼文」; 他. ◆**14** 『晋書』巻 29「五行志」下;『五雜組』巻 8「人部」; 他. ◆**15** 『世說新語』第 19「賢媛」. ◆**16** 『三國志』;『世說新語』;『晋書』;『顔氏家訓』;『情史』; 呉下阿蒙; 他. ◆**17** 『晋書』;『宋書』;『南齋書』;『梁書』;『陳書』;『魏書』;『北齋書』;『北周書』;『北史』;『南史』;『玉臺新詠』;『陳子高傳』;『顔氏家訓』;『情史』; 呉下阿蒙; 唯性主観斉主（1964）; Hinsch (1990); Levy (1974); etc. ◆**18** 『晋書』「海西公紀」. ◆**19** 『晋書』「載記」第 14. ◆**20** 『晋書』「石季龍載記」. ◆**21** 『宋書』巻 75;『南史』巻 21. ◆**22** 『五雜組』;『舊唐書』;『陔餘叢考』; Gernet (1959); Van Gulik (1961); Bullough (1976), Greenberg (1988), Swidler (1993); Hinsch (1990); Roscoe (1995); Norton (1998); 唯性主観斉主（1964）; 他. ◆**23** 『舊唐書』「承乾傳」; 他. ◆**24** 『情史』; 呉下阿蒙; 他. ◆**25** 『唐大紹令集』. ◆**26** 明、沈德符『野獲編』;『敝箒齊餘談』; 清、施鴻保『閩（びん）雜記』; 清、袁枚『子不語』;『新齋諧』;『夢華鎖簿』;『新五代史』;『茶餘客話』;『西域見聞錄』; 三田村（1963）; 小（1984/97）; *The Boston Globe*, March 4 1989; Hinsch (1990); Murray (2000; 2002); etc. ◆**27** 『五雜組』;『閲微草堂筆記』;『萬暦野獲篇』;『柳南隨筆』; また就中, 李漁作の『無聲戲』や『十二樓』;

(1985/92); Swidler (1993); Vanita & Kidwai (2000); Haggerty (2000); etc. ◆**5** Vanita & Kidwai (2000); Greenberg (1988); Bullough (1976); Becker (1964); Spencer (1995); Swidler (1993); Vyas & Shingala (1987); Nanda (1990); Conner, Sparks & Sparks (1997); Summers (1995/2002; 2004); etc. ◆**6** Greenberg (1988); Bullough (1976); Daniélou (1993); Swidler (1993); etc. ◆**7** Nanda (1990); Bullough (1976); Becker (1964); Swidler (1993); etc. ◆**8** Vanita & Kidwai (2000); Summers (1995/2002; 2004); Swidler (1993); Greenberg (1988); Becker (1964); etc. ◆**9** Vanita & Kidwai (2000); Greenberg (1988); Bullough (1976); Spencer (1995); Swidler (1993); Vyas & Shingala (1987); Nanda (1990); Summers (1995/2002; 2004); Garde (1964); Becker (1964); Conner, Sparks & Sparks (1997); Burton (1885); Edwardes (1959); Haggerty (2000); Saslow (1999); Hogan & Hudson (1998); Bleys (1995); Murray (2000); Garde (1964); Becker (1964); Alyson (1993); etc.

第２章●イスラーム世界

◆**1** 『アル・クルアーン（コーラン）』第 6章 61節；Boswell (1980); Murray & Roscoe (1997); Wright & Rowson (1997); etc. ◆**2** Burton (1885); Garde (1964); Greenberg (1988); Bouhdiba (1975); Wright & Rowson (1997); Murray & Roscoe (1997); Woods (1998); Scholz (1997); Murray (2000); Blackmore & Hutcheson (1999); Geiger (1882); Bleys (1995); Leyland (1991); Crompton (2003);『千夜一夜物語』(*Alf Layla wa-Layla*)；他. ◆**3** イブン・ハズム『鳩の頸飾り』第12章「愛の秘匿」. ◆**4** 『アル・クルァーン（コーラン）』第7章 8節 ~, 第11章 77節 ~, 第15章 61節 ~, 他. ◆**5** アル・マスウーディー『黄金の牧場』巻 6. ◆**6** 例えば, Murray & Roscoe (1997), p28~. ◆**7** Kai Ka'us, *Qabus-Nama*, 15. ◆**8** Ahmad al-Tifashi, *Les délices des cœurs*（仏訳 1971）；Greenberg (1988); Murray & Roscoe (1997); アル・マスウーディー『黄金の牧場』; 他. ◆**9** Boswell (1980); Greenberg (1988); Goldberg (1994b); Jordan (1997); Swidler (1993); Hardman (1993); Murray & Roscoe (1997); Blackmore & Hutcheson (1990); etc. ◆**10** イブン・ハズム『鳩の頸飾り』第 30章「貞節の美徳」. ◆**11** イブン・ハズム；Murray & Roscoe (1997); etc. ◆**12** Louis de Chénier, *Recherches historiques sur les Maures et Histoire de l'Empire de Maroc*, 1787; Edwardes (1959); Bouhdiba (1975); etc. ◆**13** アル・アブシーシー『アル・モスタトラフ』(Al-Abshishi, al-Mostatraf)；他. ◆**14** *Arcadie*, 1975, no.254 p.84; *The Cradle of Erotica*, 1970, pp.175~6. ◆**15** Ahmad al-Tifashi, *Les Délices des Cœurs*, 1971 / *The Delight of Hearts*, 1988; etc. ◆**16** 『サラセン人を根絶する方法について』(*De modo saracenos extirpandi*)；Greenberg (1988), p.176; etc. ◆**17** Asad AbuKhalil, "A note on the study of homosexuality in the Arab/Islamic civilization," *Arab Studies Journal* 1, 1993?. ◆**18** al-Jahiz, *Kitab Mufakharat al-Jawari wa'l-Ghilman*. ◆**19** オベイデ・ザーカーニー『鼠と猫』('Obeyd-e Zakani), 1350；レオ・アフリカヌス『アフリカ誌』(Leo Africanus), 1550；Marc Daniel, *Arab Civilization and male love*, 1977; Edward A. Lacey, *The Delight of hearts: Or what you will not find in any book*（英訳 1988）；Surieu (1967); C. M. Naim, *The theme of homosexual (pederastic) love in pre-modern Urdu poetry*, 1979; Murray & Roscoe (1997); etc. ◆**20** Émile Dermenghem, *Les plus beaux textes Arabes*（仏訳 1951）；他. ◆**21** Burton (1885); Hinsch (1990); Murray & Roscoe (1997); Murray (2000); Vanita & Kidwai (2000); Naphy (2004); Greenberg (1988); etc. ◆**22** Charles Ancillon, *Le Traité des Eunuques*, 1707; J. Chardin, *Voyage en Perse*, 1811; Burton (1885); Edwardes (1959); Becker (1964); Surieu (1967); Bullough (1976); Bleys (1995); Murray & Roscoe (1997); Naphy (2004); etc. ◆**23** Steven Runciman, *The Fall of Constantinople*, 1965; Vanggaard (1972); Bullough (1976); Lord Kinross, *The Ottoman Centuries: The Rise and Fall of the Turkish Empire*, 1977; Ulrich Klever, *Das Weltreich der Türken*, 1978; Greenberg (1988); Swidler (1993); Bleys (1995); Murray (2000); etc. ◆**24** Burton (1885); Burckhardt (1822);『ギュスターヴ・フローベールの手紙(1830~1857)』; Garde (1964);

ペイア』(Priapeia) 12 ◆**11** 同, 75. ◆**12** マルティアリス『エピグラム集』(Martialis) 2-61. ◆**13** 伝ルキアノス『アポフラス』(Lucianus Apophras) 26~; 他. ◆**14** スエトニウス『ドミティアヌス伝』(Suetonius Domitianus) 1. ◆**15** カトゥルス『詩集』(Catullus) 10, 28. ◆**16** 同, 16. ◆**17** 同, 37. ◆**18** 同, 74. ◆**19** 同, 10. ◆**20** 同, 56. ◆**21** 同, 21. ◆**22** 同, 28. ◆**23** アプレイユス『黄金の驢馬』(Apuleius Metamorphoses) 8-24~; 伝ルキアノス『ルキオス』(Pseudo-Lucianus Lucius) 35~. ◆**24** マルティアリス『エピグラム集』(Martialis) 3-81.

コラム●化粧・美容と女装愛好家の狂宴

◆**1** ユウェナリス『諷刺詩集』(Juvenalis) 2-82~.

コラム●蛍大名

◆**1** 『漢書』「佞幸列傳」. ◆**2** 『今鏡』,『臺記』, 他. ◆**3** プルタルコス『デメトリオス伝』(Plutarch. Demetr.) 24. ◆**4** ディオン・カッシオス『ローマ史』(Dio Cassius) 68-2.

コラム●神になった愛人たち

◆**1** ルキアノス『デモナクス』(Lucianus Demonax) 24, 33; 他. ◆**2** マルティアリス『エピグラム集』(Martialis) 6-28, -29; スタティウス『シルウァエ』(Statius Silvae) 2-1; 他.

コラム●巨根好みの男たち

◆**1** マルティアリス『エピグラム集』(Martialis) 1-96, 6-36, 9-33, 10-13, -55, 11-51, -63, -88; 小セネカ『自然研究』(Seneca Quaest. Nati.) 1-16; ユウェナリス『諷刺詩集』(Juvenalis) 9; ディオン・カッシオス『ローマ史』(Dio Cassius) 80-16; アプレイユス『黄金の驢馬』(Apuleius Metamorphoses) 8-24~; ペトロニウス『サテュリコン』(Petronius Satyricon) 92-6~11; 伝ルキアノス『ルキオス』(Ps.-Lucianus Lucius) 35~8;『ローマ皇帝群像(ヒストリア・アウグスタ)』「ヘリオガバルス伝」(S.H.A. Heliogab.) 8-6; 他. ◆**2** マルティアリス『エピグラム集』(Martialis) 9-33. ◆**3** 同, 1-96. ◆**4** 同, 11-63. ◆**5** ユウェナリス『諷刺詩集』(Juvenalis) 9-35~7. ◆**6** 同, 6-374~5. ◆**7** 同, 6-337~8. ◆**8** ペトロニウス『サテュリコン』(Petronius Satyricon) 92. ◆**9** マルティアリス『エピグラム集』(Martialis) 6-54, 9-27, 11-72. ◆**10** ユウェナリス『諷刺詩集』(Juvenalis) 9-130~2.

コラム●娼婦になった皇帝

◆**1** スエトニウス『カリグラ伝』(Suetonius Caligula) 41; ディオン・カッシオス『ローマ史』(Dio Cassius) 59-28; 他. ◆**2** アウレリウス・ウィクトル『皇帝伝』(Aurelius Victor De Caesar.) 28-6. ◆**3** プロコピオス『秘史』(Procopius Anecd.) 11-34~6; マララス『年代記』(Malalas) 18-168; ユスティニアヌス『法学提要』(Justinianus Institutiones) 4-18-4; テオファネス『年代記』(Theophanes); 他.

コラム●妻は災いのたね

◆**1** ゲリウス『アッティカの夜』(Gellius N.A.) 1-6-2. ◆**2** ルキアノス『本当の話』(Lucian. Ver. Hist.) 1-22.

第Ⅳ部 インド・イスラーム世界

第１章●インド亜大陸の性愛

◆**1** 『カーマ・スートラ』(*Kama Sutra*) 2-7, -9;『ジャイミニーヤ・ブラーフマナ』(*Jayminiya Brahmana*) 1-300, -330; Burton (1883); Becker (1964); Zwilling (1981; 1987); Saslow (1999); Bullough (1976); Greenberg (1988); Nanda (1990); Swidler (1993); Leupp (1994); Vanita & Kidwai (2000); Daniélou (1992), 印度学会訳編『印度古典 カーマスートラ(性愛の学)』(1923, のち原三正編『インド古代性典集』人間の科学社, 1979, 所収); 岩本裕訳『完訳 カーマ・スートラ』(杜陵書院, 1949, のち平凡社「東洋文庫」628として再刊, 1998); 他. ◆**2** 『風流比翼鳥』;『田夫物語』;『色物語』;『男倡新宗玄々經』;『男色木芽漬』;『柳樽全集』; 他. Pflugfelder (1999)も参照. ◆**3** 『過去現在因果經』;『佛本行集經』;『佛祖統記』;『大寶積經』;『法苑珠林』;『經律異相』;『私聚百因緣集』; 他. ◆**4** 『ジャータカ』(*Jataka*) 498;『マニカンタ・ジャータカ』(*Manikantha Jataka*); Cabezón

リコン』（Petronius Satyricon）27，57，63，70；ホラティウス『エポーディー』（Horatius Epod.）11；ホラティウス『歌章』（Horatius Carm.）4-10；マルティアリス『エピグラム集』（Martialis）2-57，3-58，9-11，10-62，11-78，12-97；ユウェナリス『諷刺詩集』（Juvenalis）2；他．◆**10**　スエトニウス『ガルバ伝』（Suetonius Galba）22，11，14；ユウェナリス『諷刺詩集』（Juvenalis）2；他．◆**11**　スエトニウス『オトー伝』（Suetonius Otho）2，12；プルタルコス『ガルバ伝』（Plutarch. Galba）9~，25；プルタルコス『オトー伝』（Plutarch. Otho）4，9；タキトゥス『同時代史』（Tacitus Histr.）1-13，-22，-30，-74；ディオン・カッシオス『ローマ史』（Dio Cassius）64-8；プリニウス『博物誌』（Plinius N.H.）13-4-22；マルティアリス『エピグラム集』（Martialis）6-32；ユウェナリス『諷刺詩集』（Juvenalis）2-99~；他．◆**12**　スエトニウス『ウィテリウス伝』（Suetonius Vitellius）3，12；タキトゥス『同時代史』（Tacitus Histr.）2-57，-95，4-11；ディオン・カッシオス『ローマ史』（Dio Cassius）63-10，65-10；他．◆**13**　ディオン・カッシオス『ローマ史』（Dio Cassius）65-10．◆**14**　スエトニウス『ウェスパシアヌス伝』（Suetonius Vespasianus）13，23；スエトニウス『ティトゥス伝』（Suetonius Titus）7；スエトニウス『ドミティアヌス伝』（Domitianus）1；ディオン・カッシオス『ローマ史』（Dio Cassius）67-2，-9；マルティアリス『エピグラム集』（Martialis）8-39，9-11~3，-16~7 ,-36；スタティウス『シルウァエ』（Statius Silvae）3-4；他．◆**15**　『ローマ皇帝群像（ヒストリア・アウグスタ）』「ハドリアヌス伝」（S.H.A. Hadrianus）2，4，14；『ローマ皇帝群像（ヒストリア・アウグスタ）』「フィルムス伝」（S.H.A. Firmus）8；『ローマ皇帝群像（ヒストリア・アウグスタ）』「アエリウス伝」（S.H.A. Aelius）5，7；ディオン・カッシオス『ローマ史』（Dio Cassius）68-7，-21，69-11；アウレリウス・ウィクトル『皇帝伝』（Aurelius Victor De Caesar.）14；マルクス・アウレリウス『自省録』（Marcus Aurelius Meditatio.）8-25；パウサニアス『ギリシア旅行記』（Pausanias）8-9；アンミアヌス・マルケリヌス『歴史』（Ammianus Marcellinus）22-16；イウスティノス『弁明』（Just. Apol.）29-4；フロント『書簡』（Fronto）；他．◆**16**　『ローマ皇帝群像（ヒストリア・アウグスタ）』「コンモドゥス伝」（S.H.A. Commodus）1，3，5，10；ディオン・カッシオス『ローマ史』（Dio Cassius）72-1~；ヘロディアノス『歴史』（Herodianus）1-14，-17；マルクス・アウレリウス『自省録』（Marcus Aurelius Meditatio.）1-16；他．◆**17**　『ローマ皇帝群像（ヒストリア・アウグスタ）』「ヘリオガバルス伝」（S.H.A. Heliogab.）；『ローマ皇帝群像（ヒストリア・アウグスタ）』「マクシミヌス伝」（S.H.A. Maximin.）4；ディオン・カッシオス『ローマ史』（Dio Cassius）79~80；ヘロディアノス『歴史』（Herodianus）5-3~8；アウレリウス・ウィクトル『皇帝伝』（Aurelius Victor De Caesar.）；他．◆**18**　アウレリウス・ウィクトル『皇帝伝』（Aurelius Victor Caesar.）28-6.

コラム●カエサルの愛人マムラ

◆**1**　カトゥルス『詩集』（Catullus）29，41，43，94，105，115；ディオン・カッシオス『ローマ史』（Dio Cassius）43-20；キケロ『アッティクス宛書簡』（Cicero Atticus）13-52；スエトニウス『ユリウス・カエサル伝』（Suetonis Iulius）76；他．◆**2**　カトゥルス『詩集』57．◆**3**　同，29．◆**4**　同，41，43．◆**5**　同，94，105，114，115．◆**6**　同，115.

コラム●カプリ島のデイジー・チェイン

◆**1**　マルティアリス『エピグラム集』（Martialis）12-43．◆**2**　小セネカ『自然研究』（Seneca Naturales Quaestiones）1-16；◆**3**　ルキアノス『弁論術教師』（Lucianus Rhetorum Didascalos）23；◆**4**　アウソニウス『エピグラム集』（Ausonius Epigram.）59.

コラム●恋の鞘当て

◆**1**　タキトゥス『年代記』（Tacitus Annales）14-42~.

コラム●フェラチオとイルマチオ

◆**1**　スエトニウス『ユリウス・カエサル伝』（Suetonius Julius Caesar）22．◆**2**　マルティアリス『エピグラム集』（Martialis）6-56．◆**3**　同，3-73．◆**4**　同，12-35．◆**5**　同，6-50．◆**6**　ユウェナリス『諷刺詩集』（Juvenalis Saturae）9．◆**7**　カトゥルス『詩集』（Catullus）80．◆**8**　同，88．◆**9**　『摩訶僧祇律』1，『四分律藏』55，他．◆**10**　『プリア

リニウス『博物誌』（Plinius N.H.）34-19-82; 他. ◆**13** カトゥルス『詩集』（Catullus）; ルクレティウス『事物の本性について』（Lucretius De Rerum Natura）; キケロ『弟クィントゥス宛書簡』（Cicero Q.Fr.）2-11; クィンティリアヌス『弁論家の教育』（Quintilianus）10-1, 12-11; ゲリウス『アッティカの夜』（Gellius N.A.）1-21; オウィディウス『恋の歌』（Ovidius Am.）1-15; ウェルギリウス『農耕詩』（Vergilius G.）2-490~; ネポス『アッティクス伝』（Nepos Att.）12-4; ウィトルウィウス『建築書』（Vitruvius）9-3; ウェレイユス・パテルクルス『ローマ世界の歴史』（Vell. Pat.）2-36; 小セネカ『心の平静について』（Seneca Tranq.）2; 他. ◆**14** ホラティウス『エポーディー』（Horat. Epod.）11-4. ◆**15** プロペルティウス『詩集』（Propert.）2-4. ◆**16** ティブルス『詩集』（Tibullus）1-4.

コラム●グラックス兄弟の母よりもなお

◆**1** プルタルコス『グラックス伝』（Plutarch. Gracch.）25.

コラム●スカンティニウス法

◆**1** ウァレリウス・マクシムス『著名言行録』（Valerius Maximus）6-1-7; プルタルコス『マルケルス伝』（Plutarch. Marcellus）2; キケロ『縁者・友人宛書簡』（Cicero Fam.）8-12, -14; スエトニウス『ドミティアヌス伝』（Suet. Dom.）8; ユウェナリス『諷刺詩集』（Juvenal.）2-36~; Boswell (1980); Lilja (1983); Dalla (1987); Cantarella (1988); Fantham (1991); Richlin (1983/92); Williams (1999/2010); Murray (2000); etc.

コラム●ローマ時代の「男性どうしの結婚」

◆**1** キケロ『フィリッピカ』（Cicero Philippica）2-44~. ◆**2** マルティアリス『エピグラム集』（Martialis）1-24. ◆**3** ユウェナリス『諷刺詩集』（Juvenalis）2-117~. ◆**4** マルティアリス『エピグラム集』（Martialis）12-42. ◆**5** ルキアノス『遊女の対話』（Lucianus Dialogi Meretricii）5; 他. ◆**6** アウレリウス・ウィクトル『皇帝伝』（Aurelius Victor De Caesar.）41-24; アンミアヌス・マルケリヌス『歴史』（Ammianus Marcellinus）21-16; アウレリウス・ウィクトル『摘要』（Aurelius Victor Epit.）42-14; 『ディゲスタ（学説彙纂）』（Digesta）23-2-11, 1-1-3; 他.

第３章●ローマ皇帝の愛

◆**1** スエトニウス『ユリウス・カエサル伝』（Suetonius Divus Iulius）2, 45, 49~52; ディオン・カッシオス『ローマ史』（Dio Cassius）43-20, -43; マクロビウス『サトゥルナリア』（Macrobius Saturnalia）2-3-9; 他. ◆**2** スエトニウス『アウグストゥス伝』（Suetonius Augustus）11, 68, 83, 98; キケロ『カエリウス弁護演説』（Cicero Pro Caelio）3-6; マルティアリス『エピグラム集』（Martialis）11-20; プルタルコス『アントニウス伝』（Plutarch. Antonius）17, 59; タキトゥス『年代記』（Tacitus Annales）1-10; ディオン・カッシオス『ローマ史』（Dio Cassius）46-33~9; アッピアノス『内乱記』（Appianus Bella Civilia）3-9~10; 他. ◆**3** スエトニウス『ティベリウス伝』（Suetonius Tiberius）43~5; スエトニウス『カリグラ伝』（Suetonius Caligula）16; タキトゥス『年代記』（Tacitus Annales）6-1; ディオン・カッシオス『ローマ史』（Dio Cassius）63-4; 他. ◆**4** スエトニウス『カリグラ伝』（Suetonius Caligula）24, 36, 41, 56, 58; ディオン・カッシオス『ローマ史』（Dio Cassius）59-11, -22, -25, -28~9; アレクサンドリアのフィロン『皇帝ガイウスへの使節』（Philo Judaeus Legatio ad Gaium）2-14; タキトゥス『年代記』（Tacitus Annales）6-5; 小セネカ『恩恵について』（Seneca De Beneficiis）2-21, 4-30; イオセポス（ヨセフス）『ユダヤ古代誌』（Josephus Antiquitates Judaicae）18, 19; 他. ◆**5** スエトニウス『クラウディウス伝』（Suetonius Claudius）29; Garde (1964); Ellis (1910/36); Moll (1931); etc. ◆**6** スエトニウス『ネロ伝』（Suetonius Nero）28, 29, 35, 48; スエトニウス『オトー伝』（Otho）2; タキトゥス『年代記』（Tacitus Annales）13-17, -20, -22, 14-59, 15-69, 16-19; ディオン・カッシオス『ローマ史』（Dio Cassius）62-7, -28, 63-12, -22, -28; ペトロニウス『サテュリコン』（Petronius Satyricon）85~; マルティアリス『エピグラム集』（Martialis）6-32, 11-6; アウレリウス・ウィクトル『皇帝伝』（Aurelius Victor De Caesar.）5-5; 他. ◆**7** タキトゥス『年代記』（Tacitus Annales）15-37. ◆**8** スエトニウス『ネロ伝』（Suetonius Nero）29. ◆**9** ペトロニウス『サテュ

（Aristoteles Pol.）5-4-1303b; 他. ◆2 アイリアノス『ギリシア奇談集』（Aelianus V.H.）2-4; アテナイオス『食卓の賢人たち』（Athenaeus）13-602b~c; プルタルコス『愛をめぐる対話』（Plutarch. Erotikos）16（「モラリア」（Moral.）760c）. ◆3 アテナイオス『食卓の賢人たち』（Athenaeus）13-602d. ◆4 パルテニオス『悲恋物語集』（Parthenius）7; プルタルコス『愛をめぐる対話』（Plutarch. Erotikos）16（「モラリア」（Moral.）760）. ◆5 アリストテレス『政治学』（Aristoteles Pol.）5-10-1311b; アイリアノス『ギリシア奇談集』（Aelianus V.H.）8-9; プルタルコス『愛をめぐる対話』（Plutarch. Erotikos）23（「モラリア」（Moral.）798f）. ◆6 アリストテレス『政治学』（Aristoteles Pol.）5-10-1311b; プルタルコス『ペロピダス伝』（Plutarch. Pelopidas）28, 35; プルタルコス『愛をめぐる対話』（Plutarch. Erotikos）23; プルタルコス「モラリア」（Plutarch. Moral.）256a; クセノフォン『ギリシア史』（Xenoph. Hellen.）6-4-37; 他.

コラム●アレクサンドロス大王の男好き

◆1 シケリア（シチリア）のディオドロス『歴史叢書』（Diodorus Siculus）17-114-3; アテナイオス『食卓の賢人たち』（Athenaeus）10-435; プルタルコス「モラリア」（Plutarchus Moralia）179e; 他. ◆2 アテナイオス『食卓の賢人たち』（Athenaeus）13-603b.

第Ⅲ部　ローマ帝国と地中海世界

第１章●ローマの周辺

◆1 アテナイオス『食卓の賢人たち』（Athenaeus）12-517~8. ◆2 ネポス『ハミルカル伝』（Nepos Hamilcar）3; ポリュビオス『歴史』（Polybius）9-25; リウィウス『ローマ建国以来の歴史』（Livius）21-2; 他.

コラム●たくましい肉体の男性を愛する人々

◆1 リウィウス『ローマ建国以来の歴史』（Livius）39-13~4; ディオン・カッシオス『ローマ史』（Dio Cassius）61-10, 62-6; アテナイオス『食卓の賢人たち』（Athenaeus）12-517~, 13-564, 5-219~; ペトロニウス『サテュリコン』（Petronius Satyricon）140; ホメロス『イリアス』（Homer. Ilias）24-347~8; ホメロス『オデュッセイア』（Homer. Odyss.）10-278~9; クセノフォン『饗宴』（Xenophon Symposium）4-23, -28; プラトン『プロタゴラス』（Plato Protagoras）309; プルタルコス「モラリア」（Plutarchus Moralia）770c; アイリアノス『ギリシア奇談集』（Aelianus Varia Historia）13-4; アリストテレス『動物誌』（Aristoteles Historia Animalium）7-1; ユウェナリス『諷刺詩集』（Juvenalis）10-295~; マルティアリス『エピグラム集』（Martialis）7-62, 12-91; ポンポニウス『プロシブルム』断片（Pomponius Prosibulum）; 他.

第２章●共和制ローマ

◆1 大セネカ『論判演説集（論争問題集）』（Seneca Controv.）巻 4序 10. ◆2 リウィウス『ローマ建国以来の歴史』（Livius）8-28; ハリカルナッソスのディオニュシオス『ローマ古代誌』（Dionys. Halicar.）16-5; ウァレリウス・マクシムス『著名言行録』（Valerius Maximus）6-1-9; 他. ◆3 プルタルコス『大カトー伝』（Plutarch. Cato Major）10, 17; プルタルコス『フラミニヌス伝』（Plutarch. Flamininus）18; リウィウス『ローマ建国以来の歴史』（Livius）39-42~3; ウァレリウス・マクシムス『著名言行録』（Val. Max.）2-9-3; 他. ◆4 リウィウス『ローマ建国以来の歴史』（Livius）39-13~; プルタルコス『マリウス伝』（Plutarch. Marius）14; キケロ『ミロ弁護演説』（Cicero Milo）14; ウァレリウス・マクシムス『著名言行録』（Val. Max.）6-1; 他. ◆5 リウィウス『ローマ建国以来の歴史』（Livius）39. ◆6 プルタルコス『スラ伝』（Plutarch. Sulla）2; サルスティウス『カティリナ戦記』（Sallust. Catilina）13. ◆7 プルタルコス『ルクルス伝』（Plutarch. Lucullus.）43. ◆8 カトゥルス『詩集』（Catullus）61; マルティアリス『エピグラム集』（Martialis）8-44; 他. ◆9 サルスティウス『カティリナ戦記』（Sallust. Catilina）; プルタルコス『キケロ伝』（Plutarch. Cicero）; 他. ◆10 キケロ『帰国後元老院演説』4. ◆11 キケロ『アッティクス宛書簡』1;『帰国後元老院演説』4;『フィリッピカ』2-18;『ミロ弁護演説』21;『プランキウス弁護演説』12-30; 他. ◆12 マルティアリス『エピグラム集』（Martialis）2-77, 9-50, 14-171; プ

◆1　プラトン『ファイドロス』(Plato Phaedrus) 231a~. ◆2　フィロストラトス『恋文』(Philostratus Epistolae).

コラム●哲学者となった売春夫

◆1　ディオゲネス・ラエルティオス『ギリシア哲学者列伝』(Diog. Laert.) 2-105; プラトン『ファイドン』(Plato Phaedo); マクロビウス『サトゥルナリア』(Macrobius Saturnalia) 1-11; キケロ『神々の本性について』(Cicero Nat. D.) 1-33; 他.

コラム●プラトンの対話篇『饗宴』や『ファイドロス』

◆1　プラトン『カルミデス』(Plato Charmides) 154, 155.

第4章●軍隊と男色

◆1　プルタルコス『リュクルゴス伝』(Plutarch. Lycurg.) 15~; クセノフォン『ラケダイモン人の国制』(Xenoph. Const. Laced.) 2-12~; クセノフォン『饗宴』(Xenoph. Sympos.) 8-15; クセノフォン『ギリシア史』(Xenoph. Hellen.) 4; アテナイオス『食卓の賢人たち』(Athenaeus) 4-168; アイリアノス『ギリシア奇談集』(Aelianus V.H.) 3-10, -12, 14-7; 他. ◆2　アイリアノス『ギリシア奇談集』(Aelianus V.H.) 14-7; アテナイオス『食卓の賢人たち』(Athenaeus) 12-550c~. ◆3　プルタルコス『アゲシラオス伝』(Plutarch. Agesilaus) 34; アイリアノス『ギリシア奇談集』(Aelianus V.H.) 6-3.

コラム●古代ギリシア世界の男色

◆1　プルタルコス『愛をめぐる対話』(Plutarch. Erotikos) 17(「モラリア」(Moral.) 760e-761b). ◆2　アテナイオス『食卓の賢人たち』(Athenaeus) 13-601e. ◆3　プルタルコス『ペロピダス伝』(Plutarch. Pelopidas) 18; プルタルコス『愛をめぐる対話』(Plutarch. Erotikos) 17(「モラリア」(Moral.) 761c); アイリアノス『動物の特性について』(Aelianus Hist. Animal.) 4-1.

コラム●テーバイの“神聖部隊”

◆1　プルタルコス『ペロピダス伝』(Plutarch. Pelopidas) 14~; プルタルコス『愛をめぐる対話』(Plutarch. Erotikos) 17; アテナイオス『食卓の賢人たち』(Athenaeus) 13-561e, -602a; ポリュアイノス『戦術書』(Polyaenus) 2-5-1; プラトン『饗宴』(Plato Symposium) 178; クセノフォン『饗宴』(Xenophon Symposium) 8-32; クセノフォン『キュロスの教育』(Xenophon Cyr.) 7-1; シケリア(シチリア)のディオドロス『歴史叢書』(Diodorus Siculus) 16-80, 20-10; 他.

第5章●神々の愛、英雄の愛

◆1　ルキアノス『トクサリス』(Lucianus Toxaris.). ◆2　ヘロドトス『歴史』(Herodot.) 5-55~56; トゥキュディデス『歴史』(Thuc.) 1-20, 6-54~59; プラトン『饗宴』(Plato Symp.) 182; アリストテレス『政治学』(Arist. Pol.) 5-10; アリストテレス『アテナイ人の国制』(Arist. Ath. Pol.) 18; アテナイオス『食卓の賢人たち』(Ath.) 15-695a~b; 他. ◆3　伝アポロドロス『ギリシア神話』(Apollodorus Bibl.) 1-3-3; パウサニアス『ギリシア旅行記』(Pausanias) 3-19-3~5; オウィディウス『変身物語』(Ovidius Metamorphoses) 10-162~; ストラボン『地誌』(Strabo) 6-278; アイリアノス『動物の特性について』(Aelianus N.A.) 14-28; 『大語義字典』(Etym. Magn.); マクロビウス『サトゥルナリア』(Macrobius Saturnalia); 他. ◆4　パウサニアス『ギリシア旅行記』(Pausanias) 3-19-3~5; 伝アポロドロス『ギリシア神話』(Apollodorus Bibl) 1-3-3; オウィディウス『変身物語』(Ovidius Metamorphoses) 10-162~; ストラボン『地誌』(Strabo) 6-278; マクロビウス『サトゥルナリア』(Macrobius Saturnalia); 他. ◆5　アテナイオス『食卓の賢人たち』(Athenaeus) 2-260e~; クセノフォン『ラケダイモン人の国制』(Xenoph. Const. Lac.) 2-12~; クセノフォン『饗宴』(Xenoph. Sympos.) 8-32; プラトン『饗宴』(Plato Sympos.) 182b; 他.

コラム●僭主殺害の英雄たち

◆1　プルタルコス「モラリア」(Plutarch. Moral.) 773b; パルテニオス『悲恋物語集』(Parthenius) 24; アテナイオス『食卓の賢人たち』(Athenaeus) 13-602c~f; パウサニアス『ギリシア旅行記』(Pausanias) 9-26-7~; アントニオス・リベラリス『変身物語』(Antoninus Liberalis Metamorphoses) 8; アリストテレス『政治学』

(Athenaeus) 13-561e~f.

コラム●古代ギリシアの売春と発展場

◆1　アテナイオス『食卓の賢人たち』(Athenaeus) 13-604d~e; テオポンポス『断片』(Theopomp. Fragment.) 29; ピンダロス『ピュティア祝勝歌』2-5-75への古注(Schol. ad Pindar. Pyth. 2-5-75); 他.　◆2　アリストファネス『女の平和』(Aristophanes Lysistrat.) 165; アリストファネス『騎士』(Aristophanes Equit.) 777; アイスキネス『法廷弁論』(Aeschines) 1-40; アルキフロン『書簡集』(Alciphr.) 1-6-2; アテナイオス『食卓の賢人たち』(Athenaeus) 8-351c~d; ポリュデウケス『オノマスティコン』(Pollux) 9-5-34; ヘシュキオス『辞典』(Hesych.); 他.　◆3　アイスキネス『法廷弁論』(Aeschines) 1-119~20; ポリュデウケス『オノマスティコン』(Pollux) 7-202; 他.　◆4　アイスキネス『ティマルコス弾劾弁論』(Aeschines In Timarch).

コラム●女色家の代表選手メナンドロス

◆1　ファエドルス『アエソプス風寓話集』(Phaedrus) 5-1; 伝ルキアノス『愛の諸相』(Ps. Lucian. Erotes); 他.　◆2　伝ルキアノス『愛の諸相』9.

第3章●哲人の愛

◆1　イアンブリコス『ピュタゴラス伝』(Iamblichus Vita Pythagor.) 5-21~; ディオゲネス・ラエルティオス『ギリシア哲学者列伝』(Diog. Laert.) 8-9~; 他.　◆2　ディオゲネス・ラエルティオス『ギリシア哲学者列伝』(Diog. Laert.) 8-60; 他.　◆3　プルタルコス『アルキビアデス伝』(Plutarch. Alcibiades); ネポス『アルキビアデス伝』(Nepos Alcibiades); プラトン『饗宴』(Plato Sympos.); プラトン『リュシス』(Plato Lysis); プラトン『アルキビアデス』(Plato Alcibiades); プラトン『ソクラテスの弁明』(Plato Apolog.); プラトン『ファイドロス』(Plato Phaedrus); プラトン『ファイドン』(Plato Phaedo); クセノフォン『饗宴』(Xenoph. Sympos.); クセノフォン『ソクラテスの思い出』(Xenoph. Memorab.); アリストファネス『雲』(Aristophanes Nub.); アリストテレス『形而上学』(Aristoteles Metaph); アリストテレス『ニコマコス倫理学』(Aristoteles Eth. Nic.); アリストテレス『大道徳学』(Aristoteles Mag. Mor.); アンドキデス『演説』(Andocides) 1, 4; ディオゲネス・ラエルティオス『ギリシア哲学者列伝』(Diog. Laert.) 2-18~; アイリアノス『ギリシア奇談集』(Aelianus V.H.); ウァレリウス・マクシムス『著名言行録』(Val. Max.); キケロ(Cicero); 他.　◆4　プラトン『饗宴』(Plato Sympos.) 217a~.　◆5　ディオゲネス・ラエルティオス『ギリシア哲学者列伝』(Diog. Laert.) 3-35.　◆6　アテナイオス『食卓の賢人たち』(Athemaeus) 5-219e~220a; プラトン『プロタゴラス』(Plato Protagoras) 309a; ホメロス『オデュッセイア』(Homer. Od.) 10-279.　◆7　クセノフォン『饗宴』(Xenoph. Sympos.) 1-9; 他.　◆8　プルタルコス「モラリア」(Plutarch. Mor.) 11e~; クセノフォン『アナバシス』(Xenoph. Anabasis); クセノフォン『饗宴』(Xenoph. Sympos.); 他.　◆9　ディオゲネス・ラエルティオス『ギリシア哲学者列伝』(Diog. Laert.) 3-1~;『ギリシア詞華集』(Anth. Pal.) 7-100; ゲリウス『アッティカの夜』(Gell. N.A.) 19-11; 他.　◆10　ディオゲネス・ラエルティオス『ギリシア哲学者列伝』(Diog. Laert.) 7-6, -13, -17, -21, -24, -34, -129, -166, -169, -172, -188; プルタルコス『アルキビアデス伝』(Plutarch. Alcibiades) 6; プルタルコス「モラリア」(Plutarch. Moral.) 653e; アテナイオス『食卓の賢人たち』(Athenaeus) 13-563e, -564f, -565e~; セクストス・エンペイリコス『ピュロン思想概説』(Sext. Emp. Pyr.) 3-245; 他.　◆11　ディオゲネス・ラエルティオス『ギリシア哲学者列伝』(Diog. Laert.) 2-74, -99, 5-3; アテナイオス『食卓の賢人たち』(Athenaeus) 13-566e;『スーダ辞典』(Suda); 他.　◆12　ディオゲネス・ラエルティオス『ギリシア哲学者列伝』(Diog. Laert.) 2-126~, -137~, -141~, 4-53, 6-91, 7-166, 10-5; 他.　◆13　小セネカ『道徳書簡』(Seneca Epist.) 123-15; ユウェナリス『諷刺詩集』(Juvenal.) 2; ルキアノス『閹人』(Lucianus Eunuchus); 他.　◆14　プラトン『饗宴』(Plato Symposium) 189d~.　◆15　プラトン『饗宴』(Plato Sympos.) 178c.　◆16　プラトン『饗宴』(Plato Sympos.) 178e~; クセノフォン『饗宴』(Xenophon Sympos.) 8-32~5.

コラム●最古のラブレター

◆1　ストラボン『地誌』（Strabo）10-483~4，13-587; ホメロス『イリアス』（Homer. Ilias）5-265~，20-232~; ピンダロス『オリュンピア祝勝歌』（Pindar. Olymp.）1-43~，10-105;『ホメロス讃歌集』「アフロディテ讃歌」（Hymn. Hom. Ven.）210~; プラトン『法律』（Plato Leges）636; パウサニアス『ギリシア旅行記』（Pausanias）2-22，6-20-7; シケリア（シチリア）のディオドロス『歴史叢書』（Diod. Sic.）4-74; 伝アポロドロス『ギリシア神話』（Apollodorus Biblio.）2-5-9，3-5-5，3-12-2; オウィディウス『変身物語』（Ovid. Metamorph.）10-155; キケロ『トゥスクルム荘対談集』（Cicero Tusculum）1-26，4-33; エウリピデス『トロイアの女たち』（Euripid. Troades）822; エウリピデス『オレステス』（Orestes）1392; ヒュギヌス『神話集』（Hyginus Fab.）85，224，243，271; ヒュギヌス『天文詩』（Hyginus Astr.）2-29，2-42; ルキアノス『神々の対話』（Lucianus Dial. Deor.）4; ヘロディアノス『歴史』（Herodianus）1-11-2; プリニウス『博物誌』（Plinius N. H.）34-19-79; アテナイオス『食卓の賢人たち』（Athenaeus）13-602~; アイリアノス『ギリシア奇談集』（Ael. V.H.）2-21，13-5; プルタルコス「対比列伝」（Plutarchus Parall.）33-313e; プルタルコス「モラリア」（Plutarchus Mor.）750b; 他.

コラム●敵国の王子や人質を愛すること

◆1　ポリュアイノス『戦術書』（Polyaenus）5-3-4.　◆2　ホラティウス『歌章』（Horatius Carm.）1-29.　◆3　ユウェナリス『諷刺詩集』（Juvenalis）2-164~5.

コラム●ピンダロスの死

◆1　ウァレリウス・マクシムス『著名言行録』（Valerius Maximus）9-12; ピンダロス『断片』（Pindar. fragment.）123; アテナイオス『食卓の賢人たち』（Athenaeus）10-427，13-601c~d;『スーダ辞典』（Suda）; 他.　◆2　『増鏡』，堀田正久『堀田三代記』，他.

第２章●詩人の愛

◆1　『ギリシア詞華集』（Anth. Pal.）9-184; プラトン『パルメニデス』（Plato Palmenides）137a; キケロ『トゥスクルム荘対談集』（Cicero Tusc.）4-33; アテナイオス『食卓の賢人たち』（Athenaeus）13-601b;『スーダ辞典』（Suda）; 他.　◆2　アテナイオス『食卓の賢人たち』（Athenaeus）13-564f.　◆3　プルタルコス『ソロン伝』（Plutarch. Solon）1; プルタルコス『愛をめぐる対話』（Plutarch. Erotikos）4（「モラリア」（Moral.）751b）; アリストテレス『アテナイ人の国制』（Aristoteles Ath. Pol.）17; アイリアノス『ギリシア奇談集』（Aelianus V.H.）8-16; ディオゲネス・ラエルティオス『ギリシア哲学者列伝』（Diog. Laert.）; アテナイオス『食卓の賢人たち』（Athenaeus）; 他.　◆4　アルカイック期における男色の制度化に関しては，とくにPercy (1996)やSergent (1984; 1986); Cantarella (1988)に詳しく説かれている.　◆5　『ギリシア詞華集』（Antholog. Palat.）12-4.　◆6　『ギリシア詞華集』（Antholog. Palat.）12-125.　◆7　Boswell (1980); Halperin(1990); Norton (1997); etc.　◆8　ホメロス『イリアス』（Homer. Ilias）24-347~8; プラトン『プロタゴラス』（Plato Protagoras）309a~b; クセノフォン『饗宴』（Xenoph. Sympos.）4-23; 他.　◆9　アイリアノス『ギリシア奇談集』（Aelianus V.H.）13-4; プルタルコス『アルキビアデス伝』（Plutarchus Alcibiades）1; プルタルコス『愛をめぐる対話』（Plutarch. Erotikos）24（「モラリア」（Moral.）770b~c）; 他.　◆10　アリストファネス『雲』（Aristophanes Nubes）1085~.　◆11　アテナイオス『食卓の賢人たち』（Athenaeus）13-604c.　◆12　アテナイオス『食卓の賢人たち』（Athenaeus）13-604d~.　◆13　クセノフォン『饗宴』（Xenoph. Sympos.）8-32~; プラトン『プロタゴラス』（Plato Protagoras）315e; プラトン『饗宴』（Plato Sympos.）; アイリアノス『ギリシア奇談集』（Aelianus V.H.）2-21，13-4; 他.　◆14　プリニウス『博物誌』（Plinius N.H.）36-4-22~; アテナイオス『食卓の賢人たち』（Athenaeus）13-606b.

コラム●裸体開眼

◆1　アリストテレス『アテナイの国制』（Aristoteles Ath. Pol.）60-4; アンドキデス『演説』（Andocides）4-42; アテナイオス『食卓の賢人たち』（Athenaeus）13-565f~，-609f; テオクリトス『牧歌』（Theocrit. Idyll.）12-28~; テオフラストス『断片』（Theophrast. Frag.）111; 他.　◆2　アリストファネス『雲』474~.　◆3　アテナイオス『食卓の賢人たち』

& Sparks (1997); etc. ◆**6** Gardiner (1931); Griffiths (1960); Simpson (1972); Grayson & Redford (1973); Manniche (1987);『古代オリエント集』,「筑摩世界文学体系」第1巻，筑摩書房，1978; Greenberg (1988); Bullough (1976); Ions (1968); Conner, Sparks & Sparks (1997); Griffiths (1960); etc. ◆**7** Bullough (1976); Manniche (1987); Ions (1968); Bunson (1991); Greenberg (1988); Kepner (1995); Spencer (1995); Rossini & Schumann-Antelme (1992); Rice (1999); Smith (2000); Griffiths (1960); Deakin (1966); Simpson (1972); Grayson & Redford (1973); etc. ◆**8** Budge (1895; 1901); Maystre (1937); Barguet (1967); Bullough (1976); Manniche (1987); etc.

コラム●合葬された愛人たち

◆**1** アリストテレス『政治学』（Aristot. Pol.）2-12. ◆**2** プルタルコス『愛をめぐる対話』（Plutarch. Erotikos）761d. ◆**3** ディオゲネス・ラエルティオス『ギリシア哲学者列伝』（Diog. Laert.）4-21. ◆**4** Vanggaard (1969); Bullough (1976); etc.

第３章●パレスティナ

◆**1** Horner (1978); Wood (1962); Bullough (1976); Ide (1985); Greenberg (1988); Boswell (1994); Conner, Sparks & Sparks (1997); Puterbaugh (2000); Crompton (2003); オルブライト（1965）; 他. ◆**2** Masson and Sznycer (1972); Forberg (1824); Burton (1885); Dupouy (1906); Nock (1972); Bullough (1976); Greenberg (1988); Conner, Sparks & Sparks (1997); etc. ◆**3** Bullough (1976); Horner (1978); Boswell (1980); Greenberg (1988); Mayne (1908); Schmitt (1946); Garde (1964); Moss (1977); Balka & Rose (1989); Halperin (1990); Comstock (1993); Hardman (1993); Kepner (1995); Russel (1995); Boughner (1988); Smith (2000); Goldberg (1994b); Conner, Sparks & Sparks (1997); Norton (1997); Jordan (1997); Haggerty (2000); Aldrich and Wotherspoon (2001); Crompton (2003); etc. ◆**4** Baily (1955); Spijker (1968); McNeill (1971); Bullough (1976); Horner (1978); Boswell (1980); Niditch (1982); Scroggs (1983); Edwards (1984); Ide (1985); Cantarella (1988); Greenberg (1988); Swidler (1993); Hardman (1993); Boswell (1994); Helminiak (1994); Kepner (1995); Bransh (1995); Conner, Sparks & Sparks (1997); Hogan & Hudson (1998); Greenberg (2004); Jennings (2005); etc. ◆**5** アレクサンドリアのフィロン『アブラハムについて』（Philo, "De Abrahamo"）133~4, 136; イオセポス（ヨセフス）『ユダヤ古代誌』（Josephus, "Antiquitates Judaicae"）1-199~204; Crompton (2003); etc. ◆**6** Baily (1955); McNeill (1971); Boswell (1980; 1994);『クレメンスの手紙――コリントスのキリスト者へ I』11, etc.

第４章●ペルシア帝国

◆**1** Geiger (1882); Bullough (1976); Greenberg (1988); Murray & Roscoe (1997); etc. ◆**2** ヘロドトス『歴史』（Herodotus）1-135, 8-104~6; プルタルコス『ヘロドトスの悪意について』（Plutarchus "De Herodoti malignitate"）13; クセノフォン『キュロスの教育』（Xenophon "Cyropaedia"）; アテナイオス『食卓の賢人たち』（Athenaeus）13-603a; 他. ◆**3** 『アヴェスター』「ヴェンディダード」ファルガンド（"Avesta," Vendidad: Fargand）, 8-73~4. ◆**4** クセノフォン『キュロスの教育』（Xenophon "Cyropaedia"）1-4-26~. ◆**5** クセノフォン『キュロスの教育』（Xenophon "Cyropaedia"）2-2-27~, 7-1-29~; プルタルコス「モラリア」（Plutarchus Moralia）632a. ◆**6** Burton (1901); Vanggaard (1969); Greenberg (1988); Murray & Roscoe (1997); etc. ◆**7** アイリアノス『ギリシア奇談集』（Aelianus "Varia Historia"）12-1. ◆**8** クセノフォン『アナバシス』（Xenophon "Anabasis"）1-8. ◆**9** プルタルコス『アレクサンドロス伝』（Plutarchus Alexander 67）67; アテナイオス『食卓の賢人たち』（Athenaeus）13-603; クルティウス・ルフス『アレクサンドロス大王伝』（Curtius Rufus）6-5-23, 10-1-25~.

第II部　古代ギリシア

第１章●ガニュメデスの誘拐

出典一覧

凡例

一、本文中に◆印と数字を付した箇所の参考・引用文献の出典を、以下に記した。数字は、章ごと、または、コラムごとの通し番号になっており、以下の章やコラムのタイトルの後の当該の通し番号に、出典名が示してある。

一、◆印が、章・節・項・コラムなどの見出しに付けられている場合は、その全体にわたる参考文献という意味である。なお、一部の出典は、段落間の注記にも記載してある。

一、「Davidson (1967)」「南方(1921)」などのように「著者名(出版年)」と略表記されたものは、詳細な書誌データを、巻末の「参考・引用文献一覧」(592頁)に明記した。つまり、( ) 内に出版年が記されているものは、「参考・引用文献一覧」に書誌データが記してあり、19世紀以降の出版物がその対象である。

第I部　古代オリエント

第1章●メソポタミア

◆1　石器時代の男性の性的交流をうかがわせる作品については,例えば以下がある. Davidson (1967); Lommel (1967); Campbell (1969); Vanggaard (1969); Rawson (1973); etc. **◆2** Vanggaard (1969); Horner (1978); Greenberg (1988); Halperin (1990); Dynes (ed.), *Homosexuality in the Ancient World*, 1992; Hardman (1993); Summers (1995/2002); Conner, Sparks & Sparks (1997). **◆3** Pritchard (1950)所収の E. A. Speiserの英訳 *The Epic of Gilgamesh*や, Jacobsen (1930); Kilmer (1982)などを参照. **◆4** 神殿男倡については, 以下の書物が有益であろう. *Assyrian Dictionary*, 1958~71; Bottéro & Petschow (1975); Bottéro (1987); Murray & Roscoe (1997); Conner, Sparks & Sparks (1997); Roscoe (1995); Greenberg (1988); etc. **◆5** Lambert (1992); Jacobsen (1976); Kilmer (1972); Bottéro (1987); Greenberg (1988); Hardman (1993); Murray & Roscoe (1997); etc. **◆6** G. R. Driver & John C. Miles, *The Babylonian Laws*, 1955; etc. **◆7** Bottéro & Petschow (1975); Bottéro (1985; 1987); Lambert (1992); Greenberg (1988); Spencer (1995); Murray & Roscoe (1997); Bullough (1976); etc. **◆8** Zimmermern (1947); Riemenschneider (1955); Imparati (1964); Horner (1978); Ide (1985); Hardman (1993); etc.

第2章●エジプト

◆1 Moussa and Altenmuller (1977); Reeder (1983); Greenberg (1988); Norton (1997); etc. **◆2** Posener (1957; 1962); Bullough (1976); Manniche (1987); Greenberg (1988); Spencer (1995); Norton (1997); Rice (1999); etc. **◆3** Newberry (1928); Deakin (1966); Gazeau (1981); Giles (1972); Leyland (1971); Shaw & Nicholson (1995); Clayton (1994); Manniche (1987); Leyland (1991); Bunson (1991); Conner, Sparks & Sparks (1997); Haggerty (2000); Boughner (1988); Alyson (1993); Greenberg (1988); Kepner (1995); Spencer (1995); Rice (1999); Smith (2000); etc. **◆4** Manniche (1987); Becker (1964); Vanggaard (1969); Braunstein & Pepin (1995); Daniélou (1993); Rossini & Schumann-Antelme (1992); Frischauer (1968); Ions (1968); Bullough (1976); Greenberg (1988); etc. **◆5** Moret (1911); Budge (1909); Nibley (1976); Greenberg (1988); Shaw & Nicholson (1995); Conner, Sparks

2000.

前田（1976）　前田愛『鎖国世界の映像』毎日新聞社.

松田（2002a）　松田修『松田修著作集』第 1 巻，右文書院.

──（2002b）　松田修『松田修著作集』第 5 巻，右文書院.

──（2003）　松田修『松田修著作集』第 8 巻，右文書院.

三品（1943）　三品彰英『新羅花郎の研究』平凡社.

三田村（1963）　三田村泰助『宦官』（英語抄訳：*Chinese Eunuchs: The Structure of Intimate Politics*, 1970）.

南方（1921）　南方熊楠「鮮人の男色」,『性之研究』3 巻 2 号.

──（1951）　南方熊楠『南方熊楠全集』乾元社.

──（1971~75）　南方熊楠『南方熊楠全集』平凡社.

──（1991）　南方熊楠，中沢新一編『浄のセクソロジー』,「南方熊楠コレクション」第 3 巻，河出文庫，河出書房新社.

宮武（1967）　宮武外骨「美少年論」,『作家』1967 年 4~5 月号.

望月（1933~）　『望月仏教大辞典』世界聖典刊行協会.

山内（1999）　山内昶『ジッドの秘められた愛と性』ちくま新書，筑摩書房.

唯性主観斉主（1964）　唯性主観斉主『中国同性恋秘史』.

吉田（1992）　吉田敦彦『昔話の考古学──山姥と縄文の女神』中公新書，中央公論社.

リッチ他（1982~83）　マッテーオ・リッチ他『中国キリスト教布教史』,「大航海時代叢書」第 2 期第 8 ～ 9 巻，岩波書店.

劉（1993/2004）　劉達臨『中国古代性文化』（抄訳：『性愛の中国史』松尾康憲，氷上正，于付訓訳，徳間書店，2000）.

──（1999）　劉達臨『性与中国文化』（邦訳：『中国性愛文化』鈴木博訳，青土社，2002）.

──（2000a）　劉達臨『中国五千年性文化大観』.

──（2000b）　劉達臨『中国性史図鑑』全 2 巻（邦訳：『中国性愛博物館』鈴木博訳，原書房，2006）.

渡辺（2005）　渡辺信一郎（＝蕣露庵主人）『江戸の閨房術』新潮選書，新潮社.

──（2013）　渡辺信一郎『江戸の色道──古川柳から覗く男色の世界』新潮選書，新潮社.

青土社，2005).
礫川(2003)　礫川全次編著『男色の民俗学』批評社.
──(2006)　礫川全次編著『ゲイの民俗学』批評社.
呉下阿蒙　呉下阿蒙編『斷袖篇』(イタリア語訳：*La manica tagliata*, translated by Giovanni Vitiello, 1990／英語抄訳：*The Penguin Book of International Gay Writing*, 1995，所収).
小嶋（2002）　小嶋菜温子編『王朝の性と身体──逸脱する物語』，叢書「文化学の越境」森話社.
五味（1984）　五味文彦『院政期社会の研究』山川出版社.
佐伯（1992）　佐伯順子『美少年尽くし』平凡社.
佐藤（1995）　佐藤憲一『伊達政宗の手紙』新潮選書，新潮社.
澤田(1995)　澤田瑞穂「後庭花史談」，季刊『文学』第6巻第1号，岩波書店.
史（1994）　史楠『中国男娼秘史』.
柴山(1992)　柴山肇『江戸男色考 悪所篇』批評社.
──(1993a)　柴山肇『江戸男色考 色道篇』批評社.
──(1993b)　柴山肇『江戸男色考 若衆篇』批評社.
下川(1992)　下川耿史『セクソロジー異聞』青弓社.
下川他（1994）　下川耿史，田村勇，礫川全次，畠山篤『女装の民俗学』批評社.
蕣露庵主人（1996）　蕣露庵主人『江戸の色道　男色篇』葉文社.
──（1998）　蕣露庵主人『江戸の色道 指南書の系譜──凄絶なる性愛文化を探る』葉文社.
──（2003）　蕣露庵主人『江戸の性愛文化 秘薬秘具事典』三樹書房.
小（1984/97）　小明雄『中國同性愛史録』.
白倉（2005）　白倉敬彦『江戸の男色』洋泉社.
白洲（1997）　白洲正子『両性具有の美』新潮社.
須永（1989a）　須永朝彦『世紀末少年誌』ペヨトル工房.
──(1989b)　須永朝彦『泰西少年愛読本』新書館.
──(2002)　須永朝彦『美少年日本史』国書刊行会.
須永他（1997）　須永朝彦他編『美少年』，「書物の王国」第8巻，国書刊行会.
──（1998）　須永朝彦他編『両性具有』，「書物の王国」第9巻，国書刊行会.
──(1999)　須永朝彦他編『同性愛』，「書物の王国」第10巻，国書刊行会.
瀧川（1943）　瀧川政次郎「男姦」，『法史零篇』五星書店，所収.
──（1965）　瀧川政次郎『遊女の歴史』日本歴史新書，至文堂.
田中（1929）　田中香涯「男娼」，『耽奇猥談』富士書房，所収.
田中（1997/2004）　田中貴子『性愛の日本中世』洋泉社，1997，ちくま学芸文庫，筑摩書房，2004.
──（1999）　田中貴子『室町お坊さん物語』講談社現代新書，講談社.
田中他（2003）　田中優子，白倉敬彦『江戸女の色と恋──若衆好み』学研グラフィックブックス，学習研究社.
東野（1979）　東野治之「日記にみる藤原頼長の男色関係──王朝のウィタ・セクスアリス」，『ヒストリア』84.
堂本(1970)　堂本正樹『男色演劇史』薔薇十字社.
──(1976)　堂本正樹『増補版 男色演劇史』出帆社.
中野（2001）　中野美代子『肉麻図譜──中国春画論序説』作品社.
中山(1927)　中山太郎『売笑三千年史』春陽堂（復刊：パルトス社，1984).
──(1935)　中山太郎『愛慾三千年史』サイレン社.
日本風俗史（1959a）　講座日本風俗史　別巻1『性風俗 第1集「総括篇」』雄山閣.
──（1959b）　講座日本風俗史 別巻2『性風俗 第2集「生活篇」』雄山閣.
──（1959c）　講座日本風俗史 別巻3『性風俗 第3集「社会篇」』雄山閣.
榛原（1933）　榛原茂樹「近代支那美少人録（梅蘭芳伝）」，入江達吉編『支那叢話 第二輯 随筆』，大畑書店，所収.
長谷川他（1991）　長谷川興蔵，月川和雄編『南方熊楠男色談義──岩田準一往復書簡』八坂書房.
花咲(1991/2002)　花咲一男『江戸のかげま茶屋』三樹書房，1991，増補新訂版，2002.
濱本（1929）　濱本鶴賓『支那情愛文献』春陽堂.
──（1930）　濱本鶴賓『支那後宮秘史』春陽堂.
早川（1998）　早川聞多『浮世絵春画と男色』河出書房新社.
福田（1992）　福田和彦『艶色説話絵巻』，「浮世絵グラフィック」第6巻，KKベストセラーズ.
細川（1993/96/2000）　細川涼一『逸脱の日本中世──狂気・倒錯・魔の世界』JICC出版局，1993，洋泉社，1996，ちくま学芸文庫，筑摩書房，

Annotated Bibliography.

Wilhelm (1995) James J. Wilhelm (ed.), *Gay and Lesbian Poetry: An Anthology from Sappho to Michelangelo.*

Williams (1986) Walter L. Williams, *The Spirit and the Flesh: Sexual Diversity in American Culture.*

Williams (1992) Robert Williams, *Just as I Am: A Practical Guide to Being Out, Proud, and Christian.*

Williams (1999/2010) Craig A. Williams, *Roman Homosexuality.*

Williams (2006) Dyfri Williams, *The Warren Cup.*

Winkler (1990) John J. Winkler, *The Constraint of Desire: The Anthropology of Sex and Gender in Ancient Greece.*

Wood (1962) R. Wood, *Homosexual Behaviour in the Bible.*

Woods (1998) Gregory Woods, *A History of Gay Literature: The Male Tradition.*

Wright & Rowson (1997) J.W. Wright Jr. & Everett K. Rowson (ed.), *Homoeroticism in Classical Arabic Literature.*

Wu (2004) Wu Cuncun, *Homoerotic Sensibilities in Late Imperial China.*

Younger (2005) John G. Younger, *Sex in the Ancient World from A to Z.*

Zimmermern (1947) Carle C. Zimmermern, *Family and Civilization.*

Zwilling (1978) Leonard Zwilling, *Homosexuality in Pre-Muslim India.*

── (1981) Leonard Zwilling, *Sanskrit Terminology of Sexual Variation and Dysfunction with Special Reference to Homosexuality.*

── (1987) Leonard Zwilling, *Homosexuality as Seen in Indian Buddhist Texts.*

Zwilling & Sweet (1993) Leonard Zwilling & Michael J. Sweet, *The First Medicalization: The Taxonomy and Etiology of Queerness in Classical Indian Medicine.*

── (1996) Leonard Zwilling & Michael J. Sweet, *"Like a City Ablaze": The Third Sex and the Creation of Sexuality in Jain Religious Literature.*

日本語•中国語

阿部（1985） 阿部泰郎「慈童説話と児」上・下,『観世』52 巻 10 ～ 11 号.

鮎貝（1932） 鮎貝房之進『花郎攷』(『雑攷』第 4 輯).

石川（1995） 石川武志『ヒジュラ インド第三の性』青弓社.

井出（1935） 井出季和太「上海の男娼」,『支那の奇習と異聞』平野書店，所収.

稲垣（1969a） 稲垣足穂『稲垣足穂大全』第 2 巻，現代思潮社.

──（1969b） 稲垣足穂『稲垣足穂大全』第 3 巻，現代思潮社.

井上（1993） 井上保『モーヴ色の肖像』現代書館.

──（1994） 井上保『ピンクの三角形──ゲイ・リベレーションと文学の潮流』現代書館.

岩田（1973a） 岩田準一『男色文献書誌　附 男色異称集』岩田貞雄（発行者).

──（1973b） 岩田準一『本朝男色考』岩田貞雄（発行者).

──（2002） 岩田準一『本朝男色考・男色文献書志』（合本）原書房.

氏家（1994） 氏家幹人『江戸の少年』平凡社ライブラリー，平凡社.

──（1995） 氏家幹人『武士道とエロス』講談社現代新書，講談社.

──（1998） 氏家幹人『江戸の性風俗──笑いと情死のエロス』講談社現代新書，講談社.

──（2003） 氏家幹人『江戸の性談──男は死ぬまで恋をする』The New Fifties，講談社.

──（2005） 氏家幹人『江戸の性談──男たちの秘密』講談社文庫，講談社.

オルブライト（1965） オルブライト『旧約聖書の時代』和井田学訳，新教出版社.

喜多（1997） 喜多唯志『少年愛の連歌俳諧史──菅原道真から松尾芭蕉まで』沖積舎.

邱（2000） 邱海濤『中国五千年　性の文化史』納村公子訳，集英社.

呉（2000） 呉存存『明清社会性愛風紀』(邦訳：『中国近世の性愛──耽美と逸楽の王国』鈴木博訳，

Males in Moslem.

Scholz (1997) Piotr O. Scholz, *Der entmannte Eros: Eine Kulturgeschichte der Eunuchen und Kastraten.*

Scroggs (1983) Robin Scroggs, *The New Testament and Homosexuality.*

Sergent (1984) Bernard Sergent, *L'Homosexualité dans la mythologie grecque.*

—— (1986) Bernard Sergent, *L'Homosexualité initiatique dans l'Europe ancienne.*

Shaw & Nicholson (1995) Ian Shaw & Paul Nicholson, *The British Museum Dictionary of Ancient Egypt.*

Simpson (1972) William Kelly Simpson, *The Literature of Ancient Egypt.*

Skinner (2005) Marilyn B. Skinner, *Sexuality in Greek and Roman Culture.*

Smalls (2003) James Smalls, *Homosexuality in Art.*

Smith (1973) Morton Smith, *Clement of Alexandria and a Secret Gospel of Mark.*

Smith (2000) Warren Allen Smith, *Who's Who in Hell.*

Solé (1976) Jacques Solé, *L'Amour en occident à l'Epoque moderne.*

Spence (1984) Jonathan D. Spence, *The Memory of Palace of Matteo Ricci.*

Spencer (1995) Colin Spencer, *Homosexuality in History.*

Spijker (1968) A. M. J. M. Herman van de Spijker, *Die gleichgeschlechtliche Zuneigung.*

Stewart (1995) William Stewart (ed.), *Cassell's Queer Companion.*

Summers (1995/2002) Claude J. Summers (ed.), *The Gay and Lesbian Literary Heritage: A Reader's Companion to the Writers and Their Works, from Antiquity to the Present.*

—— (2004) Claude J. Summers (ed.), *The Queer Encyclopedia of the Visual Arts.*

Surieu (1967) Robert Surieu, *Sarve naz.*

Swidler (1993) Arlene Swidler (ed.), *Homosexuality and Religions.*

Symonds (1897) John Addington Symonds, *A Problem in Greek Ethics.*

Tripp & Gannett (2005) C. A. Tripp & Lewis Gannett, *The Intimate World Of Abraham Lincoln.*

Van Gulik (1951) Robert Hans Van Gulik, *Erotic Colour Prints of the Ming Period, with an Essay on Chinese Sex Life from the Han to the Chi'ng Dynasty, B.C. 206 - A.D. 1644*, 3 vols.

—— (1961) Robert Hans Van Gulik, *Sexual Life in Ancient China: A prelimitary survey of Chinese sex and society from ca. 1500 B.C. till 1644*（邦訳：R・H・ファン・フーリック『古代中国の性生活——先史から明代まで』松平いを子訳，せりか書房，1988）.

Vanggaard (1969) Thorkil Vanggaard, *Phallos*（邦訳：トーキル・ヴァンゴーア『ファロス——シンボルの世界史』石渡利康訳，講談社，1974）.

Vanita & Kidwai (2000) Ruth Vanita & Saleem Kidwai (ed.), *Same-Sex Love in India: Readings from Literature and History.*

Vasey (1995) Michael Vasey, *Strangers and Friends: A New Exploration of Homosexuality and the Bible.*

Verstraete & Provencal (2005) Beert C. Verstraete & Vernon Provencal (ed.), *Same-Sex Desire and Love in Greco-Roman Antiquity and in The Classical Tradition of the West.*

Vitiello (1992) Giovanni Vitiello, *The Dragon's Whim: Ming and Qing Homoerotic Tales from The Cut Sleeve.*

—— (1994) Giovanni Vitiello, *Examplary Sodomites: Male Homosexuality in Late Ming Fiction.*

Vittorio (2002) Lingiardi Vittorio, *Men in Love: Male Homosexualities from Ganymede to Batman*, translated by Robert H. Hopcke.

Vyas & Shingala (1987) M. D. Vyas & Yogesh Shingala, *The Life Style of The Eunuchs.*

Watanabe & Iwata (1987) Tsuneo Watanabe & Jun'ichi Iwata, *La voie des éphèbes: Histoire et histoires des homosexualités au Japon*（英訳：*The Love of the Samurai*, translated by D. R. Robert, 1989）.

Weinberg & Bell (1972) Martin S. Weinberg & Alan P. Bell (ed.), *Homosexuality: An*

—— (1997) Rictor Norton, *The Myth of the Modern Homosexual: Queer History and the Search for Cultural Unity.*

—— (1998) Rictor Norton, *My Dear Boy: Gay Love Letters through the Centuries.*

Oliver (1974) Douglas L. Oliver, *Ancient Tahitian Society.*

Pattanaik (2002) Devdutt Pattanaik, *The Man Who was a Woman and Other Queer Tales.*

Percy (1996) William Armstrong Percy III, *Pederasty and Pedagogy in Archaic Greece.*

Pflugfelder (1999) Gregory M. Pflugfelder, *Cartographies of Desire: Male-male Sexuality in Japanese Discourse 1600-1950.*

Posener (1957) Georges Posener, "Le conte de Neferkarà et du General Siséné," *Revue d'Egyptologie* 11.

—— (1962) George Posener (ed.), *A Dictionary of Egyptian Civilization.*

Pritchard (1950) James Pritchard (ed.), *Ancient Near East. An Anthology of Texts and Pictures.*

Puterbaugh (2000) Geoff Puterbaugh, *The Crucifixion of Hyacinth.*

Rawson (1973) Philipp Rawson, *Primitive Erotic Art.*

Reeder (1983) Greg Reeder, "Journey to the Past: Egypt and a Gay Tomb ?" *Advocate* 367.

Rice (1999) Michael Rice, *Who's Who on Ancient Egtpt.*

Richlin (1983/92) Amy Richlin, *The Garden of Priapus: Sexuality and Aggression in Roman Humor.*

Riemenschneider (1955) Margarete Riemenschneider, *Le Monde des Hittites.*

Robert (1993) Aldrich Robert, *The Seduction of the Mediterranean: Writing, Art, and Homosexual Fantasy.*

Robertson (2004) Jennifer Robertson, *Same-Sex Cultures and Sexualities: An Anthropological Reader.*

Rocke (1996) Michael B. Rocke, *Forbidden Friendships: Homosexuality and Male Culture in Renaissance Florence.*

Roscoe (1984) Will Roscoe, *Making History: The Challenge of Gay Studies.*

—— (1988/91) Will Roscoe, *The Zuni man-woman: A Traditional.*

—— (1995) Will Roscoe, *Queer Spirits: A Gay Men's Myth Book.*

—— (1998) Will Roscoe, *Changing Ones: The Third and Fourth Genders in Native North America.*

Rossini & Schumann-Antelme (1992) Stéphane Rossini & Ruth Schumann-Antelme, *Nétèr: Dieux d'Égypte.*

Roth (1982) Norman Roth, *Deal Gentry with the Young Man: Love of Boys in Medieval Hebrew Poetry of Spain.*

Rousselle (1988) A. Rousselle, *Porneia: On Desire and the Body in Antiquity.*

Rowse (1977) A. L. Rowse, *Homosexuality in History: A Study of Ambivalence in Literature and the Art.*

Russell (1995) Paul Russell, *The Gay 100: A Ranking of the Most Influential Gay Men and Lesbians, Past and Present*（邦訳：ポール・ラッセル『ゲイの主役たち——ソクラテスからシニョリレまで』米塚真治訳，青土社，1997）.

Rutledge (1987/96/2003) Leigh W. Rutledge, *The New Gay Book of Lists.*

—— (1989) Leigh W. Rutledge, *The Gay Fireside Companion.*

Rutt (1961) Lee Rutt, *The Flower Boys of Silla (Hwarang): Notes on the Sources.*

Saslow (1986) James M. Saslow, *Ganymede in the Renaissance: Homosexuality in Art and Society.*

—— (1999) James M. Saslow, *Pictures and Passion: A History of Homosexuality in the Visual Arts.*

Scheindlin (1986) Raymond P. Scheindlin, *Wine, Women, and Death: Medieval Hebrew Poems on the Good Life.*

Schirmann (1955) H. Schirmann, *The Ephebe in Medieval Hebrew Poetry.*

Schmitt (1946) Gladys Schmitt, *David the King.*

Schmitt & Sofer (1992) Arno Schmitt & Jehoeda Sofer (ed.), *Sexuality and Eroticism among*

Twenty Years of Gay Sunshine.

Licht (1925~28) Hans Licht [Paul Brandt], *Sittengeschichte Griechenlands.*

Lilja (1983) Saara Lilja, *Homosexuality in Republican and Augustan Rome.*

Lommel (1967) Andreas Lommel, *Shamanism: The Beggining of Art.*

Long (2004) Ronald E. Long, Men, *Homosexuality, and the Gods: An Exploration into the Religious Significance of Male Homosexuality in World Perspective.*

Manniche (1987) Lise Manniche, *Sexual Life in Ancient Egypt*（邦訳：リーセ・マニケ『古代エジプトの性』酒井傳六訳，法政大学出版局，1990）.

Masson & Sznycer (1972) Olivier Masson & Maurice Sznycer, *Recherches sur les Phéniciens à Chypre.*

Mayne (1908) Xavier Mayne, *The Intersex: A History of Similisexualism as a Problem in Social Life.*

Maystre (1937) Charles Maystre, *Les Déclarations d'innocence.*

McLelland (2005) Mark J. McLelland, *Queer Japan From The Pacific War To The Internet Age.*

McNeill (1976) John McNeill, *The Church and Homosexual.*

Mead (1928) Margaret Mead, *Coming of Age in Samoa.*

── (1930) Margaret Mead, *Growing up in New Guinea.*

── (1955) Margaret Mead, *Male and Female: A Studies of the Sexes in the Series in a Changging World.*

Merrick & Sibalis (2001) Jeffrey Merrick & Michael Sibalis (ed.), *Homosexuality in French History and Culture.*

Mitchell (1995) Mark Mitchell (ed.), *The Penguin Book of International Gay Writing.*

Moll (1931) Albert Moll, *Perversions of the Sex Instinct: A Study of Sexual Inversion,* tr. by Maurice Popkin.

Moran (1969) W. L. Moran, "New Evidence from Mari on the History of Prophesy," *Biblica* 50.

Moret (1911) Adexandre Moret, *Rois et dieux d'Égypte.*

Morris (1990) Robert J. Morris, "Aikâne: account of Hawaiian same-sex love and friendship in the Cook voyage journals," *Journal of Homosexuality* 19.

Moss (1977) R. Moss, *Christians and Homosexuality.*

Moussa & Altenmuller (1977) Ahmed M. Moussa & Hartwing Altenmuller, *Das Grab des Nianchchnum und Chunumhotep.*

Murray (1992) Stephen O. Murray, *Oceanic Homosexualities.*

── (1995) Stephen O. Murray, *Latin American Male Homosexualities.*

── (2000) Stephen O. Murray, *Homosexualities.*

── (2002) Stephen O. Murray, *Pacific Homosexualities.*

Murray & Roscoe (1997) Stephen O. Murray & Will Roscoe, *Islamic Homosexualities: Culture, History and Literature.*

── (1998) Stephen O. Murray & Will Roscoe, *Boy-Wives and Female-Husbands: Studies in African Homosexualities.*

Nanda (1990) Serena Nanda, *Neither Men nor Women: the Hijras of India*（邦訳：セレナ・ナンダ『男でも女でもなく』蔦森樹訳，青土社，1999）.

Naphy (2004) William G. Naphy, *Born to be Gay: A History of Homosexuality.*

Neufeld (1951) N. E. Neufeld, *The Hittite Laws.*

Newberry (1928) Perce E. Newberry, "Akhenaton's Eldest Son-in-Law 'Ankhkheprue'," *Journal of Egyptian Archeology* 14.

Nibley (1976) Hugh Nibley, *The Message of the Joseph Smith Papyri: An Egyptian Endowment.*

Niditch (1982) Susan Niditch, *The "Sodomite" Theme in Judges 19-20.*

Nissinen (1998) Martti Nissinen, *Homoeroticism in the Biblical World: A Historical Perspective.*

Nock (1972) Arthur Darby Nock, *Essays on Religion and the Ancient World,* vol. 1.

Norton (1992) Rictor Norton, *Mother Clap's Molly House.*

Hirschfeld (1900~32) Magnus Hirschfeld (ed.), *Jahrbuch für sexuelle Zwischenstufen.*

—— (1914) Magnus Hirschfeld, *Die Homosexualität des Mannes und des Weibes.*

Hogan & Hudson (1998) Steve Hogan & Lee Hudson, *Completely Queer: The Gay and Lesbian Encyclopedia.*

Horner (1978) Tom Horner, *Jonathan loved David: Homosexuality in Biblical Times.*

Hrozný (1922) Frédéric Hrozný, *Code hittite provenant de l'Asie Mineure.*

Hubbard (2000) Thomas K. Hubbard (ed.), *Greek Love Reconsidered.*

—— (2003) Thomas K. Hubbard (ed.), *Homosexuality in Greece and Rome: A Sourcebook of Basic Documents.*

Ide (1985) Arthur Frederic Ide, *The City of Sodom and Homosexuality in Western Religions Thought to 630 C.E.*

Imparati (1964) Fiorello Imparati, *Le Leggi Ittite.*

Ions (1968) Veronica Ions, *Egyptian Mythology.*

Jacobs, Thomas & Lang (1997) Sue-Ellen Jacobs, Wesley Thomas & Sabine Lang (ed.), *Two-Spirit People: Native American Gender Identity, Sexuality and Spirituality.*

Jacobsen (1930) Tholkild Jacobsen, "How did Gilgamesh Oppress Uruk ?" *Acta Orientalia* 8.

—— (1976) Tholkild Jacobsen, *The Treasures of Darkness: A History of Mesopotamia Religion.*

Jennings (2003) Theodore W. Jennings Jr., *The Man Jesus Loved: Homoerotic Narratives from the New Testament.*

—— (2005) Theodore W. Jennings Jr., *Jacob's Wound: Homoerotic Narrative in the Literature of Ancient Israel.*

Jordan (1997) Mark D. Jordan, *The Invention of Sodomy in Christian Theology.*

Katz (1976) Jonathan Ned Katz, *Gay American History.*

—— (1983) Jonathan Ned Katz, *Gay and Lesbian Almanac: A New Documentary.*

Kepner (1995) Jim Kepner, *Becomming A People...: A 4000 Years Chronology of Gay and Lesbian History.*

Keuls (1985) Eva C. Keuls, *The Reign of Phallus: Sexual Politics in Ancient Athens*（邦訳：エヴァ・C・クールズ『ファロスの王国――古代ギリシアの性の政治学』全2巻, 中務哲郎, 下田立行, 久保田忠利訳, 岩波書店, 1989).

Kilmer (1972) Anne D. Kilmer, "The Mesopotamia concept of overpopulation," *Orientalia.*

—— (1982) Anne D. Kilmer, *A Note on an Overlooked Word-play in the Akkadian Gilgamesh.*

Kinsey (1948) Alfred Kinsey et al., *Sexual Behavior and the Human Male*（邦訳：アルフレッド・キンゼイ他『人間における男性の性行為』全2巻, 永井潜, 安藤画一訳, コスモポリタン社, 1950).

Klosowka (2004) Anna Klosowka, *Queer Love in the Middle Ages* (New Middle Ages).

Lambert (1992) Wilfried G. Lambert, "Prostitution," *Xenia* 32.

Larivière (1997) Michel Larivière, *Homosexuels et Bisexuels célèbres, Le Dictionnaire.*

Laurin (2005) Joseph R. Laurin, *Homosexuality in Ancient Athens.*

Lear & Cantarella (2006) Andrew Lear & Eva Cantarella, *Images of Pederasty.*

Leupp (1995) Gary P. Leupp, *Male Color: The Construction of Homosexuality in Tokugawa Japan*（邦訳：ゲイリー・P・リュープ『男色の日本史』藤田真利子訳, 作品社, 2014).

Lévi-Strauss (1943) Lévi-Strauss, "The Social Use of Kinship Terms among Brazilian Indians," *American Anthropologist* 45.

—— (1949) Lévi-Strauss, *The Elementary Structures of Kinship*（英訳：1969).

Levy (1972) Howard S. Levy, *Korean Sex Jokes in Traditional Times.*

—— (1974) Howard S. Levy, *Chinese Sex Jokes in Traditional Times.*

Levy (1973) Robert I. Levy, *Tahitians: Mind and Experience in Society Islands.*

Leyland (1971) Winston Leyland, "Living in Truth: Akhenaten of Egypt," *Gay Sunshine* 9.

—— (1991) Winston Leyland (ed.), *Gay Roots:*

Francoeur & Noonan (2001) R. T. Francoeur & R. J. Noonan (ed.), *International Encyclopedia of Sexuality.*

Frischauer (1968) Paul Frischauer, *Knaus Sittengeschichte der Welt.*

Garde (1964) Noel I. Garde, *Jonathan to Gide.*

Gardiner (1931) A. H. Gardiner, *The Chester Beatty Papyrus No.1.*

Gazeau (1981) Francis Gazeau, "Le Pharaon pas comme les autre, ou un cas unique d'homosexualité en Égypte," *Arcadie* 325.

Geiger (1882) Wilhelm Geiger, *Ostiranische Kultur im Altertum.*

Geraci (1997) Joseph Geraci (ed.), *Dares to Speak: Historical and Contemporary Perspective on Boy-Love.*

Gerard & Hekma (1988) Kent Gerard & Gert Hekma, *The Pursuit of Sodomy: Male Homosexuality in Renaissance and Enlightenment Europe.*

Gernet (1959) Jack Gernet, *La vie quotidienne en Chine à veille de l'invasion Mongole.*

Giles (1972) F. J. Giles, *Ikhnaton: Legend and History.*

Gilmore (1990) David D. Gilmore, *Manhood in the Making: Cultural Concepts of Masculinity.*

Goldberg (1994a) Jonathan Goldberg (ed.), *Queering Renaissance.*

── (1994b) Jonathan Goldberg (ed.), *Reclaiming Sodom.*

Goodich (1979) Michael Goodich, *The unmentionable vice: Homosexuality in the later medieval period.*

Granet (1975) Marcel Granet, *The Religion of the Chinese People*, tr. by Maurice Freedman.

Grayson & Redford (1973) A. Kirk Grayson & Donald B. Redford, *Papyrus and Tablet.*

Greenberg (1988) David F. Greenberg, *The Construction of Homosexuality.*

Greenberg (2004) Steven Greenberg, *Wrestling with God and Men: Homosexuality in the Jewish Tradition.*

Greif (1989) Martin Greif, *The Gay Book of Days.*

Griffin (2002) Gabriele Griffin, *Who's Who in Lesbian and Gay Writing.*

Griffiths (1960) John Gwyn Griffiths, *The Conflict of Horus and Seth.*

Haggerty (2000) George E. Haggerty (ed.), *Gay Histories and Cultures.*

Halperin (1990) David M. Halperin, *One Hundred Years of Homosexuality*（邦訳：デイヴィッド・M・ハルプリン『同性愛の百年間――ギリシア的愛について』石塚浩司訳，法政大学出版局，1995）.

Halperin, Winkler & Zeitlin (1990) D. M. Halperin, J. J. Winkler & F. I. Zeitlin (ed.), *Before Sexuality: The Construction of Erotic Experience in the Ancient World.*

Hardman (1993) Paul D. Hardman, *Homo-affectionism: Male Bonding from Gilgamesh to the Present.*

Helminiak (1994) Daniel A. Helminiak, *What the Bible Really Says about Homosexuality.*

Henderson (1975) Jeffrey Henderson, *The Maculate Muse: Obscene Language in Attic Comedy.*

Herdt (1981) Gilbert Herdt, *Guardian of the Flutes: Indios of Masculinity.*

── (1984) Gilbert Herdt (ed.), *Ritualized Homosexuality in Melanesia.*

── (1987) Gilbert Herdt, *The Sambia: Ritual and Gender in New Guinea.*

── (1993) Gilbert Herdt (ed.), *Third Sex, Third Gender: Beyond Sexual Dimorphism in Culture and History.*

── (1997) Gilbert Herdt, *Same Sex, Different Cultures: Exploring Gay and Lesbian Lives.*（邦訳：ギルバート・ハート『同性愛のカルチャー研究』黒柳俊恭，塩野美奈訳，現代書館，2002）.

── (1999) Gilbert Herdt, *Sambian Sexual Culture.*

Hergemoller (2001) Bernd-Ulrich Hergemoller, *Sodom and Gomorrah: On the Everyday Reality and Persecution of Homosexuals in the Middle Ages*, translated by John Phillips.

Hinsch (1990) Bret Hinsch, *Passion of the Cut Sleeve: The Homosexual Tradition in China.*

Cowan (1988/96) Tom Cowan, *Gay Men and Women Who Enriched the World.*

Crimmins (2004) C. E. Crimmins, *How the Homosexuals Saved Civilization: The True and Heroic Story of How Gay Men Shaped the Modern World.*

Crompton (1987) Louis Crompton, *Homosexuality in Imperial China.*

—— (2003) Louis Crompton, *Homosexuality & Civilization.*

Dalla (1987) Danilo Dalla, *Ubi Venus mutatur: Omosessualità e diritto nel mondo romano.*

Daniélou (1992) Alain Daniélou, *Kama Sutra*（英訳：1994）.

—— (1993) Alain Daniélou, *Le Phallus*（英訳：*The Phallus: Sacred Symbol of Male Creative Power*, translated by Jon Graham, 1995／邦訳：アラン・ダニエルー『ファロスの神話』窪田般彌, 小林正巳訳, 青土社, 1996）.

Davidson (1967) H. R. Ellis Davidson, *Pagan Scandinavia.*

Davidson (2007) James Davidson, *The Greeks and Greek Love.*

Deakin (1966) Terence J. Deakin, "Evidence for Homosexuality in Ancient Egypt," *International Journal of Greek Love* 1.

D'Emilio & Freedman (1988) J. D'Emilio & E. B. Freedman, *Intimate Matters. A History of Sexuality of America.*

Devereux (1969) George Devereux, *Mohave Ethnopsychiatry.*

Dover (1978) Kenneth J. Dover, *Greek Homosexuality*（邦訳：ケネス・ドーヴァー『古代ギリシアの同性愛』中務哲郎, 下田立行訳, リブロポート, 1984）.

Duberman, Vicinus & Chauncey (1989) Martin Duberman, Martha Vicinus & George Chauncey (ed.), *Hidden from History : Reclaiming the Gay & Lesbian Past.*

Dupouy (1906) E. Dupouy, *La Prostitution dans l'antiquitté*, 5th ed.

Dynes (1990) Waynes Dynes (ed.), *Encyclopaedia of Homosexuality.*

Dynes & Donaldson (1992a) Waynes Dynes & Stephen Donaldson (ed.), *Asian Homosexuality.*

—— (1992b) Waynes Dynes & Stephen Donaldson (ed.), *Homosexuality in the Ancient World.*

Edwardes (1959) Allen Edwardes, *The Jewel of Lotus: A Historical Surveys of the Sexual Culture of the East*（邦訳：アレン・エドワーズ『蓮の中の宝石——東洋における性文化の研究』山西英一訳, 新潮社, 1960）.

—— (1967) Allen Edwardes, *Eroica Judaica: A Sexual History of the Jews.*

Edwards (1984) George R. Edwards, *Gay/Lesbian Liberation: A Biblical Perspective.*

Ellis (1910/36) Havelock Ellis, *Studies in the Psychology of Sex*（邦訳：ハヴロック・エリス『性の心理』全7巻, 佐藤晴夫訳, 未知谷, 1995〜96）.

El-Rouayheb (2005) Khaled El-Rouayheb, *Before Homosexuality in the Arab-Islamic World, 1500-1800.*

Evans-Pritchard (1970) E. E. Evans-Pritchard, "Sexual Inversion among the Azande," *American Anthropologist* 72.

Fantham (1991) Elaine Fantham, *Stuprum: Public Attitudes and Penalties for Sexual Offences in Republican Rome.*

Fernandez (2001) Dominique Fernandez, *L'Amour qui ose dire son nom: Art et Homosexualité*（英訳：*A Hidden Love: Art and Homosexuality*, 2002）.

Fletcher & Saks (1990) Lynne Yamaguchi Fletcher & Adrien Saks, *Lavender Lists.*

Fone (1998) Byrne R. S. Fone (ed.), *The Columbia Anthology of Gay Literature.*

Forberg (1824) Friedrich Karl Forberg, *Antonini Panormitae "Hermaphroditus"*（英訳：*De Figuris Veneris: Manual of Classical Erotogy*／邦訳：F・C・フォルベルク『西洋古典好色文學入門』大場正史訳, 桃源社, 1964）.

Foucault (1976/84) Michael Foucault, *Histoire de la sexualité.*（邦訳：ミシェル・フーコー『性の歴史』全3巻, 渡邊守章, 田村俶訳, 新潮社, 1986〜87）.

Bouhdiba (1975) Abdelwahab Bouhdiba, *La Sexualité en Islam*（邦訳：アブドゥルワッハーブ・ブーディバ『イスラム社会の性と風俗』伏見楚代子，美観橋一郎訳，桃源社，1980）.

Brandt (1932) Paul Brandt, *Sexual Life in Ancient Greece*, translated by J. H. Freeze.

Bransh (1995) Alain A. Bransh, *Facing Our Differences: The Church and Their Gay and Lesbian Members*（邦訳：アラン・A・ブラッシュ『教会と同性愛――互いの違いと向き合いながら』岸本和世訳，新教出版社，2001）.

Braunstein & Pepin (1995) Florence Braunstein & Jean-François Pepin, « *Les Grands Mythes fondateurs.*

Bray (1982) Alan Bray, *Homosexuality in Renaissance England*（邦訳：アラン・ブレイ『同性愛の社会史――イギリス・ルネサンス』田口孝夫，山本雅男訳，彩流社，1993）.

Bremmer (1989) Jan Bremmer (ed.), *From Sappho to De Sade: Moments in the History of Sexuality.*

Budge (1895) E. A. Budge, *The Book of the Dead : The Papyrus of Ani in the British Museum.*

—— (1901) E. A. Budge, *The Book of the Dead*, vol.2.

—— (1909) E. A. Budge, *The Book of the Opening of the Mouth*, vol.1.

Bullough (1976) Vern L. Bullough, *Sexual Variance in Society and History.*

—— (1979) Vern L. Bullough, *Homosexuality: A History.*

Bunson (1991) Margaret Bunson, *The Encyclopedia of Ancient Egypt.*

Burckhardt (1822) Jean Louis Burckhardt, *Travels in Syria and the Holy Land.*

Burg (1983/95) Barry R. Burg, *Sodomy and the Pirate Tradition: English Sea Rovers in the Seventeenth-Century Caribbean.*

—— (2002) Barry R. Burg, *Gay Warriors : A Documentary History from the Ancient World to the Present.*

Burger & Kruger (1961) Glenn Burger & Steven F. Kruger (ed.), *Queering the Middle Ages.*

—— (2001) Glenn Burger & Steven F. Kruger (ed.), *Queering the Middle Ages.*

Burgwinkle (2004) William E. Burgwinkle, *Sodomy, Masculinity and Law in Medieval Literature: France and England, 1050-1230.*

Burton (1883) Sir Richard F. Burton, *The Kama Sutra of Vatsyayana*（邦訳：『バートン版カーマ・スートラ』大場正史訳，角川書店，1966）.

—— (1885) Sir Richard F. Burton, *Terminal Essay to "The Thousand and One Night"*（邦訳：『千夜一夜の世界』大場正史訳，桃源社，1963）.

Cabezón (1985/92) Jose Ignacio Cabezón, *Buddhism, Sexuality and Gender.*

Campbell (1969) Joseph Campbell, *The Masks of God: Primitive Mythology.*

Cantarella (1988) Eva Cantarella, *Secondo natura. La Bisessualità nel mondo antico.*

Carden (2004) Michael Carden, *Sodomy: A History of a Christian Biblical Myth.*

Carpenter (1914) Edward Carpenter, *Intermediate Types among Primitive Folk: A Study in Social Evolution.*

Cestaro (2002) Gary P. Cestaro, *Queer Italia: Same-Sex Desire in Italian Literature and Film.*

Cheng (1963) W. Cheng, *Erotogie de la Chine.*

Chugg (2006) Andrew Michael Chugg, *Alexander's Lovers.*

Clarke (1998) John R. Clarke, *Looking at Lovemaking: Constructions of Sexuality in Roman Art 100 B.C. — A.D. 250.*

Clayton (1994) Peter E. Clayton, *Chronicle of the Pharaohs.*

Comstock (1993) G. D. Comstock, *Gay Theology without Apology.*

Conner, Sparks & Sparks (1997) Randy P. Conner, David Hatfield Sparks & Mariya Sparks, *Cassell's Encyclopedia of Queer Myth, Symbol and Spirit.*

Cooper (1986/94) Emmanuel Cooper, *The Sexual Perspective: Homosexuality and Art in the Last 100 Years in the West.*

Cotter (2006) David W. Cotter, "Sodomy: A History of a Christian Biblical Myth," *The Catholic Biblical Quarterly* (Digital).

参考・引用文献一覧

＊ 本書の参考・引用文献のうち、19世紀以降の出版物の書誌データを以下に列記した。これ以前の古典文献については、「出典一覧」や本文に、著者名と書名のみを記した。

欧文

Adams (1982) J. N. Adams, *The Latin Sexual Vocabulary.*

Aldrich (2006) Robert Aldrich (ed.), *Gay Life and Culture: A World History.*

Aldrich & Wotherspoon (2001) Robert Aldrich & Garry Wotherspoon, *Who's Who in Gay & Lesbian History: From Antiquity to the World War II.*

al-Haqq Kugle (2010) Scott Siraj al-Haqq Kugle, *Homosexuality in Islam.*

Alyson (1993) Sasha Alyson (ed.), *The Alyson Almanac: 1994-95 Edition, The Fact Book of the Lesbian and Gay Community.*

Andrews & Kalpakl (2005) Walter G. Andrews & Mehmet Kalpakl, *The Age of Beloveds: Love And The Beloved In Early-Modern Ottoman And European Culture And Society.*

Bailey (1955) Derrick Sherwin Bailey, *Homosexuality and the Western Christian Tradition.*

Balka & Rose (1989) C. Balka & A. Rose (ed.), *Twice Blessed: On Being Lesbian and Gay and Jewish Theology without Apology.*

Barguet (1967) Paul Barguet, *Le livre des morts des ancient Egyptiens.*

Barkan (1991) Leonard Barkan, *Transuming Passion : Ganymede and the Erotics of Humanism.*

Beaglehole (1967) J. C. Beaglehole, *The Journals of Captain James Cook.*

Becker (1964) Raymond de Becker, *L'éroticisme d'en face*（英訳：*The Other Face of Love*, translated by Margaret Crosland & Alan Daventry, 1964）.

Bethe (1907) Erich Bethe, *Die dorische Knabenliebe: Ihre Ethik und ihre Idee.*

Blackmore & Hutcheson (1999) Josiah Blackmore & Gregory S. Hutcheson (ed.), *Queer Iberia: Sexualities, Cultures, and Crossings from the Middle Ages to the Renaissance.*

Bleys (1995) Rudi , C. Bleys, *The Geography of Perversion: Male-to-male Sexual Behavior Outside the West and the Ethnographic Imagination 1750-1918.*

Bloch (1933) Iwan Bloch, *Anthropological Studies on the Strange Sexual Practises of All Races and All Ages.*

Boswell (1980) John Boswell, *Christianity, Social Tolerance , and Homosexuality: Gay People in Western Europe from the Beginning of the Christian Era to the Fourteenth Century*（邦訳：ジョン・ボズウェル『キリスト教と同性愛——1～14世紀西欧のゲイ・ピープル』大越愛子，下田立行訳，国文社，1990）.

—— (1994) John Boswell, *Same-sex Union in Premodern Europe.*

Bottéro (1985) Jean Bottéro, *Mythes et rites du Babylonie.*

—— (1987) Jean Bottéro, *Mésopotamie: L'écriture, la raison et les dieux.*

Bottéro & Petschow (1975) J. Bottéro & Petschow "Homosexualität," *Reallexikon der Assyriologie,* IV.

Boughner (1988) Terry Boughner, *Out of All Time: A Gay and Lesbian History.*

Boughton (1992) Lynne C. Boughton "Biblical Texts and Homosexuality: A response to John Boswell," *Irish Theological Quarterly* 58.

仕手〔役〕　64, 91, 155, 159, 161, 172, 184, 186-7, 189-90, 210, 222, 228, 247, 265, 290-1, 553
受け手〔役〕　24-6, 43, 45, 60, 64, 86, 88, 91, 158-61, 174, 184, 187, 189-90, 199-200, 205-7, 210, 219, 222, 247, 266-7, 273-4, 290-1, 296-7, 309, 311, 314, 325, 358-9, 362, 377, 389, 396, 400, 460, 462, 474, 483, 493, 553
師弟愛　34, 107, 260, 383
情人　32, 70, 97, 148
寵愛　36, 57, 68-9, 80, 128-9, 135, 140, 150-1, 156, 163, 169, 175, 181, 196, 208, 213, 219, 252, 263-6, 268-9, 273, 276, 292, 306-8, 324, 326, 328, 332, 334, 336-8, 343-4, 346-7, 350, 357, 363, 367, 370, 386, 431, 439, 444, 456-7, 459, 469, 478, 488, 500, 554
念者　37, 77, 80-1, 84, 90, 108, 116, 119-20, 124, 126, 129, 151, 170
エラステース　64, 77, 81, 94, 136
エローメノス　64, 77, 94, 125, 383, 388
念友　22-3, 33, 36, 57, 137, 342, 378, 470, 474, 478, 482, 486, 500, 518

男色における男性呼称

愛童　78, 94, 129, 215
閹人／クリバ　25, 203, 210, 235, 238, 244, 246, 265, 288, 314
男妾　202, 208, 219, 223, 228, 271, 346, 360, 390
宦官　23, 27, 36, 57-8, 69, 151, 175, 203, 210, 212, 244, 246, 262, 265, 267, 277, 293, 300, 302, 306, 314, 336, 351, 361, 386
去勢者　27, 235, 238, 245-6, 314
男伎　356-7
男倡／ハスラー　22, 25-8, 44-6, 60, 90-1, 96, 109, 111, 159, 161, 168, 172-3, 176, 182, 187, 193, 199, 223, 225, 230, 245-6, 249-50, 266, 281-2, 294, 296, 310-3, 327, 330, 343, 348, 351-2, 357, 371, 396-7, 410, 430, 490, 504, 521, 542, 546, 554
神殿男倡　25-8, 45-6, 60, 490
陰間／キエナイドス／キナエドゥス　103, 185, 187, 199, 281, 309, 314, 373, 378
男寵　75, 187, 227, 246, 254, 270, 300, 310, 326, 328, 332, 334, 337, 340, 343-4, 348, 352, 354, 357-8, 367, 370-1, 455, 461, 464, 492, 503
稚児／パイディカ　20, 64, 70, 84, 86, 94, 135, 159, 163, 168, 182, 187, 190, 200, 205, 224, 279, 296, 306-7, 372, 374-5, 377, 384, 401, 468, 478, 507, 554
寵童　27, 68-9, 71, 78, 112, 118, 129, 135, 151, 185, 187, 192, 210, 212, 215, 263, 267, 276, 302, 324, 354, 378, 463
売春夫　46, 88, 90-2, 111, 161, 168, 172, 180, 187, 225, 246, 275, 352, 382, 506, 553
美少年　34, 37, 57, 63-5, 67, 69-71, 73-5, 78, 85, 90, 92, 94, 96, 106, 111, 113, 116, 126, 128-31, 133-6, 139-41, 145-7, 151, 155, 158, 163, 168-70, 180, 185, 190, 196, 198, 204, 206-7, 224, 229, 234, 252, 258, 263-4, 267-71, 276-7, 294, 298, 300-2, 306, 310, 323-4, 327, 340, 346-8, 350-1, 354, 363, 366, 371, 396, 404, 409, 431-2, 434

392, 401, 403-4, 416, 426-7, 430, 437, 442-4, 446, 458, 462-3, 465-6, 469, 472, 474, 506, 513-5, 519, 522, 530, 554, 556

男色関係　24, 48, 79-80, 100, 125, 134, 148, 156, 176, 193, 213, 240, 264, 311, 350, 371, 396, 414, 446, 476, 482, 488, 510, 513, 516, 539, 553

男色行為　155, 182, 397, 402, 412, 430, 444, 488, 514

男色婚／結婚／婚姻　29, 40, 46, 64, 84, 124, 126, 148, 162, 172-3, 175, 193-4, 204-5, 207, 226-7, 232, 238, 241, 245, 258, 262, 284-5, 307, 310, 320, 344, 350, 352, 354, 356, 364, 371, 382, 396, 401, 412, 414-5, 438, 442, 452, 456, 458-9, 470, 478, 488, 494-5, 497, 502-4, 506-7, 514, 516-8, 535-6, 538, 546, 560, 563-4, 566-7

男色禁止法　164, 412

相互男色　85, 148, 176, 190, 264, 290, 298, 376

男色売春　26, 371, 507

男色文学　230, 280

男色用奴隷　390, 494

男色輪姦　316

男色楼　90-1, 225, 230, 302, 309-12, 327, 492

南風　→　男風

ニンフォマニア／色情狂　538

売春／売色　24-6, 28, 46, 88, 90-2, 111, 158, 161, 168, 172, 180, 185, 187, 202, 224-5, 238, 245-6, 248, 250, 275, 281-3, 302, 305, 310-1, 335, 340, 351-2, 363, 365, 367, 371, 378, 382, 392-3, 396, 410, 426, 490, 502, 504, 506-7, 521, 536, 553-4

売春業者／セックス・ワーカー　24, 25, 91, 521

バイセクシャル／両刀づかい／両性愛　177, 180-1, 276, 394, 401, 403, 526, 546, 566

パイデラスティアー［少年愛・衆道・若道］　64, 66, 77, 84-5, 96, 113, 115, 120, 122-3, 160, 232, 316, 380, 383, 392, 423, 500-1

ハニース　310, 504

張形　104, 243, 275, 349, 374, 452

ファシリズム／男根崇拝　242, 250, 488

ヒジュラー　26, 244-6, 253, 312, 496, 504

フェラトル／吸茎者　159, 190, 197, 199, 263, 312

プラトニック・ラブ　112, 114, 423

ペデラスト［少年の肛交愛好家］　466

ヘテロセクシャル／異性愛者　54, 118, 297, 360, 380, 384, 434, 524, 526, 535, 553, 556

勃起　16, 19, 30, 39, 42, 77, 87, 154, 179, 192, 202, 209, 221, 235, 237, 243, 248, 253, 447, 483

ホモエロティック　15, 57, 96, 340, 382, 385, 409, 440, 446, 472, 476, 512, 556

ホモジェニック・ラブ　531

ホモセクシャリティ／ホモセクシャル　15, 524, 526, 528, 532, 552, 555-6, 560

ホモフォビア／同性愛恐怖症／ホモフォビック　298, 318, 381, 391, 393, 408, 416, 496, 520, 532, 534, 540, 552-3, 555-6, 560, 562, 564, 568

間性／ナプンサカ　238

マーフー　484-6

ミソギュニア／女性嫌悪　232, 241, 393

ムシェ　496

友愛　20, 22, 24, 33, 46, 73, 83, 88-9, 113, 118, 128, 130, 137, 142-3, 170, 177, 238, 242-4, 254, 256, 260, 292, 316, 337, 363, 366-7, 384, 402, 412, 414-5, 445, 450, 452, 472-4, 478, 485-6, 500, 531

乱交　54, 87, 109, 167-8, 189, 401, 516

レズビアニズム／レズビアン　104, 198, 244, 314, 452, 472-3, 490, 501, 546, 552, 563

恋愛　41, 44, 50, 71, 75-6, 78, 84, 89, 94, 96, 100, 105, 107, 109-10, 113-4, 123, 136, 163, 173, 177-8, 180-1, 218, 264-5, 267, 271-3, 276, 278, 282, 287-8, 292, 298, 301, 316, 328, 332, 376, 386, 399, 407-9, 432, 467, 470, 509, 520, 539

男色における関係性

〈男性同性愛に関する事項〉索引

316, 318, 356, 554
肛交愛好家　312
コール・ボーイ　594
ジェンダー　484, 493, 495-6, 566
色道　102, 369
若道　94, 272, 296
衆道　32, 36-7, 66, 68, 73, 76-7, 79-80, 84, 88, 90, 95-6, 100, 102-3, 110, 115, 117, 120, 123, 140, 159, 162, 178, 189, 199, 212, 230, 241, 252, 259, 263, 266, 270, 278, 290-2, 298, 310, 355, 372, 378, 383, 388, 392, 426, 466, 500-1, 528, 554
衆道愛好家　76, 117
少年愛　15, 55-6, 63-4, 66, 70-1, 84-5, 89, 94, 96, 100-1, 104, 109, 113, 115, 140-1, 158, 160, 170, 196, 211, 234, 249, 260, 264, 266, 268, 270, 274, 280-1, 288, 304, 320, 343, 358, 388, 392-3, 404, 409-10, 415, 441, 469, 474, 497
少年愛詩　94, 96, 100, 280, 288, 409, 474
少年愛者　358, 404, 441
少年婚　284-5, 310, 488-9, 501, 504, 510
少年妻　304, 370, 497, 500
女色　20, 24, 28, 54, 80, 96, 102-3, 114, 116, 141, 149, 158, 160, 177-8, 180, 184, 192, 207, 211, 213, 230, 232, 241, 266, 268-72, 274, 278-81, 285, 289-90, 311, 318, 322, 329-30, 340, 343, 346, 355-61, 367, 371, 394, 408, 410, 416, 423, 437, 446, 451, 458, 469, 486, 497, 500, 502, 504, 555, 563
女装　23, 25-6, 45, 144, 204, 206, 209, 219, 244, 246, 249-50, 253, 389, 442, 458, 484, 503, 521, 545
女装愛好家／ドラァグ・クィーン　209
スカトロジー　164, 265
性的儀礼　46
性倒錯者　552
青年愛好家　76
挿入者　43, 60, 161, 180, 264-5, 377
被挿入者　43, 87, 91, 160-1, 199, 312, 349
ソドミー／ソドミア　54, 258, 272, 304, 376, 402-3, 406-7, 413, 419, 437, 442, 449,

453, 472, 476-7, 480, 487, 513-6, 526, 557, 562
ソドミー法　407, 557, 562
第三の性／トリティーヤプラクリティ　238, 245-6, 485-6, 503
男倡文学　96
男性愛／アンドロフィリア　44, 80, 84-5, 93, 101-4, 122-3, 206, 272, 278, 288, 292, 294, 318, 387, 402, 424, 432, 434, 444, 448, 468, 488, 522, 554
男道　102-3, 105-6, 120, 122, 292, 294, 298, 376
男装　25, 82, 265, 268, 277-8, 280, 363
男風／南風　323-4, 328, 330, 334, 338, 340, 342, 346, 348, 350-3, 356-8, 362-3
男風小説　328
稚児愛　64, 70, 554
通過儀礼　56, 243, 390, 483, 509
貞操帯　356, 476
同衾　36, 42, 85, 108, 149, 159, 192, 206, 219, 300, 329, 337, 340, 354, 363, 399, 426, 444, 446, 459, 461, 470, 504, 520
同衾相手／ベッドメイト　206, 300
同性愛　19, 100, 104, 118, 230, 268, 271, 320, 356, 381, 384, 389, 391-2, 394, 404, 408, 411, 416, 472-3, 504, 509-10, 522, 524, 526, 528, 530, 535, 537, 539, 542, 546, 550-2, 555-6, 558-9, 562-3, 566
同性愛関係　550, 555
同性愛者　118, 356, 384, 394, 411, 524, 528, 530, 537, 542, 546, 551-2, 555-6, 559, 562-3
同性婚　29, 172, 175, 238, 285, 330, 344, 356, 412, 414-5, 477, 492, 494, 501, 516, 558, 560, 562-4, 566-7
童貞　71, 170, 185, 208, 438, 458, 507, 535
ドメスティック・パートナー　560, 567
トランス・ジェンダー　496
男色愛好　58, 88, 103, 110, 114, 163, 177, 271, 289, 306, 362, 378, 401, 427, 443
男色家／男色者／男色愛好家　64, 86, 88, 91, 103, 117, 128, 158, 174, 177, 186, 199-200, 212-2, 244, 271, 273-4, 289, 314, 360, 389,

599

490-2, 507, 509-10, 534, 553, 555
ウァギナ／女陰　46, 194, 201, 203, 228, 248
亀頭　95, 236, 498
巨根／デカマラ／デカ摩羅　159, 179, 187-8, 200-1, 209, 218, 220-4, 227-8, 256, 267, 352, 410
睾丸　43, 187, 198, 210, 222, 236, 289
精液／ザーメン　26, 39, 42-4, 97, 197, 200, 243, 248, 290, 304, 312, 348, 392, 483-6, 488, 509
鼠径部　190
ファロス／陽物［勃起した陽物］　39, 42-3, 178-9, 221, 243, 483, 498, 505
ペニス／男根／陽物　16, 19, 25, 30, 37, 39-40, 42-3, 49, 77, 87, 91, 104, 164, 177-9, 183, 186, 188-9, 192, 197-8, 200-3, 220-4, 226, 228-9, 235-8, 240-3, 247-8, 250-1, 253, 256, 261, 267, 288-9, 291, 298, 300, 309, 312, 315-6, 325, 347, 349, 352, 367, 377, 447, 475, 481, 483-4, 488, 498-9, 505, 533
摩羅　37, 159, 222, 228, 314
裸根　236

性関係用語など

愛情／情愛　22, 30-1, 44, 50, 64, 111-3, 116, 118, 120, 130-1, 142, 146, 169, 175, 183, 218-9, 226, 242, 244, 258, 264, 266, 278, 286, 296, 328, 330, 332, 337, 342, 346, 352, 361, 364, 384, 408, 445, 450, 456, 458, 460, 470, 474, 478, 482, 485, 510, 512, 518, 520, 526, 540
アブノーマル／異常　104, 526, 528
アンチゲイ・キャンペーン　516
アンドロギュノス　117-8
異性愛　28, 54, 74, 100, 102, 110, 112-3, 118, 232, 297, 360, 380, 384, 434, 436, 458, 472, 515, 524, 526, 531, 535, 566
異性愛者／異性愛主義者　54, 102, 118, 297, 360, 380, 384, 434, 436, 524, 526, 535
異性装者　25, 245, 495, 542
インポテンツ／陰萎　241, 292, 343
エフェボフィリア／青年愛　76, 407
カジュアル・セックス　394
カップル　22, 30, 33, 41-2, 81, 88, 93, 115, 119, 121, 125, 134, 137, 142, 157, 171, 211, 232, 235, 247, 249, 252, 261, 303, 305, 350, 352, 409, 417, 437, 443, 452, 474, 514, 566
カトゥーイ　496, 503-4
カーマ・シャーストラ　235, 250
ギュムノフォビア／裸体恐怖症　83, 432
去勢　25-7, 43, 69, 178, 202-4, 210, 212, 228, 235, 238, 245-6, 265-6, 276, 292, 302, 314, 360, 397-8, 416, 488, 550, 554
禁忌／タブー　46, 91, 241, 252, 266, 273, 317, 342, 363, 386, 389, 391, 392, 485, 491, 494, 497
キンゼイ報告　201, 316, 552, 565
クイア　244, 496, 503, 553, 556
クイア文化　496, 503
ゲイ　35, 78, 80, 92, 120, 122, 128, 132, 134, 136-7, 174-5, 178, 195, 205, 220, 298, 316, 320, 392-5, 399, 412, 415-6, 424, 428, 434, 438-40, 446, 454, 458, 461, 472-3, 476, 494, 503, 514, 516-20, 522, 527-8, 532, 535-6, 538, 540-4, 546, 548, 550-60, 563, 565-6
ゲイ解放戦線　557-9
隠れゲイ　393, 555
ゲイ・スキャンダル　541
ゲイのサブカルチャー　516
ゲイ迫害　542, 550
ゲイ・ピープル　128, 316, 412, 416, 440, 454, 472, 503, 532, 551-2, 558, 566
ゲイ文化　494
ゲイ運動　558
ゲイ・リベレーション　35, 522, 557, 559-60
鶏姦　42, 46, 54, 69, 165, 198, 250, 268, 294, 312, 364, 427, 472, 504, 513, 528, 532
鶏姦罪　528
交愛／情交　20, 81, 156, 190, 204, 214, 259, 288-9, 301, 312, 342, 350, 423, 459, 466, 490, 538
強姦　46, 52, 69, 149, 168, 208, 302, 304, 311,

〈男性同性愛に関する事項〉索引

*   本書に記述された〈男性同性愛に関する事項〉を、〈性行為の名前・テクニック〉〈性行為にまつわる人体の器官〉〈性関係用語など〉〈男色における関係性〉〈男色における男性呼称〉の５つのジャンルに分け記載した。

性行為の名前・テクニック

愛撫　38, 64, 84, 144, 198, 203, 224, 236, 238, 354, 382, 435, 438, 464
アウパリシュタカ　→　オーラル・セックス
アナル・セックス／肛交／肛門性交　25-6, 41-3, 45-6, 60, 79, 86-8, 91, 95, 102, 157, 159-61, 164-5, 180, 187, 198-200, 202, 211, 238, 240, 246-50, 252-3, 261, 265, 267, 273-5, 282, 289, 290-1, 294, 296, 305, 309, 311-3, 316, 325, 347, 356, 359, 365, 371-2, 376, 390, 400, 402, 409, 442, 470, 474-6, 483, 490-2, 506, 509-10, 534
アニリングス／肛門舐め　314, 374, 376
イルマチオ／イルマティオ　25, 197, 238
オーラル・セックス／口交／口唇性愛／口唇性交／アウパリシュタカ　25, 26, 45, 87, 88, 102, 161, 186, 187, 190, 197, 198, 201, 203, 204, 235, 236, 237, 238, 239, 240, 243, 244, 246, 248, 249, 251, 252, 253, 311, 312, 314, 376, 402, 484, 489, 490, 492, 506, 509, 534
クンニリングス／啜陰　46, 198, 203, 312
後背位／ドッグ・スタイル　25, 249
サンドイッチ式交接　283
射精　48, 124, 190, 201, 236, 248, 304, 346, 391, 438-9, 470, 481, 484, 507
スカル・ファック　316
素股／股間交　42, 87, 95, 312, 402, 472, 489, 500, 506
接吻／キス　18, 38, 56, 58, 67, 75, 81, 86, 92, 94, 121, 123, 151, 154, 176-8, 192, 198-9, 204-6, 219, 224, 236, 240, 250, 266, 296, 382, 402, 413, 437, 464, 467, 490, 517, 532-3, 539, 551, 553
膣性交　246, 253, 290, 417, 442
トリオリズム／３Ｐ／トロワリスム／メナージュ・ア・トロワ／トリプル・プレイ／三人取組　157, 189, 253, 322, 377, 499
フィスト・ファック　316, 376
フェラチオ／フェラティオ／吸茎／尺八　25-6, 40-1, 45-6, 87-8, 172, 174, 186-7, 190, 192, 196-203, 205, 223, 235-8, 240, 242-3, 248, 251, 263, 267, 282, 312, 314, 316, 348, 365, 374, 376, 390, 466, 481, 483-6, 489, 509, 534
オート・フェラチオ／自己吸茎／自己フェラチオ　40-1, 201, 238, 314
相互フェラチオ／相舐め／６９　127, 235, 238, 261, 314, 348, 374, 376
マスターベーション／自慰　40, 42, 88, 202, 238, 244, 250, 316, 402, 411, 481, 490, 502, 509-10, 534, 554
相互マスターベーション　316, 402, 481, 502, 509-10, 534
補助的マスターベーション　481

性行為にまつわる人体の器官

イタリア・ルネサンス期の代表的芸術家、科学者。美貌の助手たちを愛した。生涯独身。1452~1519。

レーニ、グイド・ 83, 438-40
イタリアの画家。男性の官能的な裸体美を得意とした。1575~1642。

ロト 51-3
ロート、アラビア語・ルート。ヘブライ伝説中の人物。悪徳の町ソドムから逃れた。

ロラン［ローラン］ 24, 402
シャルルマーニュ伝説中の騎士。親友オリヴィエとの友愛で名高い。8世紀。

ロレンス、トーマス・エドワード 318, 469
イギリスの探検家。「ダフーム」と称されるシリアの美少年と親しく交わった。生涯独身を貫いた。「アラビアのロレンス」の名で知られる。1888~1935。

わ行

ワイルド、オスカー 35, 316, 463, 512, 532-6
イギリスの耽美主義作家。愛人アルフレッド・ダグラス卿との関係ゆえに訴えられ投獄された。1854~1900。

ワシントン、ジョージ 518-9
米国初代大統領。魅力的な青年アレクサンダー・ハミルトンと親密な仲であったという。妻帯したが、子が無かった。1732~99。

巻かれ、彼らに犯されることを好んだという。在任、1503~13。

ユリウス3世 35, 401, 414
ローマ教皇。街で拾った美少年を枢機卿に任命したり、男色のオルギアを催したりしたという。在任、1550~55。

ヨナタン 22, 46-8, 50
イスラエル王サウルの息子。若きダウィドを深く愛した。前11世紀末。

ヨハネ 241, 257, 380-3, 399, 401, 433, 458, 464, 470, 476
イエス・キリストに愛された使徒。福音書記者。後6~100頃。

ら行

ライオス 71, 89, 140
ギリシア神話中のテーバイ王。美少年クリュシッポスに恋して拉致し去った。一説には、息子オイディプスとクリュシッポスをめぐって争い、息子に殺されたという。男色の始祖とされる。

ラファエロ 400, 438-40
イタリアの画家、建築家。生涯独身で通し、愛弟子ジューリオ・ロマーノらと同棲した。1483~1520。

李鴻章 362
清末の政治家。男色の受け手になることを好んだという。1823~1901。

リチャード1世獅子心王 292, 399, 411, 469
イングランド王。若い頃フランス王フィリップ2世と恋愛関係にあったという。1157~99。在位、1189~99。

龍陽君 324-6, 342
戦国時代の魏王に愛された美少年。彼に因んで「龍陽」は男色の別語となった。前4世紀末頃。

リュシアス 109
アテナイの弁論家。プラトンの対話篇『ファイドロス』で少年愛に関するエロス論を開陳。「美少年に宛てた手紙」は散逸した。前459頃~前380頃。

リンカーン、エイブラハム 520
米国大統領。若い頃から男性と同衾して性的関係を囁かれており、妻帯してからも妻の外泊時にはボディガードや友人らとベッドをともにしていたという。1809~65。

ルイ13世 458-61
フランス王。サン・マール侯爵らもっぱら男性を愛した。1601~43。在位、1610~43。

ルキアノス 33, 102, 175, 189, 201, 232
ローマ帝政期のギリシアの諷刺作家。友愛を描いた『トクサリス』や『遊女の対話』など多くの作品がある。ただし、男女両色の優劣を語った『愛の諸相』は偽作。後120頃~190頃。

ルクルス 169, 177
ローマ共和制末期の富豪。寵愛する解放奴隷に媚薬を盛られて発狂した。前117頃~前56。

ルクレティウス 169, 178
ローマ共和制末期の詩人。ローマ人の常として男女両色の快楽を好んだ。前99頃~前55頃。

ルートヴィヒ2世 535, 541
バイエルン国王。女嫌いで生涯独身を貫き、青年たちを愛した。1845~86。在位、1864~86。

ルドルフ2世 458, 461
神聖ローマ帝国の皇帝。男性のみを好み、60年の生涯を独身で通した。1552~1612。在位、1576~1612。

ルーミー、ジャラールッディーン 272, 284-8
ペルシア文学最大の神秘主義詩人。メヴレヴィー教団の始祖。20歳以上年長の老托鉢僧シャムス・アル・ディーンを見て恋に陥った。1207~73。

靈公、衛の 324, 326
春秋時代の君主。美少年の、彌子瑕を愛したことで名高い。在位、前534~前493。

レオ10世 400-1, 414, 438, 460
ローマ教皇。本名ジョヴァンニ・デ・メディチ。若者との性交中に腹上死を遂げたという。在任、1513~21。

レオナルド・ダ・ヴィンチ 423-4, 428-31, 433-4

ミノス　66
ギリシア神話中のクレタ島の大王。男色好きで、美少年ガニュメデスや英雄テセウスを愛したばかりではなく、眉目秀麗な若者ミレトスやアテュムニオスをめぐって自らの兄弟ラダマンテュスやサルペドンとも争った。

ミレトス　66
ギリシア神話中の美少年。祖父ミノスと、その兄弟ラダマンテュスやサルペドンに求愛され、ミノスに犯されそうになったので、小アジアに遁れ、ミレトス市を建国した。

ミン　30, 39, 42-3
エジプトの陽物神、豊穣の神。男根を勃起させた姿で表現される。

ムハンマド　257, 258, 260, 273, 274, 406
マホメット。イスラーム教の教祖。570~632。

ムハンマド6世　280
グラナダ王国ナースル朝の君主。同性への愛に熱中したため、女人は男装して彼を誘惑しなければならなかった。在位、1360~62。

メディチ、ジャン・ガストーネ・デ・　271, 443, 444
メディチ家最後のトスカーナ大公。衰退期メディチ家の男性のご多分に漏れず、男色家であった。1671~1737。在位、1723~37。

メネデモス　116-7
ギリシアの哲学者。エレトリア学派の祖。年上の哲学者アスクレピアデスと愛し合い、終生同棲した。前339頃~前265頃。

メノン　86
ギリシア、テッサリアの貴族。まだ髭も生えぬ未成年の頃から髭のある成人男性を稚児にしていたという。美青年だったので、年上の恋人アリスティッポスにせがんで軍隊の指揮権を得、小キュロスの反乱に参加、ペルシアの将軍アリアイオスらからも愛される。プラトンの対話篇『メノン』の登場人物。？~前400。

メフメト2世　69, 304, 306
オスマン帝国のスルタン。東ローマ帝国を滅ぼし、「征服者」と呼ばれた。征服した各地の若い貴族たちを小姓として愛した。1432~81。在位、1444~45、51~81。

メラニッポス　→　カリトンとメラニッポス

メレアグロス、ガダラの　85, 100, 201
ヘレニズム時代の詩人。詩選集『花冠（ステファノス）』の編者。数多の美少年に対する官能的な恋愛詩を残した。前140頃~前60頃。

メレス　131
ギリシア伝説中のアテナイの美少年。自分に恋慕するティマゴラスに断崖から投身するよう迫ったという。

毛沢東　555, 563
中国の政治家。護衛には若くて屈強な美貌の男性ばかりを選び、彼らを抱きしめて無理矢理ベッドに誘う場面が何度も目撃されている。1893~1976。

モーム、ウィリアム・サマセット・　520, 555
英国の作家。隠れゲイで、甥のロビンソンが若い男と同棲しているのを知ると、やっきになって別れさせようとした。1874~1965。

モーシェー・イブン・エズラ　407, 409
スペインで活躍したユダヤ詩人。イェフダ・ハレヴィその他大勢のユダヤ詩人と同様にホモエロティックな作品を残した。1055頃~1139頃。

モンテーニュ、ミシェル・ド・　401, 445, 448, 450, 452
フランスのモラリスト。一生女に恋せず、心友エティエンヌ・ド・ラ・ボエシを愛した。1533~92。

や行

山本常朝　378
佐賀鍋島藩の武士。『葉隠』の口述者。1659~1719。

ユウェナリス　69, 174, 209, 222-3
ローマの諷刺詩人。男色を好んで、終生妻帯せず。当時の世相を活写した『諷刺詩集』が残る。後55頃~140頃。

ユリウス2世　400, 414
ローマ教皇。常にハンサムな青年たちに取り愛されて天上に連れ去られ、その酌童となった。のちペロポンネソス半島に、その名を与える英雄となった。クリュシッポスの父。

ホイットマン、ウォルト 382
米国の詩人。何人かの若者を愛し、詩集『草の葉』を残した。1819~92。

ポセイディッポス 100
ヘレニズム時代の詩人。美少年を歌った恋愛詩を残した。前310頃~前240頃。他に、男色用の稚児を主題とする好色な喜劇を書いた同名のポセイディッポス(前316頃~前250頃)もいる。

ボッティチェリ 424, 429-30
イタリア・ルネサンス期の代表的画家。男色行為の故に訴えられたことがある。1445頃~1510。

ホメロス 63, 86, 108, 137, 142, 159
ギリシア最大の叙事詩人。『イリアス』『オデュッセイア』の作者とされる。作品中でトロイア戦争の英雄アキレウスとパトロクロスの友愛や、髭の生えはじめた若者の魅力を歌う。前8世紀?。

ホラティウス 69, 169, 177
ローマの高名な詩人。若者たちへの愛を詩の中で歌いあげた。前65~前8。

ポリツィアーノ、アンジェロ 424
イタリアの詩人。ギリシア語で男色詩をいく篇も書いた。1454~94。

ポリュクラテス 78, 134
サモス島の僭主。文芸を愛好してイビュコスやアナクレオンらを招き寄せた。バテュロスやスメルディエスほか多くの美少年を愛したことで知られる。在位、前540頃~前522。

ポリュクレイトス 97-8, 101
ギリシア古典期の著名な彫刻家。理想の肉体美を追求し、自作のたくましい全裸青年像ドリュフォロスを、「わが恋人」と呼んで熱愛したという。前480頃~前410頃。

ボルジア、チェーザレ・ 68, 442
イタリア・ルネサンス期の軍人、政治家。男女両色を好むことはなはだしかったという。1475~1507。

ホロス 42-4
エジプトの天空神。ラテン語名・ホルス。男神セトとの男色肛交を語る神話が残る。

ま行

マエケナス 177-8, 210
ローマの政治家、文芸の保護者。男色を好み、ダンサーのバテュルスを後援した。前64頃~前8。

マキャヴェリ 442, 446
イタリア・ルネサンス期の政治思想家。若い頃、男色を好んで妻帯しようとしなかった。1469~1527。

マフムード1世 252
ガズナ朝のスルターン。美少年マリク・アヤーズを寵愛した。在位、998~1030。

マムラ 176-7, 182-3
ローマの騎士。カエサルとの男色関係で巨万の富を貯えたという。?~前45頃。

マルシリオ・フィチーノ 423
フィレンツェのプラトン・アカデミアの中心人物。美青年を愛した。1433~99。

マルティアリス 159, 174-5, 188, 190, 199-200, 203, 210, 215, 220, 222-3, 230, 238, 267, 314
ローマの寸鉄詩人。男色を好んで、終生妻帯せず。『エピグランマタ』で当時の性風俗を活写した。後40頃~104頃。

マーロウ、クリストファー 382, 455, 463
イングランドの劇作家、詩人。無神論を奉ずる男色家。1564~1593。

ミカエル[ミハイル]3世 412
東ローマ帝国の皇帝。馬丁上がりのたくましい青年バシレイオスを熱愛したが、のちバシレイオスに暗殺された。在位、842~867。

ミケランジェロ・ブオナローティ 49, 195, 231, 400, 424-5, 430, 432-7, 443
イタリア・ルネサンス期の代表的彫刻家、建築家、画家。たくましい肉体の男性を愛し、青年貴族トマーゾ・デ・カヴァリエーリにソネットを捧げた。生涯独身。1475~1564。

ステルやディオン、ファイドロス、アレクシス、アガトンらいく人もの若者を愛した。『饗宴』『ファイドロス』『ソクラテスの弁明』『ファイドン』などの対話篇が名高い。男色を好み、終生独身を通した。前 429 頃 ~ 前 347。

プリアポス 178-9, 221-3
ギリシア・ローマ神話の豊穣神。勃起した巨大な陽物を具え、詩『プリアペイア』によると、農園や菜園に忍び込んだ者を性的に凌辱したという。

フリードリヒ大王（2 世） 382, 468-72, 519
プロイセン王。妻帯はしたが、終生男性のみを愛した。弟ハインリヒも男色家。1712~86。在位、1740~86。

プルースト、マルセル 35, 535, 546, 554
フランスの作家。秘書アゴスティネリその他、大勢の男性と関係をもった。1871~1922。

プルタルコス 55, 72, 83, 90, 102, 123-4, 129, 134, 149, 151, 161, 165, 169, 199, 207, 213, 386
ローマ帝政期のギリシャ人著述家。「英雄伝」(「対比列伝」)、「倫理論集」(モラリア)の著者。男女両色の優劣を説いた『愛をめぐる対話』などの作品でも知られる。英語名・プルターク。後 46 頃 ~120 頃。

ブルートゥス 172, 176
ローマ共和制末期の政治家。カエサルの暗殺者。美しい若者を溺愛し、その彫刻をローマ市内の随所に建てたという。前 85~ 前 42。

プロペルティウス 177
ローマの恋愛詩人。男女両色を好んだ。前 50 頃 ~ 前 16 頃。

文帝 336, 340, 346-7
南朝・陳の第 2 代皇帝。美男子の側近、韓子高［陳子高］と男色関係にあった。在位、559~566。漢や魏の文帝など同名異人あり。

ペイシストラトス 80, 132
アテナイの僭主。ソロンを念者にしカルモスを愛人にもった。息子にヒッピアスとヒッパルコス兄弟がいる。在位、前 561~ 前 527。

ペイリトオス 22, 88, 142, 472
ギリシア神話中の英雄。テセウスの念友。ラピタイ族の王。

ヘシオドス 75
古代ギリシアの叙事詩人。『神統記』『仕事と日々』などを著わす。美少年バトラコスを愛したと伝えられる。前 8~7 世紀頃。

ペトロニウス 34, 158, 196, 199, 205, 222
ローマの作家。ネロ帝の廷臣。小説『サテュリコン』を著わした。後 27 頃 ~66。

ペピ 2 世 32
エジプト古王国ファラオ。将軍シセネと夜毎に密会を続けた。在位、前 2278~ 前 2184。

ヘファイスティオン 147, 149-52, 280
マケドニアの貴族。アレクサンドロス大王の念友。前 356 頃 ~ 前 324。

ヘラクレス 36, 94, 96, 109, 114, 126-30, 191, 219, 466, 472, 521
ギリシア神話中の英雄。甥のイオラオスやアブデロス、ヒュラス、アドメトスら大勢の美しい若者を愛した。

ペリクレス 90, 92, 106
アテナイ全盛期を代表する政治家。同僚の将軍ソフォクレスがあまりに 1 人の美男子に見とれるのに気付いて、たしなめたという。前 495 頃 ~ 前 429。

ヘロデス・アッティクス 215
ローマ帝政期のアテナイの富豪。美少年ポリュデウケスを愛した。後 101 頃 ~177 頃。

ヘロデ大王［ヘロデス 1 世］ 384, 386
ユダヤ国王。男色を好んで美しい若者たちを愛した。前 73 頃 ~ 前 4。在位、前 37~ 前 4。

ヘロドトス 55, 57, 75, 83, 268
ギリシアの歴史家。前 484 頃 ~ 前 420 頃。ペルシア戦争に関する史書を著わし、「歴史の父」と称される。美少年プレシロオスを愛したという。

ペロピダス 68, 119, 125
テーバイの将軍。エパメイノンダスの親友。神聖部隊を率いた。前 410 頃 ~ 前 364。

ペロプス 70-1, 89
ギリシア神話中の美少年。海神ポセイドンに

510。

ヒトラー、アドルフ 542,550,555
ドイツの独裁者。1920年代後半に数多くの同性愛関係をもったにも拘わらず、後年これらの男色相手たちを殺害しはじめ、さらにゲイのホロコーストに乗り出していったという。1889~1945。

ヒュアキントス 126,136,138-40,180,442-3,474
ギリシア神話中の美少年。アポロンやゼピュロス、タミュリスらから求愛された。円盤投げの最中に事故死して、花に変身したという。

ピュタゴラス 84,105-6,110,193-4,456
ギリシアの哲学者、数学者。同名のピュタゴラスという体格の勝れた青年を最初の愛弟子とする。前569頃~前475頃。同名異人あり。

ピュティアス → **ダモンとフィンティアス**

ピュラデス 88,128,137,142,212,472
ギリシア神話中、オレステスの従弟にして心友。同名異人あり。

ヒルシュフェルト、マグヌス 542,546,550
ドイツの医師、性科学者。同性愛者の権利を擁護した。1868~1935。

ピンダロス 70,72-3
終生男色を好んだ「古代ギリシア最大の叙情詩人」。大勢の若者を愛人にし、最期はギュムナシオン（体育場）で、晩年に愛したたくましい青年テオクセノスに抱かれたまま大往生を遂げた。前522頃~前442頃。

ファイドロス 109-10,112-4,118-9
アテナイの市民。プラトンの愛人の1人。パイデラスティアー（少年愛）を絶賛した。前444頃~前393頃。

ファイドン 110-1,382
ギリシアの哲学者。際立った美少年だったので、男倡をさせられていたが、ソクラテスによって自由の身となり、その愛弟子となる。前417頃~？。

ファイノン 72
ギリシア神話中の美少年。大神ゼウスに、不死の身にするからと約束されて天上へ上り、のち木星になったという。

ファノクレス 96,141
ヘレニズム時代の詩人。神々や英雄たちの男色をカタログ風に描いた物語集『美少年たち』を編んだ。前3世紀前半。

フィリッポス2世 33,68,119,121,125,146,148-50
マケドニアの王。アレクサンドロス大王の父。多くの美男を愛したため、男色のもつれから愛人の1人に暗殺された。在位、前359~前336。

フィロストラトス 109
ローマ時代のギリシア人著作家。『書簡集』には多数の少年に宛てた恋文が含まれる。後170頃~247。

フィンティアス → **ダモンとフィンティアス**

フェイディアス 97
古代ギリシア最大の彫刻家。弟子のアゴラクリトスやレスリング選手パンタルケスを愛した。前490頃~前415頃。

溥儀 270,358,360
清朝最後の皇帝。宣統帝。筋金入りの男色家で、若い男たちを侍らせ、后妃とは一切性交渉が無かった。1906~67。在位、1908~12。

苻堅 69,344
前秦の王。美少年の慕容沖と、その姉をともに愛した。338~385。在位、357~385。

藤原頼長 213,314,372
平安時代末期の公卿。「悪作府」の異名をとる。日記『台記』に自らの男色を記している。1120~56。

武帝 35,69,334,336-7,340,344,360
前漢の皇帝。いく人かの男性や宦官を寵愛した。在位、前141~前87。

プラクシテレス 97-8
ギリシア後期クラシック美術を代表する彫刻家。最高傑作「愛の神エロス像」は優美な裸体像で名高い。前400頃~前326頃。

プラトン 34,62,64,73,82-3,86,94,108-18,125,218,316,423-4,432,522
ギリシアの哲学者。ソクラテスに師事し、アいた。前5世紀後半。同名異人あり。

パウロ　392-3, 395-6, 406

原始キリスト教の使徒。「ホモフォビックなゲイ」の先蹤とされる。後3~65頃。

バゴアス　58-9, 151

アレクサンドロス大王に愛された美男宦官。もとはアカイメネス朝ペルシア帝国最後の君主ダレイオス3世の愛人だった。前4世紀後半。

ハドリアヌス　41, 137, 212, 214-5, 217-8, 286, 401, 451, 456, 472

ローマ皇帝。五賢帝の1人。美貌の青年貴族アエリウス・カエサルを強引に養子に迎えたり、ナイル河で水死した美青年アンティノウスを神格化して祀った。在位、後117~138。

パトロクロス　22, 33, 89, 128, 137, 142-6, 150, 152, 171

ギリシア神話中、英雄アキレウスの念友。

バートン卿、リチャード・フランシス・　189, 316, 320

イギリスの探検家、東洋学者。『カーマ・スートラ』『千夜一夜物語』などを翻訳した。性風俗に詳しい。1821~90。

ハーフェズ［ハーフィズ］　272, 298

ペルシアの抒情詩人。男性どうしの愛を歌った。1320頃~89頃。

バーブル　254, 296

ムガル帝国の創始者。回想録に美しい若者バーブリーを恋したことを記している。1483~1530。在位、1526~30。

ハミルカル・バルカ　156

カルタゴの将軍。女婿ハスドルバルを愛した。前280頃~前228頃。

ハム　46

ヘブライ伝説中の人物。ノアの息子。父親が泥酔して裸体で眠りこけているところを覗き見て、他の兄弟に告げた。父を肛交したという民話も残る。

パルメニデス　105

ギリシアの哲学者。エレア学派の開祖。弟子のゼノンやエンペドクレスを愛したという。前515頃~前450頃。

ハルモディオス　80, 120, 132, 134, 136-7

アテナイの美青年。アリストゲイトンの愛人だったが、ヒッパルコスに横恋慕され、ついに恋人とともにヒッパルコスを殺害し、自らも殺された。?~前514。

ハールーン・アル・ラシード　260, 262-4, 268

アッバース朝のカリフ。バルマク家のジャアファルを寵愛した。在位、786~809。

潘章　329

呉の美男。楚の王仲先と愛し合い、一生夫婦のごとく同棲した。死後、合葬され、その塚から共枕樹が生え出たという。生没年不詳。

ハンニバル　156, 165

カルタゴの名将。ハミルカル・バルカの長男。前247頃~前183。

ハンムラビ［ハムラビ］　22, 27, 51

バビロン第1王朝6代目の王。「ハムラビ法典」を発布した。在位、前1792~前50。

パンメネス　68, 118

テーバイの将軍。人質として送られて来たマケドニアのフィリッポス2世を寵愛し、男性の恋人どうしから成る無敵の神聖部隊を編成した。前4世紀中頃に活躍。

ビオン　108, 117

ヘレニズム時代の哲学者。何人かの若者を養子に迎えて、性愛の相手にしていたという。前325頃~前255頃。

ピコ・デラ・ミランドラ　35, 423

イタリアの人文学者。死後、愛人ベニヴィエーニと合葬される。1463~94。

彌子瑕　324, 326-7

春秋時代の美少年。「余桃の愛」の故事で知られる。前500頃。

ヒッパルコス　80, 132, 136-7

アテナイの僭主ヒッピアスの弟。男色のもつれからハルモディオスとアリストゲイトンに殺害される。?~前514。

ヒッピアス　80, 132, 136

アテナイの僭主。ペイシストラトスの長男。カルモスの愛人。前514年、弟ヒッパルコスを男色のもつれから暗殺される。在位、前517~前寵愛し、姣童150人をつねづね城内に蓄えていたという。1646~1709。在職、1680~1709。

トト 43-4
エジプトの知恵の神。書記の守護者。ホロスの精液によってセトが産んだ子とされ、「両男神の息子」と呼ばれる。

ドナテッロ 424, 428, 431
イタリア・ルネサンス期の彫刻家。美男弟子を愛好し、全裸のダヴィデ像を造った。1386~1466。

ドミティアヌス 165, 201, 210, 212, 267
ローマ皇帝。若い頃は年配の元老院議員らの男色相手をし、のちエアリヌスら大勢の寵童を宮廷に蓄えた。在位、後81~96。

トライヤヌス 212-3, 267
ローマ皇帝。五賢帝の1人。男色を好み、一群の若者たちとの同衾を楽しんでいた。在位、後98~117。

ドリマコス 80
ギリシアの堂々とした逃亡奴隷。誰よりも愛していた若者に「儂の首を刎ねて、その賞金で幸せに生きねばならぬ」と指示した。生没年不詳。

トルストイ、レフ・ニコラエヴィチ・ 539, 546
ロシアの文学者。女より男を愛し、後年は恋仲の弟子チェルトコフを秘書にした。1828~1910。

トロイロス 144-6
ギリシア神話中、トロイアの王子。若く美しかったので、敵将アキレウスに言い寄られたが、従わなかったために殺された。

な行

ナポレオン1世 316, 416, 513-5, 540
フランスの軍人、皇帝。『ナポレオン法典』で、成人間の合意の上での男色関係を合法化した。自身も同性愛的傾向があったという。1769~1821。

ナルキッソス 131-3, 210
ギリシア神話中の美少年。自分に恋慕する若者アメイニアスに刀を贈りつけて自害させる。のち水面に映るわが姿に焦がれ死にし、水仙の花に変身したという。

ニアンククヌム 30-1
エジプト古王国ファラオに仕えた美容師。男性カップルで墓に葬られた。前25世紀。

ニウセルラー 30, 34
エジプト古王国第5王朝ファラオ。在位、前2453頃~前2422頃。

ニソス 142, 170-1, 474
ギリシア・ローマ神話中、トロイアの武将。美青年エウリュアロスの恋人。敵に捕らわれた愛人を救いに戻り、もろともに殺された。

ネルウァ 212
ローマ皇帝。五賢帝の筆頭。若き日のドミティアヌスの愛人。在位、後96~98。

ネレイテス［ネリテス］ 140
ギリシア神話中の海神ネレウスの子。絶世の美男だったので、ポセイドン神に慈しまれた。

ネロ 69, 154, 158-9, 173, 175, 187, 189, 193-6, 199, 204-7, 210, 267, 456
ローマ皇帝。美青年ピュタゴラスやドリュフォロスの「妻」となったり、美少年スポルスを去勢して「妻」に迎えたりした。在位、後54~68。

ノア 46
ヘブライ伝説中の人物。方舟に乗って大洪水を生き延びた。『創世記』に登場する。

ノンノス 397
古代末期のギリシアの叙事詩人。ディオニュソスらギリシア神話中の男色譚を歌った。後5世紀中頃。

は行

バイバルス1世 293
マムルーク朝のスルターン。男色好みだったという。在位、1260~77。

パウサニアス 33, 82, 92, 105, 148-50
ソクラテスと同時代のアテナイ市民。男どうしの恋愛を最高の愛として絶賛し、念兄と念弟から成る軍隊こそが最強のものになると説

431-2, 440
イスラエルの王。在位、前1000頃～前961頃。サウル王の息子ヨナタンに愛される。

タミュリス 140
ギリシア神話中の伶人。美少年ヒュアキントスに求愛して、人類最初の男色の例を開いた。

ダモンとフィンティアス［ピュティアス］ 88, 486, 518
ギリシアのピュタゴラス派学徒。友愛の手本とされる。前4世紀。

ダレイオス3世 58-9
アカイメネス朝ペルシア帝国最後の君主。美男宦官バゴアスらを愛した。在位、前336～前330。

チェリーニ、ベンヴェヌート・ 133, 438, 442-3
イタリアの彫刻家、金細工師。画家フィリッポ・リッピの息子と駆け落ちしたり、美男モデルを女装させて宴に同伴するなど破天荒な生涯を送る。1500～71。

チャイコフスキー、ピョートル 538-40
ロシアの作曲家。大勢の男性と関係をもったことが知られている。1840～93。

チンギス・ハーン 296
モンゴル帝国の建設者。若い頃、友人のジャムカとアンダの契りを交わしたという。1167頃～1227。

ディオゲネス・ラエルティオス 84, 108, 114
ローマ帝政期のギリシアの作家。『ギリシア哲学者列伝』を著わす。後3世紀初頭に活躍。

ディオドロス、シチリアの 149, 387
ローマ時代のギリシア系歴史家。著書『世界史』。前1世紀後半に活躍。

ティトゥス 162, 210, 267
ローマ皇帝。若い頃から男色相手の青年たちや去勢者の一群を侍らせていた。在位、79～81。

ティブルス 178
ローマの恋愛詩人。気まぐれな若者マラトゥスを愛した。前50頃～前19。

ティベリウス 101, 186, 188, 190, 208, 210, 282, 335
ローマ第2代皇帝。男色を愛好し、カプリ島へ隠棲すると、性的遊戯に耽り、ことにオーラル・セックスで回春をはかったという。在位、後14～37。

ティリダテス 58, 69
パルティア王国第2代の王。美男だったため、セレウコス朝シリアの総督アガトクレス［フェレクレス］に手込めにされそうになり、兄アルサケスと図って総督を殺し、パルティア王国を創始した。在位、前248頃～前211頃。

テオグニス 75, 78
ギリシアの抒情詩人。たくましい若者キュルノスを熱愛し、数々の教訓詩を記した。前570頃～？。

テオクリトス 94, 170, 178
ヘレニズム時代のギリシア詩人。田園詩の創始者。ヘラクレスとヒュラスの悲恋や、牧人たちの少年愛を歌った。前310頃～前250頃。

テセウス 22, 66, 71, 88, 142, 215, 466, 472
ギリシア神話中の英雄。アテナイ王。ペイリトオスの念友。美少年クリュシッポスを拐かしたり、またクレタの大王ミノスとも男色関係を結んだという。

テミストクレス 147
アテナイの政治家。ペルシア戦争の名将。美青年をめぐってアリステイデスと争った。前524～前459。

デメトリオス1世 213, 268
マケドニア王。男女両色に溺れたという。在位、前294～前287。

デモステネス 91, 199
ギリシア最大の雄弁家。受け身の男色を好み、何人もの若者と交わったため、政敵のアイスキネスから非難された。前384～前322。

董賢 36, 213, 332-3, 336, 359
前漢の哀帝に鍾愛された美男。「断袖」の故事で知られる。前22～前1。

徳川家光 32, 36-7, 73, 263
江戸幕府第3代将軍。衆道をきわめて好み寵臣の屋敷まで微行した。在職、1623～51。

徳川綱吉 270
江戸幕府5代将軍。衆道好きで、柳澤吉保を粒の麦もし死なずば』や『コリドン』を著わした。1869~1951。
ジムリ・リム　22
マリ王。在位、前1775頃~前1761。王妃の書簡から王に男の愛人たちがいたことが知られる。
シモンズ、ジョン・アディントン　555
英国の文学者、詩人。男性同性愛擁護の書を著わす。数多くの男性と関係をもった。1840~93。
シャー・アッバース1世　234, 297, 300, 303
サファヴィー朝の黄金時代を築いた名君。小姓らとの交歓に耽溺した大王。在位、1587~1629。
釋迦　34, 238, 241-2, 257
仏教の始祖。ガウタマ・シッダールタ。美男の弟子アーナンダらを寵愛した。前565頃~前485頃。
ジャハーンギール　254, 269
ムガル帝国第4代皇帝。1000人もの男色相手の少年を後宮に擁していたという。在位、1605~27。
ジル・ド・レ　454
フランス元帥、貴族。数多の少年を凌辱・虐殺して性的興奮を得ていた。1404~40。
ストラトン　84, 100
ローマ帝政期のギリシャ詩人。サルデイスの出身。男色詩歌ばかりを集めた『ムーサ・パイディケー』を編纂した。後2世紀初頭。
ストラボン　64, 131, 388, 508
ローマ時代の地理学者。全17巻から成る『地誌』を著わす。前63頃~後24頃。
スメンクカラー　31, 34, 38, 40
エジプト新王国のファラオ。在位、前1338頃~前1336頃。アクエンアテンの共同統治者。
スラ　168-9
ローマ共和制末期の政治家、将軍。俳優やダンサーを愛し、彼の時代からローマ市民は盛んに男色に耽るようになったという。前138~前78。
スレイマン1世　308, 310
オスマン帝国のスルタン。帝国を最盛期に導き、「大帝」「壮麗帝」と呼ばれる。イブラヒム・パシャらの廷臣を寵愛した。在位、1520~66。
セクストス・エンペイリコス　60, 389
ギリシアの医師、懐疑学派の哲学者。ペルシア人やゲルマン人の男色習慣を記述している。後2世紀末頃。
セト　42-4
エジプトの嵐と砂漠の神。天空神ホロスとの男色肛交を物語る神話が残る。
セネカ（小）　158, 160, 188-9, 196, 205
ローマ帝政期の哲学者。かなり年かさの青年を好み、教え子のネロにも同じようにするよう教えたという。後4頃~65。
ゼノン、エレア学派の　105
ギリシアの哲学者。パルメニデスの愛弟子。前490頃~前430頃。
ゼノン、ストア学派の　114, 117
ギリシアの哲学者。女色を無視して、美男の弟子クレモニデスらを愛した。前335~前263頃。
ソクラテス　94, 106, 108-11, 113, 115-6, 257, 382, 398, 450-1
ギリシアの哲学者。アルキビアデスをはじめ、ファイドロス、カルミデス、エウテュデモス、ファイドン、クセノフォン、リュシスら大勢の美しい若者を愛した。自身も若いころ師アルケラオスに愛されたという。前469~前399。
ソフォクレス　89-90, 92
ギリシアの三大悲劇詩人の1人。デモフォンら何人もの美少年を愛し、『アキレウスの念者たち』など衆道をテーマにした作品を著わした。前496頃~前406。
ソロン　29, 80, 96
アテナイの立法家。少年愛詩を残す。のちに僭主となるペイシストラトスを愛した。前640頃~前560頃。

た行

ダウィド［ダヴィデ］　22, 46-50, 408, 424, 428,

新羅の英雄。花郎に選ばれ、王族の金春秋と親しく交わって、これを王位につけ、三国統一に活躍した。595~673。

クセノフォン 58, 92, 110-2, 119, 122, 124-5, 148
アテナイの軍人、著作家。眉目秀麗だったので、ソクラテスに誘われて、その弟子となる。愛人テミストゲネスのために書いた『アナバシス（1万人の退却）』や、『饗宴』『ソクラテスの弁明』『キュロスの教育』『歴史』などが有名。前430頃~前352頃。

クヌムホテプ 30-1
エジプト古王国ファラオに仕えた美容師。男性カップルで墓に葬られた。前25世紀。

クリモン 79
古代ギリシアの男色家。テラ島のアポロン神殿に多くその名前が記される。前7世紀頃。

クリュシッポス 71, 72, 89
ギリシア神話中の美少年。ペロプスの息子。テーバイ王ライオスに誘拐され、凌辱されたため、自害した。

クリュシッポス、ストア学派の 116
ギリシアの哲学者。父親と息子との性交を認めた。前280頃~前207頃。

クルップ、フリッツ（フリードリヒ・アルフレート・） 189, 540
ドイツの実業家、政治家。同性愛スキャンダルの標的となり、自殺に追いやられた。1854~1902。

ゲーテ、ヨハン・ヴォルフガング・フォン 15, 18, 419, 474
ドイツの文豪。男性の肉体を女性のそれよりはるかに美しいと評価した。1749~1832。

ケベス 110
ギリシアの哲学者。師ソクラテスの助言に従って、男色奴隷となっていたファイドンを買い取り、哲学を教えた。前400頃活躍。

孔子 257, 330
儒教の祖。弟子の顔回を寵愛し、彼が早世したときには激しく慟哭した。前551~前479。

弘法大師［空海］ 147, 348, 372, 375, 426
平安時代初期の僧侶。真言宗の開祖。男色／衆道の祖とも伝えられる。774~835。

ゴルギダス 118, 125
テーバイの将軍。前378年男性の恋人どうしから成る無敵の神聖部隊を創設した。前4世紀前半。

コンモドゥス 218-20, 267
ローマ皇帝。宮殿内に300人の美男を囲い、とりわけ巨根の男を好んで、口はじめ全身のあらゆる部分を色欲で満たした。在位、後180~192。

さ行

サアディー 272, 298
ペルシアの詩人。代表作『薔薇園』。男性どうしの恋愛を歌った。1213頃~91。

サウル 46, 48, 50, 409
イスラエル最初の王。前11世紀末。美男子のダウィドを愛したが、のち嫉妬して亡き者にしようとする。

サラディン 292
アイユーブ朝の始祖。十字軍時代のイスラーム最大の英雄。衆道好きだったという。1138~93。

シェイクスピア、ウィリアム 173, 286, 386, 422, 462-3
イングランドの劇作家、詩人。男性の愛人に『ソネット集』をささげた。1564~1616。

ジェイムズ1世 382, 458, 460-2, 464
英国王。無類の男好きで、バッキンガム公爵らの男寵をいたく愛した。1566~1625。在位、1603~25。

シクストゥス4世 272, 400, 414
ローマ教皇。多数の青年を愛して彼らを枢機卿に任命した。在任、1471~84。

シセネ将軍 32
エジプト古王国の将軍。サセネトともいう。ペピ2世の相手を務めた。前23世紀末頃。

ジッド、アンドレ 170, 316-7, 514, 534, 546, 554
フランスの作家。カミングアウトの自伝『一英国の詩人、著述家、社会改良家。男性どうしの愛を「ホモジェニック・ラブ」と呼んで称揚した。1844~1929。

カメハメハ大王（1世） 482-3
ハワイ王国の初代国王。習慣に従って愛する男寵（アイカーネ）を常に同伴していた。1737頃~1819。在位、1795~1819。

カラヴァッジョ 133, 438, 441
イタリアの画家。魅力的な男性モデルと何年も同居す。1571~1610。

カラカラ 150, 220, 225, 227
ローマ皇帝。フェストゥスを寵愛した。在位、後211~217。

カリグラ 69, 190-2, 207, 225
ローマ第3代皇帝。能動・受動双方の男色を愛好した。在位、後37~41。

カリトンとメラニッポス 134
僭主ファラリスを殺害しようとした男性どうしのカップル。前6世紀前半。

カリマコス 94, 100
ヘレニズム時代のギリシア詩人。美少年テオクリトスを愛し、また多くの少年愛詩を書いた。前305頃~前240頃。

ガルバ 159, 206-7
ローマ皇帝。筋骨たくましい男性を好み、解放奴隷イケルスを愛した。在位、後68~69。

カルミデス 110, 113
アテナイの有力市民。美少年だったため、大勢の男性に言い寄られ、ソクラテスからも愛された。前440頃~前403。

カルモス 80
アテナイの僭主ペイシストラトスの愛人。ペイシストラトスの長男ヒッピアスの念者。愛の神エロスの祭壇を初めてアテナイに築いた。前6世紀。

顔回 257, 330
孔子の愛弟子。前514~前483頃。

ガンジー［ガンディー］、マハトマ 562
インドの政治家。若い頃、ドイツ系ユダヤ人男性ボディビルダーと性的関係をもっていたことが、1908年の書簡から明らかにされた。1869~1948。

カンバセレス 513, 515
フランスの法律家、政治家。生涯独身を貫き、自らの同性好きを隠そうとしなかった。『ナポレオン法典』の起草者の1人。1753~1824。

カンビュセス 57
アカイメネス朝ペルシア帝国の帝王。キュロスの長男。重臣プレクサスペスの息子を寵愛した。在位、前528~前522。

キケロ 83, 90, 165, 172-4, 185, 445, 553
ローマ最大の雄弁家、政治家。秘書のティロを愛した。前106~前43。

キモン 84
アテナイの政治家、将軍。デロス同盟の設立に活躍した。ギリシア人の常として男色を重んじたという。前512頃~前449。

キュクノス 130-1, 142
ギリシア神話中のリグリア王。心友ファエトンが墜落死した折り、嘆きの余り白鳥に変身したという。

キュロス（小） 58
アカイメネス朝ペルシア帝国の王子。アルタクセルクセス2世の実弟。兄に対して反乱を起こすが、近習アルタパテスと折り重なるように戦死した。?~前401。

キュロス大王 55-7
アカイメネス朝ペルシア帝国の帝王。非常な美男だったという。在位、前559~前529。

恭愍王 370
高麗の王。お気に入りの若者たちを侍らせて、男色の相手にしていた。在位、1351~74。

ギルガメシュ 19-3, 50
シュメール時代、ウルク第1王朝（前2800頃~前2500頃）の5代目の支配者。『ギルガメシュ叙事詩』の主人公。

キンゼイ、アルフレッド 201, 316, 341, 551-2, 565
米国の性科学者、動物学者。キンゼイ報告を発表し、男性の約10％がゲイであるという結果を明らかにした。1894~1956。

金庾信 367

エドワード 2 世 403, 411, 463
イングランド王。小姓や寵臣を愛して重用した。1284~1327。在位、1307~27。

エパメイノンダス［エパミノンダス］ 33, 37, 119, 121, 125
テーバイの将軍。男色を好んで、生涯妻帯しなかった。愛する若者カフィソドロスとともに討ち死にして合葬された。前418頃~前362。

エピクロス 116, 178
ギリシアの哲学者。メトロドロスらの弟子を鍾愛した。前341頃~前270頃。

エラガバルス 175, 220, 224-9, 267, 400, 456
ヘリオガバルスとも。ローマ皇帝。念入りに化粧・女装して売春したり、巨根男性をかり集めてヒエロクレスやゾティクスと「結婚」した。在位、218~222。

エラスムス 445, 450-1
オランダの人文学者。女に無関心で、セルウァティウスに恋文を書き、男性間の友愛を重んじた。1466頃~1536。

エンキドゥ 20-3, 50
ギルガメシュの念友。伝説上の人物。生没年不詳。

エンペドクレス 105
ギリシアの哲学者。弟子のパウサニアスを愛人にしていた。前492頃~前432頃。

オイレンブルク、フィリップ・ツー・ 535, 540-1, 555
ドイツの政治家。皇帝ヴィルヘルム2世の12歳年上の恋人。皇帝の側近たちをめぐる同性愛スキャンダルのせいで、政治的生命を断たれた。1847~1921。

オトー 194, 206-7, 209
ローマ皇帝。ネロの男色相手。ネロの死後、その「妻」だった美少年スポルスを迎え取って同棲する。在位、後69。

オマル・ハイヤーム 272, 298
ウマル・ハイヤーム。ペルシアの詩人・学者。酌をする美男侍者を讃えた。1048~1131。

オリヴィエ 24
シャルルマーニュ伝説中の騎士。ロランの親友。『ロランの歌』などに登場する。

オルフェウス 140-1
ギリシア神話中の伶人。妻の死後、一切女を近寄せず、カライスら美しい若者のみを愛したという。

オルレアン公フィリップ［フィリップ・ドルレアン］ 465-7
フランス王ルイ14世の弟。華やかな衣装や化粧に凝る洒落者。男色を好み「ソドムの王」と渾名された。1640~1701。

オレステス 88, 128, 137, 142, 472
ギリシア神話中、ミュケナイ王アガメムノンの息子。従弟ピュラデスと親密この上ない友となり、終始行動をともにする。スキュティアでは2人は友愛の守護神として祀られていた。

か行

カイ・カーウース 272
ズィヤール朝第7代の王。息子ギーラーン・シャーのために教訓書『カーブースの書』を書き、男女両色のどちらにも偏らないように諭した。在位、1049~69。

カエサル、ユリウス 159, 165, 173, 176-7, 181-5, 197, 202, 209, 214, 222, 466, 469, 518, 530
ローマの政治家、将軍。若い頃ビテュニア王ニコメデス4世に寵愛され、終生男女両色を好んだため、「あらゆる女の夫であり、あらゆる男の妻だ」と呼ばれた。前100~前44。

カトゥルス 154, 169, 176-7, 182, 190, 202
ローマ共和制末期の詩人。美少年ユウェンティウスを愛し、詩中でカエサルとマムラの相互男色を揶揄した。前84頃~前54頃。

ガニュメデス 63-7, 69-71, 170, 180, 187, 210, 223, 258, 410, 433, 436, 442-3, 453, 469-70, 472, 474
ギリシア神話中の美少年。トロイアの王子。その美貌に魅せられた大神ゼウスによって天上に攫われた。

カーペンター、エドワード 35, 128, 531

614

119, 125, 146, 149, 169, 181, 280, 285, 466, 469, 518, 530
マケドニアの王。男色好きで、念友ヘファイスティオンや宦官バゴアスらを愛した。在位、前336~前323。

アレティーノ、ピエトロ・　437, 438, 442
イタリアの詩人、作家。男色好きで知られる。1492~1556。

アンティノウス　41, 137, 214-8, 231, 286, 456, 472
ローマ皇帝ハドリアヌスに鍾愛された美青年。エジプト旅行中にナイル河で水死すると、皇帝は激しく嘆いて、彼を神格化して祀った。後110頃~130。

アンテロス　119-20, 131
ギリシア神話中、「愛に応える愛の神」。エロスの弟。

アントニウス　163, 172-4, 386, 553
ローマの将軍、政治家。若い頃、小クリオという青年と「結婚」していた。前83頃~前30。

アンリ3世　455-8
フランス王。男色を好み、常々多くのミニョン（男寵）を侍らせた。1551~89。在位、1574~89。

イエス・キリスト　50, 115, 241, 257, 268, 381-2, 384-5, 406, 415, 464, 470
キリスト教の始祖。弟子のヨハネやラザロを寵愛した。前8/前1~後29/33頃。

イオラオス　36, 109, 126-8, 531
ギリシア神話中の英雄。ヘラクレスの甥にして愛人。男色の守護神として崇められ、男どうしのカップルが彼の墓に詣でる習慣はギリシア・ローマ時代を通じて続いた。

イビュコス　76
ギリシアの抒情詩人。南イタリアのレギオン出身。「過度なまでの青年愛好家」「誰にも増して青年たちへの愛に燃えていた詩人」と称される。前6世紀。

イブン・シーナー　288, 290-1
イスラーム世界最大の医学者、哲学者。980~1037。

イブン・ダーウード　272, 288
バクダードの法学者。同性の愛人に『花の書』を献げた。868~909。

イブン・ハズム　272, 276
後ウマイヤ朝の神学者。その著書『鳩の頸飾り』にはいくつもの男色逸話が盛り込まれている。994~1064。

イブン・ハルドゥーン　281
イスラーム世界最大の歴史哲学者。『世界史序説』がとくに名高い。1332~1406。

イル・ソドマ　422, 437-9
イタリアの画家。男性をこよなく愛した。1477~1549。

ウィテリウス　207-9
ローマ皇帝。若い頃、ティベリウス帝の男妾仲間に加わって、父親を出世させた。在位、後69。

ウェルギリウス　63, 169-71, 177, 404, 556
ローマ第一の詩人。少年たちを愛して、終生娶らなかった。前70~前19。

ヴェロッキオ　424, 428, 431
イタリア・ルネサンス期の彫刻家、画家。当時の習慣に従って弟子やモデルの若者を愛した。1435頃~88。

ウェーワ［ウィーワ］　495-6
北米先住民ズーニー族の「ベルダーシュ」。1849~96。

ウルリヒス、カール・ハインリヒ・　522
ドイツの文筆家。ヌマ・ヌマンティウスの名で『男性間の愛の謎を探る』を発行。自ら同性愛者であることを公表した上で、反同性愛法の撤廃を訴えた。1825~95。

エウリピデス　86, 89, 92, 94, 142
ギリシアの三大悲劇詩人の1人。終生美男のアガトンを愛し続けたという。一説には、マケドニア王の寵愛する美少年クラテロスとの密会中に殺されたと伝える。前485頃~前406頃。

エウリュアロス　76, 142, 170-1, 474
ギリシア・ローマ神話中の美青年。ニソスの愛人。

若者を好み、多くの男色恋愛詩を書いた。756頃~814頃。

アブラダタス 57
スーサ王。念友［愛人］どうしから成る軍隊が最強であることを数々の機会に証明した武将。前6世紀。

アプレイユス 202
ローマ帝政期の作家。代表作『黄金の驢馬』。後124頃~180頃。

アポロニオス、ロドスの 96
ヘレニズム時代の叙事詩人。『アルゴナウティカ』でヘラクレスの愛人ヒュラスの運命を歌った。前295頃~前215頃。

アポロン 79, 97, 126, 129-30, 134, 136, 138, 140, 144-5, 180, 422, 439-40, 442-3, 474, 521
ギリシア神話中の神。美青年の姿で表わされ、ヒュアキントスやキュパリッソスらの美少年を愛した。

アリステイデス 147
アテナイの政治家。ペルシア戦争の名将。美青年ステシラオスをめぐりテミストクレスと争った。前530頃~前468頃。

アリストゲイトン 80, 120, 132, 134, 136-7
アテナイ市民。愛する若者ハルモディオスをヒッパルコスに奪われそうになったので、ヒッパルコスを殺害し、自らも殺された。前550頃~前514。

アリストテレス 19, 33, 66, 110, 116, 134, 159, 238, 387
ギリシアの哲学者。プラトンの弟子。僭主ヘルメイアスに愛され、また美男弟子テオデクタスらを愛した。前384~前322。

アリストファネス 86, 92, 117, 198, 203, 553
古代ギリシアのアテナイ最大の喜劇詩人。作中でアテナイ市民の大半が受け身の男色愛好家だと喝破。プラトンの対話篇『饗宴』では、独創的な性的指向の起源説を開陳し、「男色者のみが最も優秀な市民たり得る」と論じている。前445頃~前385頃。

アリストメネス 84
古代ギリシア、メッセニアの英雄。スパルタに対する反乱を指導した将軍。ギリシア人の常として男色を重んじたという。前7世紀。

アル・アミーン 260, 265, 268, 280
アッバース朝のカリフ。ハールーン・アル・ラシードの嫡男。はなはだしい男色好みで、男装の女小姓を流行らせた。在位、809~813。

アルキビアデス 94, 106, 108-10, 257, 393, 442, 451, 530
アテナイの傾国の美男。ソクラテスをはじめ、アニュトスら大勢の市民に愛された。前450頃~前404。

アルキビアデス（小） 109
アテナイの美男アルキビアデスの息子。さまざまな男性に身を委ね、恋人アルケビアデスによって身請けされたという。前416頃~?。

アルキロコス 75
古代ギリシアの抒情詩人。カリラオスやグラウコスらの若者を愛したという。前7世紀。

アルケタス 97
ロドス出身のギリシア人。プラクシテレスの造った愛の神エロス像に恋して、夜陰に紛れてこれと交わり、精液の痕跡を残したという。生没年不詳。

アルタクセルクセス2世 57-8
アカイメネス朝ペルシア帝国の帝王。美少年テリダテスを溺愛した。在位、前404~前358。

アル・ティーファーシー 272, 290, 294
中世アラブの詩人。好色な詩や笑話を集めた『心の喜悦』を編んだ。1184~1253。

アル・ハカム2世 277, 278, 280
後ウマイヤ朝のカリフ。男色に熱中してハレムの女に見向きもしなかったため、46歳になっても子供がいなかったという。在位、961~976。

アル・ムータミド 278-9
セビーリャのアッバード朝の君主。9歳年上の詩人イブン・アンマールを愛したが、のち裏切られ、これを手ずから殺す。1040~95。在位、1069~91。

アレクサンドロス大王 33, 58-9, 68, 101, 116,

世界史に名を残す〈男性同性愛者〉事典・索引

＊ 本書に取り上げた世界史に名前の残る〈男性同性愛者〉を解説し、その記述されている頁数を記載した。

あ行

アイスキュロス 89
ギリシアの三大悲劇詩人の1人。トロイア戦争の英雄アキレウスとパトロクロスの愛を扱った悲劇『ミュルミドン人』や、ライオスが美少年クリュシッポスに対して懐いた焦がれるような恋情を描いた『ライオス』などを作った。前525~前456。

哀帝 36, 213, 332-4, 359
前漢の皇帝。美男の董賢を熱愛した。在位、前7~前1。

アウグスティヌス 391, 394
ローマ帝政末期の神学者。心友アリュシウスの死後、女色に淫したが、やがてキリスト教に転向した。354~430。

アウグストゥス 163, 177-8, 184-8, 210
ローマ初代皇帝。若い頃、大叔父カエサルらに体を売っていたといい、生涯男女両色を好んだ。在位、前27~後14。

アガトン 86, 92, 94, 112
アテナイの悲劇詩人。類い稀な美男で、クセノフォンの『饗宴』に登場するアテナイ市民パウサニアスから熱愛され、後年ともにマケドニアへ移住する。前447頃~前401頃。

アキレウス 22, 33, 89-90, 105, 107, 128, 137, 142-7, 150, 152, 215
ギリシア神話中、トロイア戦争の英雄。念友パトロクロスが殺されると、激しく嘆いて復仇し、死後友と同じ塚に葬られた。

アキレウス・タティオス 102
ローマ帝政期のギリシアの小説家。『レウキッペとクレイトフォン』において、少年愛や男女両色の優劣論を記した。後1~2世紀頃。

アクエンアテン 31, 34, 38, 40
またはイクナトン。エジプト新王国のファラオ。前名、アメンホテプ4世。在位、前1352頃~前1336頃。

アゲシラオス 122, 124
スパルタ王。名将リュサンドロスの愛人となり、王位につく。美男子に目が無く、数々の逸話を残す。前444~前360頃。

アスクレピアデス 100, 116-7
ヘレニズム時代の詩人。美少年を歌った恋愛詩を作り、後世に影響を与えた。前300頃~前270頃に活躍。同名の哲学者あり。

アテナイオス 76, 80, 108, 114, 122, 134, 148-9, 156, 388
ローマ帝政期のギリシアの作家。『食卓の賢人たち』を著わす。後160~230頃。

アトゥム 40-1, 43
エジプト神話の造物神。マスターベーションまたは自己フェラチオによって万物を造った。太陽神ラーやケプリと同一視される。

アナクレオン 76, 78, 298
ギリシアの抒情詩人。「美童こそわれわれの神だから」と揚言して、クレオブロス、バテュロスら、いく人もの美少年に恋愛詩をささげた。愛童をめぐりポリュクラテスと恋の鞘当てを演じることもあった。前570頃~前485頃。

阿難（アーナンダ） 34, 241-2, 257
釋迦の従弟で愛弟子。生没年不詳。

アブドル・ラフマーン3世 276-7
後ウマイヤ朝のカリフ。男色好きでキリスト教徒の美少年ペラギウスを寵童の1人に加えようとした。在位、912~961。

アブー・ヌワース 234, 263-5, 268, 297
アッバース朝時代最盛期の宮廷詩人。美しい

[著者紹介]

松原國師（まつばら・くにのり）

西洋古典学研究者。1952年、京都市生まれ。東京大学大学院修士課程修了。専攻：西洋古典学、比較神話学、美術史学。

著書に、『西洋古典学事典』（京都大学学術出版会。第8回パピルス賞・第6回ゲスナー賞銀賞受賞）、『男色の日本史』（作品社、解説執筆）など。

主な訳書に、E・J・オーウェンズ『古代ギリシア・ローマの都市』（国文社）、アンドルー・ソルウェー『図解 古代ローマ』（東京書籍）、ステュワート・ロス『図解 古代ギリシア』（東京書籍）、ステュワート・ロス『図解 古代エジプト』（東京書籍）ほか。

【図説】ホモセクシャルの世界史

二〇一五年七月一〇日 第一刷発行
二〇二二年六月一〇日 第五刷発行

著者 松原國師

発行者 福田隆雄
発行所 株式会社 作品社
〒一〇二-〇〇七二
東京都千代田区飯田橋二-七-四
電話 (〇三)三二六二-九七五三
FAX (〇三)三二六二-九七五七
振替口座〇〇一六〇-三-二七一八三
http://www.sakuhinsha.com
組版 ことふね企画
装丁 伊勢功治
印刷・製本 シナノ印刷㈱

ISBN978-4-86182-079-3 C0022

◆異端と逸脱の文化史◆

執筆に7年の歳月をかけ、遂に刊行へ！
【図説】ホモセクシャルの日本史(仮題)

　本書は、従来の「男色史」といった枠組みを超えて、先史時代の考古学上の発見、神話伝説の世界、近隣地域との文化交流にも言及し、これまで焦点があてられなかった事例や歴史に対象を広げ、名実ともに"男性同性愛者の日本史"と言うべきものにしている。

　例えば、成人男性どうしの情愛、現代の同性婚さながら終生にわたり伴侶と添い遂げた"夫夫"の事例、生涯男子のみを愛した人々の伝記、年長者が年若い小姓や稚児を犯す「少年愛」の類型から離れて「年上の男性を愛した人々」の史談といった、巷間に知れていない史実を描くのに意を用いた。

　さらに世に広まっている誤解、例えば『日本書紀』の本朝初の同性心中の箇所に見られる「アズナイの罪」は「男色の罪」であるといった妄説、かの「前田利家は織田信長に寵愛されたのではなく、単にそば近くに寝かせてられていたにすぎない」といった虚譚など、数々の謬見も打破する。

　これらはごくごく一部の例だが、今までの「男色史」とは異なる独自色を持った通史にするべく心懸けているので、乞う期待。

(2023年刊行予定)

◆異端と逸脱の文化史◆

オルガスムの科学

性的快楽と身体・脳の神秘と謎

The Science of Orgasm

バリー・R・コミサリュック
カルロス・バイヤー＝フローレス
ビバリー・ウィップル

福井昌子 訳

その瞬間、身体と脳では、何が起こっているのか？

オルガスムへの認識を一新させた、性科学研究の世界的名著——
その神秘を追及することは、
身体-脳システムと意識の謎に迫ることである。

米・性科学研究財団「ボニー賞」受賞

「性的快感に関して最新の科学的な理解を集約した素晴らしい一冊」
『米国医師会誌』

「人間のセクシュアリティ研究の古典となることは間違いない」
ヒルダ・ハッチャーソン博士（コロンビア大学医科大学院）

「なぜオルガスムは気持ちよいのか？　男と女とは違うのか？　性感帯によって感じ方が異なるか？　本書を読んで、多くの疑問を解消した。本書は、性的快楽への認識だけでなく、人生観までも変えてしまう一冊である」
ヘレン・フィッシャー（『愛はなぜ終わるのか』著者）

◆異端と逸脱の文化史◆

性の進化論
女性のオルガスムは、なぜ霊長類にだけ発達したか?

クリストファー・ライアン&カシルダ・ジェダ
山本規雄 訳

なぜ人類は、乱交のセックスに興奮するのか?

パンツを穿いた"好色なサル"は、
20万年にわたって、どのような"性生活"を送ってきたか?
今後、人類のSexはどう進化するのか?

本書は、進化生物学・心理学、人類学などの専門分野の知見をもとに、人類20万年史における性の進化をたどり、現在の私たちの性と欲望のあり方の謎に迫った「性の進化論」である。米国で『キンゼイ・レポート』以来と言われる"大論争"を巻き起こした話題の書。

『NYタイムズ』年間ベストセラー!
世界21か国で刊行!